PERSPECTIVES ÉCONOMIQUES DE L'OCDE

97

JUIN 2015

OCDE

DES POLITIQUES MEILLEURES
POUR UNE VIE MEILLEURE

Cet ouvrage est publié sous la responsabilité du Secrétaire général de l'OCDE. Les opinions et les interprétations exprimées ne reflètent pas nécessairement les vues officielles des pays membres de l'OCDE.

Ce document et toute carte qu'il peut comprendre sont sans préjudice du statut de tout territoire, de la souveraineté s'exerçant sur ce dernier, du tracé des frontières et limites internationales, et du nom de tout territoire, ville ou région.

Merci de citer cet ouvrage comme suit :
OCDE (2015), *Perspectives économiques de l'OCDE, Volume 2015 Issue 1*, Éditions OCDE.
http://dx.doi.org/10.1787/eco_outlook-v2015-1-fr

ISBN 978-92-64-22032-4 (imprimé)
ISBN 978-92-64-22037-9 (PDF)

Série : Perspectives économiques de l'OCDE
ISSN 0304-3274 (imprimé)
ISSN 1684-3436 (en ligne)

Les données statistiques concernant Israël sont fournies par et sous la responsabilité des autorités israéliennes compétentes. L'utilisation de ces données par l'OCDE est sans préjudice du statut des hauteurs du Golan, de Jérusalem-Est et des colonies de peuplement israéliennes en Cisjordanie aux termes du droit international.

Les corrigenda des publications de l'OCDE sont disponibles sur : *www.oecd.org/about/publishing/corrigenda.htm.*

Table des matières

Suivez les publications de l'OCDE sur :

http://twitter.com/OECD_Pubs

http://www.facebook.com/OECDPublications

http://www.linkedin.com/groups/OECD-Publications-4645871

http://www.youtube.com/oecdilibrary

OECD Alerts http://www.oecd.org/oecddirect/

Ce livre contient des...

StatLinks

Accédez aux fichiers Excel® à partir des livres imprimés !

En bas des tableaux ou graphiques de cet ouvrage, vous trouverez des *StatLinks*. Pour télécharger le fichier Excel® correspondant, il vous suffit de retranscrire dans votre navigateur Internet le lien commençant par : *http://dx.doi.org*, ou de cliquer sur le lien depuis la version PDF de l'ouvrage.

Légendes

$	Dollar des États-Unis	.	Décimale
¥	Yen japonais	I, II	Semestres
£	Livre sterling	T1, T4	Trimestres
€	Euro	Billion	Mille milliards
mb/j	Millions de barils par jour	Trillion	Mille billions
..	Données non disponibles	c.v.s.	Corrigé des variations saisonnières
0	Nul ou négligeable	n.c.v.s.	Non corrigé des variations saisonnières
–	Sans objet		

Résumé des prévisions

	2014	2015	2016	2014		2015				2016				2014	2015	2016
				T3	T4	T1	T2	T3	T4	T1	T2	T3	T4	T4 / T4		
								Pourcentage								
Croissance du PIB en volume																
États-Unis	2.4	2.0	2.8	5.0	2.2	-0.7	2.0	2.8	2.8	2.9	2.8	2.8	2.7	2.4	1.7	2.8
Zone euro	0.9	1.4	2.1	0.7	1.4	1.6	1.7	1.8	2.0	2.1	2.2	2.2	2.3	0.8	1.8	2.2
Japon	-0.1	0.7	1.4	-2.1	1.1	2.4	1.8	1.7	1.5	1.3	1.1	1.3	1.6	-0.8	1.9	1.3
Total OCDE	1.8	1.9	2.5	2.5	2.0	1.0	2.1	2.5	2.6	2.6	2.5	2.6	2.6	1.8	2.1	2.6
Chine	7.4	6.8	6.7											7.2	6.7	6.6
Inflation[1]								Variation en glissement								
États-Unis	1.3	0.3	1.6	1.5	1.1	0.3	0.1	0.2	0.6	1.5	1.5	1.6	1.7			
Zone euro	0.4	0.0	1.3	0.3	0.1	-0.3	-0.1	0.0	0.5	1.2	1.3	1.4	1.4			
Japon	2.7	0.7	1.1	3.3	2.5	2.3	0.1	-0.1	0.3	0.7	0.9	1.2	1.4			
Total OCDE	1.5	0.7	1.7	1.5	1.3	0.8	0.5	0.7	0.9	1.5	1.6	1.7	1.8			
Chine	2.1	1.6	2.0	2.1	1.6	1.4	1.4	1.6	2.1	2.4	2.2	1.9	1.5			
Taux de chômage[2]																
États-Unis	6.2	5.5	5.2	6.1	5.7	5.6	5.6	5.5	5.4	5.3	5.2	5.1	5.1			
Zone euro	11.5	11.1	10.5	11.5	11.4	11.3	11.2	11.0	10.8	10.7	10.6	10.4	10.3			
Japon	3.6	3.5	3.3	3.6	3.5	3.5	3.5	3.5	3.5	3.4	3.3	3.3	3.3			
Total OCDE	7.3	6.9	6.6	7.3	7.1	7.0	7.0	6.9	6.8	6.7	6.7	6.6	6.5			
Croissance du commerce mondial	3.2	3.9	5.3	5.3	5.0	2.7	3.5	4.4	5.1	5.6	5.8	6.0	6.1	3.6	3.9	5.9
Balance courante[3]																
États-Unis	-2.4	-2.6	-3.0													
Zone euro	3.4	3.9	4.1													
Japon	0.5	2.8	3.0													
Total OCDE	0.0	0.1	0.1													
Chine	2.1	2.4	2.1													
Solde des administrations publiques[3]																
États-Unis	-5.0	-4.0	-3.6													
Zone euro	-2.4	-2.1	-1.4													
Japon	-7.7	-6.8	-5.8													
Total OCDE	-3.7	-3.1	-2.5													
Chine	-0.3	-1.2	-1.5													
Taux directeur à court terme																
États-Unis	0.3	0.3	1.2	0.3	0.3	0.3	0.3	0.3	0.5	0.7	1.0	1.5	1.8			
Zone euro	0.2	0.1	0.1	0.1	0.1	0.1	0.1	0.1	0.1	0.1	0.1	0.1	0.1			
Japon	0.1	0.1	0.1	0.1	0.1	0.1	0.1	0.1	0.1	0.1	0.1	0.1	0.1			

Note La croissance du PIB, et la croissance du commerce mondial (moyenne arithmétique des importations et des exportations mondiales en volume) sont corrigées des variations saisonnières et des jours ouvrables et exprimées en taux annualisés. Les trois dernières colonnes sont en taux de croissance annuels. Les taux d'intérêt sont : États-Unis : la fourchette supérieure du taux d'intéret cible des Federal Funds ; Japon : le taux au jour le jour non garanti de la Bank of Japan ; zone euro : le taux principal de refinancement de la BCE.

Les prévisions ont été établies à partir de données collectées avant la date limite du 29 mai 2015.

1. États-Unis : Indice de prix des dépenses de consommation privées; Japon et Chine : Indice des prix à la consommation; Zone euro : Indice des prix à la consommation harmonisé; et l'OCDE total : le déflateur de la consommation privée.
2. En pourcentage de la population active.
3. En pourcentage du PIB.

Source : Base de données des Perspectives économiques de l'OCDE, n° 97.

StatLink http://dx.doi.org/10.1787/888933172728

ÉDITORIAL : L'ÉCONOMIE MONDIALE N'OBTIENT QU'UN B- : L'INVESTISSEMENT, CLÉ D'UNE MEILLEURE NOTE

La reprise suite à la crise économique et financière qui a éclaté en 2008 a été exceptionnellement modeste. Le rythme de la croissance mondiale a régulièrement été inférieur à celui des quelque douze années ayant précédé la crise financière. L'incapacité à enclencher un redémarrage plus soutenu de l'activité a eu des coûts très concrets en termes de pertes d'emploi, de stagnation du niveau de vie dans les économies avancées, de moindre vigueur du développement dans certaines économies émergentes et de creusement des inégalités presque partout.

Dans cette édition des Perspectives économiques, nous tablons sur un raffermissement progressif de la croissance mondiale lui permettant de se rapprocher de son rythme antérieur d'ici fin 2016. La croissance devrait être aussi mieux répartie entre régions du monde, les déséquilibres extérieurs étant généralement moins importants qu'avant la crise mondiale. Les marchés du travail dans les économies avancées sont en voie de guérison. Les risques de déflation ont diminué. Pour autant, nous n'attribuons à l'économie mondiale que la note tout juste passable de B-.

Pourquoi une telle insatisfaction ? Tout d'abord, notre point de départ est sombre. Le premier trimestre de 2015 aura été marqué par la plus faible croissance mondiale depuis la crise. Les États-Unis ont connu un repli particulièrement marqué, mais un certain nombre d'autres économies avancées ont connu une contraction au cours du premier trimestre, et en Chine la croissance a ralenti plus que prévu. Nous attribuons principalement cette faiblesse au début de l'année à des facteurs temporaires. Par ailleurs, l'élan donné à la consommation par la baisse des prix du pétrole devrait commencer à se faire sentir dans les pays importateurs de pétrole, dans lesquels la demande va également être stimulée par le mouvement général d'assouplissement monétaire (souvent accompagné par une dépréciation du change) qui concerne des pays représentant plus de 50 % du PIB mondial. La politique budgétaire, désormais généralement neutre dans la plupart des grandes économies, ne sera pas un frein à la croissance, à la différence des années précédentes.

Mais même si nous avons raison sur le caractère transitoire du dernier accès de faiblesse, les perspectives ne sont guère satisfaisantes. Malgré des facteurs favorables et le soutien de la politique économique, le volume d'investissement est resté faible et la croissance de la productivité décevante. Dans l'ensemble, les entreprises n'ont pas investi dans les installations, les équipements, les technologies et les services avec la même vigueur qu'au cours des reprises passées. En outre, nombre de gouvernements ont reporté les dépenses d'infrastructure dans le cadre de leurs efforts de consolidation budgétaire.

Cette édition des Perspectives étudie en détail l'investissement et conclut que le faible dynamisme de l'investissement privé s'explique en grande partie par la mollesse de la demande (effective et attendue), tant dans chaque pays qu'à l'échelle mondiale. Cette mollesse de la demande a entravé la croissance de l'investissement, ce qui a en retour pesé sur l'emploi, les salaires et la consommation. Du côté de l'offre, la faiblesse de l'investissement a nui à la croissance de la production potentielle – c'est-à-dire la capacité de nos économies à améliorer les niveaux de vie, à satisfaire aux engagements futurs à l'égard des citoyens et à rembourser leur dette – du fait de la moindre expansion du stock de capital et du ralentissement de la diffusion et de l'incorporation du progrès technique. L'économie mondiale reste engluée dans un état de faiblesse conjointe de l'offre et de la demande.

Pour améliorer la performance de l'économie mondiale, il faut viser un équilibre supérieur dans lequel des investissements plus importants stimulent l'emploi, la création de postes de travail et la consommation, justifiant ainsi l'accélération des investissements, qui réamorce l'offre. Certains des facteurs nécessaires à un tel saut vers un équilibre supérieur sont en vue, compte tenu des politiques macroéconomiques et du rééquilibrage de la demande mondiale. Nous prévoyons que la croissance de l'investissement dans l'OCDE dans son ensemble atteindra 4% l'an prochain, rythme le plus élevé depuis la crise. Toutefois, la question de savoir si l'investissement productif va effectivement se redresser est la grande inconnue derrière l'embellie prévue. Et même dans ce cas, l'accélération ne serait pas suffisante pour que s'enclenche la forte croissance mondiale nécessaire pour la création d'emplois et la réduction des inégalités. Et la croissance de la production potentielle resterait atone au regard des décennies passées.

Des politiques macroéconomiques soutenant davantage la demande sont nécessaires pour donner une impulsion forte et durable à l'investissement. Réduire les incertitudes quant aux politiques menées serait également utile, par exemple, grâce à un moindre jusqu'au-boutisme budgétaire aux États-Unis, une résolution favorable de la question du statut de la Grèce vis-à-vis de la zone euro, l'adoption d'une stratégie fiscale de moyen terme réaliste au Japon, et une plus grande transparence des systèmes financiers dans les économies émergentes. Progresser vers la réduction des contraintes financières en zone euro en accordant plus d'attention aux prêts improductifs pourrait y améliorer le climat des affaires. En outre, l'envoi de signaux clairs cette année lors de la COP21 sur la coordination internationale de la lutte contre le changement climatique pourrait constituer une forte incitation à un essor de l'investissement produisant des effets bénéfiques sur la demande, l'innovation et la viabilité environnementale.

Les politiques structurelles ont un rôle central à jouer pour atteindre une croissance plus satisfaisante et durable de l'investissement. Les restrictions réglementaires sur les marchés de produits freinent la croissance du stock de capital dans les économies de l'OCDE. Les restrictions pesant sur l'investissement direct étranger (ainsi que la corruption) constituent un autre facteur limitant l'importance et la qualité de l'investissement transnational. Dans l'Union européenne, il conviendrait, comme le prévoit le Plan d'investissement pour l'Europe, de se pencher sur les disparités et complexités de la réglementation dans le secteur des services de réseaux, ce qui stimulerait l'investissement et ferait progresser le Marché unique. Dans certains marchés émergents, une meilleure analyse coûts-bénéfices permettrait d'améliorer le rendement des investissements et d'en faire un fondement plus durable de la croissance.

Cette édition des Perspectives économiques appelle ainsi les pays à adopter des programmes d'action équilibrés comportant des mesures monétaires, budgétaires et structurelles qui se renforcent mutuellement. L'action collective génère des retombées positives susceptibles de propulser l'économie mondiale vers un équilibre supérieur avec un investissement plus vigoureux, davantage d'emplois et une plus grande capacité à améliorer le niveau de vie de tous les citoyens. Une croissance mondiale plus robuste rendra les pays et l'économie mondiale plus résilients face à des risques de premier plan comme l'instabilité financière. Développer l'emploi et renforcer les finances publiques sont les clés d'une plus grande égalité des chances. L'économie mondiale se débat certes avec une note moyenne de B-, mais si les pays ne font pas leurs devoirs et si les circonstances ne s'y prêtent pas, une note plus mauvaise n'est que trop envisageable. Ce qu'il faut faire pour obtenir un A est toutefois connu et à notre portée.

3 juin 2015

Catherine L. Mann

Chef économiste de l'OCDE

Perspectives économiques de l'OCDE, Volume 2015 Issue 1

Chapitre 1

ÉVALUATION GÉNÉRALE DE LA SITUATION MACROÉCONOMIQUE

Introduction

La croissance mondiale devrait s'accélérer en 2015 et 2016, mais restera modeste par rapport à la période précédant la crise, et sa répartition au niveau mondial sera différente de ce qu'elle était ces dernières années. L'accélération de l'activité s'appuie sur des politiques monétaires très accommodantes, un ralentissement du rythme de l'assainissement budgétaire, la remise en état du secteur financier et la baisse des cours du pétrole. Toutefois, l'investissement, qui constitue un élément crucial pour les perspectives, doit encore décoller. L'appréciation du dollar des États-Unis vis-à-vis de la plupart des devises a entraîné un réajustement marqué des taux de change depuis la mi-2014. Les effets de prix relatifs qui en découlent ont pour effet d'orienter la demande mondiale davantage vers l'Europe, le Japon et certaines économies de marché émergentes. Dans ces dernières, la croissance s'essouffle, sous l'effet de facteurs spécifiques en Chine, au Brésil et en Russie, et pourrait rester fragile en l'absence de réformes structurelles de nature à supprimer les goulets d'étranglement.

Les risques ordinaires pesant sur la trajectoire de la reprise sont globalement équilibrés autour de la projection centrale, mais quelques risques négatifs exceptionnels, qui n'ont pas été pris en compte, pourraient modifier de manière sensible la trajectoire de la croissance mondiale. Le redémarrage prévu de l'investissement pourrait rester incertain, mais l'investissement pourrait aussi répondre plus fortement que prévu à un redressement des dépenses, à une réduction des incertitudes et aux récentes réformes structurelles, en particulier compte tenu des faibles coûts de financement, comme évoqué au chapitre 3. De même, les rémunérations pourraient augmenter plus rapidement que prévu, étant donné l'amélioration persistante de la situation du marché du travail dans la plupart des grandes économies de l'OCDE, ce qui favoriserait une croissance de la consommation plus sensible que prévu. Toutefois, des prévisions comparables ne se sont pas concrétisées dans le passé et ce schéma pourrait se reproduire. L'assouplissement quantitatif durable dans la zone euro et au Japon pourrait se révéler moins efficace que supposé pour stimuler la demande. Le fléchissement observé au premier trimestre aux États-Unis et dans de nombreuses économies de marché émergentes pourrait être le signe que les faiblesses sous-jacentes sont plus nombreuses que celles qui ont été intégrées dans les projections. Par ailleurs, les variations du prix du pétrole pourraient soit atténuer certaines des progressions récentes des revenus réels qui contribuent à doper la demande mondiale, soit les amplifier.

Parmi les risques exceptionnels, on peut citer des troubles géopolitiques et une grave instabilité financière imputables à un abandon désordonné de la politique de taux zéro aux États-Unis, l'absence d'accord satisfaisant entre la Grèce et ses créanciers, et un atterrissage brutal en Chine. Pour éviter ces risques et faire en sorte que l'économie mondiale affiche une croissance plus soutenue et plus stable, il faut faire en sorte que les politiques monétaires, budgétaires et structurelles se renforcent mutuellement.

Synthèse des perspectives

Sur la base des hypothèses de l'OCDE (encadré 1.1), la croissance dans les pays membres et non membres de l'OCDE devrait s'accélérer jusqu'à la fin de l'année 2015, après un début d'année vraiment atone (tableau 1.1 et graphique 1.1). En 2016, la

Encadré 1.1. Hypothèses relevant de l'action publique et autres hypothèses sous-tendant les prévisions

Les hypothèses concernant les paramètres des politiques budgétaires pour 2015 et 2016 sont fondées autant que possible sur les mesures concernant la fiscalité et les dépenses qui ont été adoptées par les parlements. Lorsque des projets ont été annoncés par les gouvernements mais pas encore adoptés par le pouvoir législatif, ils sont pris en compte s'il paraît clair qu'ils seront mis en œuvre sous une forme proche de celle annoncée. Lorsque l'on ne dispose pas d'informations suffisantes pour déterminer la répartition des coupes budgétaires, on présume qu'elles s'appliquent également aux dépenses et aux recettes, et qu'elles sont réparties proportionnellement entre leurs différentes composantes.

Aux États-Unis, le solde primaire sous-jacent des administrations publiques devrait s'améliorer de 0.5 point de PIB environ sur la période 2015-16, ce qui correspond peu ou prou à l'application des dispositions législatives en vigueur, notamment le *Bipartisan Budget Act* (la loi de finances bipartisane) et le *Budget Control Act*.

Au Japon, les prévisions tiennent compte d'une réduction supplémentaire de 2 points de pourcentage du taux effectif de l'impôt sur les sociétés en 2015, qui fera suite à la baisse qui l'a déjà ramené de 37 % à moins de 35 % en 2014. Le budget supplémentaire de l'exercice 2014 a été également pris en compte. Dans l'ensemble, le solde primaire sous-jacent devrait progresser de 0.5 à 1 point de PIB en 2015 et en 2016.

Dans les pays de la zone euro, l'orientation des politiques budgétaires en 2015 et en 2016 (mesurée sur la base de la variation du solde primaire structurel) est fondée sur les projets de lois de finances ou, à défaut, sur les objectifs annoncés dans les programmes de stabilité.

La trajectoire supposée des taux d'intérêt directeurs représente le résultat le plus probable, en fonction des prévisions de l'OCDE concernant l'activité économique et l'inflation, qui peuvent être différentes de celles des autorités monétaires.

- Aux États-Unis, la limite supérieure de la fourchette retenue comme objectif pour le taux des Fonds fédéraux devrait être relevée progressivement entre septembre 2015 et décembre 2016 pour passer de son niveau actuel de 0.25 % à 2 %.
- Dans la zone euro, on pose l'hypothèse d'un maintien du principal taux de refinancement à 0.05 % tout au long de la période considérée.
- Au Japon, le taux directeur à court terme devrait rester stable à 0.1 % sur l'ensemble de la période considérée.
- Au Royaume-Uni, le taux interbancaire est censé s'accroître progressivement entre février 2016 et décembre 2016, passant de 0.5 % actuellement à 1.5 %.

Bien que leur impact soit difficile à évaluer, les mesures d'assouplissement quantitatif énoncées ci-après devraient être adoptées pendant la période considérée, avec un effet implicite sur le rythme de convergence des taux d'intérêt à long terme vers leur niveau de référence. Aux États-Unis et au Royaume-Uni, on estime que les stocks resteront inchangés jusqu'à la fin de la période considérée. Au Japon, les achats d'actifs devraient se poursuivre conformément à l'objectif déclaré des autorités monétaires d'atteindre la cible d'inflation ; on pose l'hypothèse que cela maintiendra le taux d'intérêt à long terme à un niveau constant jusqu'à la fin de 2016. Dans la zone euro, les programmes en cours d'opérations ciblées de refinancement à plus long terme et d'achats de titres privés et d'obligations souveraines sont censés durer jusqu'à la fin de 2016, ce qui maintiendra les taux d'intérêt à long terme à un niveau constant.

Aux États-Unis et au Royaume-Uni, on retient comme hypothèse que les rendements des obligations d'État à 10 ans convergeront lentement vers un taux de référence (qui ne sera atteint que bien après la fin

Encadré 1.1. **Hypothèses relevant de l'action publique et autres hypothèses sous-tendant les prévisions** *(suite)*

de la période considérée), déterminé à partir du niveau anticipé des taux d'intérêt à court terme futurs, majoré d'une prime d'échéance et d'une prime de risque budgétaire additionnelle. On suppose que cette dernière s'applique dès lors que le ratio de la dette publique brute au PIB dépasse 75 % à raison de 2 points de base par point de pourcentage. On estime que le rendement des obligations d'État à 10 ans restera constant à 0.36 % au Japon et en Allemagne tout au long de la période considérée. Dans les pays de la zone euro, les écarts de rendement par rapport à l'Allemagne sont supposés ne pas varier par rapport à leurs niveaux récents, sauf en Grèce, où ils sont censés diminuer progressivement sur la période considérée.

Seules sont prises en compte les réformes structurelles déjà mises en œuvre ou annoncées pendant la période considérée. On suppose qu'aucune autre réforme ne sera mise en œuvre.

Les prévisions reposent sur l'hypothèse que les taux de change resteront aux niveaux observés à la date du 12 mai 2015, avec un dollar des États-Unis valant 120.03 JPY, 0.89 EUR (soit 1.12 USD pour un euro) et 6.21 CNY.

Le cours du baril de pétrole brut de référence Brent est supposé rester constant à 65 USD tout au long de la période considérée. On estime que les prix des produits de base non pétroliers resteront constants au cours de la période considérée, à leurs niveaux moyens d'avril 2015.

Ces prévisions ont été établies à partir d'informations collectées jusqu'à la date du 29 mai 2015.

Tableau 1.1. **La reprise mondiale regagnera lentement du terrain**

Total OCDE (sauf indication contraire)

	Moyenne 2002-2011	2012	2013	2014	2015	2016	2014 T4 / T4	2015 T4 / T4	2016 T4 / T4
	Pourcentage								
Croissance du PIB en volume[1]									
Monde[2]	3.9	3.3	3.3	3.3	3.1	3.8	3.3	3.2	3.9
OCDE[2]	1.7	1.3	1.4	1.8	1.9	2.5	1.8	2.1	2.6
États-Unis	1.7	2.3	2.2	2.4	2.0	2.8	2.4	1.7	2.8
Zone euro	1.1	-0.8	-0.3	0.9	1.4	2.1	0.8	1.8	2.2
Japon	0.7	1.7	1.6	-0.1	0.7	1.4	-0.8	1.9	1.3
Non-OCDE[2]	6.7	5.2	5.1	4.7	4.2	4.9	4.6	4.3	5.0
Chine	10.6	7.7	7.7	7.4	6.8	6.7	7.2	6.7	6.6
Écart de production[3]	0.1	-2.1	-2.2	-2.0	-1.9	-1.2			
Taux de chômage[4]	6.9	7.9	7.9	7.3	6.9	6.6	7.1	6.8	6.5
Inflation[5]	2.1	1.9	1.3	1.5	0.7	1.7	1.3	0.9	1.8
Solde des administrations publiques[6]	-4.4	-5.8	-4.2	-3.7	-3.1	-2.5			
Pour mémoire									
Croissance du commerce mondial	5.6	3.1	3.3	3.2	3.9	5.3	3.6	3.9	5.9

1. En moyenne annuelle ; dans les trois dernières colonnes figure la variation en glissement annuel.
2. Moyenne mobile pondérée par le PIB, en parités de pouvoir d'achat.
3. Pourcentage du PIB potentiel.
4. Pourcentage de la population active.
5. Déflateur de la consommation privée. Variation en glissement pour les 3 dernières colonnes.
6. Pourcentage du PIB.

Source : Base de données des Perspectives économiques de l'OCDE, n° 97.

StatLink http://dx.doi.org/10.1787/888933226613

Graphique 1.1. **La croissance mondiale semble devoir se redresser**

Pourcentage de variation en glissement trimestriel annualisé

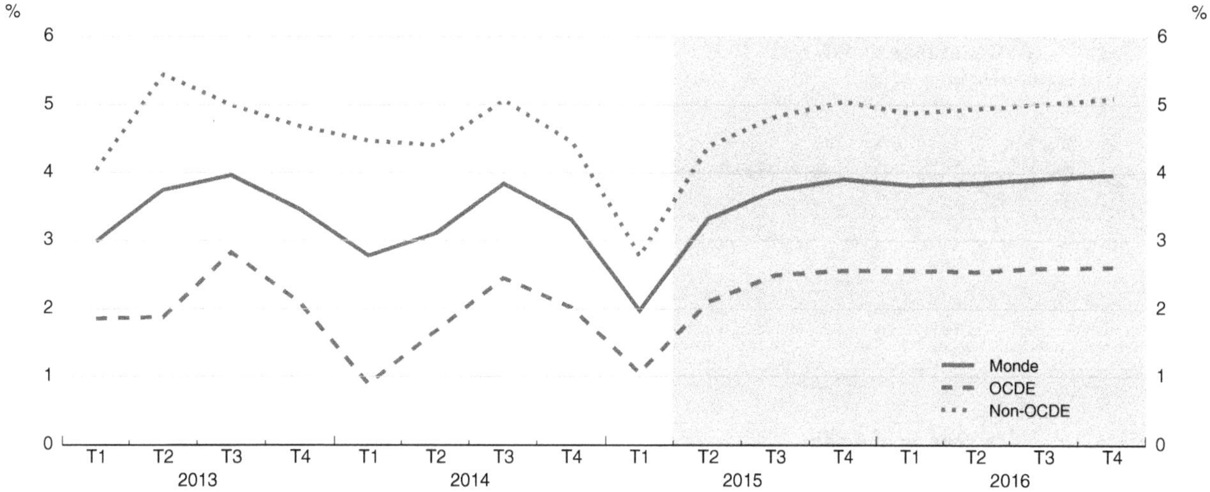

Source : Base de données des Perspectives économiques de l'OCDE, n° 97.

StatLink http://dx.doi.org/10.1787/888933225486

croissance ne devrait s'affermir que très légèrement dans la zone de l'OCDE, mais de manière plus prononcée dans les économies non membres de l'OCDE (graphiques 1.2 et 1.3). Après avoir été légèrement négative au début de 2015, la croissance aux États-Unis devrait se redresser sous l'effet d'une politique monétaire progressivement moins accommodante, de la disparition de l'effet de freinage budgétaire, de la baisse des prix de l'énergie et de l'augmentation durable du patrimoine des ménages. Le raffermissement du dollar et le recul de l'investissement dans le secteur de l'énergie modéreront toutefois la reprise. Dans la zone euro et au Japon, l'activité sera soutenue par la baisse des cours pétroliers, la dépréciation de la monnaie et la relance monétaire. L'ajustement budgétaire devrait ralentir au Japon et être mis en pause dans la zone euro, ce qui soutiendra également la croissance. En Chine, la croissance devrait fléchir à mesure que la restructuration de l'économie progressera, les services prenant le pas sur l'investissement et l'immobilier comme moteurs de la croissance économique. En revanche, la croissance devrait redémarrer dans les autres principales économies de marché émergentes. En Russie et au Brésil, la récession devrait faire place à une croissance faible, mais positive, en 2016. En Inde, la croissance restera globalement stable en 2015 et 2016. Enfin, en Indonésie, la croissance devrait progresser pendant le reste de l'année 2015 et en 2016.

La fragilité de la reprise prévue s'explique en partie par l'atonie persistante de l'investissement. La croissance de la formation brute de capital fixe dans la zone de l'OCDE devrait s'établir à seulement 2⅓ pour cent en 2015, avant d'accélérer pour atteindre 4 % en 2016. La cause première de la faiblesse de l'investissement est la fragilité de la reprise elle-même, ainsi que les incertitudes entourant la perspective d'une croissance plus soutenue. Des facteurs propres aux pays entrent aussi en ligne de compte : la persistance de conditions de crédit resserrées dans certains pays d'Europe, la baisse des cours du pétrole en Amérique du Nord, les excès antérieurs de la Chine en matière d'investissement et la correction durable du marché du logement dans bon nombre de pays de l'OCDE. On trouvera au chapitre 3 une analyse des déterminants des dépenses en capital.

Graphique 1.2. **Principales économies de l'OCDE : projections macroéconomiques**

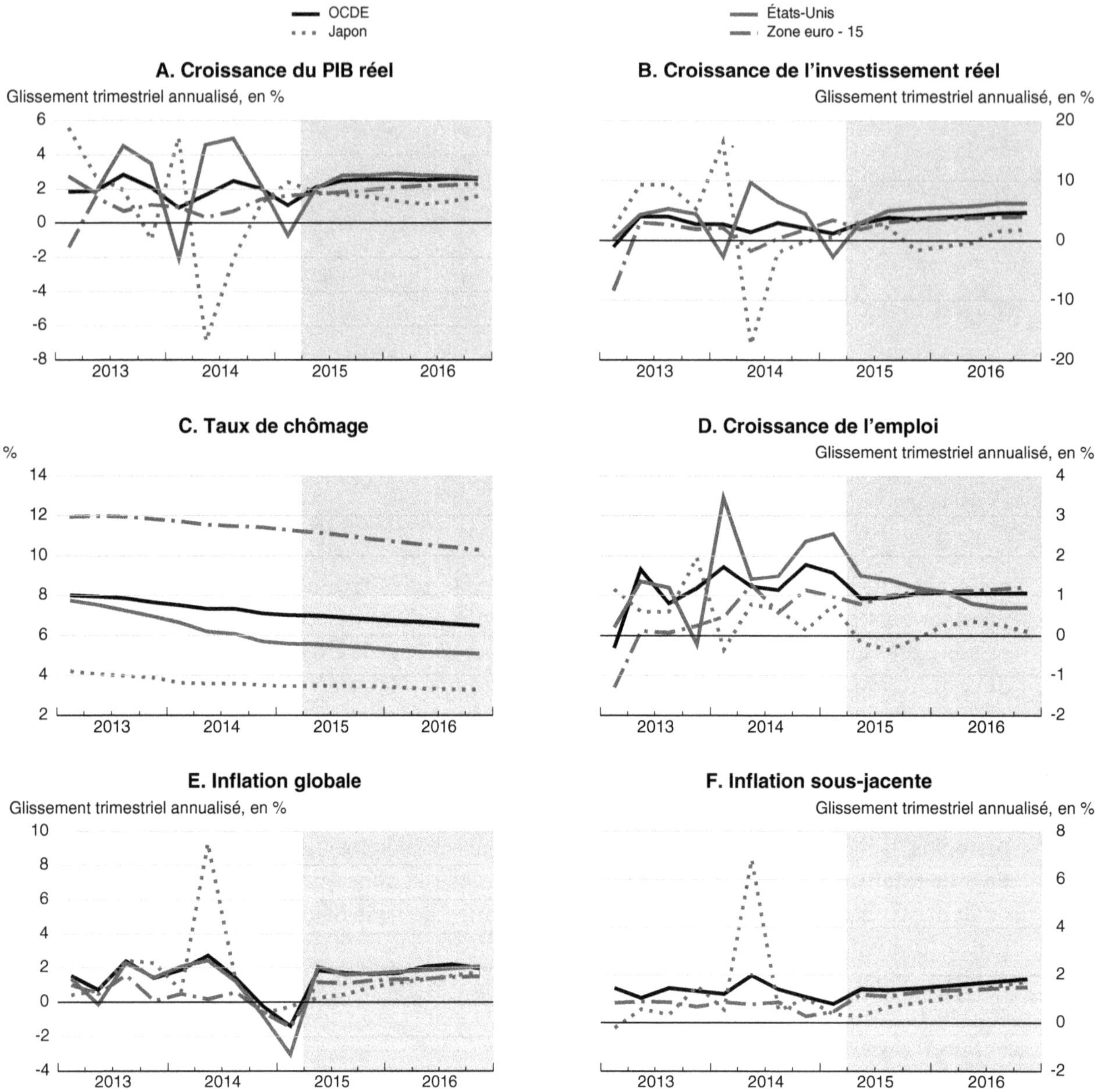

Source : Base de données des Perspectives économiques de l'OCDE, n° 97.

StatLink http://dx.doi.org/10.1787/888933225491

Le taux de chômage dans la zone de l'OCDE a diminué d'un peu plus de 1 point de pourcentage par rapport à son point haut de 2010 et il devrait continuer à reculer pour s'établir à 6.5 % à la fin de l'année 2016. Pour autant, 40 millions de personnes seront toujours sans emploi, soit 7.5 millions de plus que dans la période précédant immédiatement la crise. L'embellie du marché du travail est beaucoup plus nette aux États-Unis et au Japon que dans la zone euro, où le taux de chômage demeure très élevé. Alors qu'en Allemagne le marché du travail se porte bien, le chômage ressort à 11.2 % dans la zone euro, mais à 13.5 % si l'on exclut l'Allemagne.

Graphique 1.3. **Les taux de croissance des BRIC seront très contrastés**

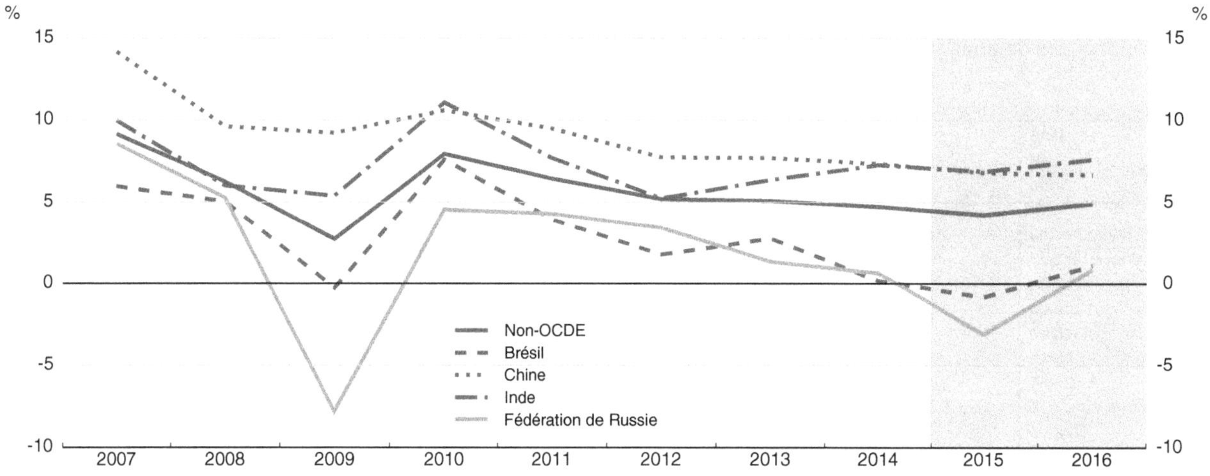

Source : Base de données des Perspectives économiques de l'OCDE, n° 97.

StatLink http://dx.doi.org/10.1787/888933225509

La croissance plus soutenue et les tensions sur les marchés du travail devraient progressivement faire monter l'inflation, dans l'hypothèse où les taux de change et le prix du pétrole se stabilisent et où les anticipations d'inflation demeurent bien ancrées. Les effets de la baisse récente des cours du pétrole ont déjà été pour l'essentiel répercutés sur les prix, et les taux d'inflation trimestriels sont redevenus positifs dans la plupart des pays. Dans l'ensemble de la zone de l'OCDE, l'inflation devrait remonter, passant d'un récent point bas de -1.4 % au premier trimestre de 2015 à 2 % fin 2016. Aux États-Unis, l'inflation devrait s'approcher de l'objectif à moyen terme fixé à 2 % à la fin de l'année 2016, mais dans la zone euro et au Japon, elle restera nettement inférieure aux objectifs.

Principales forces influant sur les perspectives économiques

Des réajustements importants des taux de change affectent les conditions macroéconomiques

Les devises de nombreux pays développés et grandes économies de marché émergentes se sont sensiblement dépréciées par rapport au dollar des États-Unis depuis la mi 2014, dans des proportions comparables à celles de la période 2008-09, même si l'on observe un léger raffermissement depuis la mi-avril 2015 (graphique 1.4). Dans plusieurs pays, la dépréciation face au dollar a dépassé 15 %, même si l'ajustement a été moins prononcé en termes nominaux et effectifs réels et si, dans certains pays, les monnaies se sont même appréciées en valeur effective. Par conséquent, le taux de change effectif réel du dollar des États-Unis s'est apprécié de près de 10 % depuis la mi-2014, et un peu plus en valeur nominale. Des ajustements des taux de change effectifs moins marqués que les variations bilatérales impliquent potentiellement des effets sur les échanges modérés par rapport aux effets financiers.

Ces variations de change s'expliquent par les différences d'orientation de la politique monétaire à travers le monde. Les marchés anticipaient un resserrement progressif de la politique monétaire aux États-Unis mais un assouplissement dans la zone euro et au Japon, ce qui s'est traduit par un creusement des écarts de taux d'intérêt (graphique 1.5).

Graphique 1.4. **De nombreuses monnaies se sont dépréciées face au dollar des États-Unis**

Pourcentage de dépréciation entre juillet 2014 et mai 2015

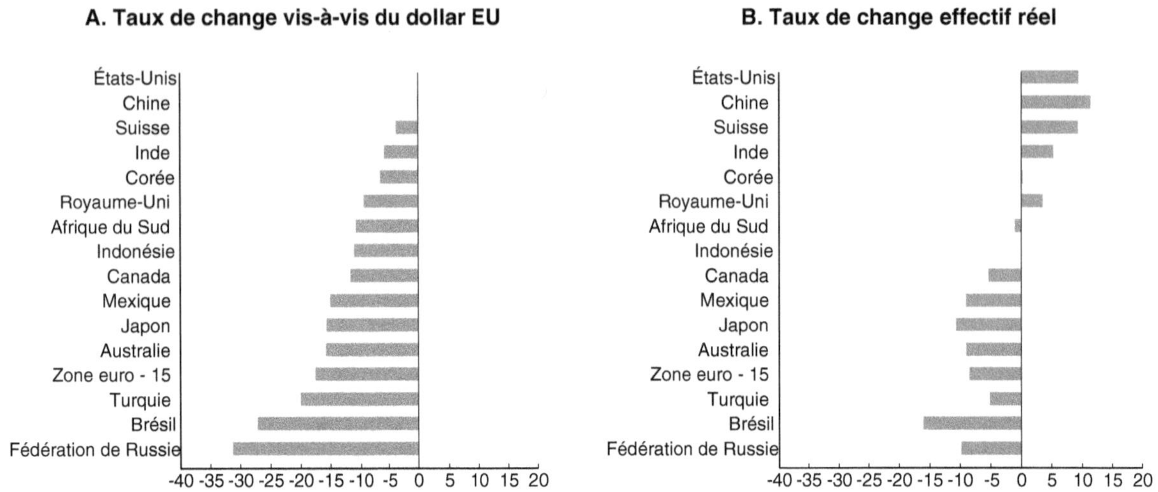

Note : Des valeurs négatives indiquent une dépréciation de la monnaie concernée vis-à-vis du dollar des États-Unis (USD) et vis-à-vis d'un panier de monnaies pondérées en fonction des échanges, compte tenu de l'évolution des prix à la consommation (taux de change effectif réel).

Source : Base de données des Perspectives économiques de l'OCDE, n° 97 ; Datastream ; et calculs de l'OCDE.

StatLink http://dx.doi.org/10.1787/888933225511

Compte tenu de la décision de la Banque du Japon d'amplifier l'assouplissement quantitatif et qualitatif et d'une série de mesures prises par la Banque centrale européenne, notamment la décision d'acheter des obligations souveraines, le total des actifs des principales banques centrales de l'OCDE a continué à augmenter rapidement. Qui plus est, plusieurs banques centrales ont abaissé leurs taux directeurs en raison de la réduction des tensions inflationnistes et d'un fléchissement de l'économie.

Graphique 1.5. **La divergence entre les politiques monétaires s'accentue**

Écarts de taux d'intérêt au jour le jour anticipés à un an et à deux ans vis-à-vis des États-Unis

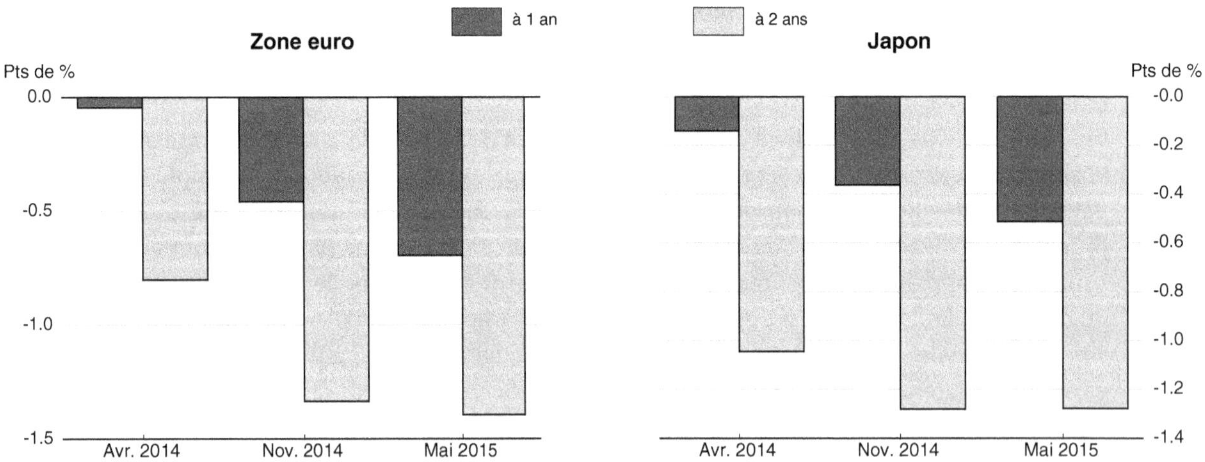

Note : Écarts moyens pour les mois indiqués.

Source : Bloomberg ; et calculs de l'OCDE.

StatLink http://dx.doi.org/10.1787/888933225521

Les variations des taux de change ont eu un impact sur les conditions financières. L'appréciation du dollar des États-Unis a contribué à un durcissement des conditions de financement aux États-Unis, alors que l'inverse se vérifie dans la zone euro et au Japon (graphique 1.6). Dans les trois régions, les cours des obligations et des actions se sont inscrits en hausse grâce au soutien de la politique monétaire, ce qui a accru le patrimoine des ménages et réduit les coûts de financement pour les entreprises. De fait, les cours des obligations ont atteint des niveaux record dans la zone euro à la mi-avril, après quoi ils ont chuté brutalement sur fond de hausse connexe des rendements (d'environ 50 points de base), même s'ils restent élevés. Néanmoins, les flux de dette des entreprises de tous les secteurs ont été modérés dans la zone euro, même si les flux de prêts semblent à présent s'y redresser, et au Japon. En revanche, les flux de dette progressent aux États-Unis.

Les variations de change enregistrées depuis la mi-2014 ont eu une incidence marquée sur les inflations nationales. C'est en particulier le cas dans la zone euro, où selon des estimations, les répercussions des variations des taux de change sur l'inflation sont plus importantes qu'aux États-Unis et au Japon (Morin et Schwellnus, 2014). Compte tenu du taux de répercussion estimé et de l'intensité en importations de la demande, la

Graphique 1.6. **Les conditions financières et les flux d'endettement des entreprises évoluent en sens inverse**

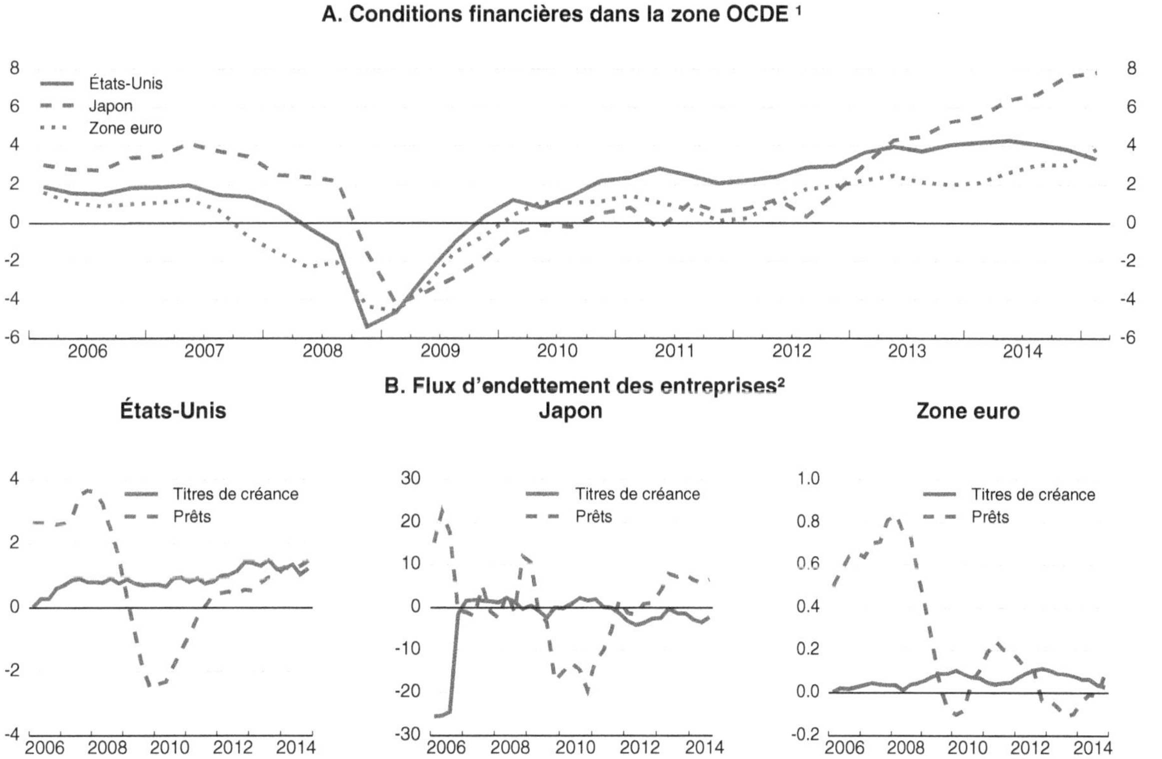

1. Une augmentation (baisse) d'un point de l'indice des conditions financières traduit un assouplissement (resserrement) des conditions financières suffisant pour entraîner une augmentation (réduction) moyenne du PIB de ½ pour cent à un 1% au bout de quatre à six trimestres. Pour en savoir plus, voir Guichard et al. (2009). Ce graphique repose sur les données qui étaient disponibles à la date du 29 mai 2015.
2. Sociétés non financières. Somme mobile sur quatre trimestres en milliers de milliards de la monnaie nationale considérée.

Source : Base de données des Perspectives économiques de l'OCDE, n° 97 ; Base de données des comptes nationaux trimestriels de l'OCDE ; Datastream ; et calculs de l'OCDE.

StatLink http://dx.doi.org/10.1787/888933225533

Tableau 1.2. **Évolution du taux de change et des prix depuis la mi-2014 aux États-Unis, dans la zone euro et au Japon**

	Taux de change effectif	Core CPI	Taux de change contribution
	Pourcentage de variation entre T2 2014 et T2 2015		Pts de %
États-Unis	12.2	1.1	-0.3
Zone euro	-8.2	0.7	0.6
Japon	-8.6	0.3	0.2

Note: La contribution du taux de change a été calculée à partir des effets estimés des variations du change sur les prix à l'importation (Morin et Schwellnus, 2015) et de l'évolution trimestrielle des taux de change, ainsi que de l'intensité d'importations de la consommation des ménages. Pour les Etats-Unis et le Japon, l'intensité d'importations est tirée de la base de données sur les entrées-sorties entre pays et renvoie à 2009 (OCDE, 2013). Pour la zone euro, en l'absence de données excluant les importations intrazone, on a utilisé la moyenne des valeurs calculées pour les Etats-Unis et le Japon.

Source : Calculs de l'OCDE.

StatLink http://dx.doi.org/10.1787/888933226622

dépréciation nominale effective de l'euro depuis la mi-2014 pourrait être directement à l'origine de l'essentiel de la hausse du niveau des prix à la consommation sous-jacents dans la région depuis cette date (tableau 1.2). Par ailleurs, la dépréciation du yen pendant la même période pourrait avoir contribué légèrement à la hausse des prix à la consommation sous-jacents au Japon. En revanche, l'appréciation du dollar des États-Unis pourrait à elle seule avoir freiné le redressement de l'inflation aux États-Unis.

Les récentes variations des taux de change influeront sur le volume des exportations et importations, et la demande s'en trouvera redistribuée des États-Unis vers la zone euro et le Japon. L'ampleur de l'impact dépend des répercussions des variations des taux de change sur les prix à l'exportation et à l'importation ainsi que de l'élasticité-prix des exportations et importations. On estime que les répercussions sont très faibles aux États-Unis pour les exportations comme pour les importations par rapport à la zone euro, et l'élasticité-prix des exportations et importations varie considérablement suivant les pays. S'agissant des États-Unis, l'appréciation du dollar devrait entraîner des pertes de parts de marché pour les exportateurs américains et une hausse du taux de pénétration des importations. Par conséquent, une contribution négative cumulée des exportations nettes à la croissance en 2015 et 2016 d'environ 1.25 point de pourcentage est prévue. Concernant la zone euro et le Japon, l'inverse devrait se produire, avec une contribution cumulée positive des exportations nettes à la croissance d'environ 0.5 point de pourcentage. La contribution des exportations nettes à la croissance dans les pays non membres de l'OCDE devrait être inférieure à 0.5 point de pourcentage (graphique 1.7).

Les variations de change ont aussi des conséquences financières qui résultent des engagements internationaux :

- Dans les économies de marché émergentes, la dépréciation des monnaies nationales a accru le coût du service de la dette libellée en devises. La dette en devises a augmenté dans plusieurs grandes économies de marché émergentes ces dernières années, même si ces engagements sont moins importants en pourcentage du PIB qu'ils ne l'étaient avant la crise asiatique en 1997 (graphique 1.8 ; Ollivaud *et al.*, 2015). En particulier, dans de nombreuses économies émergentes, les entreprises ont emprunté davantage en devises étrangères (Chui *et al.*, 2014). L'impact d'une appréciation du dollar des États-Unis sur les bilans des sociétés dépendra de la proportion de prêts libellés dans cette devise et de l'éventuelle couverture de

Graphique 1.7. **Les exportations nettes devraient contribuer négativement à la croissance aux États-Unis en contraste avec les autres régions économiques**

Contribution cumulée des exportations nettes pour les périodes indiquées

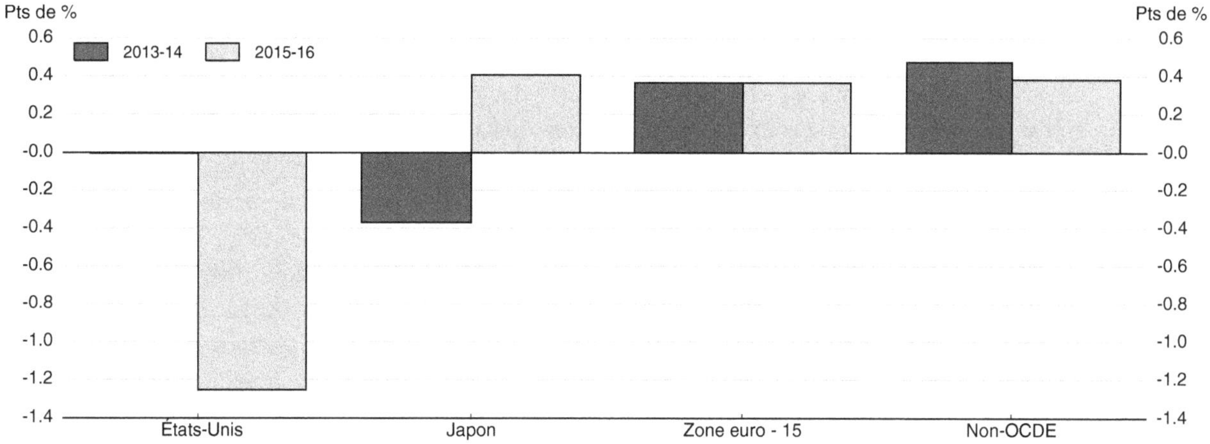

Source : Base de données des Perspectives économiques de l'OCDE, n° 97.

StatLink http://dx.doi.org/10.1787/888933225546

Graphique 1.8. **Les emprunts en devises ont augmenté dans plusieurs économies de marché émergentes**

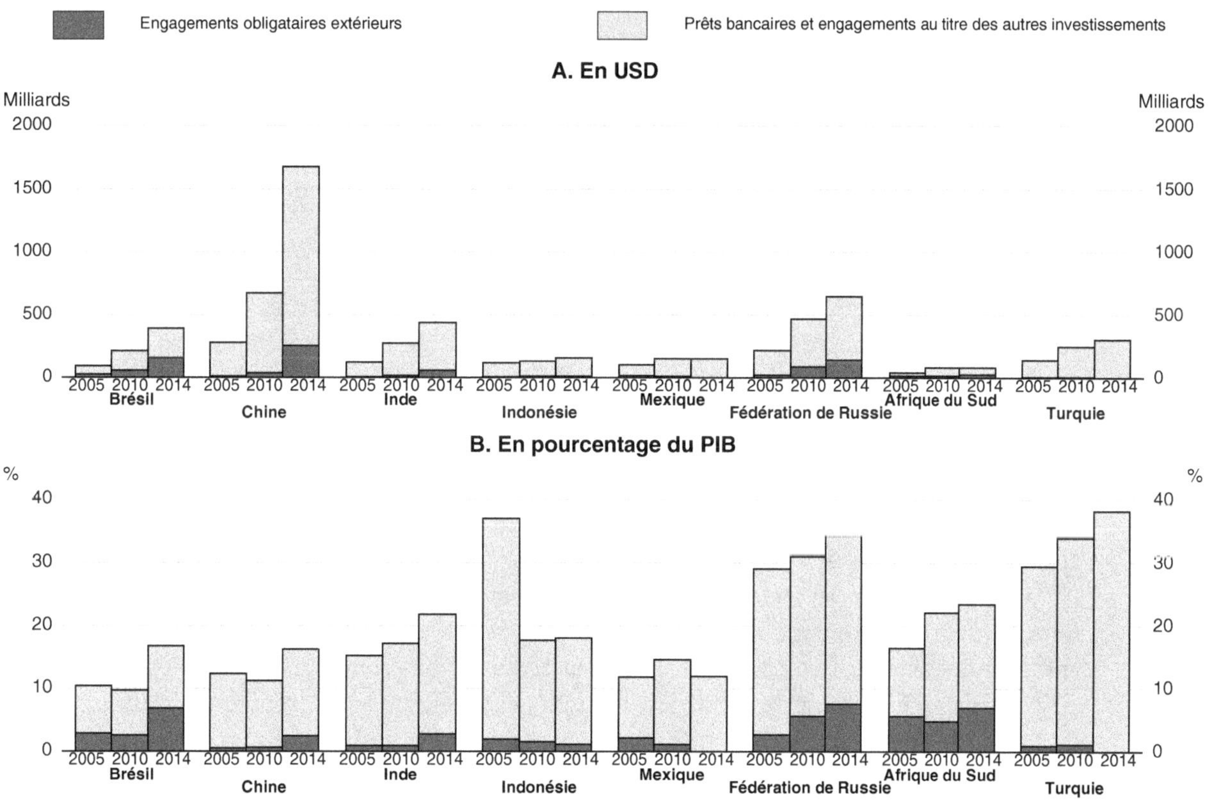

Note : Les engagements extérieurs sont mesurés par la différence entre les encours de titres de créance par nationalité de l'émetteur et par lieu de résidence de l'émetteur ; ils prennent la valeur zéro lorsque la différence est négative (Mexique et Turquie en 2014). Pour l'Afrique du Sud, 2014 correspond à 2013.

Source : Base de données des Perspectives économiques de l'OCDE, n° 97 ; BIS, statistiques relatives aux titres de créance ; et FMI, base de données de la balance des paiements (pour les prêts bancaires et les engagements au titre des autres investissements).

StatLink http://dx.doi.org/10.1787/888933225552

ces risques de change. L'absence de données exhaustives empêche de tirer des conclusions définitives, même si dans plusieurs économies de marché émergentes asiatiques, le passif extérieur est essentiellement libellé en dollars des États-Unis. L'augmentation du coût du service de la dette n'est peut-être pas problématique pour les entreprises dont les recettes sont pour l'essentiel libellées en devises, comme c'est le cas pour de nombreux exportateurs de produits de base. En revanche, la récente baisse des prix mondiaux des produits de base a pesé sur les recettes de ceux qui les produisent. Les difficultés à assurer le service de la dette s'aggraveront si les investisseurs font preuve d'une trop grande aversion au risque, ce qui intensifiera les sorties de capitaux. Toutefois, les investissements de portefeuille ont continué d'affluer vers les économies de marché émergentes jusqu'en avril (IFI, 2015), même si cette évolution s'est quelque peu inversée en mai, et aucune correction majeure n'a été observée sur les marchés des actions et obligations dans ces économies.[1] Ainsi, en Chine, le marché des actions a en fait progressé de plus de 30 % depuis le début de l'année, après avoir déjà engrangé des gains de 60 % au deuxième semestre de 2014 et ce, malgré des signes de faiblesse de l'activité économique.

- Le raffermissement du dollar a réduit les rendements des placements en actifs étrangers des investisseurs américains, car ils sont pour la plupart libellés en devises. Par exemple, en avril, le rendement annuel des actions mondiales en monnaies locales était supérieur d'environ 8 points de pourcentage au rendement exprimé en dollars des États-Unis. L'appréciation du billet vert a aussi pesé sur les résultats des entreprises américaines très présentes à l'étranger, avec des conséquences sur les cours de leurs actions. Les sociétés du S&P 500 réalisent pratiquement 40 % de leurs bénéfices totaux à l'étranger.
- En revanche, les rendements des actifs étranger des investisseurs de la zone euro et du Japon se sont accrus en monnaies nationales. À titre d'exemple, en avril, le rendement annuel des actions mondiales dans la zone euro et au Japon exprimé en monnaies nationales était supérieur de respectivement 20 et 10 points de pourcentage environ à leur rendement en monnaies locales.
- L'appréciation du dollar des États-Unis a des effets de valorisation prononcés sur les actifs extérieurs nets. L'ampleur et le sens des effets de valorisation dépendent du volume relatif des actifs et passifs et de la composition de leurs monnaies. Ces effets peuvent être illustrés en estimant l'évolution des valorisations des actifs nets (hors positions sur produits dérivés) consécutive à une appréciation de 10 % du billet vert par rapport à l'ensemble des devises, en retenant comme hypothèse la structure en devises des actifs et passifs extérieurs telle qu'estimée par Bénétrix *et al.* (2014) (graphique 1.9). Aux États-Unis, les passifs extérieurs nets se dégraderaient à hauteur de près de 7 % du PIB, car les actifs extérieurs sont essentiellement libellés en devises. Par ailleurs, en Turquie et en Indonésie, où les passifs nets en dollars sont élevés, les passifs extérieurs nets se dégraderaient de respectivement 2 % et 1 % du PIB, accentuant ainsi la vulnérabilité extérieure de ces pays. Dans plusieurs autres économies, essentiellement en position extérieure nette créditrice, les actifs extérieurs s'amélioreraient à hauteur de 2 à 6 % du PIB, avec des effets de patrimoine et de revenu positifs pour les entreprises et ménages nationaux.

1. Les difficultés à assurer le service de la dette sont aussi plus grandes dans les pays d'Europe centrale et orientale. Leurs monnaies se sont fortement dépréciées par rapport au franc suisse après la décision de la Banque nationale suisse d'abandonner le taux de change minimum face à l'euro à la mi-janvier. Les banques et les ménages ont toujours des dettes non négligeables libellées en francs suisses, et il est peu probable qu'elles seront couvertes par les ménages.

Graphique 1.9. **Effet de valorisation des avoirs extérieurs nets découlant d'une appréciation de 10 % du dollar EU**

En pourcentage du PIB

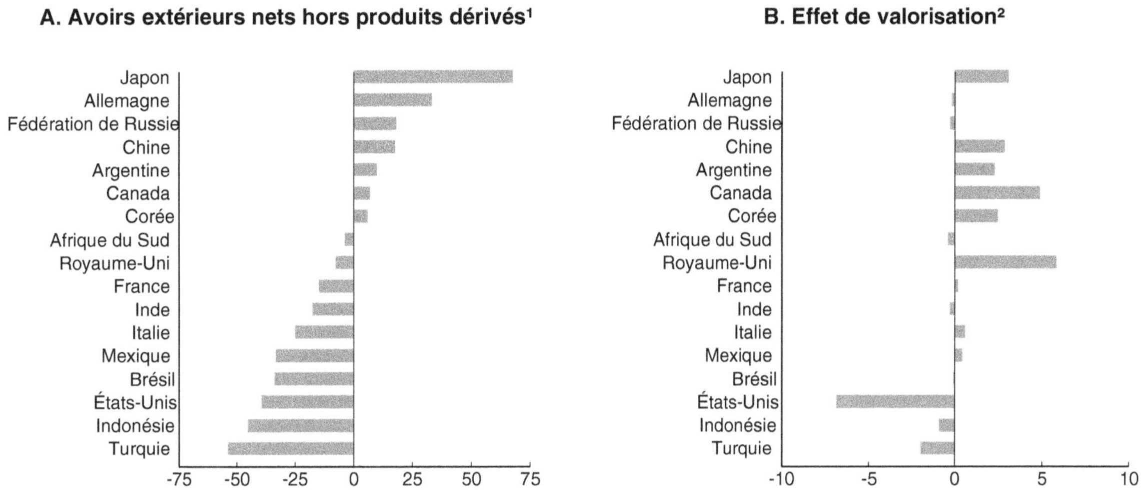

1. Dernières données disponibles.
2. Après une appréciation de10 % du dollar des États-Unis, en tenant compte de la composition en devises des avoirs et des engagements estimés par Bénétrix et al. (2014).

Source : Fonds monétaire international ; Bénétrix et al. (2014) ; et calculs de l'OCDE.

StatLink http://dx.doi.org/10.1787/888933225568

La chute du prix du pétrole stimule la croissance mondiale et ne fait plus baisser l'inflation

Après quatre années de stabilité générale à environ 105 USD le baril, les cours pétroliers ont diminué sensiblement depuis juin 2014 et évoluent dans la fourchette de 50-70 USD depuis le début de 2015 (graphique 1.10). Si la récente baisse des cours semble en grande partie imputable à des facteurs d'offre, le recul simultané du prix de nombreux autres produits de base, quoique moins prononcé que celui des cours pétroliers dans l'ensemble, porte à croire que des facteurs de demande ont aussi joué un rôle. En 2014, les prix mondiaux des denrées alimentaires sont tombés à leur plus bas niveau en quatre ans, alors que les prix des produits agricoles de base et des métaux et minéraux sont aussi en recul de plus de 15 % depuis juin dernier.

La chute des cours du pétrole entraîne une redistribution des revenus entre les producteurs et les consommateurs de pétrole, à l'intérieur des pays producteurs mais aussi entre les pays exportateurs nets et importateurs nets de pétrole. Cette redistribution transparaît dans les variations importantes des soldes des paiements courants (tableau 1.3). Ces transferts devraient avoir un impact net positif sur l'activité mondiale, sachant que les consommateurs ont en général une plus forte propension à dépenser que les producteurs. L'accroissement de la demande mondiale qui en résulte est une bonne chose dans le contexte d'une insuffisance globale de la demande. Les effets positifs en termes de croissance pour les pays importateurs nets de pétrole seront en partie contrebalancés par une réduction des exportations pour les producteurs d'or noir, puisque ces pays ont des revenus moins élevés.[2] Au prix de 65 USD le baril, les dix principaux

2. Au cours de la période 2002-08, on estime que les taux de recyclage des recettes pétrolières plus élevées par les exportateurs de pétrole ont avoisiné 40 % pour l'ensemble de la zone de l'OCDE (Wurzel *et al.*, 2009). Cependant, ces taux différaient fortement suivant les pays : ils étaient assez faibles aux États-Unis et au Japon, mais plutôt élevés dans les pays de la zone euro (jusqu'à 80 % en Allemagne).

Graphique 1.10. **Les prix des produits de base ont baissé**

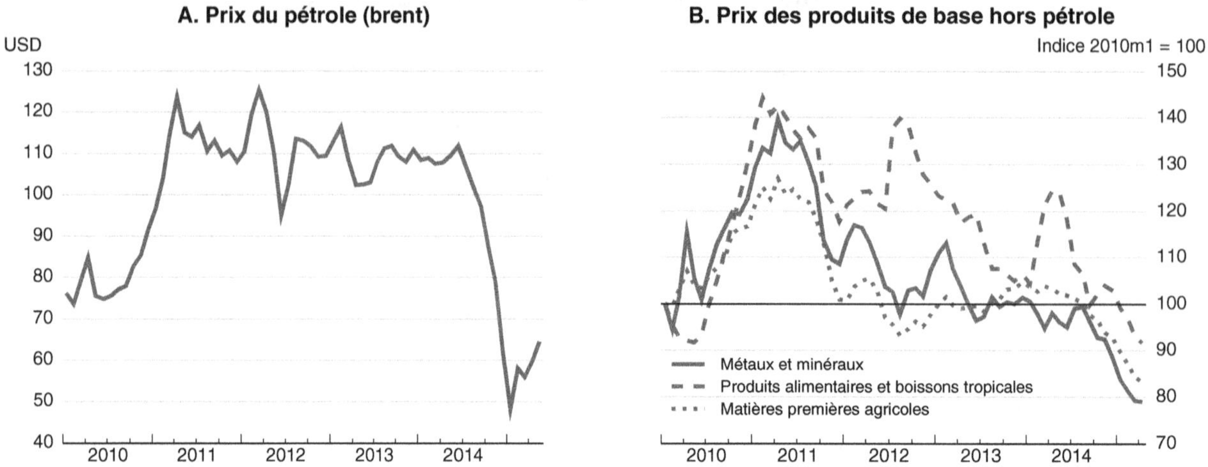

Source : Base de données des Perspectives économiques de l'OCDE, n° 97 ; et Datastream.

StatLink http://dx.doi.org/10.1787/888933225571

Tableau 1.3. **Le commerce mondial se renforcera mais seulement graduellement**

Échanges de biens et services

	2012	2013	2014	2015	2016
	Pourcentage de variation				
Commerce international[1]	3.1	3.3	3.2	3.9	5.3
Exportations de la zone OCDE	2.8	2.7	3.7	3.8	5.3
Importations de la zone OCDE	1.3	1.9	3.5	4.6	5.3
Prix du commerce extérieur[2]					
Exportations de la zone OCDE	-3.6	0.3	-1.2	-11.6	1.2
Importations de la zone OCDE	-2.7	-0.6	-1.5	-12.7	1.0
Exportations de la zone non-OCDE	0.3	-2.0	-2.7	-7.4	2.5
Importations de la zone non-OCDE	-0.7	-0.9	-1.9	-3.7	2.9
	Pourcentage du PIB				
Balances des opérations courantes					
États-Unis	-2.9	-2.4	-2.4	-2.6	-3.0
Japon	1.0	0.8	0.5	2.8	3.0
Zone euro	2.2	2.8	3.4	3.9	4.1
OCDE	-0.4	-0.1	0.0	0.1	0.1
Chine	2.5	1.6	2.1	2.4	2.1
	Milliards de dollars				
OCDE	-213	-55	-18	40	44
États-Unis	-461	-400	-411	-475	-557
Japon	62	40	23	116	130
Zone euro	274	362	445	451	489
Non-OCDE	548	373	408	281	310
Chine	215	148	220	267	250
Pays grands producteurs de pétrole	566	440	332	121	153
Reste du monde	-233	-215	-144	-106	-93
Monde	335	319	390	322	354

Note : Les agrégats régionaux incluent le commerce intra-régional.

1. Taux de croissance de la moyenne arithmétique des importations et exportations en volume.
2. Valeurs unitaires moyennes en dollars.

Source : Base de données des Perspectives économiques de l'OCDE, n° 97.

StatLink http://dx.doi.org/10.1787/888933226636

exportateurs nets de pétrole devraient perdre environ 450 milliards USD de recettes d'exportation cette année par rapport à 2014. Il faudra peut-être un certain temps pour que le coup de pouce aux dépenses se fasse sentir, alors que la réponse des producteurs sous la forme d'une baisse de l'investissement a été plus rapide, si bien que l'effet net de la baisse des prix du pétrole pourrait être quelque peu tempéré à court terme.

La chute des cours du pétrole dopera la croissance mondiale et celle des pays de l'OCDE à hauteur d'environ 0.25 point de pourcentage en 2015 et en 2016. On estime qu'elle aura une incidence plus forte au Japon (environ 0.6 point de pourcentage par an) et aux États-Unis (environ 0.4 point de pourcentage par an en incluant les effets sur l'investissement) que dans la zone euro (environ 0.2 point de pourcentage par an). Malgré un effet globalement positif, les pays sont impactés à des degrés très divers, compte tenu des différences en termes d'intensité de la consommation de pétrole, de soldes pétroliers nets et d'exposition aux échanges des producteurs d'énergie (graphique 1.11) :

- Les pays de l'OCDE importateurs de pétrole dont la production est faible ou nulle, comme les économies de la zone euro et le Japon, bénéficient d'une augmentation du revenu réel dont l'effet s'apparente en quelque sorte à celui d'une réduction d'impôt.
- Aux États-Unis, qui restent un importateur net de pétrole, les effets positifs en termes de croissance se manifesteront progressivement cette année et l'an prochain, mais sont atténués à court terme par une chute de l'investissement dans le secteur pétrolier.
- Dans les pays de l'OCDE exportateurs nets de pétrole comme le Canada, la Norvège et le Mexique, la baisse des cours pétroliers pèse sur la croissance puisqu'elle entraîne des pertes massives de recettes d'exportation et budgétaires et une réduction de l'investissement. Toutefois, la dépréciation des monnaies et la diminution de la facture énergétique pour les consommateurs neutralisent en partie ces effets négatifs.
- Dans les pays exportateurs nets de pétrole non membres de l'OCDE, notamment la Russie, mais aussi certains pays latino-américains, la chute des cours pétroliers, qui va de pair avec une faiblesse des monnaies, freine fortement la croissance. Le recul de la demande d'importations atténue quelque peu cet impact sur la croissance, tout comme le gain de revenu pour les consommateurs d'énergie, ces pays ayant généralement une intensité de consommation de pétrole assez élevée.
- Les pays non membres de l'OCDE importateurs nets de pétrole, en particulier ceux d'Asie comme l'Inde et l'Indonésie, sont peut-être les principaux bénéficiaires de la baisse des cours pétroliers, dans la mesure où l'énergie occupe une place plus importante dans les paniers de consommation et méthodes de production et où les soldes pétroliers nets négatifs sont donc assez élevés. Cela vaut aussi pour la Chine, qui consomme davantage de charbon, dont le prix s'est aussi effondré.

À plus long terme, même si les cours du pétrole peuvent subir de nouvelles pressions à la baisse à court terme, les prévisions d'offre et de demande de l'Agence internationale de l'énergie semblent indiquer que les prix vont probablement remonter à plus long terme, en restant toutefois inférieurs à 100 USD le baril (encadré 1.2).

On estime que l'impact direct des fluctuations des cours du pétrole sur l'inflation mondiale est essentiellement ponctuel : il est maximal après trois à cinq mois, puis s'estompe progressivement. Le coup d'arrêt de la forte baisse des prix des matières premières qui a eu lieu au cours du second semestre de 2014 et au début de 2015 ainsi que la remontée partielle des prix du pétrole depuis mars signifient que l'inflation globale a sans doute touché son point le plus bas. De fait, la hausse des prix à la consommation

Graphique 1.11. **La baisse du prix du pétrole a des effets différents d'un groupe de pays à l'autre**

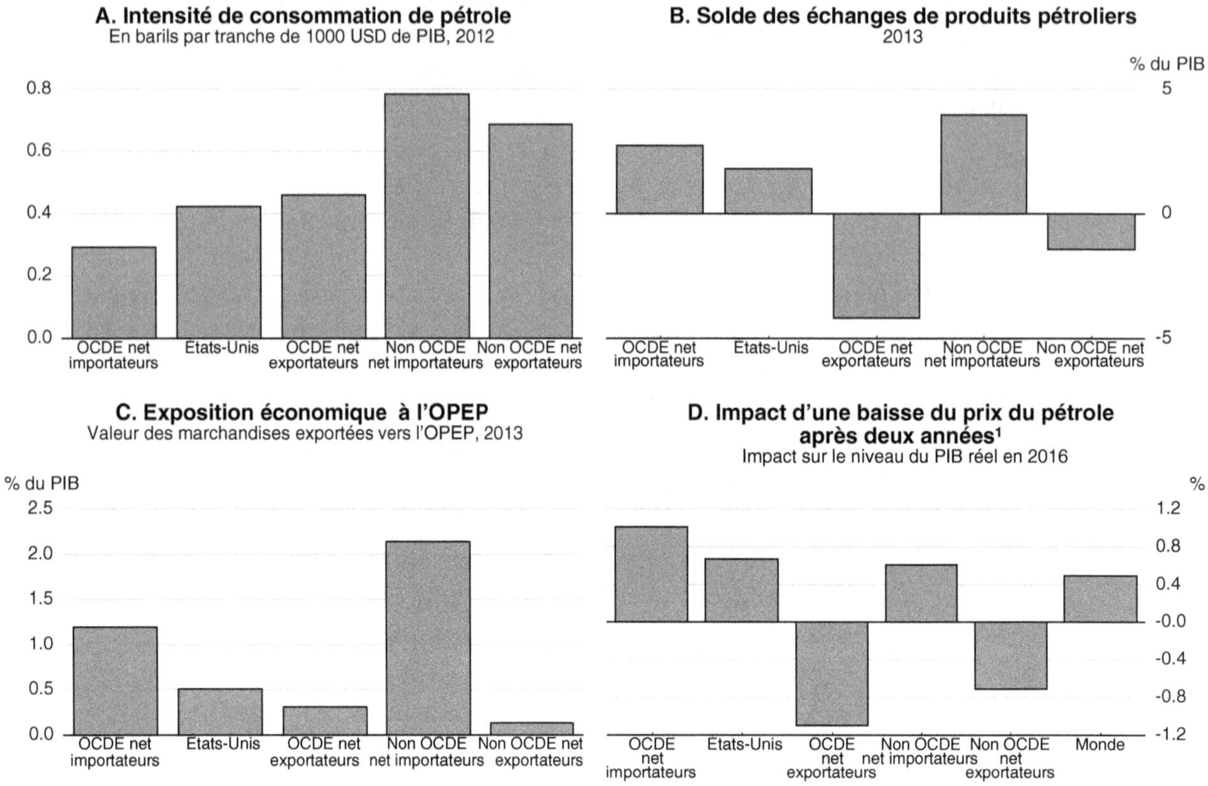

Note : Le groupe des importateurs nets de la zone OCDE comprend la zone euro, l'Australie, la Corée, la Hongrie, le Japon, la Nouvelle-Zélande, la Pologne, la République tchèque, le Royaume-Uni, la Suède et la Suisse. Le groupe des exportateurs nets de la zone OCDE comprend le Canada, le Danemark, le Mexique et la Norvège. Le groupe des importateurs nets de la zone non OCDE comprend l'Afrique du Sud, la Chine, l'Inde, l'Indonésie, Singapour, Taïwan et, selon les panels, quelques autres petits pays principalement situés en Asie de l'Est. Le groupe des exportateurs nets de la zone non OCDE comprend la Russie ainsi que les pays pétroliers d'Afrique et du Moyen-Orient, dont la liste varie légèrement selon les panels.

1. Selon les résultats des simulations effectuées à l'aide du modèle NiGEM de l'Institut national de recherche économique et sociale, ou, pour les exportateurs nets de la zone OCDE et pour les États-Unis, selon les estimations de l'OCDE. Les simulations s'appuient sur le prix du pétrole observé jusqu'à la fin du premier trimestre de 2015 et font l'hypothèse d'un prix de 65 USD par baril à partir du deuxième trimestre 2015. L'effet mondial est une moyenne pondérée des cinq autres groupes.

Source : Agence Internationale de l'Énergie ; Fonds Monétaire International ; et calculs de l'OCDE.

StatLink http://dx.doi.org/10.1787/888933225586

Encadré 1.2. **Évolution potentielle du prix du pétrole à moyen et à plus long terme**[1]

La chute de 60 % du prix du pétrole au second semestre de 2014 n'était pas inédite puisque des baisses comparables avaient été enregistrées en 1986, 1998 et 2008 (voir le graphique ci-dessous). Le recul récent s'explique à la fois par des facteurs d'offre et de demande et il est intervenu alors que les marchés de l'énergie connaissent de profondes mutations. L'Agence internationale de l'énergie (AIE) estime que le rééquilibrage du marché sera assez rapide mais d'une ampleur plutôt limitée. Les cours pétroliers devraient se stabiliser au-dessus des niveaux actuels, mais nettement en deçà du prix moyen de 110 USD le baril observé durant les trois années qui ont précédé la chute, dans l'hypothèse où aucune perturbation imprévue des approvisionnements ou aucun changement majeur de politique ne se produit.

Encadré 1.2. **Évolution potentielle du prix du pétrole à moyen et à plus long terme**[1] *(suite)*

Les principaux facteurs qui sous-tendent ces prévisions d'évolution des cours sont les suivants :

- La croissance de la demande devrait dépasser celle de l'offre ces six prochaines années (voir le graphique ci-dessous). La demande de pétrole devrait progresser de 1.1 million de barils/jour par an d'ici à 2020 (soit une hausse d'environ 1.1 % par an). Néanmoins, ce rythme est nettement plus lent (d'environ 20 %) que durant la période antérieure à la crise, car l'économie mondiale a progressivement tendance à consommer moins de pétrole. Cette tendance s'étend également aux économies de marché émergentes, l'intensité pétrolière de l'économie chinoise devant diminuer de 20 % d'ici à 2020. La demande de pétrole de la Chine progressera à un rythme comparable à celui de l'ensemble des pays non membres de l'OCDE (2.4 % par an). L'Inde se distingue avec une croissance annuelle de 3.4 %, qui reflète la croissance rapide de sa population et de son économie. Cependant, à elles toutes, les économies de marché émergentes ne contrebalanceront plus autant le recul prévu de la demande des pays de l'OCDE (de 0.2 % par an, contrairement à la situation qui prévalait avant la crise. Parmi les économies de l'OCDE, les États-Unis constituent le seul pays où une hausse de la demande est prévue (0.3 % par an), alors que la demande japonaise devrait diminuer de 1.4 % par an et que celle des pays européens membres de l'OCDE devrait fléchir de 0.7 % par an à moyen terme. Dans toutes les économies, la substitution interénergétique au profit du gaz naturel, du nucléaire, du charbon et des énergies renouvelables devrait réduire la demande mondiale de pétrole d'environ 2 % d'ici à 2020.
- L'offre devrait progresser de 0.86 million de barils par jour d'ici à 2020 (environ 0.9 % par an), mais à un rythme plus lent que dans le passé et inférieur à celui de la demande, essentiellement en raison du repli des investissements après la chute des cours. Malgré la décision de l'OPEP de protéger sa part de marché, la croissance de sa production prévue d'ici à 2020 (0.5 % par an) devrait provenir presque exclusivement de l'Irak, malgré les risques pour la sécurité, ce qui s'explique par l'abondance des ressources du pays. La capacité des Émirats arabes unis et de la Libye devrait aussi progresser (d'environ 2 % par an,) mais celle des autres pays producteurs de l'OPEP, confrontés à des coûts plus élevés, à des réserves financières moindres et à des tensions sociales et budgétaires stagnera, voire diminuera. Parmi les pays non membres de l'OPEP, les États-Unis resteront la première source de croissance de l'offre mondiale en barils. L'offre devrait selon les prévisions augmenter d'environ 3 % par an aux États-Unis et au Canada et de 5 % par an au Brésil. La production de la Russie devrait fléchir d'environ 0.9 % par an d'ici à 2020, la faiblesse des cours, les sanctions internationales et la dépréciation de la monnaie amplifiant l'effet du déclin naturel des installations du pays. Plusieurs autres pays producteurs de taille plus modeste, dont la Norvège, l'Égypte, la Colombie et l'Indonésie, devraient aussi enregistrer un recul de leur production à moyen terme.
- À plus court terme, le calendrier de la levée des sanctions contre l'Iran influera sur le rééquilibrage du marché. L'Iran pourrait rétablir totalement sa capacité d'approvisionnement dans des délais rapides puis l'accroître pour atteindre environ 4 millions de barils par jour d'ici à 2020, contre 2.8 millions de barils par jour actuellement. En outre, d'autres producteurs pourraient également renforcer leur offre afin de préserver leur part de marché. Il en résulterait un marché nettement moins tendu, qui se rééquilibrerait probablement à un prix encore plus bas.

En outre, les facteurs suivants pourraient avoir une incidence sur la volatilité du prix du pétrole à court et moyen terme :

- L'offre hors OPEP est devenue plus élastique par rapport aux prix. L'huile de réservoir compact d'Amérique du Nord représente aujourd'hui la principale source de croissance de l'offre mondiale, avec une prévision de croissance d'environ 0.3 million de barils par jour (6 %) par an d'ici à 2020. Compte tenu de la décision de l'OPEP de ne pas réduire sa production en novembre 2014, l'huile de réservoir compact est devenue un facteur décisif d'équilibre du marché. L'huile de réservoir compact réagit davantage à la hausse et à la baisse des cours, avec des délais d'approvisionnement courts, un amortissement plus rapide et une mise de fonds initiale moins importante. Par conséquent, elle limitera les corrections excessives du marché à la baisse comme à la hausse.

Encadré 1.2. **Évolution potentielle du prix du pétrole à moyen et à plus long terme**[1] *(suite)*

- En revanche, la croissance de l'offre de l'Amérique du Nord signifie qu'une part grandissante de sa demande sera couverte par une production locale, ce qui contribuera à la diminution du commerce international de pétrole brut, en particulier des échanges interrégionaux, sur lesquels les volumes croissants de brut raffinés localement avant d'être exportés auront également un impact. Par conséquent, le commerce mondial de brut basculera du pétrole brut vers les produits pétroliers. La contraction et la fragmentation des marchés du brut iront de pair avec le développement et la mondialisation des marchés des produits pétroliers. Cela pourrait accentuer la volatilité du prix du brut à court et moyen terme.

Évolutions passées et prévues sur le marché du pétrole

A. Évolution des prix pendant les phases de correction du marché
Indice, point haut précédant le point bas = 100

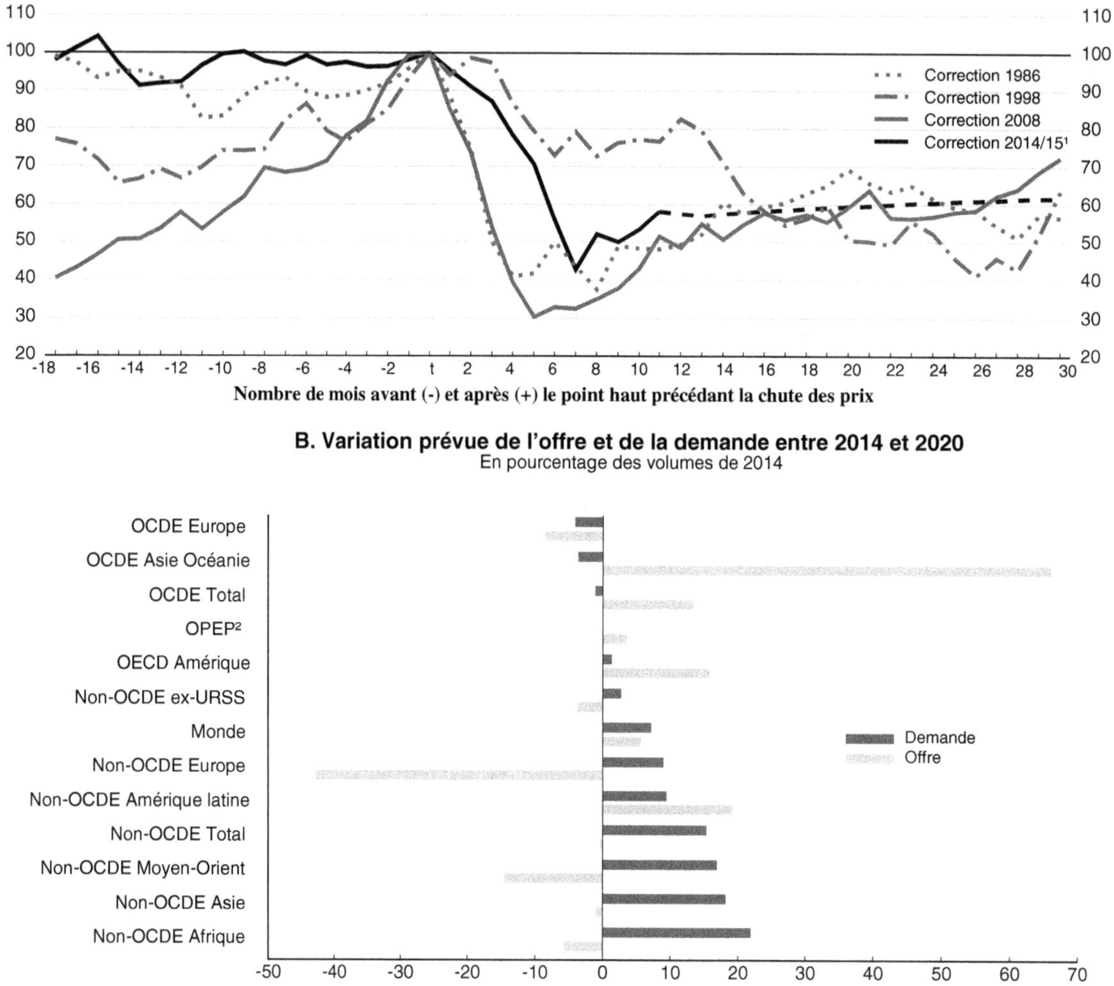

1. Pour la phase de correction de 2014, les prix à compter de juin 2015 sont ceux des contrats à terme sur le Brent au 27 mai 2015. Les prix des contrats à terme ne sont pas des projections.
2. L'OPEP ne fait pas partie de l'agrégat non-OCDE considéré pour l'offre.

Source : Base de données des comptes nationaux de l'OCDE ; Agence internationale de l'énergie ; Wall Street Journal Markets Data Center ; et calculs de l'OCDE.

StatLink http://dx.doi.org/10.1787/888933225704

1. Cet encadré s'inspire de AIE (2015) et des rapports mensuels sur le marché pétrolier de l'AIE de 2015.

Graphique 1.12. **Les anticipations d'inflation remontent**

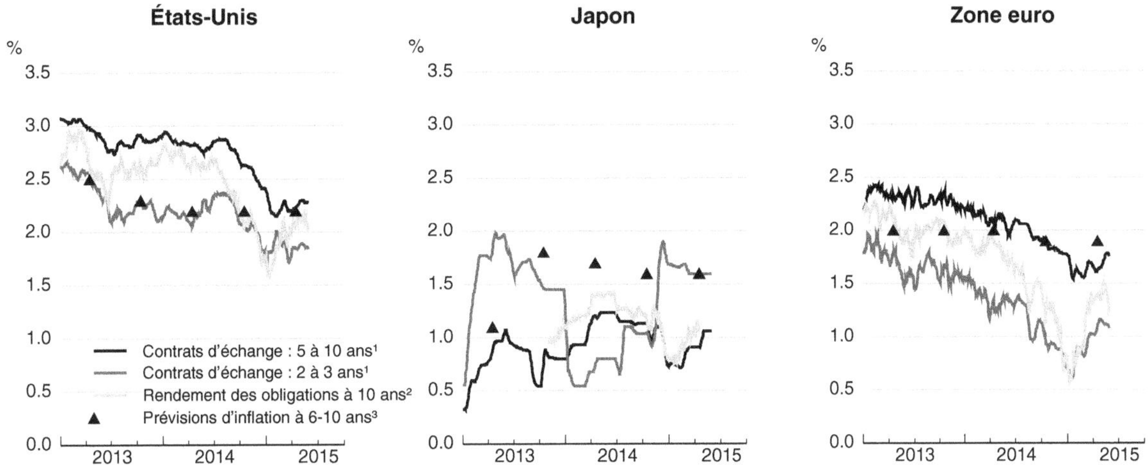

1. Inflation annuelle moyenne anticipée sur la base des contrats d'échange indexés sur l'inflation. Par exemple, à un horizon de 5 à 10 ans, il s'agit de la différence entre les taux des contrats d'échange indexés sur l'inflation à 5 ans et à 10 ans.
2. Anticipation implicite d'inflation mesurée par l'écart de rendement entre les obligations d'État de référence à 10 ans et les obligations à 10 ans indexées sur l'inflation.
3. Inflation moyenne anticipée à un horizon de 6 à 10 ans d'après les prévisionnistes professionnels de Consensus Economics.

Source : Datastream ; FactSet ; et Consensus Economics.

StatLink http://dx.doi.org/10.1787/888933225590

mensuels à l'échelle mondiale s'est établie à 0.2-0.3 % ces derniers mois. Les effets indirects, via les salaires ou l'utilisation du pétrole comme intrant dans la production d'autres biens et services, de la chute du prix du pétrole ont été modérés jusqu'à présent. Les anticipations d'inflation à moyen terme, notamment celles qui s'appuient sur des enquêtes, n'ont guère été affectées, ou alors leur révision à la baisse initiale, intervenue après le début de la chute des cours, a été en partie annulée depuis, notamment pour celles qui reposent sur les prix des instruments financiers au Japon (graphique 1.12)

Les marchés du travail se redressent progressivement

Les indicateurs classiques laissent penser que la marge de ressources de main-d'œuvre inutilisées s'amenuise (tableau 1.4 et graphique 1.13). À l'échelle de la zone OCDE, le taux de chômage a reflué pour s'établir à 7 %, un niveau qu'il n'avait pas atteint depuis 2008 et qui est proche du taux structurel estimé. C'est particulièrement vrai aux États-Unis et au Japon, même si, aux États-Unis, le temps partiel subi demeure élevé, et si une partie des chômeurs actuels pourrait revenir sur le marché du travail pour autant que les perspectives d'emploi s'améliorent. Dans la zone euro, en revanche, le chômage reste très élevé, à l'exception notable de l'Allemagne, et le travail à temps partiel subi est très répandu. Le rétrécissement de l'écart entre taux d'activité réel et tendanciel que l'on observe dans de nombreux pays, qui reflète en partie le vieillissement de la population – lequel abaisse le taux tendanciel – est un autre signe de diminution du sous-emploi[3].

3. Il est possible que dans plusieurs pays, la réforme des retraites compense dans une certaine mesure l'effet du vieillissement sur les taux d'activité. Les réformes déjà approuvées par des parlements sont prises en compte dans les projections à long terme des taux d'activité élaborées par l'OCDE (voir l'encadré 4.6 dans OCDE, 2014a) ; cependant, leurs effets compensateurs pourraient être plus forts que prévu, et les réformes pourraient aussi être plus nombreuses.

Tableau 1.4. **Les conditions du marché du travail devraient s'améliorer lentement**

	2011	2012	2013	2014	2015	2016
	Pourcentage de variation par rapport à l'année précédente					
Emploi						
États-Unis	0.6	1.8	1.0	1.6	1.9	1.0
Zone euro	0.2	-0.6	-0.6	0.6	0.9	1.1
Japon	-0.1	-0.3	0.7	0.6	0.3	0.1
OCDE	1.0	1.0	0.7	1.3	1.3	1.0
Population active						
États-Unis	-0.2	0.9	0.3	0.3	1.2	0.7
Zone euro	0.3	0.7	0.2	0.1	0.4	0.4
Japon	-0.6	-0.6	0.3	0.2	0.1	0.0
OCDE	0.6	1.0	0.6	0.7	0.9	0.7
Taux de chômage	Pourcentage de la population active					
États-Unis	8.9	8.1	7.4	6.2	5.5	5.2
Zone euro	10.1	11.3	11.9	11.5	11.1	10.5
Japon	4.6	4.3	4.0	3.6	3.5	3.3
OCDE	7.9	7.9	7.9	7.3	6.9	6.6

Source : Base de données des Perspectives économiques de l'OCDE, n° 97.

StatLink http://dx.doi.org/10.1787/888933226646

Graphique 1.13. **Indicateurs de sous-emploi de la main-d'œuvre**

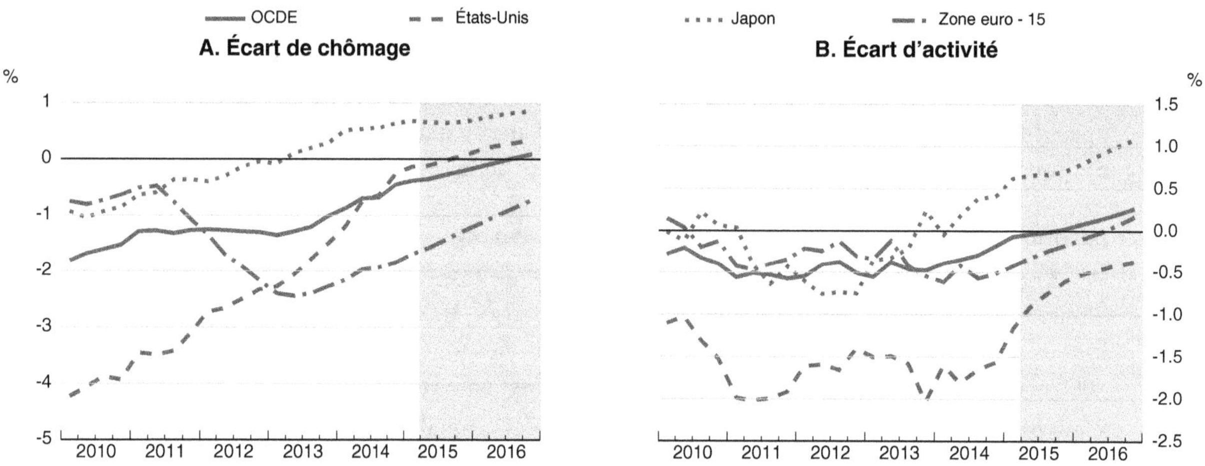

Note : L'écart de chômage est égal à la différence entre les taux de chômage structurel effectifs et estimés. L'écart d'activité correspond à la différence entre les taux d'activité tendanciels effectifs et estimés.
Source : Base de données des Perspectives économiques de l'OCDE, n° 97.

StatLink http://dx.doi.org/10.1787/888933225607

À ce jour, l'amélioration des marchés du travail ne s'est pas accompagnée d'une forte accélération de la croissance des salaires (graphique 1.14). La timidité de la progression des salaires encourage les employeurs à utiliser davantage de main-d'œuvre, mais pousse aussi à la hausse la part des bénéfices dans certaines économies, notamment aux États-Unis. Avec le resserrement en cours sur les marchés du travail, le balancier semble s'éloigner progressivement des bénéfices pour se rapprocher des salaires. Aux États-Unis,

Graphique 1.14. **Rémunération de la main-d'oeuvre**

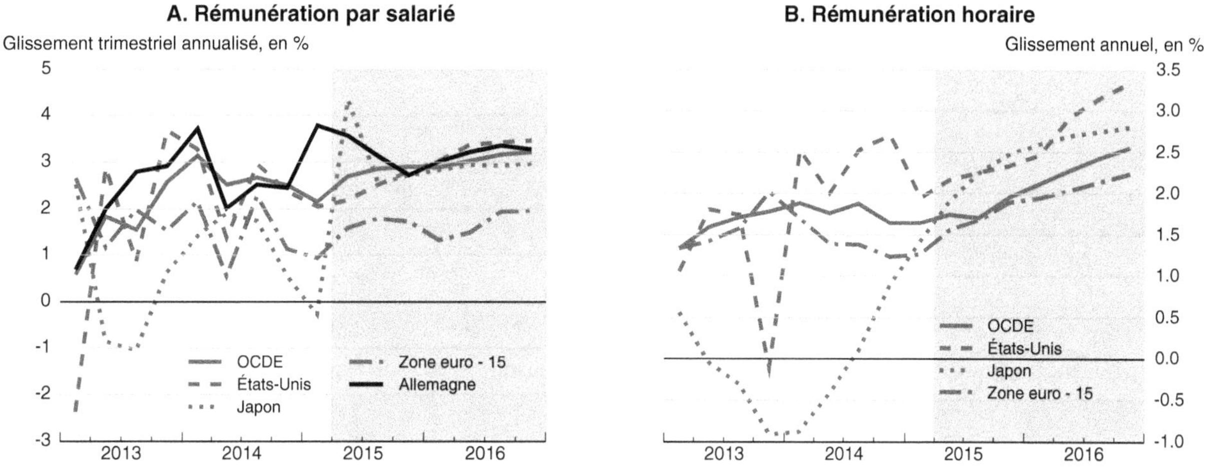

Source : Base de données des Perspectives économiques de l'OCDE, n° 97.

StatLink http://dx.doi.org/10.1787/888933225613

la hausse des rémunérations devrait passer d'environ 2.5 % actuellement à 3⅓ pour cent en 2016. Les enquêtes révèlent une anticipation de hausse des rémunérations ; plusieurs grands employeurs à forte visibilité ont annoncé des hausses de salaires, et le revenu minimum a été relevé dans certains États. Au Japon, les négociations annuelles de printemps semblent s'orienter vers une augmentation du salaire de base et, d'après les projections, les salaires devraient connaître une progression de 2.75 % d'ici la fin de 2016, un rythme rapide pour le Japon. En Europe, cependant, la persistance d'un chômage élevé empêchera toute accélération sensible des salaires. L'Allemagne fait figure d'exception : les salaires y augmentent déjà à un rythme soutenu, et les récentes négociations salariales semblent aller dans le sens d'une poursuite de la hausse.

La progression du revenu disponible réel a eu un impact limité sur la consommation personnelle

Bien que la croissance nominale des salaires ait été modeste jusqu'à maintenant, le revenu disponible réel a bénéficié d'un coup de pouce grâce à la chute des prix du pétrole et d'autres produits de base, qui a donné à l'économie mondiale une impulsion désinflationniste ample, mais temporaire. Entre juillet 2014 et janvier 2015, la variation mensuelle moyenne de l'indice global des prix à la consommation s'est établie à zéro. Dans les économies avancées, les prix à la consommation ont même baissé en novembre et décembre 2014 ainsi qu'en janvier 2015 (graphique 1.15). Conjuguée à la lente amélioration du marché du travail, cette impulsion négative du côté des prix a gonflé les salaires réels et le revenu disponible réel. Aux États-Unis, la croissance modeste et stable du salaire horaire moyen, qui s'établissait à environ 2 % au début de l'année, s'est néanmoins traduite par une accélération des salaires réels. En mars 2015, le revenu disponible réel des particuliers était de 3.3 % supérieur à son niveau d'un an auparavant. On estime que l'avantage que les consommateurs américains retirent de la baisse des prix de l'énergie équivaut à une réduction d'impôt de plus de 500 USD par ménage ; cet impact se concentre sur les ménages à bas revenus, dont la propension marginale à consommer est plus grande. Le coup de fouet donné au pouvoir d'achat des ménages japonais ou de la zone euro est plus

Graphique 1.15. **Inflation mensuelle**

Pourcentage de variation d'un mois sur l'autre, taux annualisés

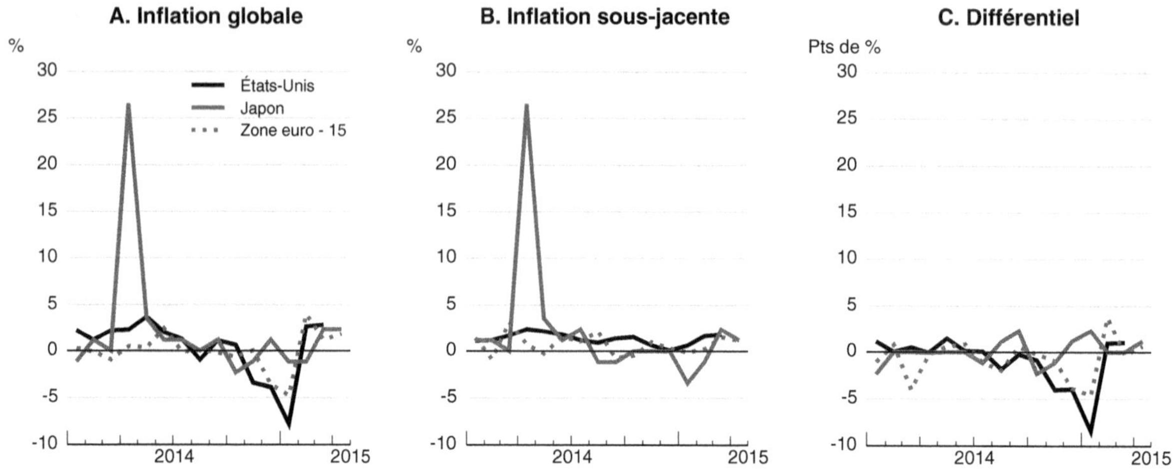

Source : Base de données des Perspectives économiques de l'OCDE, n° 97 ; Statistics Bureau du Japon ; et calculs de l'OCDE.

StatLink http://dx.doi.org/10.1787/888933225626

modeste, compte tenu de la faiblesse de l'euro et du yen et d'une moindre intensité de consommation pétrolière, mais il est néanmoins significatif.

Les consommateurs ont réagi diversement à la hausse de leur pouvoir d'achat. Une forte réponse des consommateurs a commencé à se dessiner au cours du dernier trimestre de 2014, pendant lequel le volume mondial des ventes au détail a progressé de 6.6 % en rythme annualisé, dont plus de 3 % dans la zone euro (graphique 1.16). Les fortes dépenses de consommation dans la zone euro ont également bénéficié d'un rebond de la confiance des consommateurs, de l'abaissement du taux des prêts bancaires aux ménages et de l'assouplissement des conditions de crédit. Aux États-Unis, la hausse des dépenses de

Graphique 1.16. **Ventes au détail**

Indice juin 2014 = 100

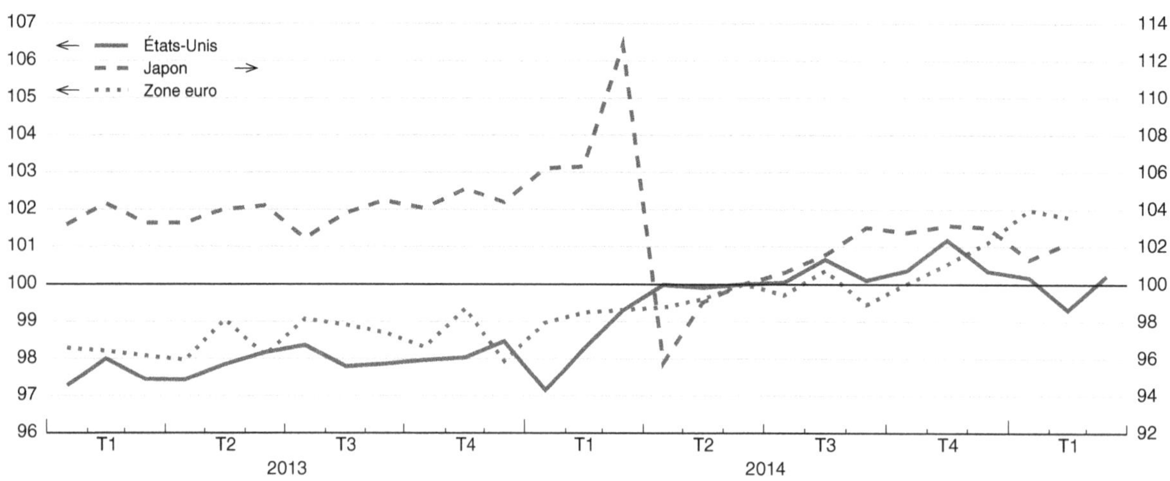

Source : Base de données des Principaux indicateurs économiques de l'OCDE.

StatLink http://dx.doi.org/10.1787/888933225637

consommation réelles s'est également accélérée fortement au second semestre de 2014 pour dépasser 4 % en taux annuel. En revanche, alors que dans la zone euro, les ventes au détail exprimées en volume semblent parties pour enregistrer un gain comparable de 3 % en valeur annualisée au premier trimestre de 2015, elles ont fortement chuté au niveau mondial, où selon les estimations quasiment aucune croissance ne s'est produite pendant cette période. Aux États-Unis, les dépenses de consommation réelles n'ont progressé en rythme annualisé que de 1.8 % au premier trimestre, malgré un gain de revenu disponible réel de 5.3 %. Il est probable que le ralentissement observé aux États-Unis en début de l'année est en partie imputable aux mauvaises conditions météorologiques plutôt qu'à un relèvement permanent du taux d'épargne. Ainsi, les dépenses de consommation devraient repartir à la hausse dans les prochains mois, profitant aussi de solides revenus du travail, de la faiblesse des taux d'intérêt, d'un bon moral des ménages ainsi que de la répercussion progressive de l'appréciation du dollar sur les prix à la consommation. Le ralentissement des dépenses de consommation observé au début de l'année dans d'autres parties du monde est plus difficile à expliquer, mais devrait également s'inverser du fait du niveau relativement solide des fondamentaux des marchés travail, des effets de richesse, du pouvoir d'achat et du climat général.

Du fait qu'une croissance soutenue de la consommation dépend de l'augmentation des salaires, la perspective de hausses cycliques des salaires réels est un signe bienvenu. Les salaires constituent le cœur du revenu des ménages, en particulier des ménages peu aisés, qui ont une forte propension à la dépense, tandis que d'autres types de revenus, tels que les pensions, sont eux aussi liés à la dynamique salariale. Une hausse des salaires stimulerait les ventes, les embauches et l'investissement, ce qui déclencherait un cercle vertueux associant redressement de l'emploi et progression des revenus. Cependant, pour que la hausse des salaires soit elle-même durable et ne soit pas entamée par l'inflation, la croissance de la productivité de la main-d'œuvre doit, elle aussi, augmenter.

La croissance de la productivité doit s'accélérer

Il serait préoccupant que la croissance de la productivité reste poussive après le retour au plein emploi. Entre la fin des récessions qui ont marqué les économies avancées au début des années 1980 et la crise économique et financière mondiale qui a commencé en 2007, la croissance globale de la productivité de la main-d'œuvre dans la zone de l'OCDE s'est chiffrée en moyenne à un peu moins de 2 % (graphique 1.17). De 2011 à 2014, toutefois, elle n'a atteint que 0.7 % en moyenne annuelle, et elle a été plus faible encore au Royaume-Uni, au Japon, aux États-Unis et dans la zone euro, y compris en Allemagne et en France. Il peut arriver que la croissance de la productivité de la main-d'œuvre soit inhabituellement faible pendant ou juste après une récession, lorsque les entreprises préfèrent conserver leur personnel et faire appel au temps partiel et au travail posté, plutôt que de réduire leurs effectifs. En revanche, on observe souvent une forte croissance de l'emploi à mesure que la reprise s'accélère et qu'il devient nécessaire de réembaucher des travailleurs sans emploi.

Pour que la productivité de la main-d'œuvre augmente plus rapidement, l'investissement doit être encouragé ; en effet, la performance décevante de la productivité observée ces dernières années tient au bas niveau des dépenses d'équipement plutôt qu'à un ralentissement du progrès technique (encadré 1.3). Cette faiblesse récente est en partie cyclique et due à un vif ralentissement des investissements corporels pendant la crise financière. Cela étant, la reprise de l'investissement, par la suite, a été poussive par rapport aux précédentes récessions, quoique en phase avec l'atonie de la production selon les

Graphique 1.17. **Productivité du travail et investissement**

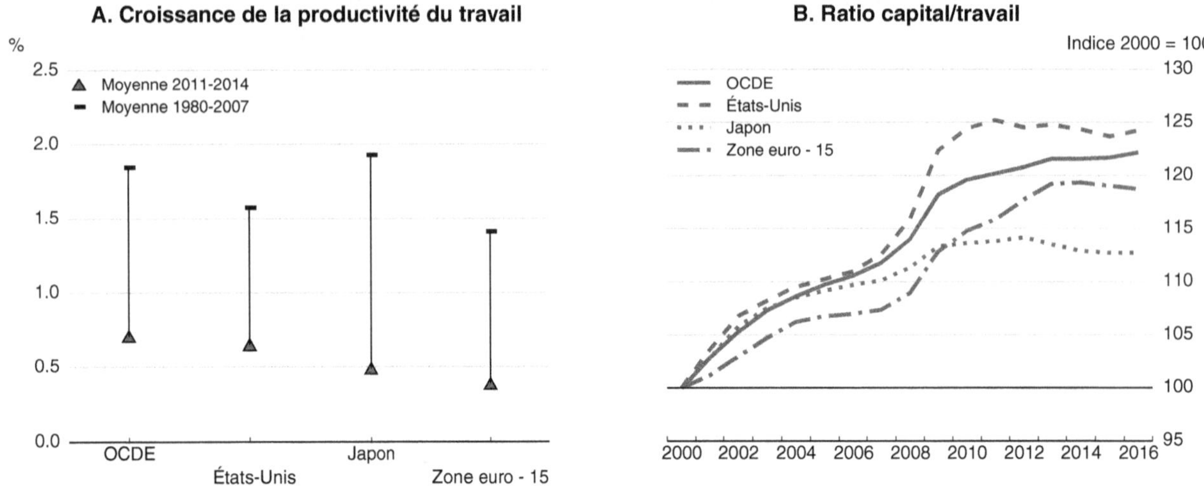

Source : Base de données des Perspectives économiques de l'OCDE, n° 97.

StatLink http://dx.doi.org/10.1787/888933225642

Encadré 1.3. **La contribution de la faiblesse de l'investissement au ralentissement de la croissance potentielle**

Le taux de croissance de la production potentielle par habitant dans les pays de l'OCDE, qui rend compte, indirectement, du taux de croissance tendancielle du niveau de vie, a ralenti, passant de 1.50 % par an durant les années précédant la crise à moins de 1 % par an au cours des années qui l'ont immédiatement suivie, avant de se redresser récemment pour revenir à environ 1 % (graphique ci-dessous). Ce ralentissement est imputable pour partie à l'emploi potentiel et pour partie à la productivité tendancielle. La contribution de l'emploi potentiel à la croissance a fléchi progressivement sous l'effet du vieillissement démographique et, plus brutalement, pendant les années qui ont suivi la crise, avec la hausse du chômage structurel dans certains pays. Le ralentissement de la productivité tendancielle est cependant beaucoup plus explicatif du déclin de la croissance potentielle, la faiblesse persistante de l'investissement jouant là un rôle important.

La baisse du taux de croissance de la productivité tendancielle peut être répartie entre la contribution de la productivité totale des facteurs (PTF) et celle du capital par travailleur, sur la base d'une fonction de production sous-jacente de type Cobb-Douglas pour la production potentielle. Sur cette base, la croissance de la PTF dans la zone OCDE a ralenti après la crise, mais elle est, depuis, revenue pratiquement à ses niveaux d'avant la crise. À l'inverse, la contribution du capital par travailleur a ralenti pendant la crise puis est demeurée modeste, en raison de la faiblesse persistante de l'investissement. De fait, la croissance plus lente du capital par travailleur explique plus de la moitié, soit environ 0.3 % par an, du ralentissement du niveau de vie tendanciel ces dernières années, par rapport aux moyennes d'avant la crise. Cette contribution émanant du ralentissement de la composante capital est apparue plus clairement avec la révision récente des données sur le stock de capital, visant à les aligner sur le nouveau système de comptabilité nationale, et avec la révision connexe de la définition de l'investissement, qui inclut désormais les dépenses de recherche-développement.

L'analyse qui précède concerne l'ensemble de la zone OCDE, mais presque tous les pays de l'OCDE ont subi, après la crise, un ralentissement prolongé de la contribution du capital par travailleur à la croissance de la productivité tendancielle, les seules exceptions étant l'Australie, le Canada et le Chili, qui ont connu un essor des investissements miniers suite à l'envolée des prix des produits de base.

Encadré 1.3. **La contribution de la faiblesse de l'investissement au ralentissement de la croissance potentielle** *(suite)*

- Le ralentissement du capital par travailleur a été le plus marqué dans les pays les plus durement touchés par la crise. Pour l'Estonie, la Grèce, l'Islande et le Portugal, ce ralentissement a contribué à hauteur de 0.5 à 1 % par an, en moyenne, à l'affaiblissement de la croissance potentielle après la crise.
- Dans d'autres pays, cette contribution a été comprise entre 0.25 et 0.50 % par an : Autriche, Corée, Danemark, États-Unis, Hongrie, Italie, Japon, Luxembourg, Royaume-Uni, Slovénie et Suisse.

Décomposition du taux de croissance de la production potentielle par habitant de la zone OCDE

Contribution à la croissance de la production potentielle par habitant

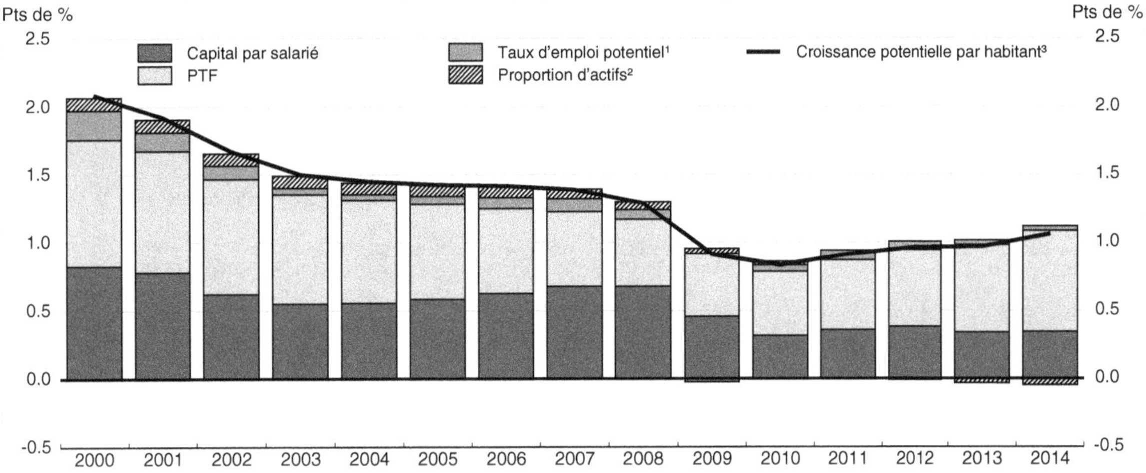

Note : En partant de l'hypothèse que la production potentielle (Y*) peut être représentée par une fonction de production Cobb-Douglas ayant pour facteurs l'emploi potentiel (N*), le stock de capital (K) et le progrès technique améliorant la productivité du travail (E*), on écrit alors $y^* = a (n^*+e^*) + (1 - a) k$, où les petits caractères représentent des logarithmes, tandis que a est la part des salaires. Si P est la population totale et PWA la population d'âge actif (15-74 ans), le taux de croissance du PIB potentiel par habitant (représenté par la première différence, d(), des variables exprimées en logarithmes) peut être ventilé entre les cinq composantes indiquées sur le graphique, à savoir : $d(y^* - p) = a\ d(e)^* + (1-a)\ d(k - n^*) + d(n^* - pwa) + d(pwa - p)$.

1. Le taux d'emploi potentiel correspond à l'emploi potentiel en proportion de la population d'âge actif (15-74 ans).
2. Part de la population d'âge actif dans la population totale.
3. Variation en pourcentage.

Source : Base de données des Perspectives économiques de l'OCDE, n° 97.

StatLink http://dx.doi.org/10.1787/888933225710

modèles de type accélérateur (graphique 1.18 ; chapitre 3 , FMI, 2015a). Le manque de dynamisme de l'investissement n'est cependant pas une nouveauté. Contrairement à la situation observée dans des pays comme le Canada et l'Australie, qui ont progressivement accru leurs investissements miniers pendant les années 2000, lorsque les prix des produits de base étaient en hausse, la contribution du renforcement de l'intensité capitalistique à la croissance de la productivité et du PIB était, aux États-Unis, en Europe, en Corée et au Japon, en perte de vitesse depuis de nombreuses années avant la crise économique et financière.

On prévoit généralement que l'investissement privé, hors logement, ne va se renforcer que timidement jusqu'à la fin 2016, par comparaison avec de précédentes reprises cycliques. Cette prévision concorde avec la modeste accélération prévue de l'activité

Graphique 1.18. **La croissance de l'investissement productif réel est faible par rapport aux cycles précédents**

Point haut de l'investissement réel dans la zone OCDE = 100

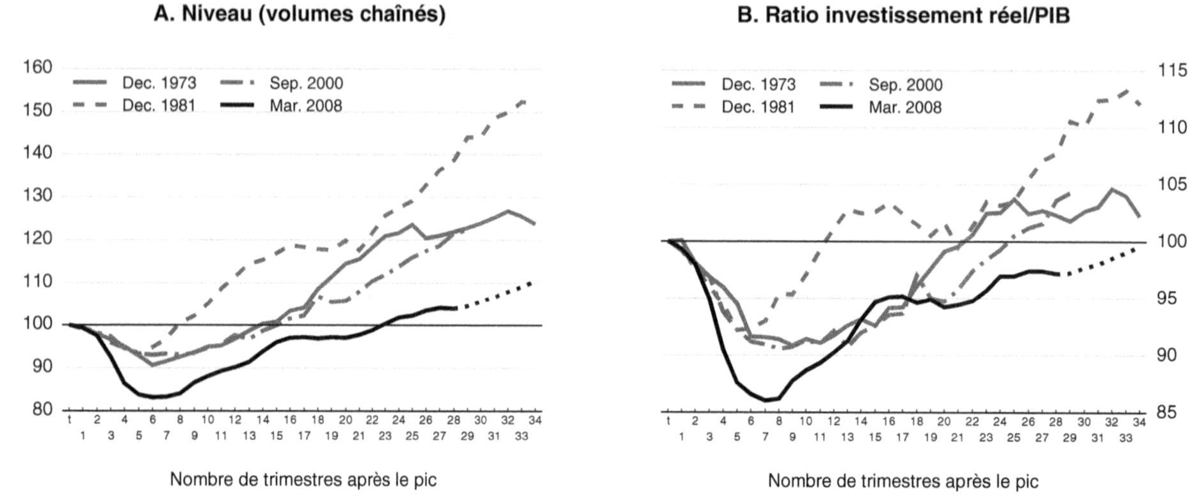

Note : Les données sont celles des pays de l'OCDE pour lesquels la ventilation de l'investissement est disponible. Pour la série de mars 2008, la ligne en pointillés correspond à des projections.

Source : Base de données des Perspectives économiques de l'OCDE, n° 97 ; et calculs de l'OCDE.

StatLink http://dx.doi.org/10.1787/888933225656

nationale et internationale, la persistance de l'incertitude et de capacités excédentaires dans de nombreux secteurs, ainsi que les freins à l'investissement engendrés par la baisse des prix du pétrole dans certaines grandes économies comme les États-Unis et le Canada. Au fur et à mesure que la reprise économique s'installe, que la croissance de la consommation s'accélère parallèlement à celle des salaires et des revenus, et que la confiance dans les perspectives économiques se raffermit, on peut s'attendre à ce que les entreprises intensifient le rythme de leurs dépenses d'investissement. Un certain nombre de pays de l'OCDE ont, par ailleurs, mis en œuvre de vastes réformes structurelles dans le sillage de la crise économique. En moyenne dans la zone de l'OCDE, les pays ont accompli des progrès en ce qui concerne l'abolition du contrôle des prix ou l'amélioration de leur conception, la rationalisation des procédures administratives pour les créations d'entreprises, la simplification des règles et procédures, et l'amélioration de l'accès aux informations sur la réglementation. Lorsque ces réformes porteront leurs fruits, la production et l'investissement devraient s'accélérer. De plus, une intensification de l'investissement et de la croissance dans un pays a souvent des retombées positives sur l'investissement et la croissance dans d'autres. De ce fait, une embellie des perspectives de croissance, particulièrement dans la zone euro et au Japon, pourrait stimuler de manière disproportionnée la croissance mondiale par rapport à ce qui a pu être observé pendant les dernières années, où ces régions étaient à la traîne. Une réponse collective de ce type pourrait transformer l'actuel équilibre de faible croissance en un équilibre de croissance durable plus forte.

Une politique structurelle s'articulant autour d'un certain nombre d'axes est essentielle pour garantir une augmentation de la croissance potentielle équitablement répartie. À cet égard, le rythme des réformes structurelles s'est toutefois ralenti dans les pays de l'OCDE ces deux dernières années, en particulier pour ce qui est de la réglementation des marchés de produits, même s'il s'est accéléré dans de grandes économies non membres de l'OCDE (Koske et al., 2015 ; OCDE, 2015a). Malgré leurs performances récentes, un certain nombre d'économies souffrent encore d'obstacles structurels et tireraient donc profit de réformes supplémentaires de l'action publique :

- Dans la zone euro, parachever le Marché unique pour les infrastructures de réseau comme les télécommunications, le transport de l'énergie et la technologie numérique permettrait de doper l'investissement et la croissance, de même que des progrès supplémentaires en matière d'union bancaire et d'union des marchés de capitaux.
- Favoriser la concurrence, l'innovation et l'entrée de nouvelles entreprises sur le marché faciliterait la réaffectation de la main-d'œuvre et du capital parmi les entreprises et les secteurs, et contribuerait à relever la croissance de la productivité. À la périphérie de la zone euro, une réforme des marchés de produits, en particulier dans les services, serait nécessaire pour tirer pleinement parti des réformes menées ces dernières années sur le marché du travail.
- Une meilleure harmonisation entre la protection sociale et les politiques actives du marché du travail favoriserait la création d'emplois et l'appariement des compétences, et accélérerait ainsi la disparition du sous-emploi et la reprise de la croissance des salaires. Cela réduirait en outre le dualisme du marché du travail et l'emploi informel.
- Dans les économie de marché émergentes, une amélioration des infrastructures physiques et juridiques aiderait à remédier aux goulets d'étranglement freinant la croissance, à diminuer les vulnérabilités du secteur financier et à améliorer l'affectation des ressources, ce qui, à terme, permettrait de réduire l'écart de niveau de vie matériel avec les économies avancées.
- Dans les économies avancées comme émergentes, les déterminants ultimes des gains de productivité sont les compétences et le capital humain fondé sur les savoirs, d'où l'importance de relever la qualité et le caractère inclusif des systèmes éducatifs.

Risques entourant les perspectives

Les projections actuelles faisant état d'une reprise modeste dans la zone de l'OCDE et dans le reste du monde décrivent le scénario le plus probable, qui s'assortit de risques plus ou moins symétriques.

- Le redressement prévu de l'investissement dans les économies avancées pourrait ne pas se concrétiser. Si la croissance de l'investissement dans la zone de l'OCDE stagnait à son niveau de 2014 (2.7 %) au lieu de s'élever progressivement pour atteindre 4.7% d'ici la fin de 2016, conformément aux projections, la croissance de la zone de l'OCDE serait inférieure d'environ 0.2 point de pourcentage aux projections en 2015 et de 0.6 point de pourcentage en 2016.[4] Mais l'investissement privé pourrait aussi s'accroître plus vite que prévu. Selon le modèle d'accélération, l'investissement peut évoluer rapidement, et dans une proportion représentant plusieurs fois les variations de la production dans un contexte où les entreprises tentent d'anticiper leurs besoins d'équipement futurs et ajustent leurs capacités en conséquence. La réaction positive de l'investissement face à l'élimination progressive des écarts de production et aux récentes réformes structurelles dans la zone de l'OCDE pourrait être plus dynamique que prévu, en particulier parce que les coûts de financement sont à des niveaux historiquement faibles. Cela pourrait avoir

4. Les estimations figurant de ce paragraphe et le suivant reposent sur des simulations issues du modèle NiGEM de l'Institut de recherches économiques et sociales.

un effet notable sur la croissance, en dépit du rôle relativement mineur que joue l'investissement privé dans la production.

- De même, il se pourrait que le redressement prévu de la croissance des salaires, et l'accélération connexe de la hausse de la consommation, ne se produisent pas. La progression de la rémunération par employé dans la zone de l'OCDE s'est établie à environ 2.25 % au début de 2015, et elle devrait atteindre 2.7 % en 2016. Dans un scénario où les rémunérations continuent au contraire d'augmenter au rythme d'environ 2.25 jusqu'à la fin de 2016, la croissance de la consommation privée pourrait se situer entre 0.1 et 0.3 point de pourcentage en dessous des projections tant en 2015 qu'en 2016, selon les pays, ce qui réduirait la croissance globale de la zone de l'OCDE d'environ 0.2 point de pourcentage au cours de ces deux années. À l'inverse, avec le resserrement des marchés du travail dans la plupart des grands pays de l'OCDE, allant jusqu'à la pénurie de main-d'œuvre au Japon, la croissance des salaires pourrait se redresser plus rapidement que prévu, suscitant une accélération de la consommation privée. Reflétant les résultats susmentionnés des simulations, une accélération salariale supplémentaire d'un demi-point de pourcentage d'ici la fin de 2016 pourrait renforcer la croissance dans la zone de l'OCDE de 0.2 point de pourcentage, en 2015 comme en 2016.
- Dans un autre scénario, l'accélération prévue de la hausse des rémunérations pourrait se produire, la majeure partie en étant épargnée et non dépensée. Il semble qu'une fraction de la hausse de pouvoir d'achat résultant de la baisse des prix du pétrole a ainsi été épargnée plutôt que dépensée, en particulier aux États-Unis, comme en témoigne le ratio global d'épargne des ménages dans les pays de l'OCDE, qui est passé de 4.6 % à 5.5 % entre le début de 2014 et le début de 2015. Par conséquent, la consommation privée dans la zone OCDE n'a progressé que de 1.9 % en taux annualisé au premier trimestre de 2015, malgré de solides gains des revenus réels. Si les taux d'épargne des ménages ne reculent pas comme prévu, la croissance de la consommation pourrait s'avérer plus faible que ne l'indiquent les projections. En revanche, si la confiance des ménages s'améliore davantage que prévu, le comportement de précaution en matière d'épargne pourrait se dissiper et le taux d'épargne connaître un reflux plus marqué que dans les projections.
- L'assouplissement quantitatif pourrait se révéler inefficace dans la zone euro et au Japon. La BCE et la Banque du Japon pourraient avoir des difficultés à stimuler la demande si la poursuite des achats d'actifs produit des effets de moins en moins efficaces, en n'abaissant que marginalement des taux d'intérêt déjà faibles (Rawdanowicz et al., 2013). De plus, les mesures d'assouplissement quantitatif pourraient s'avérer relativement inefficaces pour stimuler la consommation des ménages, en raison de la composition de leur patrimoine financier et des inégalités dans sa répartition (encadré 1.4).
- La mollesse de l'activité observée au premier trimestre dans plusieurs économies, attribuée principalement à la conjugaison de plusieurs facteurs spécifiques, est peut-être en réalité le signe d'une faiblesse sous-jacente durable. On estime qu'au premier trimestre, l'activité mondiale, tirée vers le bas par les États-Unis et un certain nombre d'économies émergentes, a progressé à un rythme qui est le plus faible observé depuis environ une vingtaine d'années hors récession. La baisse surprenante de l'activité aux États-Unis s'explique par une combinaison de facteurs : mauvaises conditions météorologiques, perturbations dans l'activité portuaire, réduction des forages

Encadré 1.4. **Assouplissement quantitatif et patrimoine des ménages**

En accroissant la richesse, l'assouplissement quantitatif peut modifier les décisions de consommation et d'investissement des ménages. L'importance de cette influence dépend toutefois du montant des actifs financiers, des types d'actifs et de l'égalité de leur répartition au sein d'un pays. On trouvera dans le présent encadré une analyse des variations de ces caractéristiques sur un échantillon de pays de l'OCDE et l'esquisse de conclusions quant à l'efficacité relative de l'assouplissement quantitatif.

Dans le cadre d'une politique d'assouplissement quantitatif, la banque centrale achète des actifs financiers dans le but d'en accroître leur prix et, partant, d'en abaisser le taux de rendement. Dans les pays de l'OCDE, les banques centrales ciblent principalement les obligations émises et garanties par l'État. Cependant, par un effet de portefeuille, l'assouplissement quantitatif pousse aussi à la hausse le prix des obligations émises par des entreprises et des actions. Les ménages peuvent être exposés aux fluctuations des marchés de capitaux non seulement parce qu'ils détiennent directement des actions et des obligations, mais aussi parce que leur épargne peut être déposée auprès d'investisseurs institutionnels tels que des fonds de pension. Une troisième source d'exposition réside dans les dépôts bancaires et des engagements tels que des emprunts bancaires. L'assouplissement quantitatif, de même que d'autres mesures de stimulation monétaire, n'influe pas sur la valeur nominale de ces éléments d'actif et de passif, mais il peut modifier le montant des intérêts perçus et versés par les ménages.

Les ménages s'estimant plus riches du fait de la hausse du prix des actifs, celle-ci peut les inciter à consommer davantage, surtout si elle est perçue comme permanente. Lorsqu'un ménage voit s'accroître la valeur de ses actifs, il dispose de sûretés plus solides, ce qui lui facilite l'accès au crédit, au travers d'un effet de bilan (Bernanke et Gertler, 1995), et lui permet d'investir dans son logement ou dans une petite entreprise. Les variations du patrimoine géré par des institutions (comme des fonds de pension) produisent, sur le comportement des ménages, des effets qui dépendent de l'environnement réglementaire, lequel peut interdire aux ménages de puiser dans leur patrimoine avant leur départ à la retraite. Étant donné que les ménages aisés ont une moindre propension marginale à consommer (Carroll et al., 2014), l'assouplissement quantitatif peut être moins efficace dans les pays où la distribution de la richesse est fortement inéquitable.

La taille, la composition et la distribution des actifs financiers des ménages diffèrent largement parmi six grandes économies de l'OCDE (tableau ci-dessous).

- C'est aux États-Unis et au Japon que le total des actifs financiers directement détenus par les ménages est le plus élevé en proportion du PIB, tandis qu'il est sensiblement plus faible dans les pays européens. Or, un volume supérieur d'actifs financiers peut rendre l'effet de richesse plus puissant.
- La nature des actifs financiers est très variable. Les ménages japonais détiennent environ la moitié de leurs actifs financiers sous forme de liquidités et de dépôts. Par conséquent, ils sont moins sensibles aux effets de richesse suscités par l'assouplissement quantitatif. Ce sont les ménages américains qui sont les plus exposés directement aux instruments des marchés de capitaux, ce qui les rend plus sensibles aux variations du prix des actifs, d'où une efficacité accrue de l'assouplissement quantitatif. Dans les pays de l'UE, l'exposition est surtout indirecte, passant par l'intermédiaire des institutions, ce qui limite les effets sur la consommation des ménages.
- Dans chacun des pays analysés[1], les 20 % de ménages les plus riches détiennent la majorité des actifs financiers – la concentration étant particulièrement forte aux États-Unis – ce qui réduit l'efficacité de l'assouplissement quantitatif (graphique ci-dessous)[2]. Dans les pays pour lesquels des données sont disponibles, la distribution des dépôts est moins déséquilibrée. À l'exception de l'Italie, la détention directe d'actions par les ménages est plus répandue que la détention d'obligations. Au total, les ménages les plus susceptibles de bénéficier d'un gain de patrimoine sont ceux qui sont les moins susceptibles d'accroître leur consommation.

Encadré 1.4. **Assouplissement quantitatif et patrimoine des ménages** *(suite)*

- L'exposition indirecte aux marchés de capitaux par le canal d'institutions est plus fréquente que l'exposition directe, ce qui réduit les effets de l'assouplissement quantitatif sur les ménages. Les fonds de pension et d'assurance ont tendance à investir davantage en obligations qu'en actions, à l'exception des États-Unis, où la répartition des portefeuilles est plus équilibrée.

Dans l'ensemble, ce sont les actifs les moins communément détenus (les obligations) qui subissent l'influence directe de l'assouplissement quantitatif, alors que la valeur nominale des actifs les plus fréquemment détenus (les dépôts) n'en est pas modifiée. Ce phénomène limite l'importance du canal des dépenses des ménages pour l'assouplissement quantitatif. Il est probable que les programmes de rachat d'obligations mis en place dans le cadre d'un assouplissement quantitatif auront davantage d'effets sur les ménages dans un pays comme l'Italie, où les ménages détiennent plus souvent des obligations, et en plus grande quantité, que dans d'autres pays.

Par ailleurs, l'importance des effets de richesse sur la consommation et l'investissement des ménages dépend aussi des éléments de passif du bilan des ménages. Les engagements financiers en proportion du PIB se caractérisent diffèrent moins d'un pays à l'autre. En effet, depuis le début de la crise, les ménages britanniques et américains ont réduit leur endettement, contrairement aux ménages de la zone euro et du Japon. Dans tous les pays étudiés, la vaste majorité des engagements financiers prennent la forme d'emprunts (dont 50 à 85 % sont des emprunts immobiliers). Les données disponibles laissent penser que, bien que la dette des ménages soit concentrée, elle ne l'est néanmoins pas autant que leurs actifs. Aux États-Unis, près des trois quarts des ménages sont endettés d'une manière ou d'une autre, contre environ la moitié en Allemagne, en France et au Royaume-Uni, et un quart seulement en Italie. Par conséquent, pour de nombreux ménages endettés, les effets positifs de l'assouplissement quantitatif ne se manifesteront qu'au travers des taux d'intérêt, puisque leurs actifs financiers se limitent à des comptes de dépôt. Ces effets dépendront à leur tour de la facilité avec laquelle les ménages peuvent abaisser le taux d'intérêt de leurs emprunts bancaires (les taux variables prédominent en Italie, et concernent environ la moitié des prêts au Royaume-Uni (BCE, 2009) et au Japon (Ministère de l'Aménagement du territoire, des Infrastructures, des Transports et du Tourisme, 2015).

Au total, l'importance du canal des ménages pour l'assouplissement quantitatif sera potentiellement plus grande aux États-Unis qu'ailleurs, car, malgré une forte concentration, les instruments financiers sont détenus par davantage de ménages, et en plus grande quantité. C'est au Royaume-Uni que ce canal sera potentiellement le moins important, compte tenu de la faible exposition directe des ménages aux actifs financiers. Le Japon et les pays de la zone euro se situent à mi-chemin, avec des effets un peu plus marqués en Italie.

1. US Survey of Consumer Finances, 2013 ; UK Wealth and Assets survey, 2010/2012 ; et enquête de l'Eurosystème sur les finances et la consommation des ménages. La base de données de l'OCDE sur la richesse à venir (*Tous concernés : Pourquoi moins d'inégalité profite à tous* – OCDE, 2015d) contient des données détaillées sur la distribution des actifs financiers dans de nombreux pays de l'OCDE. Ces données peuvent être utilisées pour analyser les conséquences économiques des disparités de richesse.
2. Avec couverture, libellé en dollars.

énergétiques et peut-être saisonnalité résiduelle. Pour autant, quelques évolutions déconcertantes, notamment le fait que les gains de revenus réels aient eu si peu de répercussion sur les volumes des ventes au niveau mondial et le freinage des exportations nettes enregistré dans la zone euro au premier trimestre malgré la dépréciation de la monnaie, laissent à penser que dans toute une partie du monde, la demande intérieure pourrait bien être inférieure à ce que l'on pensait. Cette autre interprétation préfigure une accélération de l'activité mondiale plus tardive, ou plus faible que prévu.

Encadré 1.4. **Assouplissement quantitatif et patrimoine des ménages** *(suite)*

Caractéristiques des bilans des ménages en 2013

	France	Allemagne	Italie	Japon	Royaume-Uni	États-Unis
			Pourcentage du PIB			
Actifs financiers	202.2	179.6	230.2	352.3	285.3	396.6
Passifs financiers	66.7	57.0	57.6	82.3	90.6	82.1
Composition des actifs financiers			Pourcentage du total des actifs financiers			
Devises et dépôts	30.1	40.8	31.7	52.9	27.8	12.7
Valeurs autres que des actions, excepté les dérivés financiers	1.6	4.8	18.7	2.5	0.7	7.9
Actions et autres participations, sauf les fonds communs de placement	16.7	9.2	20.5	9.7	9.7	33.2
Fonds communs de placement	7.1	8.5	7.2	4.7	2.1	12.1
Droits nets des ménages sur les provisions techniques d'assurance--vie et sur les fonds de pension	34.7	34.5	17.6	26.0	55.5	31.3
Autres actifs financiers	9.8	2.2	4.3	4.2	4.2	2.8

Note : 2012 pour la France, l'Allemagne et l'Italie. Données non consolidées pour mieux démontrer les risques des ménages.
Source : OCDE Financial Balance Sheet Accounts.

StatLink http://dx.doi.org/10.1787/888933226699

Distribution cumulée de l'ensemble des actifs financiers

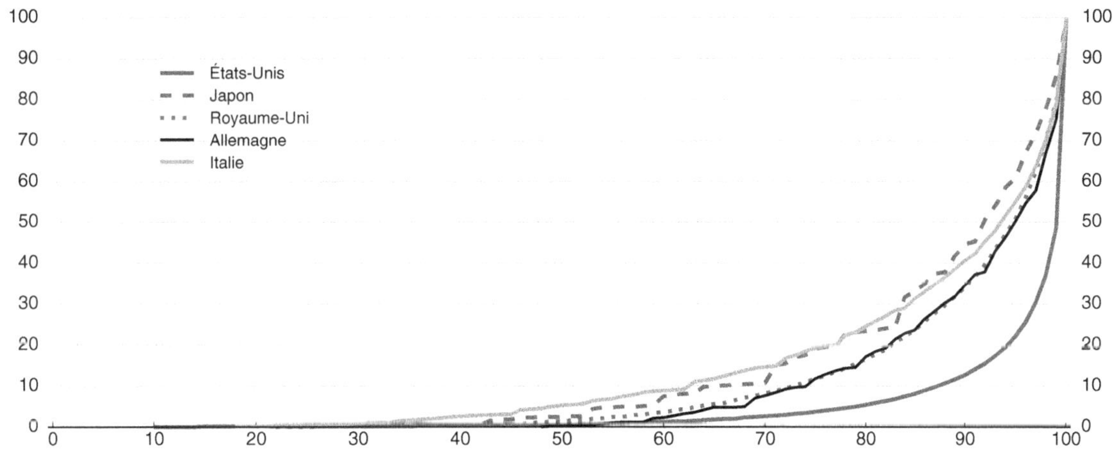

Note : Les données sont tirées des enquêtes sur les ménages de différentes années, comme suit : Allemagne (2006), Italie (2004), Japon (2003), Royaume-Uni (2000) et États-Unis (2006). Le centile de départ de la distribution (sur l'axe horizontal) varie selon les pays.
Source : Base de données Luxembourg Wealth Study.

StatLink http://dx.doi.org/10.1787/888933225728

- Les prix du pétrole pourraient augmenter au-delà du niveau supposé stable de 65 USD, et ce, pour de nombreuses raisons allant d'une intensification des tensions géopolitiques dans les régions productrices de pétrole à un déclin de la production au cas où l'OPEP réviserait sa stratégie. La production américaine pourrait, elle aussi, commencer prochainement à diminuer sous l'effet de la forte réduction des dépenses d'investissement des producteurs d'hydrocarbures de schiste. Mais les prix du pétrole pourraient aussi enregistrer un nouveau fléchissement à court terme. À l'heure actuelle, le marché est amplement approvisionné et, aux États-Unis, le stockage devrait se voir limité par des contraintes de capacité dans les prochains mois. Cela pourrait induire une nouvelle baisse des prix du pétrole, de même que les volumes supplémentaires qui seront probablement mis sur le marché par l'Iran plus tard dans l'année.

- Sur la base des rapports faisant état d'un renforcement du phénomène El Niño, on peut penser que des phénomènes météorologiques inhabituels ou extrêmes pourraient se produire dans certaines parties du monde, ce qui pourrait avoir des répercussions économiques importantes selon les régions et affecter en outre les prix des matières premières. El Niño s'accompagne généralement d'une sécheresse dans le Pacifique ouest, de pluies sur la côte équatoriale de l'Amérique du Sud et d'orages de convection et d'ouragans dans le Pacifique central. C'est généralement en Asie et dans la région Pacifique que ses effets sont les plus marqués, provoquant par exemple des étés brûlants et secs dans le sud-est de l'Australie et une faible mousson avec hausse des températures en Inde, ce qui a des conséquences négatives sur la production agricole et exerce des tensions à la hausse sur les prix. À l'inverse, El Niño apporte souvent un climat humide dans le sud-ouest des États-Unis, ce qui pourrait être très bénéfique compte tenu de la sévérité de la sécheresse que connaît actuellement la Californie. Globalement, les expériences antérieures montrent que le phénomène El Niño peut entraîner de brèves chutes de l'activité en Afrique du Sud, en Australie, au Chili, en Inde, en Indonésie, au Japon et en Nouvelle-Zélande (Cashin et al., 2014), mais d'autres pays pourraient bénéficier, directement ou indirectement, de retombées positives en provenance de grands partenaires commerciaux, par exemple l'Argentine, le Canada, les États-Unis et le Mexique. En outre, il est probable qu'à la suite d'un choc provoqué par l'apparition du phénomène El Niño, la plupart des pays connaîtraient des tensions inflationnistes de court terme causé par la hausse des prix des matières premières au niveau mondial.

Un certain nombre de risques exceptionnels qui n'ont pas été pris en compte dans les projections pourraient avoir des effets potentiellement importants. Nombre d'entre eux émanent des effets secondaires de politiques monétaires ultra-accommodantes destinées à stimuler une reprise poussive, qui suscitent une recherche de rendement et une envolée du prix des actifs dans les économies avancées. Certains signes d'excès sont déjà visibles :

- Un nombre croissant d'obligations souveraines, en termes de pays et d'échéances, s'échangent à des rendements négatifs, même après les récentes ventes massives sur les marchés des obligations d'État (tableau 1.5). Les gouvernements de plusieurs pays européens et du Japon ont réussi à émettre des obligations à moyen terme assorties de taux d'intérêt négatifs.[5] Il semble que l'on soit en présence d'une tarification extrême pour cette catégorie d'actifs, avec des risques croissants de pertes pour les investisseurs, même si cette situation doit être replacée dans le contexte des taux négatifs appliqués sur les dépôts par les banques centrales des pays européens. Même dans les pays où les rendements des obligations d'État demeurent positifs, comme aux États-Unis, on estime que la prime d'échéance est négative (BRI, 2015), ce qui résulte probablement des mesures d'assouplissement quantitatif.

5. Cela a été le cas en Allemagne, en Autriche, en Espagne, en Finlande, en France, au Japon et en Suisse. Les échéances des obligations étaient variables d'un pays à l'autre, s'échelonnant généralement entre deux et dix ans.

Tableau 1.5. **Les rendements négatifs des obligations souveraines sont devenus de plus en plus commun**

Moyenne des rendements des obligations souveraines de référence pour avril et mai 2015

	1A	2A	3A	5A	7A	10A	15A
Suisse	..	-0.83	-0.78	-0.42	-0.21	-0.03	..
Danemark	..	-0.45	-0.34	-0.13	..	0.48	..
Suède	..	-0.31	-0.14	0.09	0.28	0.52	..
Allemagne	-0.24	-0.23	-0.19	-0.03	0.09	0.36	0.55
Finlande	-0.04	-0.19	-0.10	0.07	0.28	0.48	..
Pays-Bas	-0.23	-0.19	-0.14	0.03	0.22	0.49	0.62
Autriche	-0.19	-0.15	-0.08	0.07	0.30	0.48	..
Belgique	-0.18	-0.17	-0.10	0.09	0.30	0.60	0.81
France	-0.15	-0.16	-0.10	0.10	0.26	0.65	0.96
Irlande	-0.04	-0.07	0.02	0.31	..	0.96	1.27
Japon	-0.01	0.00	0.00	0.08	0.15	0.35	0.68
Italie	0.04	0.14	0.27	0.66	1.12	1.56	2.03
Royaume-Uni	0.44	0.65	0.89	1.33	1.42	1.79	2.14
Canada	0.68	0.63	0.63	0.94	1.25	1.57	..
États-Unis	0.22	0.56	0.91	1.43	1.80	2.05	..
Australie	1.92	1.91	1.91	2.08	2.35	2.63	2.88

Note : Le dégradé de couleurs illustre la fourchette des rendements, du plus négatif au plus positif.
Source : FactSet et calculs de l'OCDE.

StatLink http://dx.doi.org/10.1787/888933226656

- Dans la zone euro et aux États-Unis, les écarts de rendement entre les obligations d'État et les obligations d'entreprise à haut rendement ont recommencé à augmenter après avoir touché des points bas historiques à la mi-2014. Ils restent cependant relativement comprimés, dénotant un appétit soutenu des investisseurs pour le risque. De plus, les créanciers acceptent désormais d'assouplir les clauses de sécurité des obligations de sociétés risquées, et les obligations assorties de clauses documentaires allégées gagnent du terrain (Çelik et al., 2015). Par ailleurs, la restructuration de prêts consentis à des investisseurs en capital-risque et autres emprunteurs à haut risque pour les transformer en obligations adossées à des prêts est revenue à ses niveaux d'avant la crise.
- Les cours des actions, quant à eux, ont atteint des niveaux record dans de nombreux pays de l'OCDE. Se prononcer sur la valorisation des actions est, par essence, un défi. Ainsi, les coefficients de capitalisation des résultats corrigés des variations cycliques sont en hausse dans de nombreux pays, mais ils demeurent inférieurs à leurs moyennes historiques, sauf aux États-Unis, où ils sont élevés par rapport à leurs niveaux habituels (graphique 1.19 ; Berg, 2015) En ce qui concerne l'avenir, une question cruciale est de savoir si le taux de croissance des bénéfices va pouvoir se maintenir au niveau élevé atteint ces derniers temps. Cette question se pose avec une acuité particulière aux États-Unis, où la hausse récente du cours des actions est en partie imputable à des rachats d'actions (OCDE, 2015c). Ce phénomène, conjugué à l'appréciation du dollar, pèsera probablement sur les bénéfices à l'avenir. De plus, on s'attend à une augmentation des taux d'intérêt et des salaires aux États-Unis.

Une résolution abrupte et simultanée de ces excès pourrait perturber gravement les marchés de capitaux, et avoir de multiples conséquences néfastes pour l'économie réelle, si elle s'accompagnait de lourdes pertes pour les investisseurs, d'une réduction de la

Graphique 1.19. **Les prix des actions ont augmenté**

Coefficients de capitalisation des résultats corrigés des variations cycliques normalisés, en écarts-types

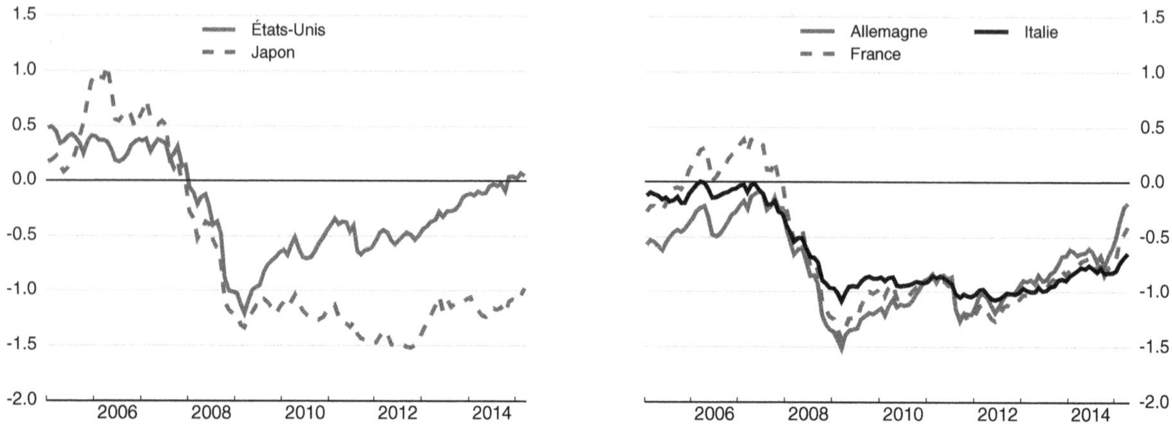

Note : Le coefficient de capitalisation des résultats (CCR) corrigé des variations cycliques s'obtient en divisant le prix courant des actions par le niveau moyen des bénéfices corrigés de l'inflation des dix années précédentes. Ce mode de calcul permet de lisser l'effet du cycle économique sur les bénéfices. Le CCR est normalisé sur la base de la moyenne depuis le début des années 80.

Source : Datastream ; Base de données des principaux indicateurs économiques de l'OCDE ; et calculs de l'OCDE.

StatLink http://dx.doi.org/10.1787/888933225660

tolérance au risque et d'une intensification de l'incertitude. Les projections actuelles n'intègrent pas de tels effets.

Ces symptômes d'excès sur les marchés de capitaux et, partant, les risques de correction, sont particulièrement gênants, car les changements qui s'opèrent actuellement dans la structure des marchés de capitaux pourraient amplifier les chocs. De fait, l'amplitude de fluctuation des prix s'est récemment élargie sur certains marchés (graphique 1.20). L'intensification de la volatilité des marchés obligataires pourrait refléter des tendances à long terme liées à l'automatisation et à la prévalence du courtage à haute fréquence (FMI, 2015b). De plus, les modifications en cours dans la réglementation bancaire, visant à freiner la prise de risques, pourraient dissuader les banques de jouer le rôle de teneur de marché, ce qui accroîtrait la volatilité (BRI, 2014). On observe d'ailleurs, aux États-Unis, un recul des volumes mensuels de transactions sur bons du Trésor menées par les spécialistes en valeurs du Trésor, qui sont traditionnellement des teneurs de marché de premier plan, puisque ces volumes sont passés de 10-12 % du total des bons du Trésor en circulation avant la crise à seulement 4 % récemment. Les gros volumes d'actifs détenus par les banques centrales peuvent aussi accentuer la baisse de liquidité du marché, bien que les données existantes à ce sujet ne soient pas tranchées en ce qui concerne les États-Unis et le Japon (FRBNY, 2014 ; Kurosaki et al., 2015).

Dans ce contexte, et compte tenu du soutien limité que peuvent apporter les politiques monétaires ou budgétaires, quatre scénarios défavorables pourraient avoir des conséquences de grande ampleur pour l'économie réelle, ainsi que des retombées internationales conséquentes.

- La normalisation de la politique monétaire des États-Unis qui doit être opérée pour atteindre les objectifs d'inflation et d'emploi pourrait provoquer des turbulences

Graphique 1.20. **La volatilité s'accroît sur les marchés obligataires**

Écarts de rendement journaliers des obligations d'État à 10 ans par rapport à leur niveau

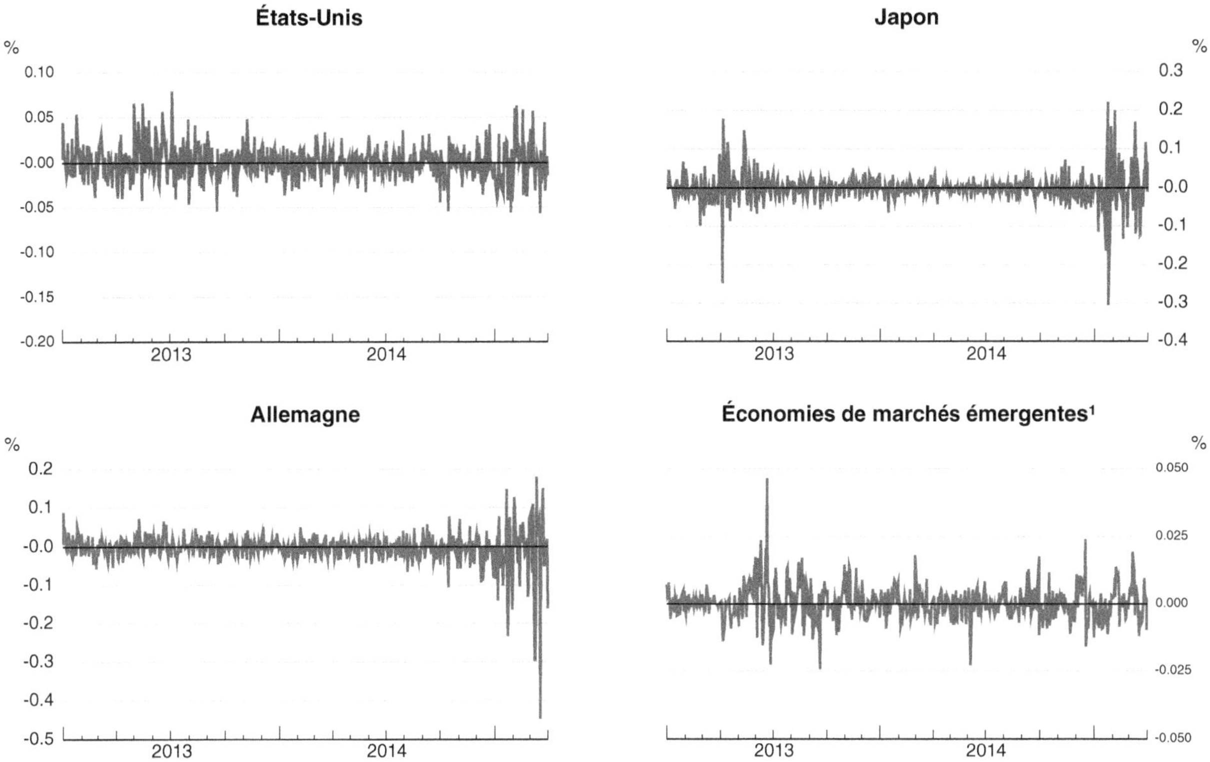

1. Données de JP Morgan Emerging Markets Global Composite Index. Les rendements des obligations se réfèrent à différentes échéances.

Source : Datastream ; et calculs de l'OCDE.

StatLink http://dx.doi.org/10.1787/888933225673

financières, avec des effets négatifs sur le PIB national et mondial. Le début de la remontée des taux directeurs peut s'accompagner d'une envolée des taux d'intérêt américains à long terme et d'un tassement général du prix des actifs, compte tenu des valorisations extrêmes de nombreuses catégories d'actifs. Une simple convergence entre les anticipations des intervenants sur les marchés de capitaux et les anticipations médianes des membres du Comité de politique monétaire (FOMC) à partir du mois de mars impliquerait une augmentation de 1.25 point de pourcentage du rendement des obligations d'État à dix ans, qui s'établirait à environ 3.25 pour cent. L'augmentation serait beaucoup plus grande si la baisse initiale du prix des actifs donnait lieu à des ventes forcées, à un assèchement de la liquidité et à une aversion généralisée pour le risque. Dans un tel cas, la croissance américaine en souffrirait, sauf si les autorités adoptaient des mesures compensatoires. Étant donné l'importance des États-Unis pour l'économie mondiale, d'autres économies subiraient le contrecoup d'un ralentissement de la croissance américaine. Les simulations issues de modèles macroéconomiques, tenant compte des répercussions commerciales et financières (simplifiées), laissent penser qu'une hausse de 200 points de base du rendement des obligations d'État à dix ans, doublée d'une chute de 25 % du cours des actions aux États-Unis et dans plusieurs autres grandes économies pendant une année, abaisserait la croissance du PIB des pays de l'OCDE de plus d'un point de pourcentage par rapport au scénario de référence

(Rawdanowicz et al., 2014a).[6] Cet impact serait amplifié si la hausse des rendements américains s'accompagnait d'une forte appréciation du dollar et de sorties de capitaux des économies de marché émergentes, qui auraient un effet perturbateur, dans la mesure où l'endettement extérieur des banques est principalement constitué de dettes à court terme (annexe 1.1). Une part croissante de la dette des banques et des entreprises des économies émergentes étant libellée en dollars (voir ci-dessus), une appréciation marquée du dollar pourrait déclencher une instabilité financière, qui serait encore aggravée par des sorties de capitaux.

- Faute de parvenir à un accord satisfaisant entre la Grèce et ses créanciers officiels, le risque de relibellement perçu ainsi que les incertitudes s'en trouveraient accrus. Bien que les conséquences d'un événement aussi extraordinaire soient impossibles à prédire, on assisterait probablement à une nouvelle aggravation de la fragmentation financière de la zone euro, à un étouffement de l'activité dans l'économie réelle, et à une réactivation, dans les pays vulnérables de la zone euro, des phénomènes d'interaction négatifs entre l'économie réelle, le secteur bancaire et les finances publiques. Compte tenu des étroites relations commerciales et financières avec les pays voisins, ce sont eux qui pâtiraient les premiers des turbulences au sein de la zone euro. Il faudrait en outre s'attendre aussi à des répercussions mondiales, en particulier sur le plan de la confiance et par le biais des liaisons financières, entraînant une hausse des primes de risque et une chute du prix des actifs financiers. À ce jour, les primes de risque de divers instruments financiers semblent exclure un tel scénario. Ainsi, les écarts de rendement des obligations souveraines par rapport aux Bunds allemands et les primes des CDS sur risques souverains ont diminué ou se sont stabilisés à de faibles niveaux ces derniers mois pour toutes les économies de la zone euro sauf la Grèce, où ils ont notablement augmenté (graphique 1.21). De même, les soldes Target 2 des pays vulnérables, hors Grèce, se sont réduits ou stabilisés. Le calme qui règne sur les marchés de capitaux en dépit d'une incertitude accrue peut refléter la faible exposition des investisseurs privés sur la Grèce. Par exemple, les créances des banques déclarantes de la BRI sur la Grèce, exprimées en dollars, représentent le quart de ce qu'elles étaient il y a quatre ans, et la dette souveraine est désormais essentiellement détenue par des créanciers publics. Le calme des marchés pourrait aussi refléter la perception selon laquelle les mesures prises par la BCE, associées au renforcement du cadre institutionnel de la zone euro, seraient à même d'endiguer de graves répercussions éventuelles. Cependant, le sentiment du marché pourrait changer abruptement si la Grèce ne parvenait pas à s'entendre avec ses créanciers.
- En Chine, la croissance du PIB a récemment marqué le pas, et la correction se poursuit sur le marché immobilier, où la baisse du prix des logements et des ventes se stabilise. Compte tenu de la croissance rapide du crédit ces dernières années, en particulier en dehors du secteur bancaire traditionnel (une tendance qui s'est toutefois quelque peu inversée récemment), une poursuite du ralentissement économique pourrait provoquer

6. Ces simulations supposent une augmentation identique des rendements des obligations d'État aux États-Unis et dans d'autres économies. Il s'agit là d'une hypothèse forte. Bien que les corrélations des variations des rendements des obligations d'État à dix ans aient été très fortes ces derniers temps dans de nombreux pays de l'OCDE (comprises entre 0.75 et 0.95 environ en Allemagne, au Canada, en France et au Royaume-Uni), elles demeuraient inférieures à 1 et, dans certains pays (Italie, Japon), elles ne dépassaient pas 0.5. Toutefois, les corrélations passées ne permettent pas toujours de prédire correctement les covariations futures.

Graphique 1.21. **Les conditions financières convergent dans la zone euro**

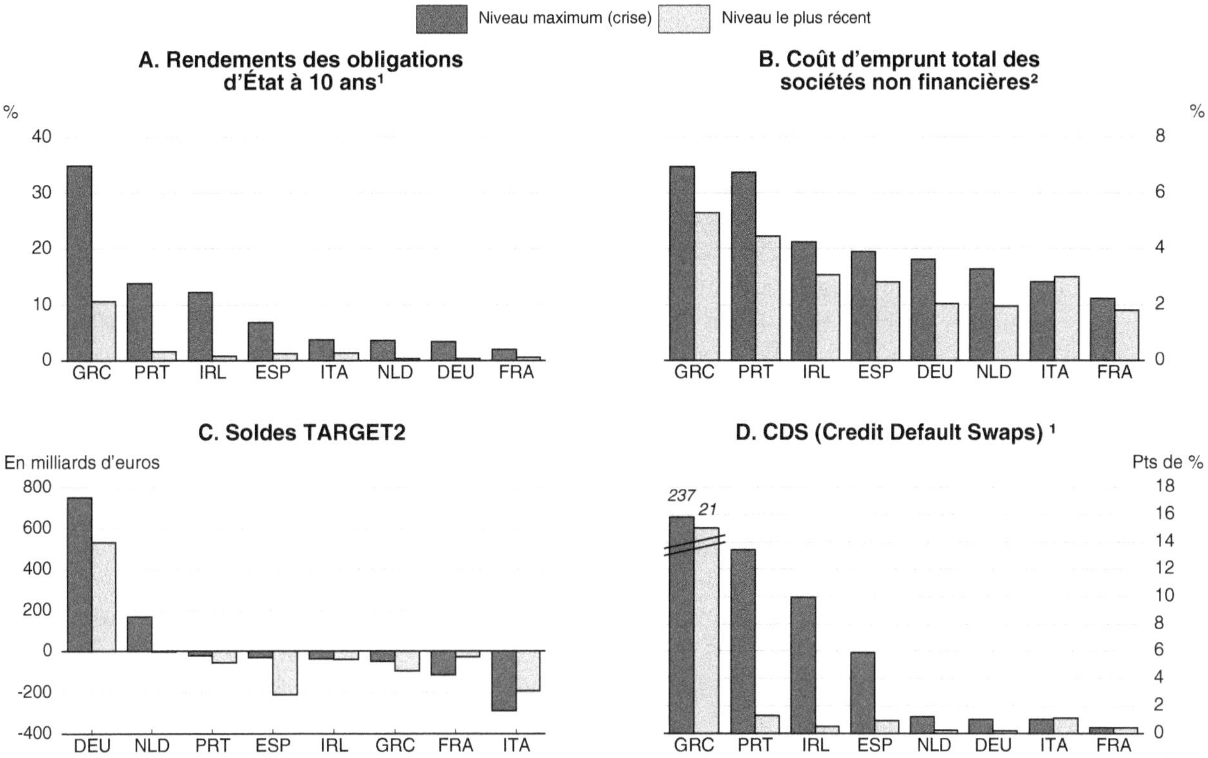

Note : Le niveau maximum (crise) est égal à la valeur la plus élevée (ou la plus faible pour les pays ayant un solde TARGET2 déficitaire) observée entre janvier 2010 et décembre 2012.

1. Moyennes mensuelles des taux journaliers des obligations d'État à dix ans et des CDS (Credit Default Swaps) souverains à cinq ans.
2. Moyenne mobile sur trois mois du coût total des emprunts contractés auprès des banques.

Source : Banque centrale européenne ; Datastream ; FactSet ; et calculs de l'OCDE.

StatLink http://dx.doi.org/10.1787/888933225681

de nombreuses faillites d'entreprises (OCDE, 2015b). Un tel scénario déclencherait des rétroactions négatives entre l'économie réelle, notamment le marché du logement, et le secteur financier. Même s'il semble que le secteur financier dispose d'une certaine marge lui permettant d'amortir les chocs face à une telle éventualité et que les pouvoirs publics ont une marge d'action pour remédier aux problèmes du secteur bancaire, des turbulences financières et un ralentissement brutal ne sauraient être exclus. Comme indiqué dans les *Perspectives économiques de l'OCDE* de novembre 2014, une telle évolution aurait à son tour des répercussions considérables à l'échelle mondiale, au-delà de ce que laissent penser les simulations issues de modèles simplifiés.[7] Bien que les effets transmis par le biais des échanges et par le canal financier direct n'impliquent pas une lourde incidence sur le PIB mondial, les effets négatifs sur le plan de la confiance et dans la sphère financière pourraient, eux, être sensiblement plus marqués. Ce scénario entraînerait une baisse du prix des produits de base, dans la mesure où la Chine est le

7. Une baisse de 2 points de pourcentage du taux de croissance de la demande intérieure en Chine, associée à un recul de 10 % du cours des actions à l'échelle mondiale et à une hausse de 20 points de base des primes de risque des actions, se traduirait par une diminution d'environ 0.75 % du PIB mondial durant la deuxième année ; cet impact serait légèrement plus marqué au Japon (environ 1 %), mais plus faible dans la zone euro et aux États-Unis (environ 0.5 %) (OCDE, 2014b).

premier consommateur de nombre d'entre eux, ce qui redistribuerait les revenus des exportateurs vers les importateurs (OCDE, 2015b).

- Une escalade du conflit entre la Russie et l'Ukraine pourrait produire des effets négatifs sur la confiance et des perturbations de l'approvisionnement énergétique, ce qui freinerait la croissance économique dans les économies de l'Union européenne (OCDE, 2014b). Une dégradation de la confiance pourrait dissuader d'entreprendre des investissements, particulièrement en Allemagne, dans les États baltes, et dans plusieurs économies d'Europe centrale et orientale. La persistance de perturbations dans l'approvisionnement en gaz entraînerait un relèvement significatif des prix de l'énergie, car il faudrait faire appel à d'autres sources, plus onéreuses. La croissance du PIB pourrait, elle aussi, se trouver amoindrie par une baisse des exportations vers la Russie et l'Ukraine, même si la part de ces pays dans les exportations de l'ensemble de la zone euro n'est pas très grande[8].

Actions à mener par les pouvoirs publics

Des politiques monétaires, budgétaires et structurelles qui se renforcent les unes les autres s'imposent, avec d'importantes différences d'un pays à l'autre. Le recours à un seul instrument d'action pour stimuler la demande a ses limites, qui concernent non seulement la portée que cette action peut avoir, mais aussi la mesure dans laquelle un instrument unique peut être efficace sans créer des déséquilibres à l'avenir. C'est pourquoi, eu égard également aux incertitudes entourant l'efficacité des mesures macroéconomiques, il est nécessaire de mener des politiques de relance sur de multiples fronts. Cela offrirait l'avantage supplémentaire de dégager des synergies entre les différentes actions entreprises. Par exemple, des politiques structurelles visant à stimuler l'investissement (chapitre 3) pourraient renforcer non seulement la demande actuelle, mais aussi la croissance potentielle future. De telles mesures pourraient, à leur tour, entraîner un relèvement des taux d'intérêt réels neutres et renforcer l'efficacité de la politique monétaire (Rawdanowicz et al., 2014b). Un surcroît d'activité pourrait aussi ménager une nouvelle marge de manœuvre pour mieux adapter la politique budgétaire aux conditions économiques.

Politique monétaire

Tout en restant accommodantes, les politiques monétaires des grandes économies sont appelées, à juste titre, à suivre des orientations de plus en plus divergentes. Aux États-Unis, l'amenuisement progressif de la marge de ressources inutilisées, associé à la perspective de voir l'inflation se rapprocher de sa cible, incite à relever progressivement les taux directeurs. Le calendrier et le rythme d'abandon de ces mesures de relance dépendront des perspectives en matière d'inflation, lesquelles dépendent à leur tour de la santé de l'économie. Dans la zone euro et au Japon, le niveau très faible de l'inflation justifie la poursuite de politiques monétaires accommodantes, comme prévu.

8. Les simulations effectuées à l'aide du modèle NiGEM montrent que, à taux de change constants, une baisse de 10% des importations russes pourrait réduire la progression du PIB de manière marginale dans les pays de l'OCDE et dans la zone euro, mais de façon beaucoup plus sensible dans les pays voisins de la Russie. Si ce mouvement devait s'accompagner d'une forte demande en euros pour cause d'effet « valeur refuge » et d'une appréciation du taux de change nominal effectif de la monnaie européenne, les retombées négatives en seraient amplifiées. Chaque appréciation de 5 % pourrait amputer de 0.2 points la hausse du PIB de la zone euro.

À l'heure actuelle, les amples fluctuations des prix des produits de base et des taux de change compliquent les décisions de politique monétaire, car leurs effets durables sur l'inflation et la production sont incertains. Étant donné qu'on n'observe guère de signes d'effets indirects de la chute des prix du pétrole ou de désancrage des anticipations inflationnistes à moyen terme, et que l'inflation globale a commencé à se redresser, les autorités monétaires devraient ignorer ces évolutions et n'ont pas besoin de réagir. Cependant, au cas où d'importants effets indirects se manifesteraient, des mesures supplémentaires deviendraient nécessaires. Ce serait particulièrement le cas pour la zone euro et le Japon, où les risques de déflation demeurent non négligeables et où les effets inflationnistes indirects se sont révélés importants par le passé.[9] Les autorités monétaires devraient en outre regarder au-delà de l'incidence transitoire directe qu'exerce l'appréciation de la monnaie sur l'inflation, et ne réagir que si des effets indirects menacent d'empêcher l'inflation d'atteindre sa cible pendant une période prolongée. De même, dans les pays où l'inflation est déjà très faible, la baisse du taux de change ne devrait pas inciter à relâcher l'effort de relance dans le cas où, une fois dissipés les effets directs, l'inflation ne parvenait toujours pas à atteindre son taux cible.

Dans la mesure où les marchés de capitaux n'ont peut-être pas correctement intégré les effets d'un futur resserrement de la politique monétaire américaine, celui-ci, lorsqu'il se produira, pourrait entraîner une volatilité sur les marchés de capitaux et avoir des répercussions sur les rendements obligataires mondiaux (voir ci-dessus). La nécessité d'une intervention des pouvoirs publics dépendra dans une large mesure des effets relatifs des turbulences sur les marchés des changes et du relèvement des taux d'intérêt ainsi induits, ainsi que du taux d'inflation qui prévaudra alors et de l'orientation de la politique monétaire.

- Dans les zones où l'inflation est inférieure à sa cible et où la croissance du PIB est faible, un surcroît d'assouplissement monétaire serait souhaitable si les effets négatifs d'une hausse des rendements obligataires se concrétisent plus rapidement et surpassent les effets positifs éventuels d'une dépréciation de la monnaie. Dans la zone euro et au Japon, où les taux d'intérêt sont très faibles et les rachats d'actifs déjà très élevés, la marge permettant de procéder à un assouplissement supplémentaire est cependant limitée. Une expansion des achats d'actifs est possible, mais elle risque d'aggraver davantage les distorsions des marchés et peut se voir limitée, en pratique, par la disponibilité d'obligations.[10] De même, une profonde incursion des taux directeurs en territoire négatif pourrait provoquer de coûteuses distorsions sur les marchés.
- Dans les pays où l'inflation est élevée et les anticipations inflationnistes faiblement ancrées, la politique monétaire devrait être durcie pour limiter les sorties de capitaux. C'est déjà le cas au Brésil et en Russie. Dans certains pays, les inquiétudes relatives à l'impact sur les taux de change ont conduit à un assouplissement, même si l'inflation demeure supérieure à son objectif. En cas de problèmes passagers de liquidités en devises menaçant la stabilité d'ensemble du système financier, les pays pourraient

9. Par le passé, les effets indirects des chocs pétroliers ont représenté en moyenne environ un tiers de la variation totale des taux d'inflation (BCE, 2010).
10. Dans la zone euro, en particulier, les limites auto-imposées de 25 % par émission et de 33 % par émetteur vont probablement restreindre les achats d'actifs pour certains pays, ce qui pourrait se traduire par une insuffisance de quelque 40 milliards EUR d'ici septembre 2016 par rapport au montant total envisagé (Claeys et al., 2015). Ces contraintes seraient encore plus fortes en cas d'augmentation des volumes d'actifs achetés.

solliciter des facilités multilatérales, s'ils disposent de solides cadres d'action publique et de bons antécédents de performance économique. Des interventions transparentes et temporaires sur les taux de change pourraient aussi être envisagées pour remédier à la volatilité à court terme, pour autant que les réserves de change soient suffisantes. En revanche, instaurer un contrôle des changes serait probablement contre-productif.

Politique budgétaire

On estime que la politique budgétaire est relativement neutre aux États-Unis et dans la zone euro, et modérément restrictive au Japon (tableau 1.6). Il est essentiel de prendre en compte les effets à court terme de l'orientation budgétaire, à la lumière de l'augmentation nécessaire des obligations d'assurer le service de la dette. Il semble qu'un engagement d'assainissement budgétaire à moyen terme permet un équilibre approprié entre les objectifs à court et à long terme. Les ratios dette publique/PIB devraient, selon les projections, se stabiliser d'ici 2016 à l'échelle de l'ensemble de la zone de l'OCDE, une baisse de ce ratio dans la zone euro compensant son accroissement au Japon et aux États-Unis (en 2015 seulement). La dette publique demeure cependant très élevée par rapport au PIB dans la plupart des pays de l'OCDE.

Tableau 1.6. **Les situations budgétaires vont continuer de s'améliorer**

En pourcentage du PIB / PIB potentiel

	2012	2013	2014	2015	2016
États-Unis					
Solde effectif	-9.0	-5.7	-5.0	-4.0	-3.6
Solde sous-jacent	-7.5	-4.6	-4.2	-3.3	-3.1
Solde primaire sous-jacent	-4.5	-2.4	-1.5	-1.1	-1.0
Engagements financiers bruts	110.5	109.2	110.1	111.4	111.1
Zone euro					
Solde effectif	-3.6	-2.9	-2.4	-2.1	-1.4
Solde sous-jacent	-2.3	-1.4	-1.0	-0.9	-0.7
Solde primaire sous-jacent	0.3	1.0	1.3	1.2	1.2
Engagements financiers bruts	103.9	104.9	111.5	110.9	109.5
Japon					
Solde effectif	-8.7	-8.5	-7.7	-6.8	-5.8
Solde sous-jacent	-8.0	-8.1	-7.2	-6.6	-5.7
Solde primaire sous-jacent	-7.2	-7.4	-6.2	-5.6	-4.9
Engagements financiers bruts	215.4	220.3	226.0	229.2	231.7
OCDE					
Solde effectif[1]	-5.8	-4.2	-3.7	-3.1	-2.5
Solde sous-jacent[2]	-5.0	-3.5	-3.1	-2.7	-2.3
Solde primaire sous-jacent[2]	-2.7	-1.7	-1.1	-0.9	-0.7
Engagements financiers bruts[2]	110.3	110.3	113.8	114.6	114.2

Note : Le solde effectif et les engagements financiers bruts sont en pourcentage du PIB nominal. Les soldes sous-jacents sont exprimés en pourcentage du PIB potentiel, corrigés des variations cycliques et ajustés pour exclure les effets des mesures budgétaires ponctuelles et temporaires. Les soldes primaires sous-jacents excluent l'impact des charges d'intérêts nettes de la dette sur les soldes sous-jacents.

1. Excluant le Chili et le Mexique.
2. Excluant le Chili, le Mexique et la Turquie.

Source : Base de données des Perspectives économiques de l'OCDE, n° 97.

StatLink http://dx.doi.org/10.1787/888933226665

L'évolution de la dette publique dépend essentiellement de la croissance économique et des taux d'intérêt à l'avenir, de l'intensification des pressions budgétaires associées au vieillissement démographique et de la conception des politiques budgétaires, cette dernière ayant potentiellement elle-même une incidence significative sur l'activité économique.

- Dans la plupart des pays de l'OCDE, le niveau exceptionnellement bas des taux d'intérêt contribue à contenir, à l'heure actuelle, le coût du service de la dette (graphique 1.22). Les taux d'intérêt servis sur les obligations d'État à dix ans et les taux implicites du service de la dette publique globale sont inférieurs au taux de croissance du PIB dans

Graphique 1.22. **Dynamique de la dette publique**

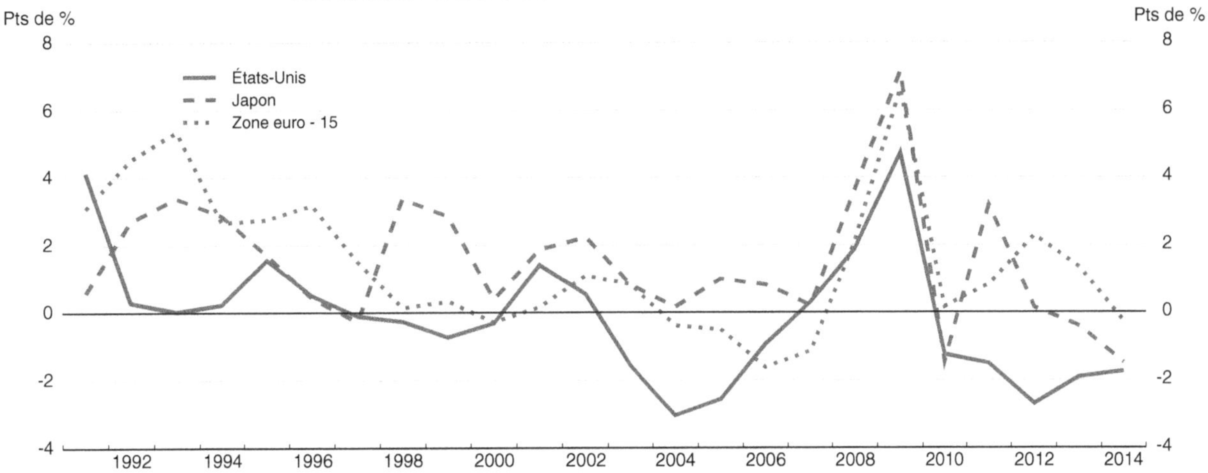

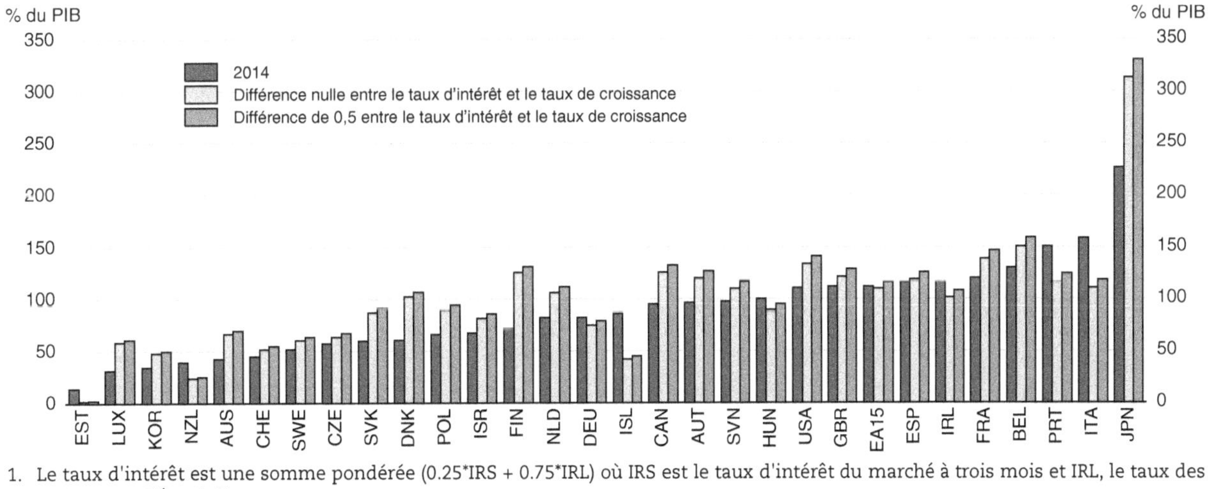

1. Le taux d'intérêt est une somme pondérée (0.25*IRS + 0.75*IRL) où IRS est le taux d'intérêt du marché à trois mois et IRL, le taux des obligations d'État à dix ans.
2. Hypothèses retenues dans le scénario : les écarts de production se comblent jusqu'en 2020, à un rythme qui dépend de l'ampleur de l'écart à la fin de la période couverte par les prévisions à court terme (2016) selon la relation diff(GAP(t)) = 0.2*diff(GAP(t-1)) – 0.4*GAP(t-1), où diff() représente la différence en glissement annuel et GAP, l'écart de production. Les soldes primaires s'améliorent à mesure que les écarts de production se referment, compte tenu des élasticités budgétaires estimées dans Mourre et al. (2014) pour les pays de l'UE et par Girouard et André (2005) pour tous les autres pays. En outre, les soldes primaires tiennent compte de la hausse estimée (linéarisée) des dépenses de santé, de soins de longue durée et de retraite, telles qu'elles figurent dans le tableau 4.5 des Perspectives économiques de l'OCDE, n° 96. Les données relatives à la Grèce et à la Norvège ne sont pas présentées.

Source : Base de données des Perspectives économiques de l'OCDE, n° 97 ; et calculs de l'OCDE.

StatLink http://dx.doi.org/10.1787/888933225698

respectivement 75 % et 40 % des pays de l'OCDE, à l'exception principalement des économies de la zone euro qui ont le plus souffert de la crise. Il est probable que les taux d'intérêt vont augmenter à moyen terme, avec la reprise de l'économie et la normalisation des taux directeurs. De plus, le fait que, depuis la crise, les marchés financiers opèrent une différenciation plus poussée des risques pourrait amener les prêteurs à exiger des primes de risque plus élevées que celles qu'ils pratiquaient précédemment pour financer un haut niveau de dette publique. En conséquence, il est souhaitable de stimuler dès maintenant les taux de croissance durable.

- En l'absence de changement des politiques publiques, le vieillissement démographique et la hausse des coûts des soins de santé conduiront inévitablement à une intensification rapide de la pression que ces dépenses exerceront sur les budgets publics. Les dépenses publiques consacrées aux soins de santé, aux soins de longue durée et aux retraites augmenteront, selon les estimations, de 2.5 % du PIB entre 2015 et 2030 en moyenne dans la zone de l'OCDE, mais la charge budgétaire variera considérablement d'un pays à l'autre (chapitre 3). L'alourdissement relatif de ces dépenses sera encore plus grand si la progression des dépenses de santé n'est pas contenue. C'est pourquoi il est nécessaire aussi bien de procéder à des réformes de l'action publique que d'instaurer une croissance durable.

Si l'on suppose, dans un scénario simplifié, que les stabilisateurs automatiques améliorent les finances publiques à mesure que les écarts de production s'amenuisent, et que les pressions exercées par les dépenses consacrées aux soins de santé, aux soins de longue durée et aux retraites se concrétisent sans nouvel assainissement budgétaire, les ratios d'endettement continueraient à s'élever dans les deux tiers environ des pays de l'OCDE si les taux d'intérêt rattrapaient les taux de croissance du PIB à partir de 2020 (graphique 1.22). La dynamique défavorable de la dette serait plus négative si les taux d'intérêt dépassaient les taux de croissance. Il est clair qu'une hausse des taux de croissance potentiels et que des mesures visant à alléger les pressions exercées par les dépenses sociales sont indispensables, faute de quoi plusieurs pays au moins se trouveront confrontés à une évolution budgétaire non viable.

Pour être efficace, un ajustement budgétaire à moyen terme exige des plans budgétaires pluriannuels crédibles qui permettent de s'acheminer vers une situation viable en matière de finances publiques, en s'appuyant sur la croissance, et de minimiser le risque que les incertitudes pèsent sur les dépenses privées. Ce sont des plans simples qui sont le plus susceptibles d'être crédibles, car ils mettent l'accent sur les grands enjeux à moyen terme qui se posent s'agissant des finances publiques (encadré 1.5).

Encadré 1.5. **Enjeu de l'ancrage des finances publiques à moyen terme dans le contexte des règles budgétaires de la zone euro**

L'ancrage des finances publiques à moyen terme, qui permettrait d'atteindre un niveau de dette et de patrimoine net prudent et soutenable, peut être facilité par des règles budgétaires soigneusement conçues (Fall et al., 2015). Celles-ci peuvent en effet guider les décisions de politique budgétaire et aider les gouvernements confrontés à des pressions à court terme à s'en tenir à des politiques saines. Les règles budgétaires sont particulièrement importantes dans une union monétaire, afin que la politique budgétaire joue le rôle nécessaire de stabilisateur contracyclique en l'absence d'autres leviers d'action au niveau national, et parce que la solvabilité du marché peut être fragile.

Encadré 1.5. **Enjeu de l'ancrage des finances publiques à moyen terme dans le contexte des règles budgétaires de la zone euro** *(suite)*

Le Pacte de stabilité et de croissance (PSC) du Traité sur l'Union européenne constitue la pierre angulaire de la gouvernance budgétaire de l'UE. Une vaste remise à plat des règles budgétaires de la zone euro a été entreprise en 2011-2013, avec les séries de règlements et directives dites *six-pack* et *two-pack*, ainsi qu'avec le traité incluant le nouveau « Pacte budgétaire ». Ces dispositions visent à éviter les déséquilibres budgétaires excessifs et à fournir un ensemble de règles concernant l'équilibre du budget à moyen terme et le ratio dette/PIB.

Si l'application de ces nouvelles règles n'en est qu'à ses débuts (CE, 2014), l'expérience acquise ces dernières années dans l'application de ce nouveau cadre amène à se demander si l'efficacité de ces règles ne pourrait pas être renforcée aux fins d'ancrer les politiques publiques à moyen terme. Les préoccupations portent actuellement sur trois points principaux.

Premièrement, dans de nombreux pays, le déficit n'est toujours pas repassé sous le *plafond des 3 % du PIB*, comme le prévoit le volet correctif du PSC. Depuis 2009, les délais pour ce faire ont été reportés à onze reprises. Cela s'explique en partie par le fait qu'un plafond fixé pour le PIB aux prix du marché en période de ralentissement conjoncturel peut conduire à l'adoption de politiques procycliques indésirables. Il a donc été opportun de faire preuve d'une certaine tolérance. Cependant, l'incertitude quant à la question de savoir si cette marge de tolérance serait accordée, et de quelles exigences elle serait assortie, suscite vis-à-vis des mesures à prendre et des risques encourus des doutes qui sapent en partie les effets bénéfiques sur la demande qui pourraient être obtenus en autorisant la politique budgétaire à compenser les chocs économiques négatifs.

Deuxièmement, des problèmes peuvent se poser avec les objectifs à moyen terme (OMT) relatifs à l'équilibre structurel des budgets, qui constituent le volet préventif du PSC, du fait de difficultés de mesure inhérentes à l'ajustement cyclique des budgets en général, et à la méthodologie adoptée par l'UE pour l'estimation du PIB potentiel et des écarts de production en particulier. Alors que l'accent mis sur le solde budgétaire structurel devrait en principe fournir un ancrage à moyen terme plus stable pour la politique budgétaire, il existe des cas dans lesquels les problèmes de mesure conduisent à adopter des politiques procycliques et instables.

Par exemple, les estimations de la Commission européenne concernant la croissance potentielle de la production en Italie et en Espagne ont été considérablement révisées au cours de l'année écoulée (graphique). Ces effets sont suffisamment importants pour avoir des conséquences, en termes de mesures à adopter, sur le degré d'assainissement budgétaire nécessaire chaque année pour respecter les OMT. Plusieurs modifications d'ordre méthodologique, y compris concernant les options que les pays peuvent appliquer, ont été apportées dans le courant de l'année passée, mais ces questions mériteraient une approche plus globale permettant de résoudre le problème des inexactitudes durables dans l'évaluation des écarts de production (OCDE, 2010).

Troisièmement, la conception de la règle d'endettement et de la référence en matière de dépenses crée quelquefois des anomalies qui vont à l'encontre d'une orientation à moyen terme des politiques publiques. Par exemple, la règle d'endettement exige potentiellement de larges fluctuations du solde budgétaire lorsqu'elle commence à s'appliquer, dans le cas où le solde budgétaire et la croissance du PIB d'un pays partent d'un point très éloigné de celui qui est nécessaire pour effectuer les ajustements initiaux imposés aux pays lourdement endettés (Barnes et al., 2012). Alors que la règle de référence en matière de dépenses a pour but de contribuer au respect des OMT, elle s'appuie sur une moyenne longue de la production potentielle, ce qui peut aboutir à donner des signaux incohérents par rapport aux OMT. Devoir procéder chaque année à une mise à jour de la référence en matière de dépenses et traduire les valeurs réelles utilisées pour la référence des dépenses en montants nominaux nécessaires à l'établissement d'un budget peut rendre plus difficile la budgétisation pluriannuelle.

Encadré 1.5. **Enjeu de l'ancrage des finances publiques à moyen terme dans le contexte des règles budgétaires de la zone euro** *(suite)*

Prévisions de la croissance de l'économie potentielle

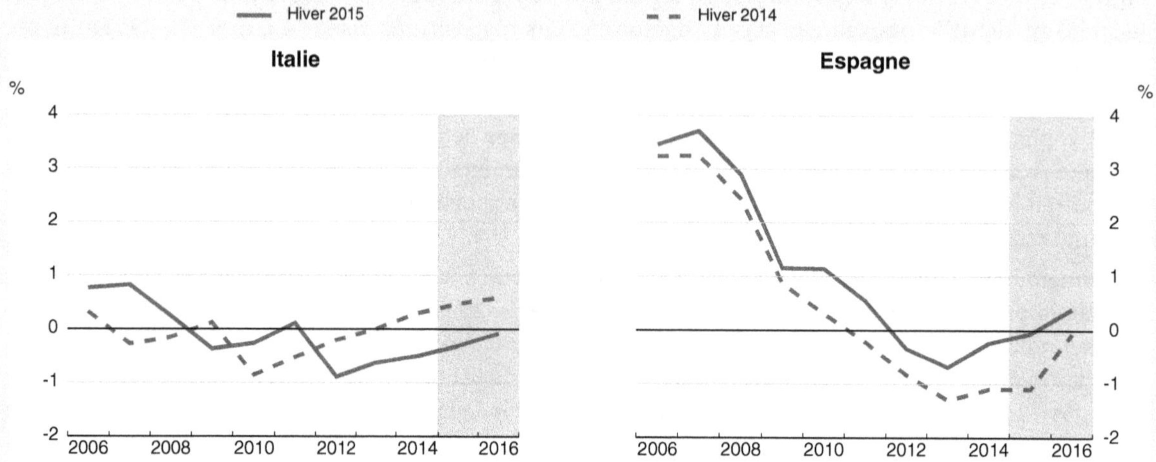

Source : Commission européenne, Prévisions de l'hiver 2014 et Prévisions de l'hiver 2015.

StatLink http://dx.doi.org/10.1787/888933225734

L'expérience récente semble indiquer que l'orientation à moyen terme des règles budgétaires de l'UE pourrait être minée par des faiblesses de conception (complexité) et d'application (extension, choix peu judicieux des stratégies d'assainissement budgétaire, respect minimal des règles et/ou détournement du système). L'existence de déviations importantes et nombreuses est susceptible de nuire à l'efficacité globale de ce cadre et au soutien politique dont il pourrait bénéficier. De ce fait, la surveillance budgétaire européenne devrait mettre davantage l'accent sur les perspectives à moyen terme pour des variables *observables* telles que le solde budgétaire et le ratio dette/PIB, s'appuyant sur de solides projections macroéconomiques et des projections budgétaires réalistes. Les règles chiffrées d'endettement et de dépenses ne devraient pas revêtir autant d'importance, et la surveillance devrait être axée davantage sur les déterminants du ratio dette/PIB et de la dépense publique à moyen terme.

En outre, la composition de la politique budgétaire a son importance. L'assainissement budgétaire dans le sillage de la crise a reposé, dans une très large mesure, sur la réduction de l'investissement public (environ un quart de l'effort d'assainissement depuis 2010). Il s'est avéré coûteux en termes de stabilisation de la demande, car les multiplicateurs budgétaires associés aux dépenses publiques d'investissement sont plus élevés que pour d'autres instruments d'action budgétaires (chapitre 3). Qui plus est, l'analyse empirique donne à penser que la réduction des dépenses publiques d'infrastructure peut peser sur le potentiel de croissance (Barbiero et Cournède, 2013, par exemple). Une réaffectation budgétairement neutre des dépenses publiques au profit de l'investissement permettrait ainsi d'étayer le potentiel de croissance de l'économie, pour autant que les projets soient soigneusement sélectionnés, et rendrait la dynamique de la dette plus favorable.

L'investissement public serait particulièrement utile s'il contribuait à ouvrir la voie à l'investissement privé. Dans l'Union européenne, le Plan d'investissement pour l'Europe (plan Juncker) offre une occasion d'ajuster la dépense publique selon cette orientation (encadré 3.6 du chapitre 3). Parmi les mesures complémentaires visant à stimuler l'investissement privé, on peut citer l'instauration de crédits d'impôt temporaires ou d'un amortissement fiscal accéléré des dépenses d'équipement.

De plus, les politiques budgétaires structurelles devraient être ajustées pour alléger les pressions pesant sur les budgets publics et renforcer la croissance de la production. Un relèvement de l'âge effectif de départ à la retraite peut contribuer à faire face aux pressions que le vieillissement va exercer sur les dépenses et permettrait également de soutenir le potentiel productif de l'économie. En outre, l'analyse de l'OCDE laisse penser qu'il reste une ample marge d'amélioration de l'efficience dans les secteurs de la santé et de l'éducation, qui laisserait intacte la qualité des services (Joumard et al., 2008 ; Sutherland et al., 2009).

Les États devraient adopter des trains complets de mesures intégrant les politiques budgétaires, monétaires et des politiques structurelles favorables à la demande

L'action sur les fronts monétaire et budgétaire devrait être étayée par des réformes structurelles qui, au lieu d'être adoptées au coup par coup, devraient s'inscrire dans une approche intégrée. D'abord, dans le cadre d'une politique structurelle, il est important de se pencher sur le contexte relatif à la main-d'œuvre et aux entreprises. Par exemple, des réformes des marchés de produits menées dans un environnement de travail rigide limitent souvent la capacité des nouvelles entreprises à embaucher la main-d'œuvre dont elles auraient besoin. Ou bien des réformes du marché du travail engagées dans un environnement des affaires peu souple, avec de grandes entreprises en place, vont faire porter tout le poids de l'ajustement sur la main-d'œuvre. Globalement, les politiques structurelles peuvent apporter une contribution substantielle à la viabilité budgétaire et amortir les arbitrages opérés entre assainissement budgétaire, croissance et objectifs d'équité. Cependant, alors que de telles actions sont souvent menées par les pouvoirs publics dans le but de stimuler la croissance à long terme du côté de l'offre, leurs effets à court terme sur la demande sont moins bien établis, et ils doivent aussi être pris en considération.

Lorsque des politiques structurelles destinées à renforcer la croissance sont adoptées en situation normale et avec le soutien d'autres politiques macroéconomiques, les données empiriques semblent généralement indiquer que les gains à court terme sont plus importants que les inconvénients. En période défavorable, toutefois, et surtout lorsque les politiques budgétaires et monétaires ne sont pas mises en œuvre pour compenser des effets négatifs à court terme, il est plus difficile d'atténuer la dynamique négative qui caractérise la transition associée aux changements structurels. Dans une telle situation, il convient d'accorder la priorité aux politiques structurelles qui stimulent la demande à court terme. Il peut s'agir notamment de l'abaissement des obstacles à l'entrée dans des secteurs où il existe une demande non satisfaite, de l'allègement de la charge administrative pesant sur les entreprises, ou encore de programmes qui stimulent directement la demande globale, comme des investissements publics dans les infrastructures. Ce sont les mesures qui renforcent la confiance ou atténuent l'incertitude quant aux conditions économiques futures qui produisent peut-être le plus grand impact à court terme, car elles peuvent faire redémarrer rapidement la consommation et l'investissement grâce à des effets de richesse et à une amélioration des anticipations. Un exemple serait une réforme crédible des systèmes de retraite et de santé qui permette d'améliorer la viabilité des finances publiques, en réduisant la nécessité de constituer une épargne de précaution et en créant ainsi une marge de manœuvre budgétaire pour la relance. Ces questions seront examinées de façon plus approfondie dans une étude de l'OCDE à paraître sur les effets à court terme des réformes structurelles (Caldera Sanchez et al., 2015).

Bibliographie

AIE (2015), « Medium-Term Oil Market Report 2015 », AIE, Paris.

Barbiero, O. et B. Cournède (2013), « New Econometric Estimates of Long-term Growth Effects of Different Areas of Public Spending », *Documents de travail du Département des affaires économiques de l'OCDE*, n° 1100, Éditions OCDE, Paris.

Barnes, S., D. Davidsson et Ł. Rawdanowicz (2012), « Europe's New Fiscal Rules », *Documents de travail du Département des affaires économiques de l'OCDE*, n° 972, Éditions OCDE, Paris.

BCE (2009), « Housing Finance in the Euro Area », *série des études concernant des sujets spécifiques de la BCE*, n° 101.

BCE (2010), *Structural Issues Report*, juin 2010, chapitre 3.

Berg, T. (2015), « Quicksilver Markets », *OFR Brief Series*, n° 15-02, Office of Financial Research, 17 mars.

Bénétrix, A. S., P. R. Lane et J. C. Shambaugh (2014), « International Currency Exposures, Valuation Effects and the Global Financial Crisis », *Mimeo.*

Bernanke, B. S. et M. Gertler (1995), « Inside the Black Box: The Credit Channel of Monetary Policy Transmission », *The Journal of Economic Perspectives*, vol. 9, n° 4, pp. 27-48.

BRI (2014), « Market-making and Proprietary Trading: Industry Trends, Drivers and Policy Implications », *CGFS Papers*, n° 52, Banque des règlements internationaux.

BRI (2015), *Rapport trimestriel BRI*, mars, Banque des règlements internationaux.

Caldera Sanchez, A., A. De Serres et N. Yashiro (2015), « The Short-Run Impact of Structural Reforms », *Documents de travail du Département des affaires économiques de l'OCDE*, Éditions OCDE, Paris (à paraître).

Carroll, C. D., J. Slacalek et K. Tokuoka (2014), « The Distribution of wealth and the MPC: implications of new European data », *série des documents de travail de la BCE*, n° 1648.

Cashin, P., K. Mohaddes and M. Raissi (2014), « The Macroeconomic Effects of El Niño », *Cambridge Working Paper in Economics*, No. 1418, Université de Cambridge.

Çelik, S., G. Demirta et M. Isaksson (2015), « Corporate Bonds, Bondholders and Corporate Governance », *OECD Corporate Governance Working Papers*, n° 16, Éditions OCDE, Paris.

Chui, M. K.F., I. Fender et V. Sushko (2014), « Risks Related to EME Corporate Balance Sheets: The Role of Leverage and Currency Mismatch », *BIS Quarterly Review*, Septembre.

Clayes, G., A. Leandro et A. Mandra (2015), « European Central Bank Quantitative Easing: The Detailed Manual », *Bruegel Policy Contribution*, n°2, mars.

Commission européenne (2014), « Réexamen de la gouvernance économique - Rapport sur l'application des règlements (UE) n° 1173/2011, (UE) n° 1174/2011, (UE) n° 1175/2011, (UE) n° 1176/2011, (UE) n° 1177/2011, (UE) n° 472/2013 et (UE) n° 473/2013 », COM(2014) 905 final.

Fall, F., D. Bloch, J-M. Fournier et P. Hoeller (2015), « Government Debt and Fiscal Frameworks », *OECD Economic Policy Paper*, à paraître.

FMI (2015a), « L'investissement privé : où est le hic », Perspectives de l'économie mondiale, avril.

FMI (2015b), *Global Financial Stability Report*, avril.

FRBNY (2014), « Domestic Open Market Operations during 2013 », Federal Reserve Bank of New York, avril.

Girouard, N. et C. André (2005), « Measuring Cyclically-adjusted Budget Balances for OECD Countries », *Documents de travail du Département des affaires économiques de l'OCDE*, n° 434, Éditions OCDE, Paris.

Guichard, S., D. Haugh et D. Turner (2009), « Quantifying the Effect of Financial Conditions in the Euro Area, Japan, United Kingdom and the United States », *Documents de travail du Département des affaires économiques de l'OCDE*, n° 677, Éditions OCDE, Paris.

IFF (2015), « March 2015 EM Portfolio Flows Tracker », Institut de la finance internationale, 26 mars.

Joumard, I., C. André, C. Nicq et O. Chatal (2008), « Health Status Determinants: Lifestyle, Environment, Health Care Resources and Efficiency », *Documents de travail du Département des Affaires économiques de l'OCDE* n° 627, Éditions OCDE, Paris.

Koske, I., I. Wanner, R. Bitetti et O. Barbiero (2015), « The 2013 update of the OECD's database on product market regulation: Policy insights for OECD and non-OECD countries », *Documents de travail du Département des affaires économiques de l'OCDE*, n° 1200, Éditions OCDE, Paris.

Kurosaki, T., Y. Kumano, K. Okabe et T. Nagano (2015), « 国債市場の流動性：取引データによる検証 » (Liquidity in JGB markets: An Evaluation from Transaction Data), *Bank of Japan Working Paper Series*, n° 15-J-2.

Ministère de l'Aménagement du territoire, des Infrastructures, des Transports et du Tourisme (2015), « 平成 26年度民間住宅ローンの実態に関する調査 結果報告書 » (Report of Survey on Private Housing Loans in Fiscal Year 2014), Bureau du logement, Ministère de l'Aménagement du territoire, des Infrastructures, des Transports et du Tourisme, Gouvernement japonais.

Morin, M. et C. Schwellnus (2014), « An Update of the OECD International Trade Equations », , n° 1129, Éditions OCDE, Paris.

Mourre, G., C. Astarita et S. Princen (2014), « Adjusting the budget balance for the business cycle: the EU methodology », *European Economy, Economic Papers*, n° 536, Commission Européenne.

OCDE (2009), *Perspectives économiques de l'OCDE, Rapport intermédiaire,* Éditions OCDE, Paris.

OCDE (2010), *Études économiques de l'OCDE :Zone euro 2010*, Éditions OCDE, Paris.

OCDE (2013), *Science, technologie et industrie : Tableau de bord de l'OCDE 2013*, Éditions OCDE, Paris.

OCDE (2014a), *Perspectives économiques de l'OCDE*, vol. 2014, n° 1, Éditions OCDE, Paris.

OCDE (2014b), *Perspectives économiques de l'OCDE*, vol. 2014, n° 2, Éditions OCDE, Paris.

OCDE (2015a), *Réformes économiques 2015 : Objectif croissance*, Éditions OCDE, Paris.

OCDE (2015b), *Études économiques de l'OCDE : Chine*, Éditions OCDE, Paris.

OCDE (2015c), *OECD Business and Finance Outlook*, Éditions OCDE, Paris (à paraître).

OECD (2015d), *Tous concernés : Pourquoi moins d'inégalité profite à tous*, Éditions OCDE, Paris.

Ollivaud, P., E. Rusticelli et C. Schwellnus (2015), « The Changing Role of the Exchange Rate for Macroeconomic Adjustment », *Documents de travail du Département des affaires économiques de l'OCDE*, n° 1190, Éditions OCDE, Paris.

Ollivaud, P. et D. Turner (2015), « The effect of the global financial crisis on OECD potential output », OECD Journal: Economic Studies, vol. 2014, n° 1, Éditions OCDE, Paris.

Rawdanowicz, Ł., R. Bouis et S. Watanabe (2013), « The Benefits and Costs of Highly Expansionary Monetary Policy », *Documents de travail du Département des affaires économiques de l'OCDE*, n° 1082, Éditions OCDE, Paris.

Rawdanowicz, Ł., R. Bouis, J. Brézillon, A. K. Christensen et K. Inaba (2014a), « Spillover Effects from Exiting Highly Expansionary Monetary Policies », *Documents de travail du Département des affaires économiques de l'OCDE*, n° 1116, Éditions OCDE, Paris.

Rawdanowicz, Ł., R. Bouis, J. Brezillon, K. Inaba et A. K. Christensen (2014b), « Secular Stagnation: Evidence and Implications for Economic Policy », *Documents de travail du Département des affaires économiques de l'OCDE*, n° 1169, Éditions OCDE, Paris.

Robertson, J. (2015), « What Seems to Be Holding Back Labor Productivity Growth, and Why It Matters », Atlanta Fed Macroblog, Federal Reserve Bank of Atlanta.

Sutherland, D., R. Price et F. Gonand (2009), « Improving public spending efficiency in primary and secondary education, » *OECD Journal: Economic Studies*, Vol. 2009, n° 1, pp. 1-30, Éditions OCDE, Paris.

Turner, D. et F. Spinelli (2013), « The Effect of Government Debt, External Debt and their Interaction on OECD Interest Rates », *Documents de travail du Département des affaires économiques de l'OCDE*, n° 1103, Éditions OCDE, Paris.

Wurzel, E., L. Willard et P. Ollivaud (2009), « Recent Oil Price Movements: Forces and Policy Issues », *Documents de travail du Département des affaires économiques de l'OCDE*, n° 737, Éditions OCDE, Paris.

ANNEXE 1.1

Indicateurs de vulnérabilité financière

Les tableaux présentés ci-après montrent comment se situent les pays de l'OCDE et plusieurs pays non membres de l'Organisation au regard de divers indicateurs, qui peuvent être révélateurs d'une exposition au risque de turbulences financières. Le tableau 1.A1 porte essentiellement sur les facteurs internes de vulnérabilité des pays de l'OCDE et des BRIICS (Brésil, Russie, Inde, Indonésie, Chine et Afrique du Sud), tandis que le tableau 1.A2 est principalement axé sur les facteurs de vulnérabilité liés au compte financier des pays de l'OCDE et des pays du Groupe des 20 (G20) non membres de l'Organisation.

Le tableau 1.A1 présente des indicateurs que l'on associe généralement aux facteurs de vulnérabilité financière résultant principalement de l'activité économique intérieure, ventilés en quatre grandes catégories : la sphère réelle de l'économie, le secteur non financier, le secteur financier et les finances publiques (Fonds monétaire international, 2012 ; Commission européenne, 2012). On identifie les faiblesses potentielles découlant de la sphère réelle de l'économie en mesurant l'écart de taux de croissance entre le produit intérieur brut (PIB) potentiel et PIB effectif, la différence entre le taux de chômage effectif et le taux de chômage naturel – c'est-à-dire le taux de chômage non accélérateur de l'inflation (NAIRU) – le déficit des paiements courants et l'évolution des coûts unitaires relatifs de main-d'œuvre. Les indicateurs pointant les excès sur les marchés de capitaux liés au secteur non financier sont la dette des ménages, la dette des sociétés non financières et la variation des prix réels des logements. Un ratio global du noyau dur des fonds propres (*Core Tier 1*) aux actifs totaux de certaines banques dans chaque pays,[11] les créances improductives et la dette des sociétés financières sont retenus comme indicateurs de l'exposition directe du secteur financier au risque. Quant aux facteurs de vulnérabilité liés au secteur public, ils sont mesurés à l'aune de trois critères : le besoin de financement des administrations publiques, la dette brute des administrations publiques et la différence entre les rendements réels des obligations souveraines à 10 ans et la croissance du PIB potentiel réel. Plus la valeur d'un indicateur est élevée – exception faite du ratio de fonds propres durs – plus la vulnérabilité qu'il mesure est forte. Le tableau 1.A1 présente également la notation attribuée actuellement par Standard & Poor's à la dette souveraine de chaque pays.

Le tableau 1.A2 présente les facteurs de risque pour la stabilité financière liés au compte financier qui caractérisent les pays de l'OCDE et les pays du G20 non membres de

11. Ce ratio de levier est calculé pour chaque pays à partir d'un échantillon de plus de 1 200 banques commerciales, dont 915 aux États-Unis, 197 dans les pays de l'OCDE membres de la zone euro, 23 au Royaume-Uni, 11 au Canada et 7 au Japon.

l'Organisation, et repose sur des travaux antérieurs d'analyse empirique de l'OCDE (Ahrend et Goujard, 2012a, 2012b). Ces travaux montrent que :

- Une dette bancaire extérieure (à court terme) importante ou un poids élevé de la dette dans les engagements extérieurs accroissent considérablement le risque de crise financière (la dette bancaire extérieure désignant ici l'ensemble des emprunts contractés auprès de banques étrangères).
- Une proportion plus importante d'investissement direct étranger (IDE) dans les engagements extérieurs bruts réduit les risques de crise financière.
- Une dette bancaire caractérisée par des échéances plus courtes accentue les risques de crise, essentiellement parce que le risque de contagion financière est alors plus grand.
- La probabilité de crise est d'autant plus faible que les réserves de change sont importantes.
- Ni les avoirs extérieurs totaux (hors réserves), ni les engagements extérieurs totaux ne semblent influer sur le risque pour les pays où leur niveau est faible ou modéré. En revanche, les avoirs extérieurs réduisent le risque de crise, et les engagements extérieurs l'accentuent, si leur niveau est élevé.

Le tableau 1.A2 montre pour chacun des 8 indicateurs sélectionnés : *i)* la position de chaque pays au 3e trimestre 2014 (ou à la dernière période connue) calculée pour différents éléments de son compte financier, et *ii)* la variation par pays de chacun de ces éléments du compte financier entre 2007 et le 3e trimestre de 2014. Pour certaines variables, les chiffres doivent être interprétés avec prudence, dans la mesure où la pertinence de la variable considérée peut varier d'un pays à l'autre. Ainsi, les États-Unis se caractérisent par les réserves de change (mesurées en proportion du PIB) les plus modestes de la zone OCDE, mais cela n'est pas un signe de faiblesse dans la mesure où le dollar est une monnaie de réserve, et cela vaut également pour le bas niveau des réserves de change de divers pays de la zone euro.

Bibliographie

Ahrend, R., et A. Goujard (2012a), « International Capital Mobility and Financial Fragility – Part 1: Drivers of Systemic Banking Crises: the Role of Bank-Balance-Sheet Contagion and Financial Account Structure », *Documents de travail du Département des affaires économiques de l'OCDE*, n° 902, Éditions OCDE, Paris.

Ahrend, R., et A. Goujard (2012b), « International Capital Mobility and Financial Fragility – Part 3: How Do Structural Policies Affect Financial Crisis Risk? Evidence from Past Crises across OECD and Emerging Économies », *Documents de travail du Département des affaires économiques de l'OCDE*, n° 966, Éditions OCDE, Paris.

Commission européenne (2012), *Rapport sur le mécanisme d'alerte 2013*, Bruxelles.

Fonds monétaire internationale (2012), *Rapport sur la stabilité financière dans le monde, octobre 2012*, Washington, DC.

Tableau 1.A1. **Indicateurs des facteurs potentiels de vulnérabilité financière**

	Économie réelle				Secteur non financier		
	Différence de taux de croissance entre PIB potentiel et PIB réel	Différence entre chômage réel et chômage naturel	Déficit des paiements courants[1]	Coûts unitaires relatifs de main-d'œuvre	Dette brute des ménages[2,3]	Dette brute des entreprises non financières[1,3]	Prix réels de l'immobilier
	2015	2014T4 ou dernier disponible	2014	Varations en pts de % 2000T1	2013 ou dernier disponible	2013 ou dernier disponible	Varations en pts de % 2000T1-15T1
États-Unis	-0.1	0.3	2.4	-13.8	110.1	114.4	19.3
Japon	-0.2	-0.6	-0.5	-50.1	132.6	160.9	-22.0
Allemagne	-0.5	-0.6	-7.8	-12.5	94.8	70.5	5.8
France	0.2	0.8	1.0	1.5	108.1	103.4	73.2
Italie	-0.5	3.9	-1.8	10.7	79.6	91.7	12.9
Royaume-Uni	-0.3	-0.5	5.5	-11.6	146.6	87.3	80.4
Canada	0.3	0.2	2.2	26.3	167.7	139.0	95.9
Australie	0.3	0.4	2.8	38.0	193.3	80.1	96.0
Autriche	0.6	1.3	-0.8	-1.8	90.8	97.7	21.2
Belgique	0.0	0.5	-1.8	5.8	101.9	94.7	62.7
Chili	0.7	-0.2	1.1	20.6	74.1	139.4	..
République tchèque	-1.0	-0.5	-0.6	31.8	64.6	61.6	..
Danemark	-1.2	0.1	-6.3	10.7	320.5	102.4	27.3
Estonie	0.5	-1.7	0.1	46.7	89.6	102.6	..
Finlande	0.4	1.7	1.9	0.5	122.8	98.0	25.6
Grèce	0.1	8.7	-0.9	7.1	104.0	76.3	-9.4
Hongrie	-1.2	-2.4	-4.1	25.0	55.4	102.4	..
Islande	-1.8	0.6	-3.6	-22.8	..	322.9	..
Irlande	-1.8	-0.5	-6.2	14.9	223.0	235.9	8.0
Israël	-0.2	-0.4	-3.0	-15.5	..	75.1	35.2
Corée	0.6	0.0	-6.4	9.6	160.0	151.3	27.1
Luxembourg	-0.1	0.7	-5.7	28.5	153.4	312.4	..
Mexique	0.0	-0.4	2.1	-7.3	..	..	..
Pays-Bas	-0.9	1.2	-10.3	-0.6	288.7	100.5	1.2
Nouvelle-Zélande	-0.6	-0.1	3.3	63.9	..	..	106.6
Norvège[6]	1.1	0.3	-8.5	39.3	215.5	105.1	89.2
Pologne	-0.4	-0.1	1.4	-9.4	58.8	52.8	..
Portugal	-1.3	1.5	-0.6	-3.4	144.1	153.0	-31.7
République slovaque	-0.2	0.3	-0.1	32.0	54.9	76.6	..
Slovénie	-0.8	1.9	-5.9	-5.0	56.9	94.5	..
Espagne	-2.5	5.2	-0.8	2.6	140.1	122.5	20.9
Suède	-0.6	0.4	-6.3	-6.7	171.0	142.1	101.5
Suisse	1.3	0.2	-7.0	36.0	197.3	..	49.1
Turquie	1.1	1.0	5.8	-29.7	..	105.4	..
Brésil	2.1	..	3.9	17.2	..	..	..
Chine	0.4	..	-2.1	99.3	..	..	..
Colombie	1.1	-0.4	5.3	24.0	..	38.1	..
Inde	0.2	..	1.4	-40.7	..	..	..
Indonésie	0.9	..	3.0	-10.6	..	..	..
Lettonie	0.3	0.3	3.1	15.5	..	..	..
Fédération de Russie	5.0	..	-3.3	152.9	..	..	..
Afrique du Sud	0.8	..	5.4	0.7	..	..	111.9

1. En pourcentage du PIB.
2. En % du revenu disponible brut des ménages.
3. En chiffres consolidés pour la plupart des pays, sinon non consolidés en cas d'impossibilité ; correspond aux engagements, déduction faite des produits dérivés, actions et autres titres de participation.
4. Notes des emprunts à long terme en devises.
5. Base de données des Perspectives économiques de l'OCDE, no 97.
6. Par référence au PIB (potentiel) continental, plutôt qu'au PIB (potentiel) total, le cas échéant.

Sources : Base de données de l'OCDE sur les comptes nationaux annuels; base de données des indicateurs de solidité financière du FMI ; Banque centrale européenne ; Commission européenne ; base de données de l'OCDE sur les prix de l'immobilier ; calculs de l'OCDE ; Standard & Poor's ; Base de données des Perspectives économiques de l'OCDE, no 97.

StatLink http://dx.doi.org/10.1787/888933226674

Tableau 1.A1. **Indicateurs des facteurs potentiels de vulnérabilité financière** (suite)

Secteur financier			Finances publiques				
Ratio de levier des fonds propres de base supplémentaires [1]	Ratio prêts improductifs/ total des prêts	Dette brute des entreprises financières[1,3]	Déficit budgétaire de base des administrations publiques[1,5]	Dette brute des administrations publiques[1,5]	Différence entre rendements réels des obligations d'État à 10 ans et croissance du PIB potentiel	Notes de crédit des emprunteurs souverains S&P[4]	
dernier didponible	dernier disponible	2013 ou dernier didponible	2014	2014	2014T4 ou dernier didponible	dernier disponible	
5.6	1.9	346.4	5.0	110.1	-1.1	AA+	États-Unis
4.7	1.7	582.8	7.7	226.0	-0.5	AA-	Japon
4.1	2.7	321.0	-0.6	82.3	-2.1	AAA	Allemagne
3.3	4.5	278.6	4.0	120.4	-0.9	AA	France
5.4	17.3	207.9	3.0	158.5	1.1	BBB-	Italie
4.0	2.7	659.4	5.3	111.3	-1.8	AAA	Royaume-Uni
3.7	0.5	332.3	1.6	94.8	-1.2	AAA	Canada
4.0	1.1	337.0	2.2	42.5	-0.1	AAA	Australie
5.8	3.5	240.1	2.4	96.3	-1.9	AA+	Autriche
4.9	4.1	295.4	3.2	129.8	-1.4	AA	Belgique
..	2.2	201.8	..	..	-2.3	AA-	Chili
..	5.7	120.7	2.0	57.1	-2.9	AA-	République tchèque
4.4	4.4	450.2	-1.2	60.4	-1.2	AAA	Danemark
..	1.4	117.5	-0.6	14.3	..	NA	Estonie
3.6	..	241.0	3.2	71.4	-1.9	AA+	Finlande
8.0	34.3	194.2	3.6	184.1	10.2	NA	Grèce
..	15.6	95.4	2.5	99.8	-0.6	NA	Hongrie
..	..	990.4	0.2	85.4	0.2	BBB-	Islande
6.5	18.7	959.1	4.1	116.5	-2.0	A	Irlande
..	2.2	206.7	3.7	67.5	-3.4	A+	Israël
..	..	353.9	-1.6	34.5	-1.3	A+	Corée
..	0.2	5047.5	-0.6	31.3	-3.9	AAA	Luxembourg
..	3.1	..	0.3	..	1.0	BBB+	Mexique
4.2	3.1	658.6	2.3	81.8	-1.0	AA+	Pays-Bas
..	..	..	-1.4	39.2	-0.8	AA	Nouvelle-Zélande
6.2	1.3	207.9	-9.1	32.6	-2.0	AAA	Norvège[6]
..	4.9	99.2	3.2	65.8	-1.1	NA	Pologne
6.0	11.2	254.7	4.5	150.4	1.7	BB	Portugal
..	5.3	118.5	2.9	60.0	-1.8	A	République slovaque
..	11.7	121.6	4.9	97.6	0.7	A-	Slovénie
5.5	8.5	239.6	5.8	115.8	1.5	BBB	Espagne
3.6	0.6	285.9	1.9	52.1	-2.3	AAA	Suède
4.3	0.8	..	-0.2	46.3	-1.6	NA	Suisse
..	2.8	119.0	..	..	-1.1	NA	Turquie
..	2.9	..	6.2	..	9.4	..	Brésil
..	..	..	0.3	..	-3.6	..	Chine
..	3.0	75.7	..	..	1.2	..	Colombie
..	4.3	..	6.2	..	0.6	..	Inde
..	2.1	..	2.2	..	1.2	..	Indonésie
..	4.9	..	1.4	46.2	-2.4	..	Lettonie
..	6.7	..	-0.4	..	6.2	..	Fédération de Russie
..	3.4	..	4.1	..	4.4	..	Afrique du Sud

1. En pourcentage du PIB.
2. En % du revenu disponible brut des ménages.
3. En chiffres consolidés pour la plupart des pays, sinon non consolidés en cas d'impossibilité ; correspond aux engagements, déduction faite des produits dérivés, actions et autres titres de participation.
4. Notes des emprunts à long terme en devises.
5. Base de données des Perspectives économiques de l'OCDE, no 97.
6. Par référence au PIB (potentiel) continental, plutôt qu'au PIB (potentiel) total, le cas échéant.

Sources : Base de données de l'OCDE sur les comptes nationaux annuels; base de données des indicateurs de solidité financière du FMI ; Banque centrale européenne ; Commission européenne ; base de données de l'OCDE sur les prix de l'immobilier ; calculs de l'OCDE ; Standard & Poor's ; Base de données des Perspectives économiques de l'OCDE, no 97.

StatLink http://dx.doi.org/10.1787/888933226674

Tableau 1.A2. **Facteurs de risque pour la stabilité financière liés au compte financier**

	Donnée la plus récente							
	Poids de la dette extérieure[1]	Dette bancaire extérieure[2]	Dette bancaire extérieure à court terme[2]	Dette bancaire extérieure à court terme[3]	Engagements extérieurs[2]	Avoirs extérieurs[2]	Réserves en devises[2]	Part de l'IDE[1]
	Les valeurs plus élevées indiquent un risque financier plus élevé					Les valeurs plus élevées indiquent un risque financier moins élevé		
États-Unis	49.3	14.6	5.7	39.3	178.5	139.5	0.7	19.8
Japon	56.9	19.3	16.3	84.2	111.8	184.9	28.9	3.6
Allemagne	60.2	30.2	14.4	47.7	217.4	252.3	1.8	17.8
France	60.0	53.9	29.3	54.3	308.2	292.3	2.0	12.7
Italie	70.4	25.9	9.7	37.5	159.0	132.1	2.6	15.2
Royaume-Uni	56.0	71.3	46.2	64.7	539.4	534.2	3.4	10.5
Canada	48.5	24.8	14.3	57.6	156.2	163.4	4.3	34.2
Australie	51.1	21.8	7.3	33.5	168.6	116.8	3.7	25.7
Autriche	64.8	141.7	12.5	8.8	253.3	255.7	3.5	29.0
Belgique	40.3	42.8	19.4	45.3	405.1	446.7	3.4	53.2
Chili	28.9	18.0	8.1	45.0	142.6	128.5	16.0	62.3
République tchèque	37.7	20.1	5.1	25.5	127.1	92.9	27.8	57.7
Danemark	61.1	57.3	34.5	60.2	237.7	276.9	21.7	17.5
Finlande	59.3	45.0	15.3	34.1	318.8	327.3	3.4	15.6
Grèce	91.9	27.8	14.4	51.9	233.0	116.0	0.9	4.0
Hongrie	27.2	35.1	10.4	29.5	303.9	231.5	32.7	69.8
Islande	83.2	38.6	11.9	30.7	601.1	242.0	23.9	16.1
Irlande	38.1	152.2	61.8	40.6	1961.6	1862.7	0.6	16.7
Israël	32.3	5.6	3.0	53.2	89.4	106.3	27.8	35.7
Corée	41.0	13.6	8.5	62.6	72.6	78.5	26.1	18.2
Luxembourg	25.2	920.6	368.3	40.0	14069.8	14277.4	1.3	33.0
Mexique	49.6	10.7	4.1	38.6	77.7	43.7	15.2	34.7
Pays-Bas	57.0	104.5	37.0	35.4	434.1	480.6	2.6	19.2
Nouvelle-Zélande	55.8	17.0	6.7	39.4	136.7	77.6	8.9	30.9
Norvège	62.5	27.6	9.9	35.8	181.7	305.1	11.2	26.9
Pologne	47.1	23.2	6.3	27.0	108.5	43.1	17.8	43.9
Portugal	70.6	30.6	8.5	27.6	288.3	172.0	1.5	21.7
République slovaque	50.2	31.5	11.1	35.4	137.4	69.3	1.0	49.0
Slovénie	76.1	22.6	5.3	23.3	145.3	101.9	1.9	21.7
Espagne	61.4	32.3	13.0	40.2	229.5	132.4	2.5	24.4
Suède	52.9	48.6	21.7	44.7	291.1	281.9	10.4	28.2
Suisse	33.5	61.5	41.0	66.6	511.3	633.1	74.8	31.9
Turquie	65.1	21.4	11.6	54.0	82.4	28.7	13.4	25.6
Argentine	44.4	2.5	1.5	60.5	34.6	42.0	4.5	51.1
Brésil	33.1	65.5	4.6	7.0	66.0	32.3	15.3	46.2
Chine	36.1	10.3	8.2	79.3	43.1	60.4	37.5	56.7
Inde	53.9	10.2	5.5	53.9	41.6	24.0	14.8	29.6
Indonésie	41.3	10.8	5.8	53.9	61.3	20.6	10.6	44.8
Fédération de Russie	47.4	8.4	3.3	38.8	51.7	69.6	18.2	39.0
Arabie Saoudite	15.7	8.7	5.1	58.2	35.6	138.1	97.5	78.6
Afrique du Sud	27.0	8.8	3.5	40.1	111.5	107.5	12.3	37.2

1. En pourcentage des engagements extérieurs.
2. En pourcentage du PIB.
3. En pourcentage de la dette bancaire extérieure.

Source : BIS, FMI, Banque mondiale et calculs de l'OCDE.

StatLink http://dx.doi.org/10.1787/888933226683

Tableau 1.A2. **Facteurs de risque pour la stabilité financière liés au compte financier** (suite)

Variation depuis 2007

Poids de la dette extérieure[1]	Dette bancaire extérieure[2]	Dette bancaire extérieure à court terme[2]	Dette bancaire extérieure à court terme[3]	Engagements extérieurs[2]	Avoirs extérieurs[2]	Réserves en devises[2]	Part de l'IDE[1]	
Les valeurs plus élevées indiquent un risque financier plus élevé					Les valeurs plus élevées indiquent un risque financier moins élevé			
-5.8	-5.9	-3.0	-3.5	24.1	-6.0	0.2	1.0	États-Unis
1.9	6.3	7.2	14.4	38.2	60.4	6.7	-0.8	Japon
-7.5	-20.0	-13.5	-7.8	11.8	17.7	0.3	-0.9	Allemagne
0.0	-13.5	-14.3	-10.4	5.8	-0.6	0.0	-0.4	France
-1.2	-25.4	-8.7	1.6	0.0	0.1	1.0	0.4	Italie
-8.8	-44.8	-40.6	-10.0	-30.2	-12.5	1.6	2.9	Royaume-Uni
13.8	1.4	-0.4	-5.4	-13.4	6.9	1.1	-12.3	Canada
2.3	-10.1	-4.8	-4.6	-5.4	7.5	0.8	0.2	Australie
1.3	69.6	-14.3	-28.3	-70.8	-57.2	0.4	2.4	Autriche
-21.6	-72.1	-69.4	-32.0	-111.6	-101.8	1.0	19.2	Belgique
-3.6	-0.2	-1.5	-7.6	41.2	26.6	5.6	1.7	Chili
4.1	-2.5	-3.7	-13.6	16.1	26.4	8.2	0.2	République tchèque
-6.7	-13.8	-2.3	8.4	-14.4	31.2	10.8	-3.8	Danemark
20.0	5.0	2.7	2.5	35.9	75.6	0.4	-3.3	Finlande
16.5	-31.3	-2.5	23.2	33.1	22.1	0.6	-4.9	Grèce
-4.3	-28.8	-7.5	1.6	-8.9	18.6	14.5	5.7	Hongrie
3.8	-252.5	-114.1	-12.5	-133.9	-369.2	10.2	1.1	Islande
-15.4	-117.3	-88.9	-15.3	534.8	456.7	0.3	2.2	Irlande
-12.5	-2.9	-0.9	7.2	-30.0	-12.6	10.7	10.6	Israël
-1.8	-3.3	-1.9	0.8	-0.1	23.3	1.8	2.6	Corée
-3.8	-236.9	-139.7	-3.9	703.7	790.7	1.0	8.5	Luxembourg
15.9	2.8	1.7	8.3	9.3	12.6	6.5	-9.0	Mexique
-1.8	-32.3	-31.0	-14.3	-61.3	-8.2	1.1	-1.7	Pays-Bas
-2.6	-8.5	-6.2	-11.4	-43.7	-17.2	-5.1	-1.6	Nouvelle-Zélande
-1.5	-33.9	-30.6	-30.0	-43.3	17.9	-5.6	7.1	Norvège
1.8	-1.2	0.2	2.1	2.6	-0.2	1.4	-2.3	Pologne
0.8	-44.4	-19.4	-9.5	-9.7	-28.4	0.6	3.0	Portugal
9.1	-0.3	-1.1	-3.2	17.9	10.1	-25.2	-8.4	République slovaque
4.5	-25.8	-7.8	-3.7	2.4	-15.8	-0.3	-3.3	Slovénie
-2.6	-27.2	-6.0	8.3	-6.3	-15.8	1.6	4.0	Espagne
3.2	-5.5	-10.7	-15.2	9.2	1.6	4.5	-3.7	Suède
-16.1	-111.0	-84.3	-6.0	-69.8	-100.6	64.6	11.0	Suisse
10.4	2.5	3.2	9.8	-0.8	-0.6	0.8	-6.5	Turquie
-9.7	-4.3	-1.9	10.2	-22.9	-26.8	-10.4	11.8	Argentine
6.9	57.8	1.0	-40.2	-7.8	1.3	0.8	12.4	Brésil
3.9	4.3	4.9	24.1	4.6	-15.5	-10.5	-0.6	Chine
4.3	-1.2	-0.4	1.9	1.0	-9.2	-11.6	3.9	Inde
-11.9	0.2	0.2	0.8	-0.1	-2.7	-1.8	13.1	Indonésie
11.8	-5.6	-3.4	-8.9	-57.9	-26.7	-23.0	-0.5	Fédération de Russie
-20.7	-0.3	-0.6	-4.2	5.0	7.0	16.6	15.0	Arabie Saoudite
7.3	-2.7	-1.7	-5.0	-2.3	27.3	1.7	-4.2	Afrique du Sud

1. En pourcentage des engagements extérieurs.
2. En pourcentage du PIB.
3. En pourcentage de la dette bancaire extérieure.

Source : BIS, FMI, Banque mondiale et calculs de l'OCDE.

StatLink http://dx.doi.org/10.1787/888933226683

Perspectives économiques de l'OCDE, Volume 2015 Issue 1

Chapitre 2

ÉVOLUTION DANS LES PAYS MEMBRES DE L'OCDE ET DANS CERTAINES ÉCONOMIES NON MEMBRES

AFRIQUE DU SUD

La croissance économique reprend lentement sous l'effet d'échanges mondiaux plus vigoureux et de la dépréciation antérieure du rand. Pour autant, des coupures d'électricité persistantes ralentissent toujours l'activité économique. Les exportations s'appuieront essentiellement sur le secteur manufacturier, les cours mondiaux des matières premières étant toujours orientés à la baisse. L'investissement dans les infrastructures contribuera doublement à la croissance, en générant de la demande et en réduisant certains goulets d'étranglement. La demande intérieure privée devrait repartir à la hausse avec l'augmentation des revenus et le retour progressif de la confiance.

La politique budgétaire restera modérément restrictive puisque le gouvernement s'emploie, à juste titre, à réduire le déficit et stabiliser la dette publique. L'orientation actuellement accommodante de la politique monétaire se justifie face à un volant de capacités économiques inemployées qui devrait contenir les tensions inflationnistes. Le haut niveau des taux d'inactivité et de chômage ajoute aux fortes inégalités qui persistent et appelle des réformes structurelles d'envergure pour dynamiser la création d'emplois et faire que la croissance soit plus inclusive.

L'investissement productif demeure faible, signe d'une croissance économique lente, d'une faible utilisation des capacités, d'incertitudes réglementaires et de goulets d'étranglement dans les infrastructures, tandis que la faiblesse de la demande et le resserrement des conditions de prêt freinent la construction de logements. L'investissement des entreprises publiques est vigoureux et témoigne des efforts déployés pour remédier au déficit d'infrastructures.

La reprise s'accélère

L'expansion économique a marqué le pas au début de 2015 en raison des coupures d'électricité et de la hausse des taxes sur l'énergie. L'envolée des prix des matières premières parvenue à son terme, les exportations dans ce secteur ont ralenti, tandis que

Afrique du Sud

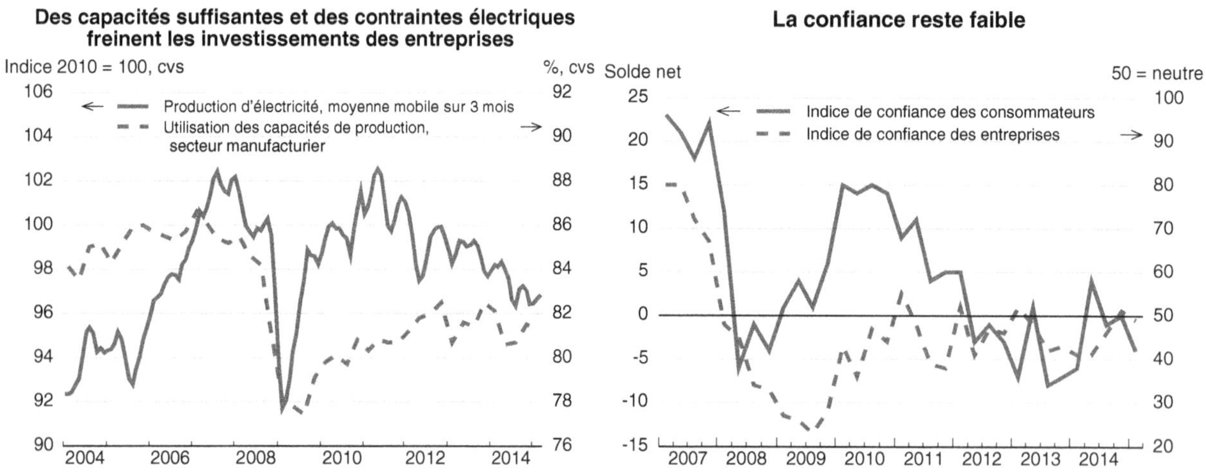

Source : SARB database ; Statistics South Africa ; et Bureau of Economic Research.

StatLink http://dx.doi.org/10.1787/888933226200

Afrique du Sud : **Demande, production et prix**

	2011	2012	2013	2014	2015	2016
	Prix courants milliards de rands	Pourcentages de variation, en volume (prix de 2010)				
PIB aux prix du marché	3 025.0	2.2	2.2	1.5	1.9	2.2
Consommation privée	1 796.8	3.4	2.9	1.4	1.7	2.1
Consommation publique	603.9	3.4	3.3	1.9	1.5	0.8
Formation brute de capital fixe	566.7	3.6	7.6	-0.4	2.6	4.1
Demande intérieure finale	2 967.4	3.4	3.9	1.1	1.8	2.3
Variation des stocks[1]	31.3	0.5	-2.4	-0.6	0.0	0.0
Demande intérieure totale	2 998.7	3.9	1.4	0.6	1.8	2.2
Exportations de biens et services	920.9	0.1	4.6	2.6	4.8	5.2
Importations de biens et services	894.7	6.0	1.8	-0.5	4.3	5.2
Exportations nettes[1]	26.2	-1.7	0.7	0.9	0.1	0.0
Pour mémoire						
Déflateur du PIB	_	5.5	6.0	5.8	5.1	5.6
Indice des prix à la consommation	_	5.7	5.8	6.1	4.8	5.7
Déflateur de la consommation privée	_	6.3	5.5	5.8	4.6	5.7
Solde des administrations publiques[2]	_	-3.2	-3.3	-4.1	-4.2	-3.9
Balance des opérations courantes[2]	_	-5.0	-5.8	-5.4	-5.5	-5.2

1. Contributions aux variations du PIB en volume, montant effectif pour la première colonne.
2. En pourcentage du PIB, valeur du marché.
Source : Base de données des Perspectives économiques de l'OCDE, n° 97.

StatLink http://dx.doi.org/10.1787/888933227311

les effets positifs de la dépréciation antérieure du rand sur les exportations de produits manufacturés se dissipent. L'inflation a reculé autour de 4 % au début de 2015, sous l'effet de la baisse des prix de l'alimentation et de l'énergie. L'issue des dernières négociations salariales laisse augurer une inflation sous-jacente proche de 6 %, soit le haut de la fourchette cible fixée par la Banque de réserve de l'Afrique du Sud.

La politique macroéconomique est prudente mais des réformes structurelles sont nécessaires pour permettre une croissance inclusive

Depuis le début de 2014, la Banque de réserve maintient son taux directeur à 5.75 %, un niveau historiquement bas. Cette stratégie a aidé à stabiliser le taux de change effectif nominal. L'inflation et les anticipations d'inflation sont restées globalement stables pendant trois ans et le récent recul de l'inflation globale devrait s'inverser à mesure que les effets de la baisse des cours pétroliers se dissiperont.

Le budget de l'État pour l'exercice 2015-16 prévoit de nouvelles mesures d'assainissement, qui confirment l'orientation modérément restrictive qui s'impose pour maîtriser la dette publique. Dans un contexte de faible croissance, le déficit public se maintiendra au même niveau cette année avant de reculer légèrement en 2016. Cette orientation modérément restrictive de la politique budgétaire se justifie et devrait garantir un niveau durable et prudent de la dette publique. Si la croissance devait repartir plus vite que prévu, les recettes inattendues qui en découleraient devraient être utilisées pour faire baisser le niveau de la dette publique en pourcentage du PIB et donner ainsi à terme plus de marge de manœuvre budgétaire.

Des réformes structurelles destinées à faciliter l'entrée sur le marché et à intensifier la concurrence permettraient de réduire certains goulets d'étranglement au niveau des infrastructures de transport et d'électricité. Il serait en outre possible de faire baisser le niveau élevé du chômage par des réformes et des politiques actives du marché du travail.

La croissance repart mais continuera d'être ralentie par l'offre d'électricité

L'économie va connaître une lente accélération avec le raffermissement de la demande extérieure, mais des coupures d'électricité persistantes continueront de freiner pour un temps encore le rythme de la reprise, même dans l'hypothèse où le déploiement de nouvelles capacités avancerait comme prévu. Une confiance revigorée du secteur privé devrait stimuler la consommation et l'investissement du secteur. Il reste que la croissance ne produira que des gains modestes en termes d'emploi et que le chômage demeurera élevé.

Tout retard supplémentaire dans le déploiement de nouvelles capacités de production d'électricité ne ferait que freiner encore plus la production et les exportations. Des turbulences sur les marchés des changes, qui pourraient survenir avec la normalisation de la politique monétaire des États-Unis, ou une accélération de la hausse des salaires, qui pourrait être alimentée par un nouveau renchérissement de l'électricité, pourraient porter l'inflation au-dessus de la fourchette retenue comme objectif pour une période prolongée, ce qui contraindrait la banque centrale à relever les taux d'intérêt. En revanche, une reprise plus vigoureuse que prévu des échanges mondiaux doperait les exportations. La croissance pourrait être libérée d'un frein notable si les incertitudes réglementaires entourant les régimes d'investissement dans les ressources naturelles et l'agriculture était levées, ce qui stimulerait l'investissement privé.

ALLEMAGNE

La croissance économique devrait s'affermir, portée par la demande tant intérieure qu'extérieure. La robustesse du marché du travail, conjuguée à la faiblesse des taux d'intérêt et des cours du pétrole, soutiendra les dépenses des ménages, tandis que la reprise dans la zone euro et la dépréciation de la monnaie européenne stimuleront les exportations. L'investissement des entreprises devrait se redresser à mesure que l'utilisation des capacités va augmenter. Le taux de chômage, déjà bas, va poursuivre son repli, alors que la hausse des prix à la consommation devrait s'accélérer en 2016. L'excédent de la balance courante devrait rester important.

Dans un avenir proche, l'excédent budgétaire structurel pourrait être réduit pour permettre une hausse des dépenses publiques propices à la croissance à long terme, en particulier pour améliorer les services de garde d'enfants et développer le soutien aux jeunes issus de milieux socio-économiques modestes dans le système scolaire. Des mesures visant à réduire l'imposition élevée du second apporteur de revenu permettraient de lever un obstacle au travail des femmes désireuses de travailler à temps plein et aideraient ainsi à compenser l'incidence négative du vieillissement démographique sur les perspectives de croissance à moyen et long terme.

Si l'investissement résidentiel a connu une solide expansion depuis le début de la crise financière mondiale, l'investissement fixe non résidentiel et les dépenses en capital intellectuel sont restés en demi-teinte, malgré des conditions de financement exceptionnellement favorables. Des réformes structurelles visant à renforcer la concurrence dans les secteurs des services permettraient de stimuler le potentiel de croissance et d'investissement. Dans le secteur des administrations publiques, l'investissement est resté en deçà des amortissements ces dix dernières années. L'investissement dans les infrastructures de transport doit être intensifié.

La demande des ménages a permis d'alimenter la croissance économique

La production industrielle a été faible au premier trimestre, freinée par une demande morose chez les principaux partenaires commerciaux de l'Allemagne, notamment dans la

Allemagne

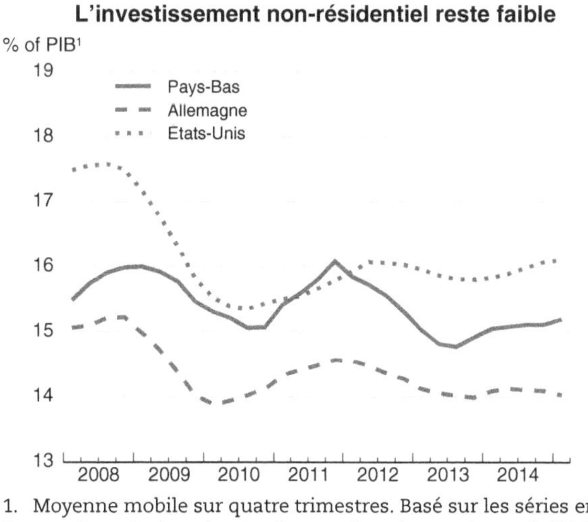

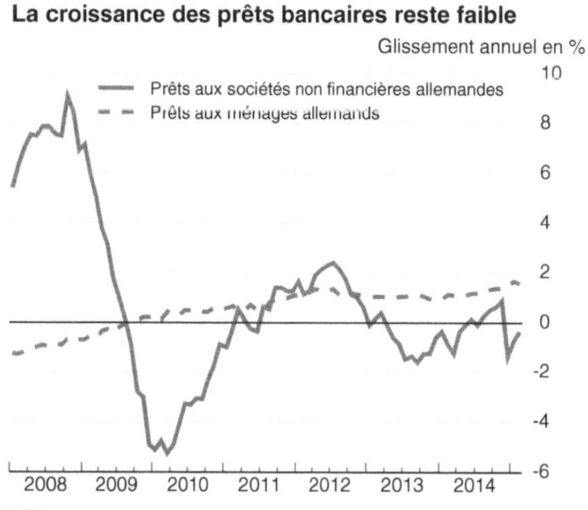

1. Moyenne mobile sur quatre trimestres. Basé sur les séries en prix courants.

Source : Base de données des Perspectives économiques de l'OCDE, n° 97 ; et Bundesbank allemande.

StatLink http://dx.doi.org/10.1787/888933225932

Allemagne : **Emploi, revenu et inflation**

Pourcentages de variation

	2012	2013	2014	2015	2016
Emploi	1.0	0.9	0.9	0.9	0.7
Taux de chômage[1]	5.4	5.2	5.0	4.7	4.5
Rémunération par salarié[2]	2.5	1.9	2.5	3.2	3.3
Coûts unitaires de main-d'œuvre	3.2	2.6	2.1	2.4	1.4
Revenu disponible des ménages	2.0	1.8	2.4	2.7	3.1
Déflateur du PIB	1.5	2.1	1.7	1.8	1.5
Indice des prix à la consommation harmonisé	2.1	1.6	0.8	0.2	1.8
IPCH sous-jacent[3]	1.3	1.2	1.1	1.1	1.8
Déflateur de la consommation privée	1.5	1.2	0.9	0.4	1.5

1. En pourcentage de la population active (comptabilité nationale).
2. Pour l'ensemble de l'économie.
3. Indice des prix à la consommation harmonisé, hors énergie, alimentation, alcool et tabac.

Source : Base de données des Perspectives économiques de l'OCDE, n° 97.

StatLink http://dx.doi.org/10.1787/888933226786

zone euro ainsi qu'en Chine et en Russie. L'activité a connu en revanche une expansion vigoureuse dans les services, dopée par la demande des ménages, elle-même stimulée par la hausse des salaires réels et la baisse des prix du pétrole. La hausse des salaires s'est affermie récemment, avec le resserrement du marché du travail. Le salaire horaire minimum, fixé à 8.50 EUR, devrait faire augmenter les salaires d'environ ½ point de pourcentage, essentiellement sur 2015. Le nombre de *minijobs* (contrats de travail faiblement rémunérés, assortis d'une couverture sociale restreinte et de cotisations réduites) a diminué depuis l'introduction du salaire minimum, le nombre de travailleurs

Allemagne

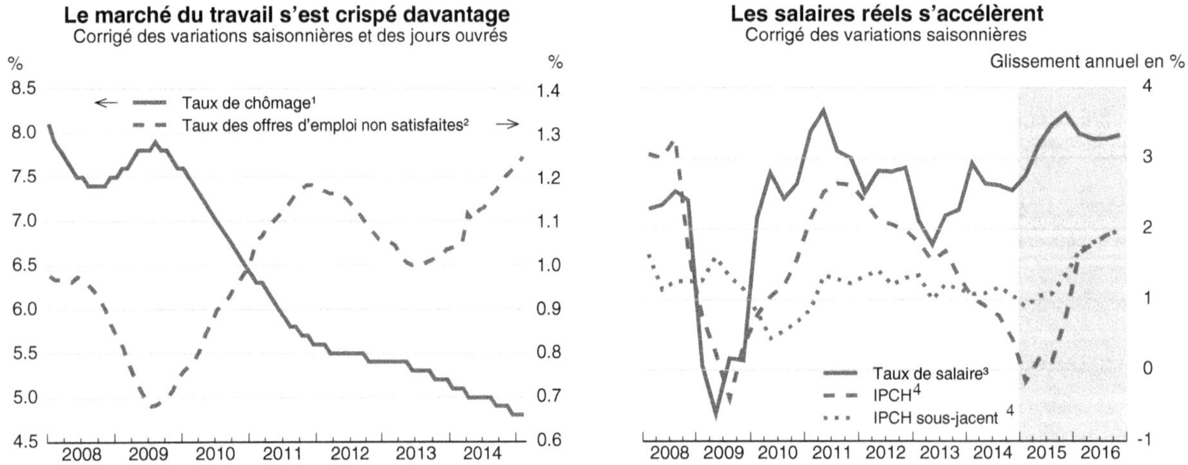

1. Population âgée de 15-74 ans. Sur la base de l'enquête allemande sur la population active.
2. Pourcentage des offres d'emploi non satisfaites par rapport à l'emploi total.
3. Salaire nominal moyen par employé.
4. Indice des prix à la consommation harmonisé. L'IPCH sous-jacent ne tient pas compte des prix de l'énergie, de l'alimentation, de l'alcool et du tabac.

Source : Base de données des Perspectives économiques de l'OCDE, n° 97 ; et Statistisches Bundesamt.

StatLink http://dx.doi.org/10.1787/888933225949

Allemagne : **Indicateurs financiers**

	2012	2013	2014	2015	2016
Taux d'épargne nette des ménages[1]	9.4	9.1	9.4	9.3	9.0
Solde financier des administrations publiques[2]	0.1	0.1	0.6	0.5	1.1
Dette brute des administrations publiques[2]	86.3	81.6	82.3	78.7	74.9
Dette brute des administrations publiques, définition Maastricht[2]	79.2	77.0	74.6	71.0	67.2
Balance des opérations courantes[2]	6.9	6.6	7.8	8.5	8.3
Taux d'intérêt à court terme[3]	0.6	0.2	0.2	0.0	0.0
Taux d'intérêt à long terme[4]	1.5	1.6	1.2	0.3	0.4

1. En pourcentage du revenu disponible.
2. En pourcentage du PIB, valeur au marché.
3. Taux interbancaire à 3 mois.
4. Obligations d'État à 10 ans.

Source : Base de données des Perspectives économiques de l'OCDE, n° 97.

StatLink http://dx.doi.org/10.1787/888933226794

occupant un *minijob* et passés à un contrat de travail ordinaire ayant augmenté. L'emploi a continué de progresser, absorbant l'afflux important d'immigrés. Le taux de chômage, déjà faible, a encore légèrement diminué.

Allemagne : **Demande et production**

	2013	2014	2015	2016	Quatrième trimestre 2014	Quatrième trimestre 2015	Quatrième trimestre 2016
	Prix courants milliards d' €	Pourcentages de variation annuelle, en volume (prix de 2010)					
PIB aux prix du marché	2 814.1	1.6	1.6	2.3	1.5	1.8	2.5
Consommation privée	1 572.0	1.2	2.3	2.0	2.2	2.2	1.9
Consommation publique	541.2	1.2	2.2	1.8	1.7	2.2	1.7
Formation brute de capital fixe	558.1	3.3	2.5	4.3	0.9	4.4	4.5
Secteur public	63.0	-2.0	0.5	3.0	-4.0	0.9	3.1
Secteur privé : résidentiel	164.5	3.8	1.4	3.5	0.6	3.6	3.7
Secteur privé : autres	330.6	4.0	3.4	4.9	2.1	5.5	5.1
Demande intérieure finale	2 671.3	1.6	2.3	2.4	1.8	2.6	2.4
Variation des stocks[1]	- 22.4	-0.3	-0.3	0.0			
Demande intérieure totale	2 648.9	1.3	2.0	2.5	1.3	2.4	2.4
Exportations de biens et services	1 285.0	3.7	3.9	5.2	3.5	3.8	5.9
Importations de biens et services	1 119.8	3.4	5.4	6.0	3.6	5.5	6.4
Exportations nettes[1]	165.2	0.3	-0.3	0.0			
Pour mémoire							
PIB sans ajustements jours travaillés	2 809.5	1.6	1.8	2.4			

Note : Des prévisions trimestrielles détaillées sont disponibles dans l'annexe statistique pour les sept pays principaux, la zone euro et l'ensemble de l'OCDE.

1. Contributions aux variations du PIB en volume, montant effectif pour la première colonne.

Source : Base de données des Perspectives économiques de l'OCDE, n° 97.

StatLink http://dx.doi.org/10.1787/888933226802

Les taux d'intérêt historiquement bas ont stimulé l'investissement résidentiel, qui a augmenté de 4 % en 2014. Néanmoins, l'accroissement du volume de prêts est resté modeste. Les prix des logements augmentent plus lentement et restent, en moyenne, globalement compatibles avec les fondamentaux. L'investissement des entreprises s'est quelque peu redressé récemment, grâce à une forte rentabilité et à la solidité du bilan des entreprises. En revanche, la part de la formation de capital fixe dans le PIB reste proche de ses plus bas historiques, et les dépenses en capital intellectuel restent bien inférieures aux niveaux les plus élevés observés dans les économies de l'OCDE. Ces deux facteurs ont affaibli les gains de productivité.

La baisse du taux de change stimule l'activité, mais l'investissement pâtit des incertitudes autour des politiques structurelles à mener pour gérer les enjeux à long terme et combler les déficits d'infrastructures

La dépréciation récente de la monnaie européenne a rehaussé la compétitivité des exportations allemandes à destination des économies situées en dehors de la zone euro, qui en absorbent 65 %. L'effet sur la compétitivité globale est contrebalancée, en partie seulement, par la forte hausse des salaires, qui fait monter les coûts unitaires de main-d'œuvre en Allemagne plus rapidement que dans l'ensemble des autres pays de la zone euro. La demande sur les marchés à l'exportation appartenant à la zone euro devrait se redresser progressivement, même si ce mouvement est partiellement annulé par une hausse moins rapide de la demande dans les économies émergentes, notamment la Chine et la Russie. Le redressement relativement peu vigoureux de la demande étrangère en biens d'investissement, dans lesquels l'Allemagne est spécialisée, pourrait aussi peser sur la hausse de la demande étrangère, qui resterait ainsi inférieure à ce qu'elle a été au cours des périodes de reprise mondiale précédentes.

Les mesures de politique budgétaire prévues, principalement des transferts aux ménages, devraient avoir pour effet de réduire l'excédent budgétaire des administrations publiques de 0.6 point de pourcentage du PIB, essentiellement sur 2015. Les droits à pension, plus généreux pour certaines catégories, et les crédits supplémentaires affectés au financement des prestations au titre de la dépendance et de la garde d'enfants, ainsi que les abattements fiscaux pour enfant à charge, vont ainsi entraîner des dépenses de l'ordre de 0.3 % de PIB. Les dépenses d'investissement de l'État consacrées aux infrastructures de transport, aux structures de garde d'enfants ainsi qu'aux universités et autres établissements de recherche, augmenteront de 0.1 point de pourcentage du PIB. De nouvelles améliorations, notamment qualitatives, des services d'accueil des enfants, et de nouveaux investissements dans les infrastructures de transport auraient des avantages et pourraient aboutir à plus de croissance inclusive à long terme. Les réformes des retraites adoptées récemment ont également incité les travailleurs ayant cotisé longtemps à prendre leur retraite avant l'âge légal, contribuant à des pénuries dans l'offre de main-d'œuvre.

La baisse des cours du pétrole, une meilleure utilisation des capacités, le raffermissement des perspectives à l'exportation et la demande d'investissement non satisfaite sont autant d'éléments qui constituent un contexte favorable à l'investissement des entreprises. Des études montrent que la part des entreprises allemandes ayant l'intention d'investir à l'étranger, en particulier dans des régions présentant des perspectives de croissance dynamique comme les États-Unis ou l'Asie, a augmenté. Les incertitudes entourant l'action publique restent importantes et freinent l'investissement.

Celles soulevées par les politiques macroéconomiques et financières au sein de la zone euro jouent vraisemblablement un rôle non négligeable à cet égard. De plus, les investisseurs peuvent également être arrêtés par l'absence de certitude quant aux politiques qui seront adoptées pour gérer les enjeux à long terme qui attendent le pays, au nombre desquels la réalisation des objectifs d'émissions de CO_2 à long terme et la gestion des enjeux économiques du vieillissement. Les goulets d'étranglement infrastructurels au niveau national, notamment dans les télécommunications et les transports, freinent l'investissement des entreprises dans le capital physique et intellectuel, notamment dans les technologies de l'information et de la communication.

La croissance devrait s'affermir encore, portée par la vigueur du marché du travail et la croissance des exportations

Selon les prévisions, la croissance devrait s'affermir en 2015 et 2016, grâce surtout, dans un premier temps, à la consommation privée. Les exportations et l'investissement productif vont progressivement s'accélérer. La hausse des prix à la consommation devrait rester proche de zéro en 2015, reflétant la baisse des prix du pétrole, mais elle progressera en 2016. Le taux de chômage, déjà le plus faible de toute l'Union européenne, devrait encore diminuer quelque peu. Du fait de la forte hausse des recettes fiscales, l'excédent budgétaire augmentera. La baisse des cours du pétrole, conjuguée à la hausse des exportations et des revenus nets des capitaux étrangers, fera gonfler l'excédent de la balance courante.

Une résurgence des turbulences sur les marchés de capitaux dans la zone euro aurait pour effet d'affaiblir les exportations et l'investissement intérieur. L'Allemagne est très exposée aux tensions géopolitiques, notamment dans l'est de l'Europe. Cela étant, les mesures récemment prises par la Banque centrale européenne pourraient très sensiblement dissiper les incertitudes entourant les perspectives macroéconomiques dans la zone euro, ce qui aurait pour effet de doper les exportations et de renforcer le pouvoir d'attraction de l'Allemagne comme destination d'investissement.

AUSTRALIE

La croissance devrait retomber à 2 ¼ pour cent en 2015, mais revenir à près de 3 % en 2016. L'accélération de la consommation, mais aussi de l'investissement et des exportations dans les secteurs autres que les ressources naturelles aident l'économie à s'ajuster et à se redresser après la chute des prix des produits de base et le reflux de l'investissement minier. La hausse des prix à la consommation est freinée par la baisse des prix du pétrole et elle restera modérée du fait de la sous-utilisation des capacités.

Vu les incertitudes qui entourent les prévisions et les incidences négatives du repli des taux sur des marchés immobiliers et du crédit en pleine expansion, il serait bon de garder en réserve la puissance de feu de la politique monétaire. La politique budgétaire devrait continuer d'apporter, si nécessaire, un soutien à l'activité grâce au jeu des stabilisateurs automatiques. Des réformes structurelles s'imposent pour faciliter l'ajustement de l'économie après le boum des ressources naturelles, notamment en augmentant encore la part des impôts indirects dans la fiscalité.

Le recul de l'investissement dans le secteur des ressources naturelles correspond à l'achèvement des grands projets et le ralentissement des nouveaux programmes d'équipement dans le contexte de la chute des prix des produits de base. L'amélioration du climat de l'investissement en dehors du secteur des ressources naturelles exige des politiques macroéconomiques saines, la poursuite de la réforme fiscale, la simplification des formalités administratives et des mesures pour stimuler la concurrence. Les projets d'investissement dans les infrastructures publiques sont bienvenus, à condition qu'ils soient sélectionnés sur la base d'une analyse rigoureuse de leurs coûts et avantages.

Le rééquilibrage se poursuit

La faiblesse des marchés des produits de base, notamment ceux du minerai de fer et du charbon, et la baisse de l'investissement qui en a résulté dans le secteur des ressources

Australie

L'ajustement du secteur des ressources continue[1] | **La hausse des prix des logements continue malgré une croissance économique modérée**

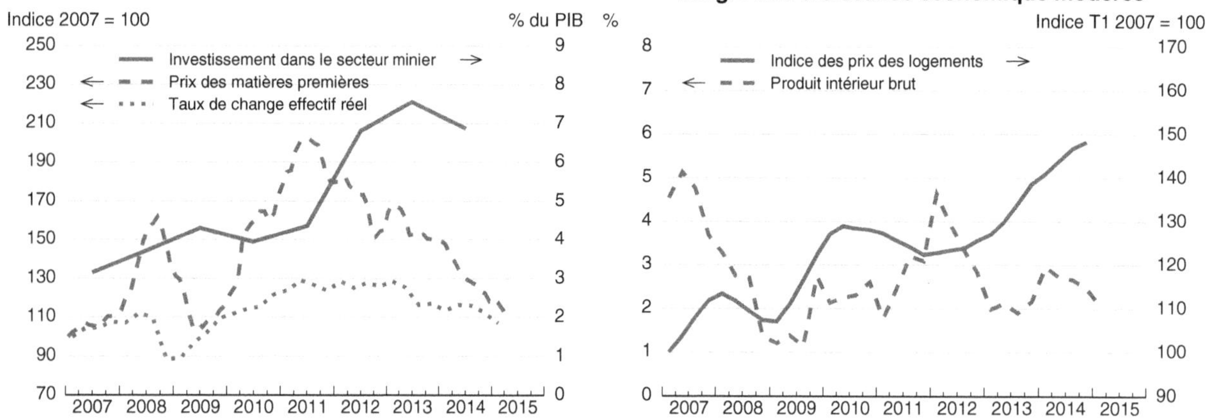

1. Les investissements dans le secteur minier se rapportent aux exercices budgétaires. Le taux de change effectif réel est basé sur des pondérations des échanges constantes.

Source : Base de données des Perspectives économiques de l'OCDE, n° 97 ; Base de données des Prix des logements de l'OCDE ; Australian Bureau of Statistics, cat. n° 5204.0 et 5206.0 ; et Banque d'Australie.

StatLink http://dx.doi.org/10.1787/888933225743

Australie : **Demande, production et prix**

	2011	2012	2013	2014	2015	2016
	Prix courants, milliards de AUD	Percentage de variation, en volume (prix de 2012/2013)				
PIB aux prix du marché	1 454.7	3.7	2.0	2.7	2.3	2.9
Consommation privée	780.4	2.5	1.7	2.5	2.7	3.0
Consommation publique	256.9	2.3	0.8	2.0	1.3	1.6
Formation brute de capital fixe	395.2	9.0	-2.2	-2.0	-1.3	0.7
Demande intérieure finale	1 432.5	4.2	0.4	1.2	1.4	2.1
Variation des stocks[1]	9.7	-0.1	-0.4	0.0	0.0	0.0
Demande intérieure totale	1 442.2	4.1	0.0	1.2	1.4	2.1
Exportations de biens et services	314.3	6.5	6.2	6.7	5.7	6.2
Importations de biens et services	301.7	6.3	-1.9	-1.8	-0.3	2.7
Exportations nettes[1]	12.6	0.1	1.6	1.8	1.2	0.7
Pour mémoire						
Déflateur du PIB	_	-0.4	1.2	0.4	-0.4	1.9
Indice des prix à la consommation	_	1.7	2.4	2.5	1.6	2.4
Déflateur de la consommation privée	_	2.5	2.6	2.3	1.5	2.3
Taux de chômage	_	5.2	5.7	6.1	6.0	5.8
Taux d'épargne nette des ménages[2]	_	10.4	10.4	9.4	8.8	8.1
Solde des administrations publiques[3]	_	-2.6	-1.4	-2.2	-1.9	-1.5
Dette brute des administrations publiques[3]	_	37.3	38.3	42.5	44.6	46.8
Balance des opérations courantes[3]	_	-4.3	-3.3	-2.8	-3.1	-2.5

1. Contributions aux variations du PIB en volume, montant effectif pour la première colonne.
2. En pourcentage du revenu disponible.
3. En pourcentage du PIB, valeur du marché.
Source : Base de données des Perspectives économiques de l'OCDE, n° 97.

StatLink http://dx.doi.org/10.1787/888933226995

naturelles ont entraîné des pertes d'emploi et de production, même si l'activité minière elle-même n'a pas vraiment diminué. Des ajustements positifs sont en cours dans d'autres branches de l'économie, où la dépréciation de la monnaie stimule les exportations et l'emploi ; le tourisme, par exemple, connaît une embellie. Parallèlement, les prix des logements continuent d'augmenter et l'expansion du crédit s'accélère, surtout dans les grandes villes, de plus en plus souvent du fait des investisseurs. Les données relatives aux permis de construire montrent que l'offre réagit vigoureusement à la demande. La hausse des prix à la consommation reste modeste, l'inflation engendrée par la dépréciation de la monnaie ayant été en partie compensée ces derniers temps par la baisse du prix du pétrole.

Les politiques macroéconomiques amortissent le ralentissement de l'activité sur les marchés des produits de base

Préoccupée par l'évolution de l'économie réelle et en l'absence de tensions inflationnistes, la Banque de réserve d'Australie (RBA) a abaissé son taux directeur de 25 points de base une première fois en février, ce qui l'a ramené à 2.25 %, puis de nouveau en mai, où il est descendu à 2 %, alors qu'elle ne l'avait pas modifié depuis août 2013. Cependant, les avantages nets d'un nouvel assouplissement de la politique monétaire à court terme ont été soigneusement calculés. Le dynamisme du marché immobilier et l'éventuelle nécessité de recourir à des mesures expansionnistes, compte tenu de l'incertitude des perspectives macroéconomiques, invitent en effet à la prudence. La RBA est censée commencer à relever le taux directeur au début de 2016 en réponse à l'amélioration des conditions économiques.

Les propositions budgétaires publiées en mai n'ont pas vocation à combler le déficit plus élevé que prévu ; de fait, le rythme de l'assainissement des finances publiques est légèrement plus lent que dans le budget précédent. La ligne choisie est adaptée au contexte de la dégradation des recettes et des résultats macroéconomiques depuis la chute des prix des produits de base. Le déficit des administrations publiques devrait diminuer et être ramené à 1.9 % en 2015, puis 1.5 % en 2016.

Des réformes structurelles contribueraient à l'ajustement économique et à une croissance inclusive

Des réformes structurelles ont été engagées pour aider au rééquilibrage de l'activité économique en dehors du secteur des ressources naturelles. En témoignent notamment les initiatives prises pour développer les infrastructures ainsi qu'un début de réforme fiscale. Par rapport à l'exercice précédent, le budget pour 2015-16 réduit le périmètre des réformes structurelles envisagées et met moins l'accent sur les mesures de compression des coûts. Il propose notamment un train de mesures en faveur des petites et moyennes entreprises, parmi lesquelles l'instauration d'un taux d'imposition préférentiel et une augmentation des abattements. À noter également les nouvelle aides prévues pour la garde des enfants et les dispositions proposées pour lutter contre l'érosion de la base d'imposition et le transfert de bénéfices, dont une nouvelle législation anti-évasion et l'extension de la taxe sur les biens et services à la fourniture transnationale de biens et services numériques. À l'avenir, les réformes structurelles devraient avoir en priorité pour but de poursuivre le rééquilibrage entre fiscalité directe et indirecte au bénéfice de cette dernière, notamment en faisant en sorte que le système repose moins sur l'imposition des revenus des personnes physiques et des bénéfices des sociétés et en prenant des mesures visant par exemple à élargir le recours à la taxation de l'utilisation de biens et de services et aux impôts fonciers. Par ailleurs, l'augmentation envisagée des aides à la garde d'enfants devrait encourager l'activité des femmes et constituer de ce fait un facteur d'inclusion positif pour le bien-être. Dans le domaine de l'action environnementale, il importe de veiller au bon fonctionnement du fonds pour la réduction des émissions (Emission Reduction Fund) grâce à des méthodes de mesure et de vérification efficaces et à la mise en place d'un mécanisme de sauvegarde permettant d'éviter un accroissement contre-productif des émissions dans d'autres secteurs de l'économie.

La croissance de la production s'accélérera en 2016, et les incertitudes extérieures dominent le profil des risques

Le renforcement de la consommation privée contribuera pour une large part à la croissance de la production, tandis que la construction de logements et les exportations joueront aussi un rôle positif. Le taux de chômage devrait reculer à mesure que l'emploi s'ajustera aux variations sectorielles de la demande induites par le rééquilibrage de l'économie. Dans un contexte de sous-utilisation persistante des capacités, l'inflation restera modérée pendant toute la période considérée.

Les risques extérieurs restent prédominants. Les prix des produits de base pourraient très bien remonter par rapport à leurs niveaux actuels, ce qui améliorerait le bilan des entreprises et les comptes du pays. À l'inverse, si les prix des produits de base restent bas, voire diminuent encore, leur incidence sur les recettes s'intensifiera et le recul de la production pourrait nettement s'amplifier. Sur le plan intérieur, le dynamisme persistant de l'immobilier accroît le risque de correction brutale du marché, et l'incertitude considérable qui entoure la dynamique de croissance des dépenses des ménages fait peser un risque de révision, à la hausse comme à la baisse, sur les prévisions.

AUTRICHE

La croissance économique demeurera hésitante en 2015, mais se raffermira pour atteindre 1.7 % en 2016. À terme, le relâchement des tensions géopolitiques, la consolidation de la demande extérieure et la dépréciation de l'euro favoriseront le développement des exportations. La reprise des échanges commerciaux et des taux d'intérêt historiquement bas constituent un environnement propice à une reprise de l'investissement. La réforme de l'impôt sur le revenu dynamisera la consommation privée.

Un contrôle étroit et une surveillance des banques sont essentiels pour restaurer la confiance. Les réformes structurelles dans le secteur des services devraient doper la concurrence et la diffusion de technologies nouvelles. Accroître encore l'activité de la fraction plus âgée de la population, et en particulier des femmes, serait un moyen de rendre la croissance plus inclusive. Il convient d'avancer dans les travaux préparatoires engagés en vue d'aligner l'âge de départ en retraite des femmes sur celui des hommes.

Quoiqu'en baisse depuis peu, les taux d'investissement demeurent considérablement plus élevés que dans d'autres pays européens, pour partie en raison de la prépondérance des investissements dans la construction de logements et les infrastructures de transport. La part de l'investissement dans la propriété intellectuelle s'est nettement accrue après la crise et a compensé en partie le recul de l'investissement productif dans les bâtiments, l'équipement et le numérique. Les initiatives des pouvoirs publics en faveur du capital-risque et du financement participatif ainsi que la mobilisation intense au sein du Fonds européen pour les investissements stratégiques pourraient stimuler l'initiative économique et l'investissement des entreprises.

L'activité économique est à la traîne

L'activité économique est très molle depuis le début de 2012. Malgré un écart de production croissant et un chômage en hausse, l'inflation est supérieure à celle d'autres

Autriche

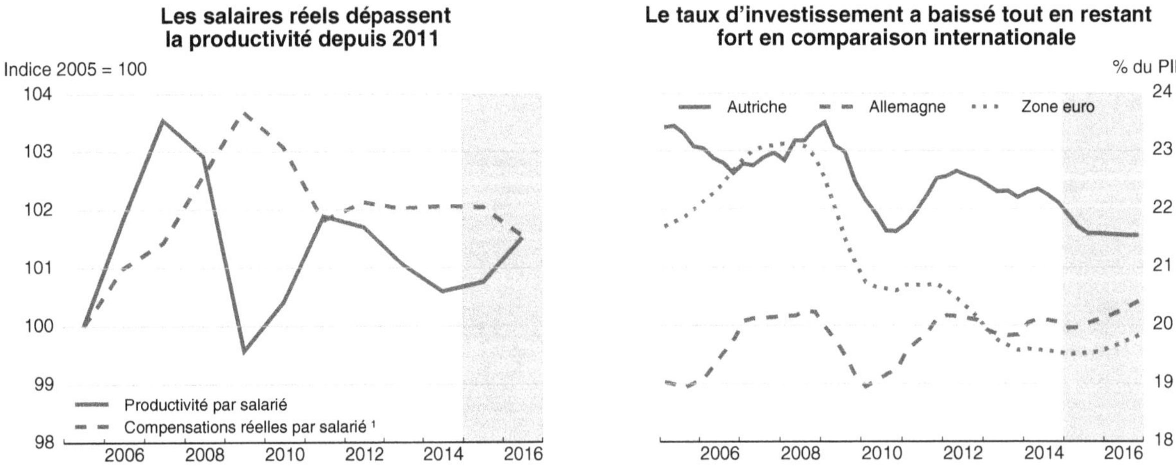

1. Les compensations réelles par salarié se définissent par les compensations par salarié (les salaires plus les cotisations patronales) divisées par le déflateur de la consommation privée.
2. Moyenne mobile sur 4 trimestres de la part de l'investissement en nominal dans le PIB.

Source : Base de données des Perspectives économiques de l'OCDE, n° 97.

StatLink http://dx.doi.org/10.1787/888933225754

Autriche : **Demande, production et prix**

	2011	2012	2013	2014	2015	2016
	Prix courants milliards d' €	Pourcentages de variation, en volume (prix de 2010)				
PIB aux prix du marché*	308.7	1.0	0.1	0.4	0.6	1.7
Consommation privée	165.6	0.6	-0.2	0.2	0.8	1.8
Consommation publique	61.2	0.3	0.4	1.0	1.0	-0.6
Formation brute de capital fixe	69.6	0.6	-1.4	0.4	-1.9	2.5
Demande intérieure finale	296.3	0.5	-0.4	0.4	0.2	1.5
Variation des stocks[1]	4.5	-0.1	-0.7	-0.2	0.5	-0.1
Demande intérieure totale	300.7	0.4	-1.0	0.2	0.7	1.3
Exportations de biens et services	165.7	1.4	1.3	1.8	3.3	5.9
Importations de biens et services	157.7	0.8	-0.2	2.5	4.2	5.4
Exportations nettes[1]	7.9	0.4	0.8	-0.2	-0.3	0.5
Pour mémoire						
Déflateur du PIB	_	1.8	1.5	1.7	1.1	1.5
Prix à la consommation harmonisé (indice)	_	2.6	2.1	1.5	0.6	1.6
Déflateur de la consommation privée	_	2.4	2.2	1.7	0.9	1.6
Taux de chômage[2]	_	4.9	5.4	5.7	5.8	5.7
Taux d'épargne nette des ménages[3]	_	9.0	7.3	7.5	7.7	8.7
Solde des administrations publiques[4]	_	-2.2	-1.3	-2.4	-2.3	-2.1
Dette brute des administrations publiques[5]	_	96.7	95.1	96.3	97.6	97.8
Dette brute des administrations publiques, définition Maastricht[4]	_	81.4	80.9	84.5	85.7	85.9
Balance des opérations courantes[4]	_	1.5	0.9	0.8	0.9	1.4

* Basé sur des données trimestrielles corrigées des variations saisonnières et des jours ouvrés; peut différer des données annuelles officielles qui n'incluent pas de corrections pour les jours ouvrés.
1. Contributions aux variations du PIB en volume, montant effectif pour la première colonne.
2. Sur la base de l'enquête de la population active.
3. En pourcentage du revenu disponible.
4. En pourcentage du PIB, valeur du marché.

Source : Base de données des Perspectives économiques de l'OCDE, n° 97.

StatLink http://dx.doi.org/10.1787/888933227007

pays de la zone euro. La faible croissance du revenu disponible réel a été compensée en partie par un repli des taux d'épargne, qui a aidé au maintien de la consommation. La baisse de la productivité du travail a affaibli la compétitivité internationale du pays et, malgré des salaires réels toujours en deçà des niveaux d'avant la crise, elle a entraîné de lourdes pertes de parts de marché à l'exportation. Il est possible que les mutations structurelles observées dans la composition des chaînes de valeur mondiales, notamment par rapport à l'Allemagne, aient amplifié ces pertes. La confiance des entreprises et des ménages est toujours en berne, malgré le regain d'activité dans la zone euro au début de 2015.

Les fondamentaux s'améliorent, mais il est primordial de mener des réformes structurelles dans le secteur des services

Une réforme fiscale, qui sera votée par le parlement à la mi-2015, entrera en vigueur au 1er janvier 2016 : elle allégera considérablement l'impôt sur le revenu. Elle devrait conforter la consommation privée, même si un léger accroissement du taux d'épargne est prévu. Les conditions extérieures se sont améliorées grâce à de meilleures perspectives de croissance dans la zone euro et à des gains de compétitivité-prix vis-à-vis des partenaires hors zone euro, depuis la dépréciation de la monnaie européenne. En particulier, la forte appréciation du franc suisse embellit les perspectives du tourisme autrichien. Enfin, la faiblesse des taux d'intérêt réels et la plongée des cours du pétrole devraient renforcer la demande intérieure.

Les progrès accomplis dans la déréglementation des marchés de produits ont été impressionnants. Ce succès devrait inspirer des initiatives comparables dans le secteur des services où la réglementation, notamment en matière d'accès au marché, demeure parmi les plus restrictives de l'OCDE. Ces réglementations sont un obstacle à la productivité du travail et expliquent en partie l'inélasticité à la baisse des prix puisque près des trois quarts du différentiel d'inflation par rapport à la zone euro et à l'Allemagne peut être imputé aux services. Outre le contrôle étroit et la surveillance des banques, les autorités devraient avancer dans la défragmentation d'un marché financier intérieur surbancarisé afin d'en réduire les coûts de fonctionnement. À cet égard, la fusion des établissements du réseau *Volksbank*, qui devrait permettre de ramener le nombre de succursales de 63 à 8, constitue une première étape positive.

D'autres gains potentiels de croissance résident dans la promotion d'un meilleur équilibre hommes-femmes dans la société en adoptant un système de prélèvements et de prestations qui favorise une meilleure répartition du travail et multiplie l'offre d'accueil des enfants en journée complète dans les écoles et les structures de garde, et en sensibilisant le secteur privé à l'instauration de lieux de travail et de modèles d'organisation du temps de travail plus compatibles avec la vie familiale.

L'activité économique devrait connaître une reprise progressive

Le PIB devrait connaître une hausse progressive pendant la période de référence, à la faveur d'une reprise des exportations et de l'investissement et sous l'impulsion, en outre, de la consommation privée. Les risques de divergence à la hausse et à la baisse par rapport aux prévisions s'équilibrent. Si les tensions sur les coûts continuent de peser, les exportateurs autrichiens risquent de ne pas bénéficier autant que prévu de la faiblesse de l'euro. Les incertitudes à propos de la dépréciation des bilans des banques demeurent. Si ces faiblesses jouent plus qu'il n'est prévu sur la morosité actuelle de l'investissement et de la confiance des consommateurs, la croissance pourrait se révéler plus en demi-teinte que prévu. En revanche, la réforme fiscale pourrait doper la consommation privée d'autant plus si les taux d'épargne remontent moins que prévu. De même, les effets indirects sur l'emploi et l'investissement pourraient être plus marqués qu'indiqué dans les prévisions. Enfin, les résultats à l'exportation pourraient être supérieurs aux prévisions si les parts de marché perdues sont regagnées plus rapidement.

BELGIQUE

La reprise devrait se renforcer progressivement. Selon les prévisions, la croissance économique se généralisera grâce à la hausse des exportations et de l'investissement productif facilitée tant par des conditions financières favorables que par le redressement de la demande extérieure. La progression de la consommation des ménages sera freinée par l'assainissement des finances publiques et la modération salariale. L'inflation remontera légèrement en 2016 lorsque les effets de la chute des prix du pétrole se dissiperont.

On prévoit un retour à l'assainissement budgétaire, s'exprimant principalement du côté des dépenses. Pour assurer la viabilité des finances publiques et promouvoir l'emploi et la compétitivité, il conviendrait de mener d'autres réformes structurelles, notamment de reporter l'âge effectif de la retraite, de réformer la détermination des salaires et de transférer la charge fiscale du travail vers des prélèvements générant moins de distorsions pour la croissance, comme les taxes sur la consommation et les taxes environnementales.

L'investissement au lendemain des crises a été plus tonique en Belgique que dans d'autres pays de la zone euro. Si l'on prévoit une confirmation de la reprise de l'investissement productif, l'investissement public en revanche demeure poussif, notamment si l'on se livre à des comparaisons internationales, ce qui s'explique par la nécessité d'assainir les finances publiques. Les nouvelles réductions des dépenses d'infrastructure risquent cependant de compromettre la croissance future.

L'activité repart doucement à la hausse

Le redressement de l'activité économique s'est poursuivi grâce au léger raffermissement de la consommation des ménages et de l'investissement productif, mais

Belgique

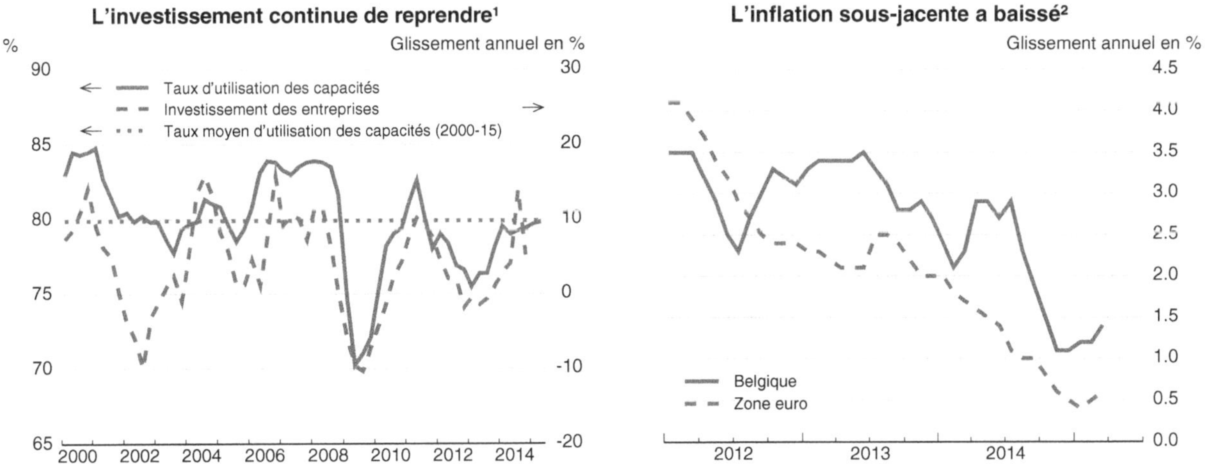

1. Taux d'utilisation des capacités dans le secteur manufacturier corrigé des variations saisonnières. L'investissement est la formation brute de capital fixe privée non résidentielle en valeur.
2. Indice des prix à la consommation harmonisé hors alimentation et énergie.

Source : Commission européenne ; Banque Nationale de Belgique et Base de données des *Perspectives économiques de l'OCDE*, n° 97.

StatLink http://dx.doi.org/10.1787/888933225764

Belgique : **Demande, production et prix**

	2011	2012	2013	2014	2015	2016
	Prix courants milliards d' €	Pourcentages de variation, en volume (prix de 2012)				
PIB aux prix du marché	379.9	0.1	0.3	1.1	1.3	1.8
Consommation privée	195.1	0.8	0.3	0.9	1.5	1.3
Consommation publique	90.4	1.5	1.1	1.0	-0.3	-0.1
Formation brute de capital fixe	87.4	0.0	-2.1	5.1	1.2	3.1
Demande intérieure finale	372.9	0.8	0.0	1.9	1.0	1.4
Variation des stocks[1]	5.1	-0.9	-0.8	-1.0	0.1	0.0
Demande intérieure totale	378.1	-0.1	-0.9	0.9	1.1	1.4
Exportations de biens et services	309.3	1.9	2.9	3.8	3.4	5.3
Importations de biens et services	307.4	1.8	1.7	3.6	2.9	5.0
Exportations nettes[1]	1.9	0.1	1.0	0.2	0.5	0.5
Pour mémoire						
Déflateur du PIB	_	2.1	1.5	0.6	0.6	1.3
Prix à la consommation harmonisé (indice)	_	2.6	1.2	0.5	0.0	1.3
Déflateur de la consommation privée	_	2.2	1.2	0.7	0.2	1.3
Taux de chômage	_	7.7	8.4	8.5	8.5	8.1
Taux d'épargne nette des ménages[2]	_	7.5	6.9	6.2	5.6	5.1
Solde des administrations publiques[3]	_	-4.1	-2.9	-3.2	-2.5	-1.6
Dette brute des administrations publiques[3]	_	120.3	117.6	129.8	130.4	128.9
Dette brute des administrations publiques, définition Maastricht[3]	_	103.9	104.4	106.6	107.2	105.7
Balance des opérations courantes[3]	_	-0.7	-0.2	1.8	2.7	2.7

1. Contributions aux variations du PIB en volume, montant effectif pour la première colonne.
2. En pourcentage du revenu disponible.
3. En pourcentage du PIB, valeur du marché.
Source : Base de données des Perspectives économiques de l'OCDE, n° 97.

StatLink http://dx.doi.org/10.1787/888933227011

la croissance a manqué de souffle. La confiance des entreprises s'est affermie tandis que celle des consommateurs a renoué avec sa moyenne de long terme. Les conditions de prêt favorables et l'accroissement des marges bénéficiaires ont été des facteurs bénéfiques à l'investissement productif. L'utilisation des capacités est également revenue à un niveau correspondant à sa moyenne de long terme, ce qui a créé un climat propice à la réalisation de nouvelles dépenses d'investissement. Cependant, le taux de chômage reste élevé, proche de 8.5 %. Si l'inflation sous-jacente a reculé, en grande partie dans le sillage de l'évolution observée dans la zone euro, elle demeure relativement élevée.

L'assainissement des finances publiques et la modération salariale pèseront sur la demande intérieure

Après avoir marqué une pause en 2014, l'assainissement budgétaire devrait reprendre et se concrétiser par un ajustement annuel du solde structurel de 0.7 % du PIB en 2015 et 2016, qui sera obtenu par une réduction des dépenses. Le retour à l'assainissement est un pas en avant vers la viabilité des finances publiques compte tenu du fardeau que la dette publique continue de représenter, et la décision de concentrer l'effort sur la maîtrise des dépenses mérite d'être saluée. Le succès dépendra toutefois de la coordination entre tous les niveaux d'administration. L'effet de freinage de la demande intérieure sera en partie compensé par la politique monétaire accommodante conduite dans la zone euro et par l'amélioration des conditions financières suite à l'assouplissement continue des critères d'octroi des prêts pour les sociétés non financières.

Les autorités s'en tiennent à leur ligne de modération salariale en contenant la hausse maximale des salaires réels dans le contexte des négociations collectives. Il en résultera une croissance nulle, en termes réels, des salaires négociés en 2015 et une croissance modeste, de 0.5 %, en 2016. De plus, le parlement a voté récemment une suspension temporaire de l'indexation des salaires nominaux et des revenus de remplacement (le « saut d'index »). Si une période prolongée de faible progression des salaires favorisera certes un regain de compétitivité externe, la situation met en relief la nécessité de réformer, de façon plus générale, la détermination des salaires afin de relier plus étroitement ceux-ci à l'évolution de la productivité intérieure. Dans le cadre de cette réforme, les partenaires sociaux devraient être encouragés à supprimer progressivement le mécanisme d'indexation automatique des salaires et à envisager de réintroduire un salaire minimum abaissé pour les jeunes. On pourrait relever la croissance potentielle et la rendre plus inclusive en investissant dans les compétences et en améliorant les politiques d'intégration ; en effet, la population active vieillit et un grand nombre d'individus nés à l'étranger sont confrontés à un manque de perspectives sur le marché du travail. Il faut pour cela notamment mettre en place un système d'enseignement et de formation plus équitable.

La reprise s'installera progressivement

On assistera, selon les prévisions, à un élargissement de la croissance qui progressera petit à petit au rythme de la reprise dans la zone euro. Le raffermissement de la demande extérieure et la dépréciation du taux de change soutiendront les exportations, et l'excédent de la balance courante continuera de s'accroître. La politique monétaire accommodante et le renforcement de la confiance seront également des facteurs d'expansion de l'investissement. Cependant, la vigueur de la reprise de la demande intérieure sera probablement limitée par l'assainissement des finances publiques et la modération salariale. On prévoit un repli du chômage et, lorsque les intenses pressions à la baisse dues à la faiblesse des prix de l'énergie faibliront, l'inflation globale augmentera progressivement.

Les prix de l'immobilier reprennent leur mouvement ascendant et demeurent à des niveaux historiquement élevés. Une correction des prix porterait atteinte au patrimoine et à la consommation des ménages. L'économie belge est fortement tributaire de la vigueur de la reprise dans la zone euro, donc de l'évolution des tensions géopolitiques et de l'issue des négociations avec la Grèce. L'amélioration des bénéfices des sociétés et le maintien de conditions financières favorables pourraient enclencher un redressement plus rapide que prévu de l'investissement productif.

BRÉSIL

La croissance économique devrait ralentir cette année, mais une lente reprise devrait se dessiner progressivement à compter de la fin de 2015, portée dans un premier temps par une hausse des exportations qui sera stimulée par la dépréciation du réal.

La situation budgétaire s'est détériorée et l'inflation a sensiblement augmenté. Le rétablissement de la confiance dans les politiques macroéconomiques reste donc une priorité. Il est également justifié de porter une attention constante au retour de l'inflation au niveau cible. Il y a lieu de se féliciter des engagements pris récemment par le gouvernement en matière d'ajustement budgétaire qui ouvrent la voie à une croissance plus vigoureuse. Plus précisément, les ajustements récents des prestations sociales, la réduction du soutien aux banques publiques et le fait que les prix de l'électricité couvrent les coûts sont autant de facteurs qui corrigent les distorsions antérieures et sont d'importantes initiatives du côté de l'offre. Le lancement prévu d'un nouveau cycle de concessions, en particulier dans les transports, est une étape fondamentale pour réduire les goulets d'étranglement dans l'économie et faire la promotion de la croissance. La récente décision de relancer les négociations commerciales avec l'UE et le début d'un accord de libre-échange de grande envergure avec le Mexique sont les bienvenus. Des avancées dans la mise en œuvre d'une réforme globale de la fiscalité indirecte, la suppression des obstacles aux échanges et l'allègement des charges administratives pourraient dynamiser la concurrence et accélérer sensiblement la reprise. L'engagement de l'action publique en faveur d'une croissance inclusive reste de mise, notamment par la poursuite des progrès accomplis dans l'éducation et le maintien de transferts sociaux ciblés de manière appropriée.

Représentant moins de 20 % du PIB, l'investissement a toujours été faible au Brésil au regard des niveaux observés en Amérique latine comme dans le reste du monde. L'explication se trouve en partie dans le niveau relativement bas de l'épargne intérieure. Ces quatre dernières années, l'investissement a cependant eu tendance à décliner en

Brésil

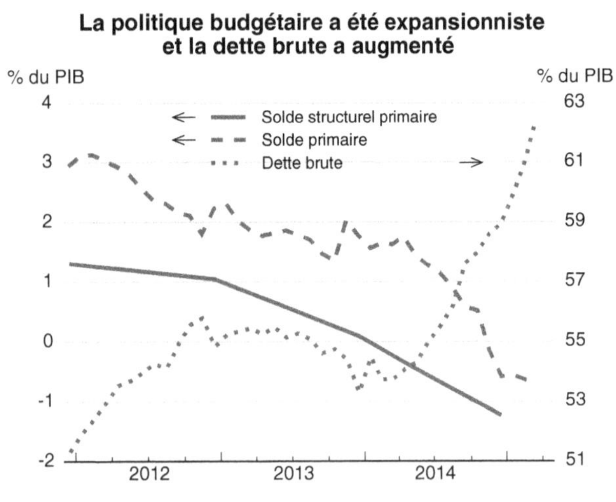

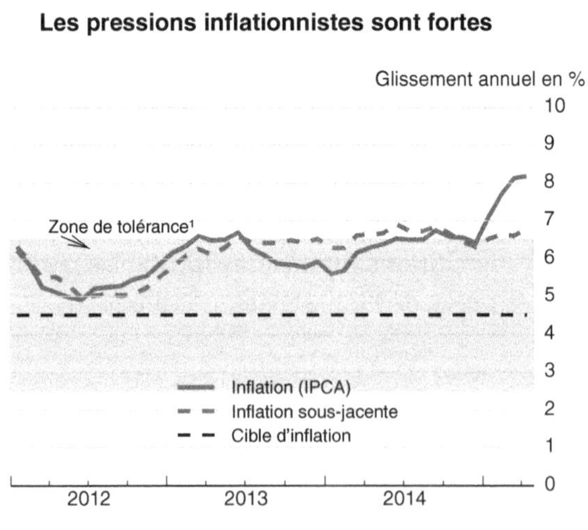

1. La cible d'inflation est atteinte lorsque l'inflation cumulée de janvier à décembre de chaque année se situe dans la zone de tolérance.
Source : Banque centrale du Brésil ; et IBGE.

StatLink http://dx.doi.org/10.1787/888933225771

Brésil : **Demande, production et prix**

	2011	2012	2013	2014	2015	2016
	Prix courants milliards de réal brésilien	Pourcentages de variation, en volume (prix de 2000)				
PIB aux prix du marché	4 374.8	1.8	2.7	0.2	-0.8	1.1
Consommation privée	2 637.0	3.9	2.9	0.9	0.6	1.2
Consommation publique	817.4	3.2	2.2	1.4	-1.5	-0.5
Formation brute de capital fixe	902.9	-0.6	6.0	-4.3	-3.7	0.9
Demande intérieure finale	4 357.3	2.9	3.4	-0.1	-0.7	0.8
Variation des stocks[1]	51.2	-1.1	0.2	0.2	0.0	0.0
Demande intérieure totale	4 408.4	1.8	3.5	0.1	-0.7	0.8
Exportations de biens et services	501.8	0.1	2.2	-1.0	-6.3	5.9
Importations de biens et services	535.5	0.2	7.2	-1.0	-3.3	2.4
Exportations nettes[1]	- 33.7	0.0	-0.7	0.0	-0.3	0.3
Pour mémoire						
Déflateur du PIB	_	5.9	6.5	6.9	7.1	5.9
Indice des prix à la consommation	_	5.4	6.2	6.3	8.3	5.2
Déflateur de la consommation privée	_	6.1	7.0	6.8	8.1	6.3
Solde des administrations publiques[2]	_	-2.3	-3.1	-6.2	-4.9	-4.1
Balance des opérations courantes[2]	_	-2.3	-3.4	-3.9	-3.6	-3.1

1. Contributions aux variations du PIB en volume, montant effectif pour la première colonne.
2. En pourcentage du PIB, valeur du marché.
Source : Base de données des Perspectives économiques de l'OCDE, n° 97.

StatLink http://dx.doi.org/10.1787/888933227269

raison d'incertitudes relatives à l'action publique et d'un manque de confiance. À ces facteurs, sont venues s'ajouter depuis quelque temps les allégations de corruption formulées autour de la société pétrolière nationale Petrobras. L'investissement productif devrait repartir à la hausse en 2016 du fait de l'accélération de l'activité.

Brésil

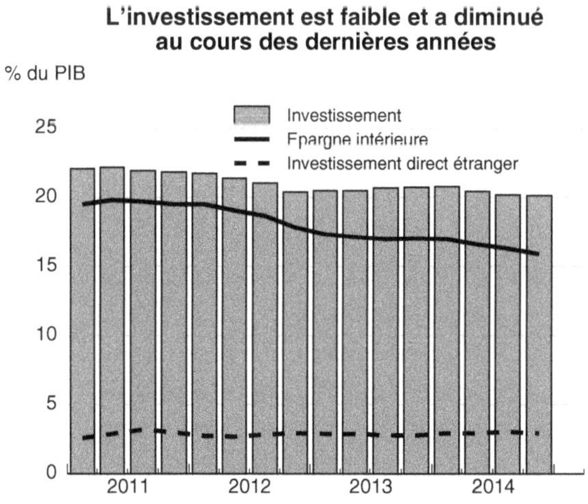

Source : Banque centrale du Brésil ; et IBGE.

StatLink http://dx.doi.org/10.1787/888933225784

La croissance a marqué le pas et la confiance s'est émoussée

L'activité économique s'est enrayée en 2014 dans un contexte de détérioration des termes de l'échange, de goulets d'étranglement sur le plan intérieur et d'incertitudes quant à l'action des pouvoirs publics. Si la politique monétaire s'est durcie, la politique budgétaire en revanche a donné un coup de pouce non négligeable à l'activité. Concrètement, plusieurs des mesures budgétaires qui ont été prises ont échoué à soutenir efficacement la croissance et ont aggravé les distorsions existantes. Les soldes budgétaires se sont détériorés et le solde primaire, excédentaire depuis 1999 de sorte que la dette publique restait sur une trajectoire descendante, est devenu déficitaire. En conséquence, la dette brute rapportée au PIB s'est accrue de près de 7 points de pourcentage depuis 2013. L'inflation globale et l'inflation sous-jacente ont été nettement supérieures à l'objectif de 4.5 %, et ont même franchi le plafond de la fourchette de tolérance au début de 2015 en raison des ajustements des prix administrés. Les indicateurs à court terme, notamment la conjoncture et les ventes au détail, vont dans le sens d'une contraction de l'activité au début de 2015.

La confiance des entreprises et des consommateurs s'est fortement émoussée sous les effets conjugués de l'atonie de la croissance et de la vigueur de l'inflation, d'enquêtes sur des faits de corruption et de discussions à propos d'une éventuelle dégradation de la note souveraine. La détérioration de la compétitivité internationale et de graves incertitudes à propos de l'action publique suscitées par plusieurs changements ciblés de politiques qui ont modifié les conditions d'exercice de l'activité des entreprises ont encore aggravé la perte de confiance parmi les investisseurs et, partant, amplifié la contraction de l'investissement.

La marge de manœuvre est limitée sur le plan macroéconomique, mais la croissance peut être stimulée au moyen de réformes structurelles

La marge de manœuvre macroéconomique est strictement limitée par la nécessité de rétablir la confiance et de maintenir le pays dans la catégorie « investissement ». En janvier 2015, le nouveau gouvernement a annoncé un ajustement budgétaire notable, les objectifs d'excédent primaire visés étant respectivement fixés à 1.2 % et 2 % du PIB pour 2015 et 2016. Ces nouveaux objectifs sont adossés à des mesures concrètes destinées à comprimer les dépenses et – dans une moindre mesure – à accroître les recettes, ce qui a donné de la crédibilité aux plans d'assainissement. Parallèlement, la banque centrale a adopté une stratégie plus ambitieuse pour ramener l'inflation vers l'objectif de 4.5 % d'ici à la fin de 2016 et, à cet effet, a relevé une nouvelle fois son taux directeur. Malgré les hausses des prix administrés et une monnaie dépréciée, qui ont tiré l'inflation globale, en glissement annuel, nettement au-dessus de la marge de tolérance au début de 2015, les anticipations d'inflation ont diminué, probablement grâce à ces décisions budgétaires et monétaires plus fermes. En outre, les réalignements des prix, comme dans le secteur de l'énergie, visent à s'assurer que les bons signaux soient en place pour un bon fonctionnement des marchés.

Les réformes structurelles recèlent un fort potentiel de dynamisation de la croissance. Une réduction des coûts de mise en conformité et des distorsions induites par la fragmentation de la fiscalité indirecte pourrait permettre aux entreprises de bénéficier d'une baisse des coûts presque immédiate, et il suffirait pour cela de fusionner toutes les taxes indirectes pour n'en faire qu'une seule et unique taxe sur la valeur ajoutée à large assiette appliquée selon le principe de la déductibilité totale de la taxe acquittée en amont et de l'exonération des exportations. Il en résulterait une amélioration de la compétitivité qui viendrait s'ajouter aux effets de la dépréciation du taux de change. En outre, l'abaissement des obstacles aux échanges internationaux permettrait de comprimer les coûts des intrants importés et de renforcer les incitations à accroître la productivité du fait que les entreprises brésiliennes seraient davantage soumises à la concurrence internationale. La suppression des barrières à l'entrée sur le marché intérieur pourrait être un moyen d'exposer à des pressions concurrentielles des entreprises brésiliennes qui ne le sont guère, et en fin de compte, de rehausser la productivité. L'amélioration des infrastructures pourrait également alléger les frais de transport, en particulier pour les exportateurs. Bien que les concessions jouent déjà un rôle important dans les infrastructures au Brésil, l'amélioration de l'environnement réglementaire pourrait améliorer la prévisibilité et stimuler de nouveaux investissements importants par le secteur privé. Les partenariats public-privé (PPP) ont un rôle beaucoup plus important à jouer dans les concessions à venir, en ligne avec moins de participation par les banques publiques, en particulier BNDES.

Le Brésil a accompli des progrès remarquables dans la lutte contre la pauvreté et les inégalités et on y a assisté à l'émergence d'une nouvelle classe moyenne. Les efforts des pouvoirs publics, notamment sur le plan de l'éducation et des transferts sociaux, ont apporté une contribution déterminante à cette évolution, et cette dynamique devra être entretenue afin de promouvoir une croissance plus inclusive.

On assistera à une contraction de l'activité économique en 2015, suivie d'une reprise progressive en 2016

L'économie sera confrontée en 2015 aux conséquences négatives du manque de confiance, de la baisse des investissements dans le secteur pétrolier et du durcissement de la politique macroéconomique. Dans le courant de l'année cependant, on peut penser que l'amélioration des politiques macroéconomiques et les quelques réformes des politiques structurelles qui ont été annoncées ranimeront la confiance. La consommation privée puis, dans un second temps, l'investissement, devraient rebondir et amener une reprise de la croissance. Les exportations seront soutenues par un taux de change plus compétitif, ce qui permettra une baisse du déficit de la balance courante.

Le chômage, qui n'avait pas pâti jusqu'ici de l'atonie de l'activité, grâce à un déclin du taux d'activité des jeunes cohortes, devrait croître en 2015 avant d'entamer à nouveau un lent recul à compter de 2016. À mesure que se dissiperont les effets des hausses des prix administrés et de la dépréciation de la monnaie, l'inflation déclinera de manière sensible pendant la période considérée pour se rapprocher de l'objectif à la fin de 2016.

Les risques entourant les perspectives sont notamment liés au fait que l'ajustement budgétaire annoncé pourrait ne pas être atteint, ce qui sera considéré comme le signal révélateur du besoin de politiques macroéconomiques plus efficaces. Outre qu'il se traduirait par un repli de l'investissement, un tel échec pourrait occasionner un déclassement du pays de la catégorie « investissement ». Les répercussions des affaires concernant Petrobras pourraient se révéler plus graves qu'on ne le pense, en particulier si les enquêtes déclenchent des faillites dans les secteurs d'activité se situant en amont. Bien que le niveau d'eau dans les réservoirs ait monté récemment après un long épisode de sécheresse, le rationnement de l'énergie et de l'eau n'est pas exclu. Des rationnements de ce type avaient écorné la croissance au début des années 2000. Le principal facteur susceptible d'amener une évolution plus favorable que prévu est lié au programme de réformes structurelles. Compte tenu de l'étendue des possibilités d'amélioration des conditions offertes aux entreprises, il suffirait de quelques réformes essentielles pour induire un changement notable sur le plan de la productivité et pour stimuler la croissance.

CANADA

La croissance devrait ralentir pour s'établir à environ 1½ pour cent en 2015 avant de rebondir en 2016. La chute récente des prix du pétrole a été à l'origine d'un déclin des investissements liés au pétrole et du PIB. Cependant, une réorientation de l'économie vers les exportations hors énergie est en cours, favorisée par la dépréciation de la monnaie et par l'affermissement de la croissance sur les marchés étrangers. L'investissement productif hors pétrole devrait s'intensifier avec un certain retard. Après avoir faibli récemment à cause des conditions météorologiques, la croissance de la consommation devrait repartir. Une fois le volant de capacités inutilisées totalement absorbé, l'inflation devrait revenir, d'ici la mi-2016, à 2 %, ce qui correspond au point médian de la fourchette retenue comme objectif.

L'accompagnement monétaire devrait être progressivement abandonné à partir du début de 2016 afin de combattre les tensions inflationnistes. Le niveau élevé de l'endettement des ménages et des prix des logements représente une menace pour la stabilité financière, et d'autres mesures macroprudentielles seront peut-être nécessaires si cette menace devait s'aggraver. L'assainissement des finances publiques devrait se poursuivre comme prévu. Les obstacles à l'investissement direct étranger devraient être réduits et un effort constant déployé en vue d'accroître la R-D, en quantité et en qualité.

L'investissement productif se situe à un niveau supérieur à celui d'avant la récession. Cette évolution est due en partie à l'expansion du secteur pétrolier et gazier ; toutefois, les programmes d'investissement ont été revus à la baisse en raison du déclin des prix du pétrole. Les conditions financières demeurent néanmoins, dans l'ensemble, favorables à l'investissement, et une hausse de la demande d'exportations hors énergie, avec les besoins qui en résulteront en termes de capacités, devraient soutenir l'investissement à moyen terme.

La chute des prix du pétrole a été préjudiciable à l'expansion

Le PIB a progressé de 2.4 % en 2014, tiré par la consommation privée en raison d'une légère amélioration sur le marché du travail et du bas niveau des taux d'intérêt.

Canada

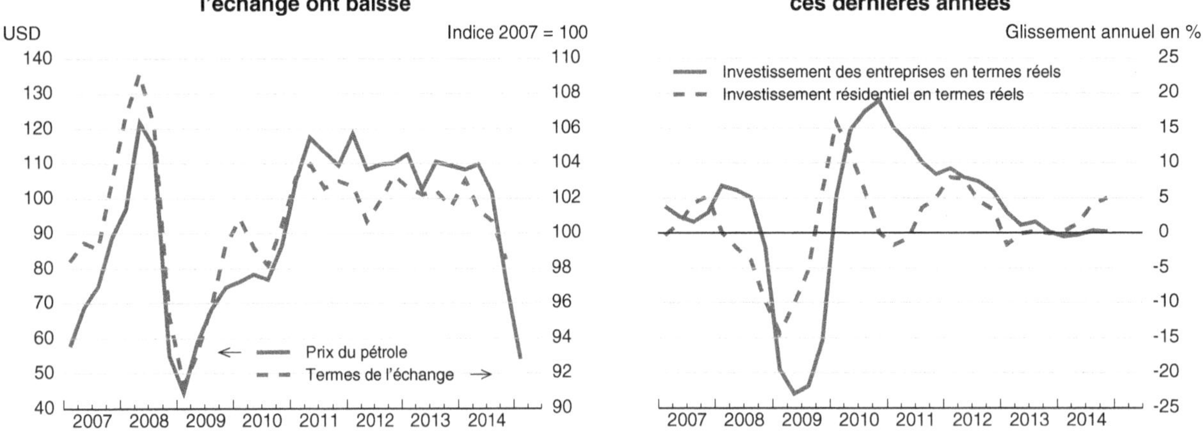

Source : Base de données des Perspectives économiques de l'OCDE, n° 97.

StatLink http://dx.doi.org/10.1787/888933225798

Canada : **Emploi, revenu et inflation**

Pourcentages de variation

	2012	2013	2014	2015	2016
Emploi	1.3	1.4	0.6	0.9	1.1
Taux de chômage[1]	7.3	7.1	6.9	6.7	6.5
Rémunération par salarié[2]	3.2	2.3	2.7	2.7	2.9
Coûts unitaires de main-d'œuvre	2.7	1.6	1.1	1.9	1.7
Revenu disponible des ménages	4.2	3.8	3.4	3.6	4.1
Déflateur du PIB	1.5	1.4	1.8	-0.4	1.9
Indice des prix à la consommation	1.5	1.0	1.9	1.0	2.0
IPC sous-jacent[3]	1.7	1.2	1.8	2.0	2.0
Déflateur de la consommation privée	1.3	1.3	1.9	1.1	1.8

1. En pourcentage de la population active.
2. Pour l'ensemble de l'économie.
3. Définition de la Banque du Canada : Indice des prix à la consommation excluant huit des composantes les plus volatiles ainsi que les effets des changements de taxes indirectes sur les composantes restantes.

Source : Base de données des Perspectives économiques de l'OCDE, n° 97.

StatLink http://dx.doi.org/10.1787/888933226915

L'affaiblissement de la monnaie, et une croissance plus soutenue sur les marchés extérieurs (en particulier les États-Unis), ont dopé la hausse des exportations. Cependant, un ralentissement de l'activité a commencé à se dessiner, le PIB s'étant contracté au premier trimestre de 2015. Le déclin des prix du pétrole enregistré à la fin de 2014 et au début de 2015 a fait baisser les revenus et les investissements pétroliers. La baisse de la confiance des consommateurs et les mauvaises conditions météorologiques du début de 2015 ont également porté atteinte à la croissance de la consommation.

Canada

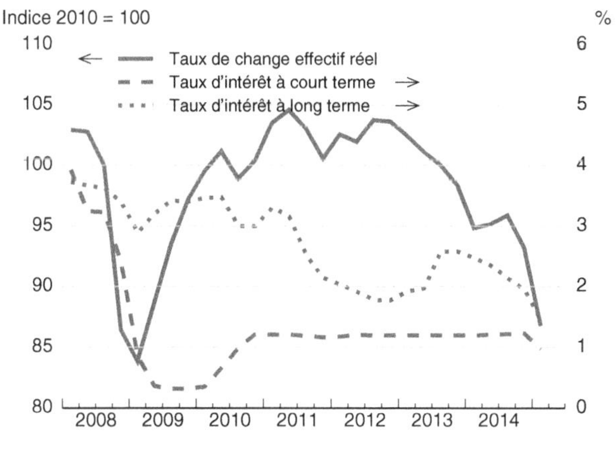

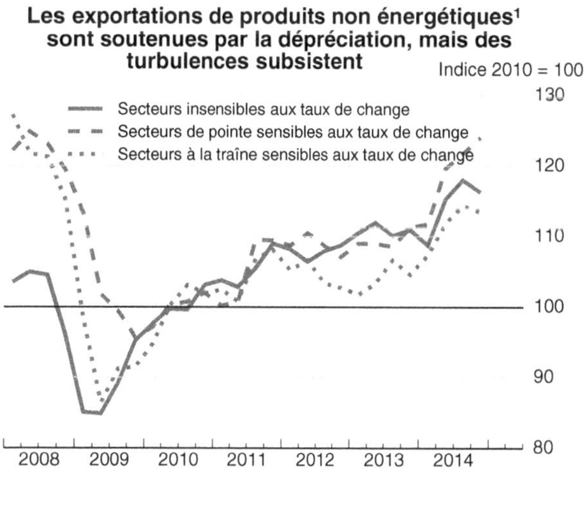

1. D'après A. Binette et al. (2014), Canadian Non-Energy Exports: Past Performance and Future Prospects, Bank of Canada Discussion Paper 2014-1, avril. Les secteurs d'exportation à la traîne comprennent ceux qui connaissent des difficultés structurelles à long terme.

Source : Base de données des Perspectives économiques de l'OCDE, n° 97 ; Statistique Canada ; et calculs de l'OCDE.

StatLink http://dx.doi.org/10.1787/888933225807

Canada : **Indicateurs financiers**

	2012	2013	2014	2015	2016
Taux d'épargne nette des ménages[1]	5.2	5.2	4.0	4.4	4.3
Solde financier des administrations publiques[2]	-3.1	-2.7	-1.6	-1.6	-1.1
Dette brute des administrations publiques[3,4]	95.9	92.3	94.8	96.0	95.5
Dette nette des administrations publiques[3,4]	43.3	39.7	40.4	41.6	41.1
Balance des opérations courantes[2]	-3.3	-3.0	-2.2	-3.7	-3.1
Taux d'intérêt à court terme[4]	1.2	1.2	1.2	0.9	1.3
Taux d'intérêt à long terme[5]	1.9	2.3	2.2	1.7	2.6

1. En pourcentage du revenu disponible.
2. En pourcentage du PIB, valeur au marché.
3. La dette est surestimée par rapport à la plupart des autres pays en raison des actifs des fonds de retraite des employés des administrations publiques qui ne sont pas pris en compte, actifs qui s'élevaient à 44.4% de PIB en 2012 (voir l'encadré 4.7 des *Perspectives économiques de l'OCDE,* n° 95, mai 2014).
4. Taux interbancaire à 3 mois.
5. Obligations d'État à 10 ans.

Source : Base de données des Perspectives économiques de l'OCDE, n° 97.

StatLink http://dx.doi.org/10.1787/888933226920

La situation s'est améliorée sur le marché du travail au cours de l'année écoulée, mais le ralentissement dans le secteur pétrolier pèse sur les perspectives d'emploi à court terme. La progression des salaires est restée assez modeste, malgré un redressement timide. L'inflation globale a ralenti pour revenir à la limite inférieure de la fourchette cible retenue par la Banque du Canada, grâce au fléchissement marqué du prix de l'essence. En dépit de

Canada : **Demande et production**

	2013	2014	2015	2016	Quatrième trimestre 2014	2015	2016
	Prix courants milliards de CAD	Pourcentages de variation annuelle, en volume (prix de 2007)					
PIB aux prix du marché	1 893.8	2.4	1.5	2.3	2.5	1.2	2.4
Consommation privée	1 051.9	2.7	2.1	2.3	2.6	2.1	2.2
Consommation publique	408.7	0.2	0.1	1.0	0.4	0.1	1.3
Formation brute de capital fixe	452.5	0.3	-1.5	0.9	1.5	-2.4	1.3
Secteur public[1]	72.3	-2.7	2.0	-2.8	-0.4	0.6	-3.4
Secteur privé : résidentiel	131.4	2.7	2.7	-1.8	4.8	0.2	-2.5
Secteur privé : autres	248.8	-0.1	-4.7	3.4	0.3	-4.6	4.9
Demande intérieure finale	1 913.2	1.6	0.8	1.7	1.9	0.6	1.8
Variation des stocks[2]	10.8	-0.2	0.2	0.0			
Demande intérieure totale	1 924.0	1.4	1.1	1.7	1.4	0.7	1.8
Exportations de biens et services	571.8	5.4	3.4	6.9	6.4	3.7	7.6
Importations de biens et services	602.0	1.7	2.0	4.8	2.6	2.0	5.3
Exportations nettes[2]	- 30.2	1.1	0.4	0.5			

Note : Des prévisions trimestrielles détaillées sont disponibles dans l'annexe statistique pour les sept pays principaux, la zone euro et l'ensemble de l'OCDE.
1. À l'exclusion des entreprises publiques et nationalisées.
2. Contributions aux variations du PIB en volume, montant effectif pour la première colonne.

Source : Base de données des Perspectives économiques de l'OCDE, n° 97.

StatLink http://dx.doi.org/10.1787/888933226938

Canada : **Indicateurs extérieurs**

	2012	2013	2014	2015	2016
			Milliards de $		
Exportations de biens et services	553.6	555.1	565.5	493	528
Importations de biens et services	587.4	584.5	581.5	532	560
Balance commerciale	- 33.9	- 29.3	- 16.0	- 40	- 32
Solde des invisibles	- 26.1	- 25.3	- 23.2	- 20	- 19
Balance des opérations courantes	- 60.0	- 54.6	- 39.2	- 59	- 52
			Pourcentages de variation		
Exportations de biens et services en volume	2.6	2.0	5.4	3.4	6.9
Importations de biens et services en volume	3.7	1.3	1.7	2.0	4.8
Résultats à l'exportation[1]	- 0.1	0.2	1.6	- 2.3	0.6
Termes de l'échange	- 1.0	0.1	- 1.2	- 6.1	- 0.2

1. Ratio du volume des exportations sur le marché correspondant pour le total des biens et services.

Source : Base de données des Perspectives économiques de l'OCDE, n° 97.

StatLink http://dx.doi.org/10.1787/888933226944

la persistance d'une certaine sous- utilisation des capacités, l'inflation sous-jacente est demeurée légèrement supérieure à 2 %, point médian de la fourchette, en partie du fait de la dépréciation de la monnaie. Les répercussions du recul des prix du pétrole devraient toutefois affaiblir quelque peu l'inflation sous-jacente en 2015 avant son retour au point médian de la fourchette à la mi-2016.

Les conditions monétaires sont accommodantes, et le rythme de l'assainissement budgétaire ralentit

La politique monétaire restera accommodante tout au long de la période considérée. La Banque du Canada a abaissé son taux directeur de 25 points, le ramenant à 0.75 % en janvier 2015, pour contrecarrer la baisse attendue des prix du pétrole. Pour l'instant, cette orientation est appropriée, mais les mesures de relance monétaire devront être progressivement abandonnées à mesure que le volant de ressources inemployées se résorbera. Le calendrier dépendra certes des évolutions économiques, mais on peut penser que le premier relèvement du taux directeur surviendra au premier trimestre de 2016 et sera suivi de hausses régulières. Dans ce contexte de politique monétaire de soutien à l'activité, il conviendrait d'envisager d'adopter de nouvelles mesures macroprudentielles pour les prêts hypothécaires afin d'assurer la stabilité financière si les risques liés au logement s'aggravent.

Au cours des derniers trimestres, l'assainissement budgétaire s'est dans l'ensemble déroulé au rythme prévu. Au vu de ces prévisions budgétaires, on peut tabler sur un assainissement structurel supplémentaire du budget cumulé de 0.4 % seulement du PIB sur la période 2014-16. Le dernier budget fédéral a montré que le gouvernement est sur la bonne voie pour venir à bout de son déficit pendant l'exercice en cours, en grande partie en maintenant le cap de la maîtrise des dépenses. Cependant, compte tenu de la baisse des recettes, consécutive en particulier au repli des prix du pétrole, qui va entraîner une diminution des excédents escomptés au niveau fédéral, voire des déficits dans certaines provinces productrices de pétrole, l'assainissement devrait être inférieur à ce qui était prévu dans les projections budgétaires antérieures tout au long de la période de projection.

Par conséquent, les gouvernements provinciaux ne prévoient de réduire leurs déficits cumulés que de l'équivalent de 0.3 % du PIB sur la période 2014-16. La dette des administrations publiques rapportée au PIB devrait rester assez stable. L'augmentation des coûts des soins de santé demeurera un défi de longue haleine, et il convient de persévérer sur la voie des réformes structurelles pour contenir l'expansion de ces dépenses. Améliorer l'efficience de la fiscalité en s'appuyant davantage sur des taxes liées à l'environnement serait un moyen de favoriser une croissance plus verte. En outre, la réduction des dépenses fiscales liées à l'impôt sur le revenu, qui ont un effet régressif et de distorsion, pourraient contribuer à favoriser une croissance inclusive.

La croissance des exportations hors énergie et de l'investissement devrait être le moteur de l'expansion

La croissance du PIB devrait se redresser de sa faiblesse récente pour s'établir à 2¼ pour cent en 2016, à mesure que le déclin lié à la baisse des investissements pétroliers diminue. La consommation privée devrait se reprendre également de son lent démarrage en 2015 à mesure que les effets d'un hiver rigoureux et l'ajustement à la baisse du prix du pétrole se résorbent. Le relèvement des taux d'intérêt en 2016 grèvera les dépenses des ménages et pèsera sur l'investissement résidentiel dans les mois qui suivront. Les exportations, en particulier hors énergie, bénéficieront de l'affaiblissement du dollar canadien et de l'affermissement de la croissance sur les marchés extérieurs. Néanmoins, la sensibilité des exportations hors énergie aux fluctuations des taux de change varie selon les secteurs, et certains continueront vraisemblablement à connaître des difficultés plus grandes tant sur le plan structurel que sur celui de la compétitivité. Les capacités étant limitées dans les secteurs d'exportation hors énergie, on devrait observer, avec un certain décalage, une progression de l'investissement dont il est toutefois très difficile de prévoir à quel moment elle surviendra.

Le principal risque de divergence à la hausse par rapport aux prévisions réside dans un rebond éventuel de la demande et des prix du pétrole, lié par exemple à des menaces géopolitiques. Une croissance plus vigoureuse sur les principaux marchés extérieurs, en particulier aux États-Unis, pourrait susciter une réorientation plus rapide que prévu vers les exportations hors énergie et déclencher une augmentation plus précoce de l'investissement. Le principal risque de divergence à la baisse par rapport aux prévisions demeure une correction désordonnée sur le marché du logement, en particulier dans un contexte de fort endettement des ménages, qui aurait pour effet de déprimer la consommation privée et l'investissement résidentiel et pourrait, au pire, menacer la stabilité financière. En outre, un nouveau fléchissement des cours du pétrole, un ralentissement soudain en Chine ou une croissance plus lente que prévu aux États-Unis pourrait entraîner une décélération de l'activité plus marquée et plus durable que prévu, qui se manifesterait notamment par un affaiblissement de l'investissement, des exportations et de la consommation privée.

CHILI

Après avoir fortement ralenti en 2014, l'économie devrait se redresser progressivement en 2015 et 2016. La reprise de l'activité se fera dans un premier temps sous l'impulsion de nouvelles dépenses publiques, mais pourra s'appuyer de plus en plus sur un renforcement de la demande des États-Unis et de l'Europe en produits industriels.

Avec la stabilisation du taux de change, l'inflation ralentit mais demeure supérieure à la fourchette-cible de la banque centrale. Comme les anticipations d'inflation demeurent bien ancrées, la politique monétaire pourra continuer de soutenir la croissance à court terme avant de prendre une orientation plus neutre avec le raffermissement de la croissance. Quant à l'orientation sous-jacente de la politique budgétaire, elle devrait être expansionniste en 2015, puis redevenir neutre en 2016, les autorités demeurant déterminées à ramener le solde structurel à zéro à l'horizon 2018.

La large baisse des cours du cuivre consécutive au « super-cycle » haussier des matières premières a affecté les programmes d'investissement des sociétés minières, qui les ont considérablement revus à la baisse depuis 2012. Cette baisse étant jugée dans une large mesure permanente, l'investissement minier ne devrait donc pas connaître une reprise très vigoureuse, même à moyen terme. Aussi des avancées dans le programme « Productivité », destiné à élargir la base de l'économie, sont-elles primordiales. Des réformes structurelles visant à ouvrir plus largement le marché à la concurrence seront particulièrement importantes pour promouvoir l'investissement en dehors des secteurs miniers, ce qui augmentera la croissance et la rendra plus inclusive.

L'économie est dans une phase de transition

La longue phase de forte croissance économique tirée par un secteur minier florissant est désormais à son terme. La baisse des cours du cuivre et le repli de la demande chinoise ont dégradé les termes de l'échange et sapé la confiance des entreprises et l'investissement. Le secteur minier a surinvesti pendant le super-cycle haussier des

Chili

L'investissement a chuté

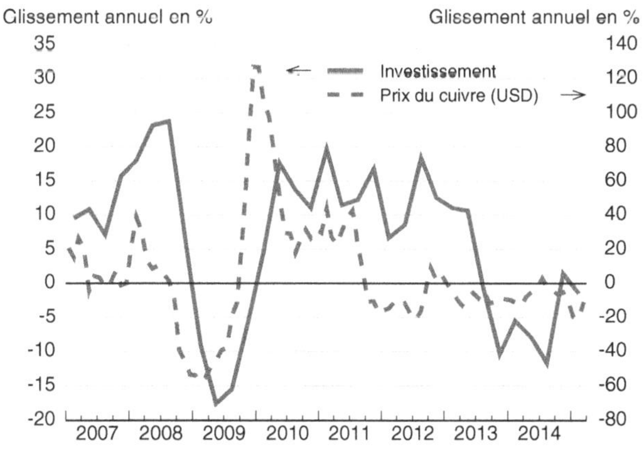

La dépréciation du Peso a poussé l'inflation au-dessus de la fourchette cible

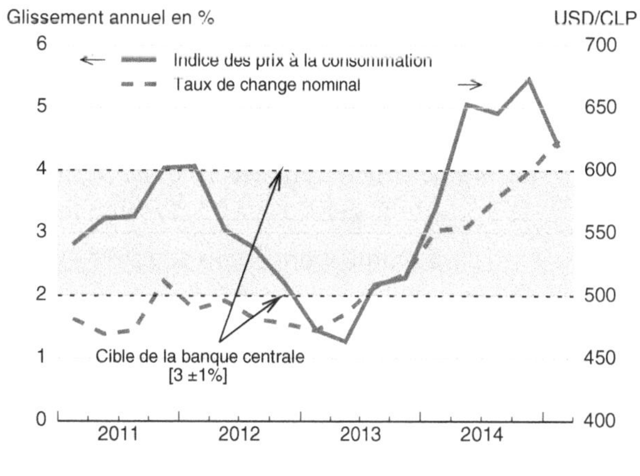

Source : Base de données des Perspectives économiques de l'OCDE, n° 97 ; Datastream ; et Banque centrale du Chili.

StatLink http://dx.doi.org/10.1787/888933225811

Chili : **Demande, production et prix**

	2011	2012	2013	2014	2015	2016
	Prix courants milliards de CLP	Pourcentages de variation, en volume (prix de 2008)				
PIB aux prix du marché	121 319.5	5.5	4.3	1.8	2.9	3.7
Consommation privée	74 017.8	6.1	5.9	2.2	2.2	3.3
Consommation publique	14 690.6	3.5	3.4	4.4	7.0	5.1
Formation brute de capital fixe	27 132.0	11.6	2.1	-6.1	1.2	1.2
Demande intérieure finale	115 840.4	7.0	4.6	0.5	2.6	3.1
Variation des stocks[1]	1 652.6	0.4	-0.9	-1.1	2.0	0.0
Demande intérieure totale	117 493.0	7.5	3.9	-0.5	4.8	3.1
Exportations de biens et services	46 162.8	0.1	3.4	0.7	3.0	6.1
Importations de biens et services	42 336.3	4.8	1.7	-7.0	1.9	4.3
Exportations nettes[1]	3 826.5	-1.6	0.6	2.5	0.4	0.7
Pour mémoire						
Déflateur du PIB	_	0.8	1.8	5.5	4.9	3.3
Indice des prix à la consommation	_	3.0	1.8	4.7	3.3	2.6
Déflateur de la consommation privée	_	2.7	2.5	5.6	4.7	3.5
Taux de chômage	_	6.4	6.0	6.3	6.2	6.3
Solde de l'administration centrale[2]	_	0.6	-0.6	-1.8	-2.4	-1.7
Balance des opérations courantes[2]	_	-3.6	-3.6	-1.1	-0.8	0.0

1. Contributions aux variations du PIB en volume, montant effectif pour la première colonne.
2. En pourcentage du PIB, valeur du marché.
Source : Base de données des Perspectives économiques de l'OCDE, n° 97.

StatLink http://dx.doi.org/10.1787/888933227022

matières premières – les investissements miniers étant alors passés d'environ 2 % à 7 % du PIB - et engendré un large volant de capacités excédentaires. En toute logique, les investissements miniers ont diminué d'un tiers depuis 2012 et devraient rester faibles à moyen terme. La dégradation des termes de l'échange a également fait baisser le revenu des ménages et la consommation privée.

Les politiques monétaire et budgétaire soutiennent la reprise

Soucieuse de soutenir la demande intérieure, la banque centrale a abaissé ses taux directeurs de 200 points de base et les maintient proches de leur plus bas historique depuis octobre 2014. Cette politique monétaire accommodante a entraîné une baisse du taux de change d'environ 15 % en termes réels depuis le début 2013, amortissant ainsi l'impact sur l'économie de la dégradation des termes de l'échange en dopant les exportations et l'investissement dans les secteurs non miniers. Le déficit courant est d'ores et déjà passé de 3,5 % du PIB en 2013 à 0.5 %, selon les prévisions pour 2015.

La politique budgétaire soutient également l'activité. Profitant de finances publiques solides – grâce à une dette nette quasi nulle – les autorités ont réagi au ralentissement de l'activité par une forte relance budgétaire de l'économie en 2015. Les dépenses publiques augmenteront ainsi d'environ 10 % en 2015, une partie de cette augmentation étant toutefois compensée par des hausses d'impôt. Ce surcroît de dépenses allant essentiellement à l'investissement public et aux infrastructures, les mesures de relance budgétaire peuvent se prolonger temporairement et laisser le gouvernement en capacité d'atteindre son objectif de ramener le solde structurel à zéro à l'horizon 2018.

L'économie devrait rebondir, mais des réformes structurelles sont primordiales pour une croissance durable

L'activité économique a enregistré une reprise modérée durant les premiers mois de l'année et la baisse du taux de change, alliée à une reprise plus vigoureuse chez les partenaires commerciaux au cours du second semestre de 2015 et en 2016, devrait stimuler les exportations industrielles. De même, la consommation privée devrait contribuer de plus en plus à la croissance, la baisse des cours du pétrole concourant à l'amélioration du revenu des ménages.

Les répercussions économiques de la chute des cours du cuivre ont montré combien les chocs extérieurs pouvaient affecter le Chili. Pour autant, la croissance dépendra de la mise en œuvre de l'ambitieux programme de réformes des autorités. Toute incertitude sur ce point, ou sur l'impact des réformes, pourrait dégrader la confiance et par conséquent, ralentir la reprise de l'investissement. En revanche, tout progrès notoire dans les réformes – en particulier dans les mesures visant à favoriser la concurrence, réduire les décalages entre offre et demande de qualifications, accroître la diversité économique et favoriser l'activité des femmes – pourrait doper le potentiel économique plus que prévu et concourra à réduire les inégalités.

CHINE

La croissance économique devrait continuer de fléchir pour tomber à 6.7 % d'ici 2016. Le ralentissement de l'investissement immobilier et de l'investissement productif sera compensé dans une certaine mesure par l'augmentation de l'investissement dans les infrastructures. La consommation devrait conserver son dynamisme. L'urbanisation et l'expansion rapide du secteur des services créeront des emplois et maintiendront le chômage à un faible niveau. Les excédents de capacité qui persistent dans certaines industries lourdes devraient continuer de faire baisser les prix à la production et de limiter la hausse des prix à la consommation.

Un nouvel assouplissement de la politique monétaire permettrait de stabiliser la croissance et de contenir les pressions déflationnistes. Il est indispensable de faire baisser les coûts de financement avec des taux d'intérêt réels qui sont hauts et le ralentissement de l'activité qui accroît les risques de crédit. La politique budgétaire devrait elle aussi être assouplie comme prévu pour soutenir l'activité. L'accélération du programme de conversion en obligations des prêts bancaires accordés aux autorités infranationales atténuerait les risques budgétaires, mais le renouvellement sans condition de la dette va dans le sens contraire. Enfin, il faudrait faire avancer plus vite la réforme des retraites pour assurer la viabilité des finances publiques sur le long terme.

L'investissement marque le pas depuis quelques années et compte désormais moins que la consommation dans le PIB. Depuis quelques années, l'investissement perd en efficience du fait de l'accumulation de surcapacités dans le secteur immobilier et dans plusieurs branches de l'industrie manufacturière. Il faudrait laisser les forces du marché jouer un rôle plus important dans l'allocation des ressources, en particulier du capital. À cette fin, il serait nécessaire de supprimer progressivement les garanties implicites accordées aux entreprises d'État pour instaurer des règles de jeu équitables pour toutes les entreprises. Dans le secteur rural, la réforme agraire devrait étendre les droits des paysans sur les terres et encourager les remembrements. L'urbanisation continuera d'alimenter l'investissement et la croissance, comme le fera l'expansion du secteur des services, favorisée par les mesures de libéralisation.

Chine

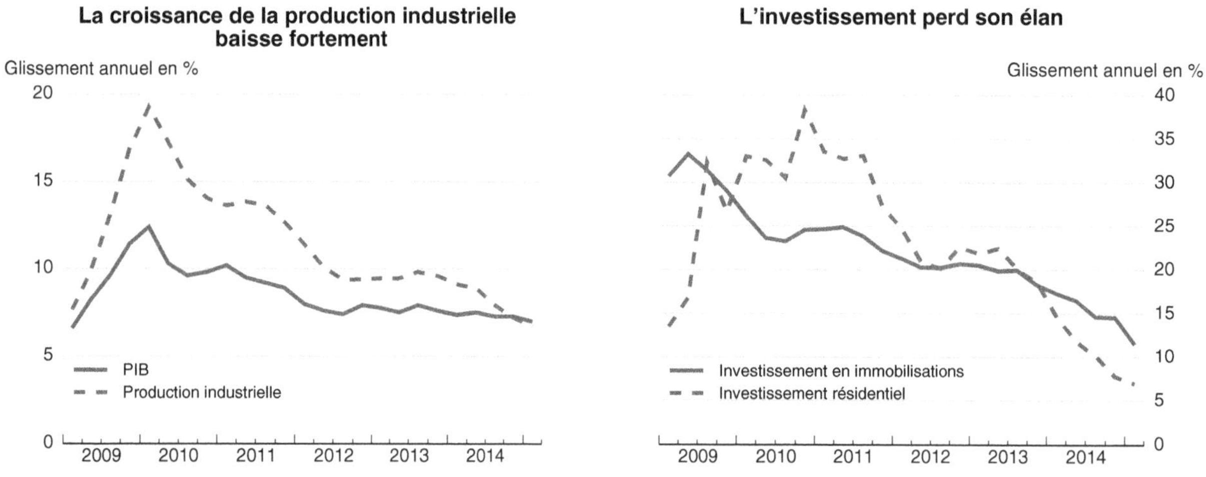

Note : Les investissements en immobilisations et résidentiel sont nominaux et excluent les ménages ruraux.
Source : CEIC.

StatLink http://dx.doi.org/10.1787/888933225827

Chine : **Demande, production et prix**

	2011	2012	2013	2014	2015	2016
	Prix courants mille milliards de yuan	Pourcentages de variation, en volume (prix de 2005)				
PIB aux prix du marché	48.4	7.7	7.7	7.4	6.8	6.7
Demande intérieure totale	47.2	8.3	8.3	7.9	7.2	7.0
Exportations de biens et services	13.5	5.3	8.6	5.7	6.1	5.5
Importations de biens et services	12.3	6.3	10.7	6.9	7.0	6.2
Exportations nettes[1]	1.2	0.1	0.0	0.0	0.1	0.1
Pour mémoire						
Déflateur du PIB	_	2.4	2.2	0.8	-0.1	0.8
Indice des prix à la consommation	_	2.6	2.6	2.1	1.6	2.0
Solde des administrations publiques[2,3]	_	0.0	-0.2	-0.3	-1.2	-1.5
Balance budgétaire principale[2,4]	_	-1.6	-1.8	-1.8	-2.3	-2.2
Balance des opérations courantes[2]	_	2.5	1.6	2.1	2.4	2.1

1. Contributions aux variations du PIB en volume, montant effectif pour la première colonne.
2. En pourcentage du PIB, valeur du marché.
3. Prend en considération les soldes de l'ensemble des quatre comptes budgétaires (compte général, compte de fonds, caisses de sécurité sociale et comptes des entreprises publiques)
4. Balance du compte budgétaire général.

Source : Base de données des Perspectives économiques de l'OCDE, n° 97.

StatLink http://dx.doi.org/10.1787/888933227277

La transition ordonnée de l'économie vers une « nouvelle norme » de croissance est en cours

La production chinoise continuait de ralentir au début de 2015 tandis que les surcapacités pesaient sur l'investissement productif, en particulier dans les entreprises d'État, qui sont très endettées et voient leurs bénéfices se tasser. La faiblesse de

Chine

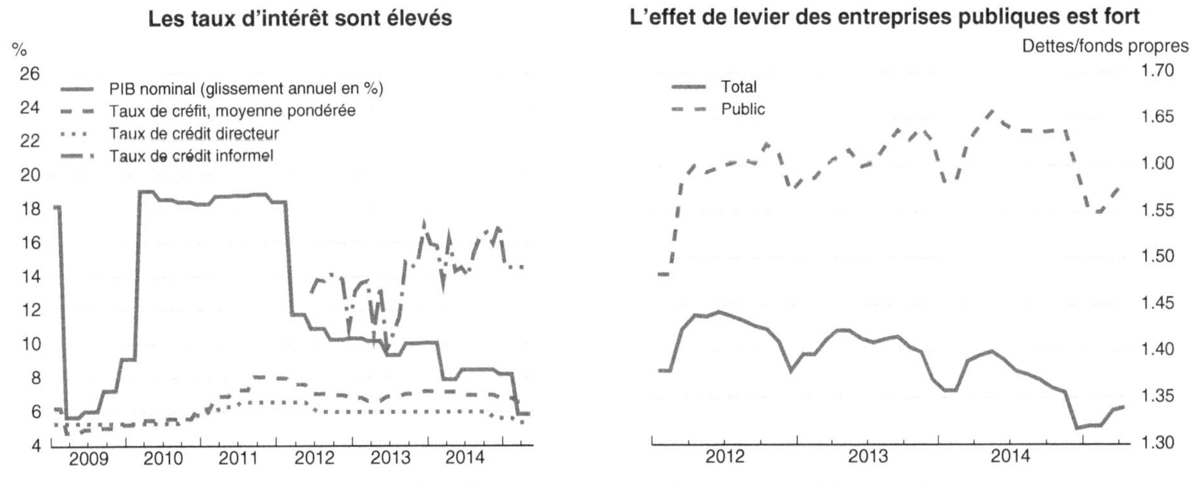

Note : Dans le panel A, le taux de crédit informel se réfère aux prêts des institutions privées à Wenzhou. Dans le panel B, total et public se réfèrent aux entreprises industrielles.

Source : CEIC.

StatLink http://dx.doi.org/10.1787/888933225838

l'investissement immobilier s'est également confirmée, sur fond de correction en cours sur le marché. Cependant, la baisse des taux d'intérêt et l'assouplissement récent du montant minimum de l'apport personnel à verser pour l'acquisition d'une résidence secondaire soutiendront la demande de logements à court terme. Dans le même temps, l'investissement dans les infrastructures et le logement social a accéléré le pas.

La dynamique du revenu des ménages soutient une forte croissance de la consommation. Malgré l'appréciation de la monnaie, les exportations ont continué de progresser, tandis que les importations ont fléchi avec le ralentissement de la production et, surtout, de l'investissement. Ces facteurs, conjugués à la baisse des prix des produits de base importés, ont contribué à amplifier l'excédent de la balance commerciale.

L'assouplissement de la politique macroéconomique s'accompagne de réformes structurelles

Face au ralentissement de l'économie, les taux d'intérêt et le coefficient de réserves obligatoires ont été abaissés en plusieurs étapes ces derniers mois, ce qui a légèrement réduit les coûts de financement. Par ailleurs, la Banque populaire de Chine a également eu recours à des instruments à court terme pour faire baisser les taux interbancaires. Elle a également pris des mesures pour freiner la finance parallèle, améliorant ainsi la structure du crédit. Les prêts bancaires ont été affectés à des usages plus productifs puisque les entités qui bénéficient de garanties implicites accèdent désormais moins facilement au crédit. En effet, le cas récent d'une entreprise privée qui a fait défaut sur le remboursement du principal d'un emprunt obligataire est le signe que la garantie implicite de l'État ne doit plus être considérée comme acquise, ce qui ne peut conduire qu'à une meilleure tarification du risque. En conséquence, les petites entreprises et les entreprises privées se verront moins évincées du marché du crédit, même si leurs coûts de financement restent élevés, y compris pour des projets viables. Des obligations plus strictes en matière d'information et de rapports les aideraient également à se financer plus facilement.

Le taux de change effectif réel s'est fortement apprécié parallèlement à la hausse du dollar (auquel le renminbi est étroitement lié), tandis que la Banque populaire de Chine limitait ses interventions sur le marché des changes. Le comblement de l'écart de taux avec les États-Unis atténuera dans une certaine mesure les tensions à la hausse sur la monnaie. Une plus grande flexibilité du taux de change est indispensable pour libéraliser entièrement les taux d'intérêt et renforcer progressivement la convertibilité du compte de capital, mais elle aiderait aussi l'économie à amortir les chocs. Pendant la phase de transition vers un régime de change fondé sur le marché, le rattachement de la monnaie à un panier de monnaies pondéré par les échanges permettrait d'ancrer les anticipations et d'amortir les fluctuations de la production.

Sur le plan budgétaire, une politique plus souple est prévue avec un objectif de déficit global de 2.3 % du PIB (2.7 % en tenant compte des reports et des conversions de créances) pour 2015, contre 1.8 % en 2014 (selon une définition plus large du budget, le déficit devrait passer de 0.3 % en 2014 à 1.2 % en 2015). De grands projets d'infrastructure ont été mis en chantier, notamment dans les domaines des transports ferroviaires, de l'eau et de la protection de l'environnement, où les besoins sont encore très importants. L'urbanisation sera un autre moteur de l'investissement dans les infrastructures. Des réductions d'impôt ont été adoptées en faveur des petites et micro-entreprises, et le seuil à ne pas dépasser pour en bénéficier a été relevé. Les droits de douane ont également été abaissés sur plusieurs biens de consommation. En revanche, les tensions à la hausse sur les dépenses sont fortes dans des domaines d'une importance cruciale pour la croissance à long terme comme l'éducation, l'innovation, la santé et la protection sociale. Les conversions de créances au niveau des autorités infranationales devraient aider à diminuer le coût du service de la dette et les risques pour le budget, mais le renouvellement sans condition de cette dette par leurs créanciers peut mettre en péril l'apurement du bilan de ces autorités. Les mesures prises récemment pour réformer le système de retraite de la fonction publique amélioreront la viabilité budgétaire à long terme.

La croissance va encore ralentir

Des politiques macroéconomiques plus expansionnistes et de nouvelles baisses des prix des produits de base devraient permettre au gouvernement de tenir son objectif de croissance, fixé « aux alentours de 7 % ». Portée par la hausse des revenus réels, la consommation restera dynamique tandis que l'investissement dans les infrastructures compensera en partie le ralentissement de l'investissement immobilier et de l'investissement en biens d'équipement dans certaines industries manufacturières. L'inflation restera très faible du fait notamment du volant de capacités inutilisées dans l'économie. L'excédent de la balance courante devrait augmenter pour passer à 2.4 % du PIB cette année, grâce à la baisse des prix des produits de base.

Un ajustement plus rapide dans les secteurs en surcapacité de production freinerait encore davantage l'investissement à court terme, mais s'avère nécessaire pour réduire les déséquilibres. À l'inverse, un assouplissement des restrictions à l'acquisition de logements soutiendrait la demande et la croissance à court terme, mais amplifierait les déséquilibres. Une forte augmentation du taux de change effectif nuirait à la compétitivité internationale du pays. Une reprise plus vigoureuse que prévu de l'économie mondiale, une accélération de l'investissement dans les infrastructures et le lancement effectif de la stratégie dite de la « nouvelle route de la soie » pourraient doper la croissance grâce au développement des investissements et des exportations. L'accélération des réformes structurelles pour simplifier la réglementation économique et réduire les coûts supportés par les entreprises dans la conduite de leurs affaires aurait également un effet positif sur l'activité.

COLOMBIE

La croissance économique va marquer le pas en 2015, avec la faiblesse des cours des produits de base qui freine l'investissement et les exportations et un ralentissement des dépenses publiques, lié à la baisse des recettes pétrolières et minières. De même, la faiblesse du bilan des ménages et de la croissance de l'emploi freinera la demande intérieure. La dépréciation monétaire entraînera temporairement l'inflation globale à la hausse, mais contribuera également à la croissance en stimulant progressivement les exportations hors produits de base. La montée en régime de la demande extérieure et l'élimination de certains goulets d'étranglement dans les infrastructures concourront également à la reprise en 2016, sous l'impulsion des exportations.

La politique monétaire devrait être neutre pour maintenir l'ancrage des anticipations d'inflation. L'assainissement des finances publiques, en cohésion avec la règle budgétaire, devrait se poursuivre, mais il faudra à plus long terme plus de recettes fiscales pour financer des dépenses sociales et d'infrastructure indispensables. Des réformes structurelles s'imposent pour que la croissance soit plus inclusive et le processus de rééquilibrage économique plus facile.

L'investissement va fléchir du fait du repli des investissements dans le secteur des ressources naturelles. L'allégement de la pression fiscale sur l'investissement des entreprises doperait l'investissement en dehors des secteurs pétrolier et minier. Une plus forte concurrence dans le secteur bancaire ferait baisser le coût de financement des investissements. Les dépenses d'infrastructure ont augmenté, mais d'importants déficits restent à combler. Enfin, la mise en œuvre rapide de l'ambitieux programme de partenariats public-privé dans les réseaux de transport est d'une importance cruciale.

La croissance modère son rythme en raison de la baisse des cours des produits de base

La baisse des cours mondiaux des produits de base et le recul de l'investissement dans le secteur des ressources naturelles ont entraîné une baisse de la production et un

Colombie

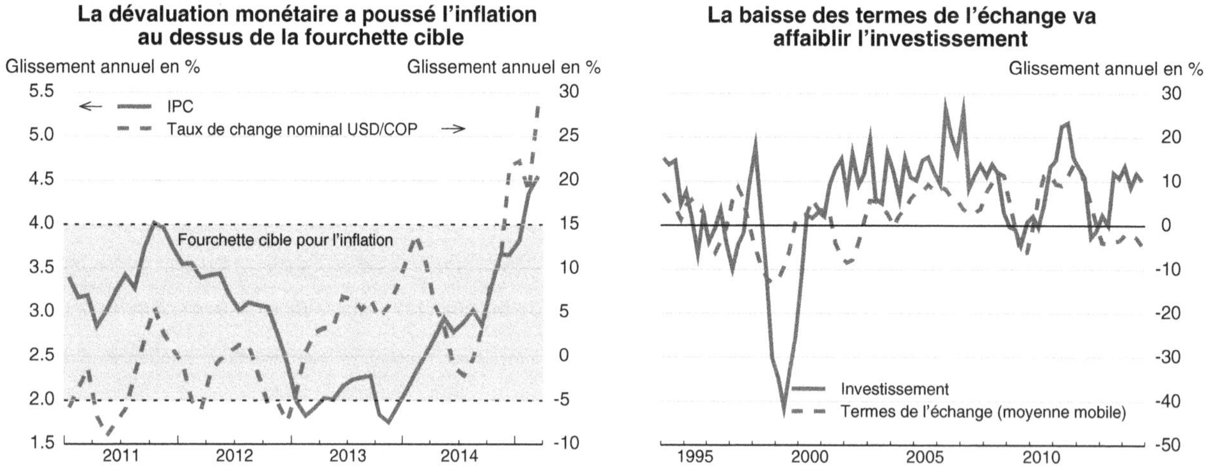

Source : Base de données des Perspectives économiques de l'OCDE, n° 97 ; et base de données des Comptes nationaux de l'OCDE.

StatLink http://dx.doi.org/10.1787/888933225846

Colombie : **Demande, production et prix**

	2011	2012	2013	2014	2015	2016
	Prix courants mille milliards de pesos colombiens	Pourcentages de variation, en volume (prix de 2005)				
PIB aux prix du marché	619.9	4.0	4.9	4.6	3.3	3.7
Consommation privée	381.3	4.4	3.8	4.3	3.6	3.2
Consommation publique	98.0	6.4	9.3	6.2	1.9	2.2
Formation brute de capital fixe	146.3	4.7	6.0	10.9	3.0	3.6
Demande intérieure finale	625.6	4.8	5.3	6.2	3.2	3.1
Variation des stocks[1]	1.7	-0.1	-0.1	0.2	-0.1	0.0
Demande intérieure totale	627.3	4.9	5.2	6.7	3.3	3.1
Exportations de biens et services	116.1	6.0	5.3	-1.7	3.6	5.0
Importations de biens et services	123.6	9.1	6.4	9.2	3.4	2.0
Exportations nettes[1]	-7.4	-0.7	-0.3	-2.1	-0.2	0.3
Pour mémoire						
Déflateur du PIB	_	3.0	1.9	1.8	2.6	3.2
Indice des prix à la consommation	_	3.2	2.0	2.9	4.2	3.2
Déflateur de la consommation privée	_	2.7	2.1	2.9	4.0	3.4
Taux de chômage	_	10.4	9.6	9.1	8.5	8.5
Balance des opérations courantes[2]	_	-3.1	-3.2	-5.3	-6.0	-5.3

1. Contributions aux variations du PIB en volume, montant effectif pour la première colonne.
2. En pourcentage du PIB, valeur du marché.
Source : Base de données des Perspectives économiques de l'OCDE, n° 97.

StatLink http://dx.doi.org/10.1787/888933227329

creusement du déficit courant. L'inflation a dépassé la fourchette visée, principalement sous l'effet de prix alimentaires en hausse du fait de mauvaises conditions météorologiques, d'une récente grève des camionneurs et de la dépréciation du peso. La consommation privée a marqué le pas, avec une croissance modérée de l'emploi et l'affaiblissement de la confiance des ménages.

La politique monétaire soutient l'activité, tandis que les dépenses publiques marquent le pas

Le principal taux directeur reste à 4.5 % depuis septembre 2014, malgré la récente remontée de l'inflation. Cette orientation de la politique monétaire se justifie compte tenu des incertitudes économiques, la hausse de l'inflation étant principalement due à des facteurs transitoires et les anticipations d'inflation demeurant proches de la cible de 3 %. La levée de certains obstacles aux échanges agricoles permettrait d'atténuer l'impact des conditions météorologiques locales sur les prix alimentaires.

Avec la baisse des recettes du secteur des ressources naturelles, les dépenses publiques vont marquer le pas pour atteindre les objectifs de solde budgétaire en 2015 et 2016. La règle budgétaire de la Colombie prévoit de laisser jouer les stabilisateurs automatiques, mais comme la baisse des prix du pétrole et du charbon pourrait être durable, un ajustement des dépenses est de mise. Pour autant, il ne faut pas réduire les investissements publics dans les infrastructures de transport qui sont indispensables pour éliminer les goulets d'étranglement. Une réforme structurelle de la fiscalité s'impose pour lever plus de recettes, alléger la pression fiscale sur l'investissement au profit d'une croissance hors secteur des produits de base, et lutter contre l'activité informelle et les inégalités.

Des réformes structurelles faciliteraient le processus d'ajustement et rendraient la croissance plus inclusive. Une plus forte concurrence sur les marchés de produits comme les télécommunications, l'alimentaire et la distribution de détail, serait facteur de productivité. Plus de concurrence aussi dans le secteur bancaire permettrait de réduire les coûts de financement. Enfin, il faudrait réformer le salaire minimum, réduire les coûts de main-d'œuvre non salariaux et investir davantage dans les compétences pour lutter contre l'emploi informel et les inégalités. Une réforme structurelle du système de retraite, visant à étendre la couverture des pensions servies, est nécessaire pour réduire le taux de pauvreté, très élevé parmi les personnes âgées.

La croissance faiblira car des contraintes structurelles freinent l'ajustement

Le rééquilibrage progressif de l'investissement et de l'emploi en faveur d'exportations hors secteur des produits de base et de produits capables de concurrencer les importations va peser sur la croissance. Ce rééquilibrage va affaiblir la prépondérance des exportations pétrolières et minières, qui représentent actuellement 70 % des exportations totales, dans un processus de sain ajustement. L'investissement devrait prendre de l'ampleur vers le second semestre de 2016 et la faible croissance de l'emploi modérera le développement de la consommation privée. Le déficit courant se creusera en 2015, puis se comblera progressivement à nouveau grâce à une meilleure compétitivité et au redressement de la demande extérieure des pays voisins exportateurs de pétrole. L'inflation devrait approcher sa cible en raison d'un plus grand volant de capacités économiques inutilisées et de la dissipation des effets d'une monnaie dépréciée et des chocs sur les prix alimentaires, induits en partie par la sécheresse causée par le phénomène « El Niño ». La sécheresse jouera également sur la production en réduisant la production agricole et l'offre d'énergie.

L'évolution des cours mondiaux du pétrole et du charbon et de la demande extérieure des États-Unis et de la Chine pourrait modifier notablement les perspectives à court terme. L'ampleur du déficit courant constitue un facteur de vulnérabilité, toutefois atténué par un accès facile aux marchés financiers, la flexibilité du régime de change, une composition prudente de la dette et des lignes de crédit préventives. L'exécution à bonne fin du programme d'investissement dans les infrastructures est la clé du rééquilibrage économique. Enfin, l'amélioration des conditions climatiques, dans l'hypothèse d'une fin de l'épisode de sécheresse, aurait pour effet d'augmenter la croissance et de diminuer l'inflation.

CORÉE

La croissance de la production devrait ralentir pour s'établir à quelque 3 % en 2015, en raison de l'atonie de la consommation privée sur fond d'endettement élevé des ménages et de stagnation des salaires. L'inflation est tombée à moins de 1 %, bien en-deçà de la fourchette de 2.5 % à 3.5 % retenue comme objectif, alors que la faiblesse de la demande intérieure porte l'excédent courant à quelque 7 % du PIB. La baisse des prix du pétrole devrait favoriser un sursaut de la consommation et de l'investissement, stimulant la croissance de la production pour l'amener à 3.5 % en 2016.

La production étant censée rester inférieure à son potentiel pour la quatrième année consécutive, une relance budgétaire est indispensable pour soutenir l'activité économique et accompagner l'assouplissement de la politique monétaire, qui a conduit à ramener le taux d'intérêt directeur à son point bas record. La Corée a également besoin de réformes structurelles de grande envergure, y compris celles qui sont prévues par le plan triennal pour l'innovation économique de 2014, afin de préserver sa croissance potentielle.

L'une des grandes priorités est de favoriser l'investissement pour inverser le mouvement de recul de la contribution de la croissance du capital à la croissance de la productivité et du PIB. La mise en œuvre du programme de réformes du gouvernement, centré sur l'assouplissement de la réglementation et la promotion du développement d'une économie créative, est essentielle pour favoriser l'investissement productif et instaurer une croissance inclusive.

L'activité économique a été en berne

La consommation privée, qui a progressé plus lentement que la production en 2014 pour la neuvième année consécutive, continue de peser sur l'économie. Cette situation

Corée

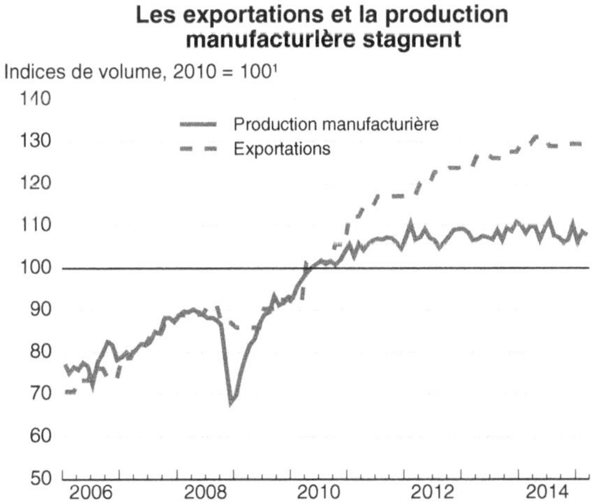

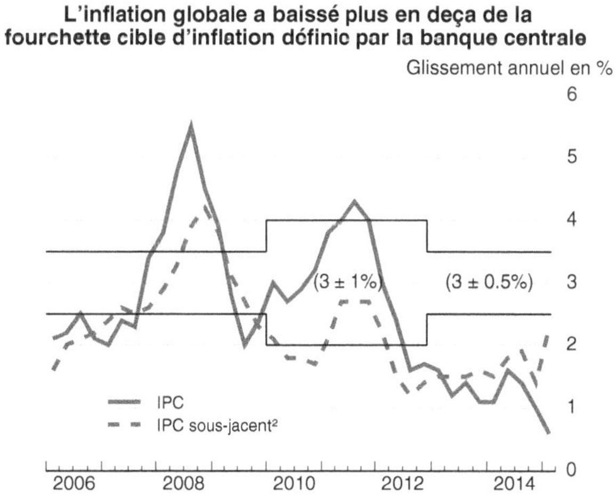

1. Données corrigées des variations saisonnières pour la production et pour les exportations (pour ces derniers, selon les comptes nationaux).
2. Correspond à la mesure de l'inflation sous-jacente utilisée par l'OCDE, qui exclut l'alimentation et l'énergie.

Source : Office Statistique de la Corée ; Base de données des Perspectives économiques de l'OCDE, n° 97 ; et Banque de Corée.

StatLink http://dx.doi.org/10.1787/888933226070

Corée : **Demande, production et prix**

	2011	2012	2013	2014	2015	2016
	Prix courants mille milliards de pesos colombiens	Pourcentages de variation, en volume (prix de 2005)				
PIB aux prix du marché	619.9	4.0	4.9	4.6	3.3	3.7
Consommation privée	381.3	4.4	3.8	4.3	3.6	3.2
Consommation publique	98.0	6.4	9.3	6.2	1.9	2.2
Formation brute de capital fixe	146.3	4.7	6.0	10.9	3.0	3.6
Demande intérieure finale	625.6	4.8	5.3	6.2	3.2	3.1
Variation des stocks[1]	1.7	-0.1	-0.1	0.2	-0.1	0.0
Demande intérieure totale	627.3	4.9	5.2	6.7	3.3	3.1
Exportations de biens et services	116.1	6.0	5.3	-1.7	3.6	5.0
Importations de biens et services	123.6	9.1	6.4	9.2	3.4	2.0
Exportations nettes[1]	-7.4	-0.7	-0.3	-2.1	-0.2	0.3
Pour mémoire						
Déflateur du PIB	_	3.0	1.9	1.8	2.6	3.2
Indice des prix à la consommation	_	3.2	2.0	2.9	4.2	3.2
Déflateur de la consommation privée	_	2.7	2.1	2.9	4.0	3.4
Taux de chômage	_	10.4	9.6	9.1	8.5	8.5
Balance des opérations courantes[2]	_	-3.1	-3.2	-5.3	-6.0	-5.3

1. Contributions aux variations du PIB en volume, montant effectif pour la première colonne.
2. En pourcentage du PIB, valeur du marché.
Source : Base de données des Perspectives économiques de l'OCDE, n° 97.

StatLink http://dx.doi.org/10.1787/888933227122

s'explique par le fait que les salaires réels n'ont pas progressé en 2014 et que l'endettement des ménages s'est accru jusqu'à dépasser 160 % du revenu disponible. La croissance des exportations s'est nettement essoufflée, en raison de l'appréciation de 17 % du won coréen en termes pondérés des échanges depuis la fin de 2012 et du repli des expéditions vers la Chine au début de 2015. Le manque de vigueur de la croissance de la production et la baisse du prix du pétrole ont ramené l'inflation des prix à la consommation à 0.6 % (en glissement annuel) au premier trimestre 2015.

L'assouplissement monétaire soutient l'économie

La Banque de Corée a réagi en procédant, depuis la mi-2014, à trois réductions de son taux directeur, ramené à 1.75 %. En outre, le gouvernement a assoupli les mesures macroprudentielles qui freinaient l'activité de prêts hypothécaires afin de redynamiser le marché du logement. Ces mesures ont pourtant entraîné une hausse des prix réels des logements et risquent de provoquer une augmentation de la dette des ménages. Pour s'efforcer de stimuler la demande, le gouvernement va accroître les dépenses publiques de 5.7 % en 2015. Cela étant, la progression de la consommation des administrations publiques a été inférieure à 1 % au premier trimestre 2015.

Des réformes structurelles sont indispensables pour stimuler l'investissement et le taux d'activité de la main-d'œuvre

Le plan triennal pour l'innovation économique lancé par le gouvernement en 2014 vise à doper l'investissement productif, tombé de plus de 40 % du PIB avant la crise de 1997 à environ 20 % aujourd'hui. Dans une certaine mesure, ce recul est dû à l'attention accrue portée à bon escient par les entreprises à la rentabilité et aux risques bilanciels. Malgré cette décrue, l'investissement total en capital fixe, rapporté au PIB, est plus élevé en Corée que dans tous les autres pays de l'OCDE. Le gouvernement cherche à accroître l'investissement productif principalement en plafonnant le poids total de la réglementation par l'instauration, qu'il convient de saluer, d'un système dit d'« une contre une » dans le cadre duquel l'adoption d'une nouvelle réglementation ou le renforcement de réglementations en vigueur a respectivement pour corolaire l'abolition ou l'assouplissement d'autres textes réglementaires. L'allègement de la réglementation des marchés de produits favoriserait également l'investissement, la diffusion des connaissances, l'amélioration des performances des dirigeants d'entreprise et la création d'entreprises.

La population des Coréens d'âge actifs (âgés de 15 à 64 ans) étant appelée à atteindre son point culminant en 2016, il est de plus en plus important de réduire l'écart de rémunération entre hommes et femmes et de rehausser le taux d'emploi des femmes qui, s'établissant à 54 % en 2013, était alors inférieur de 21 points à celui des hommes. La faiblesse de ce taux s'explique par le fait qu'une majorité des femmes renoncent à travailler quand elles se marient ou deviennent mères. Cette situation montre combien il importe de permettre de mieux concilier vie professionnelle et vie privée en réduisant la durée de travail, qui est supérieur de plus de 20 % à celui de la moyenne des pays de l'OCDE. En outre, l'écart de salaire entre les hommes et les femmes, qui est de 37 % pour les revenus médians, est le plus élevé des pays de l'OCDE, ce qui n'incite pas les femmes à travailler. Cet écart est dû à la forte proportion de femmes occupant des emplois non réguliers et au fait qu'elles sont peu nombreuses à exercer des fonctions de direction. Il est nécessaire d'offrir de meilleures perspectives professionnelles aux femmes, notamment en supprimant le dualisme du marché du travail et en faisant davantage primer les performances sur l'ancienneté au stade de la détermination des salaires. En somme, des réformes sont nécessaires pour que les femmes puissent accéder à des horaires de travail, des emplois, des salaires et des carrières qui les inciteraient à travailler.

La croissance va reprendre, en partie grâce à la baisse des prix du pétrole

La croissance de la production devrait repartir à la hausse pour passer de 3 % en 2015 à environ 3.5 % en 2016, grâce à la progression des exportations imputable au redressement prévu des échanges commerciaux internationaux et aux accords de libre-échange conclus par la Corée en 2014 avec l'Australie, le Canada, la Chine et la Nouvelle-Zélande. L'accélération de la croissance des exportations devrait stimuler l'investissement en capital fixe, malgré le recul, en 2014, des bénéfices d'exploitation des entreprises cotées. En dépit du niveau élevé de l'endettement, la consommation privée devrait se raffermir progressivement sous l'effet de la baisse des prix du pétrole et de la hausse des salaires réels. La consolidation de la croissance, conjuguée à la stabilité présumée des prix du pétrole et du cours du won, devrait porter l'inflation aux alentours de 2 % en 2016.

La Corée est particulièrement exposée aux évolutions survenant dans l'économie chinoise, puisque ses exportations vers ce pays représentent 14 % de son PIB. Un rebond de la consommation privée pourrait être stoppé net par une stagnation durable des salaires réels et une nouvelle augmentation de l'endettement des ménages consécutive à la baisse des taux d'intérêt et aux mesures prises pour redynamiser le marché du logement. À l'inverse, si les réformes structurelles sont mises en œuvre avec détermination, la Corée pourrait une fois encore retrouver tout son dynamisme à l'exportation.

DANEMARK

La croissance économique devrait s'établir à 1.9 % cette année et à 2.3 % en 2016, à la faveur d'une amélioration des perspectives commerciales, d'une diminution du taux de change effectif, d'une baisse des prix de l'énergie et d'un assouplissement des conditions financières. Le regain de confiance, le redressement des prix immobiliers et un excédent d'épargne dans le secteur privé favoriseront une accélération de l'investissement productif et de la consommation privée.

La politique monétaire, très accommodante, continue de faciliter l'accès au crédit, mais elle pourrait aussi se traduire par des prix immobiliers allant au-delà des fondamentaux. Afin de préserver la stabilité macroéconomique, les autorités devraient avancer la date à laquelle il est prévu de rétablir le lien entre la valeur des biens immobiliers et leur imposition fiscale, une mesure actuellement programmée pour 2020. Comme prévu, l'orientation aujourd'hui accommodante de la politique budgétaire doit prendre un tour neutre avec le redressement de l'économie.

L'investissement public, qui a stimulé la croissance pendant le ralentissement de l'activité, reculera progressivement jusqu'à ses niveaux d'avant la crise. L'investissement productif devrait croître sous l'effet d'un raffermissement des perspectives globales, du haut niveau d'épargne des entreprises nationales, de conditions financières favorables et d'une utilisation accrue des capacités. De nouvelles réformes structurelles, notamment des mesures intensifiant la concurrence sur le marché danois des services, pourraient multiplier les possibilités d'investissement.

La reprise gagne du terrain

La reprise de l'économie danoise s'est installée l'an dernier. Le commerce extérieur s'est raffermi et les exportations de services de fret maritime repartent à la hausse. L'investissement immobilier a augmenté sensiblement, compte tenu de la reprise du marché du logement, des incitations fiscales consenties en la matière et de taux d'intérêt

Danemark

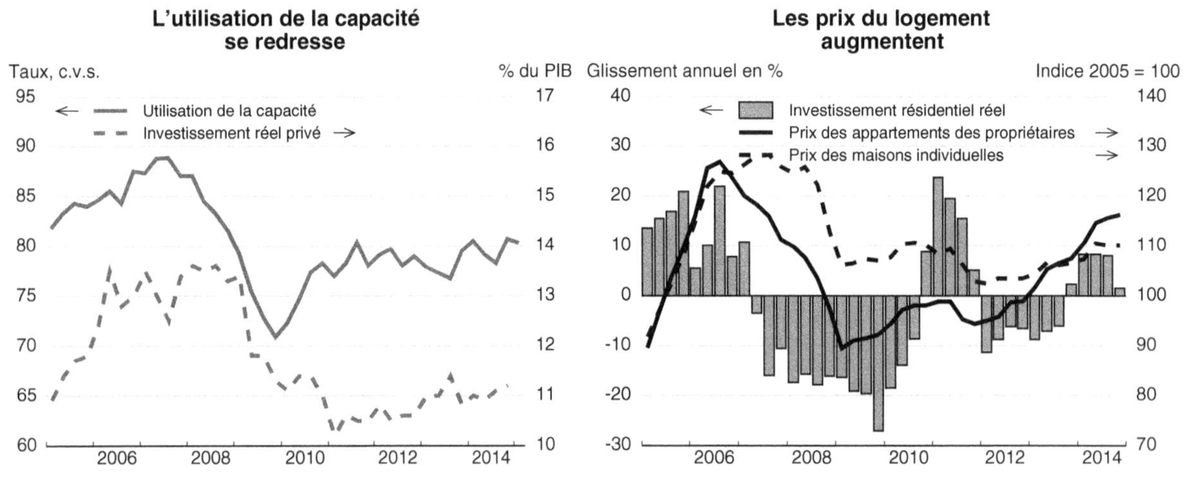

Source : Base de données des Perspectives économiques de l'OCDE, n° 97 ; Base de données des Principaux indicateurs économiques de l'OCDE ; et Office statistique du Danemark.

StatLink http://dx.doi.org/10.1787/888933225862

Danemark : **Demande, production et prix**

	2011	2012	2013	2014	2015	2016
	Prix courants milliards de DKK	Pourcentages de variation, en volume (prix de 2010)				
PIB aux prix du marché	1 833.4	-0.7	-0.5	1.1	1.9	2.3
Consommation privée	884.3	0.4	0.0	0.5	1.9	2.2
Consommation publique	490.6	-0.2	-0.5	1.4	0.9	0.6
Formation brute de capital fixe	335.6	0.6	1.0	3.7	3.4	3.2
Demande intérieure finale	1 710.5	0.3	0.0	1.4	1.9	1.9
Variation des stocks[1]	21.2	-0.6	-0.2	0.3	0.0	0.0
Demande intérieure totale	1 731.7	-0.3	-0.2	1.7	1.9	1.9
Exportations de biens et services	970.7	0.1	0.8	2.6	3.0	4.9
Importations de biens et services	868.9	0.9	1.5	3.8	3.1	4.4
Exportations nettes[1]	101.7	-0.4	-0.3	-0.5	0.1	0.5
Pour mémoire						
Déflateur du PIB	_	2.5	1.5	0.6	1.3	1.3
Indice des prix à la consommation	_	2.4	0.8	0.6	0.5	1.2
Déflateur de la consommation privée	_	2.6	1.0	0.7	1.0	1.3
Taux de chômage[2]	_	7.5	7.0	6.5	6.2	6.2
Taux d'épargne nette des ménages[3]	_	0.0	-0.4	-6.3	-0.9	0.7
Solde des administrations publiques[4]	_	-3.7	-1.1	1.2	-1.7	-2.6
Dette brute des administrations publiques[4]	_	60.2	57.3	60.4	55.9	55.0
Dette brute des administrations publiques, définition Maastricht[4]	_	45.6	45.0	45.2	40.7	39.8
Balance des opérations courantes[4]	_	5.6	7.2	6.3	7.0	7.2

1. Contributions aux variations du PIB en volume, montant effectif pour la première colonne.
2. Sur la base de l'enquête de la population active, diffère du taux de chômage déclaré.
3. En pourcentage du revenu disponible, consommation de capital fixe des ménages exclue.
4. En pourcentage du PIB, valeur du marché.

Source : Base de données des Perspectives économiques de l'OCDE, n° 97.

StatLink http://dx.doi.org/10.1787/888933227049

historiquement bas. La consommation privée s'est aussi consolidée, sur fond de lent repli du chômage et d'amélioration de l'emploi. Si la hausse des prix à la consommation avoisine zéro, l'inflation sous-jacente et la croissance des salaires sont quant à elles positives. La confiance des consommateurs a atteint des sommets et les ventes au détail ont tendance à progresser, ce qui laisse entrevoir un nouveau redressement des dépenses des ménages prochainement.

Des mesures de soutien à l'intérieur, couplées à un contexte extérieur plus favorable, stimulent l'économie

La consommation privée est portée par des conditions financières favorables, la croissance des salaires et le redressement des prix des logements. Une amélioration des perspectives à l'échelle nationale et internationale, une plus forte utilisation des capacités et un important excédent d'épargne dans le secteur des entreprises devraient conduire à une reprise de l'investissement productif, même si la faiblesse persistante de l'investissement dans de nombreuses économies développées fait planer une incertitude sur ce point. Une intensification de la concurrence dans le secteur danois des services, qui demeure fortement réglementé, pourrait contribuer à multiplier les possibilités d'investissement et à stimuler la croissance de la productivité. Parallèlement, l'investissement public, qui se situe à un niveau élevé, diminuera lentement car les autorités tendent vers une politique budgétaire globalement neutre. L'évolution récente des coûts unitaires de main-d'œuvre, dont l'augmentation est plus modérée que par le passé, et l'amélioration des perspectives commerciales devraient doper les exportations.

Les mesures structurelles et budgétaires devraient être à contre-courant de la conjoncture

Afin de préserver l'ancrage de la couronne danoise à l'euro, la banque centrale a abaissé encore le principal taux de rémunération des dépôts pour le faire plonger un peu plus dans des valeurs négatives au début de l'année, assouplissant ainsi des conditions financières déjà très favorables. En toute hypothèse, cette orientation de la politique monétaire restera d'actualité tout au long de la période de référence. Elle se répercute notamment sur le marché du logement, où des hausses sensibles des prix sont déjà visibles dans la capitale et dans certaines autres zones urbaines. Comme ces tensions risquent de subsister, les autorités devraient avancer la date à laquelle il est prévu de rétablir le lien entre la valeur d'un bien immobilier et son imposition fiscale (les valeurs de l'immobilier n'ont pas été réactualisées depuis 2002), programmée pour 2020.

Les recettes publiques exceptionnelles d'un montant conséquent (liées au traitement fiscal des pensions de retraite), qui ont été utilisées ces dernières années, ne sont plus d'actualité ce qui, allié à la diminution des recettes de production en mer du Nord, va creuser le déficit des finances publiques. Les autorités se sont fixé un objectif à moyen terme « a minima » de solde structurel pour 2020. L'orientation de la politique budgétaire devrait anticiper et prendre un tour neutre pour atteindre cet objectif à mesure que la reprise économique se poursuit. Une orientation prudente de la politique budgétaire est importante pour faire face aux futures tensions sur les dépenses de vieillissement tout en préservant le système de protection sociale actuel et le faible niveau des inégalités.

La reprise est sous-tendue par une demande plus forte

La production devrait accélérer le rythme à 1.9 % en 2015 et 2.3 % en 2016. La reprise s'explique par un raffermissement de la consommation privée, de l'investissement privé et du commerce extérieur. L'inflation devrait remonter légèrement vers la fin de la période de référence. L'investissement public devrait reculer lentement, mais l'investissement productif, non résidentiel et résidentiel, devrait quant à lui se redresser. Alors que la croissance s'accélère et que les récentes réformes des prestations sociales sont déployées, l'emploi et la population active devraient augmenter, de sorte que le taux de chômage restera globalement inchangé.

Une incertitude entoure la prévision de reprise de l'investissement et de la consommation privée. Le taux d'investissement des entreprises danoises est faible depuis quelques années. Permettre une concurrence plus intense dans le secteur danois des services, notamment dans le commerce de détail, les pharmacies, les taxis et les services professionnels, améliorerait les possibilités d'investissement. La consommation des ménages dépend de l'ampleur de leur désendettement et de l'évolution des prix des logements et des taux d'intérêt. Comme le Danemark est un pays exportateur, ses perspectives dépendent de l'évolution de ses marchés d'exportation. Des répercussions plus fortes des conditions financières favorables sur le marché danois pourraient se traduire par une progression de la demande intérieure plus marquée que prévu.

ESPAGNE

Une croissance soutenue est prévue pour les deux prochaines années, sous l'effet de conditions financières très favorables, de la dépréciation de l'euro, de la baisse des cours du pétrole et de la consolidation de la reprise chez les partenaires commerciaux de l'Espagne. L'orientation budgétaire serait légèrement restrictive. La croissance de la consommation privée sera alimentée par la progression de l'emploi et des revenus, l'allégement de la charge fiscale des ménages et la baisse des cours du pétrole et des taux d'intérêts. L'essor des exportations sera favorisé par les gains de compétitivité-coûts, liés notamment à la dépréciation de l'euro et à l'accélération de la croissance en Europe. La persistance d'un volant de ressources inutilisées maintiendra l'inflation à un faible niveau.

Le gouvernement devrait poursuivre l'assainissement budgétaire afin de placer la dette publique sur une trajectoire décroissante. Les réformes structurelles visant à faciliter la création d'entreprises et leur développement et à promouvoir l'innovation joueront un rôle décisif dans la transition vers une économie fondée sur la connaissance et permettront une vigoureuse croissance inclusive et une forte création d'emplois. Le niveau élevé du chômage, qui a entraîné un creusement des inégalités de revenu, est une préoccupation de premier plan. Pour lutter contre ce phénomène, il conviendra d'étendre les efforts destinés à améliorer l'accompagnement à la recherche d'emploi et l'offre de formation destinée aux chômeurs, souvent peu qualifiés.

L'éclatement de la bulle immobilière et la récession se sont soldé par une chute de l'investissement total, qui a atteint en 2013 un point bas, à 18.5 % du PIB, loin du niveau record de 31 % du PIB relevé en 2007, et environ 5 points en dessous de sa moyenne sur le long terme. Les investissements en machines et équipements de transport ont augmenté de 15 % par an environ, ce qui contribue à soutenir les perspectives économiques sur le moyen terme. Cette bulle immobilière a laissé des stocks

Espagne

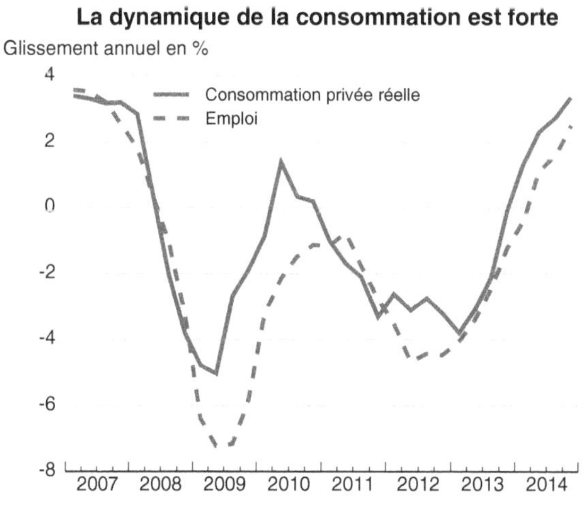

1. Moyenne mobile sur quatre trimestres.
2. Rapport entre les volumes d'exportation et les marchés extérieurs.
Source : Base de données des Perspectives économiques de l'OCDE, n° 97.

StatLink http://dx.doi.org/10.1787/888933226219

Espagne : **Demande, production et prix**

	2011	2012	2013	2014	2015	2016
	Prix courants milliards d' €	Pourcentages de variation, en volume (prix de 2010)				
PIB aux prix du marché	1 075.1	-2.1	-1.2	1.4	2.9	2.8
Consommation privée	622.6	-2.9	-2.3	2.4	3.8	2.6
Consommation publique	219.7	-3.7	-2.9	0.1	-0.8	0.0
Formation brute de capital fixe	230.3	-8.1	-3.8	3.4	5.4	6.3
Demande intérieure finale	1 072.5	-4.2	-2.7	2.1	3.2	2.9
Variation des stocks[1]	5.3	-0.1	0.0	0.2	-0.1	0.0
Demande intérieure totale	1 077.8	-4.2	-2.7	2.3	3.1	2.9
Exportations de biens et services	309.6	1.2	4.3	4.2	5.4	6.1
Importations de biens et services	312.2	-6.3	-0.5	7.6	6.2	6.5
Exportations nettes[1]	- 2.6	2.2	1.4	-0.8	-0.1	0.1
Pour mémoire						
Déflateur du PIB	_	0.2	0.7	-0.5	1.1	0.8
Prix à la consommation harmonisé (indice)	_	2.4	1.5	-0.2	-0.6	0.7
Déflateur de la consommation privée	_	2.4	0.9	-0.1	0.5	0.7
Taux de chômage	_	24.8	26.1	24.4	22.3	20.3
Taux d'épargne nette des ménages[2]	_	3.5	4.9	4.7	3.3	4.7
Solde des administrations publiques[3,4]	_	-10.3	-6.8	-5.8	-4.4	-3.0
Dette brute des administrations publiques[3]	_	91.0	102.0	115.8	117.1	117.2
Dette brute des administrations publiques, définition Maastricht[3]	_	84.4	92.1	97.7	98.9	99.1
Balance des opérations courantes[3]	_	-0.3	1.4	0.8	1.3	1.3

1. Contributions aux variations du PIB en volume, montant effectif pour la première colonne.
2. En pourcentage du revenu disponible.
3. En pourcentage du PIB, valeur du marché.
4. Le déficit public espagnol en 2012 et 2013 comprend des dépenses exceptionnelles de recapitalisation des banques à hauteur de 3.8 % et 0.5% du PIB respectivement.

Source : Base de données des Perspectives économiques de l'OCDE, n° 97.

StatLink http://dx.doi.org/10.1787/888933227225

excédentaires de logements près du littoral et dans les villes périphériques. Elle a également contribué au niveau élevé d'endettement des entreprises, qui reflue toutefois désormais. La qualité des infrastructures est dans l'ensemble satisfaisante, mais la bulle a été à l'origine de certains investissements excessifs en faveur d'aéroports régionaux. Un programme durable d'investissements dans le réseau de transport transfrontalier d'électricité se traduirait par des gains d'efficacité sur le marché de l'énergie en Espagne et dans l'UE. L'application d'une tarification unique des émissions de gaz à effet de serre à toutes les sources, au moyen de taxes et de redevances, permettrait de promouvoir des investissements efficients dans les technologies de réduction des émissions.

La croissance s'est renforcée et son champ s'est élargi

La croissance s'est accélérée régulièrement jusqu'à un rythme annuel proche de 3 % et a étendu ses effets à l'ensemble de l'économie espagnole. La consommation, associée à une forte création d'emplois, a progressé et les salaires réels ont enregistré une hausse modeste grâce à l'amélioration du marché du travail, conjuguée au déclin des prix à la consommation. Les prix de l'immobilier résidentiel semblent avoir atteint leur point le plus bas. Les investissements dans la construction sont également descendus à un niveau minimal avant de recommencer à croître modestement. Les gains de compétitivité-coûts alimentent la progression des exportations et l'Espagne continue à gagner des parts de marché. La demande intérieure, plus soutenue, et l'essor des exportations ont conduit à une croissance marquée des importations, même si la balance courante devrait rester excédentaire. La croissance soutenue de l'emploi incite les travailleurs à revenir sur le marché de l'emploi et le taux d'activité est supérieur à son niveau de 2007. Cela étant, le taux de chômage est encore supérieur à 23 % et s'élève à 52 % pour ce qui est des jeunes. Il est prioritaire de progresser sur la voie de la réduction du chômage.

Les conditions favorables à la croissance sont réunies

L'Espagne bénéficie aujourd'hui de la conjonction de facteurs la plus favorable à la croissance depuis la crise. La baisse des taux hypothécaires, associée au net recul des prix de pétrole et à un allégement de la fiscalité, dynamisent encore plus la croissance du pouvoir d'achat, au-delà même des gains liés à la reprise de l'emploi. La dépréciation de l'euro résultant du programme d'assouplissement quantitatif de la BCE a accentué la baisse des coûts unitaires de main-d'œuvre relatifs en Espagne et la progression de la compétitivité-coûts à l'échelle internationale. Étant donné que le secteur bancaire, restructuré et recapitalisé, affiche une meilleure santé, et que les entreprises bénéficient d'une baisse des taux d'intérêt débiteurs et d'une progression de leur rentabilité et utilisent davantage leurs capacités, les conditions sont favorables à une nouvelle phase de progression de l'investissement productif.

Le rythme de l'assainissement budgétaire a sensiblement ralenti et le budget proposé par le gouvernement pour les deux prochaines années n'est que modérément restrictif, ce qui est propice à un affermissement de la reprise. Cela étant, tout surcroît de croissance par rapport aux prévisions devra être mis à profit pour abaisser davantage le niveau d'endettement. L'investissement public, qui a chuté entre 2007 et 2014, passant de 4.6 % à 2 % du PIB, devrait peser moins lourdement sur la croissance du PIB en 2015-16, mais son éventuelle expansion restera limitée par l'assainissement budgétaire.

L'Espagne a mis en œuvre un ensemble cohérent de réformes structurelles et commence à recueillir le fruit de ces efforts, notamment sous la forme d'un meilleur fonctionnement de son marché du travail. Le gouvernement pourrait encore améliorer l'environnement économique en prenant les mesures suivantes : appliquer pleinement la loi relative à l'unification du marché pour harmoniser les réglementations des différentes régions du pays ; abaisser les prix du système de licences et permis ; élargir l'assiette fiscale et abaisser le taux de l'impôt sur les bénéfices des sociétés, et réduire les barrières à l'entrée dans le secteur des services professionnels. Pour stimuler l'innovation et mettre en place un moteur durable de croissance, le gouvernement devrait inciter les universités et les organismes de recherche à se développer et à se spécialiser, et étendre le mode de distribution des ressources fondé sur les résultats. La formation professionnelle et les services publics pour l'emploi devraient être renforcés afin d'aider les chômeurs de longue durée à retrouver un emploi, ce qui constitue le principal levier pour réduire des inégalités et partager aussi largement que possible les fruits de la reprise.

La croissance soutenue devrait se maintenir à court terme

L'activité économique devrait être supérieure à celle de la moyenne de la zone euro, avec un taux de croissance légèrement inférieur à 3 % en 2015 et 2016. La croissance de la consommation devrait quelque peu ralentir du fait de la disparition de la demande non satisfaite apparue après la crise et de la dissipation des effets conjoncturels de la baisse des cours du pétrole. Toutefois, l'accélération de la croissance en Europe, qui dopera les exportations et les investissements, compensera ce tassement.

Les facteurs de divergence à la hausse par rapport aux prévisions sont liés à une croissance supérieure aux attentes chez les partenaires commerciaux européens de l'Espagne, au maintien d'une progression soutenue de la consommation et à un rebond plus rapide que prévu des investissements dans la construction, qui repartent d'un niveau faible. À l'inverse, de nouvelles turbulences financières dans la zone euro ou une augmentation soudaine des prix du pétrole modèreraient la croissance.

ESTONIE

La croissance économique devrait se raffermir progressivement. La consommation privée sera tirée par la forte progression des salaires et l'investissement se redressera quelque peu. Toutefois, la reprise des exportations sera lente, freinée par la croissance économique fragile de certains des principaux partenaires commerciaux de l'Estonie.

L'orientation de la politique budgétaire est expansionniste mais la dette publique demeure très faible. Il conviendrait de réduire l'ampleur de l'excédent structurel pour financer des priorités budgétaires à moyen terme, parmi lesquelles les dépenses d'éducation et d'infrastructures. La réduction du coin fiscal sur les rémunérations du travail, en particulier sur les bas salaires, doperait la croissance en stimulant l'emploi. Pour accroître la productivité, il faut que les réformes structurelles privilégient l'amélioration des qualifications et le transfert de connaissances aux entreprises estoniennes.

L'investissement en pourcentage du PIB a diminué ces dernières années, malgré une croissance solide du PIB. Le climat d'incertitude, en partie imputable à un regain de tensions géopolitiques, freine l'investissement productif. L'investissement public a reculé également, dans la mesure où les transferts de l'UE ont temporairement diminué et où les projets, financés *via* les ventes antérieures de droits d'émission au titre du protocole de Kyoto, sont abandonnés progressivement. Une hausse de l'investissement dans le but de renforcer l'accès aux réseaux de transport et aux infrastructures d'approvisionnement énergétique européens améliorerait les perspectives de croissance économique à moyen terme.

La faible croissance de l'investissement et des exportations freine l'activité économique

La croissance économique a été fragile au début de 2015, avec une croissance des exportations qui s'est essoufflée face à la faiblesse de certains des principaux partenaires

Estonie

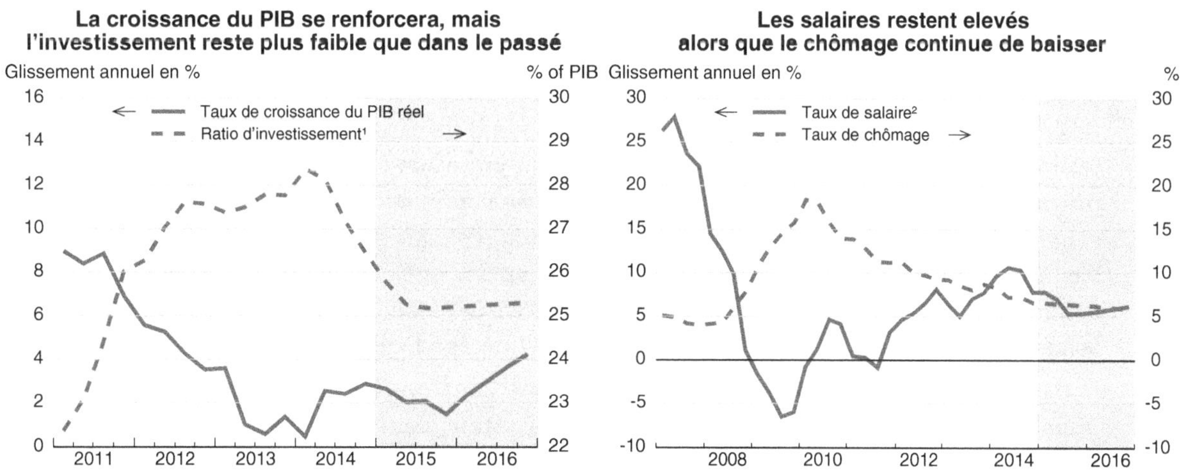

1. Formation brute de capital fixe en volume. Moyenne mobile sur quatre trimestres.
2. Salaire nominal moyen par employé, corrigé des variations saisonnières.

Source : Base de données des Perspectives économiques de l'OCDE, n° 97.

StatLink http://dx.doi.org/10.1787/888933225875

Estonie : **Demande, production et prix**

	2011	2012	2013	2014	2015	2016
	Prix courants milliards d' €	Pourcentages de variation, en volume (prix de 2010)				
PIB aux prix du marché	16.4	4.7	1.6	2.1	2.1	3.3
Consommation privée	8.3	5.1	3.8	4.6	4.3	4.3
Consommation publique	3.1	3.3	2.8	2.3	3.2	1.7
Formation brute de capital fixe	4.2	10.9	2.3	-2.8	-2.7	3.7
Demande intérieure finale	15.6	6.3	3.2	2.1	2.2	3.7
Variation des stocks[1]	- 0.1	-1.5	-2.2	2.7	0.7	0.0
Demande intérieure totale	15.4	5.5	1.2	4.9	2.9	3.6
Exportations de biens et services	14.4	6.2	2.4	2.6	1.8	4.5
Importations de biens et services	13.5	11.8	3.3	2.7	2.2	4.9
Exportations nettes[1]	1.0	-4.2	-0.7	0.0	-0.3	-0.2
Pour mémoire						
Déflateur du PIB	_	2.7	4.5	2.1	1.1	2.0
Prix à la consommation harmonisé (indice)	_	4.2	3.2	0.5	0.1	1.8
Déflateur de la consommation privée	_	3.4	3.1	0.7	-0.1	1.6
Taux de chômage	_	10.0	8.6	7.3	6.5	6.1
Solde des administrations publiques[2]	_	-0.2	-0.2	0.6	0.4	0.6
Dette brute des administrations publiques[2]	_	13.2	13.5	14.3	12.9	11.4
Dette brute des administrations publiques, définition Maastricht[2]	_	9.7	10.1	10.6	9.2	7.7
Balance des opérations courantes[2]	_	-2.5	-1.1	-0.1	0.8	0.6

1. Contributions aux variations du PIB en volume, montant effectif pour la première colonne.
2. En pourcentage du PIB, valeur du marché.
Source : Base de données des Perspectives économiques de l'OCDE, n° 97.

StatLink http://dx.doi.org/10.1787/888933227059

commerciaux de l'Estonie dont la Finlande et la Russie (qui représentent respectivement 15 % et 10 % des exportations du pays). L'investissement productif est freiné par une confiance en demi-teinte, qui s'explique en partie par le regain de tensions géopolitiques et par la faible utilisation des capacités. L'investissement public a fléchi également : les transferts de l'UE seront moins importants cette année et l'an prochain, la sélection de projets pour la nouvelle période de programmation budgétaire pluriannuelle de l'UE ne faisant que commencer, cependant que les projets d'investissement, financés *via* les ventes antérieures de droits d'émission au titre du protocole de Kyoto, sont abandonnés progressivement. Toutefois, la consommation privée continue de progresser à un rythme soutenu, à la faveur de la hausse des salaires réels, du repli du chômage et de taux d'intérêt bas. Les prêts octroyés au secteur privé non financier ont été modestes, alors que la confiance des marchés financiers internationaux vis-à-vis de l'économie estonienne est solide, comme en témoigne la faiblesse des taux d'intérêt à long terme.

La compétitivité reste globalement inchangée. La dépréciation de l'euro n'a qu'un impact modéré sur les exportations de l'Estonie, étant donné que le pays commerce essentiellement avec des économies de la zone euro et que les monnaies de la Suède et de la Russie, deux partenaires commerciaux importants non membres de la zone euro, se sont elles aussi dépréciées. La croissance des salaires demeure élevée et contrebalance l'impact de la dépréciation sur la compétitivité. La progression des salaires est alimentée par l'inadéquation entre l'offre et la demande de qualifications et le vieillissement démographique. L'émigration des jeunes travailleurs a aussi joué un rôle, même si elle a diminué récemment. La baisse des cours pétroliers mondiaux a réduit les coûts mais aussi la rentabilité de l'exploitation nationale des schistes bitumineux.

Les réformes budgétaires et structurelles stimulent la croissance mais une hausse des investissements dans les économies d'énergie s'impose

La politique budgétaire est expansionniste. Les pouvoirs publics ont revu à la hausse les dépenses au titre des prestations familiales en espèces et de la fourniture de repas gratuits dans les écoles au début de 2015, et abaissé les taux de l'impôt sur le revenu et des cotisations d'assurance-chômage. Ces mesures ont été en partie financées par un léger élargissement de l'assiette de la TVA et par une hausse des taxes sur les tabacs et les alcools.

Plusieurs réformes structurelles récentes visent à améliorer les perspectives de croissance et la stabilité macroéconomique et pourraient déjà commencer à donner de premiers résultats durant la période de référence. Le gouvernement a mis en œuvre des réformes pour un système de R-D plus performant, notamment grâce à une nouvelle stratégie pour l'innovation et à une meilleure coordination interministérielle. Le gouvernement a aussi pris des mesures d'envergure pour améliorer l'enseignement professionnel, y compris en modernisant l'équipement technique des établissements. Le nouveau cadre d'action macroprudentiel, mis en place en 2014, permet à la banque centrale estonienne d'intervenir, par exemple si la faiblesse des taux d'intérêt risque de se traduire par un excès du crédit distribué. Des mesures visant à remédier aux écarts de rémunération hommes-femmes et à améliorer les perspectives professionnelles des femmes à la direction des entreprises contribueraient à réduire les pénuries de main-d'œuvre qualifiée et à accroître la productivité.

Le développement de l'investissement dans l'efficacité énergétique peut réduire les atteintes à l'environnement et leurs coûts économiques et stimuler l'innovation. Les émissions de gaz à effet de serre par unité de PIB figurent toujours parmi les plus élevées de l'OCDE, essentiellement du fait de l'utilisation des schistes bitumineux. Compte tenu de la forte intensité des émissions, l'activité est exposée à une hausse des prix du CO_2 dans le système européen d'échange de droits d'émission. L'Estonie peut faire plus pour améliorer l'efficacité énergétique dans le chauffage urbain et les bâtiments et encourager la transformation des schistes bitumineux en produits pétroliers plus légers. En outre, la fiscalité des diverses sources d'énergie devrait être harmonisée en fonction de leur contenu en CO_2.

La croissance devrait être tirée par la demande intérieure

La croissance économique devrait se raffermir progressivement. La consommation des ménages continuera de progresser fortement, sous l'effet du repli du chômage et d'une solide progression des salaires. La fragilité de certains des principaux partenaires commerciaux de l'Estonie continue de peser sur la croissance des exportations. L'investissement se redressera doucement avec une meilleure utilisation des capacités. L'inflation devrait remonter lentement, freinée par les prix bas des produits de base à l'échelle mondiale et par l'écart de production négatif. Le solde budgétaire des administrations publiques devrait rester excédentaire.

Les risques sont globalement équilibrés. Le regain de tensions géopolitiques, notamment concernant la Russie et l'Ukraine, pourrait peser encore plus sur la confiance du secteur privé et les échanges. S'agissant des risques de divergence à la baisse, l'investissement privé pourrait se redresser plus rapidement que prévu, par exemple si les projets de développement des infrastructures transfrontalières se confirment. Le nouveau gouvernement récemment élu a annoncé d'autres allégements de la fiscalité du travail, qui pourraient stimuler davantage la croissance s'ils étaient appliqués durant la période de référence.

ÉTATS-UNIS

La croissance de la production a marqué une pause au début de 2015, entraînée à la baisse par l'appréciation du dollar et de mauvaises conditions météorologiques. La situation sur le marché du travail a toutefois continué de s'améliorer, comme en témoignent les gains d'emplois dans le secteur privé et un taux de chômage en repli. Les conditions monétaires favorables et la baisse des prix de l'énergie devraient favoriser un redressement soutenu de la demande globale à mesure que les effets négatifs de la politique budgétaire se dissiperont et que l'accroissement continu du patrimoine des ménages stimulera les dépenses de consommation et la construction de logements.

La Réserve fédérale a maintenu ses taux directeurs proches de zéro compte tenu des signes de sous-emploi persistant de la main-d'œuvre, de la progression modérée des salaires, de la faiblesse de l'inflation sous-jacente et de l'ancrage solide des anticipations d'inflation. Eu égard au caractère incertain du dynamisme de la croissance de la production et au fait que l'inflation devrait rester, selon les prévisions, inférieure à sa cible, les taux directeurs demeureront vraisemblablement proches de taux d'intérêt planchers nuls, au moins jusqu'en septembre 2015, avant de repartir à la hausse selon un rythme prudent. Le déficit du budget fédéral continuera de se réduire, conséquence des mesures d'assainissement et des progrès de la reprise. Une action des pouvoirs publics pour répondre directement aux enjeux budgétaires à long terme n'en reste pas moins souhaitable.

Le redressement des dépenses d'investissement a été timide jusqu'ici, ce qui s'explique par un horizon morose du côté de la demande, le surplus de logements consécutif à l'épisode de forte expansion de l'immobilier et une contraction prolongée des dépenses publiques. La mollesse de l'investissement public et privé a érodé la productivité en affaiblissant la capacité de production. Compte tenu de taux d'intérêt réels à long terme historiquement bas, l'État fédéral, les États et les administrations locales disposent d'une marge pour donner un coup d'accélérateur aux dépenses d'investissement, notamment en abondant le Highway Trust Fund.

États-Unis

La richesse des ménages augmente

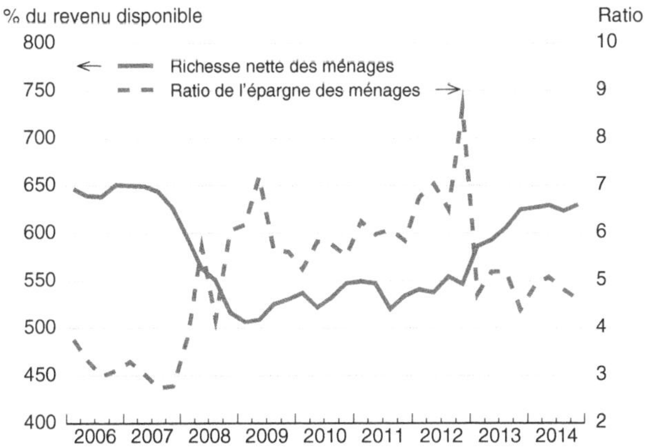

Les salaires et l'inflation demeurent modestes

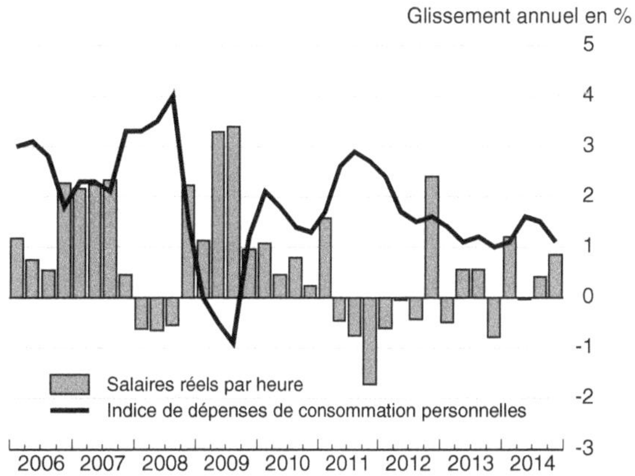

Source : Base de données des Perspectives économiques de l'OCDE, n° 97 ; et US Bureau of Economic Analysis.

StatLink http://dx.doi.org/10.1787/888933226271

États-Unis : **Emploi, revenu et inflation**

Pourcentages de variation

	2012	2013	2014	2015	2016
Emploi[1]	1.6	1.4	1.8	2.0	1.1
Taux de chômage[2]	8.1	7.4	6.2	5.5	5.2
Rémunération par salarié[3]	2.4	1.1	2.2	2.5	3.0
Productivité du travail	0.7	0.8	0.5	0.0	1.7
Coûts unitaires de main-d'œuvre	1.7	0.5	1.8	2.6	1.3
Déflateur du PIB	1.8	1.5	1.5	1.1	1.8
Indice des prix à la consommation	2.1	1.5	1.6	0.0	1.8
Déflateur sous-jacent de la consommation privée[4]	1.8	1.3	1.4	1.2	1.6
Déflateur de la consommation privée[5]	1.8	1.2	1.3	0.3	1.6
Revenu disponible réel des ménages	3.0	-0.2	2.5	3.6	3.0

1. Basé sur l'enquête conduite par le Bureau of Labor Statistics (BLS) auprès des entreprises.
2. En pourcentage de la population active, basé sur l'enquête conduite par le BLS auprès des ménages.
3. Pour l'ensemble de l'économie.
4. Indice des prix liés aux dépenses de consommation des ménages hors alimentation et énergie.
5. Déflateur des dépenses de consommation des ménages.

Source : Base de données des Perspectives économiques de l'OCDE, n° 97.

StatLink http://dx.doi.org/10.1787/888933226700

La reprise a connu un passage à vide

Bien que la reprise aux États-Unis semble plus avancée que dans la plupart des pays de l'OCDE, le PIB a ralenti au quatrième trimestre de 2014, puis légèrement reculé au premier trimestre de 2015. L'appréciation récente du dollar et des perturbations temporaires, dues à des intempéries hivernales particulièrement fortes en début d'année, ont freiné l'activité. Les mouvements récents de repli des cours du pétrole ont pesé sur les dépenses d'investissement du secteur des forages et de l'exploitation minière, après une

États-Unis

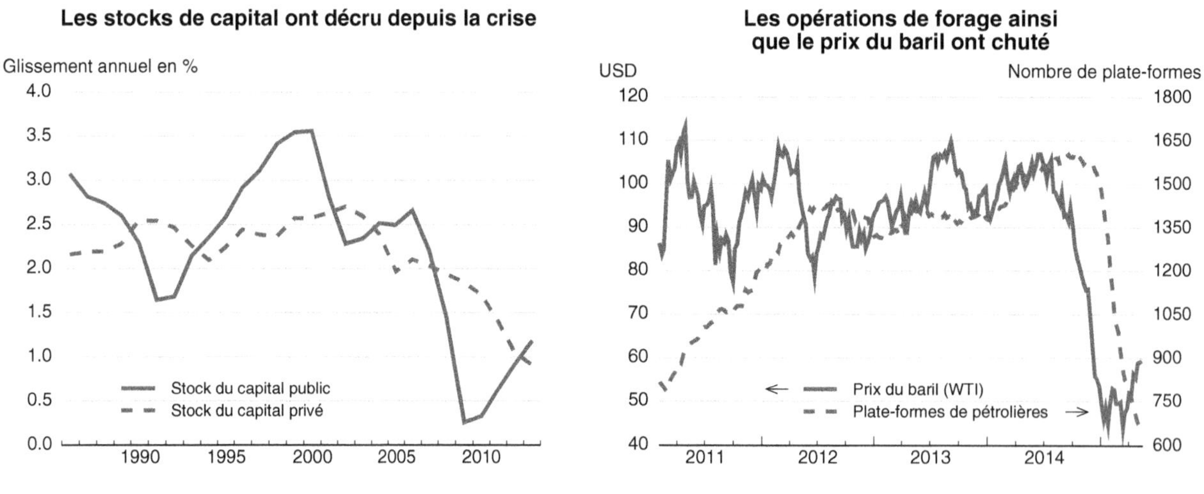

Source : Bureau of Economic Analysis ; et Baker Hugues (North America Rotary Rig Count).

StatLink http://dx.doi.org/10.1787/888933226280

États-Unis : **Indicateurs financiers**

	2012	2013	2014	2015	2016
Taux d'épargne nette des ménages[1]	7.2	4.9	4.8	5.1	4.5
Solde financier des administrations publiques[2]	-9.0	-5.7	-5.0	-4.0	-3.6
Dette brute des administrations publiques[2]	110.5	109.2	110.1	111.4	111.1
Balance des opérations courantes[2]	-2.9	-2.4	-2.4	-2.6	-3.0
Taux d'intérêt à court terme[3]	0.4	0.3	0.3	0.5	1.6
Taux d'intérêt à long terme[4]	1.8	2.4	2.5	2.3	3.2

1. En pourcentage du revenu disponible.
2. En pourcentage du PIB, valeur au marché.
3. Euro-dollar à 3 mois.
4. Obligations d'État à 10 ans.

Source : Base de données des Perspectives économiques de l'OCDE, n° 97.

StatLink http://dx.doi.org/10.1787/888933226712

période de dynamisme soutenu. La reprise dans le secteur du logement demeure hésitante et témoigne, en partie, de taux de formation des ménages qui demeurent en deçà des tendances démographiques de long terme. Plus généralement, l'investissement productif a également faibli, face au poids que fait peser un dollar plus fort sur les perspectives du secteur manufacturier et au ralentissement global de l'activité. Cependant, abstraction faite des perturbations dues aux conditions météorologiques, les dépenses de consommation continuent, semble-t-il, de tirer honorablement leur épingle du jeu.

États-Unis : **Demande et production**

	2013	2014	2015	2016	Quatrième trimestre 2014	Quatrième trimestre 2015	Quatrième trimestre 2016
	Prix courants milliards de $	Pourcentages de variation annuelle, en volume (prix de 2009)					
PIB aux prix du marché	16 768.1	2.4	2.0	2.8	2.4	1.7	2.8
Consommation privée	11 484.4	2.5	3.0	3.0	2.9	2.9	2.8
Consommation publique	2 547.6	0.4	0.5	0.5	1.1	0.6	0.5
Formation brute de capital fixe	3 170.3	3.9	3.0	5.4	4.4	2.5	5.9
Secteur public	596.3	-2.5	-0.5	1.3	-0.5	-1.5	1.4
Secteur privé : résidentiel	519.9	1.6	5.5	11.0	2.5	7.0	12.9
Secteur privé : autres	2 054.0	6.3	3.3	5.1	6.2	2.5	5.3
Demande intérieure finale	17 202.2	2.5	2.7	3.1	2.9	2.5	3.1
Variation des stocks[1]	74.1	0.1	0.1	0.0			
Demande intérieure totale	17 276.3	2.5	2.7	3.1	2.9	2.5	3.1
Exportations de biens et services	2 262.2	3.2	1.7	4.9	2.4	1.5	5.0
Importations de biens et services	2 770.4	4.0	6.4	6.7	5.6	6.6	6.5
Exportations nettes[1]	- 508.2	-0.2	-0.8	-0.4			

Note : Des prévisions trimestrielles détaillées sont disponibles dans l'annexe statistique pour les sept pays principaux, la zone euro et l'ensemble de l'OCDE.

1. Contributions aux variations du PIB en volume, montant effectif pour la première colonne.

Source : Base de données des Perspectives économiques de l'OCDE, n° 97.

StatLink http://dx.doi.org/10.1787/888933226726

États-Unis : **Indicateurs extérieurs**

	2012	2013	2014	2015	2016
			Milliards de $		
Exportations de biens et services	2 194.2	2 262.2	2 337.0	2 293	2 415
Importations de biens et services	2 762.5	2 770.4	2 875.2	2 854	3 043
Balance commerciale	- 568.3	- 508.2	- 538.2	- 562	- 628
Solde des invisibles	107.6	107.9	127.6	87	72
Balance des opérations courantes	- 460.8	- 400.3	- 410.6	- 475	- 557
			Pourcentages de variation		
Exportations de biens et services en volume	3.3	3.0	3.2	1.7	4.9
Importations de biens et services en volume	2.3	1.1	4.0	6.4	6.7
Résultats à l'exportation[1]	- 0.7	- 0.4	0.1	- 1.9	- 0.2
Termes de l'échange	0.4	0.9	0.3	3.4	0.5

1. Ratio du volume des exportations sur le marché correspondant pour le total des biens et services.

Source : Base de données des Perspectives économiques de l'OCDE, n° 97.

StatLink http://dx.doi.org/10.1787/888933226735

Bien que le marché du travail ait poursuivi un redressement constant, on observe toujours des signes d'un sous-emploi persistant de la main-d'œuvre, en particulier parmi les jeunes, les minorités ethniques et les travailleurs peu qualifiés. Des estimations récentes sembleraient attester du fait qu'une situation plus tendue sur le marché du travail créent des tensions à la hausse sur les rémunérations horaires en valeur nominale, mais jusqu'ici, l'accélération des salaires a été modeste et circonscrite.

Le contexte général demeure favorable

La politique monétaire devrait rester accommodante pendant la période considérée. Cette orientation se justifie étant donné que l'inflation sous-jacente (indice de la consommation des ménages) demeure inférieure à l'objectif annuel de 2 %, même compte tenu des pressions temporaires à la baisse résultant de l'évolution des prix de l'énergie et des répercussions des variations des taux de change. Toutefois, comme le volant de ressources inemployées dans l'économie continue de diminuer, la politique monétaire devrait entrer dans un cycle de resserrement graduel. Le premier relèvement des taux ne devrait pas intervenir avant septembre 2015 et les majorations ultérieures resteront subordonnées à des signes attestant de progrès nouveaux dans la réduction des capacités inutilisées.

La politique budgétaire devrait être neutre pour la croissance au cours des prochaines années et les améliorations modestes du solde budgétaire global, attendues en 2015 et 2016 seront le produit d'évolutions cycliques. Cette neutralité devrait suffire pour stabiliser la dette brute de l'administration fédérale à environ 110 % du PIB. Même ainsi, les prévisions du CBO donnent à penser que des tensions sur les dépenses réapparaîtront en 2018, en grande partie à cause des dépenses de santé et, dans une moindre mesure, de protection sociale. Des mesures s'imposent pour apporter une réponse immédiate à ces défis à long terme, mais celles-ci devront être mises en œuvre de telle manière qu'elles ne compromettent pas la reprise. Il conviendrait de relever prochainement le plafond de la dette afin de réduire le plus possible les incertitudes qui ont assombri récemment les perspectives.

Les infrastructures nationales devraient être une priorité pour les pouvoirs publics car la détérioration des actifs publics sape l'accroissement de la productivité. Les dépenses ont été comprimées faute de ressources budgétaires suffisantes et de coordination entre les divers niveaux d'administration. Avec la normalisation des budgets, les États devraient mobiliser davantage de financements pour les infrastructures, ce qui devrait contribuer à relancer la productivité globale. Le gouvernement fédéral devrait continuer à soutenir l'investissement des États et des administrations locales, notamment au moyen de programmes gérés par le ministère des Transports et par le ministère du Logement et de l'Aménagement urbain. Une solution viable doit absolument être trouvée pour le financement du Highway Trust Fund (Fonds de financement des infrastructures routières), qui demeure à court de ressources du fait que le montant nominal de la taxe sur l'essence (par gallon) n'a pas été revalorisé depuis 1993.

La croissance devrait gagner en dynamisme

L'activité devrait retrouver un nouvel élan, avec une demande globale alimentée par des gains d'emplois constants, par des effets de richesse liés à la hausse des prix des actifs et par l'effet de relance de la baisse des prix du pétrole sur le pouvoir d'achat. Un marché du travail plus tendu devrait contribuer à une répartition plus large des augmentations de revenu et donner ainsi un coup de fouet aux dépenses, contribuant ainsi à compenser l'impact d'un ralentissement inéluctable de l'emploi global. Une plus large répartition de la progression des revenus devrait également aider à relever le niveau de la construction de logements vers des valeurs conformes aux tendances à long terme de la démographie. Si la présence d'une demande non satisfaite d'investissement productif n'est pas clairement établie, l'investissement non résidentiel devrait retrouver de la vitalité en réponse à l'embellie attendue des perspectives de la demande globale.

Divers risques pèsent sur les prévisions. Du côté des facteurs propices à une évolution plus favorable que prévu, on pourrait assister à une accélération plus rapide qu'anticipé des salaires, pouvant susciter des tensions inflationnistes. De même, la demande non satisfaite d'investissement productif pourrait être plus massive que prévu et se libérer avec le retour de la confiance dans les entreprises. Du côté des risques à la baisse, les marchés financiers pourraient devenir plus instables à cause des incertitudes entourant le relèvement des taux directeurs ou la normalisation des fondements monétaires, ce qui assombrirait les perspectives. L'investissement résidentiel pourrait une fois encore se révéler décevant et exiger que la politique monétaire suive une trajectoire plus clairement orientée vers la relance.

FÉDÉRATION DE RUSSIE

Le PIB devrait reculer d'environ 3 % en 2015 puis se ressaisir pour se rapprocher de 1 % en 2016. Ce timide retournement de tendance sera favorisé par le redressement des cours du pétrole, l'apaisement des relations internationales au cours du premier semestre de 2015 et la réussite des programmes de remplacement des importations. La flambée des prix à la consommation, qui a culminé aux alentours de 17 %, a entraîné un net repli des salaires réels, dont la consommation privée a pâti. La balance courante reste excédentaire, car la diminution des recettes provenant des exportations de pétrole et de gaz est plus que compensée par le fléchissement des importations dû à la faiblesse de la demande intérieure et aux effets des sanctions.

Le creusement prévu du déficit budgétaire sous l'effet des stabilisateurs automatiques est approprié. Une attention particulière doit être portée la protection des personnes à faible revenu face au risque de pauvreté, compte tenu de la chute des salaires réels. Les fonds de réserve devraient être reconstitués en appliquant les programmes de privatisation mis en attente. La politique monétaire doit continuer à veiller de près à la stabilité du secteur financier, et une remise en place à court terme d'un cadre de ciblage de l'inflation pourrait donc être prématurée. Les conditions monétaires devraient être encore assouplies au vu de l'appréciation du taux de change. Il conviendrait en outre d'appliquer sans attendre des mesures visant à lutter contre la corruption, à réduire le rôle de l'État dans l'économie et à mettre en œuvre plus efficacement l'état de droit.

L'investissement s'est contracté sous l'effet des sanctions assorties de restrictions sur les financements à long terme, particulièrement contraignantes pour les PME. Le gouvernement prévoit de soutenir des projets d'investissement destinés à remplacer les importations. En l'absence de mise en œuvre efficace de réformes permettant d'améliorer les conditions offertes aux entreprises, toute relance des activités d'investissement financée par des aides publiques pourrait avoir des effets négatifs sur la productivité et la croissance potentielle.

Fédération de Russie

La relation entre les prix du pétrole et la croissance est affaiblie par l'amortissement

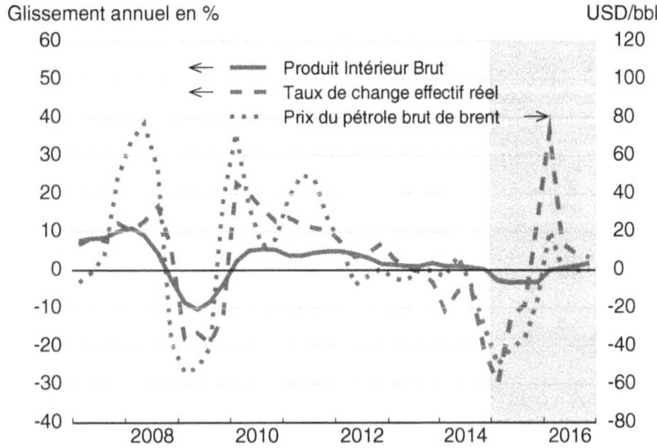

L'inflation est largement tirée par l'évolution des taux de change

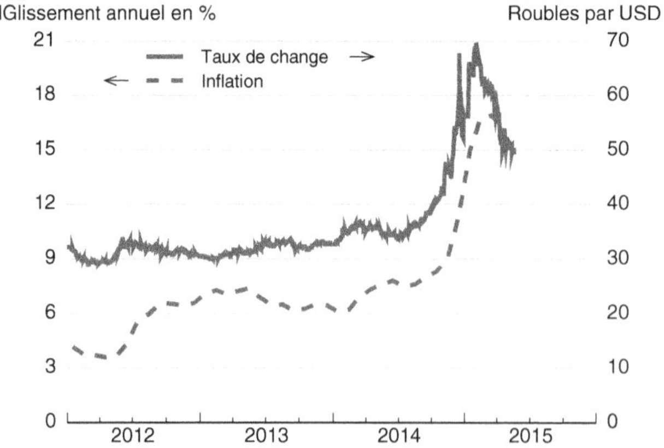

Source : Base de données des Perspectives économiques de l'OCDE, n° 97 ; Banque centrale de Russie ; et Datastream.

StatLink http://dx.doi.org/10.1787/888933226160

Fédération de Russie : **Demande, production et prix**

	2011	2012	2013	2014	2015	2016
	Prix courants milliards de roubles	Pourcentages de variation, en volume (prix de 2008)				
PIB aux prix du marché	55 967.2	3.4	1.3	0.6	-3.1	0.8
Consommation privée	27 426.6	7.7	4.9	1.2	-4.7	0.2
Consommation publique	10 102.8	2.6	1.1	-0.1	0.0	0.5
Formation brute de capital fixe	11 469.0	7.0	0.6	-2.1	-18.5	5.0
Demande intérieure finale	48 998.4	6.5	3.1	0.2	0.1	0.0
Demande intérieure totale	51 190.7	5.5	1.2	-1.0	-8.5	1.1
Exportations de biens et services	16 940.9	1.1	4.6	-0.1	0.6	2.1
Importations de biens et services	12 164.4	8.7	3.8	-7.9	-14.1	4.2
Pour mémoire						
Déflateur du PIB	_	7.4	5.0	7.2	10.8	7.1
Indice des prix à la consommation	_	5.1	6.8	7.8	16.3	7.0
Déflateur de la consommation privée	_	5.8	6.4	8.3	16.3	7.0
Solde des administrations publiques[1,2]	_	2.0	0.6	0.4	-3.7	-1.2
Balance des opérations courantes[1]	_	3.5	1.7	3.3	3.7	3.5

1. En pourcentage du PIB, valeur du marché.
2. Budget consolidé.

Source : Base de données des Perspectives économiques de l'OCDE, n° 97.

StatLink http://dx.doi.org/10.1787/888933227307

L'activité économique a ralenti et les politiques structurelles sont axées sur le remplacement des importations

Début 2015, le PIB a reculé d'environ 2 %. Les dépenses de consommation ont souffert de la baisse généralisée des salaires réels et du durcissement des conditions d'octroi des crédits à la consommation. Les dépenses d'investissement, y compris dans l'immobilier,

Fédération de Russie

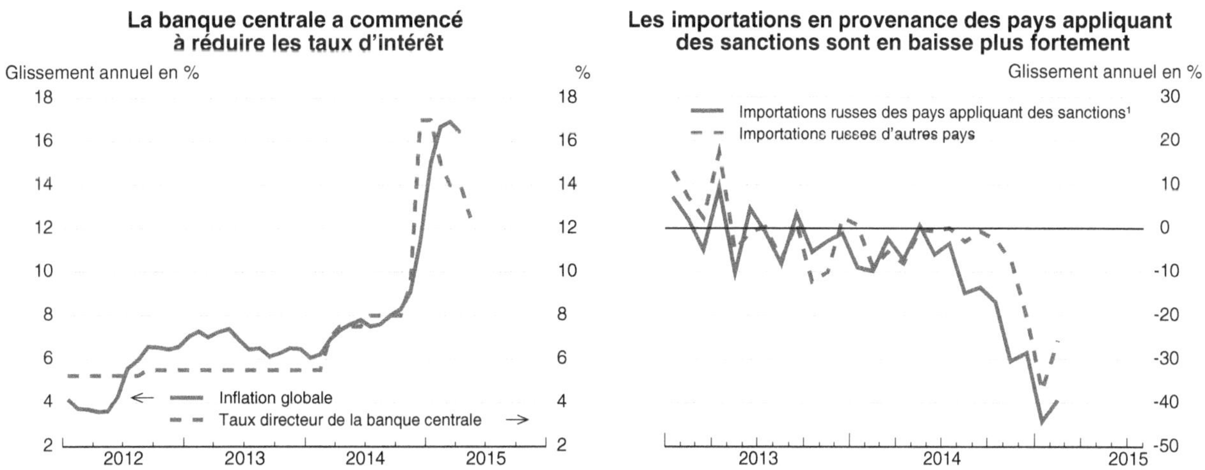

1. Importations en provenance de l'Union Européenne, des États-Unis, du Canada, du Japon, de Norvège, de l'Australie et de l'Ukraine.

Source : Rosstat ; Banque centrale de Russie ; et Service Fédéral des Douanes.

StatLink http://dx.doi.org/10.1787/888933226175

ont fortement chuté en raison du contexte d'incertitude générale, du renchérissement des coûts de financement et de l'accès limité aux financements internationaux à long terme. Les exportations se sont bien maintenues, alors que les importations ont décru fortement. L'activité économique particulièrement contractée dans les secteurs du commerce de détail, des services financiers et de la construction, tandis que les secteurs de l'extraction minière, des produits de base, de l'alimentation et de l'agriculture ont bénéficié de la nette dépréciation du taux de change. Les constructeurs automobiles ont essuyé un effondrement de leurs ventes et ont réduit leur production.

Il semble que l'inflation ait atteint son niveau maximum en avril 2015, avec un taux proche de 17 %. L'inflation des prix des produits alimentaires a même dépassé ce niveau. Au début de l'année, les salaires n'ont augmenté que de 6.5 %, et le revenu réel disponible des ménages a donc nettement reculé. Par ailleurs, une revalorisation de 13 % des pensions de retraite a atténué l'érosion du pouvoir d'achat des personnes plus âgées – qui sont généralement plus pauvres.

La balance courante demeure excédentaire, malgré la baisse des cours du pétrole. Les flux sortants de capitaux ont été abondants depuis le début de la crise entre la Russie et l'Ukraine, d'abord sous l'effet d'une perte de confiance puis, plus récemment, en raison d'une tendance plus méthodique de réduction de l'endettement international.

L'effondrement des prix du pétrole représente un choc négatif pour l'économie russe, principalement sous la forme d'une nette diminution des recettes publiques. La Banque centrale en a atténué les effets sur l'économie, en autorisant une dépréciation du rouble qui a limité la chute des recettes publiques gazières et pétrolières, exprimées en roubles. Toutefois, les incertitudes nées de la crise entre la Russie et l'Ukraine ont précipité une fuite des capitaux, conduisant la Banque centrale à relever les taux d'intérêts en décembre 2014. Depuis, le taux de change et les cours du pétrole se sont quelque peu rétablis.

Les sanctions internationales restreignent fortement l'accès des entreprises russes aux marchés internationaux de capitaux. Les PME à capitaux privés, en particulier, se heurtent à des difficultés pour financer leurs investissements et leur développement, ce qui est moins le cas parmi les grandes entreprises et les sociétés contrôlées par l'État, qui ont accès à des financements publics. L'embargo frappant les biens à double usage, qui sont dans certains cas nécessaires à l'entretien d'équipements en place, avive les incertitudes. La décision de la Russie de stopper les importations de certains produits agricoles et alimentaires, si elle a contribué à la flambée des prix, a également stimulé le remplacement des importations. Cela est également facilité par la nouvelle orientation des politiques structurelles qui visent à supprimer les goulets d'étranglement, soutenir le remplacement des importations et promouvoir la montée en gamme des technologies.

L'action de la Banque centrale est limitée par des événements externes, mais les stabilisateurs automatiques peuvent jouer leur rôle

La Banque centrale a commencé à assouplir sa politique après avoir, fin 2014, porté à 17 % son principal taux directeur, soit le taux le plus élevé des dix dernières années. Depuis janvier 2015, le taux de change s'est légèrement apprécié. Si l'inflation décroît, comme attendu, la Banque centrale sera en mesure de poursuivre l'abaissement des taux. Elle devrait suivre de près les réserves de liquidité des banques qui ont des engagements en devises et se garder d'apporter son soutien à des établissements non solvables. Dans ce contexte, une réglementation transparente relative aux modalités de renflouement interne (« *bail-in* ») serait utile.

Le budget voté par la Douma pour l'exercice 2015 prévoit un déficit proche de 4 % du PIB. De fait, il convient de laisser les stabilisateurs automatiques jouer à plein, et il pourrait être prématuré de chercher à ramener le déficit budgétaire en dessous de 2 % dès 2016. L'indexation des pensions, mise en œuvre comme prévu en février 2015, ne suffira pas à éviter une baisse, en termes réels, des revenus de remplacement destinés aux personnes âgées. Le gouvernement devrait donc prévoir, avant l'hiver prochain, la création d'une allocation soumise à des conditions de ressources pour couvrir les dépenses de chauffage.

Le gouvernement actuel a obtenu de premiers résultats sur le plan de la lutte contre la corruption, de l'allègement de la charge administrative et de l'efficacité de l'administration de l'impôt. Toutefois, la détérioration récente de la conjoncture économique a freiné les progrès dans ces différents domaines.

La croissance sera de retour

Un rebond de la croissance économique est attendu pour le second semestre 2015, et le PIB devrait progresser de 0.8 % en 2016. Ce rétablissement résultera avant tout des investissements liés aux programmes de remplacement des importations et de la hausse des exportations de pétrole et de gaz.

La croissance sera tributaire de l'évolution des tensions géopolitiques. Tout apaisement significatif dans les relations internationales de la Russie se traduirait par une progression de l'investissement et de la croissance, alors qu'une nouvelle détérioration exercerait des pressions accrues sur l'économie russe. Dans un contexte de contraintes de ressources, la ponction supportée pour financer les programmes de remplacement des importations fait naître des risques de divergence à la baisse par rapport aux prévisions. À l'inverse, un démarrage rapide des activités de la Banque asiatique d'investissement dans les infrastructures, récemment instituée, pourrait offrir à la Russie de nouveaux débouchés chez ses voisins de l'Est et du Sud-Est. De même, une intégration accrue au sein de l'Union économique eurasienne pourrait dynamiser les relations commerciales existantes et donner corps à des opportunités latentes d'amélioration de la productivité aux fins de la division du travail. Une hausse des cours du pétrole devrait conduire à une appréciation du rouble, à un fléchissement de l'inflation et à une croissance plus forte des dépenses de consommation privée, tandis que des effets opposés seraient observés en cas de repli des prix du pétrole et du gaz.

FINLANDE

Une reprise de la croissance devrait être observée en 2015 après trois années de contraction de l'activité, même si la faiblesse des revenus et le chômage élevé continueront à peser sur la consommation privée et si l'excédent de capacités inutilisées qui subsistera retardera les investissements. Un redémarrage des exportations sous l'effet de la reprise de l'économie mondiale et de la dépréciation de l'euro devrait peu à peu faire sentir ses effets sur l'économie nationale.

Le déficit budgétaire, qui a dépassé 3 % du PIB en 2014 pour la première fois depuis le milieu des années 1990, ne devrait reculer que lentement. Le nouveau gouvernement devra rétablir la viabilité budgétaire sans nuire à la reprise naissante. Des réformes structurelles destinées à dynamiser l'emploi et à améliorer l'efficacité des services publics seront indispensables.

L'investissement productif devrait se entement, sur fond de reprise de la demande et de plus forte utilisation des capacités. La hausse timide des revenus, le chômage élevé et le climat d'incertitude freinent l'investissement résidentiel malgré le bas niveau des coûts d'emprunt. L'investissement public progresse régulièrement depuis 2010 et continuera sur cette lancée en 2015. Toutefois, il devrait fléchir par la suite en raison d'un durcissement des contraintes budgétaires.

La production a continué à se contracter

Le PIB réel a diminué en 2014 pour la troisième année consécutive. La consommation privée a faibli légèrement et l'investissement résidentiel a reculé sensiblement, ce qui s'explique par le manque de confiance des consommateurs alors que le chômage a augmenté et que la croissance des revenus réels est restée fragile malgré la baisse des prix de l'énergie. Actuellement, l'investissement total se situe à son plus bas niveau depuis 2000. L'investissement productif s'est effondré, en raison de la persistance d'un important excédent de capacités inutilisées et du climat d'incertitude, et l'investissement public n'a

Finlande

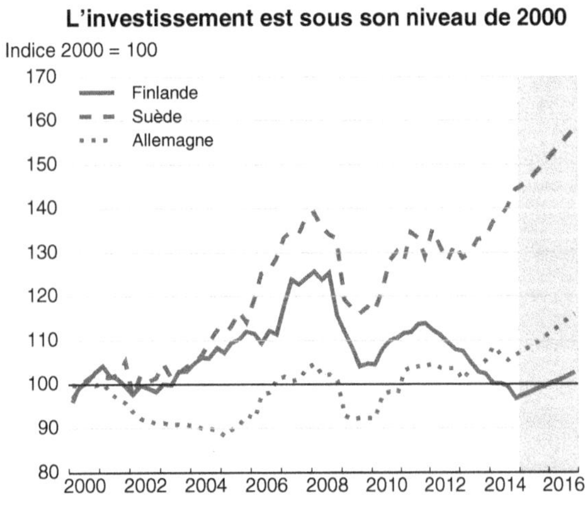

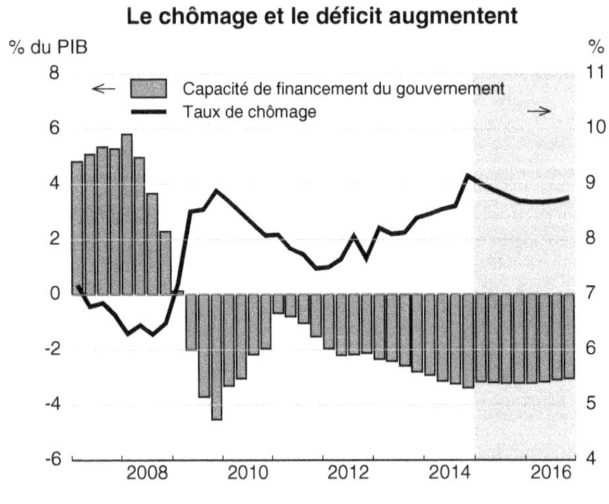

Source : Base de données des Perspectives économiques de l'OCDE, n° 97.

StatLink http://dx.doi.org/10.1787/888933225905

Finlande : **Demande, production et prix**

	2011	2012	2013	2014	2015	2016
	Prix courants milliards d' €	Pourcentages de variation, en volume (prix de 2010)				
PIB aux prix du marché	196.9	-1.4	-1.3	-0.1	0.4	1.3
Consommation privée	105.8	0.3	-0.6	-0.2	0.6	1.2
Consommation publique	46.5	0.5	0.6	0.2	0.5	0.0
Formation brute de capital fixe	43.8	-2.2	-5.3	-5.1	-0.5	2.9
Demande intérieure finale	196.0	-0.2	-1.3	-1.1	0.3	1.2
Variation des stocks[1,2]	2.5	-1.1	0.0	0.3	0.0	0.0
Demande intérieure totale	198.5	-1.1	-1.3	-0.8	0.3	1.2
Exportations de biens et services	77.1	1.2	-0.7	-0.4	1.2	3.9
Importations de biens et services	78.8	1.6	-1.6	-1.4	0.7	3.7
Exportations nettes[1]	- 1.7	-0.2	0.4	0.4	0.2	0.1
Pour mémoire						
PIB sans ajustements des jours travaillés	_	-1.4	-1.3	-0.1	..	..
Déflateur du PIB	_	3.0	2.5	1.1	0.5	0.6
Prix à la consommation harmonisé (indice)	_	3.2	2.2	1.2	0.2	0.7
Déflateur de la consommation privée	_	2.8	2.5	1.5	0.6	0.9
Taux de chômage	_	7.7	8.2	8.7	8.8	8.7
Solde des administrations publiques[3]	_	-2.1	-2.5	-3.2	-3.2	-3.0
Dette brute des administrations publiques[3]	_	63.0	65.1	71.4	73.6	76.2
Dette brute des administrations publiques, définition Maastricht[3]	_	52.9	55.8	59.3	61.6	64.1
Balance des opérations courantes[3]	_	-1.9	-1.8	-1.9	-0.9	-0.8

1. Contributions aux variations du PIB en volume, montant effectif pour la première colonne.
2. Y compris la divergence statistique.
3. En pourcentage du PIB, valeur du marché.
Source : Base de données des Perspectives économiques de l'OCDE, n° 97.

StatLink http://dx.doi.org/10.1787/888933227064

progressé que modestement. Les exportations se sont elles aussi contractées mais, compte tenu de l'érosion de la demande intérieure, les importations ont chuté encore davantage.

Les responsables politiques sont confrontés à de grandes difficultés et doivent mettre en œuvre des réformes structurelles

Le déficit public a été supérieur à 3 % du PIB en 2014 et la dette publique brute dépassera 60 % du PIB en 2015. La croissance économique négative a amputé les recettes, tandis que les dépenses se sont accrues rapidement, en particulier du fait du vieillissement de la population. Comme l'économie reste fragile, les finances publiques doivent être assainies progressivement. Des réformes structurelles visant à maîtriser les dépenses résultant du vieillissement démographique et à accroître l'efficacité des services publics, notamment dans le secteur de la santé, seront décisives pour garantir la viabilité budgétaire à long terme.

Face au poids de l'évolution démographique, il est indispensable de mobiliser les ressources en main-d'œuvre pour stimuler la croissance. Le taux d'emploi est faible par rapport aux autres pays nordiques, notamment pour les jeunes et les seniors. La réforme des retraites doit permettre de relever l'âge effectif de départ en retraite en établissant un lien entre l'âge minimum de départ et les prestations de retraite d'une part, et l'espérance de vie d'autre part, et en continuant à limiter les possibilités de retraite anticipée. Les réformes du marché du travail destinées à renforcer les incitations à travailler et des mesures d'activation plus puissantes augmenteraient l'emploi. Des réformes de la réglementation de nature à intensifier la concurrence dans le commerce de détail et les transports amélioreraient le potentiel de croissance. La mise en œuvre de cet ensemble de réformes structurelles contribuerait à la viabilité budgétaire.

La croissance devrait se redresser

Les exportations seront le principal moteur de la croissance en 2015, même si la demande intérieure se raffermit aussi. L'embellie du contexte international et la dépréciation de l'euro ont un impact positif, qui est en partie neutralisé par l'effondrement de l'économie russe. Comme la modération des salaires est nécessaire pour rehausser la compétitivité, la croissance des revenus des ménages est molle, d'où une reprise lente de la consommation privée et de l'investissement résidentiel malgré des taux d'intérêt très bas. Bien que freiné par un important excédent de capacités inutilisées, l'investissement productif devrait redémarrer en 2015. Par la suite, de vastes projets dans l'industrie forestière et l'amélioration des perspectives de l'économie mondiale devraient relancer les dépenses d'équipement. Les dépenses consacrées au transport, à l'énergie et aux infrastructures de distribution d'eau soutiendront l'investissement public en 2015. Il devrait ralentir en 2016, en partie du fait d'un durcissement des contraintes budgétaires.

Les risques sont essentiellement liés à l'évolution des exportations. S'agissant des risques de divergence à la hausse par rapport aux prévisions, l'amélioration de la compétitivité-coûts via la modération des salaires et la faiblesse de l'euro pourrait se traduire par un accroissement des exportations plus prononcé que prévu. Une reprise plus marquée que prévu de l'investissement mondial profiterait aux exportations de la Finlande, qui se composent surtout de biens d'équipement. Un redémarrage des exportations contribuerait aussi à relancer l'investissement intérieur en cas de résorption de l'excédent de capacités. S'agissant des risques de divergence à la baisse par rapport aux prévisions, la Finlande pourrait continuer à perdre des parts de marché, en grande partie à cause de facteurs hors coûts. Une poursuite de la dégradation de la conjoncture économique en Russie pénaliserait aussi les exportations finlandaises.

FRANCE

La croissance économique devrait gagner en vigueur en 2015 et 2016. La baisse des prix de l'énergie, l'amélioration des conditions financières, le ralentissement de l'assainissement budgétaire, le raffermissement de la demande extérieure et un programme de réformes favorable à la compétitivité contribueront à une hausse de la consommation et des exportations en volume. La stabilisation des prix de l'énergie et la dépréciation de l'euro tendront à augmenter le niveau des prix, bien que la persistance d'importantes ressources inemployées exerce une pression à la baisse sur l'inflation. Cependant, la faible confiance des entreprises continue de peser sur l'investissement, ce qui freine les décisions d'embauche et ne conduirait qu'à une baisse marginale du chômage.

La réduction du déficit budgétaire sur la période 2015-16 s'appuiera sur une limitation des dépenses, tandis que les recettes devraient être réduites, notamment les cotisations sociales et l'imposition des bénéfices des sociétés. L'assainissement structurel induit comprend d'importantes économies sur la charge de la dette et représente 1% du PIB sur les deux années. Alors que la France doit strictement adhérer à cette nouvelle trajectoire d'assainissement budgétaire pour atteindre ses objectifs en matière de déficit public, il conviendra de laisser librement jouer les stabilisateurs automatiques pour éviter de compromettre la reprise. Le gouvernement devra aussi continuer à mener des réformes structurelles pour stimuler la croissance et la rendre plus inclusive.

Les investissements dans les activités manufacturières, et dans les équipements plus généralement, sont faibles et irréguliers, et peinent à compenser l'amortissement des immobilisations existantes, qui vieillissent. Cette faiblesse de l'investissement menace la compétitivité de la France, même si les chefs d'entreprise prévoient une expansion modérée de la formation de capital sur la période 2015-16, stimulée en partie par les réformes structurelles en cours. La contraction de l'investissement résidentiel s'atténuera, malgré la baisse des prix des logements et les incertitudes réglementaires, tandis que

France

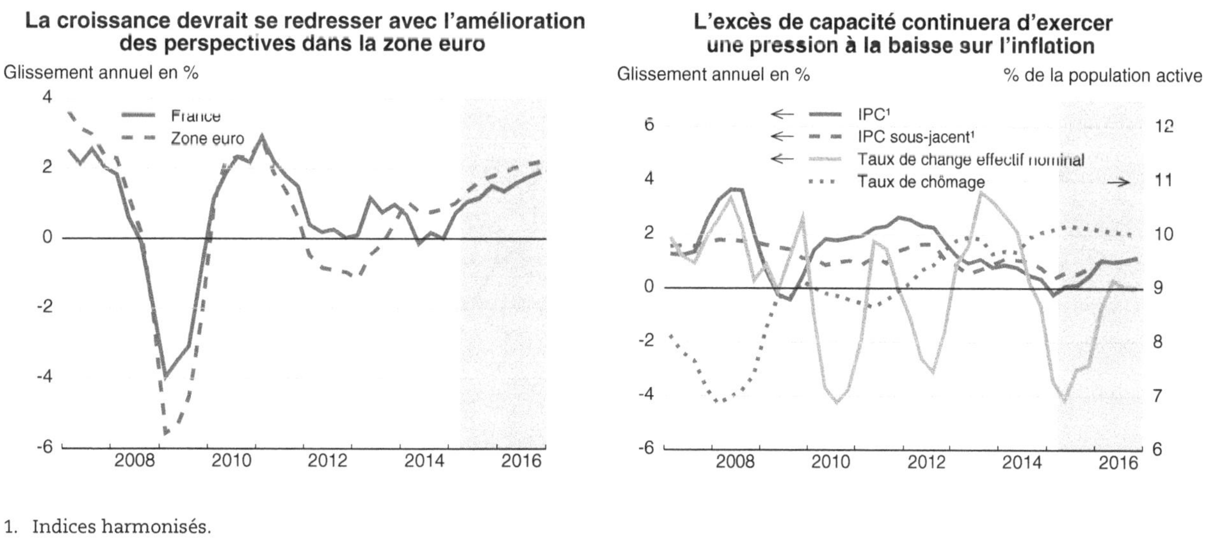

1. Indices harmonisés.

Source : Base de données des Perspectives économiques de l'OCDE, n° 97.

StatLink http://dx.doi.org/10.1787/888933225918

France : **Emploi, revenu et inflation**

Pourcentages de variation

	2012	2013	2014	2015	2016
Emploi	0.0	0.0	0.1	0.2	0.6
Taux de chômage[1]	9.4	9.9	9.8	10.1	10.0
Rémunération par salarié[2]	2.2	1.6	1.4	1.6	2.1
Coûts unitaires de main-d'œuvre	2.0	0.6	1.5	0.7	1.0
Revenu disponible des ménages	0.5	0.7	1.6	1.5	2.2
Déflateur du PIB	1.2	0.8	0.6	1.0	0.8
Indice des prix à la consommation harmonisé	2.2	1.0	0.6	0.1	1.1
IPCH sous-jacent[3]	1.5	0.7	1.0	0.5	1.0
Déflateur de la consommation privée	1.4	0.8	0.0	0.0	0.8
Pour mémoire					
Taux de chômage[4]	9.8	10.3	10.2	10.5	10.4

1. En pourcentage de la population active, France métropolitaine.
2. Pour l'ensemble de l'économie.
3. Indice des prix à la consommation harmonisé, hors énergie, alimentation, alcool et tabac.
4. En pourcentage de la population active, taux national, incluant les départements outremer.

Source : Base de données des Perspectives économiques de l'OCDE, n° 97.

StatLink http://dx.doi.org/10.1787/888933226813

l'investissement public restera modeste du fait de la diminution des transferts de l'Etat vers les collectivités locales, qui représentent l'essentiel de ces dépenses.

Les conditions extérieures se sont améliorées

La France connaît actuellement une expansion modeste, soutenue par l'amélioration de l'environnement international et des conditions financières. Les exportations se sont redressées à la fin de 2014, suite à l'intensification des échanges mondiaux, et la

France

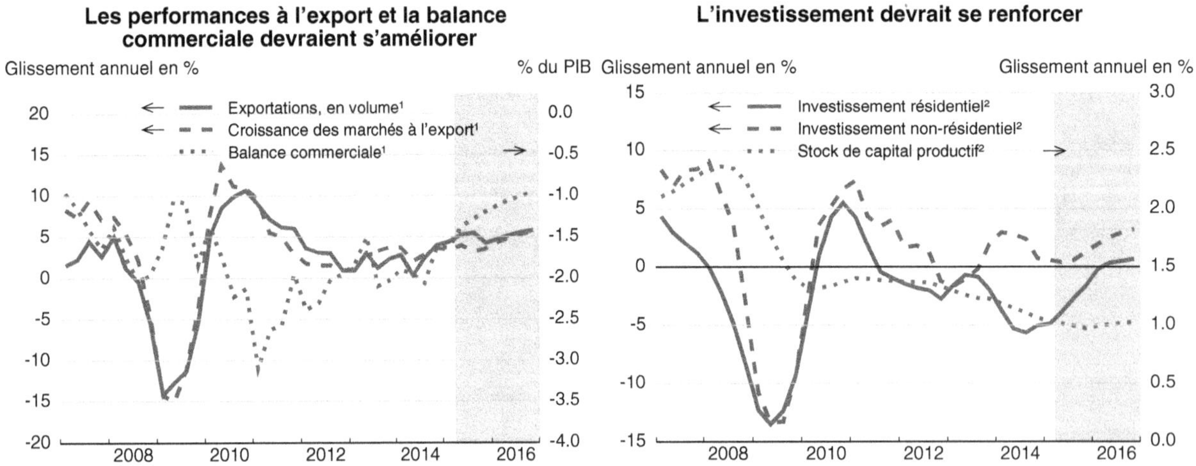

1. Biens et services.
2. En volume.

Source : Base de données des Perspectives économiques de l'OCDE, n° 97.

StatLink http://dx.doi.org/10.1787/888933225922

France : **Indicateurs financiers**

	2012	2013	2014	2015	2016
Taux d'épargne nette des ménages[1]	14.9	14.7	15.6	15.5	15.1
Solde financier des administrations publiques[2]	-4.8	-4.1	-4.0	-3.8	-3.2
Dette brute des administrations publiques[3]	111.8	111.4	120.4	121.9	122.8
Dette brute des administrations publiques, définition Maastricht[2]	89.6	92.2	95.5	97.0	97.9
Balance des opérations courantes[2]	-1.5	-1.4	-1.0	-0.5	-0.3
Taux d'intérêt à court terme[3]	0.6	0.2	0.2	0.0	0.0
Taux d'intérêt à long terme[4]	2.5	2.2	1.7	0.6	0.7

1. En pourcentage du revenu disponible (épargne brute).
2. En pourcentage du PIB, valeur au marché.
3. Taux interbancaire à 3 mois.
4. Emprunts phare d'État à 10 ans.

Source : Base de données des Perspectives économiques de l'OCDE, n° 97.

StatLink http://dx.doi.org/10.1787/888933226828

consommation a augmenté au cours du premier trimestre, grâce aux effets de revenu induits par la baisse des prix du pétrole et aux conditions climatiques qui ont stimulé la demande d'énergie. La hausse du chômage a ralenti, principalement sous l'effet des emplois aidés dans le secteur non marchand visant les jeunes et les personnes peu qualifiées. Toutefois, le niveau élevé du chômage et l'ampleur des ressources inutilisées

France : **Demande et production**

	2013	2014	2015	2016	Quatrième trimestre 2014	Quatrième trimestre 2015	Quatrième trimestre 2016
	Prix courants milliards d' €	Pourcentages de variation annuelle, en volume (prix de 2010)					
PIB aux prix du marché	2 117.9	0.2	1.1	1.7	0.0	1.5	1.9
Consommation privée	1 176.3	0.7	1.6	1.7	0.6	1.7	2.1
Consommation publique	508.1	1.5	1.2	0.3	1.6	0.6	0.3
Formation brute de capital fixe	468.6	-1.2	-0.6	1.8	-2.1	0.5	2.2
Secteur public	84.9	-6.9	-1.6	0.4	-7.3	0.6	0.4
Secteur privé : résidentiel	113.9	-5.0	-3.3	0.3	-5.1	-1.6	0.7
Secteur privé : autres	269.8	2.2	0.7	2.7	0.7	1.3	3.2
Demande intérieure finale	2 153.0	0.5	1.1	1.4	0.2	1.2	1.7
Variation des stocks[1]	4.5	0.2	0.3	0.0			
Demande intérieure totale	2 157.4	0.7	1.3	1.3	0.4	1.6	1.7
Exportations de biens et services	604.0	2.4	4.9	5.3	4.0	4.2	5.8
Importations de biens et services	643.6	3.9	5.5	4.2	5.0	4.3	4.9
Exportations nettes[1]	- 39.6	-0.5	-0.3	0.3			

Note : Des prévisions trimestrielles détaillées sont disponibles dans l'annexe statistique pour les sept pays principaux, la zone euro et l'ensemble de l'OCDE.

1. Contributions aux variations du PIB en volume, montant effectif pour la première colonne.

Source : Base de données des Perspectives économiques de l'OCDE, n° 97.

StatLink http://dx.doi.org/10.1787/888933226835

dans l'économie ont poussé encore un peu plus l'inflation à la baisse, malgré des conditions monétaires très accommodantes dans la zone euro.

La dépréciation de l'euro stimule directement les exportations françaises et renforce aussi les marchés sur lesquels, à l'intérieur de la zone euro, la France exporte. Le déficit commercial est proche de 1.6 % du PIB, alors qu'il avait atteint un pic de 3 % en 2011. La baisse des prix de l'énergie soutient à la fois la demande intérieure et celle des marchés à l'exportation. Parallèlement, la confiance des ménages et le climat des affaires se sont significativement redressés, même si ces deux indicateurs restent en-deçà de leurs moyennes de long terme. La consommation privée a commencé à repartir progressivement, même si le niveau élevé du chômage a entraîné une hausse de l'épargne de précaution en 2014. L'investissement productif devrait suivre, à mesure que les conditions de l'offre de crédit continueront de s'assouplir et que les incertitudes entourant la demande et le programme de réformes vont se dissiper. Des mesures budgétaires temporaires prévues en 2015-2016, une série de réformes structurelles visant à renforcer les profits des entreprises (voir ci-après) et le plan Juncker de mobilisation l'investissement dans l'UE en 2016 devraient aussi participer au redémarrage de l'investissement productif.

Le rythme de l'assainissement budgétaire a ralenti

Les déséquilibres budgétaires se sont atténués, mais des efforts supplémentaires seront nécessaires pour alléger la pression fiscale et orienter significativement à la baisse la dette publique. Le montant de l'assainissement budgétaire sur 2015-16 devrait être ramené à 1 % du PIB, ce qui est globalement approprié compte tenu de la fragilité de la reprise. Sur le front des dépenses, le niveau peu élevé des intérêts servis sur la dette publique et la réforme des retraites de 2010 permettront des économies, tout comme la poursuite du gel des salaires de base des fonctionnaires des administrations publiques et les efforts de modération des dépenses de santé. Cependant, ces économies seront en partie compensées par le déploiement progressif du crédit d'impôt pour la compétitivité et l'emploi (CICE), qui abaisse le coût du travail sur les bas et moyens salaires. Parallèlement, les réductions de l'impôt sur le revenu des ménages à faible revenu et des cotisations sociales patronales ainsi que la diminution modérée de l'impôt sur les bénéfices devraient réduire les recettes publiques.

Les réformes structurelles devraient cibler en priorité le marché du travail

Améliorer le marché du travail, simplifier les procédures administratives et réglementaires et continuer d'abaisser les dépenses publiques en pourcentage du PIB à moyen terme est essentiel pour améliorer les perspectives de croissance, la confiance et l'investissement. Une fois pleinement entrés en vigueur en 2016, le CICE et les baisses de cotisations sociales prévues par le Pacte de responsabilité et de solidarité auront pour effet de réduire les coûts de main-d'œuvre d'environ 1.4 % du PIB. Ces mesures permettront d'améliorer la compétitivité internationale, même si elles pourraient être partiellement compensées par une hausse des salaires dynamique malgré l'importance des ressources inutilisées dans l'économie. Pour rétablir la compétitivité et améliorer la productivité, il est nécessaire d'engager des réformes structurelles plus ambitieuses, notamment de limiter encore les dépenses publiques à moyen terme afin de créer une marge de manœuvre budgétaire permettant d'abaisser les prélèvements obligatoires. Les efforts menés pour alléger le poids des réglementations et développer la concurrence sont les bienvenus, et ils renforcent l'effet des réductions du coût de la main-d'œuvre et de l'impôt sur les sociétés, mais ils doivent être largement intensifiés. Il faut aussi renforcer les compétences de la population pour stimuler la croissance à long terme et rendre la croissance plus inclusive : pour ce faire, le gouvernement doit, comme prévu, développer considérablement l'apprentissage dans l'enseignement secondaire et mettre au point un système efficace d'assurance-qualité pour les prestataires de formations continues.

Les exportations et la consommation seront le moteur de la reprise

L'amélioration des conditions financières, la dépréciation de l'euro, les effets de revenu induits par la baisse des prix de l'énergie et le ralentissement de l'assainissement budgétaire devraient renforcer les exportations et stimuler la consommation privée. A mesure que les incertitudes vont quelque peu se dissiper, une accélération progressive de l'investissement productif donnera une assise plus ferme à l'expansion de l'activité. Le taux de chômage croîtra encore un peu avant de commencer à refluer lentement vers la fin de 2015. Le déficit de la balance courante devrait continuer à diminuer car la facture des importations énergétiques se réduit et les parts de marché à l'exportation se redressent modérément à la faveur de la dépréciation de l'euro et de l'amélioration de la compétitivité-coût.

Plusieurs risques entourent la projection centrale. Le programme de réformes structurelles pourrait avoir un impact plus positif que prévu sur la confiance, ce qui stimulerait la consommation et l'investissement productif. L'assouplissement quantitatif dans la zone euro pourrait entraîner une nouvelle dépréciation de la monnaie, dynamisant la demande en provenance des grands marchés d'exportation. De nouvelles baisses du prix du pétrole pourraient aussi entraîner des effets de revenu positifs significatifs. De plus, le taux d'épargne des ménages reste élevé, ce qui pourrait stimuler la consommation privée une fois la reprise solidement engagée. À l'inverse, si les réformes structurelles étaient mal communiquées ou imparfaitement mises en œuvre, et ne parvenaient pas à rétablir la confiance, la reprise serait fragilisée. Par ailleurs, les effets de la faible rentabilité des entreprises, de la contraction du marché du logement et des incertitudes politiques pourraient être plus importants que prévu, tandis qu'un taux de change et des prix du pétrole plus élevés que ceux retenus dans les hypothèses pèseraient sur l'activité.

GRÈCE

La croissance économique reste faible en 2015, les incertitudes liées au programme de réformes et la détérioration des liquidités ayant sapé la confiance des chefs d'entreprise et nuit à l'investissement. Elle s'affermira en 2016 et le chômage reculera quelque peu avec le redressement des exportations et des investissements, alors que la dynamique des réformes trouvera un nouveau souffle. La déflation va se poursuivre en 2015 en raison de la très grande ampleur du volant de ressources inemployées dans l'économie.

Le fardeau de la dette restera très lourd et la viabilité des finances publiques exige de poursuivre les mesures d'austérité pendant quelque temps encore. La politique budgétaire devrait viser un léger excédent primaire. Des réformes du régime fiscal et du recouvrement de l'impôt sont essentielles pour augmenter les recettes alors que de nouvelles réformes des retraites contribueraient à contenir les dépenses. Des réformes structurelles visant à réduire les obstacles à la concurrence et à l'investissement stimuleraient les exportations et créeraient plus d'emplois de meilleure qualité. Les réformes de la politique sociale devraient avoir pour objet une juste répartition des coûts et avantages du processus d'ajustement.

Le redressement de l'investissement dépendra pour l'essentiel d'un retour de la confiance des chefs d'entreprise et d'une mise en œuvre plus rapide des réformes structurelles. Un meilleur accès au crédit est également crucial. Il est donc essentiel de stabiliser le système bancaire en s'efforçant de faire baisser le niveau élevé des prêts non productifs.

La courbe de la croissance s'est très lentement inversée

Après une très profonde récession, l'activité s'est quelque peu intensifiée en 2014 grâce aux bons résultats du secteur du tourisme, à un rebond de la consommation privée et de l'investissement et à une amélioration de la confiance des chefs d'entreprise et des

Grèce

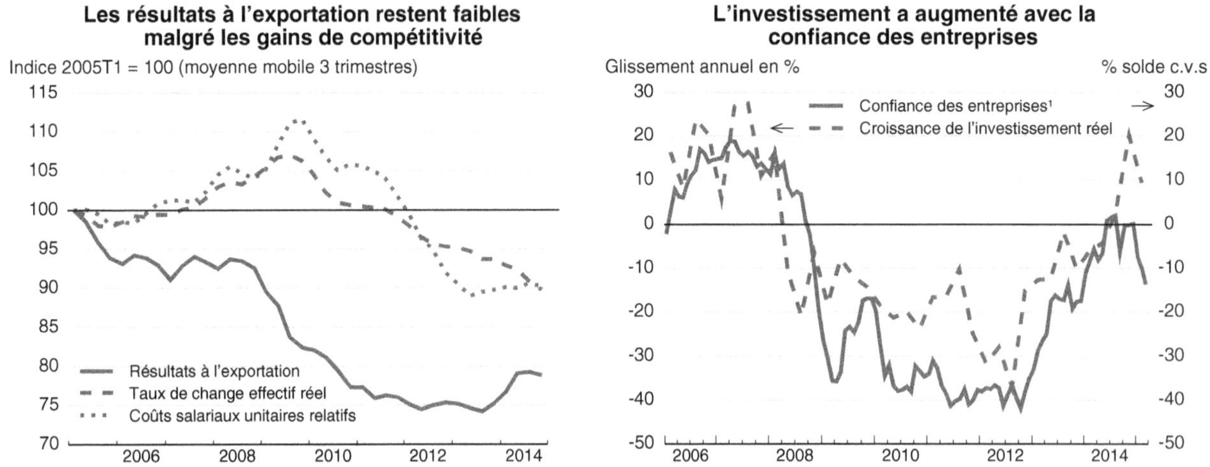

1. Moyenne non pondérée des données pour l'industrie manufacturière, la construction, le commerce et les services aux entreprises.
Source : Base de données des Perspectives économiques de l'OCDE, n° 97 ; et base de données des Comptes nationaux de l'OCDE.

StatLink http://dx.doi.org/10.1787/888933225950

Grèce : **Demande, production et prix**

	2011	2012	2013	2014	2015	2016
	Prix courants milliards d' €	Pourcentages de variation, en volume (prix de 2010)				
PIB aux prix du marché	208.0	-6.6	-4.0	0.7	0.1	2.3
Consommation privée	145.1	-7.9	-2.2	1.4	0.9	1.1
Consommation publique	44.2	-6.7	-5.1	-0.8	-1.7	-0.9
Formation brute de capital fixe	32.2	-28.5	-9.5	3.0	0.6	5.0
Demande intérieure finale	221.5	-10.6	-3.6	1.2	0.3	1.1
Variation des stocks[1,2]	1.0	1.1	-1.2	-0.6	-0.5	0.0
Demande intérieure totale	222.4	-9.6	-4.5	0.6	0.0	1.2
Exportations de biens et services	53.2	1.0	1.5	8.8	2.3	7.8
Importations de biens et services	67.7	-9.4	-2.9	7.4	3.5	4.0
Exportations nettes[1]	- 14.5	3.3	1.4	0.2	-0.5	1.1
Pour mémoire						
Déflateur du PIB	_	0.0	-2.3	-2.6	-1.1	-0.2
Prix à la consommation harmonisé (indice)	_	1.0	-0.9	-1.4	-1.4	0.3
Déflateur de la consommation privée	_	0.8	-1.6	-2.2	-0.6	0.1
Taux de chômage	_	24.4	27.5	26.5	25.7	24.7
Solde des administrations publiques[3,4]	_	-8.7	-12.3	-3.6	-3.4	-2.8
Dette brute des administrations publiques[5]	_	166.2	182.0	184.1	187.9	187.6
Dette brute des administrations publiques, définition Maastricht[3]	_	156.8	175.1	177.4	180.0	178.1
Balance des opérations courantes[6]	_	-2.5	0.6	0.9	2.1	2.8

1. Contributions aux variations du PIB en volume, montant effectif pour la première colonne.
2. Y compris l'erreur statistique.
3. Sur la base des comptes nationaux, en pourcentage du PIB.
4. Les données pour les années 2012 et 2013 comprennent l'impact total du soutien du gouvernement aux institutions financières. Les données comprennent également les profits des banques de l'Eurosystème réalisés sur les obligations du gouvernement grec lesquels ont été remis à la Grèce.
5. En pourcentage du PIB, valeur du marché.
6. Sur la base des règlements, en pourcentage du PIB.

Source : Base de données des Perspectives économiques de l'OCDE, n° 97.

StatLink http://dx.doi.org/10.1787/888933227077

consommateurs. Le taux de chômage a commencé à s'infléchir mais, à 26 %, il reste très élevé. L'indice des prix à la consommation demeure négatif en raison d'importantes surcapacités, de la baisse des impôts indirects et des réformes engagées sur les marchés de produits qui ont eu pour effet de réduire les rentes. Les coûts unitaires de main-d'œuvre poursuivent leur trajectoire descendante. Pour autant, les gains de compétitivité n'ont pas réussi à stimuler les exportations du fait, en grande partie, du maintien d'obstacles à la concurrence et au transport.

La dette publique dépasse 175 % du PIB et demeure extrêmement importante. Si le service de la dette est relativement peu élevé, l'ampleur des remboursements du principal fait planer un risque à court terme pour la stabilité macroéconomique et financière du pays. L'assainissement budgétaire a porté l'excédent primaire à 0.4 % du PIB en 2014 et ramené le déficit budgétaire à 3.6 %. L'objectif visé n'a toutefois pas été atteint en raison des difficultés persistantes que pose le recouvrement de l'impôt. Dans le système bancaire, les prêts non productifs continuent de limiter l'expansion du crédit et l'incertitude quant à l'accord avec les créanciers a entraîné, ces derniers mois, des retraits massifs sur les dépôts.

Il faut plus de réformes structurelles pour stimuler une croissance inclusive

Le processus d'assainissement budgétaire sera assoupli même si le gouvernement vise, à juste titre, un léger excédent primaire. De nouvelles réformes destinées à renforcer l'efficacité de l'administration publique et les mesures d'assainissement, selon leur composition, peuvent modérer l'impact de la rigueur budgétaire sur la croissance et faire aussi que celle-ci soit plus inclusive. Une réforme fiscale est impérative pour lutter contre la fraude fiscale et accroître les recettes. L'extension du système de protection sociale, s'il est bien conçu, aiderait les populations les plus vulnérables et contribuerait à répartir plus équitablement les coûts et avantages du processus d'ajustement. Une réforme des retraites, limitant le nombre de régimes spéciaux dont bénéficient certaines catégories professionnelles, améliorerait la viabilité des finances publiques et réduirait les inégalités.

Si la Grèce ne parvient pas à résoudre le problème des prêts non productifs qui affecte le secteur bancaire, les conditions de crédit pourraient encore se dégrader, ce qui pèserait sur l'investissement et la consommation. Un volume important de ces prêts pourrait probablement être recouvré auprès du secteur privé, dont l'endettement est relativement faible. La simplification des procédures de faillite et l'extension des possibilités de recours à un règlement extrajudiciaire aideraient à résoudre le problème des prêts non productifs. Un allègement de la réglementation applicable aux industries de réseau, notamment dans les secteurs de l'énergie et des transports, stimulerait la concurrence, les exportations et les créations d'emplois. Il convient par ailleurs de prendre des mesures pour améliorer encore les conditions d'ensemble de l'activité des entreprises.

L'incertitude pèse sur les perspectives de croissance

À supposer qu'un accord avec les créanciers intervienne, la croissance n'en demeurerait pas moins faible en 2015. La progression de l'investissement et de la consommation sera limitée par la dégradation des conditions de crédit et une confiance timide. Les gains de compétitivité ne suffiront pas à doper les exportations en l'absence de réformes structurelles pour lever les obstacles aux échanges et à l'investissement. En 2016, la reprise devrait s'affermir. Les exportations, en particulier les rentrées de recettes du tourisme, et les investissements bénéficieront des réformes structurelles et de la reprise dans la zone euro. L'inflation restera négative en 2015 en raison de surcapacités importantes, mais devrait augmenter progressivement en 2016 avec le redressement de l'économie.

La mise en œuvre des réformes, sans laquelle la croissance serait compromise, reste une entreprise ardue. À l'inverse, conduite avec fermeté et crédibilité, celle-ci stimulerait l'expansion économique. Les exportations pourraient être supérieures aux prévisions du fait que l'impact des gains de compétitivité est peut-être sous-estimé. Cela étant, l'éventualité que la Grèce ne parvienne pas à un accord satisfaisant avec ses créanciers officiels fait planer une menace sur la matérialisation de cette prévision. À court terme du moins, une telle issue entraînerait une forte contraction de la production, mais aussi des revenus des ménages.

HONGRIE

La croissance économique devrait ralentir mais rester assez soutenue, et le repli du chômage se poursuivra. Alors que les effets de la baisse des prix de l'énergie s'estompent et que le marché du travail se resserre, l'inflation devrait repartir progressivement à la hausse. Contrairement à la demande interne, qui marquera le pas, la croissance des exportations restera dynamique. Compte tenu de l'amélioration des termes de l'échange, cette évolution aura pour effet de gonfler l'excédent des paiements courants déjà élevé.

Après le net creusement du déficit structurel en 2014, les autorités devraient reprendre les efforts d'assainissement de la situation budgétaire sous-jacente afin de résorber durablement la dette et d'élargir la marge de manœuvre budgétaire. D'ici la fin de la période examinée, le volant de ressources inemployées sera faible, et la banque centrale pourrait être amenée à relever son taux directeur pour maîtriser les tensions inflationnistes. Des réformes structurelles proconcurrentielles sur les marchés de produits seront également déterminantes pour générer une croissance plus forte et plus inclusive. De plus, la réduction des coins fiscaux sur le travail permettrait de stimuler l'emploi. Les mesures prévues pour améliorer l'environnement économique des banques et favoriser l'assainissement de leurs portefeuilles devraient être pleinement mises en œuvre.

La formation brute de capital fixe a connu une expansion vigoureuse ces deux dernières années, principalement grâce à l'appui de l'investissement public et de l'investissement direct étranger dans la production manufacturière axée sur les exportations. En revanche, l'investissement dans le logement et dans les secteurs qui dépendent du marché intérieur s'est redressé plus faiblement. L'investissement public devrait connaitre un ralentissement, voire un repli. Les réformes évoquées ci-dessus dans le secteur bancaire et sur les marchés de produits seront décisives pour soutenir une croissance de l'investissement privé reposant sur une large assise.

Hongrie

L'activité a connu une croissance vigoureuse

Les conditions de crédit pour les entreprises s'améliorent doucement[1]

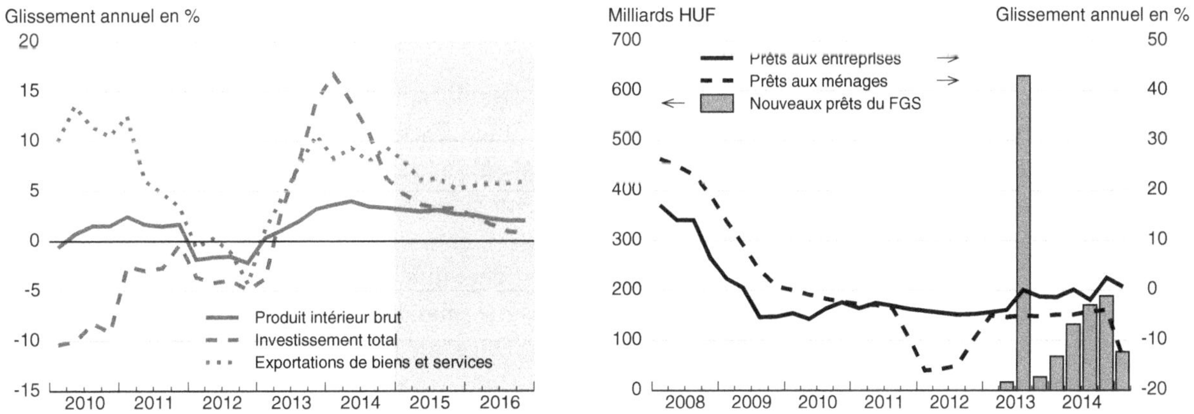

1. Les séries en glissement annuel en pourcentage couvrent uniquement les transactions. Les prêts aux ménages se réfèrent aux données non corrigées des variations saisonnières de l'encours des prêts bancaires avec un ajustement roulant du taux de change. FGS : Funding for Growth Scheme.

Source : Base de données des Perspectives économiques de l'OCDE, n° 97 ; et Magyar Nemzeti Bank.

StatLink http://dx.doi.org/10.1787/888933225964

Hongrie : **Demande, production et prix**

	2011	2012	2013	2014	2015	2016
	Prix courants milliards de HUF	Pourcentages de variation, en volume (prix de 2005)				
PIB aux prix du marché	28 158.5	-1.8	1.7	3.6	3.0	2.2
Consommation privée	14 720.7	-1.9	-0.1	1.6	2.4	2.0
Consommation publique	5 832.8	-1.3	3.2	2.4	2.0	0.3
Formation brute de capital fixe	5 551.7	-4.2	5.2	11.7	3.7	1.5
Demande intérieure finale	26 105.1	-2.3	1.7	4.0	2.6	1.5
Variation des stocks[1]	326.1	-0.8	-0.5	0.4	-0.3	0.0
Demande intérieure totale	26 431.3	-3.0	1.2	4.1	2.3	1.5
Exportations de biens et services	24 540.1	-1.5	5.9	8.7	6.4	5.7
Importations de biens et services	22 812.9	-3.3	5.9	10.0	5.7	5.2
Exportations nettes[1]	1 727.2	1.4	0.4	-0.4	1.0	0.9
Pour mémoire						
Déflateur du PIB	_	3.6	3.2	3.0	1.7	2.8
Indice des prix à la consommation	_	5.7	1.7	-0.2	-0.2	2.7
Déflateur de la consommation privée	_	6.3	2.6	0.8	0.1	2.8
Taux de chômage	_	11.0	10.2	7.7	6.9	6.2
Solde des administrations publiques[2]	_	-2.3	-2.4	-2.5	-2.3	-2.2
Dette brute des administrations publiques[2]	_	98.2	96.7	99.8	99.6	98.3
Dette brute des administrations publiques, définition Maastricht[2]	_	78.2	76.8	76.5	76.2	75.0
Balance des opérations courantes[2]	_	1.8	4.0	4.1	5.4	5.6

1. Contributions aux variations du PIB en volume, montant effectif pour la première colonne.
2. En pourcentage du PIB, valeur du marché.
Source : Base de données des Perspectives économiques de l'OCDE, n° 97.

StatLink http://dx.doi.org/10.1787/888933227085

La croissance est forte et largement répartie

Début 2015, l'économie hongroise continue d'afficher une croissance soutenue et reposant sur une large assise. Les exportations sont portées par l'expansion des capacités de l'industrie automobile, l'amélioration progressive des performances économiques en Europe et la dépréciation de l'euro, les grands exportateurs figurant en bonne place dans les chaînes d'approvisionnement d'entreprises allemandes qui vendent au reste du monde. Quoique toujours dynamique, l'investissement ralentit car l'élan imprimé à l'investissement public par les fonds de l'UE touchera bientôt à sa fin. L'indemnisation des ménages à la charge des banques (au titre des relèvements unilatéraux des taux d'intérêt par le passé et des écarts entre les taux de change acheteurs et vendeurs), imposée par la loi, stimule la consommation privée. De plus, un risque financier importé qui pesait sur les ménages a été levé avec la conversion obligatoire en monnaie locale des prêts hypothécaires qui étaient libellés en devises. La baisse des prix de l'énergie a donné un élan supplémentaire aux revenus réels, mais a également entraîné une poussée déflationniste. Le programme de travaux publics a été maintenu à un niveau globalement stable, mais devrait être une nouvelle fois étendu, alors que la baisse du chômage a montré un ralentissement depuis mi-2014.

Les politiques monétaire et budgétaire continuent de soutenir l'activité, mais des réformes structurelles sont de mise

En mars, la banque centrale a renoué avec sa stratégie de baisse du taux directeur, qui était resté stable depuis juillet 2014. En outre, les autorités ont à nouveau abondé, à hauteur de 1.5 % du PIB supplémentaire, le Mécanisme de financement pour la croissance qui permet aux banques de se refinancer gratuitement auprès de la banque centrale en vue de prêter aux PME, et l'ont complété par un nouveau dispositif de partage limité des risques avec la banque centrale en cas de pertes sur prêts. Après une forte expansion en 2014, la politique budgétaire devrait être marquée par un léger assouplissement additionnel en 2015, puis rester globalement neutre en 2016.

À compter de 2016, les autorités se sont engagées à abaisser progressivement la taxe sur les établissements bancaires du pays, et plus globalement à offrir un environnement plus favorable à l'activité de ce secteur. Une agence contrôlée par la banque centrale commencera de plus en fin d'année à racheter des prêts immobiliers commerciaux douteux et des biens immobiliers aux banques (jusqu'à 1 % du PIB), accélérant ainsi le processus d'assainissement de leur portefeuille. La mise en œuvre de ces mesures devrait contribuer à débloquer le crédit. Néanmoins, l'investissement dans les secteurs majoritairement non exportateurs, comme l'énergie et le commerce de détail, reste entravé par une réglementation contraignante et fréquemment modifiée. En outre, des réformes structurelles visant à réduire le coin fiscal sur les bas salaires, qui est élevé par comparaison avec d'autres pays, permettraient de stimuler la création d'emploi et rendraient la croissance plus inclusive.

La croissance ralentira quelque peu

À mesure que les effets des mesures de soutien à la consommation et à l'investissement s'estomperont, la croissance devrait ralentir, tout en restant très soutenue. Les exportations représenteront toujours le volet le plus dynamique de la demande, et le confortable excédent de la balance courante s'amplifiera encore. Le chômage devrait poursuivre sa légère décrue sur la période de prévision et, à mesure que les effets de la baisse des prix de l'énergie se dissiperont, l'inflation tendra progressivement vers la cible de 3 %.

Le risque de divergence à la baisse par rapport aux prévisions lié à une dépréciation du forint est plus faible que par le passé, en raison de la diminution de la dette libellée en devise (pour partie grâce à la conversion à grande échelle en forints des prêts libellés en d'autres monnaies) et de la faiblesse de l'euro. Pour l'heure, la spécialisation croissante du secteur manufacturier autour de l'industrie automobile soutient la croissance, mais pourrait accroître la volatilité de la production. L'amélioration des conditions d'activité des banques pourrait aboutir à une expansion du crédit plus rapide que prévu, alimentant la croissance de la demande intérieure.

INDE

La croissance économique va demeurer forte, à la faveur d'un rebond de l'investissement. L'objectif d'assainissement budgétaire visé pour l'exercice 2015-2016 a été assoupli pour permettre une hausse de l'investissement dans les infrastructures, tandis que les réformes structurelles visant à améliorer la facilité de faire des affaires et la campagne « Fabriquer en Inde » (*Make in India*) devraient dynamiser l'investissement productif. L'appréciation de la monnaie indienne freinera la croissance des exportations. La baisse des prix du pétrole relâchera les tensions exercées sur le déficit courant, l'inflation et les subventions.

Il convient d'améliorer l'efficience des dépenses publiques et d'accroître les recettes pour financer les investissements publics nécessaires dans les infrastructures matérielles et sociales. L'assainissement budgétaire devrait permettre de revoir à la baisse les obligations faites aux banques de détenir des obligations d'État, ce qui devrait débloquer des fonds pour le crédit au secteur privé. Le subventionnement des engrais et des produits pétroliers devrait être mieux ciblé et le projet de taxe sur les ventes (taxe GST sur les biens et les services) et la réforme de l'impôt sur les sociétés devraient être mis en œuvre rapidement. La révision à la baisse des anticipations d'inflation donne matière à un assouplissement monétaire. Le traitement de la question des prêts improductifs conforterait la transmission de la politique monétaire.

Le rebond de l'investissement en 2014 n'a pas eu lieu, signe du mauvais état des infrastructures et de retards dans les procédures administratives. Le gouvernement a déréglementé le secteur du charbon, pris des mesures pour améliorer les conditions d'exercice des activités des entreprises et ouvert de nouveaux secteurs – parmi lesquels la construction, le rail et l'assurance - à l'investissement direct étranger (IDE). Le budget 2015-2016 prévoit d'accroître l'investissement dans le secteur ferroviaire. Pour que l'investissement productif regagne en vigueur, de nouvelles réformes pour lever certaines incertitudes entourant les acquisitions foncières et la réglementation fiscale, et pour améliorer la qualité des réseaux d'électricité et de transport, sont indispensables.

Inde

La croissance a été tirée par la consommation jusqu'à présent

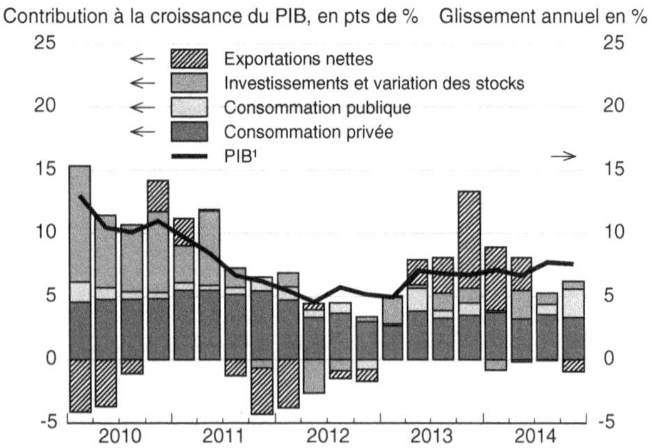

Les anticipations d'inflation ont commencé à s'ajuster

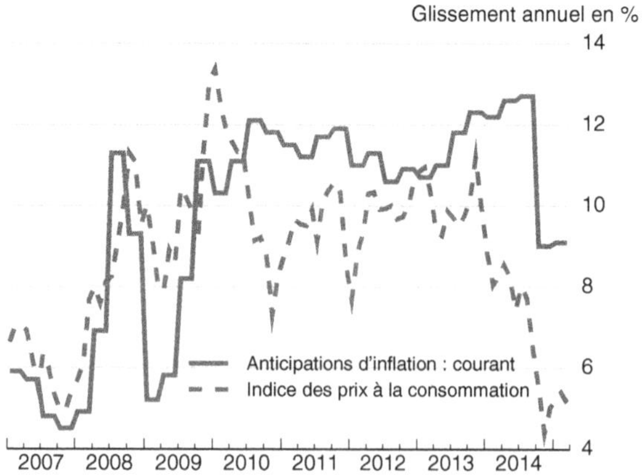

1. Glissement annuel en pourcentage ; en volume et aux prix du marché.

Source : Central statistics Office ; et Reserve Bank of India.

StatLink http://dx.doi.org/10.1787/888933225984

Inde : **Demande, production et prix**

	2011	2012	2013	2014	2015	2016
	Prix courants mille milliards de roupies indiennes	Pourcentages de variation, en volume (prix de 2012)				
PIB aux prix du marché	85.6	5.1	6.9	7.2	7.3	7.4
Consommation privée	48.9	5.5	6.2	6.0	6.9	6.9
Consommation publique	9.5	1.7	8.2	8.1	6.8	6.1
Formation brute de capital fixe	28.7	-0.3	3.0	4.7	7.0	8.2
Demande intérieure finale	87.1	3.2	5.4	5.8	6.9	7.2
Variation des stocks[1]	3.3	0.1	-0.1	0.0	0.0	0.0
Demande intérieure totale	90.4	5.0	2.4	6.6	6.7	7.2
Exportations de biens et services	20.5	6.7	7.3	1.3	6.9	7.3
Importations de biens et services	25.3	6.0	-8.4	-0.5	4.6	6.1
Exportations nettes[1]	- 4.8	0.0	1.2	0.1	0.1	0.1
Pour mémoire						
Déflateur du PIB	_	7.6	6.3	3.8	4.8	5.1
Indice des prix à la consommation	_	10.2	9.5	6.4	5.7	5.3
Indice des prix de gros[2]	_	7.4	6.0	2.6	2.9	4.1
Solde des administrations publiques[3,4]	_	-6.8	-7.1	-6.6	-6.2	-5.9
Balance des opérations courantes[3]	_	-4.8	-1.7	-1.4	-1.2	-1.4

Note : Les données se réfèrent à l'exercice comptable commençant en avril.
1. Contributions aux variations du PIB en volume, montant effectif pour la première colonne.
2. Tous biens.
3. En pourcentage du PIB, valeur du marché.
4. Solde budgétaire brut du gouvernement central et des états.

Source : Base de données des Perspectives économiques de l'OCDE, n° 97.

StatLink http://dx.doi.org/10.1787/888933227286

La consommation publique et privée est le moteur de la croissance

L'Inde est devenue l'un des pays à plus forte croissance du monde. La croissance, qui a été nettement revue à la hausse par l'adoption de nouvelles méthodes de comptabilité nationale, est imputable surtout à la consommation publique et privée, mais l'investissement et les exportations ont été en berne, en particulier aux deux derniers trimestres de 2014.

L'inflation a poursuivi son repli sous l'effet de la baisse des cours du pétrole et des produits de base, de la modération des hausses des prix de soutien minimums et de la faible progression des salaires dans le secteur agricole. La hausse globale des prix à la consommation fluctue autour de 5 % depuis la fin de 2014, soit la moitié environ du taux moyen depuis 2008, et l'inflation sous-jacente fléchit en raison des effets indirects de la baisse des cours du pétrole. Les anticipations d'inflation ont aussi commencé à reculer.

Les facteurs de vulnérabilité extérieure ont perdu du terrain. Le déficit courant s'est amenuisé, à cause de la baisse des cours du pétrole et des produits de base et du repli des importations d'or, mais aussi de la faiblesse de l'investissement. Le taux de change effectif réel de la roupie a remonté et les exportations ont été en berne. À la fin de 2014, ce déficit était entièrement financé par les flux nets d'IDE. Les entrées d'investissements de portefeuille, notamment dans des titres de dette, ont également connu une forte expansion, mais le total des engagements extérieurs de l'Inde, en pourcentage du PIB, demeure faible en comparaison d'autres pays émergents. Les réserves de change ont été reconstituées.

Inde

Le déficit de la balance courante s'est réduit mais les entrées nettes de capitaux ont augmenté

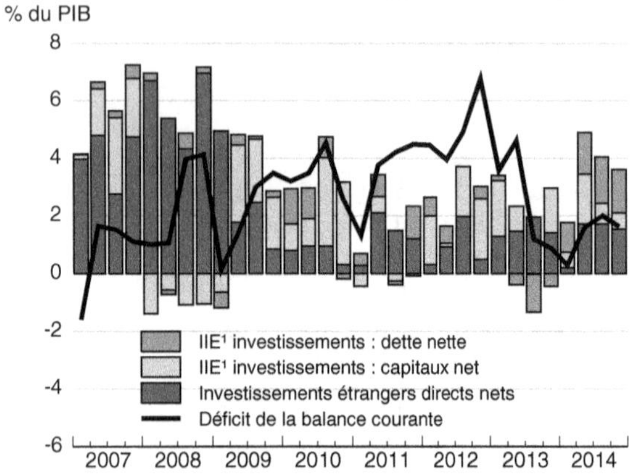

Les actifs risqués ont augmenté mais les emprunts ont langui

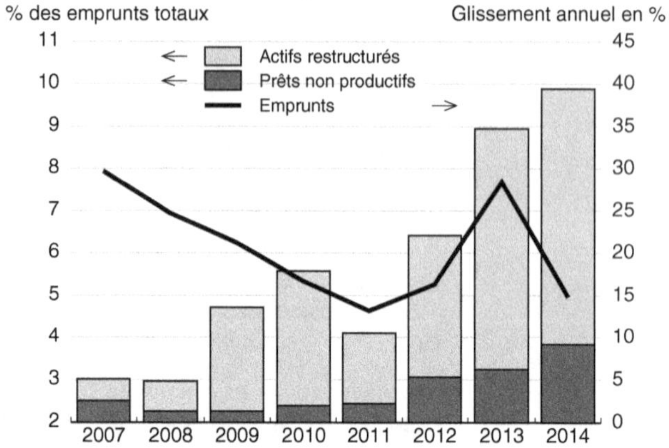

1. IIE indique les investisseurs institutionnels étrangers.
Source : Central Statistics Office ; Securities and Exchange Board of India ; et Reserve Bank of India.

StatLink http://dx.doi.org/10.1787/888933225994

Les mesures adoptées sont plus favorables à l'investissement

Le déficit cumulé du gouvernement central et des États demeure élevé, mais sa composition s'améliore. Les autorités ont supprimé les subventions à la consommation de gazole et relevé la fiscalité énergétique en 2014, lorsque les cours internationaux du pétrole reculaient. Dans son budget 2015-2016, le gouvernement fédéral a différé les efforts d'assainissement des finances publiques et élaboré des plans pour développer l'investissement dans les infrastructures, de transport notamment. Il envisage également de ramener de 30 % à 25 % le taux de l'impôt sur les sociétés au cours des quatre prochaines années. Alliées à l'application programmée de la taxe GST (une taxe sur les ventes commune à toute l'Inde) à compter d'avril 2016, ces mesures devraient concourir au dynamisme de l'investissement productif.

Il faut réformer encore pour améliorer l'efficacité de la dépense publique. D'autres prix subventionnés – en particulier ceux des engrais, des produits alimentaires et d'autres sources d'énergie hors gazole – continuent d'absorber une part notable des ressources publiques. Le passage à des prestations mieux ciblées et en espèces devrait être une priorité. La politique d'attribution d'un numéro d'identification personnel unique et d'accès des ménages pauvres aux comptes bancaires réduira les « déperditions » dans les politiques de subventions et améliorera leur sélectivité. Les dépenses publiques pourraient être réorientées vers les infrastructures sociales, y compris vers les dépenses de santé publique, qui demeurent très modestes. Pour poursuivre sur la voie de l'assainissement des finances publiques, le gouvernent devra élargir la base d'imposition et améliorer la discipline fiscale.

Un cadre souple de ciblage de l'inflation a été officiellement adopté comme instrument de la politique monétaire, renforçant ainsi la crédibilité de la RBI (Reserve Bank of India). La RBI a abaissé les taux de prise en pension, par deux fois depuis le début de 2015, à 7.5 %, et le ratio de liquidité réglementaire (SLR), qui fixe le pourcentage d'obligations d'État que les banques doivent détenir dans leur portefeuille, à 21.5 %. Toutefois, les taux d'intérêt réels ont augmenté. Les taux de prêt des banques ont été lents à s'ajuster aux baisses des taux de prise en pension, et la croissance du crédit a été atone.

La transmission de la politique monétaire se ferait mieux si l'on abaissait encore le ratio SLR et si l'on s'attaquait à la charge croissante des prêts improductifs.

La conduite de réformes structurelles serait propice à l'investissement et aiderait à redéployer les ressources vers des secteurs plus productifs. La récente vente aux enchères de mines de charbon appartenant à l'État, la privatisation partielle de Coal India et la déréglementation de l'IDE dans plusieurs secteurs devraient stimuler l'investissement. Mais il faut faire plus. La rationalisation des procédures de faillite, qui sont très longues, réduirait l'encours de prêts improductifs, et ouvrirait aux banques la possibilité de financer de nouveaux projets. La réforme des procédures d'acquisition foncière et l'accélération des procédures de délivrance des autorisations environnementales et sociales élimineraient certains retards dans les projets d'investissement.

De nouvelles initiatives sont nécessaires pour rendre la croissance plus inclusive. La législation du travail est restrictive et complexe. De fait, la majorité des travailleurs ne sont pas couverts ni par la législation de base du travail ni par une protection sociale. Réformer et simplifier le droit du travail permettrait de lever certains obstacles à des emplois formels de meilleure qualité et contribuerait à assurer aux femmes l'égalité des chances sur le plan professionnel. L'extension des quotas féminins aux parlements locaux et au parlement national et l'application plus stricte de la législation déjà en place pour combattre les discriminations à l'encontre des femmes aideraient à améliorer la participation des femmes au marché du travail, et ainsi à intégrer les femmes dans la vie économique et sociale. Enfin, l'augmentation du nombre de professionnels de santé et l'accroissement des dépenses publiques de santé, en donnant la priorité aux zones rurales et aux bidonvilles urbains qui sont mal desservis, permettrait d'améliorer l'état sanitaire de toute la population.

La croissance dépend des avancées dans les réformes structurelles

La croissance devrait rester solide. La production industrielle se raffermit. Selon certaines études, des projets d'investissement bloqués sont progressivement approuvés, en particulier dans les secteurs de l'électricité et du transport, mais aussi dans le secteur manufacturier. La confiance des entreprises et des ménages reprend des couleurs. Globalement, la croissance devrait être plus équilibrée grâce à une réorientation des ressources de la consommation vers l'investissement, en particulier dans le secteur public. La reprise de l'investissement dynamisera les importations, cependant que les exportations bénéficieront d'une embellie des perspectives chez les partenaires commerciaux de l'Inde. La hausse du taux de change effectif réel de la roupie pèsera néanmoins sur les résultats commerciaux. L'inflation demeurera modérée, bien que peut-être sujette à des fluctuations.

L'économie pourrait connaître une croissance de plus de 8 % si le parlement votait l'adoption de réformes structurelles ambitieuses, notamment de la taxe GST, des procédures d'acquisition foncière et du droit du travail. Les mauvaises conditions météorologiques auront des retombées négatives sur le revenu des populations rurales et sur la demande, aggraveront la pauvreté et pèseront sur l'inflation et sur le budget. L'atténuation des facteurs de vulnérabilité extérieure pourrait affermir la confiance et doper la croissance, mais, du fait certaines entreprises demeurent fortement endettées et affichent d'importantes positions extérieures non couvertes, des fluctuations d'ampleur sur les changes pourraient porter atteinte à cette croissance.

INDONÉSIE

La croissance économique s'est essoufflée au cours des derniers trimestres, mais l'activité devrait se ressaisir plus tard en 2015 avant de se raffermir encore en 2016 à mesure que les dépenses publiques s'accéléreront, que la confiance se rétablira et que l'effet expansionniste de la dépréciation de la rupiah se fera sentir. Après une hausse consécutive à la suppression des subventions aux combustibles, l'inflation fléchit, en grande partie en raison de la chute des prix de l'énergie. L'inflation devrait rester élevée du fait que le récent affaiblissement de la monnaie compense la diminution des prix de l'énergie. Le taux de change pourrait rester fragile en raison de la persistance du déséquilibre extérieur.

Si la décélération de l'économie se poursuit, il y a tout lieu de prendre des mesures de relance budgétaire tout en respectant la règle de plafonnement du déficit à 3 % du PIB. Après une baisse de 0.25 point en février, les taux d'intérêt directeurs devraient rester inchangés en 2015, avant de diminuer légèrement en 2016. Les réformes structurelles destinées à améliorer le climat des affaires et la lutte contre la corruption doivent se poursuivre et sont primordiales pour rendre la croissance plus inclusive.

Le développement futur de l'Indonésie est entravé par d'importants goulets d'étranglement au niveau des infrastructures, notamment en matière de transport et de logistique, mais aussi dans les secteurs de l'électricité et du traitement de l'eau. La suppression des subventions aux combustibles a dégagé la marge de manœuvre budgétaire nécessaire pour accroître les investissements dans les infrastructures publiques. L'accélération des projets d'investissement des pouvoirs publics, qui est prioritaire, nécessitera de surmonter d'importants obstacles d'ordre politique, administratif et pratique.

L'activité reste atone

La faiblesse de la demande intérieure et extérieure a contribué au ralentissement persistant de la croissance économique. La consommation des ménages soutient l'activité,

Indonésie

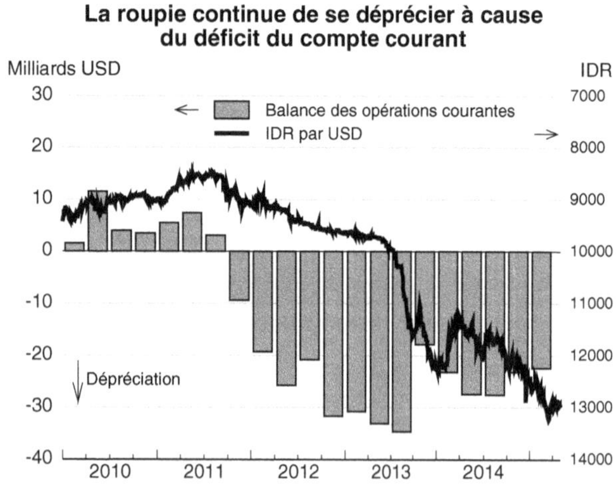

Source : Office statistique d'Indonésie (BPS) ; Base de données des Perspectives économiques de l'OCDE, n° 97 ; et Banque d'Indonésie.

StatLink http://dx.doi.org/10.1787/888933226004

Indonésie : **Demande, production et prix**

	2011	2012	2013	2014	2015	2016
	Prix courants mille milliards de roupies	Pourcentages de variation, en volume (prix de 2010)				
PIB aux prix du marché	7 831.7	6.0	5.6	5.0	4.9	5.5
Consommation privée	4 340.6	5.5	5.4	5.3	4.9	5.4
Consommation publique	709.5	4.5	6.9	2.0	2.9	3.9
Formation brute de capital fixe	2 451.9	9.1	5.3	4.1	5.0	6.0
Demande intérieure finale	7 502.0	6.6	5.5	4.6	4.8	5.5
Variation des stocks[1]	135.9	1.2	-0.4	0.8	-0.3	0.0
Demande intérieure totale	7 637.9	7.7	5.0	5.3	4.4	5.5
Exportations de biens et services	2 061.9	1.6	4.2	1.0	4.6	6.0
Importations de biens et services	1 868.1	8.0	1.9	2.2	2.5	5.9
Exportations nettes[1]	193.8	-1.5	0.6	-0.3	0.5	0.1
Pour mémoire						
Déflateur du PIB	_	3.8	4.7	5.4	5.2	4.5
Indice des prix à la consommation	_	4.3	6.4	6.4	6.2	5.0
Déflateur de la consommation privée	_	6.1	6.5	5.1	3.8	4.4
Solde des administrations publiques[2]	_	-1.8	-2.1	-2.2	-2.1	-2.0
Balance des opérations courantes[2]	_	-2.7	-3.1	-3.0	-2.1	-2.2

1. Contributions aux variations du PIB en volume, montant effectif pour la première colonne.
2. En pourcentage du PIB, valeur du marché.
Source : Base de données des Perspectives économiques de l'OCDE, n° 97.

StatLink http://dx.doi.org/10.1787/888933227294

mais a fléchi au cours des derniers trimestres. L'investissement comme les exportations sont moroses, en partie à cause du recul des prix des produits de base. Les dépenses publiques ne se sont pas encore rétablies, malgré les projets d'accroissement des dépenses d'éducation et d'investissement qu'autorise l'utilisation de la marge de manœuvre créée par les réductions récentes des subventions aux combustibles.

La dépréciation tendancielle du taux de change se poursuit, la monnaie indonésienne ayant cédé 8 % supplémentaires par rapport au dollar au cours des six derniers mois. Toutefois, la monnaie s'est récemment stabilisée grâce à l'anticipation grandissante d'un report des hausses de taux aux États-Unis et à un excédent commercial en mars plus élevé que prévu, le plus important des 15 derniers mois. Cette situation est la conséquence d'une baisse des importations plus rapide que celle des exportations en dollars, due pour une bonne part au recul des prix de l'énergie. L'affaiblissement de la demande extérieure vient également modérer l'augmentation des volumes d'exportation.

L'inflation s'atténue, mais la politique monétaire reste prudente

La poussée inflationniste, qui était due à la suppression presque totale des subventions publiques aux combustibles fin 2014, est en train de se dissiper, mais l'effet de la dépréciation de la rupiah et du relèvement des prix administrés maintient l'inflation à un haut niveau. En février, la Banque d'Indonésie a réduit ses taux directeurs de 25 points de base, répondant aux inquiétudes suscitées par le ralentissement économique. Néanmoins, en mars, l'inflation sous-jacente a dépassé la fourchette cible de la banque centrale (4 %±1 %) pour la première fois depuis un certain temps, et le taux de change continue de subir de fortes pressions. Aucune baisse supplémentaire du taux directeur ne devrait être décidée avant 2016, lorsque les taux devront être abaissés pour empêcher que l'évolution des prix soit inférieure à la cible. Le déficit du budget fédéral en 2015 devrait représenter 2.1 % du PIB, soit un peu plus qu'en 2014. Cet accroissement modéré est à la fois soutenable et approprié et laisse la possibilité de prendre d'autres mesures de relance le cas échéant, notamment pour combattre la pauvreté et améliorer l'accès des ménages pauvres aux services.

Les réformes structurelles si nécessaires prennent de plus en plus de retard

Le gouvernement a, à juste titre, désigné un certain nombre de domaines de réforme prioritaires, notamment l'amélioration du climat des affaires, la relance de l'investissement dans les infrastructures et le recentrage de l'effort en matière d'éducation. Des mesures d'urgence s'imposent pour améliorer les infrastructures, surtout dans les domaines de la logistique et des transports. Des goulets d'étranglement au niveau des routes, du réseau ferroviaire et des ports freinent l'investissement productif et la participation des entreprises aux échanges internationaux. Le gouvernement a affecté une grande partie des économies générées par le démantèlement presque complet des subventions aux combustibles l'année dernière aux dépenses dans les infrastructures publiques. Toutefois, la mise en œuvre tarde à venir, et il faut s'employer en priorité à surmonter les importants obstacles d'ordre politique, administratif et pratique.

La croissance devrait se redresser progressivement

La croissance économique devrait repartir au cours de l'année 2015 et s'affermir encore en 2016. Les projets d'accroissement des dépenses des pouvoirs publics devraient se concrétiser et faciliter le rétablissement de la confiance, ce qui stimulera la consommation privée et l'investissement. En outre, l'effet expansionniste de la dépréciation de la rupiah se répercutera positivement sur les exportations nettes. L'inflation restera probablement à un niveau élevé pendant quelque temps encore, car la faiblesse actuelle de la monnaie annule la baisse des prix de l'énergie.

Les obstacles politiques au déploiement du programme économique du gouvernement constituent un risque majeur de divergence à la baisse par rapport aux prévisions, à court comme à long terme. L'évolution de la situation sur le front extérieur de l'économie reste très incertaine ; un possible fléchissement de la demande des principaux partenaires commerciaux du pays est notamment à craindre. Ceci étant, les entrées d'IDE ont été massives et si les prix des produits de base se rétablissent, un rebond de l'investissement privé est probable, ce qui doperait la croissance. Enfin, si la monnaie reste faible, le sursaut des exportations pourrait être plus marqué que prévu.

IRLANDE

La croissance économique devrait être vigoureuse et largement répartie en 2015 et en 2016. Les exportations, dynamiques, resteront soutenues par la demande accrue des partenaires commerciaux et par la dépréciation de l'euro. La consommation des ménages s'intensifiera, portée par la hausse de l'emploi et des salaires et la faiblesse des prix de l'énergie.

La politique budgétaire devrait peser moins lourdement sur l'activité qu'au cours des dernières années. La forte progression des recettes et le bas niveau des taux d'intérêt devraient être mis à profit pour accélérer la réduction de la dette publique toujours élevée. Les conditions financières sont désormais favorables, mais le problème des prêts improductifs persiste, empêchant un retour à la normale de l'offre de crédit. Les réformes structurelles devraient s'efforcer avant tout de permettre le retour à l'emploi d'un plus grand nombre de personnes, en améliorant l'efficacité du système de prélèvements et de prestations et en développant les mesures d'activation.

Le rebond de l'investissement productif se poursuivra, entraînant un accroissement du stock de capital au même rythme que la croissance à long terme. Il convient d'évaluer attentivement les effets des instruments de financement soutenus par l'État, qui visent à élargir l'offre de crédit. L'envolée des prix de l'immobilier, à la fois sur le segment du logement et sur celui des immeubles de bureau, rappelle la bulle qui s'était formée il y a dix ans. Il faudrait recourir à de nouveaux outils de gestion macroprudentielle pour empêcher une exposition excessive des investisseurs.

La croissance devient dynamique et largement répartie

L'économie irlandaise a progressé de 4.8 % en 2014, soit la hausse la plus forte de la zone OCDE. Cette vigueur traduit en partie des facteurs conjoncturels, tels que le rebond qui a suivi la perte de brevets (brevets sur des médicaments tombés dans le domaine public) qui avait freiné les exportations et la croissance l'année dernière. Les exportations

Irlande

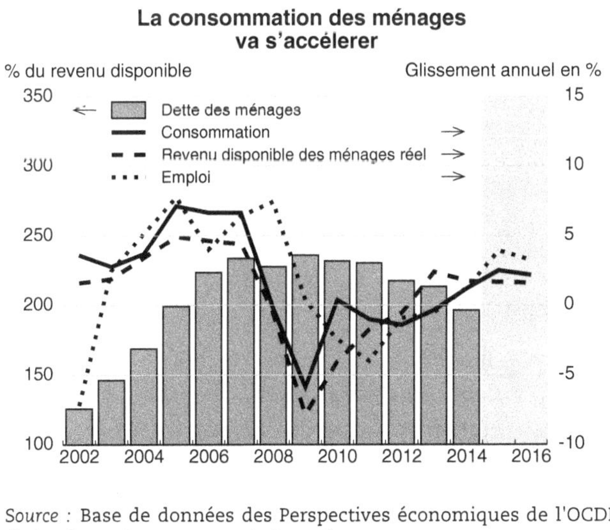

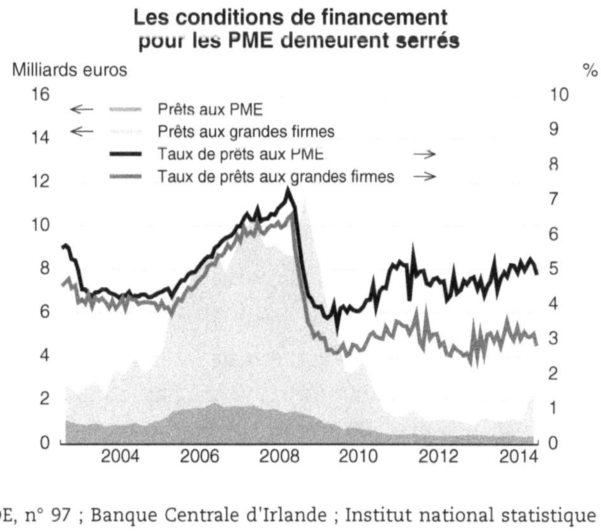

Source : Base de données des Perspectives économiques de l'OCDE, n° 97 ; Banque Centrale d'Irlande ; Institut national statistique d'Irlande ; et Banque centrale Européenne.

StatLink http://dx.doi.org/10.1787/888933226010

Irlande : **Demande, production et prix**

	2011	2012	2013	2014	2015	2016
	Prix courants milliards d' €	Pourcentages de variation, en volume (prix de 2012)				
PIB aux prix du marché	171.0	-0.3	0.2	4.8	3.5	3.3
Consommation privée	79.8	-1.4	-0.4	1.2	2.4	2.2
Consommation publique	29.2	-1.3	-0.1	0.3	-0.4	1.3
Formation brute de capital fixe	24.8	4.3	-1.9	11.7	10.5	9.6
Demande intérieure finale	133.8	-0.4	-0.6	3.0	3.6	3.7
Variation des stocks[1]	2.5	-0.3	0.3	0.7	0.0	0.0
Demande intérieure totale	136.3	-0.5	-0.2	3.9	3.4	3.6
Exportations de biens et services	167.1	4.7	1.1	12.6	6.5	6.4
Importations de biens et services	132.4	6.9	0.6	13.2	7.2	6.6
Exportations nettes[1]	34.7	-0.8	0.6	2.2	0.8	1.3
Pour mémoire						
Déflateur du PIB	_	1.3	1.0	1.2	2.2	1.8
Prix à la consommation harmonisé (indice)	_	1.9	0.5	0.3	0.1	1.7
Déflateur de la consommation privée	_	1.2	1.4	1.6	0.7	1.7
Taux de chômage	_	14.7	13.1	11.3	9.9	9.2
Solde des administrations publiques[2,3]	_	-8.1	-5.8	-4.1	-2.5	-1.9
Dette brute des administrations publiques[2]	_	120.8	128.9	116.5	114.5	111.4
Dette brute des administrations publiques, définition Maastricht[2]	_	121.8	123.2	109.7	107.7	104.6
Balance des opérations courantes[2]	_	1.6	4.4	6.2	5.7	5.4

1. Contributions aux variations du PIB en volume, montant effectif pour la première colonne.
2. En pourcentage du PIB, valeur du marché.
3. Le déficit inclut l'effet des mesures ponctuelles de recapitalisations dans le secteur bancaire.

Source : Base de données des Perspectives économiques de l'OCDE, n° 97.

StatLink http://dx.doi.org/10.1787/888933227102

sont à ce jour les moteurs de la reprise, grâce aux performances exceptionnelles d'entreprises multinationales très productives et à l'amélioration de la compétitivité-coûts.

En 2014, la demande intérieure a contribué à la croissance pour la première fois depuis la crise. L'investissement productif s'est accru à la faveur de la reconstitution du stock de capital des entreprises. L'emploi et les salaires, qui avaient subi des ajustements à la baisse significatifs, ont amorcé une franche reprise, tandis que le taux de chômage jusqu'alors élevé a reculé. La croissance du revenu réel disponible des ménages est devenue positive et la consommation privée se redresse.

L'effet de freinage budgétaire sera moins prononcé qu'au cours des dernières années, et les conditions financières s'améliorent

Grâce à la vigueur de la croissance économique, le déficit budgétaire devrait reculer à 2.5 % du PIB en 2015, mais l'assainissement supplémentaire obtenu en 2016 devrait être modeste. Selon les prévisions actuelles, la dette publique devrait diminuer progressivement par rapport au PIB. Elle restera néanmoins largement supérieure à 100 % du PIB en 2016 ; par conséquent, il faudrait mobiliser les recettes budgétaires générées par la forte croissance de la production et le bas niveau des charges d'intérêt pour accélérer la résorption de la dette.

Les conditions financières se sont améliorées, portées par l'assouplissement monétaire. Le secteur bancaire a renoué avec la rentabilité en 2014, renforçant sa capacité à accorder de nouveaux prêts. Toutefois, le secteur privé doit encore réduire sa dette élevée. Les prêts improductifs constituent toujours un problème, surtout parmi les PME.

L'économie connaîtra une progression vigoureuse, et la politique structurelle devra veiller à rendre la croissance plus inclusive

La croissance devrait être soutenue et largement répartie, sur fond d'élévation graduelle de l'inflation. La demande des partenaires commerciaux de l'Irlande soutiendra le dynamisme des exportations. La dépréciation de l'euro jouera un rôle favorable, notamment pour les exportations vers le marché britannique de produits traditionnels fabriqués principalement par des PME. L'investissement connaîtra une solide progression, aidée par les gains de rentabilité et les coûts de financement modérés. La consommation des ménages s'affermira à la faveur d'une forte progression des salaires et de l'emploi. Le faible niveau des prix de l'énergie tirera également la consommation des ménages à court terme.

Les bienfaits de la croissance économique devront être largement répartis en favorisant le retour à l'emploi d'un plus grand nombre de personnes. Les personnes exclues du marché du travail représentent toujours un important pourcentage de la population en âge de travailler. Les autorités devraient réformer le système de prélèvements et de prestations de manière à soutenir le taux d'activité, notamment en réduisant les taux d'imposition effectifs marginaux élevés induits par le supplément de revenu familial. Elles devraient aussi développer la politique d'activation afin d'améliorer les compétences des chômeurs et de renforcer leur lien avec le marché du travail.

La demande contenue après une longue période de crise pourrait favoriser une consommation des ménages plus forte qu'escompté. L'investissement immobilier pourrait s'accélérer à un rythme plus soutenu que prévu, car les prix de l'immobilier augmentent rapidement. Néanmoins, ce phénomène serait à l'origine de fragilités supplémentaires s'il devait s'accompagner d'une augmentation de l'endettement. Inversement, le chômage et l'endettement toujours élevés pourraient freiner les dépenses privées davantage que prévu. En outre, l'investissement des PME pourrait être très faible, en raison de conditions financières restrictives.

ISLANDE

L'économie est entrée dans sa septième année de croissance, avec un redressement de la consommation privée et de la formation de capital fixe et un tourisme en plein essor. D'importants investissements dans des projets à forte intensité énergétique et des mesures de relance budgétaire en faveur des ménages alimenteront la croissance en 2015 et en 2016. Les tensions inflationnistes augmenteront à mesure que le marché du travail se resserrera.

La politique budgétaire est parvenue à réduire de façon significative la dette publique. Le rythme de l'assainissement budgétaire ralentira en 2015, mais la dette continuera de refluer selon les prévisions actuelles. Il faudra maîtriser les pressions exercées par les dépenses publiques pour réussir à conserver une orientation budgétaire adéquate. Avec la résorption progressive des excédents de capacité, il faudra relever les taux d'intérêt pour faire face aux tensions inflationnistes déclenchées par des accords prévoyant d'importantes augmentations de salaires. Des réformes structurelles destinées à améliorer l'environnement de l'investissement sont de mise.

L'investissement, qui avait chuté après la crise, commence à se rétablir, mais pas suffisamment pour éviter une érosion du stock de capital. Le budget 2015 prévoyait une augmentation de l'investissement public, principalement dans des projets de transport. Une suppression progressive des contrôles des capitaux adresserait un signal positif aux investisseurs.

Les excédents de capacité dans l'économie se résorbent

L'économie islandaise se porte bien et, en 2014, le PIB réel a retrouvé son niveau d'avant la crise. Dernièrement, la composition de la croissance a évolué vers un rôle accru de la consommation intérieure, portée par le rétablissement de l'investissement et de la consommation privée jusqu'alors déprimés. La situation des ménages s'est nettement assainie grâce à des solutions négociées, mais certains d'entre eux restent fortement

Islande

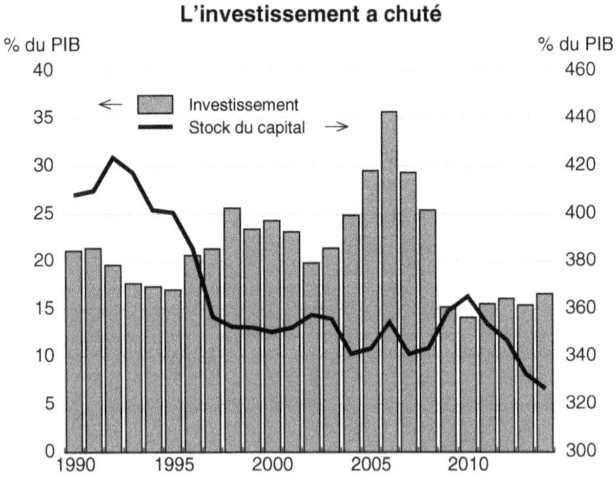

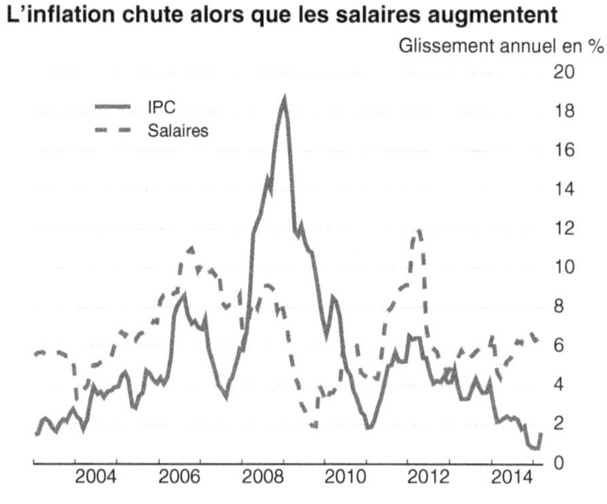

Source : Base de données des Perspectives économiques de l'OCDE, n° 97 ; et Statistics Iceland.

StatLink http://dx.doi.org/10.1787/888933225978

Islande : **Demande, production et prix**

	2011	2012	2013	2014	2015	2016
	Prix courants milliards de ISK	Pourcentages de variation, en volume (prix de 2005)				
PIB aux prix du marché	1 703.2	1.3	3.6	1.9	3.7	2.9
Consommation privée	879.0	2.0	0.5	3.7	3.9	2.8
Consommation publique	419.4	-1.7	0.7	1.8	0.7	1.2
Formation brute de capital fixe	263.7	5.6	-1.0	13.7	13.4	14.5
Demande intérieure finale	1 562.0	1.6	0.4	4.9	4.7	4.6
Variation des stocks[1]	3.4	0.0	0.0	0.0	-0.2	0.0
Demande intérieure totale	1 565.4	1.5	0.4	4.7	4.5	4.6
Exportations de biens et services	959.9	3.7	6.9	3.1	3.9	3.2
Importations de biens et services	822.1	4.7	0.3	9.9	7.6	6.7
Exportations nettes[1]	137.8	-0.2	3.7	-3.0	-1.5	-1.4
Pour mémoire						
Déflateur du PIB	_	3.2	2.0	4.0	5.9	3.3
Indice des prix à la consommation	_	5.2	3.9	2.0	1.6	3.8
Déflateur de la consommation privée	_	5.6	3.4	2.7	1.4	2.8
Taux de chômage	_	6.0	5.4	4.9	3.9	4.1
Solde des administrations publiques[2]	_	-3.7	-2.0	-0.2	0.2	0.5
Dette brute des administrations publiques[3]	_	95.2	87.7	85.4	81.9	79.0
Dette nette des administrations publiques[3]	_	28.9	27.4	26.1	23.6	21.7
Balance des opérations courantes[2]	_	-4.4	5.8	3.6	3.1	2.4

1. Contributions aux variations du PIB en volume, montant effectif pour la première colonne.
2. En pourcentage du PIB, valeur du marché.
3. En pourcentage du PIB, valeur du marché. Inclue la dette non provisionnée au titre des fonds de pension des employés du gouvernement, totalisant environ 25% du PIB en 2012.

Source : Base de données des Perspectives économiques de l'OCDE, n° 97.

StatLink http://dx.doi.org/10.1787/888933227090

endettés. Avec la reprise économique, le taux de chômage. diminue et le marché du travail se resserre, favorisant la fixation de salaires élevés dans le cycle actuel de négociations salariales entamé à l'issue de grèves très suivies dans les secteurs public et privé. Des mesures de contrôle des mouvements de capitaux restent en place ; elles risquent de fausser les décisions d'investissement, et l'incertitude qui entoure leur retrait constitue probablement un frein à l'investissement.

Les objectifs suivants doivent être poursuivis : une politique monétaire restrictive, une politique budgétaire neutre et une politique structurelle favorable à l'investissement

La politique monétaire est confrontée à un certain nombre de défis. Les anticipations d'inflation ne sont pas bien ancrées en Islande. Par conséquent, si elles ont diminué avec la baisse des prix de l'énergie, elles pourraient repartir à la hausse. La banque centrale n'a cessé de mettre en garde contre les risques que font peser des prétentions salariales excessives, et a indiqué qu'elle relèverait les taux d'intérêt si les hausses des traitements menaçaient de raviver les tensions inflationnistes. Face aux augmentations considérables des salaires actuellement accordées, la banque centrale réagira sans doute avec fermeté.

La politique budgétaire a permis au pays de se rapprocher d'une situation d'excédent budgétaire global et de faire baisser la dette. La politique publique de réduction de la dette hypothécaire soutiendra la consommation des ménages en 2015. Néanmoins, compte tenu des risques de surchauffe de l'économie, un nouvel assouplissement de la politique budgétaire serait malvenu, et il faudrait au contraire poursuivre les efforts en vue de résorber la dette publique et les passifs éventuels, toujours élevés. À cet égard, il serait judicieux que l'État se désengage comme prévu en vendant des participations dans Landsbankinn, une banque à capitaux publics, et utilise les produits de cette vente pour rembourser des engagements publics onéreux.

Des réformes structurelles peuvent contribuer à stimuler l'investissement en réformant la réglementation des marchés de produits, par exemple en réduisant le nombre d'autorisations et de permis nécessaires et en levant les obstacles juridiques à l'entrée dans certains secteurs.

La croissance de la production est soutenue

Grâce aux mesures de relance budgétaire et au redressement des prix des actifs, la consommation privée devrait progresser fortement en 2015. L'investissement est dynamique, étayé par la reprise de l'investissement résidentiel et le lancement de nouveaux projets dans des industries à forte intensité énergétique. La hausse des prix s'accélèrera avec la montée des tensions inflationnistes intérieures, ce qui devrait motiver un relèvement des taux d'intérêt destiné à refroidir l'économie. Par voie de conséquence, le taux de chômage repartira à la hausse. La politique budgétaire devrait néanmoins garder le cap et permettre au budget des administrations centrales de dégager un excédent en 2015 et en 2016.

Une croissance plus forte des salaires pourrait attiser l'inflation avant que la politique monétaire restrictive produise ses effets. Le démantèlement nécessaire des mesures de contrôle des mouvements de capitaux pourrait aussi créer des turbulences financières qui se répercuteraient sur la croissance. Inversement, une plus grande modération salariale, une suppression ordonnée des contrôles des capitaux et un redémarrage de l'investissement stimuleraient la croissance.

ISRAËL*

La croissance économique, qui a ralenti en 2014 avant d'afficher un rebond marqué en fin d'année, devrait s'accélérer autour de 3.5 % en 2015 et en 2016, maintenant ainsi le chômage à un faible niveau. La chute des prix pétroliers, les nouvelles baisses de taux d'intérêt et la revalorisation importante du salaire minimum devraient soutenir la demande intérieure tandis que l'amélioration graduelle de l'environnement extérieur renforcera les exportations.

Une politique monétaire accommodante demeure appropriée pour soutenir l'expansion en cours et éviter une appréciation inopportune du shekel. Une détente supplémentaire, impliquant des mesures non conventionnelles, n'apparaît toutefois pas souhaitable au regard de la nature sans doute temporaire de la baisse des prix au début 2015. La politique de désendettement public reste nécessaire pour élargir les marges de manœuvre budgétaires, mais elle doit davantage s'appuyer sur des hausses de recettes et la règle actuelle de limitation des dépenses devrait être réexaminée. Par ailleurs, des réformes structurelles sont déterminantes pour améliorer la concurrence sur les marchés des produits, ainsi que l'enseignement scolaire et la formation professionnelle, notamment parmi les populations ultra-orthodoxe et arabe, afin de stimuler la productivité et de rendre la croissance plus inclusive.

Un renforcement des investissements d'infrastructure, notamment dans les transports publics et le réseau de distribution de gaz naturel, mais aussi l'éducation, est nécessaire pour lever certains obstacles aux investissements privés et renforcer la croissance potentielle. Les efforts pour mieux coordonner les interventions publiques dans le secteur immobilier doivent aussi se poursuivre de manière à mieux satisfaire la demande de logements en développant l'offre et en réduisant ainsi les prix.

Israël

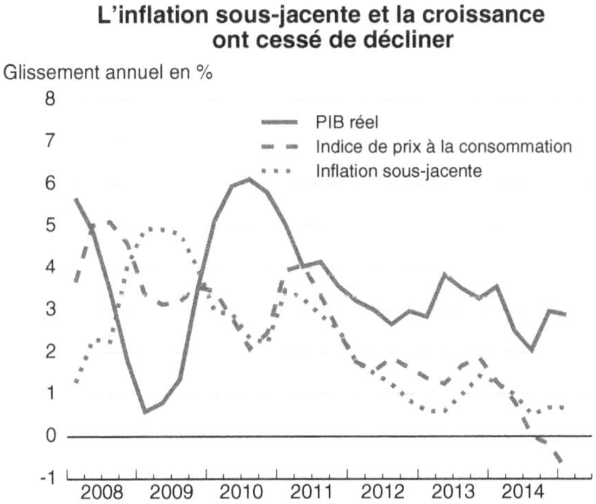

Sources : Banque d'Israël ; et Base de données des *Perspectives économiques* de l'OCDE, n° 97.

StatLink http://dx.doi.org/10.1787/888933226028

* Les données statistiques concernant Israël sont fournies par et sous la responsabilité des autorités israéliennes compétentes. L'utilisation de ces données par l'OCDE est sans préjudice du statut des hauteurs du Golan, de Jérusalem Est et des colonies de peuplement israéliennes en Cisjordanie aux termes du droit international.

Israël : **Demande, production et prix**

	2011	2012	2013	2014	2015	2016
	prix courants milliards de NIS	Pourcentages de variation, en volume (prix de 2010)				
PIB aux prix du marché	924.6	3.0	3.4	2.8	3.4	3.5
Consommation privée	533.2	3.0	3.5	4.0	5.2	3.7
Consommation publique	207.2	3.6	3.5	4.2	3.1	1.9
Formation brute de capital fixe	185.9	3.2	1.1	-2.9	0.7	5.4
Demande intérieure finale	926.3	3.2	3.0	2.7	3.8	3.6
Variation des stocks[1]	2.8	0.3	-0.2	0.4	0.0	0.0
Demande intérieure totale	929.2	3.5	2.8	3.1	3.8	3.6
Exportations de biens et services	327.9	1.0	1.5	1.2	3.7	5.0
Importations de biens et services	332.4	2.5	-0.1	2.4	4.7	5.5
Exportations nettes[1]	- 4.5	-0.5	0.6	-0.4	-0.3	0.0
Pour mémoire						
Déflateur du PIB	_	4.2	2.3	1.0	2.9	1.1
Indice des prix à la consommation	_	1.7	1.6	0.5	-0.3	1.0
Déflateur de la consommation privée	_	2.1	2.1	0.4	-0.3	1.0
Taux de chômage[2]	_	6.8	6.3	6.0	5.5	5.4
Solde des administrations publiques[3,4]	_	-5.0	-4.1	-3.7	-3.2	-2.5
Dette brute des administrations publiques[3]	_	68.3	67.6	67.5	65.4	63.7
Balance des opérations courantes[3]	_	0.6	2.6	3.0	4.3	4.1

1. Contributions aux variations du PIB en volume, montant effectif pour la première colonne.
2. Avant le 1er trimestre 2012, les données concernant l'emploi et le chômage sont dérivées d'une enquête trimestrielle sur la population active. Depuis elle a été remplacée par une enquête mensuelle qui comprend un certain nombre de changements méthodologiques. Les données antérieures au 1er trimestre 2012 ont été ajustées pour être cohérentes avec les nouvelles séries.
3. En pourcentage du PIB, valeur du marché.
4. A l'exclusion des profits de la Banque d'Israël et des coûts implicites des obligations d'État indexées sur l'IPC.

Source : Base de données des Perspectives économiques de l'OCDE, n° 97.

StatLink http://dx.doi.org/10.1787/888933227112

La croissance s'est redressée

La croissance, qui a rebondi à la fin de 2014, a légèrement ralenti début 2015. La hausse des dépenses militaires et des exportations, favorisée par une embellie des marchés extérieurs et un affaiblissement du shekel à la fin de 2014, ont soutenu l'activité. La consommation privée, qui était aussi très dynamique, était toujours soutenue début 2015. Des facteurs conjoncturels ont cependant entraîné un repli de l'investissement productif durant le premier trimestre de l'année, qui a compensé la hausse progressive de l'investissement en logements et a freiné l'activité. Le taux de chômage a reculé en dessous de 5 % au début 2015 et l'inflation sous-jacente s'est stabilisée autour de 0.7 % en glissement annuel. La baisse du niveau général des prix s'est toutefois accélérée pour atteindre environ -0.5 % en glissement annuel, sous l'effet de la chute des prix du pétrole et de facteurs temporaires, comme la baisse des prix de l'eau et de l'électricité.

La poursuite de l'assainissement budgétaire devrait s'accompagner de réformes structurelles

La Banque d'Israël a encore réduit son taux directeur pour le porter à un niveau historiquement bas de 0.10 % en mars 2015 et elle a poursuivi ses interventions sur le marché des changes. Après une appréciation en début d'année, le shekel se situe désormais à son niveau moyen de 2014 en termes effectifs nominaux. Cette politique très souple continue de favoriser la baisse des taux longs et la hausse des prix des actifs financiers et immobiliers. Ce faisant, elle accroît la richesse des ménages et soutient la demande, mais alimente aussi les risques de bulle spéculative immobilière, dont les effets devraient toutefois être limités par les mesures macroprudentielles prises par la Banque.

L'État a atteint son objectif de baisse du déficit à 2.8 % du PIB en 2014. Le contrôle étroit des dépenses dans le budget intérimaire exécuté en 2015 du fait des élections anticipées devrait permettre d'abaisser le déficit à 2.5 % du PIB, conformément aux objectifs. Cela va toutefois encore affaiblir les dépenses civiles, qui sont déjà très basses par comparaison avec les autres pays. En 2016, le nouveau Parlement aura fort à faire pour contenir la croissance des dépenses budgétaires en dessous de 2.6 % en termes réels et ramener le déficit de l'État à 2 % du PIB conformément aux objectifs définis. Néanmoins, la stratégie de réduction de la dette devrait être poursuivie pour élargir les marges de manœuvre budgétaires. Pour appuyer cette stratégie, les autorités devraient éviter toute nouvelle mesure d'allégement de l'impôt et préserver l'intégrité du système de la taxe sur la valeur ajoutée, qui a prouvé par le passé son utilité pour les finances publiques israéliennes. Par ailleurs, des réformes structurelles sont nécessaires pour renforcer la concurrence de nombreux secteurs d'activité, tels que l'alimentation et l'électricité. Une hausse du financement public consacré à l'éducation, assortie de conditions relatives au respect d'un programme d'études minimum obligatoire (couvrant en particulier les mathématiques et les langues étrangères), contribuerait à relever le niveau moyen d'instruction et la capacité de gain des travailleurs au sein des populations défavorisées.

L'activité devrait se poursuivre à un rythme proche du potentiel

Le maintien d'une politique monétaire accommodante, la baisse des prix pétroliers, la revalorisation prévue de 16 % du salaire minimum échelonnée sur trois ans et le redressement des marchés extérieurs vont stimuler l'activité en 2015 et en 2016. Par ailleurs, les investissements seront soutenus par le lancement de nouveaux grands projets dans le secteur des hautes technologies et la levée des incertitudes entourant la fiscalité immobilière. Dans ce contexte, le chômage restera bas, tout comme l'inflation, même si celle-ci semble devoir revenir progressivement dans la partie basse de la fourchette-cible officielle de 1-3 %.

Une nouvelle détérioration de la situation géopolitique affaiblirait la croissance et renforcerait les pressions déflationnistes, ce qui pourrait nécessiter des mesures monétaires non conventionnelles. Le nouveau gouvernement a annoncé certaines augmentations des dépenses publiques, qui, si elles ne sont pas compensées par de nouvelles recettes, pourraient stimuler l'activité mais également fragiliser la situation budgétaire.

ITALIE

Après une longue période de récession, la reprise s'est progressivement dessinée en Italie. La production devrait croître au rythme de 0.6 % en 2015 et de 1.5 % en 2016. Les exportations continueront de soutenir la croissance, mais la reprise s'étendra aussi à la consommation privée. La morosité de l'investissement privé sera contrebalancée par une hausse des dépenses publiques d'infrastructures. La croissance économique se traduira par des créations d'emplois et amènera un repli du taux de chômage, qui restera encore élevé. L'inflation des prix à la consommation et des salaires restera modérée compte tenu de la rémanence d'un volant important de capacités inutilisées.

L'objectif de la politique budgétaire devrait rester celui d'un assainissement progressif mais constant, de manière à ne pas étouffer la reprise économique naissante, tout en respectant pleinement les règles budgétaires de l'UE et en réduisant un ratio dette/PIB élevé. Le gouvernement devrait poursuivre la mise en œuvre de son vaste programme de réformes structurelles, qui confortera la confiance et ouvrira la voie à une croissance durable plus forte et plus inclusive. Une efficacité accrue de l'administration sera déterminante pour nourrir la hausse de la productivité grâce à la suppression des obstacles à l'entrepreneuriat et à l'expansion des entreprises.

La crise a frappé tout particulièrement l'investissement, et la formation brute de capital fixe a reculé de 30 % depuis 2007. La relance de l'investissement privé supposera de nouvelles mesures destinées à régler efficacement la question des prêts non productifs, dont le montant augmente toujours et qui nuisent à la santé du système bancaire et pèsent sur l'offre de crédit. Si l'accroissement prévu des dépenses publiques d'infrastructures est le bienvenu, des gains d'efficacité notables devront être obtenus au niveau des dépenses publiques, et en particulier des marchés publics, pour que ces investissements soit productifs.

Italie

La demande extérieure soutient la croissance du PIB

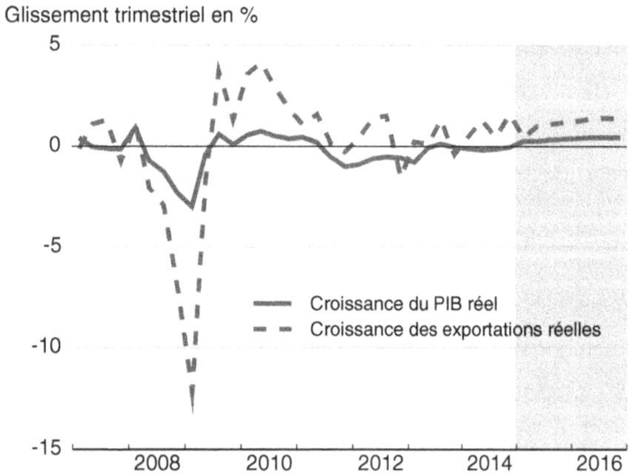

Les taux d'intérêt au gouvernement et aux sociétés non financières diminuent

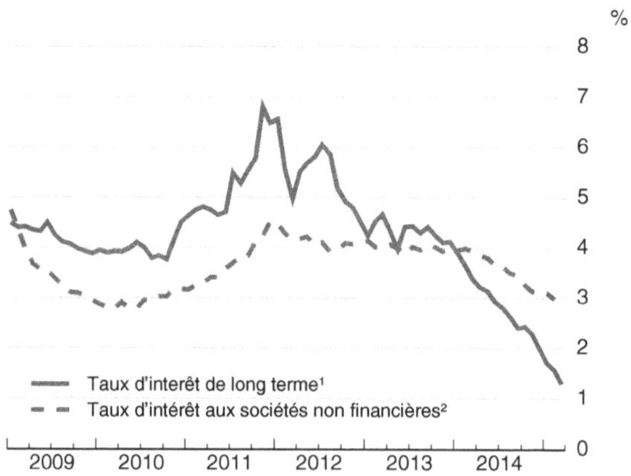

1. Rendement des obligations d'État de référence à 10 ans.
2. Pourcentage de variation en glissement annuel.

Source : Base de données des Perspectives économiques de l'OCDE, n° 97 ; Banque Centrale Européenne ; et Datastream.

StatLink http://dx.doi.org/10.1787/888933226031

Italie : **Emploi, revenu et inflation**

Pourcentages de variation

	2012	2013	2014	2015	2016
Emploi[1]	-0.3	-1.8	0.1	0.5	1.0
Taux de chômage[1,2]	10.6	12.2	12.7	12.7	12.1
Rémunération par salarié[3]	-1.1	0.6	0.8	0.7	1.0
Coûts unitaires de main-d'œuvre	1.6	0.6	1.3	0.6	-0.1
Revenu disponible des ménages	-2.9	0.1	0.2	0.5	0.6
Déflateur du PIB	1.4	1.4	0.8	0.5	0.9
Indice des prix à la consommation harmonisé	3.3	1.3	0.2	0.2	1.3
IPCH sous-jacent[4]	2.0	1.3	0.7	0.8	1.3
Déflateur de la consommation privée	2.7	1.1	0.2	0.0	0.9

1. Les données pour l'emploi pour l'ensemble de l'économie sont celles des comptes nationaux. Ces données comprennent l'estimation de l'Istat de l'emploi dans l'économie souterraine. L'emploi total compte environ 2 millions de personnes, circa 10%, de plus dans les comptes nationaux que dans l'enquête de l'emploi. Suivant l'usage des autorités italiennes, le taux de chômage est calculé par rapport aux données de l'enquête de l'emploi.
2. En pourcentage de la population active.
3. Pour l'ensemble de l'économie.
4. Indice des prix à la consommation harmonisé, hors énergie, alimentation, alcool et tabac.

Source : Base de données des Perspectives économiques de l'OCDE, n° 97.

StatLink http://dx.doi.org/10.1787/888933226843

La reprise se dessine en Italie

En 2014, le ralentissement de la croissance du PIB s'est considérablement atténué en raison de l'amélioration des résultats à l'exportation et du redémarrage de la consommation privée. Cette évolution positive s'est confirmée au premier trimestre 2015

Italie

Le chômage a fortement augmenté | **Le stock de capital est en baisse mais l'investissement se redresse**

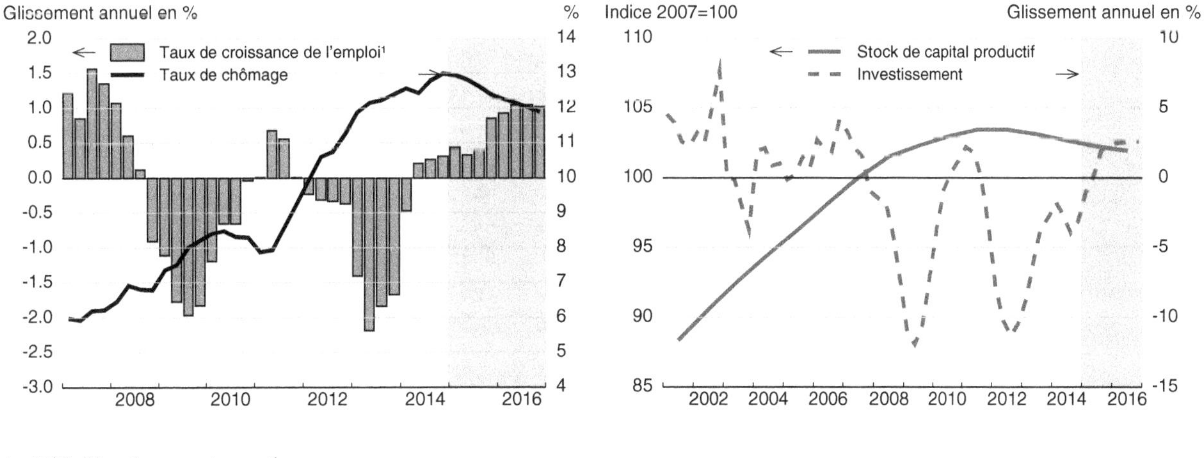

1. Définition des comptes nationaux.
2. Les données se rapportent à la formation brute de capital fixe non-résidentielle du secteur privé et du gouvernement.

Source : Base de données des Perspectives économiques de l'OCDE, n° 97.

StatLink http://dx.doi.org/10.1787/888933226043

Italie : **Indicateurs financiers**

	2012	2013	2014	2015	2016
Taux d'épargne nette des ménages[1]	2.0	3.8	3.4	3.4	3.0
Solde financier des administrations publiques[2]	-3.0	-2.9	-3.0	-2.6	-2.0
Dette brute des administrations publiques[2]	138.1	144.8	158.5	159.6	158.4
Dette brute des administrations publiques, définition Maastricht[2]	123.2	128.6	132.0	133.2	132.0
Balance des opérations courantes[2]	-0.4	1.0	1.8	2.6	3.4
Taux d'intérêt à court terme[3]	0.6	0.2	0.2	0.0	0.0
Taux d'intérêt à long terme[4]	5.5	4.3	2.9	1.5	1.6

1. Épargne nette en pourcentage du revenu disponible. Incluant "famiglie produttrici".
2. En pourcentage du PIB au prix du marché. Selon les comptes nationaux; il y un écart de 0.1% par rapport aux chiffres fréquemment cités de la Procédure de déficit excessif.
3. Taux interbancaire à 3 mois.
4. Emprunts phare d'État à 10 ans.

Source : Base de données des Perspectives économiques de l'OCDE, n° 97.

StatLink http://dx.doi.org/10.1787/888933226851

puisque le PIB a gagné 0.3 % par rapport au trimestre précédent, soit la plus forte progression d'un trimestre à l'autre de ces quatre dernières années. Grâce aux gains obtenus en termes de compétitivité des coûts, l'Italie commence à regagner les parts de marché qu'elle avait perdues à l'exportation. La consommation privée est dynamisée par la création d'emplois et la hausse des salaires réels même si elle a marqué le pas au premier trimestre 2015. Le taux de croissance de l'emploi, à nouveau positif après une longue période de recul, et l'amélioration des perspectives de croissance commencent à inciter les travailleurs à réintégrer le marché du travail. Toutefois, le taux de chômage demeure élevé.

Italie : **Demande et production**

	2013	2014	2015	2016	Quatrième trimestre 2014	Quatrième trimestre 2015	Quatrième trimestre 2016
	Prix courants milliards d' €	Pourcentages de variation annuelle, en volume (prix de 2010)					
PIB aux prix du marché	1 609.1	-0.4	0.6	1.5	-0.5	1.2	1.7
Consommation privée	978.0	0.3	0.4	1.1	0.5	0.6	1.2
Consommation publique	315.7	-0.9	-0.5	-0.9	-0.3	-1.6	0.4
Formation brute de capital fixe	280.3	-3.2	1.6	1.9	-3.0	2.9	2.0
Demande intérieure totale	1 574.1	-0.6	0.4	0.9	-0.3	0.5	1.2
Variation des stocks[1]	- 2.8	-0.1	-0.1	0.0			
Demande intérieure finale	1 571.3	-0.6	0.4	0.9	-1.1	1.0	1.2
Exportations de biens et services	464.9	2.4	3.4	5.1	3.8	3.4	5.5
Importations de biens et services	427.0	1.6	2.9	3.3	2.0	2.8	4.4
Exportations nettes[1]	37.8	0.3	0.3	0.7			

Note : Des prévisions trimestrielles détaillées sont disponibles dans l'annexe statistique pour les sept pays principaux, la zone euro et l'ensemble de l'OCDE.

1. Contributions aux variations du PIB en volume, montant effectif pour la première colonne.

Source : Base de données des Perspectives économiques de l'OCDE, n° 97.

StatLink http://dx.doi.org/10.1787/888933226868

La croissance de l'investissement montre enfin quelques signes révélateurs d'un rétablissement, demeurant toutefois incertain, qui s'explique par la persistance d'un important volant de capacités de production inutilisées, par le fait que l'offre de crédit est restreinte et par les réductions antérieures des investissements publics consécutives aux mesures d'assainissement budgétaire. Au cours des premiers mois de 2015, les prêts bancaires aux sociétés non financières ont encore enregistré une baisse, quoiqu'à un rythme légèrement plus lent que par le passé. L'investissement résidentiel est en berne tandis que les prix de l'immobilier ont chuté.

Les politiques macroéconomiques et structurelles pourraient consolider les perspectives de croissance

La conjonction de facteurs propices à la croissance en Italie est la plus favorable que le pays ait connue ces dernières années. La confiance des consommateurs se raffermit à mesure que le gouvernement avance dans la mise en œuvre de son programme de réforme de vaste portée, que le chômage reflue et que la baisse des prix de l'énergie se traduit par des gains de pouvoir d'achat pour les ménages. La loi sur l'emploi ouvre la voie à une amélioration remarquable du marché de l'emploi, puisqu'elle devrait réduire le dualisme du marché du travail et assurer des prestations d'assurance chômage universelles, contribuant ainsi à un meilleur partage des risques et à un renforcement sensible du filet de sécurité sociale. La dépréciation de l'euro a encore amélioré la compétitivité de l'Italie sur les marchés internationaux et continue à accroître la contribution du solde extérieur à la croissance du PIB.

Cependant, le secteur bancaire, dont la santé demeure fragile, n'est pas en mesure d'accompagner pleinement l'investissement privé. Des enquêtes montrent que, malgré la baisse des taux d'intérêt, les conditions d'accès au crédit sont restées inchangées pour une large proportion des entreprises. Les taux débiteurs demeurent plus élevés que dans d'autres pays de la zone euro, sans doute en raison des risques perçus liés à l'augmentation du montant des prêts non productifs dans les bilans des banques. L'investissement serait donc favorisé par une amélioration du régime d'insolvabilité, une extension des compétences des tribunaux spécialisés, un recours plus large aux procédures amiables de restructuration de la dette, et par la création d'une structure de gestion d'actifs spécialisée, chargée d'acquérir les créances irrécouvrables. Le gouvernement étudie comment mettre en œuvre concrètement certaines de ces mesures dans le but de créer un marché secondaire des prêts improductifs dans le respect des règles de l'UE relatives aux aides d'État.

Pour améliorer les perspectives de croissance sur le moyen terme, le gouvernement devrait poursuivre l'application de son vaste et ambitieux programme de réformes institutionnelles et structurelles. Les mesures définies portent notamment sur l'efficacité des administrations et du système judiciaire, la réforme du système scolaire, l'accélération de grands projets d'infrastructures publiques et l'amélioration de la compétitivité par l'abaissement des barrières à l'entrée dans certains secteurs de services. La nouvelle loi électorale, adoptée voilà peu, marque une avancée positive car elle peut favoriser une plus grande stabilité des gouvernements et atténuer l'incertitude politique. Il faut œuvrer davantage pour combler l'écart de rémunération entre hommes et femmes et rehausser le taux d'activité des femmes, en étoffant l'offre de services de bonne qualité pour la garde d'enfants et la prise en charge des personnes âgées, de manière à stimuler l'offre de main d'œuvre et à réduire des inégalités hommes-femmes profondément enracinées.

Au cours de la période de prévision, l'orientation budgétaire ne sera que légèrement restrictive. Le déficit public devrait atteindre 2.6 % du PIB en 2015 et 2 % en 2016. Il conviendrait de suivre la trajectoire d'assainissement budgétaire sous-jacent tout en laissant jouer les stabilisateurs automatiques. Les remboursements des pensions de retraite en application de la décision de la Cour constitutionnelle concernant la réforme de 2011 seront sans effet sur les prévisions relatives au déficit budgétaire car ils seront progressifs et échelonnés. Le programme d'assouplissement quantitatif lancé par la BCE contribue à limiter le coût du service de la dette et les économies ainsi réalisées sont en partie utilisées pour éviter certaines hausses de la fiscalité initialement prévues et soutenir l'investissement public. Il sera néanmoins primordial de poursuivre les efforts visant à améliorer la transparence et l'efficacité des dépenses publiques, en particulier des marchés publics, et de mener une lutte résolue contre la corruption pour faire en sorte que l'accroissement prévue des dépenses consacrées aux infrastructures publiques soit productive.

La reprise reste fragile

La croissance du PIB devrait s'accélérer, pour s'établir à 0.6 % en 2015 et à 1.5 % en 2016, tandis que les tensions inflationnistes sur les prix et les salaires devraient rester modérées, étant donné que le volant de capacités inutilisées de production et de main-d'œuvre, s'il commence à décroître, demeure important. Le chômage devrait rester stable dans l'ensemble en 2015, puisque les créations d'emplois et les perspectives plus favorables incitent les travailleurs à revenir sur le marché de l'emploi. En 2016, grâce à l'affermissement de la reprise et aux premiers fruits des réformes du marché du travail, le taux de chômage devrait commencer à décliner. L'excédent de la balance courante est en passe d'atteindre plus de 3 % du PIB. En 2015, la formation brute de capital fixe devrait redevenir positive, mais restera modérée.

Le rebond de l'investissement pourrait être plus fort que prévu, notamment si l'évolution des prix de l'immobilier résidentiel s'inverse et si le système bancaire recouvre sa bonne santé. L'amélioration de la situation sur le marché du travail pourrait conduire à un rétablissement plus marqué que prévu de la confiance des ménages, et de ce fait, à une accélération de la consommation. Les risques de divergence à la baisse par rapport aux prévisions sont liés à la vulnérabilité de l'Italie en cas de nouvelles turbulences financières dans la zone euro. Une croissance économique moins soutenue que prévue chez les principaux partenaires commerciaux de l'Italie pourrait porter atteinte aux exportations.

JAPON

L'économie s'est désormais redressée après la contraction de l'activité consécutive à la hausse d'impôt survenue en 2014. Favorisée par la chute des prix du pétrole et la progression des salaires réels, la croissance de la production devrait s'établir à 0,75 % pour cent en 2015 et 1,5 % en 2016. L'expansion des exportations devrait demeurer soutenue, grâce à l'affaiblissement du yen et à une remontée progressive des échanges mondiaux. Selon les prévisions, l'inflation, en repli à presque zéro, commencera à repartir à la hausse au second semestre de 2015 pour atteindre 1,5 % à la fin de 2016, tandis que le taux de chômage poursuivra sa décrue.

La politique monétaire d'assouplissement quantitatif et qualitatif de la Banque du Japon devrait continuer jusqu'à ce que l'objectif d'inflation de 2 % soit durablement atteint. La réduction de la dette publique demeure une priorité, sachant qu'elle représente 230 % du PIB en valeur brute. La viabilité des finances publiques passe par un plan d'assainissement budgétaire détaillé et crédible pour atteindre l'objectif d'un excédent primaire à l'horizon 2020, ainsi que par une accélération de la croissance de la production, grâce à des réformes structurelles ambitieuses, dont celles prévues dans la stratégie de croissance du Japon pour dynamiser l'investissement du secteur privé.

L'investissement productif est l'une des clés de l'accroissement de la productivité du travail, laquelle est inférieure d'un quart à la moyenne des pays de l'OCDE figurant dans la première moitié du classement. Les baisses prévues du taux relativement élevé d'imposition des bénéfices des sociétés devraient stimuler l'investissement, mais d'autres mesures sont nécessaires. Continuer à améliorer le cadre régissant la gouvernance d'entreprise et accélérer les réformes des marchés de produits pour créer de nouveaux débouchés commerciaux permettraient d'inciter les entreprises à investir l'abondant volant de trésorerie dont elles disposent. Relever le taux de création d'entreprises qui est relativement faible au Japon, en partie en encourageant les investissements en capital-risque, est aussi une priorité.

Japon

1. Une moyenne désaisonnalisée des quatre indicateurs de subsistance globale, la croissance des revenus, l'emploi, et la volonté d'acheter des biens durables. Si tous les répondants ont répondu " amélioration " (" aggravation ") pour les quatre indicateurs, l'indice serait de 100 (0).
2. Le nombre d'entreprises qui ont répondu qu'ils avaient un manque de capacité, moins ceux qui ont déclaré une capacité excédentaire. Un chiffre positif indique donc une pénurie globale de capacité. Les chiffres pour le deuxième trimestre 2015 sont les projections des entreprises faites en mars 2015.

Source : Bureau du Cabinet ; et Base de données des Perspectives économiques de l'OCDE, n° 97.

StatLink http://dx.doi.org/10.1787/888933226056

Japon : **Emploi, revenu et inflation**

Pourcentages de variation

	2012	2013	2014	2015	2016
Emploi	-0.3	0.7	0.6	0.3	0.1
Taux de chômage[1]	4.3	4.0	3.6	3.5	3.3
Rémunération par salarié[2]	0.4	-0.1	0.8	1.5	2.8
Coûts unitaires de main-d'œuvre	-1.4	-0.8	1.6	1.2	1.6
Revenu disponible des ménages	-0.2	0.4	1.1	1.8	2.8
Déflateur du PIB	-0.9	-0.6	1.7	2.2	1.1
Indice des prix à la consommation[3]	0.0	0.4	2.7	0.7	1.1
IPC sous-jacent[4]	-0.5	-0.1	1.9	0.9	1.1
Déflateur de la consommation privée	-0.9	-0.3	2.0	0.2	1.1

1. En pourcentage de la population active.
2. Pour l'ensemble de l'économie.
3. Calculés comme la somme des indices trimestriels corrigés des variations saisonnières pour chaque année.
4. Indice global hors alimentation et énergie.

Source : Base de données des Perspectives économiques de l'OCDE, n° 97.

StatLink http://dx.doi.org/10.1787/888933226746

La croissance de la production a repris après la hausse d'impôt

La croissance de la production a repris à la fin de 2014, tirée par les exportations, en partie grâce à l'affaiblissement du yen, lequel se situe près de 30 % en dessous de son niveau de la fin 2012 en termes pondérés les échanges. Le redressement de la

Japon

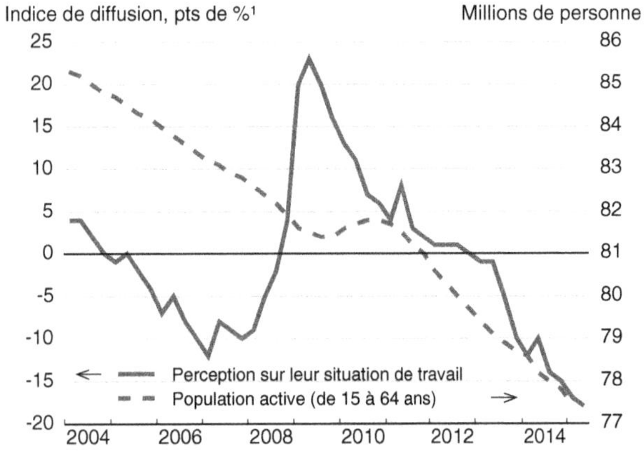

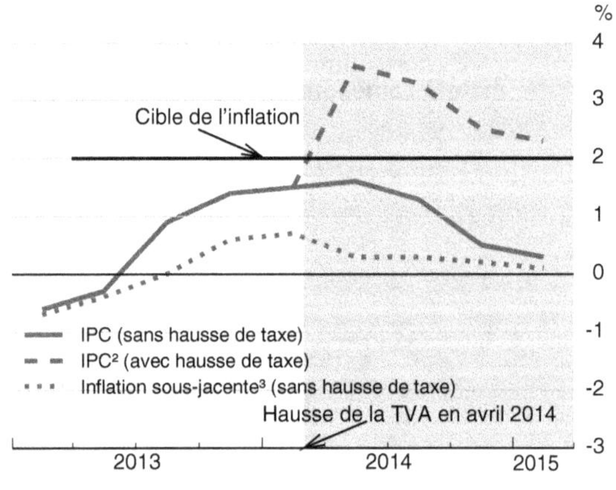

1. Le nombre d'entreprises qui ont répondu qu'ils avaient un nombre excessif de travailleurs moins ceux qui ont déclaré une pénurie. Un chiffre négatif indique donc une pénurie générale de main-d'oeuvre. Les chiffres pour le deuxième trimestre 2015 sont les projections des entreprises faites en mars 2015.
2. En avril 2014, la taxe sur la consommation a été portée de 5 % à 8 %, ajoutant ainsi 2 points de pourcentage à l'inflation, d'après les estimations de la Banque du Japon et du Bureau du Cabinet.
3. Selon la définition de l'OCDE, qui exclut les produits alimentaires et l'énergie.

Source : Base de données des Perspectives économiques de l'OCDE, n° 97 ; Banque du Japon ; et calculs de l'OCDE.

StatLink http://dx.doi.org/10.1787/888933226066

Japon : **Indicateurs financiers**

	2012	2013	2014	2015	2016
Taux d'épargne nette des ménages[1]	1.2	-0.2	0.3	1.6	1.3
Solde financier des administrations publiques[2]	-8.7	-8.5	-7.7	-6.8	-5.8
Dette brute des administrations publiques[2]	215.4	220.3	226.0	229.2	231.7
Dette nette des administrations publiques[2]	129.2	122.9	128.7	131.8	134.4
Balance des opérations courantes[2]	1.0	0.8	0.5	2.8	3.0
Taux d'intérêt à court terme[3]	0.2	0.2	0.1	0.1	0.1
Taux d'intérêt à long terme[4]	0.8	0.7	0.6	0.4	0.4

1. En pourcentage du revenu disponible.
2. En pourcentage du PIB, valeur au marché.
3. Taux interbancaire à 3 mois.
4. Obligations d'État à 10 ans.

Source : Base de données des Perspectives économiques de l'OCDE, n° 97.

StatLink http://dx.doi.org/10.1787/888933226751

consommation privée après l'effondrement lié à la hausse de la taxe sur la consommation d'avril 2014 a été timide malgré un raffermissement de la confiance des consommateurs, l'augmentation des primes versées et la décélération de l'inflation. Après avoir atteint 1.5 % (en glissement annuel) au début de 2014, la hausse des prix à la consommation (compte non tenu de l'impact du relèvement de la taxe sur la consommation) est devenue quasiment nulle au début de 2015. L'investissement productif est plutôt mou depuis le

Japon : **Demande et production**

	2013	2014	2015	2016	Quatrième trimestre 2014	Quatrième trimestre 2015	Quatrième trimestre 2016
	Prix courants trillion de ¥	Pourcentages de variation annuelle, en volume (prix de 2005)					
PIB aux prix du marché	480.1	-0.1	0.7	1.4	-0.8	1.9	1.3
Consommation privée	293.5	-1.3	0.3	2.0	-2.4	1.9	2.0
Consommation publique	98.8	0.3	0.9	0.1	0.6	1.1	-1.2
Formation brute de capital fixe	104.3	2.6	-0.6	0.1	-1.6	1.0	0.5
Secteur public[1]	22.9	3.8	-4.4	-17.8	1.6	-10.6	-17.8
Secteur privé : résidentiel	15.3	-5.1	-2.0	8.3	-15.7	7.8	9.2
Secteur privé : autres	66.1	3.9	0.8	4.0	0.6	3.6	4.0
Demande intérieure finale	496.6	-0.1	0.2	1.2	-1.6	1.6	1.0
Variation des stocks[2]	- 2.9	0.1	0.3	0.0			
Demande intérieure totale	493.8	-0.1	0.5	1.2	-1.8	2.1	1.0
Exportations de biens et services	77.5	8.4	7.2	5.8	11.2	5.7	6.7
Importations de biens et services	91.2	7.4	4.9	4.6	3.6	6.4	4.9
Exportations nettes[2]	- 13.6	0.0	0.3	0.2			

Note : Des prévisions trimestrielles détaillées sont disponibles dans l'annexe statistique pour les sept pays principaux, la zone euro et l'ensemble de l'OCDE.

1. Y compris les entreprises publiques.
2. Contributions aux variations du PIB en volume, montant effectif pour la première colonne.

Source : Base de données des Perspectives économiques de l'OCDE, n° 97.

StatLink http://dx.doi.org/10.1787/888933226769

Japon : **Indicateurs extérieurs**

	2012	2013	2014	2015	2016
			Milliards de $		
Exportations de biens et services	877.1	794.7	816.5	781	835
Importations de biens et services	991.9	933.9	960.8	829	875
Balance commerciale	- 114.8	- 139.2	- 144.3	- 48	- 40
Solde des invisibles	176.7	178.8	167.2	163	170
Balance des opérations courantes	61.9	39.6	22.9	116	130
			Pourcentages de variation		
Exportations de biens et services en volume	- 0.2	1.2	8.4	7.2	5.8
Importations de biens et services en volume	5.3	3.1	7.4	4.9	4.6
Résultats à l'exportation[1]	- 4.1	- 3.3	4.9	2.6	0.0
Termes de l'échange	- 1.5	- 2.0	- 1.0	8.4	0.2

1. Ratio du volume des exportations sur le marché correspondant pour le total des biens et services.

Source : Base de données des Perspectives économiques de l'OCDE, n° 97.

StatLink http://dx.doi.org/10.1787/888933226775

deuxième trimestre de 2014 en dépit d'un yen affaibli, de bénéfices exceptionnellement élevés dans le secteur des entreprises et d'amples réserves de liquidités excédant 60 % du PIB. Par ailleurs, les entreprises font état de pénuries de capacités et de main-d'œuvre.

Un certain nombre de réformes structurelles s'imposent pour relever la productivité du travail et les taux d'activité

Les réformes engagées récemment pour renforcer la gouvernance d'entreprise devraient inciter les entreprises à faire un usage plus productif de leur abondant volant de trésorerie. En 2014, le gouvernement a fait adopter un code de bonne gestion pour encourager les investisseurs institutionnels à s'impliquer de manière constructive auprès des sociétés dans lesquelles ils investissent. De plus, un code de gouvernance d'entreprise obligeant les sociétés cotées à compter au moins deux administrateurs indépendants (obligation applicable selon le principe « se conformer ou s'expliquer ») est actuellement en cours d'adoption. Son efficacité sera fonction du degré d'indépendance effective de ces administrateurs. La priorité doit également être accordée à l'allègement de la réglementation des marchés de produits, qui permettrait de donner un coup de fouet à l'investissement, à la diffusion du savoir, à la capacité de performance des dirigeants et à la création d'entreprise. Prendre des mesures destinées à revigorer l'investissement en capital-risque, notamment en veillant à offrir une seconde chance à ceux qui échouent et en mettant en place des formations à la gestion d'entreprise, serait également un moyen de dynamiser la création d'entreprise. Le taux de l'impôt sur les bénéfices des sociétés devrait être ramené de 34.6 % en 2014 à 31.3 % en 2016 afin d'encourager l'investissement. Un sursaut de l'investissement productif contrebalancerait le recul de l'investissement public, qui devrait chuter lorsque les dépenses consacrées à la reconstruction du nord-est du pays frappé par le séisme de 2011 viendront à diminuer.

La population en âge de travailler (15-64 ans) diminue déjà d'un million par an et devrait reculer de 17 % d'ici à 2030. Accroître le taux d'activité des femmes, inférieur de 20 points à celui des hommes, est donc également une priorité pour alimenter la croissance. L'ampleur de l'écart entre hommes et femmes est due au fait que 38 %

seulement des femmes continuent de travailler après avoir eu un enfant. Pour que cet écart se resserre, il est essentiel de développer les structures de garde d'enfants et d'arriver à un meilleur équilibre entre vie professionnelle et vie personnelle, en faisant évoluer les mentalités vis-à-vis des longues heures passées au travail. Il conviendrait en outre de réformer certains aspects de la fiscalité et de la protection sociale qui amoindrissent l'incitation à travailler pour un second apporteur de revenu. De plus, il importe de rompre avec le dualisme du marché du travail pour réduire l'écart de salaires entre hommes et femmes, de 27 % pour le salaire médian, résultant du fait qu'une forte proportion des emplois non réguliers et relativement peu rémunérés sont occupés par des femmes.

L'assainissement budgétaire devrait se poursuivre tandis que la politique monétaire demeurera très accommodante

Le déclin attendu de l'investissement public, passé de 4.7 % du PIB en 2014 à environ 3,5 % en 2016, est le principal facteur propice à l'assainissement budgétaire pendant la période considérée. Le déficit des administrations publiques rapporté au PIB devrait être réduit de 2 points et être ainsi ramené à 5,75 % en 2016. Néanmoins, le Japon n'est pas vraiment sur la bonne voie pour atteindre son objectif d'un excédent primaire (administrations centrale et locales) d'ici 2020, malgré le relèvement prévu de la taxe sur la consommation à 10 % en 2017. Pour entretenir la confiance dans la viabilité des finances publiques du Japon, il faudrait que le plan budgétaire qui doit être annoncé d'ici à l'été 2015 prévoie une stratégie détaillée et crédible pour parvenir à un excédent primaire à l'horizon 2020, notamment des mesures supplémentaires pour maîtriser les dépenses publiques et lever des recettes. Même à 10 %, le taux de la taxe sur la consommation demeurera inférieur de moitié environ au taux moyen de la taxe sur la valeur ajoutée en vigueur dans les pays de l'OCDE. Le Japon peut escompter un surcroît de recettes fiscales, dû à l'élargissement de l'assiette de l'impôt sur le revenu des personnes physiques et sur les bénéfices des sociétés et à l'augmentation des taxes environnementales. Il est également primordial de réformer les retraites, la santé et la dépendance pour contenir l'expansion des dépenses sociales en prenant des mesures visant notamment à reculer l'âge légal de la retraite, raccourcir la durée des hospitalisations et développer l'utilisation des médicaments génériques.

Le recalibrage de l'assouplissement quantitatif et qualitatif de la politique monétaire de la Banque du Japon décidé en octobre 2014 a conduit à porter à environ 80 000 milliards de yens par an l'objectif d'accroissement de la base monétaire, principalement en achetant plus d'obligations d'État. L'assouplissement quantitatif a d'ores et déjà permis de porter le bilan de la banque centrale à 65 % du PIB et contribué à relever les anticipations d'inflation. L'assouplissement quantitatif et qualitatif devrait se poursuivre jusqu'à ce que l'objectif d'inflation de 2 % soit durablement atteint.

L'expansion devrait se confirmer tout au long de 2016

Malgré la poursuite de l'assainissement des finances publiques, la croissance de la production se redressera, selon les prévisions, pour atteindre environ 0,75 % en 2015 et 1,5 % en 2016. La diminution de la population en âge de travailler mettra davantage sous tension les marchés du travail. Les négociations salariales récentes, conjuguées au ralentissement de l'inflation, ont entraîné une hausse des salaires réels, bénéfique à la consommation privée. Les pénuries de capacités et de main-d'œuvre, la progression des bénéfices et l'amélioration de la gouvernance d'entreprise seront des facteurs propices à l'investissement productif. La reprise, durable, devrait entraîner une hausse de l'inflation à 1,5 % d'ici la fin de 2016. La faiblesse du yen prédispose le Japon à un développement continu de ses exportations au fur et à mesure de la reprise des échanges mondiaux, qui portera l'excédent de sa balance courante à environ 3 % du PIB.

Pour que la croissance de la production s'inscrive dans la durée, il faut que s'établisse un cercle vertueux reposant sur la hausse simultanée des prix, des salaires et des bénéfices des sociétés. La progression timide des salaires nominaux est le principal risque à cet égard. Le niveau sans précédent de la dette publique du Japon pourrait exposer le pays, en l'absence d'un plan crédible pour atteindre son objectif budgétaire, à une perte de confiance dans la viabilité de ses finances, ce qui pourrait déstabiliser le secteur financier et l'économie réelle, et avoir des retombées non négligeables sur l'économie mondiale. Les perspectives du Japon à l'exportation sont tributaires de la croissance des marchés émergents, en particulier la Chine, premier partenaire commercial du pays. Point positif en revanche, la consommation privée pourrait progresser plus rapidement si la contraction de la main-d'œuvre entraîne une hausse des salaires plus rapide que prévu. Dans ce cas de figure, les entreprises pourraient également investir plus massivement.

LETTONIE

La croissance devrait se redresser légèrement en 2015, puis plus nettement en 2016. Les exportations continueront de pâtir de la grave récession qui frappe la Russie, mais cette situation sera en partie contrebalancée par la reprise dans la zone euro. La consommation privée restera solide, soutenue par de nouvelles hausses du revenu disponible des ménages. Cela étant, le redressement des investissements sera retardé en raison des tensions géopolitiques régionales et des fortes incertitudes qui en résultent.

L'orientation accommodante de la politique monétaire dans la zone euro devrait favoriser la reprise du fait que l'accès au crédit sera facilité. La politique budgétaire sera également porteuse, mais devra rester prudente afin de ménager une marge de manœuvre pour faire face aux éventuels chocs externes négatifs. La pauvreté pourrait être réduite grâce à un meilleur ciblage des prestations sociales, un allègement des impôts sur les bas salaires et la lutte contre l'économie informelle.

Malgré la rapidité de la reprise, l'investissement productif a reculé depuis 2012 en pourcentage du PIB et la contraction du crédit bancaire perdure. Pour rendre la Lettonie plus attrayante pour les investisseurs et étayer la confiance des chefs d'entreprise, la simplification des procédures réglementaires devrait être poursuivie et l'application du droit de la concurrence renforcée. Il est en outre essentiel d'améliorer la qualité des infrastructures de transport et l'interconnectivité des réseaux d'énergie avec les autres pays de l'Union européenne. Une absorption plus rapide des Fonds de l'UE pourrait favoriser l'investissement public.

La consommation privée est le principal moteur de croissance

La croissance du PIB s'est ralentie tout en restant parmi les plus vigoureuses de la zone euro. La récession qui frappe la Russie, troisième partenaire commercial de la Lettonie, a

Lettonie

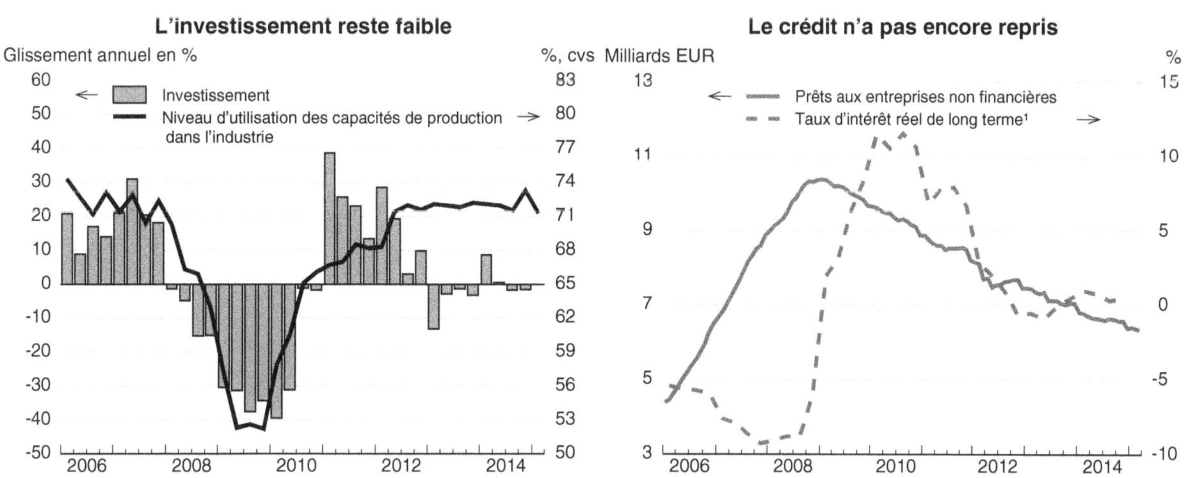

1. Taux d'intérêt réel de long-terme basé sur un déflateur du PIB retardé.

Source : Base de données des Perspectives économiques de l'OCDE, n° 97 ; Commission européenne ; et Central Bank of Latvia.

StatLink http://dx.doi.org/10.1787/888933226086

Lettonie : **Demande, production et prix**

	2011	2012	2013	2014	2015	2016
	Prix courants milliards d' €	Pourcentages de variation, en volume (prix de 2010)				
PIB aux prix du marché	20.3	4.8	4.2	2.4	2.4	3.6
Consommation privée	12.7	3.0	6.2	2.3	2.8	3.6
Consommation publique	3.7	0.4	2.9	3.4	3.0	2.8
Formation brute de capital fixe	4.5	14.5	-5.2	1.3	1.1	4.3
Demande intérieure finale	20.9	4.9	2.8	2.3	2.5	3.7
Variation des stocks[1]	0.4	-2.6	0.3	-0.3	0.5	0.0
Demande intérieure totale	21.3	2.3	3.2	2.0	2.9	3.6
Exportations de biens et services	11.7	9.8	1.4	2.2	0.9	4.6
Importations de biens et services	12.7	5.4	-0.2	1.6	1.7	4.6
Exportations nettes[1]	- 1.0	2.3	1.0	0.4	-0.5	-0.1
Pour mémoire						
Déflateur du PIB	_	3.6	1.1	1.2	1.1	2.4
Indice des prix à la consommation	_	2.3	0.0	0.7	0.5	2.4
Déflateur de la consommation privée	_	3.4	0.4	0.6	0.5	2.4
Taux de chômage	_	15.0	11.9	10.8	10.0	9.1
Solde des administrations publiques[2]	_	-0.8	-0.7	-1.4	-1.4	-1.2
Dette brute des administrations publiques[2]	_	45.9	43.3	46.2	43.1	45.9
Dette brute des administrations publiques, définition Maastricht[2]	_	40.9	38.2	40.0	36.9	39.7
Balance des opérations courantes[2]	_	-3.3	-2.3	-3.1	-3.1	-3.0

1. Contributions aux variations du PIB en volume, montant effectif pour la première colonne.
2. En pourcentage du PIB, valeur du marché.

Source : Base de données des Perspectives économiques de l'OCDE, n° 97.

StatLink http://dx.doi.org/10.1787/888933227334

pesé sur les exportations. L'investissement est resté en demi-teinte en raison de la détérioration des conditions d'activité des entreprises dans la région et des incertitudes à propos des évolutions économiques dans la zone euro. Parallèlement, la consommation privée a soutenu l'activité économique. Le recul continu du chômage et les fortes hausses du revenu disponible des ménages, sous l'impulsion de la baisse des prix du pétrole et d'un nouveau relèvement marqué du salaire minimum, ont affermi la confiance des consommateurs et stimulé les dépenses de consommation.

Les politiques monétaire et budgétaire seront porteuses, mais des politiques structurelles sont nécessaires pour réduire les inégalités

L'assouplissement quantitatif décidé par la Banque centrale européenne maintiendra les taux d'intérêt à un niveau peu élevé tout au long de la période considérée. Les conditions de financement devraient s'améliorer ces deux prochaines années et favoriser l'investissement. L'incertitude apparue dans le secteur bancaire à la suite des évolutions récentes de la législation sur l'insolvabilité, notamment de l'introduction, en mars 2015, de prêts sans recours qui limitent la responsabilité des emprunteurs hypothécaires à la garantie qu'ils ont donnée pour obtenir leur prêt, s'est dissipée petit à petit. La reprise du crédit sera toutefois lente, le processus de réduction de l'endettement étant encore en cours. Les critères d'octroi de prêts resteront relativement restrictifs à court terme. En 2015, la demande de crédit devrait également rester morose en raison des perspectives incertaines sur les marchés immobiliers et les marchés à l'exportation.

La politique budgétaire soutiendra la demande intérieure en 2015, en raison notamment d'une nouvelle réduction du taux de l'impôt sur le revenu des personnes physiques. Il devrait en résulter un creusement du déficit structurel et des mesures d'assainissement seront indispensables pour assurer le respect de la règle budgétaire – à savoir un déficit structurel s'élevant à 0.5 % du PIB – en 2016. La politique budgétaire devrait rester prudente et permettre la constitution d'une marge de précaution. S'agissant de l'investissement public, la priorité devrait être de supprimer les goulets d'étranglement liés aux infrastructures dans les secteurs du transport et de l'énergie. Dans ce dernier secteur, l'interconnexion insuffisante des réseaux de fourniture d'énergie pose des problèmes de concurrence et compromet tant la compétitivité-prix des entreprises que la sécurité énergétique. Les investissements dans les infrastructures pourraient être encouragés par une utilisation efficace sur la période 2014-2020 des Fonds de l'Union européenne qui représentent environ 2.8 % du PIB annuel. De nouvelles procédures de simplification et d'allègement des formalités administratives auxquelles sont confrontés les bénéficiaires de ces financements pourraient leur permettre de faire un meilleur usage de ces ressources.

La Lettonie est l'une des sociétés où les inégalités sont les plus marquées dans la zone de l'OCDE et où une frange relativement importante de la population risque de basculer dans la pauvreté ou d'être victime d'exclusion sociale. Selon les estimations, le taux de chômage structurel est de 10 % et le chômage de longue durée est très élevé. Pour mieux protéger les populations les plus vulnérables contre la pauvreté et améliorer le comportement du marché du travail, il faudrait assurer une plus grande redistributivité du système de prélèvements et de prestations et supprimer les obstacles à l'emploi. Les prestations sociales – y compris les allocations familiales – devraient être davantage ciblées sur les personnes qui en ont le plus besoin et la charge fiscale sur le revenu du travail devrait être allégée. Le projet du gouvernement de relever l'abattement de base sur le revenu imposable des personnes physiques tout en le supprimant progressivement pour les hauts revenus serait une mesure allant dans la bonne direction. La lutte contre l'économie informelle est également essentielle : ce phénomène exclut une partie des habitants du pays du régime de sécurité sociale, diminue leurs cotisations et, partant, leurs droits à des prestations sociales fondées sur ces cotisations et grève les recettes fiscales indispensables pour engager des dépenses propres à dynamiser la croissance.

La croissance sera étroitement liée à la reprise chez les partenaires commerciaux de la Lettonie

Les exportations devraient repartir à la hausse au cours de la période considérée, sous l'impulsion d'un rebond de la zone euro. Le redémarrage de la production, en début d'année, de *Liepajas Metalurgs* AS (UPF), grand producteur d'acier letton, devrait également donner un coup de fouet aux exportations. L'investissement devrait progressivement se redresser, grâce à la progression des exportations, à une utilisation accrue des capacités et à l'absorption des Fonds de l'Union européenne. La consommation privée contribuera fortement à la croissance à la faveur de nouvelles hausses des salaires. La croissance du PIB devrait donc atteindre 3.6 % en 2016. L'inflation restera modérée car les entreprises devraient continuer à absorber certaines des augmentations salariales en abaissant leurs marges. Si la montée des coûts unitaires de main-d'œuvre limitera l'amélioration sur le front de l'emploi, le reflux régulier du chômage persistera en raison du recul de la population active.

Les principaux risques sont liés à la croissance chez les principaux partenaires commerciaux de la Lettonie. Une flambée des tensions régionales pourrait peser encore davantage sur les échanges et les investissements. À l'inverse, une reprise plus vigoureuse de la zone euro pourrait entraîner un surcroît d'activité. Sur le plan intérieur, la capacité des exportateurs de diversifier davantage leurs marchés et l'impact des évolutions salariales sur la compétitivité sont incertains. La mise en œuvre de politiques visant à améliorer les conditions d'activité des entreprises en simplifiant les formalités administratives, en assurant un meilleur respect du droit de la concurrence ou en assouplissant les modalités d'utilisation des Fonds de l'Union européenne, devrait accélérer le redressement de l'investissement.

LUXEMBOURG

La croissance devrait rester vigoureuse et s'établir à peine au-dessous de 3 %, indépendamment du changement de régime de TVA sur le commerce électronique dans l'UE (qui limite l'attractivité du Luxembourg pour certaines activités tournées vers l'exportation) et du relèvement des taux de TVA nationaux (mis en place pour compenser en partie la perte de recettes sur le commerce électronique). La baisse des cours du pétrole, la dépréciation de l'euro et la reprise en cours dans la zone euro soutiendront les exportations et l'investissement. Le relèvement des taux de TVA va doper les prix en 2015 et le mécanisme d'indexation rétrospective des salaires pourrait ajouter aux tensions à la hausse sur les prix en 2016.

Le gouvernement luxembourgeois est déterminé à maintenir au plus bas le niveau de la dette rapportée au PIB. Sa tâche serait facilitée par une maîtrise plus efficace des dépenses, incluant un plafonnement des dépenses des administrations publiques dans le cadre budgétaire à moyen terme. Les réformes structurelles devraient privilégier le retour à l'emploi grâce à un ajustement du système de prélèvements et de prestations et un renforcement des politiques actives du marché du travail. Dans l'éducation, les réformes structurelles permettraient d'améliorer le niveau d'instruction des élèves issus de milieux défavorisés et d'étoffer la réserve de main-d'œuvre capable de travailler dans des activités à forte valeur ajoutée.

À terme, la formation brute de capital fixe devrait concourir à la croissance du PIB. En pourcentage du PIB, l'investissement en capital fixe hors logement est supérieur à la moyenne de l'OCDE. En revanche, l'investissement dans les actifs intellectuels, incluant les dépenses totales et celles des entreprises dans la recherche-développement, est inférieur au niveau de nombreux autres pays de l'OCDE et dénote un potentiel de croissance et d'emploi inexploité. Intensifier l'investissement dans le capital intellectuel et libérer l'innovation dans les entreprises pourraient aider le Luxembourg à gagner en productivité et à conserver son niveau de vie élevé.

Luxembourg

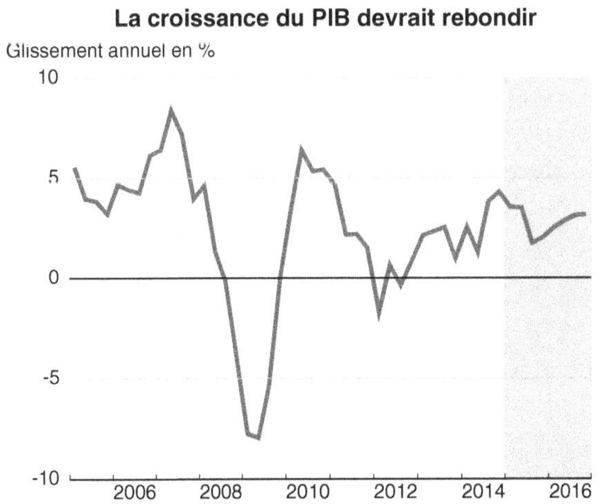

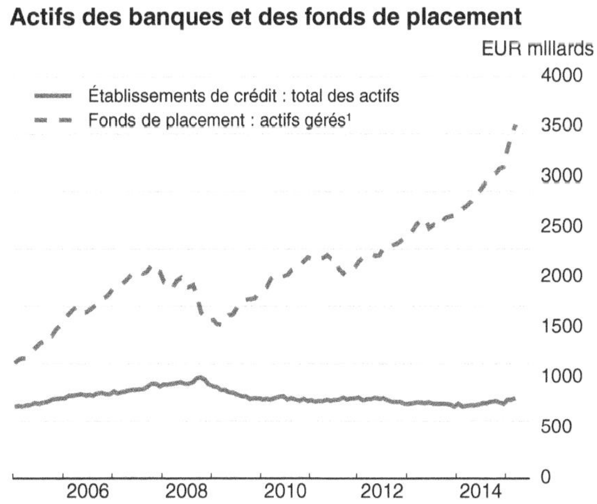

1. Organismes de placement collectif, actifs nets.
Source : Base de données des Perspectives économiques de l'OCDE, n° 97 ; Commission de Surveillance du Secteur Financier ; et Banque Centrale du Luxembourg.

StatLink http://dx.doi.org/10.1787/888933226099

Luxembourg : **Demande, production et prix**

	2011	2012	2013	2014	2015	2016
	Prix courants milliards d' €	Pourcentages de variation, en volume (prix de 2005)				
PIB aux prix du marché	42.4	-0.1	2.0	3.0	2.7	2.9
Consommation privée	13.3	1.9	1.5	2.7	2.0	2.8
Consommation publique	6.9	3.8	5.1	3.2	1.2	2.4
Formation brute de capital fixe	7.6	2.7	-4.4	5.5	6.8	1.1
Demande intérieure finale	27.9	2.6	0.8	3.6	3.1	2.2
Variation des stocks[1]	0.5	-1.6	-0.1	-0.8	-0.2	0.0
Demande intérieure totale	28.4	0.3	0.6	3.9	3.2	2.3
Exportations de biens et services	78.5	3.0	5.6	2.5	3.6	4.0
Importations de biens et services	64.5	3.8	5.8	2.1	4.0	4.0
Exportations nettes[1]	14.0	-0.3	1.6	1.5	0.7	1.5
Pour mémoire						
Déflateur du PIB	_	3.4	1.4	1.6	1.7	1.4
Prix à la consommation harmonisé (indice)	_	2.9	1.7	0.7	0.1	1.5
Déflateur de la consommation privée	_	1.9	0.3	0.0	0.5	1.4
Taux de chômage	_	6.1	6.9	7.1	7.1	7.0
Solde des administrations publiques[2]	_	0.1	0.9	0.6	0.1	0.4
Dette brute des administrations publiques[2]	_	29.6	29.7	31.3	33.2	34.7
Dette brute des administrations publiques, définition Maastricht[2]	_	21.4	23.6	25.1	27.0	28.5
Balance des opérations courantes[2]	_	5.7	4.9	5.7	4.1	4.4

1. Contributions aux variations du PIB en volume, montant effectif pour la première colonne.
2. En pourcentage du PIB, valeur du marché.
Source : Base de données des Perspectives économiques de l'OCDE, n° 97.

StatLink http://dx.doi.org/10.1787/888933227138

L'activité économique demeure robuste

La croissance économique en 2014 est demeurée nettement supérieure à la moyenne de la zone euro, à la faveur d'une demande intérieure qui a résisté et d'une activité vigoureuse dans le secteur financier. Toutefois, le chômage a continué de monter et le taux de chômage des jeunes a atteint 22 % à la fin de 2014. La position extérieure du Luxembourg est solide et se caractérise par des excédents courants constants et une position extérieure nette égale à 219 % du PIB. Le budget des administrations publiques est excédentaire et à 25 % du PIB, selon la définition de Maastricht, la dette brute des administrations publiques est faible.

Il conviendrait de surveiller les risques financiers et de mener des réformes structurelles dans le domaine de l'élaboration du budget

Les autorités devraient continuer de surveiller les risques financiers en recourant à un cadre complet d'évaluation des risques expliquant les liens entre banques et intermédiaires financiers non bancaires, notamment les fonds d'investissement. Il faut également continuer de coopérer avec les autorités réglementaires d'autres pays en dehors de l'UE pour élaborer des plans de résolution des défaillances et réaliser des études de résolvabilité, qui facilitent une résolution transnationale efficace des défaillances.

Le nouveau régime de TVA applicable au commerce électronique dans l'UE, en vigueur depuis janvier 2015, devrait réduire les recettes publiques d'environ 1.5 % du PIB en 2015, la TVA étant désormais collectée dans le pays de l'acheteur et non plus dans celui du vendeur. Les autorités ont anticipé en prenant des mesures compensatoires concernant la fiscalité et les dépenses. Un relèvement des taux de TVA de 2 points de pourcentage devrait ainsi permettre d'accroître les recettes d'environ 0.5 % du PIB. En outre, d'importantes mesures ont été prises pour réduire les dépenses, qui devraient générer une économie nette estimée à 0.4 % du PIB en 2015. Ces mesures pourraient être complétées par un renforcement du cadre budgétaire prenant la forme d'un plafonnement des dépenses afin de gérer les pressions à moyen terme sur l'élaboration du budget. Le conseil budgétaire nouvellement établi pourrait être chargé d'évaluer les budgets du point de vue des évolutions budgétaires à moyen terme ainsi que, dans l'hypothèse où il serait adopté, le plafonnement de dépenses.

La croissance devrait se redresser

La croissance ne devrait ralentir que légèrement en 2015, le changement de régime de TVA sur le commerce électronique dans l'UE freinant le développement des exportations et le relèvement des taux de TVA pesant sur la demande, avant de reprendre de la vigueur en 2016. Pendant toute la période considérée, l'activité sera soutenue par des conditions monétaires très accommodantes, par l'expansion de la demande intérieure et par l'amélioration des résultats dans le secteur du commerce de services. En 2015, le taux de chômage culminera à 7.1 % au niveau national et il diminuera en 2016. Enfin, la hausse de la TVA et le cycle d'indexation des salaires qui devrait intervenir en 2016 maintiendront l'inflation au-delà de la moyenne de la zone euro.

Étant donné les liens commerciaux et financiers qu'entretient le Luxembourg, la vigueur de la reprise en cours dans la zone euro sera décisive. L'effet négatif du nouveau régime européen de TVA sur la position du Luxembourg dans le secteur du commerce électronique pourrait être plus fort que prévu. La multitude des liens financiers transnationaux entre les groupes bancaires luxembourgeois, leurs filiales à l'étranger et les fonds d'investissement pourrait faciliter la propagation des chocs extérieurs, y compris une plus forte volatilité financière dans la zone euro, à l'intérieur de l'économie nationale. En revanche, la solide réputation dont jouit le secteur financier luxembourgeois pourrait entraîner un afflux de capitaux en quête de sécurité. Enfin, un recul durable des cours du pétrole et la dépréciation de l'euro pourraient également favoriser une croissance plus vigoureuse grâce à un solde commercial en hausse.

MEXIQUE

La reprise économique du Mexique s'affermit, tirée par la demande des États-Unis en produits manufacturés importés et par la dépréciation de la monnaie. Le PIB réel devrait augmenter de 2.9 % en 2015 et de 3.5 % en 2016. La vigueur des exportations a, en définitive, permis une accélération du rebond et l'investissement commence à regagner du terrain. Malgré la baisse des cours du pétrole, les nouveaux appels d'offres suscitent un très vif intérêt, suite aux dernières réformes du secteur de l'énergie. La mise en œuvre d'un vaste programme de réforme réglementaire de la concurrence, de l'énergie et du marché a contribué à susciter la confiance, tandis que la politique monétaire était accommodante.

Si la politique monétaire est restée jusque-là inchangée, il faudra relever les taux d'intérêt, une fois que la Réserve fédérale américaine aura augmenté ses taux directeurs, pour prévenir d'éventuelles sorties de capitaux. Un resserrement des dépenses a été opéré dans les premiers mois de 2015 et l'équilibre budgétaire est encore envisagé pour 2017.

Les dépenses globales d'investissement sont en forte hausse, notamment dans les équipements durables, alors que la construction résidentielle reprend également des couleurs, quoique de manière plus progressive. Des efforts résolus pour mettre en œuvre le vaste programme de réformes structurelles récentes constituent la meilleure chance de relancer l'investissement et la productivité et de contribuer à terme plus rapidement à des gains de bien-être durables.

Le rebond de l'activité s'accélère

L'économie mexicaine s'est heurtée à une reprise maintes fois retardée ces dernières années en raison de la conjonction d'une faible demande mondiale, de problèmes

Mexique

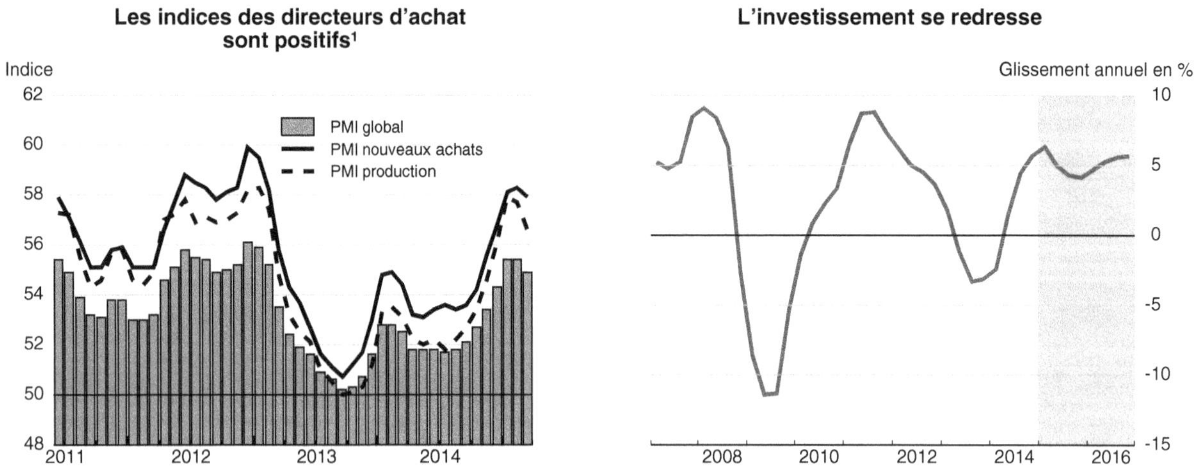

1. Basé sur la moyenne mobile sur 3 mois de l'indice des directeurs d'achat Markit pour le Mexique. Un indicateur au-dessus de 50.0 signale une amélioration des conditions du marché par rapport au mois précédent, alors qu'un indicateur au-dessous de 50.0 signale une détérioration.

Source : Base de données des Perspectives économiques de l'OCDE, n° 97 ; et Markit.

StatLink http://dx.doi.org/10.1787/888933226109

Mexique : **Demande, production et prix**

	2011	2012	2013	2014	2015	2016
	Prix courants milliards de MXN	Pourcentages de variation, en volume (prix de 2008)				
PIB aux prix du marché	14 544.4	3.8	1.7	2.1	2.9	3.5
Consommation privée	9 658.3	4.7	2.5	2.0	2.7	3.1
Consommation publique	1 683.0	3.3	1.6	2.5	-0.3	-0.2
Formation brute de capital fixe	3 156.9	4.8	-1.5	2.2	4.9	5.1
Demande intérieure finale	14 498.2	4.5	1.5	2.1	2.8	3.2
Variation des stocks[1]	225.1	0.3	-0.1	0.3	-0.1	0.0
Demande intérieure totale	14 723.3	4.8	1.4	2.4	2.7	3.2
Exportations de biens et services	4 543.3	5.9	2.1	7.3	8.5	7.6
Importations de biens et services	4 722.2	4.6	2.9	6.3	6.4	6.8
Exportations nettes[1]	- 178.9	0.4	-0.3	0.2	0.6	0.3
Pour mémoire						
Déflateur du PIB	_	3.6	1.5	3.6	3.1	3.0
Indice des prix à la consommation	_	4.1	3.8	4.0	3.5	3.1
Déflateur de la consommation privée	_	3.9	2.7	3.6	3.1	2.9
Taux de chômage[2]	_	4.9	4.9	4.8	4.7	4.6
Besoin de financement du secteur public[3,4]	_	-3.5	-3.8	-4.7	-4.0	-3.5
Balance des opérations courantes[4]	_	-1.3	-2.4	-2.1	-2.0	-2.1

1. Contributions aux variations du PIB en volume, montant effectif pour la première colonne.
2. Données établies sur la base de l'enquête nationale sur l'emploi.
3. Administration centrale et entreprises publiques.
4. En pourcentage du PIB, valeur du marché.

Source : Base de données des Perspectives économiques de l'OCDE, n° 97.

StatLink http://dx.doi.org/10.1787/888933227149

financiers dans le secteur mexicain de la construction et, jusqu'à l'an passé, de réformes structurelles insuffisantes. Le raffermissement actuel de l'économie américaine, l'atténuation des problèmes du secteur de la construction et les réformes structurelles exhaustives récemment engagées sont autant de facteurs qui contribuent à l'amélioration du climat de l'investissement. L'investissement est reparti nettement à la hausse et la croissance de l'activité manufacturière est encore plus rapide, favorisant un marché du travail formel vigoureux et dopant la croissance du revenu des ménages et de la consommation.

La politique monétaire reste accommodante

Le taux d'intérêt cible de la banque centrale reste situé à un niveau bas sans précédent de 3 %. L'inflation a reculé et s'est rapprochée du milieu de la fourchette cible retenue, dissipant les inquiétudes liées à la nécessité d'un relèvement imminent des taux d'intérêt. En outre, les anticipations d'inflation sont bien ancrées. Parallèlement, le peso mexicain s'est déprécié ces derniers mois d'environ 20 % en taux effectif nominal et a ainsi contribué à renforcer la compétitivité extérieure.

La politique budgétaire a été accommodante jusqu'aux premiers mois de 2015, le besoin de financement du secteur public (PSBR) ayant augmenté de près d'un point de PIB entre 2013 et 2014. Après l'effondrement des prix du pétrole toutefois, et compte tenu de la forte dépendance des finances publiques vis-à-vis du pétrole, le gouvernement a annoncé des mesures visant à réduire de 0.7 % du PIB les dépenses pour 2015, ce qui aura pour effet de faire baisser le mur budgétaire allant de pair avec un retour à un solde budgétaire « classique » d'ici 2017, fixé à quelque 3 % du PIB en termes de PSBR.

La demande se raffermit

Étant donné que la demande de biens importés émanant des États-Unis et la demande intérieure continuent de croître, l'activité gagnera encore de la vitesse et commencera à absorber les surcapacités. La mise en œuvre rapide des réformes structurelles par l'administration – surtout dans les secteurs de l'énergie, de la finance et des télécommunications – est déjà utile à la confiance des entreprises et aux conditions d'investissement du secteur privé, cependant que les réformes du secteur public sont également propices. Ces réformes devraient stimuler la croissance potentielle grâce à des augmentations du stock de capital et à des gains de productivité. L'investissement résidentiel reprend des couleurs avec le redémarrage de la construction de logements. Les dépenses d'équipement devraient s'envoler cette année et l'an prochain, dopant l'activité manufacturière.

Le principal risque de dégradation de la croissance vient de l'éventuelle volatilité que pourrait susciter l'abandon des orientations accommodantes de la politique monétaire des États-Unis. Le Mexique s'en est bien sorti jusque-là, mais il n'est pas à l'abri d'un accès de morosité susceptible de frapper les pays émergents, qui déclencherait des sorties de capitaux et ferait remonter les taux d'intérêt à long terme. Cela étant, ses réserves de change, exceptionnellement élevées, et la ligne de crédit modulable dont le pays bénéficie constituent un rempart face à des chocs éventuels. À l'inverse, la majorité des réformes structurelles adoptées pourraient avoir des effets plus rapides et plus importants que prévu sur la productivité et l'investissement et contribuer ainsi à des gains de bien-être.

NORVÈGE

La croissance fléchira en 2015 selon les prévisions avec la baisse des cours du pétrole qui déprime l'activité et l'investissement dans le secteur pétrolier et se répercute sur l'économie de la Norvège continentale. Une reprise progressive en 2016 bénéficiera du raffermissement de l'investissement productif hors secteur pétrolier et de la demande extérieure. Le chômage devrait monter légèrement au-dessus de 4 % et la progression des salaires devrait être modérée. Compte tenu du volant de ressources inutilisées, l'inflation demeurera faible.

La politique monétaire devrait rester accommodante étant donné l'absence de tensions inflationnistes. L'orientation expansionniste de la politique budgétaire se justifie dans les circonstances actuelles. La hausse des prix de l'immobilier et l'augmentation des prêts hypothécaires requièrent un suivi constant au vu de l'ampleur de la dette des ménages. Il est primordial d'améliorer la compétitivité et la productivité, y compris par des réformes des marchés de produits et une amélioration du système éducatif pour donner à la croissance une plus large assise.

En forte progression ces dernières années, l'investissement pétrolier s'est tari avec les réductions de coûts à l'œuvre dans les compagnies pétrolières, l'achèvement de plusieurs projets de grande ampleur et la plongée des cours du pétrole. La relance de l'investissement dans les secteurs non pétroliers suppose une fiscalité plus favorable aux entreprises, un allègement des lourdeurs administratives et une infrastructure plus moderne. Aussi les investissements programmés dans le transport et les communications sont-ils bienvenus. Une meilleure efficience des dépenses publiques serait bénéfique au potentiel de croissance.

L'activité ralentit dans le secteur pétrolier, mais aussi dans les autres secteurs

L'économie de la Norvège continentale fléchit dans un contexte où la chute des prix pétroliers freine l'activité dans le secteur de l'exploitation au large et se répercute sur la

Norvège

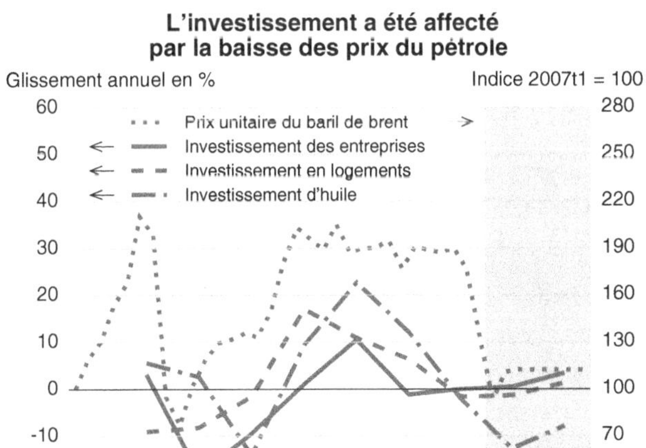

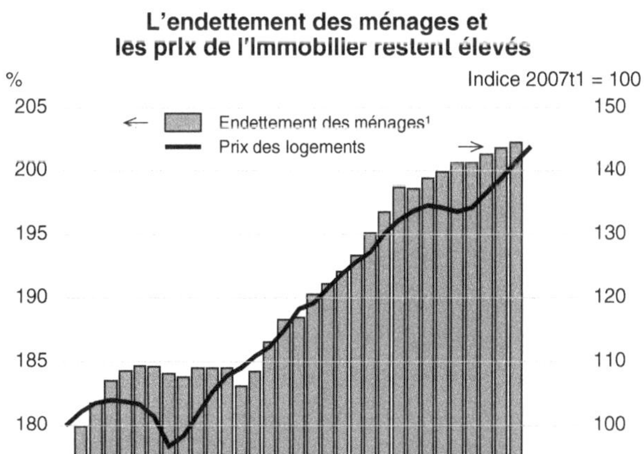

1. Emprunts pour la dette en pourcentage du revenu disponible.

Source : Base de données des Perspectives économiques de l'OCDE, n° 97 ; et Office statistique de Norvège ; et Norges Bank.

StatLink http://dx.doi.org/10.1787/888933226135

Norvège : **Demande, production et prix**

	2011	2012	2013	2014	2015	2016
	Prix courants milliards de NOK	Pourcentages de variation, en volume (prix de 2012)				
PIB aux prix du marché	2 792.0	2.7	0.7	2.2	1.2	1.5
Consommation privée	1 125.0	3.5	2.1	2.0	1.8	1.9
Consommation publique	587.6	1.6	1.7	2.7	2.4	2.4
Formation brute de capital fixe	595.5	7.6	6.8	0.6	-3.6	0.5
Demande intérieure finale	2 308.1	4.1	3.3	1.8	0.4	1.6
Variation des stocks[1]	125.3	-0.3	0.5	0.2	0.6	-0.1
Demande intérieure totale	2 433.4	3.5	3.6	1.9	1.2	1.4
Exportations de biens et services	1 154.1	1.4	-3.0	2.7	1.8	2.2
Importations de biens et services	795.6	3.1	4.3	1.9	1.3	1.6
Exportations nettes[1]	358.5	-0.3	-2.4	0.5	0.3	0.3
Pour mémoire						
PIB continental aux prix du marché[2]	_	3.8	2.3	2.2	1.4	2.1
Déflateur du PIB	_	3.4	2.7	0.4	-0.5	2.5
Indice des prix à la consommation	_	0.7	2.1	2.0	2.1	2.2
Déflateur de la consommation privée	_	1.1	2.8	2.3	2.3	2.3
Taux de chômage	_	3.1	3.4	3.5	4.1	4.2
Taux d'épargne nette des ménages[3]	_	8.4	8.5	9.3	9.2	9.2
Solde des administrations publiques[4]	_	13.8	11.3	9.1	6.4	6.3
Dette brute des administrations publiques[4]	_	34.5	35.0	32.6	34.5	35.4
Balance des opérations courantes[4]	_	12.4	10.0	8.5	6.9	6.9

1. Contributions aux variations du PIB en volume, montant effectif pour la première colonne.
2. PIB non compris le pétrole et la marine marchande.
3. En pourcentage du revenu disponible.
4. En pourcentage du PIB, valeur du marché.

Source : Base de données des Perspectives économiques de l'OCDE, n° 97.

StatLink http://dx.doi.org/10.1787/888933227172

demande intérieure et sur l'emploi dans les secteurs non pétroliers. Pour autant, la dépréciation de la monnaie et une progression plus lente des salaires dope la compétitivité des exportateurs non pétroliers tandis que la faiblesse des taux d'intérêt soutient la consommation privée. Les prix des logements demeurent élevés en dépit de l'essoufflement de l'économie et la dette des ménages s'est accrue jusqu'à dépasser 200 % du revenu disponible.

Les orientations monétaires et budgétaires soutiennent la croissance

Soucieuse de l'affaiblissement des perspectives sur le plan intérieur, la banque centrale a ses taux directeurs de 0.25 point de pourcentage pour les ramener à 1.25 % en décembre 2014. La politique monétaire devrait conserver une orientation accommodante pendant quelque temps encore pour soutenir la reprise, compte tenu du fait que l'inflation est en-dessous de la cible. La hausse des prix de l'immobilier et l'augmentation des prêts hypothécaires devront encore être suivis de près au vu de l'ampleur de la dette des ménages et du risque de surchauffe du marché immobilier. De nouvelles mesures macroprudentielles devraient être envisagées pour réduire les risques pour la stabilité financière. Les propositions de l'Autorité de surveillance financière visant à un nouvel encadrement des pratiques des banques en matière de prêts immobiliers vont dans le bon sens.

Le budget provisoire pour 2015 prévoit une relance budgétaire égale à un demi-point de pourcentage du PIB continental. L'orientation expansionniste de la politique budgétaire se justifie dans les circonstances actuelles. La prudence eu égard à la « règle des 4 % » régissant l'emploi des recettes du pétrole doit rester de mise de façon à constituer un volant amortisseur si la croissance fléchit.

Les politiques structurelles devraient favoriser la transition vers une croissance à plus large assise

Le gouvernement a d'ores et déjà pris des mesures à cet effet, parmi lesquelles des réductions d'impôt ciblées, de nouveaux investissements dans les infrastructures et des mesures de simplification administrative. Le budget provisoire pour 2015 contient des propositions de mesures pour simplifier le recouvrement de l'impôt. À terme, des réformes des marchés de produits et une amélioration du système éducatif seront primordiales pour gagner en compétitivité et en productivité. En outre, de nouveaux allégements de la fiscalité et une plus grande efficience des dépenses publiques, grâce notamment à un recours plus fréquent à l'analyse coûts-avantages pour sélectionner les projets d'investissement publics, seraient utiles.

La poursuite des réformes structurelles pour soutenir la croissance inclusive est essentielle. La Norvège bénéficie d'un haut niveau d'activité, largement imputable à la forte participation des femmes au marché du travail et à un faible taux de chômage. Or, la générosité du système de prestations de maladie et d'invalidité a conduit un nombre élevé de personnes à se retirer du marché du travail. Le gouvernement s'est fixé un objectif chiffré pour faire baisser l'absentéisme pour maladie et a annoncé des réformes spécifiques à cet effet, dont un nouvel examen médical. Il est important de fournir des directives claires sur l'évaluation du handicap et de contrôler le respect des conditions à remplir afin de diminuer le nombre de bénéficiaires de prestations d'invalidité.

La croissance repartira à la hausse progressivement

La croissance devrait progresser en 2016, avec la hausse de l'investissement productif et des exportations et de nouveaux projets d'investissements pétroliers, qui compenseront partiellement la diminution des projets en cours. La construction de logements contribuera également à la reprise, sur fond de taux d'intérêt faibles et de prix de l'immobilier relativement élevés. Le taux de chômage continuera à monter, mais amorcera un repli vers la fin de la période de référence. L'inflation va demeurer faible étant donné le volant de ressources inutilisées, la progression modérée des salaires et la dissipation des effets de l'inflation importée. Le solde courant continuera d'être excédentaire.

La Norvège demeure exposée aux chocs affectant les termes de l'échange. Les prix pétroliers pourraient remonter depuis leur niveau actuel et gonfler les recettes des producteurs et des pouvoirs publics. À l'inverse, une nouvelle baisse pourrait entraîner une réduction de la production de pétrole et de nouvelles coupes dans les activités d'exploration, et freiner ainsi la reprise sur le continent par ses effets indirects sur les revenus et la demande des entreprises. Sur le plan intérieur, le haut niveau d'endettement des ménages constitue toujours un risque qui les expose, et avec eux potentiellement les banques, aux fluctuations des taux d'intérêt ou des prix de l'immobilier. En revanche, la progression modérée des salaires et toute nouvelle avancée dans les réformes structurelles seraient source de gains de compétitivité et de croissance plus importants que prévu.

NOUVELLE-ZÉLANDE

La croissance économique devrait marquer le pas étant que la dégradation des termes de l'échange pèsera sur la demande intérieure, que la dynamique induite par la reconstruction post-sismique dans la région de Canterbury s'essoufflera et que l'immigration ralentira. Le taux de chômage devrait néanmoins poursuivre son mouvement de repli et les salaires progresser modestement. Le volant de capacités inemployées ayant été intégralement absorbé, la hausse des prix à la consommation devrait s'établir à 1.8 % d'ici à la fin de 2016.

L'assouplissement monétaire devrait être poursuivi afin de permettre à l'inflation de regagner le milieu de la fourchette de 1 %-3 % retenue comme objectif. Pour atténuer les tensions sur le marché de l'immobilier résidentiel à Auckland, en pleine expansion, il conviendrait de lever les obstacles injustifiés à l'offre de logements, de durcir les mesures macroprudentielles et d'étendre et d'appliquer de manière plus stricte la fiscalité sur les plus-values immobilières, comme cela a été annoncé. Il conviendrait que la politique budgétaire poursuive la réduction progressive du ratio dette–PIB à moyen terme, tout en laissant les stabilisateurs automatiques jouer pleinement. L'amélioration du bien-être des membres les plus vulnérables de la société devrait demeurer l'objectif premier des mesures budgétaires.

L'investissement résidentiel se situe 13 % au-dessus du niveau record atteint avant la récession, propulsé par la reconstruction dans la région de Canterbury et par le dynamisme de la demande à Auckland. L'investissement productif a également fortement progressé et dépasse de 10 % le pic enregistré avant la récession, soutenu par la diminution des capacités excédentaires, la bonne tenue de la confiance des entreprises et le faible coût du capital. La croissance de l'investissement public a été plus modeste.

La croissance économique demeure soutenue

La croissance économique semble avoir fléchi quelque peu en 2015 mais la vigueur de l'expansion reste soutenue par l'activité dans le secteur de la construction dans la région

Nouvelle-Zélande

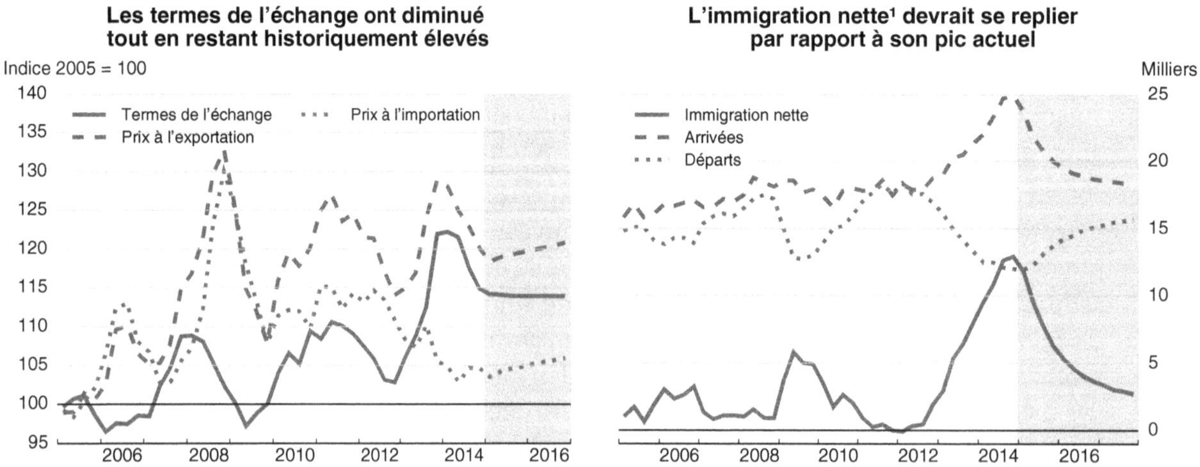

1. Permanente et de long terme, population d'âge actif, données trimestrielles corrigées des variations saisonnières.

Sources : Reserve Bank of New Zealand (2015), *Monetary Policy Statement*, mars ; et Base de données des Perspectives économiques de l'OCDE, n° 97.

StatLink http://dx.doi.org/10.1787/888933226128

Nouvelle-Zélande : **Demande, production et prix**

	2011	2012	2013	2014	2015	2016
	Prix courants milliards de NZD	Percentage de variation, en volume (prix de 2009/2010)				
PIB aux prix du marché	208.5	2.9	2.5	3.1	3.4	3.0
Consommation privée	120.8	2.8	2.9	3.2	3.7	2.8
Consommation publique	41.3	-0.9	1.9	3.6	1.4	0.3
Formation brute de capital fixe	41.5	7.9	8.6	8.6	7.5	6.1
Demande intérieure finale	203.6	3.1	3.9	4.5	4.2	3.1
Variation des stocks[1]	0.6	0.0	0.1	0.2	0.0	0.0
Demande intérieure totale	204.1	3.1	3.9	4.7	4.1	3.1
Exportations de biens et services	65.1	1.7	1.1	2.7	3.0	3.9
Importations de biens et services	60.7	2.7	6.3	7.9	5.6	4.2
Exportations nettes[1]	4.4	-0.2	-1.5	-1.4	-0.7	-0.1
Pour mémoire						
Déflateur du PIB	_	-0.4	2.8	2.5	-0.8	1.5
Indice des prix à la consommation	_	1.1	1.1	1.2	0.4	1.7
IPC sous-jacent[2]	_	1.0	1.2	1.4	1.1	1.7
Déflateur de la consommation privée	_	0.7	0.5	0.8	0.2	1.3
Taux de chômage	_	6.9	6.2	5.8	5.6	5.3
Taux d'épargne nette des ménages[3]	_	2.3	2.2	3.0	3.0	3.0
Solde des administrations publiques[4]	_	-1.6	0.3	1.4	1.9	2.3
Dette brute des administrations publiques[4]	_	41.8	40.8	39.2	37.2	34.7
Balance des opérations courantes[4]	_	-4.0	-3.2	-3.3	-5.4	-5.7

1. Contributions aux variations du PIB en volume, montant effectif pour la première colonne.
2. Indice global hors alimentation et énergie.
3. En pourcentage du revenu disponible.
4. En pourcentage du PIB, valeur du marché.

Source : Base de données des Perspectives économiques de l'OCDE, n° 97.

StatLink http://dx.doi.org/10.1787/888933227167

de Canterbury et à Auckland, par le niveau élevé et croissant de l'excédent migratoire, par la faiblesse des taux d'intérêt et par le caractère encore relativement favorable des termes de l'échange. L'intensification des contraintes de capacités stimule l'investissement productif. L'emploi a fortement progressé, mais les tensions sur les salaires restent modérées, sous l'effet d'un fort excédent migratoire et la difficulté à se procurer de la main-d'œuvre dont font état les entreprises est proche de sa moyenne de long terme. La chute des prix du pétrole a ramené l'inflation globale mesurée par l'IPC à 0.1 %, mais même en excluant les carburants automobiles et les cigarettes (soumis à des droits indirects à nouveau fortement relevés), l'inflation reste limitée à 0.7 %. Les prix mondiaux des produits laitiers, premier poste à l'exportation pour la Nouvelle-Zélande, ont diminué de moitié depuis le pic atteint au début de 2014, effaçant ainsi une bonne partie de la hausse de ces dernières années. Le déclin des termes de l'échange qui en a résulté a toutefois été atténué par le recul des prix du pétrole.

La politique budgétaire est légèrement restrictive, mais la politique monétaire demeure accommodante

L'excédent primaire sous-jacent devrait afficher une croissance cumulée de 0.5 % du PIB potentiel sur la période 2015-16, soit un taux de croissance annuel proche de celui de 2014. Le gouvernement a raison de poursuivre la consolidation de la situation budgétaire du pays car la Nouvelle-Zélande pourrait être exposée à des chocs macroéconomiques importants ainsi qu'à des augmentations des dépenses de retraite et de santé sur le long terme. L'assainissement des finances publiques contribuera également à apaiser les tensions sur les taux d'intérêt et le taux de change. Il serait souhaitable que les mesures d'assainissement prévues ne desservent pas les efforts visant à améliorer le bien-être des membres les plus vulnérables de la société. Certaines communautés, en particulier les Maoris et les Pasifikas, sont confrontées à des obstacles de long terme en matière d'emploi et de croissance des revenus et à des conditions de santé médiocres, ce qui justifie que l'action publique s'attache à renforcer la dimension inclusive de la croissance.

La banque centrale s'en tient à une orientation accommodante de sa politique monétaire afin de hisser l'inflation mesurée par l'IPC jusqu'au point médian de la fourchette de 1-3 % retenue comme objectif. Elle a annoncé qu'il conviendrait d'abaisser le taux officiel au jour le jour qui, à 3.5 %, est déjà inférieur au taux neutre estimé, en cas de fléchissement de la demande et si le processus de fixation des salaires et des prix conduisait à des hausses trop faibles au regard de l'objectif d'inflation. Pour combattre la hausse des prix de l'immobilier résidentiel à Auckland, la banque centrale favorise la suppression des obstacles injustifiés à l'offre de logements, dont les effets seront surtout perceptibles à moyen terme, assortie de restrictions de la demande à court terme. Elle a annoncé de nouvelles mesures macroprudentielles pour contenir les achats des investisseurs, applicables à compter du 1er octobre 2015. En complément à ces mesures, le gouvernement a annoncé une extension de la fiscalité sur les plus-values immobilières qui entrera en vigueur à la même date.

La croissance devrait se tasser

La croissance devrait ralentir pour s'établir à 3 % en 2016 à mesure que la dynamique induite par le secteur de la construction s'essoufflera et que la progression de la consommation privée ralentira. Le fait que la reconstruction dans la région de Canterbury ait bien avancé et le ralentissement attendu de l'immigration nette (à mesure que le dynamisme du marché du travail faiblira par comparaison avec l'Australie) freineront le rythme de l'activité. Le taux de chômage devrait reculer et se rapprocher de 5 %. La croissance des salaires ne devrait augmenter que modestement, mais l'inflation globale devrait se redresser pour atteindre 1.8 % à la fin de 2016. Le déficit de la balance courante pourrait s'établir à 5.75 % du PIB, niveau trop élevé pour stabiliser les engagements extérieurs nets en pourcentage du PIB.

Les perspectives dépendent étroitement de l'évolution des prix mondiaux des produits laitiers. De nouvelles baisses réduiraient les revenus et pourraient mettre en difficulté les producteurs fortement endettés ; mais une nouvelle hausse des prix n'est pas exclue, notamment du fait qu'un rééquilibrage s'amorce en Chine au profit des consommateurs urbains, qui tendent à consommer des produits laitiers. Les taux d'intérêt mondiaux pourraient augmenter plus vite que prévu, peut-être sous l'effet de la normalisation de la politique monétaire des États-Unis. La Nouvelle-Zélande pourrait alors voir augmenter le coût de financement de sa position extérieure globale, fortement déficitaire. Une hausse des prix de l'immobilier entraînerait une augmentation du patrimoine des ménages et, partant, de la consommation, mais alimenterait également le risque d'une correction sur le marché si les prix s'écartaient des valeurs réelles.

PAYS-BAS

La croissance économique devrait progresser pour atteindre 2 % en 2015 et 2.2 % en 2016. L'augmentation des salaires réels favorisera la hausse de la consommation privée, tandis que l'amélioration des perspectives conjoncturelles et la poursuite de la reprise sur le marché du logement soutiendront l'investissement. Les exportations devraient continuer à croître régulièrement, sous l'effet de la reprise au sein de l'Union européenne et de la faiblesse de l'euro. La création d'emplois devrait connaître une franche augmentation, assortie d'un recul progressif du chômage.

Le gouvernement prévoit de conduire l'assainissement budgétaire structurel selon un rythme lent, ce qui est approprié car la reprise prend certes de la vigueur, mais reste encore incertaine. La poursuite de la réforme de la protection de l'emploi favoriserait la création d'emplois et serait propice au redéploiement de la main-d'œuvre vers des utilisations plus productives. Si le redressement du marché de l'immobilier se révèle durable, il conviendrait que les pouvoirs publics accélèrent la réduction des allégements fiscaux au titre des intérêts sur les prêts hypothécaires. Une réforme des systèmes de prélèvements et de prestations renforçant les incitations à travailler pour les seconds apporteurs de revenu pourrait encourager les femmes à travailler un plus grand nombre d'heures, et donc à accroître leurs revenus. Le retour à une politique budgétaire fondée sur les tendances devrait concourir à la discipline budgétaire pendant le mandat du gouvernement, tout en laissant jouer les stabilisateurs automatiques du côté des recettes.

L'investissement est inférieur de près de 20 % à son niveau d'avant la crise, principalement sous l'effet de la contraction de l'investissement résidentiel. L'investissement productif a bien résisté depuis la crise même si, en pourcentage du PIB, il demeure modéré par comparaison avec d'autres pays de l'Union européenne, et la croissance du stock de capital s'est nettement ralentie depuis la fin des années 90. L'accès au financement pour les PME s'améliore, mais les dispositifs connexes, notamment les garanties publiques de prêts, pourraient être renforcés. L'assouplissement des règles strictes qui s'appliquent en matière d'urbanisme pourrait donner un coup de pouce à l'investissement immobilier.

Pays-Bas

L'investissement[1] privé est faible | **Le marché du travail se renforce lentement[2]**

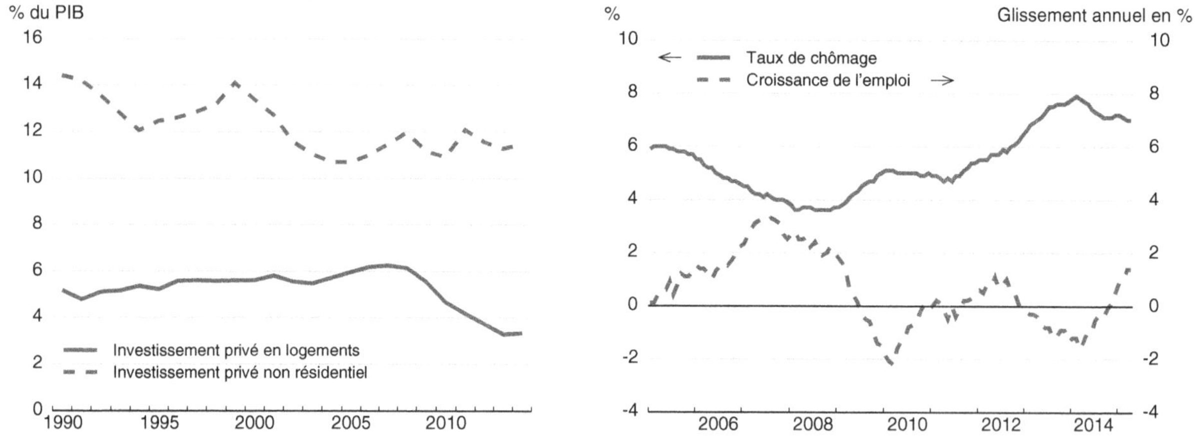

1. En termes nominaux.
2. Population âgée entre 15 et 75 ans.

Source : Base de données des Perspectives économiques de l'OCDE, n° 97 ; et Statistics Netherlands (CBS).

StatLink http://dx.doi.org/10.1787/888933226113

Pays-Bas : **Demande, production et prix**

	2011	2012	2013	2014	2015	2016
	Prix courants milliards d' €	Pourcentages de variation, en volume (prix de 2010)				
PIB aux prix du marché	642.7	-1.6	-0.7	0.9	2.0	2.2
Consommation privée	289.0	-1.5	-1.5	0.1	1.5	1.6
Consommation publique	167.1	-1.5	-0.2	-0.3	0.0	-0.3
Formation brute de capital fixe	130.3	-6.0	-3.9	3.5	7.0	4.0
Demande intérieure finale	586.4	-2.5	-1.7	0.7	2.2	1.6
Variation des stocks[1]	1.6	0.1	-0.2	-0.1	-1.0	0.0
Demande intérieure totale	588.0	-2.4	-1.9	0.5	1.1	1.6
Exportations de biens et services	497.3	3.2	2.2	4.0	3.0	5.2
Importations de biens et services	442.6	2.8	1.0	4.0	1.9	5.0
Exportations nettes[1]	54.7	0.6	1.1	0.4	1.1	0.8
Pour mémoire						
Déflateur du PIB	_	1.3	1.1	1.1	0.3	1.4
Prix à la consommation harmonisé (indice)	_	2.8	2.6	0.3	0.1	1.4
Déflateur de la consommation privée	_	1.4	1.9	1.3	0.2	1.4
Taux de chômage	_	5.8	7.3	7.4	6.9	6.5
Taux d'épargne nette des ménages[2]	_	6.5	7.8	8.3	8.5	8.0
Solde des administrations publiques[3]	_	-4.0	-2.3	-2.3	-1.8	-1.1
Dette brute des administrations publiques[3]	_	77.9	77.0	81.8	81.6	81.2
Dette brute des administrations publiques, définition Maastricht[3]	_	66.5	68.6	68.8	68.6	68.2
Balance des opérations courantes[3]	_	11.0	11.0	10.3	10.0	10.3

1. Contributions aux variations du PIB en volume, montant effectif pour la première colonne.
2. En pourcentage du revenu disponible, incluant l'épargne à l'assurance vie et aux régimes de retraite.
3. En pourcentage du PIB, valeur du marché.
Source : Base de données des Perspectives économiques de l'OCDE, n° 97.

StatLink http://dx.doi.org/10.1787/888933227151

La reprise de la croissance a été largement répartie

La reprise économique s'est affermie grâce à une expansion continue de la consommation privée et à la progression soutenue de l'investissement productif. Les résultats à l'exportation ont eux aussi été très satisfaisants, à la faveur de l'amélioration des conditions économiques dans l'Union européenne et de la dépréciation de l'euro. Le déficit public s'est établi à 2.3 % du PIB en 2014, niveau inchangé par rapport à l'année précédente, du fait que les dépenses ont légèrement diminué et que la baisse des recettes gazières, due principalement à la décision du gouvernement de réduire la production, a été largement contrebalancée par la hausse des recettes fiscales.

La confiance des consommateurs s'est redressée pour atteindre un niveau inégalé depuis 2007, fruit de la décrue du chômage, de la faiblesse de l'inflation, de la progression des salaires réels et de la poursuite de la reprise sur le marché de l'immobilier. La confiance des producteurs est elle aussi au-dessus de la moyenne historique. Néanmoins, ces deux indicateurs ont montré une grande variabilité ces derniers mois, ce qui laisse à penser que de fortes incertitudes entourent encore les perspectives économiques.

Le ralentissement de l'assainissement des finances publiques devrait s'accompagner d'autres réformes structurelles

Le projet de budget pour 2015 prévoit une nouvelle réduction du déficit, résultant essentiellement de l'amélioration de la situation économique. L'assainissement budgétaire limité qu'exige ce projet correspond au juste équilibre entre le souci d'en modérer les effets négatifs sur la reprise économique et celui de réduire la dette publique.

Le chômage demeure à un niveau historiquement élevé qui montre que les effets de la crise sont encore prégnants. Le caractère inclusif de la croissance pourrait être accentué en poursuivant l'assouplissement de la protection des contrats réguliers et en limitant les freins à travailler au moyen d'une réforme du système de prélèvements et de prestations qui consisteraient par exemple à subordonner davantage les aides à la garde d'enfants à la rémunération du second apporteur au revenu familial. L'adoption de conditions de ressources plus strictes pour l'accès au logement social et une réduction plus rapide des allègements fiscaux au titre des intérêts sur les prêts hypothécaires permettraient d'améliorer le fonctionnement du marché du logement.

La consolidation de la croissance se poursuivra

L'activité économique devrait poursuivre son accélération, à la faveur de l'affermissement de la demande intérieure et du dynamisme des exportations. L'inflation progressera lentement en 2015, mais en restant inférieure à la croissance des salaires. Les ménages consacreront une partie de la hausse notable de leur revenu disponible réel à la consommation, le solde allant à l'épargne. La création d'emplois permettra de relever le niveau d'emploi, mais restera timide au regard de l'expansion de la population active, de sorte que la décrue du chômage ne pourra être que très progressive. En ce qui concerne les finances publiques, la situation s'améliorera grâce à l'embellie économique et à la maîtrise annoncée des dépenses.

Une pause dans la réactivation du marché immobilier, prenant la forme soit d'une évolution décevante des prix, soit d'un maigre volume de transactions, pourrait avoir des répercussions négatives sur les dépenses de consommation, principalement à cause d'une plus faible confiance. Par ailleurs, si le gouvernement décide de continuer à réduire la production de gaz, la croissance pourrait être plus faible et le déficit budgétaire plus élevé. La faiblesse des taux d'intérêt pourrait faire peser un risque sur la situation financière des fonds de pension et des compagnies d'assurance. À l'inverse, l'activité économique pourrait connaître une expansion plus rapide si une réforme fiscale était adoptée dans les mois à venir. La croissance pourrait également bénéficier d'une croissance économique plus vigoureuse qu'anticipé dans la zone euro ou d'une baisse des prix des matières premières.

POLOGNE

La croissance économique, à la faveur de la consolidation de la consommation privée, devrait continuer à s'accélérer pour atteindre 3.7 % en 2016. Le marché du travail progressera encore et les exportations bénéficieront d'échanges commerciaux internationaux plus vigoureux et d'une croissance plus forte dans la zone euro.

Les prix de l'énergie et des denrées alimentaires ont commencé à repartir à la hausse après des baisses marquées et, à l'issue de plusieurs mois de déflation, les prix à la consommation devraient progressivement remonter. La politique monétaire devrait rester accommodante et on forme l'hypothèse que la banque centrale ne commencera à relever ses taux d'intérêts avant la dernière partie de 2016. L'orientation budgétaire légèrement restrictive est globalement appropriée et le Conseil européen devrait approuver la sortie de la Pologne de la procédure de déficit excessif de l'UE en juin 2015, même si un peu plus d'effort d'assainissement à moyen terme contribuerait à préparer le terrain en vue de l'augmentation des dépenses de retraite et de santé.

En dépit de la remarquable hausse du PIB ces 25 dernières années et de la solidité de la progression des investissements en 2014, la contribution de l'investissement du secteur privé au PIB a été plus faible que dans les pays voisins dont le revenu par habitant est analogue. Pour soutenir l'augmentation du niveau de vie et pour évoluer vers des activités de production à plus forte valeur ajoutée, il faut supprimer les obstacles réglementaires à l'investissement et mettre à niveau les compétences. Les politiques de l'investissement devraient être mieux ciblées dans l'optique d'accroître la mobilité des travailleurs et, par voie de conséquence, la productivité, et de développer une économie plus verte en améliorant les infrastructures dans les domaines de l'énergie et des transports et en facilitant l'accès à des logements moins coûteux et mieux isolés.

La croissance économique est vigoureuse

Le PIB réel progresse à un rythme soutenu. La consommation des ménages est alimentée par l'amélioration de la situation sur le marché du travail et par la hausse des

Pologne

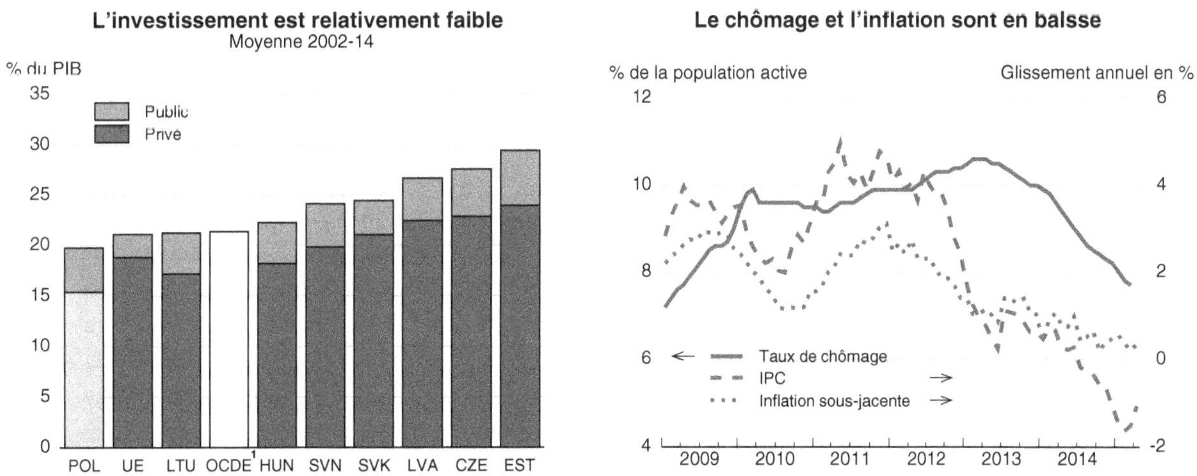

1. Seules les données de l'investissement total sont disponibles pour l'OCDE.
Source : Base de données des Perspectives économiques de l'OCDE, n° 97 ; Eurostat ; et Banque Nationale de Pologne.

StatLink http://dx.doi.org/10.1787/888933226149

Pologne : **Demande, production et prix**

	2011	2012	2013	2014	2015	2016
	Prix courants milliards de PLN	Pourcentages de variation, en volume (prix de 2010)				
PIB aux prix du marché	1 553.6	1.8	1.7	3.4	3.5	3.7
Consommation privée	954.2	0.9	1.0	3.0	3.5	3.6
Consommation publique	281.4	0.2	2.1	2.8	2.9	2.5
Formation brute de capital fixe	315.6	-1.5	0.9	9.5	6.4	6.0
Demande intérieure finale	1 551.1	0.3	1.2	4.2	4.0	3.9
Variation des stocks[1]	29.8	-0.6	-0.9	0.4	0.1	0.0
Demande intérieure totale	1 581.0	-0.3	0.2	4.6	4.1	3.9
Exportations de biens et services	670.2	4.3	5.0	5.6	6.0	7.7
Importations de biens et services	697.5	-0.6	1.8	8.7	7.6	8.3
Exportations nettes[1]	- 27.4	2.1	1.4	-1.3	-0.6	-0.1
Pour mémoire						
Déflateur du PIB	_	2.2	1.1	0.3	0.1	1.4
Indice des prix à la consommation	_	3.6	1.0	0.1	-0.5	1.3
Déflateur de la consommation privée	_	3.2	0.8	-0.3	-1.1	1.1
Taux de chômage	_	10.1	10.3	9.0	7.8	7.4
Solde des administrations publiques[2]	_	-3.7	-4.0	-3.2	-2.7	-2.4
Dette brute des administrations publiques[2]	_	61.2	62.3	65.8	66.7	66.7
Dette brute des administrations publiques, définition Maastricht[2]	_	54.4	55.7	50.2	51.2	51.2
Balance des opérations courantes[2]	_	-3.5	-1.3	-1.4	-1.1	-1.1

1. Contributions aux variations du PIB en volume, montant effectif pour la première colonne.
2. En pourcentage du PIB, valeur du marché.
Source : Base de données des Perspectives économiques de l'OCDE, n° 97.

StatLink http://dx.doi.org/10.1787/888933227185

salaires réels induite par le recul des prix des denrées alimentaires et de l'énergie. Les exportations résistent bien, en dépit de la crise russo-ukrainienne. Toutefois, malgré des conditions financières favorables et des meilleures perspectives dans la zone euro, les intentions d'investir des entreprises restent inférieures à leur moyenne historique, freinées par les incertitudes au sujet de la demande future.

Les politiques macroéconomiques sont appropriées, mais des réformes structurelles sont indispensables pour promouvoir l'investissement

En raison de la modération des tensions inflationnistes, conjuguée à une forte baisse du coût de l'alimentation et de l'énergie, l'indice général des prix à la consommation est en recul en glissement annuel depuis juillet 2014. L'inflation sous-jacente et les anticipations d'inflation sont très faibles. De ce fait, la banque centrale a encore abaissé son taux directeur en mars 2015 pour le ramener à 1.5 %. En raison d'un retournement des prix de l'alimentation et de l'énergie et de l'amélioration du marché du travail, l'indice général des prix à la consommation devrait repartir à la hausse. Lorsque la banque centrale polonaise commencera à normaliser sa politique monétaire, elle devra faire preuve de prudence, dans la mesure où ce processus pourrait potentiellement provoquer des entrées de capitaux déstabilisantes et des tensions sur le zloty tant que la politique monétaire de la zone euro reste très accommodante.

Le déficit général des administrations publiques devrait être ramené de 3.2 % du PIB en 2014 à 2.4 % du PIB en 2016, en partie grâce à la poursuite de la croissance économique et à la progression des cotisations sociales (de nombreuses personnes affiliées à des fonds de pension privés ayant préféré opter pour le régime public de sécurité sociale après la réforme récente du système de retraite). La progression des transferts sociaux sera modérée par l'indexation sur une inflation et une croissance des salaires actuellement basse et le gouvernement devrait continuer à contenir les salaires dans le secteur public. Cette tendance n'est que partiellement contrebalancée par les hausses d'un nombre limité de postes de dépenses sociales.

Pour encourager l'investissement productif dans des capacités de production modernes et dans l'innovation, il est indispensable de réduire les obstacles à l'entrée et à la sortie des entreprises sur le marché, de faciliter l'exécution des contrats et de simplifier la fiscalité. Cela nécessite également de poursuivre les efforts pour améliorer l'enseignement universitaire et la formation professionnelle, en resserrant les liens avec le monde de l'entreprise et en valorisant l'expérience pratique. Les capacités de production d'énergie sont vieillissantes et fortement dépendantes du charbon. Le fait d'abaisser les obstacles à l'accès aux marchés de l'énergie et de relever les prix de l'énergie pour tenir compte des dommages causés à l'environnement et de la pollution favoriserait l'émergence d'un secteur de l'énergie plus efficace et plus vert. Maintenant que le réseau routier a été largement modernisé, l'accent devrait être mis sur les investissements dans le transport ferroviaire et les transports publics urbains, ce qui contribuerait aussi à la croissance verte. Parallèlement aux politiques visant à lutter contre les pénuries locales de logements, cette évolution contribuerait à faciliter la mobilité des travailleurs et leurs trajets domicile-travail, ce qui améliorerait le bien-être des individus et la productivité. En permettant aux travailleurs de trouver des emplois de meilleure qualité, ces politiques renforceraient la cohésion sociale.

La croissance va s'accélérer

Une accélération continue de la croissance de l'emploi et des salaires réels favorisera une hausse progressive de la consommation privée. Les exportations devraient augmenter avec la consolidation des échanges commerciaux internationaux. L'investissement restera vigoureux tout en étant quelque peu limité par le ralentissement de la mise à disposition des Fonds structurels de l'Union européenne qui survient généralement au moment du passage d'une période budgétaire à une autre. L'accélération prévue de la croissance du PIB devrait progressivement absorber les surcapacités qui subsistent.

La croissance est tributaire du rythme de la reprise dans la zone euro et l'intensification des tensions en Russie et en Ukraine pourraient peser sur les exportations et faire monter les prix de l'énergie. À l'inverse, la consommation et l'investissement privés pourraient se montrer très sensibles à une amélioration de la confiance et à des hausses de revenus plus rapides que projeté.

PORTUGAL

La reprise devrait s'accentuer en 2015, portée par une forte demande extérieure, la faiblesse de l'euro et la baisse des cours du pétrole. Après s'être contractée pendant trois ans, la demande intérieure a commencé à augmenter et l'investissement privé devrait poursuivre son redressement en 2016. Cependant, l'ampleur du volant de capacités inemployées dans l'économie persistera, avec un taux de chômage qui ne connaîtra qu'un léger repli.

Au regard de la fragilité de la reprise, le rythme plus modéré de l'assainissement budgétaire est bienvenu. La poursuite des réformes fiscales avec, par exemple, un nouvel abaissement, sans incidence sur les recettes, du taux effectif de l'impôt sur les sociétés, pourrait stimuler l'investissement privé. De nouvelles baisses du taux de chômage, encore élevé, contribueraient à réduire les inégalités de revenu. Malgré les progrès accomplis, la compétitivité des secteurs exportateurs est freinée par le faible niveau de concurrence dans les activités de services situées en amont, ce qui appelle de nouvelles réformes structurelles dans les secteurs du gaz et de l'électricité et un allégement des contraintes inutiles dans les services professionnels. Malgré quelques progrès en matière de désendettement, la réduction de la dette toujours élevée du secteur privé, y compris au moyen d'une évaluation de l'efficacité des nouvelles procédures d'insolvabilité, demeure une priorité pour accroître le volume des crédits bancaires et l'investissement.

L'investissement a diminué de près de 35 % entre 2007 et 2014, un taux deux fois supérieur à celui de l'ensemble de l'Union européenne. L'investissement productif a

Portugal

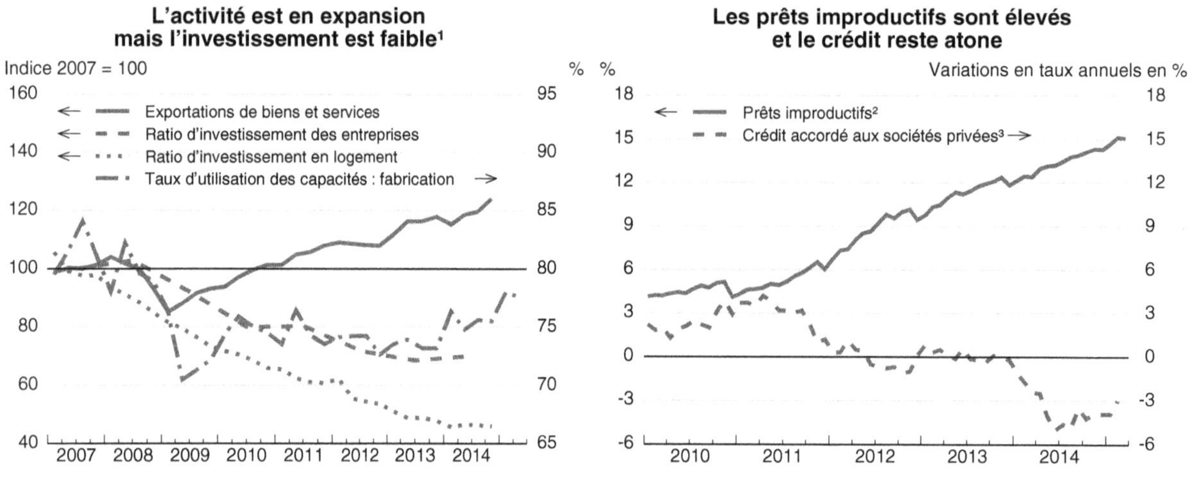

1. Exportations de biens et services en volume. Le ratio d'investissement des entreprises est calculé comme le rapport de la formation brute de capital fixe des sociétés financières et non-financières au PIB.
2. Les données se réfèrent aux sociétés non financières. En pourcentage du total des prêts d'autres institutions financières monétaires aux sociétés non financières. Hors les valeurs mobilières.
3. Les données se réfèrent aux sociétés non financières. Ajusté pour les opérations de titrisation, les reclassements, les radiations / dépréciations, les changements des taux de change et les réévaluations de prix.

Source : Base de données des Perspectives économiques de l'OCDE, n° 97 ; Base de données des Principaux indicateurs économiques de l'OCDE ; Statistics Portugal (INE) ; et Banco de Portugal.

StatLink http://dx.doi.org/10.1787/888933226154

Portugal : **Demande, production et prix**

	2011	2012	2013	2014	2015	2016
	Prix courants milliards d' €	Pourcentages de variation, en volume (prix de 2011)				
PIB aux prix du marché	176.2	-4.0	-1.6	0.9	1.6	1.8
Consommation privée	116.0	-5.5	-1.5	2.1	1.8	1.5
Consommation publique	35.0	-3.3	-2.4	-0.3	-0.5	0.2
Formation brute de capital fixe	32.5	-16.6	-6.7	2.5	2.9	3.1
Demande intérieure finale	183.4	-7.1	-2.5	1.7	1.5	1.5
Variation des stocks[1]	0.3	-0.3	0.0	0.4	-0.5	0.0
Demande intérieure totale	183.7	-7.3	-2.5	2.1	1.0	1.5
Exportations de biens et services	60.4	3.4	6.4	3.4	6.2	5.4
Importations de biens et services	68.0	-6.3	3.9	6.4	4.7	4.8
Exportations nettes[1]	- 7.5	3.6	0.9	-1.1	0.6	0.3
Pour mémoire						
Déflateur du PIB	_	-0.4	2.2	1.2	0.5	0.4
Prix à la consommation harmonisé (indice)	_	2.8	0.4	-0.2	0.1	0.7
Déflateur de la consommation privée	_	1.8	1.0	0.7	0.1	0.7
Taux de chômage	_	15.5	16.2	13.9	13.2	12.6
Taux d'épargne brute des ménages[2]	_	8.3	9.2	7.4	7.6	8.6
Solde des administrations publiques[3,4]	_	-5.6	-4.8	-4.5	-2.9	-2.8
Dette brute des administrations publiques[3]	_	137.0	141.8	150.4	148.0	144.5
Dette brute des administrations publiques, définition Maastricht[3]	_	125.8	129.7	130.2	127.7	124.2
Balance des opérations courantes[3]	_	-2.1	1.4	0.6	0.7	0.6

1. Contributions aux variations du PIB en volume, montant effectif pour la première colonne.
2. En pourcentage du revenu disponible.
3. En pourcentage du PIB, valeur du marché.
4. Sur la base des comptes nationaux.

Source : Base de données des Perspectives économiques de l'OCDE, n° 97.

StatLink http://dx.doi.org/10.1787/888933227192

commencé à progresser à nouveau, sous l'effet de l'amélioration des perspectives de la demande intérieure et extérieure, d'une utilisation accrue des capacités et de la nécessité de renouveler un stock de capital épuisé. Néanmoins, la reprise de l'investissement observée dans les principales économies de la zone euro ne s'est pas encore manifestée au Portugal. De plus, l'investissement public et la construction de logements devraient rester en demi-teinte signe des efforts d'assainissement budgétaire à fournir et du fort endettement des ménages et des entreprises du secteur de la construction.

La reprise se poursuit

La croissance a pris un tour positif en 2014, grâce au redressement de la consommation et de l'investissement du secteur privé. La reprise se confirme et gagne en fermeté. Les exportations soutiennent toujours la croissance et le Portugal gagne des parts de marché tandis que sa balance courante demeure excédentaire. L'emploi repart à un rythme modéré, infléchissant la tendance à la baisse observée depuis 2009. Le taux de chômage demeure néanmoins élevé, mais inférieur, toutefois, au niveau atteint au plus fort de la crise. L'inflation demeurera faible et en deçà de la moyenne de la zone euro. L'ampleur de l'endettement privé freine encore la demande intérieure.

Le rythme de l'assainissement budgétaire a ralenti, mais le crédit demeure atone

Le gouvernement a modéré le rythme de l'assainissement des finances publiques, mais le déficit budgétaire devrait descendre à moins de 3 % du PIB en 2015, ce qui permettrait une sortie du Portugal de la procédure applicable aux déficits excessifs. Les progrès accomplis récemment dans le sens d'une fiscalité plus favorable à la croissance devraient se poursuivre par un nouvel abaissement du taux effectif de l'impôt sur les sociétés, dont l'assiette pourrait être simultanément élargie en limitant les dépenses fiscales, et par une extension du champ d'application du taux normal de TVA. Une évaluation complète des récentes réformes fiscales semble de mise, afin de mesurer les effets de distorsion des mesures prises et leur capacité à générer des recettes. Une telle évaluation permettrait de jeter les bases de nouvelles améliorations dans d'administration de l'impôt et le développement des recettes issues de la fiscalité environnementale et de droits de succession repensés en faveur de l'équité fiscale.

Le mécanisme de transmission de la politique monétaire par la voie du crédit fonctionne encore mal du fait de l'importance de l'endettement des entreprises, notamment des PME, et de la proportion élevée de prêts improductifs. Dans le cadre des mesures visant à accélérer le désendettement des entreprises, il conviendrait d'évaluer l'efficacité des récentes réformes apportées aux procédures d'insolvabilité et aux mécanismes de restructuration.

Il faudrait accélérer les initiatives visant à réduire les inégalités

Les prestations au titre de la garantie de revenu minimum sont peu généreuses et les bénéficiaires de prestations de chômage sont peu nombreux. Il conviendrait de traiter la question des doublons et du manque de sélectivité des transferts sociaux pour réduire les inégalités et la pauvreté.

La croissance se renforcera progressivement

La reprise prendra de l'ampleur, soutenue par une hausse des exportations qui, à son tour, dynamisera l'investissement, l'emploi et la consommation, favorisant une reprise sur une assise plus large et plus durable. La faiblesse des cours du pétrole et de l'euro se traduira par un développement vigoureux des exportations, qui fera plus que compenser la baisse des exportations vers l'Angola.

Les perspectives dépendent en bonne partie de l'évolution de la croissance dans la zone euro, notamment en Espagne (principal pays destinataire des exportations portugaises). Elles dépendent également de la capacité du Portugal à exploiter de nouveaux marchés d'exportation et donc, du succès des réformes structurelles dans la réalisation de gains de compétitivité. Les niveaux élevés de l'endettement privé et public restent un important facteur de vulnérabilité. Malgré la réussite des efforts d'assainissement des finances publiques de ces dernières années, tout manquement à atteindre les objectifs budgétaires ou des turbulences sur les marchés de capitaux pourraient compliquer l'accès des emprunteurs publics aux financements internationaux. En revanche, une amélioration continue de la position budgétaire pourrait consolider les gains de confiance.

RÉPUBLIQUE SLOVAQUE

La croissance économique devrait s'accélérer encore en 2015. La situation du marché du travail continuera de s'améliorer et, les ménages étant davantage confiants, ils devraient consacrer à la consommation une plus grande part de la hausse de leurs revenus réels. Les marchés extérieurs devraient se redresser, ce qui permettra de nouvelles hausses de la confiance des chefs d'entreprises et de l'investissement.

Le ralentissement du rythme de consolidation budgétaire était approprié en 2014, compte tenu du volant de ressources inemployées dans l'économie. Toutefois, l'inscription au budget de nouvelles mesures de consolidation est opportune afin d'instaurer une marge de manœuvre budgétaire. À cet égard, la mise en œuvre de plafonds de dépenses pluriannuels renforcera la discipline budgétaire, tandis qu'une administration de l'impôt plus efficace permettra de recouvrer davantage de recettes fiscales.

L'investissement est encore largement inférieur à son niveau d'avant la crise. L'investissement étranger, moteur important d'accumulation de capital (l'encours d'IDE représentant 60 % du PIB), a été modéré en raison de l'atonie de la croissance des partenaires commerciaux de la République slovaque et de la concurrence exercée par les pays à bas coûts de la région. Les politiques visant à améliorer les conditions d'activité des entreprises, les infrastructures, l'innovation et les compétences peuvent entraîner un élargissement de la base d'IDE. Le renforcement des capacités administratives et le recours accru à des procédures simplifiées contribueront à accroître l'utilisation des Fonds structurels de l'Union européenne.

La croissance s'accélère

La croissance économique s'accélère, tirée à la fois par la demande intérieure et par les exportations, qui bénéficient de l'amélioration de la compétitivité et d'une hausse de la demande émanant des principaux partenaires commerciaux. L'investissement s'est envolé après plusieurs années de sous-investissement, contribuant à la modernisation des

République slovaque

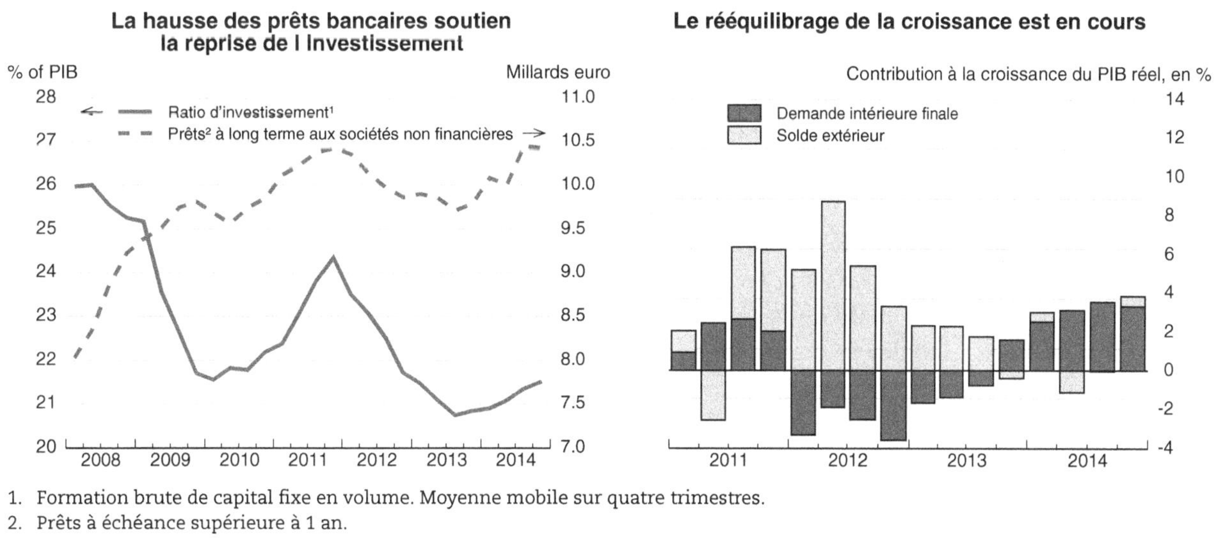

1. Formation brute de capital fixe en volume. Moyenne mobile sur quatre trimestres.
2. Prêts à échéance supérieure à 1 an.

Source : Base de données des Perspectives économiques de l'OCDE, n° 97 ; Banque nationale de la République slovaque ; et Eurostat.

StatLink http://dx.doi.org/10.1787/888933226185

République slovaque : **Demande, production et prix**

	2011	2012	2013	2014	2015	2016
	Prix courants milliards d' €	Pourcentages de variation, en volume (prix de 2010)				
PIB aux prix du marché	70.2	1.6	1.4	2.4	3.0	3.4
Consommation privée	40.3	-0.4	-0.7	2.2	2.6	2.6
Consommation publique	12.9	-2.0	2.4	4.4	3.2	1.8
Formation brute de capital fixe	16.9	-9.3	-2.7	5.7	4.8	4.0
Demande intérieure finale	70.1	-2.9	-0.6	3.4	3.2	2.8
Variation des stocks[1]	0.7	-1.3	0.5	-0.4	-0.2	0.0
Demande intérieure totale	70.8	-4.1	-0.1	2.9	3.0	2.8
Exportations de biens et services	59.9	9.3	5.2	4.6	2.8	6.1
Importations de biens et services	60.5	2.6	3.8	5.0	2.8	5.6
Exportations nettes[1]	- 0.6	5.8	1.4	-0.2	0.2	0.7
Pour mémoire						
Déflateur du PIB	_	1.3	0.5	-0.2	0.2	1.3
Prix à la consommation harmonisé (indice)	_	3.7	1.5	-0.1	-0.2	1.4
Déflateur de la consommation privée	_	3.4	1.3	-0.1	0.1	1.4
Taux de chômage	_	14.0	14.2	13.2	12.4	11.6
Solde des administrations publiques[2]	_	-4.2	-2.6	-2.9	-2.7	-2.3
Dette brute des administrations publiques[2]	_	57.9	60.8	60.0	59.9	59.9
Dette brute des administrations publiques, définition Maastricht[2]	_	52.1	54.6	53.6	53.5	53.5
Balance des opérations courantes[2]	_	0.9	1.5	0.1	0.0	0.9

1. Contributions aux variations du PIB en volume, montant effectif pour la première colonne.
2. En pourcentage du PIB, valeur du marché.
Source : Base de données des Perspectives économiques de l'OCDE, n° 97.

StatLink http://dx.doi.org/10.1787/888933227200

chaînes de production dans le secteur automobile, à la mise à niveau des centrales nucléaires dans le secteur de l'énergie, à la reconstruction des voies ferrées et à l'extension du réseau autoroutier.

Après cinq années de repli ou de stagnation, la consommation privée continue à se redresser sous l'effet de l'affermissement de la confiance des ménages, de l'augmentation des revenus réels et du dynamisme retrouvé du marché du travail. La faiblesse des prix de l'alimentation et de l'énergie, notamment les réductions du prix de l'électricité réglementée, a continué à contenir l'inflation. Le taux d'inflation peu élevé n'a pas été pleinement pris en compte au cours du processus de négociation salariale, d'où une croissance vigoureuse des salaires réels. Le relèvement de 8 % du salaire minimum en janvier 2015 a pour effet d'augmenter le pouvoir d'achat des ménages pauvres et d'accroître les incitations à la recherche d'emploi. Le risque que les coûts salariaux de la main-d'œuvre peu qualifiée ne soient plus compétitifs a été neutralisé par une exonération des charges salariales et patronales au titre de l'assurance maladie.

Les politiques budgétaire et structurelles seront propices à une croissance plus équilibrée

La politique budgétaire a été quelque peu assouplie après que la dette publique a été réévaluée à la baisse et ramenée sous le plafond de 55 % inscrit dans la Constitution, au-delà duquel les autorités enclenchent un processus de réduction des dépenses (à la suite du passage des normes internationales aux normes SEC 2010). Si l'assouplissement de la politique budgétaire était approprié compte tenu du volant de ressources inemployées dans l'économie, la dette publique reste proche de ce plafond, ce qui nécessitera des mesures d'assainissement supplémentaires. L'allègement de la règle de cofinancement appliquée à l'octroi de fonds structurels de l'UE, l'amélioration de l'efficacité induite par les réformes du secteur public, la lutte contre la fraude fiscale et l'élargissement de l'assiette d'imposition, toutes ces mesures créeront les conditions favorables pour constituer des marges de manœuvre budgétaires. La mise en application de plafonds de dépenses pluriannuels permettrait d'écarter le risque d'un dérapage des dépenses lors de la prochaine reprise économique.

Les inégalités entre les régions sont parmi les plus importantes des pays de l'OCDE, du fait de la faiblesse des créations d'emplois dans l'est et le centre du pays et de la mobilité limitée des travailleurs. Cela signifie qu'une partie importante de la population ne bénéficie pas pleinement du rebond de l'activité. Des réformes récentes de la formation professionnelle visant à promouvoir la formation en alternance, une meilleure hiérarchisation des politiques d'activation et la diminution du coin fiscal renforceront l'employabilité des personnes peu qualifiées et des jeunes, en particulier dans les régions accusant un retard, ce qui renforcera la dimension inclusive de la croissance. À l'issue des projets d'infrastructure de transport, les régions à la traîne attireront plus facilement les investissements, toutefois le manque de logements abordables reste un obstacle important au développement régional.

La croissance devrait s'affermir

La croissance économique devrait encore prendre de la vitesse en 2015-16 et reposer sur une assise plus large. La consommation privée sera étayée par la création d'emplois à mesure que la reprise se consolidera et que les récentes réformes du marché du travail porteront leurs fruits. Les exportations devraient s'accélérer en raison du fort redressement des partenaires commerciaux de la République slovaque et de la récente dépréciation de l'euro.

L'investissement non résidentiel restera dynamique en 2015 avec l'accroissement des prêts consentis par les banques aux entreprises à la faveur de la politique d'assouplissement quantitatif et de l'expansion de la demande globale, et à mesure que tous les fonds structurels de l'UE auront été absorbés. De nouveaux investissements dans les infrastructures, en particulier sur les axes ferroviaires et autoroutiers reliant les régions orientale et occidentale du pays, réduiront les goulets d'étranglement qui empêchent la croissance d'acquérir une assise large. La réforme des crédits d'impôts au titre de la R-D, mise en œuvre en 2015, favorisera les transferts de technologie et renforcera l'attrait du pays pour les investissements directs étrangers.

La demande intérieure pourrait être supérieure aux prévisions si les résultats des réformes en cours, notamment celles relatives au marché du travail et à la formation professionnelle, du programme destiné à favoriser des projets d'investissement paneuropéens et de la politique d'assouplissement quantitatif sont obtenus plus rapidement que prévu. À l'inverse, l'intensification des tensions dans l'Ukraine voisine, une croissance inférieure aux prévisions dans la zone euro et d'éventuelles pénuries de main-d'œuvre pourraient décourager l'investissement étranger.

RÉPUBLIQUE TCHÈQUE

La croissance économique a pris de la vitesse sous l'impulsion de la demande intérieure. Le regain de confiance des consommateurs et la hausse des revenus sont bénéfiques aux dépenses de consommation alors que les dépenses publiques et l'amélioration des perspectives font progresser l'investissement. Un raffermissement de la croissance chez les partenaires commerciaux entraînera une accélération des exportations. La baisse des prix des matières premières au niveau international a temporairement fait reculer l'inflation, mais la montée des tensions sur les coûts intérieurs la poussera vers l'objectif visé en 2016.

La politique monétaire devrait rester très expansionniste pour assurer que l'inflation se rapproche de l'objectif de 2 %. Le taux de change devrait être autorisé à flotter de nouveau librement une fois que les risques déflationnistes auront largement reflué. La politique budgétaire devrait se durcir légèrement en 2016. Des réformes structurelles visant à promouvoir la concurrence et à réduire l'inadéquation entre l'offre et la demande de qualifications sur le marché du travail auraient pour effet d'augmenter les revenus et de rendre la croissance plus inclusive.

L'investissement productif a amorcé son redressement en 2014. Cette embellie est portée par des conditions financières accommodantes, le raffermissement de la confiance et la diminution des capacités inutilisées dans certains secteurs. L'investissement public est actuellement favorisé par les initiatives déployées pour utiliser les aides de l'Union européenne arrivant à expiration. Étant donné le déficit d'infrastructures, l'utilisation efficace de ces fonds porte en germe des gains de productivité et de revenus.

La demande intérieure est le moteur de l'expansion

La forte croissance de la demande intérieure observée en 2014 devrait perdurer en 2015. L'investissement public progresse à mesure que les aides des Fonds structurels de

République tchèque

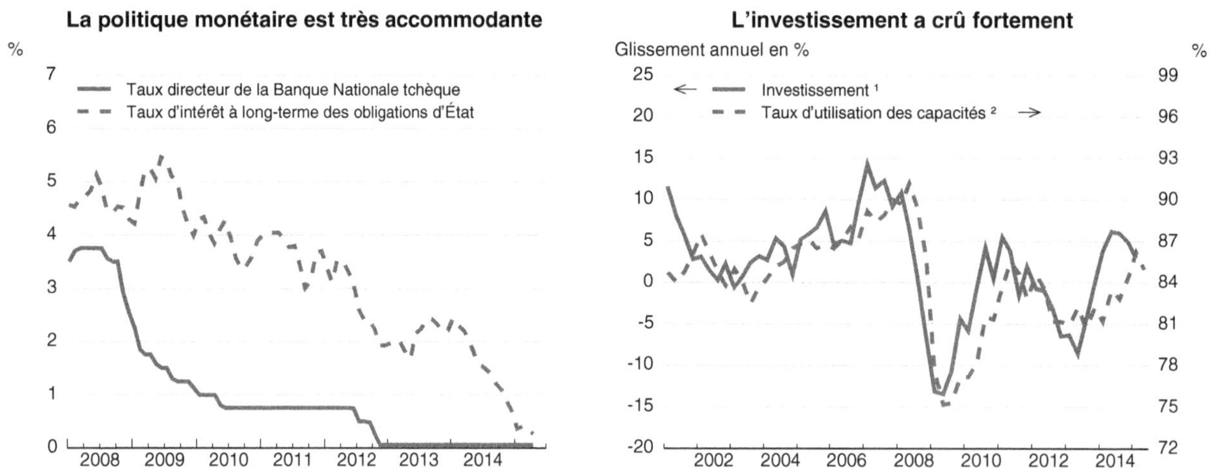

1. Les données concernent la formation de capital fixe des administrations publiques et du secteur privé non résidentiel.
2. Secteur manufacturier.

Source : Base de données des Perspectives économiques de l'OCDE, n° 97 ; et Base de données des Principaux indicateurs économiques de l'OCDE.

StatLink http://dx.doi.org/10.1787/888933225851

République tchèque : **Demande, production et prix**

	2011	2012	2013	2014	2015	2016
	Prix courants milliards de CZK	Pourcentages de variation, en volume (prix de 2010)				
PIB aux prix du marché	4 019.7	-0.7	-0.7	2.0	3.1	2.5
Consommation privée	1 982.8	-1.7	0.4	1.7	2.7	2.4
Consommation publique	792.2	-1.0	2.3	2.3	0.9	2.3
Formation brute de capital fixe	1 067.4	-2.8	-4.4	4.5	4.4	3.7
Demande intérieure finale	3 842.4	-1.9	-0.6	2.6	2.8	2.7
Variation des stocks[1]	19.5	-0.2	-0.2	-0.4	0.2	-0.6
Demande intérieure totale	3 861.8	-2.1	-0.8	2.2	3.2	2.1
Exportations de biens et services	2 875.3	4.3	0.3	8.8	8.0	6.2
Importations de biens et services	2 717.4	2.6	0.3	9.6	8.5	6.0
Exportations nettes[1]	157.9	1.3	0.0	-0.1	0.2	0.6
Pour mémoire						
Déflateur du PIB	_	1.4	1.7	2.4	1.2	1.6
Indice des prix à la consommation	_	3.3	1.4	0.4	0.2	1.6
Déflateur de la consommation privée	_	2.5	1.0	-0.3	-0.1	1.2
Taux de chômage	_	7.0	6.9	6.1	5.7	5.5
Solde des administrations publiques[2]	_	-3.9	-1.2	-2.0	-1.9	-1.3
Dette brute des administrations publiques[2]	_	58.2	57.9	57.1	55.1	55.0
Dette brute des administrations publiques, définition Maastricht[2]	_	44.6	45.0	42.6	40.6	40.4
Balance des opérations courantes[2]	_	-1.6	-0.5	0.6	0.8	0.8

1. Contributions aux variations du PIB en volume, montant effectif pour la première colonne.
2. En pourcentage du PIB, valeur du marché.
Source : Base de données des Perspectives économiques de l'OCDE, n° 97.

StatLink http://dx.doi.org/10.1787/888933227032

l'UE, qui arriveront à expiration en 2015, sont dépensées. L'investissement productif repart aussi à la hausse. Les dépenses des ménages en biens durables se sont redressées, probablement en raison du regain de confiance des consommateurs et de la demande non satisfaite. En outre, les exportations bénéficient de la consolidation de la croissance dans les pays partenaires et de gains de parts de marché. En glissement annuel, l'inflation globale a été ramenée à 0.1 % au premier trimestre de 2015, grâce à la baisse des prix de l'énergie et des denrées alimentaires. Cela étant, la progression de l'inflation sous-jacente s'est poursuivie et les anticipations d'inflation paraissent bien ancrées.

Le cadre de l'action publique soutient la croissance, mais pourrait être renforcé par de nouvelles réformes structurelles

La politique monétaire reste très accommodante. Le taux directeur est proche de zéro depuis la fin de 2012 et le taux de change plancher de la couronne (par rapport à l'euro) a empêché une appréciation de la monnaie. La Banque nationale tchèque s'est engagée à maintenir ce plancher au moins jusqu'à la mi-2016, mais devrait le supprimer une fois écarté le spectre d'une déflation prononcée que font planer les tensions à la hausse sur la monnaie. Le taux directeur devrait rester inchangé tout au long de 2015 et de 2016.

La politique budgétaire est également propice à la croissance. L'investissement public a augmenté de près de 20 % en 2014, et une nouvelle hausse est prévue en 2015 avant l'expiration de certaines aides des Fonds structurels de l'Union européenne. Si ces aides sont dépensées comme il convient, les investissements dans les infrastructures et l'innovation devraient rehausser la productivité. La politique budgétaire devrait se durcir légèrement en 2016. Les finances publiques continueront de bénéficier de coûts d'emprunt très faibles. Il conviendrait néanmoins de prendre des mesures supplémentaires pour garantir la viabilité budgétaire, notamment en créant un conseil budgétaire indépendant, comme cela est actuellement proposé, et en maîtrisant les dépenses liées au vieillissement de la population.

Des réformes structurelles visant à réduire les obstacles à la concurrence et à améliorer le climat des affaires favoriseraient le redressement des investissements. Des réformes visant à réduire l'inadéquation entre l'offre et la demande de qualifications sur le marché du travail et à relever le taux d'activité des femmes, des minorités et des travailleurs âgés, contribueraient à stimuler la croissance potentielle et à rendre la croissance plus inclusive.

La croissance sera solide

L'expansion de la demande du secteur privé est portée par une confiance et des revenus en hausse, ainsi que par l'assouplissement des conditions de crédit et l'impulsion que donne temporairement la baisse des prix du pétrole. Sur fond de recul persistant du chômage, l'accélération de la hausse des salaires soutiendra les revenus des ménages. L'investissement contribuera à la croissance en 2015 et 2016 sous l'effet de la hausse de l'investissement public en 2015 et de l'augmentation des dépenses d'équipement des entreprises en 2015 et 2016. Le rythme global de l'expansion de l'investissement sera toutefois lent en 2016. Le raffermissement de la demande extérieure alimentera la poursuite de la progression des exportations. La montée des tensions sur les coûts et la reconstitution des marges pousseront l'inflation à la hausse au cours des deux années en question.

Un regain de confiance des chefs d'entreprise, plus marqué que prévu, pourrait porter les investissements au-delà des prévisions. Ce scénario pourrait se matérialiser si l'envolée récente des ventes de voitures en Europe perdurait. L'investissement public pourrait également être supérieur aux prévisions. En revanche, si la hausse des salaires marquait le pas ou si le regain d'optimisme des ménages s'avérait éphémère, la consommation pourrait être inférieure aux prévisions. De même, les exportations pourraient être moins dynamiques si la reprise dans la zone euro était plus lente que prévu ou si le pays ne parvenait pas à gagner des parts de marché à l'étranger.

ROYAUME-UNI

La croissance économique a été forte en 2014 et devrait conserver son dynamisme en 2015 et en 2016, soutenue par la demande intérieure. Le taux de chômage devrait poursuivre sa baisse et s'approcher de 5 %. Sous l'effet de la diminution du degré de ressources non utilisées, l'inflation devrait remonter et s'approcher de la cible d'inflation de 2 %. Le déficit de la balance courante s'est creusé, dépassant 5 % du PIB, pour l'essentiel en raison de revenus d'investissement inférieurs aux attentes, mais il ne devrait se résorber de manière progressive à mesure que la reprise s'affermira dans la zone euro.

Selon le budget de mars 2015, les autorités prévoient un renforcement de l'assainissement budgétaire en 2016 et en 2017, avec un ajustement portant principalement sur le volet des dépenses. Il est important que le gouvernement veille à l'équité des mesures d'ajustement qui restent à définir. Une normalisation des taux d'intérêt devrait commencer début 2016, en réponse à la réduction du degré de capacités inutilisées et à l'augmentation des tensions inflationnistes. Les tests de résistance des établissements bancaires que la Banque d'Angleterre prévoit de conduire cette année sont les bienvenus ; toutefois, les tests à venir fourniraient des informations plus complètes sur les risques pour la stabilité financière s'ils étaient étendus au système bancaire parallèle.

Une reprise de l'investissement s'impose pour stimuler la productivité du travail, les salaires et la compétitivité, et pour équilibrer le marché du logement. Il conviendra pour cela d'offrir un meilleur accès au financement pour les entreprises, d'assouplir la réglementation de l'aménagement du territoire, et de moderniser les infrastructures. La qualité perçue des infrastructures est inférieure aux niveaux mesurés dans les autres pays du G7, et le ratio d'investissement est faible en comparaison internationale. L'État pourrait mettre l'accent sur une stratégie et une planification de long terme en matière d'infrastructures pour attirer les investisseurs privés et en utilisant l'effet de levier des ressources publiques limitées avec des financements privés.

Royaume-Uni

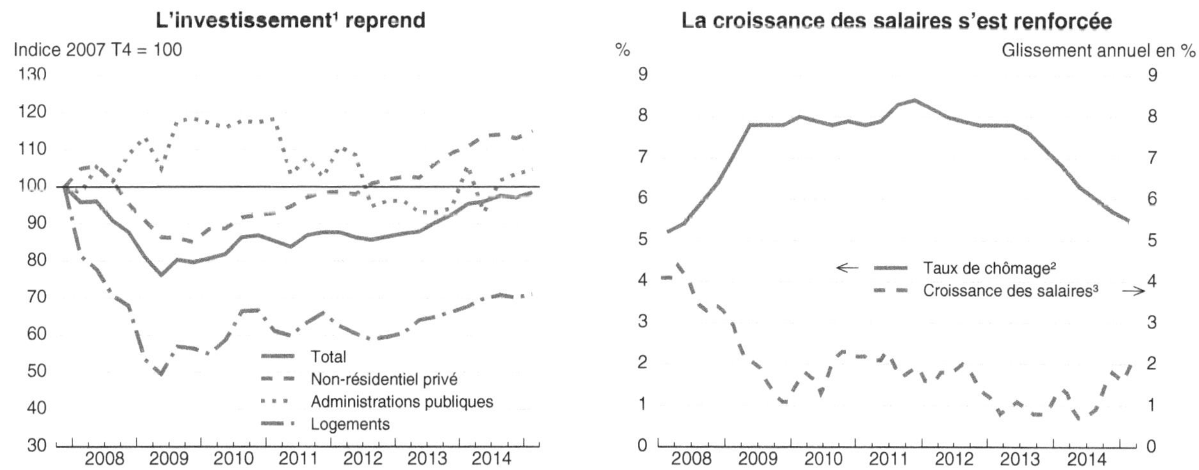

1. Formation brute de capital fixe, en volume.
2. Population âgée de 16 ans et plus.
3. Rémunération hebdomadaire normale (hors primes et arriérés de salaire), moyenne mobile sur trois mois.

Source : Base de données des *Perspectives économiques* de l'OCDE, n° 97 ; et Office des statistiques nationales (*Office for National Statistics*, ONS).

StatLink http://dx.doi.org/10.1787/888933226251

Royaume-Uni : **Emploi, revenu et inflation**

Pourcentages de variation

	2012	2013	2014	2015	2016
Emploi	1.1	1.2	2.3	1.7	1.1
Taux de chômage[1]	8.0	7.6	6.2	5.4	5.1
Rémunération par salarié[2]	2.0	1.9	1.7	2.7	3.3
Coûts unitaires de main-d'œuvre	1.9	1.4	0.4	2.3	2.0
Revenu disponible des ménages	3.7	1.7	1.6	5.8	4.0
Déflateur du PIB	1.7	1.8	1.7	0.4	1.2
Indice des prix à la consommation harmonisé[3]	2.8	2.6	1.5	0.0	1.7
IPCH sous-jacent[4]	2.2	2.0	1.6	1.2	1.9
Déflateur de la consommation privée	2.1	1.9	1.6	0.3	1.3

1. En pourcentage de la population active.
2. Pour l'ensemble de l'économie.
3. Connu sous le nom de IPC au Royaume-Uni.
4. Indice des prix à la consommation harmonisé, hors énergie, alimentation, alcool et tabac.

Source : Base de données des Perspectives économiques de l'OCDE, n° 97.

StatLink http://dx.doi.org/10.1787/888933226875

La croissance, quoique volatile, a été soutenue, sur fond de faible productivité

En dépit du ralentissement observé début 2015, l'expansion économique a maintenu un dynamisme satisfaisant, proche de 2.5 % en rythme annuel, principalement soutenue par des hausses marquées de la consommation privée. La nette progression de l'emploi, le rebond des salaires nominaux et réels, la reprise du crédit à la consommation et de nouvelles augmentations des prix de l'immobilier ont renforcé la confiance des consommateurs et expliquent les très bons résultats du commerce de détail. Cependant, la productivité du travail reste pratiquement inchangée depuis quelques années et les

Royaume-Uni

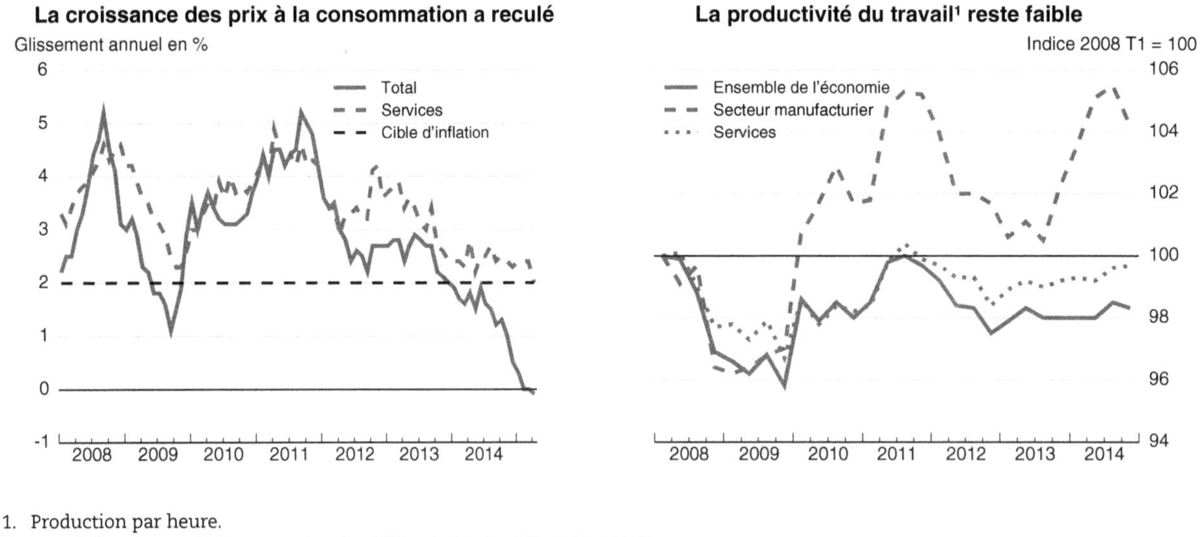

1. Production par heure.

Source : Office des statistiques nationales (*Office for National Statistics*, ONS).

StatLink http://dx.doi.org/10.1787/888933226262

Royaume-Uni : **Indicateurs financiers**

	2012	2013	2014	2015	2016
Taux d'épargne nette des ménages[1]	8.0	6.4	6.0	7.5	7.5
Solde financier des administrations publiques[2]	-8.3	-5.5	-5.3	-4.0	-2.5
Dette brute des administrations publiques[2]	105.1	100.8	111.3	113.3	113.1
Dette brute des administrations publiques, définition Maastricht[2]	85.8	87.3	89.3	91.3	91.1
Balance des opérations courantes[2]	-3.7	-4.5	-5.5	-5.1	-4.4
Taux d'intérêt à court terme[3]	0.8	0.5	0.5	0.5	1.2
Taux d'intérêt à long terme[4]	1.9	2.4	2.6	2.0	2.8

1. En pourcentage du revenu disponible.
2. En pourcentage du PIB, valeur au marché.
3. Taux interbancaire à 3 mois.
4. Obligations d'État à 10 ans.

Source : Base de données des Perspectives économiques de l'OCDE, n° 97.

StatLink http://dx.doi.org/10.1787/888933226880

entreprises investissent peu, dans un contexte d'érosion de la confiance des entrepreneurs, de baisse des cours du pétrole (qui pèse sur les dépenses d'équipement dans les secteurs gazier et pétrolier), et de faiblesse du crédit bancaire aux entreprises. Les investissements publics, marqués par la volatilité, sont restés en dessous de leur niveau maximum de 2010. Dans le secteur du logement, les investissements ont connu une reprise, qui n'a cependant pas suffi à éviter de nouvelles hausses des prix de l'immobilier

Royaume-Uni : **Demande et production**

	2013	2014	2015	2016	Quatrième trimestre 2014	Quatrième trimestre 2015	Quatrième trimestre 2016
	Prix courants milliards de £	Pourcentages de variation annuelle, en volume (prix de 2011)					
PIB aux prix du marché	**1 713.1**	**2.8**	**2.4**	**2.3**	**3.0**	**2.4**	**2.1**
Consommation privée	1 111.5	2.5	2.5	2.3	3.0	2.3	2.1
Consommation publique	345.2	1.7	1.3	-0.7	2.1	1.0	-1.5
Formation brute de capital fixe	282.1	7.8	4.7	6.2	5.1	6.4	6.2
Secteur public[1]	39.7	7.3	4.1	2.8	9.7	2.4	3.5
Secteur privé : résidentiel	70.8	8.9	5.2	7.5	6.0	7.3	7.5
Secteur privé : autres	171.6	7.5	4.6	6.4	3.7	7.0	6.3
Demande intérieure finale	1 738.7	3.2	2.6	2.4	3.2	2.8	2.1
Variation des stocks[2]	8.1	0.2	0.1	0.0			
Demande intérieure totale	1 746.9	3.4	2.8	2.4	2.4	3.2	2.1
Exportations de biens et services	515.9	0.6	3.8	3.0	5.6	1.6	3.3
Importations de biens et services	549.6	2.2	4.8	3.1	3.0	4.2	3.3
Exportations nettes[2]	- 33.7	-0.5	-0.4	-0.1			

Note : Des prévisions trimestrielles détaillées sont disponibles dans l'annexe statistique pour les sept pays principaux, la zone euro et l'ensemble de l'OCDE.
1. Y compris les entreprises publiques et nationalisées.
2. Contributions aux variations du PIB en volume, montant effectif pour la première colonne.

Source : Base de données des Perspectives économiques de l'OCDE, n° 97.

StatLink http://dx.doi.org/10.1787/888933226894

Royaume-Uni : **Indicateurs extérieurs**

	2012	2013	2014	2015	2016
			Milliards de $		
Exportations de biens et services	793.5	806.5	836.2	801	840
Importations de biens et services	848.1	859.4	892.0	858	899
Balance commerciale	- 54.6	- 52.9	- 55.8	- 58	- 59
Solde des invisibles	- 43.5	- 67.3	- 105.7	- 86	- 73
Balance des opérations courantes	- 98.2	- 120.2	- 161.5	- 144	- 133
			Pourcentages de variation		
Exportations de biens et services en volume	0.7	1.5	0.6	3.8	3.0
Importations de biens et services en volume	3.1	1.4	2.2	4.8	3.1
Résultats à l'exportation[1]	- 1.8	- 1.0	- 3.3	- 0.6	- 2.2
Termes de l'échange	0.4	0.3	1.4	0.5	0.2

1. Ratio du volume des exportations sur le marché correspondant pour le total des biens et services.
Source : Base de données des Perspectives économiques de l'OCDE, n° 97.

StatLink http://dx.doi.org/10.1787/888933226902

résidentiel. La progression annuelle des prix du logement a quelque peu ralenti, sur un marché marqué par la volatilité.

Le déficit de la balance courante s'est creusé, atteignant un niveau record supérieur à 5 % du PIB. Si les marchés à l'exportation ont continué à croître, les exportations ont peu contribué à la reprise, notamment du fait de l'appréciation de la monnaie et de la hausse des coûts salariaux unitaires, et la part des secteurs exportateurs dans la production totale a encore diminué. En parallèle, la détérioration du solde des revenus s'est poursuivie, sous l'effet notamment de la chute du taux de rendement des actifs étrangers.

Le taux de chômage a continué à baisser rapidement, le taux d'emploi s'est élevé à un niveau sans précédent et le nombre de postes à pourvoir est élevé. La croissance annuelle des salaires hors primes a atteint 2 %, mais le dynamisme du marché du travail n'a pas, jusqu'ici, conduit à des tensions marquées sur les salaires, étant donné que les récentes réformes du marché du travail et des retraites ont peut-être abaissé le taux de chômage d'équilibre et les prix à la consommation sont globalement restés inchangés depuis un an.

La normalisation des politiques macroéconomiques coïncide avec une reprise du côté offre

Le gouvernement a révisé son programme budgétaire à moyen terme afin de ramener le budget à un niveau proche de l'équilibre et de poursuivre la réduction du ratio dette-PIB. Après soustraction des effets conjoncturels, la baisse du déficit devrait représenter un taux cumulé de 3 % du PIB sur 2016 et 2017. Les dépenses publiques devraient afficher, en termes réels, un net repli durant les exercices budgétaires 2016 et 2017, puis se stabiliser en 2018 avant d'augmenter à nouveau en 2019. Un lissage dans le temps de la trajectoire de l'ajustement des finances publiques permettrait d'en atténuer les retombées sur la croissance. Si la nature des mesures budgétaires reste à préciser, il convient de veiller à ce qu'elles atténuent les effets négatifs sur la redistribution des revenus.

La politique monétaire restera accommodante tout au long de la période de prévision. Toutefois, en réponse à la résorption du degré de ressources excédentaires, la Banque d'Angleterre devrait relever ses taux de manière progressive, mais son intervention n'est pas prévue avant début 2016. Des taux d'intérêt plus élevés contribueraient à orienter les financements vers les projets d'investissement les plus rentables et à procéder à la restructuration financière des entreprises en difficulté, ouvrant ainsi la voie à des gains de productivité. Les nouveaux tests de résistance du secteur bancaire prévus par la Banque d'Angleterre en 2015 sont bienvenus, et il conviendrait d'étendre les tests conduits par la suite au système bancaire parallèle afin d'élargir le champ de la surveillance des risques pour la stabilité financière.

La productivité du travail et le niveau de vie pourraient tirer profit d'une augmentation de la formation brute de capital fixe exprimée en pourcentage du PIB, qui demeure modeste à l'échelle internationale. L'investissement productif pourrait être stimulé par un renforcement de la concurrence entre prêteurs, qui passerait par un système étendu de collecte et de diffusion des informations sur le crédit, géré soit par les agences de notation de crédit, soit directement par l'autorité de régulation. Pour remédier aux défaillances du marché et attirer les financements privés vers le secteur des infrastructures, l'État devrait, dans la lignée du Programme national en matière d'infrastructures (*National Infrastructure Plan*), développer sa stratégie et sa planification à long terme, promouvoir l'utilisation des garanties publiques et des partenariats public-privé et redéfinir ses priorités de dépenses publiques au bénéfice des infrastructures. Un assouplissement des règlementations relatives à l'aménagement du territoire sera décisif pour rendre l'immobilier résidentiel plus accessible et améliorer l'affectation des ressources dans l'économie, tout en permettant à l'offre de logements de répondre à la croissance démographique du pays.

La croissance restera soutenue

Selon les prévisions, la croissance du PIB, principalement soutenue par la consommation privée et l'investissement, devrait légèrement ralentir en 2016. Le solde de la balance courante devrait s'améliorer progressivement sous l'effet d'une rentabilité accrue des investissements à l'étranger, grâce en particulier à la reprise économique des pays de la zone euro. Le marché du travail devrait rester dynamique, avec de nouvelles baisses du taux de chômage et un redémarrage de la croissance des salaires sur fond de reprise de la productivité. Les prix à la consommation devraient rester stables en 2015 et augmenter en 2016, à mesure que les effets conjoncturels du repli des prix des produits de base s'estomperont et que le degré de ressources inutilisées sur les marchés du travail et des produits se résorbera.

Au cours des dernières années, la productivité s'est établie en dessous des prévisions et le risque existe que ces résultats décevants s'expliquent par des facteurs de nature structurelle plutôt que conjoncturelle. Si les faibles niveaux de productivité devaient se prolonger, le PIB et les salaires progresseraient moins que prévu, tandis que le déficit budgétaire dépasserait les niveaux attendus. De plus, des risques associés à la zone euro pourraient saper la confiance des entreprises et l'investissement. À l'inverse, la définition par l'État de programmes stratégiques de moyen terme et la poursuite des réformes structurelles stimuleraient la croissance des capacités de production et de la productivité. Selon une configuration alternative, même en l'absence d'une reprise de la productivité, la croissance demeurerait soutenue par des hausses de l'endettement des ménages et de la consommation, renforcée par une progression plus forte des salaires et un recul des prix des produits de base.

SLOVÉNIE

La croissance économique devrait se poursuivre en 2015 grâce au dynamisme des exportations et des investissements publics dans les infrastructures, en partie financés par des fonds de l'UE. L'assainissement budgétaire, un chômage encore élevé et le désendettement des entreprises pèseront sur la demande intérieure. Un déclin de l'investissement public freinera la croissance en 2016 même si l'investissement et la consommation privés gagneront un peu de vigueur. L'inflation demeurera faible en raison de l'ampleur du volant de capacités inutilisées.

Il est impératif de restructurer rapidement et sans heurts les entreprises et de réduire la masse des prêts improductifs. Il conviendrait d'éviter un dérapage structurel des finances publiques, mais de laisser les stabilisateurs automatiques jouer pleinement leur rôle. Il est nécessaire de poursuivre les réformes structurelles, en particulier pour alléger la réglementation et améliorer l'efficience des services publics. Un renforcement des politiques actives du marché du travail stimulerait la croissance et la rendrait plus inclusive. Des privatisations et une plus grande ouverture à l'IDE susciteraient un afflux de capitaux et amélioreraient la gouvernance d'entreprise.

L'investissement a dévissé après la crise de 2009, sous l'effet du désendettement dans le secteur des entreprises et de la restructuration des bilans des banques. Alors que le Cadre financier pluriannuel de l'UE arrive à son terme en 2015, une réduction des dépenses courantes inefficaces sera nécessaire pour maintenir l'investissement public. Si l'investissement résidentiel pourrait se redresser progressivement à mesure que la situation économique s'améliore, l'investissement productif ne s'affermira que moyennant une accélération de la restructuration des entreprises, tandis que l'assouplissement des conditions de crédit supposera une réduction du volume des créances improductives détenues par les banques.

Slovénie

L'activité économique et le marché du travail se sont renforcés

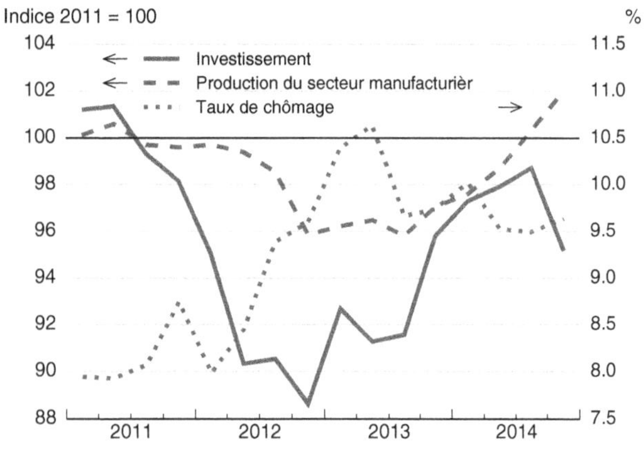

La proportion de prêts improductifs reste élevée[1]

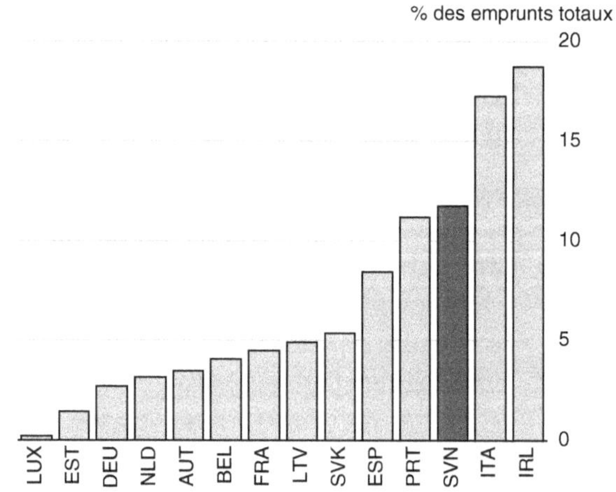

1. 2014 T4 ou dernières données disponibles.

Source : OCDE base de données des Principaux indicateurs économiques ; Base de données des Perspectives économiques de l'OCDE, n° 97 ; Eurostat ; et IMF Financial Soundness Indicators database.

StatLink http://dx.doi.org/10.1787/888933226198

Slovénie : **Demande, production et prix**

	2011	2012	2013	2014	2015	2016
	Prix courants milliards d' €	Pourcentages de variation, en volume (prix de 2000)				
PIB aux prix du marché	36.9	-2.6	-1.0	2.6	2.1	1.9
Consommation privée	20.6	-3.0	-3.9	0.3	0.4	1.3
Consommation publique	7.6	-1.5	-1.1	-0.5	-0.3	-0.2
Formation brute de capital fixe	7.4	-8.9	1.9	4.8	2.1	0.0
Demande intérieure finale	35.6	-3.9	-2.1	1.1	0.6	0.7
Variation des stocks[1]	0.6	-1.8	0.1	-0.2	0.2	-0.1
Demande intérieure totale	36.1	-5.7	-2.1	0.8	0.8	0.6
Exportations de biens et services	26.0	0.3	2.6	6.3	5.2	5.5
Importations de biens et services	25.2	-3.9	1.4	4.1	3.1	4.4
Exportations nettes[1]	0.7	2.9	1.0	1.9	1.9	1.4
Pour mémoire						
Déflateur du PIB	_	0.3	1.4	0.4	0.8	-0.5
Prix à la consommation harmonisé (indice)	_	2.8	1.9	0.4	-0.4	0.7
Déflateur de la consommation privée	_	1.4	0.6	0.3	-0.9	-0.1
Taux de chômage	_	8.8	10.1	9.7	9.4	9.1
Solde des administrations publiques[2]	_	-4.0	-14.9	-4.9	-2.9	-2.5
Dette brute des administrations publiques[2]	_	60.4	79.2	97.6	99.7	101.8
Dette brute des administrations publiques, définition Maastricht[2]	_	53.7	70.3	80.9	83.0	85.1
Balance des opérations courantes[2]	_	2.7	5.6	5.9	7.8	7.7

1. Contributions aux variations du PIB en volume, montant effectif pour la première colonne.
2. En pourcentage du PIB, valeur du marché.
Source : Base de données des Perspectives économiques de l'OCDE, n° 97.

StatLink http://dx.doi.org/10.1787/888933227213

L'économie a renoué avec l'expansion

Après deux années de récession, la croissance est revenue en 2014, portée principalement par les exportations et l'investissement. L'investissement a été dopé par des projets d'infrastructures locales cofinancés par l'UE sur des fonds devant être utilisés avant la fin de 2015, date à laquelle prendra fin la période couverte par le précédent Cadre financier pluriannuel de l'UE. La consommation privée a bénéficié d'un regain de confiance des consommateurs et de la création d'emplois dans le secteur industriel et dans celui de la construction. La compétitivité des coûts et les résultats à l'exportation ont amorcé un redressement, en particulier dans le secteur manufacturier, qui s'est traduit par un accroissement de l'excédent de la balance courante.

La reprise demeure toutefois fragile. L'investissement productif reste morose et les capacités de prêt des banques sont restreintes par le niveau encore élevé des prêts improductifs et de l'aversion au risque. La restructuration et le désendettement des entreprises sont engagés et les banques apurent leurs bilans. Cependant, l'offre de crédit se contracte et les taux d'intérêts appliqués aux entreprises sont supérieurs à la moyenne de la zone euro. Le chômage a amorcé un repli, mais demeure élevé. Compte tenu de l'ampleur de la marge de capacités inutilisées dans l'économie, l'inflation a été basse et le fléchissement des prix du pétrole et d'autres matières premières observé récemment l'ont encore tirée vers le bas.

L'assainissement des finances publiques se poursuit, mais d'autres réformes structurelles sont de mise

Malgré une croissance plus soutenue qu'on ne l'escomptait en 2014, le déficit budgétaire a été plus élevé que prévu, pour partie en raison de dépenses exceptionnelles, ce qui a contribué à porter la dette publique au-delà de 80 % du PIB. Le gouvernement se donne pour objectif d'abaisser le déficit global en 2015 en adoptant différentes mesures sur le volet des recettes et des dépenses. Toutefois, il sera difficile de suivre la trajectoire choisie pour assainir les finances publiques sans mener à bien des réformes budgétaires structurelles visant à améliorer l'efficience dans les domaines de l'éducation, de la santé et des administrations publiques. Concernant l'éducation, la réforme favoriserait l'instauration d'une croissance plus inclusive en élargissant de l'éventail de compétences des étudiants issus de milieux défavorisés pour leur ouvrir l'accès aux secteurs d'activité à forte valeur ajoutée. La mise en place de politiques actives du marché du travail ciblant mieux les chômeurs de longue durée et les travailleurs peu qualifiés constitue un autre levier pour rendre la croissance plus inclusive. La réforme de la santé et des administrations publiques pourrait améliorer le bien-être des individus grâce à un meilleur accès aux services pour tous.

La croissance demeurera timide

Les exportations devraient rester la principale source de croissance dans le contexte de la reprise des échanges mondiaux et de la poursuite de l'amélioration de la compétitivité de la Slovénie. L'investissement public demeurera dynamique jusqu'à la fin de 2015. La restructuration du secteur bancaire et de celui des entreprises, le désendettement des entreprises et la faiblesse de l'offre de crédit freineront l'investissement privé. La poursuite de l'assainissement des finances publiques et, malgré une lente amélioration, l'atonie du marché du travail brideront l'expansion de la consommation, et la demande intérieure privée ne retrouvera de l'entrain qu'en 2016. Le chômage reculera lentement et l'inflation restera faible en raison de la persistance d'un volant de ressources inutilisées dans l'économie.

Le rythme de la croissance des exportations dépendra dans une large mesure de la croissance des économies des partenaires commerciaux de la Slovénie, en particulier au sein de la zone euro. La dépréciation de l'euro ouvre en outre des perspectives d'accès à de nouveaux marchés en dehors de la zone euro. Le fait que les prix des matières premières soient inférieurs aux prévisions soutiendrait les exportations, mais la persistance de la déflation pourrait accroître la valeur réelle de la dette financière et peser sur l'investissement et les recrutements. Les progrès sur le plan de la restructuration des entreprises, l'assainissement dans le secteur bancaire et les privatisations renforceraient les perspectives de croissance, même si la restructuration des entreprises pourrait entraîner une hausse du chômage sur le court terme. Un dérapage budgétaire pourrait entamer la confiance des marchés à l'égard de la Slovénie.

SUÈDE

La consommation et l'investissement du secteur privé continuent de progresser à vive allure tandis que le commerce extérieur contribuera sensiblement mais modestement à la croissance. Le chômage ne refluera que lentement car l'intégration d'importants flux de migrants prend du temps et le taux d'activité augmente. L'inflation devrait remonter progressivement, avec la hausse des salaires et la dissipation des effets désinflationnistes de la baisse des cours du pétrole.

L'orientation de la politique monétaire est résolument expansionniste et devrait le rester jusqu'à ce que l'inflation se rapproche clairement de son objectif. Il faudrait renforcer les dispositions macroprudentielles et les compléter par des mesures visant à accroître l'offre de logements pour renforcer la stabilité financière. La politique budgétaire amorce un virage vers une orientation globalement neutre. Des mesures structurelles visant à mieux intégrer les migrants et à développer les qualifications et l'innovation sont nécessaires pour dynamiser la croissance sur le long terme.

Initialement faible, l'investissement résidentiel progresse rapidement en réponse à une forte demande de logements. L'investissement productif connaît une croissance solide. Les actifs incorporels, notamment les logiciels et la R-D, figurent en bonne place dans l'investissement productif. L'investissement public progresse modérément et concerne principalement le renforcement de l'infrastructure ferroviaire et routière.

Le mouvement de reprise s'amplifie

La croissance de la production s'est établie à 2.3 % en 2014 et accélère le pas grâce à la vigueur de l'investissement résidentiel et de la consommation privée. La faiblesse de la monnaie a dopé les exportations. Le taux d'emploi progresse tandis que le chômage n'a guère reflué en raison d'un taux d'activité en hausse et de la lente intégration d'importants flux de migrants venus pour des raisons humanitaires ou au titre du regroupement familial. Avec la stabilisation des prix de l'énergie, l'inflation montre des signes de reprise après avoir fluctué autour de zéro pendant quelque temps.

Suède

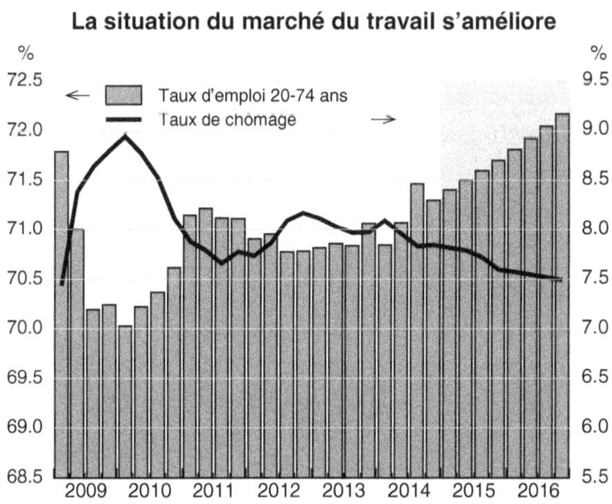

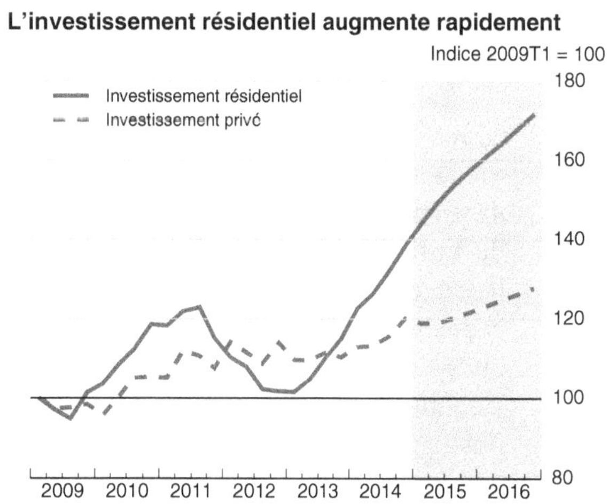

Source : Base de données des Perspectives économiques de l'OCDE, n° 97.

StatLink http://dx.doi.org/10.1787/888933226226

Suède : **Demande, production et prix**

	2011	2012	2013	2014	2015	2016
	Prix courants milliards de SEK	Pourcentages de variation, en volume (prix de 2013)				
PIB aux prix du marché	3 651.6	0.0	1.3	2.3	2.8	3.0
Consommation privée	1 691.4	0.9	2.0	2.4	2.5	2.7
Consommation publique	920.3	1.5	0.8	2.0	1.8	1.7
Formation brute de capital fixe	831.3	0.3	-0.3	6.6	5.4	5.2
Demande intérieure finale	3 443.0	1.0	1.1	3.3	3.0	3.0
Variation des stocks[1]	36.2	-1.1	0.1	0.2	-0.1	0.0
Demande intérieure totale	3 479.2	-0.2	1.2	3.5	3.0	3.0
Exportations de biens et services	1 701.8	1.5	-0.1	3.5	4.6	4.7
Importations de biens et services	1 529.3	1.1	-0.5	6.5	5.2	4.9
Exportations nettes[1]	172.5	0.3	0.2	-1.0	-0.1	0.1
Pour mémoire						
Déflateur du PIB	_	1.0	1.2	1.3	1.5	1.6
Indice des prix à la consommation[2]	_	0.9	0.0	-0.2	0.2	1.4
Déflateur de la consommation privée	_	0.5	0.7	0.8	0.7	1.4
Taux de chômage[3]	_	8.0	8.0	7.9	7.7	7.6
Taux d'épargne nette des ménages[4]	_	15.2	15.6	16.0	16.3	16.6
Solde des administrations publiques[5]	_	-0.9	-1.4	-1.9	-1.2	-0.5
Dette brute des administrations publiques[5]	_	44.6	44.8	52.1	52.6	51.2
Dette brute des administrations publiques, définition Maastricht[5]	_	36.5	38.7	43.8	44.3	43.0
Balance des opérations courantes[5]	_	6.6	7.3	6.3	6.5	6.3

1. Contributions aux variations du PIB en volume, montant effectif pour la première colonne.
2. L'indice des prix à la consommation tient compte des charges au titre des intérêts hypothécaires.
3. Les séries historiques comme les prévisions sont basées sur une définition du chômage couvrant les 15-74 ans, y compris les étudiants à plein temps à la recherche d'un emploi et disponibles pour travailler.
4. En pourcentage du revenu disponible.
5. En pourcentage du PIB, valeur du marché.

Source : Base de données des Perspectives économiques de l'OCDE, n° 97.

StatLink http://dx.doi.org/10.1787/888933227238

Orientation expansionniste de la politique monétaire, mesures macroprudentielles et réformes du logement

La Riksbank a abaissé par paliers son taux de prise en pension, passé de 0.75 % à la mi-2014 à -0.25 % en février 2015, et mis en place des mesures d'assouplissement quantitatif tout en affirmant son intention de faire davantage, en cas de besoin, pour éviter le désancrage des anticipations d'inflation et l'appréciation de la couronne. Le fléchissement du taux de change a dopé les résultats à l'exportation. La politique budgétaire est légèrement expansionniste, mais devrait devenir neutre avec la diminution du volant de capacités inutilisées. Le gouvernement examine s'il convient d'abandonner l'objectif budgétaire d'un excédent de 1 % du PIB sur la durée du cycle au profit d'un objectif d'équilibre, qui se justifierait étant donné la solide position financière des administrations publiques.

Les crédits immobiliers aux ménages et les prix du logement ont continué de progresser, rendant encore plus aiguë la nécessité de durcir les dispositions macroprudentielles et de supprimer progressivement la déductibilité des intérêts d'emprunt. La rationalisation des réglementations relatives à l'aménagement du territoire et à l'urbanisme assouplirait les restrictions pesant sur l'offre de logements et inciterait les municipalités à libérer des emprises foncières. L'amélioration du niveau de qualification des jeunes et l'intégration des migrants, qui sont pour la plupart peu qualifiés, sont primordiales pour réduire le chômage et garantir le maintien d'une croissance inclusive.

La croissance va repartir à la hausse

L'orientation expansionniste de la politique monétaire et la dissipation des effets de la baisse des cours du pétrole devraient entraîner une hausse de l'inflation. Il faudra toutefois attendre après 2016 pour atteindre l'objectif d'inflation, fixé à 2 %, en dépit du nouvel assouplissement prévu de la politique monétaire. L'investissement résidentiel devrait continuer de croître mais plus lentement, étant donné que les restrictions pesant sur l'offre sont de plus en plus contraignantes. La consommation privée continuera d'augmenter et la croissance prendra de l'ampleur avec l'affaiblissement de la monnaie et le regain d'activité des principaux partenaires commerciaux, qui dope les exportations. Le déficit public se comblera peu à peu, passant de 2 % du PIB en 2014 à 0.5 % en 2016, avec l'accélération de l'activité économique.

La Suède étant une petite économie ouverte, les évolutions imprévues de la croissance chez ses principaux partenaires commerciaux, notamment de l'Union européenne, et les fluctuations monétaires auront une incidence importante sur sa production. Comme les taux directeurs seront sûrement maintenus à un niveau peu élevé pendant quelque temps, toute incapacité à enrayer la montée de l'endettement des ménages, par le déploiement de mesures macroprudentielles et de réformes structurelles, pourrait engendrer une croissance déséquilibrée qui aggraverait les risques financiers et macroéconomiques.

SUISSE

L'activité économique a faibli depuis le début de 2015, mais la croissance devrait prendre de l'ampleur progressivement jusqu'en 2016 à mesure que l'appréciation marquée du taux de change observée récemment sera absorbée. La consommation privée, stimulée par la hausse des salaires réels et par des conditions financières très favorables, devrait tenir bon, mais les exportations et l'investissement des entreprises seront mis à mal. La conjonction de la baisse des prix du pétrole et de la hausse du franc suisse ramènera l'inflation en territoire négatif.

Les taux directeurs demeureront négatifs dans un avenir prévisible. Même si la croissance devait encore ralentir, la bonne santé des finances publiques offre une large marge de soutien à l'activité par une relance budgétaire. Des financements accrus en faveur des structures de garde d'enfants et de l'éducation des enfants de migrants permettraient d'étendre les possibilités d'emploi pour les femmes et de renforcer la croissance. Un renforcement de la concurrence et de l'efficacité dans le secteur de la santé pourrait donner un coup d'accélérateur à la consommation privée dans les autres postes de dépense.

L'investissement pâtira de la perte de confiance des entreprises, de l'instabilité des taux de change et de l'incertitude entourant l'application des contingents d'immigration en 2017. À moyen terme, à mesure que le pays abandonnera l'exploitation de ses centrales nucléaires, il investira davantage dans d'autres formes d'énergie, ce qui devrait doper la demande intérieure. Les infrastructures de transport sont déjà bien développées, mais l'application de tarifs spéciaux aux heures de pointe sur les réseaux autoroutiers et ferroviaires pourrait contribuer à réduire la congestion et à stimuler la productivité.

L'économie absorbe actuellement un choc de change de grande ampleur

La Banque nationale suisse a supprimé le 15 janvier 2015 le taux plancher de 1.20 CHF pour un euro et abaissé encore le taux d'intérêt de 0.5 point de pourcentage, celui-ci passant à -0.75 %. La forte appréciation du franc suisse par rapport à l'euro qui s'est

Suisse

L'économie est de nouveau en déflation

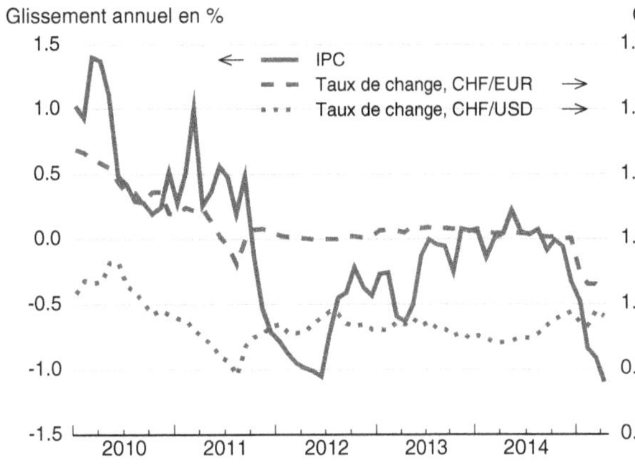

La croissance du crédit ralentit malgré des taux historiquement bas

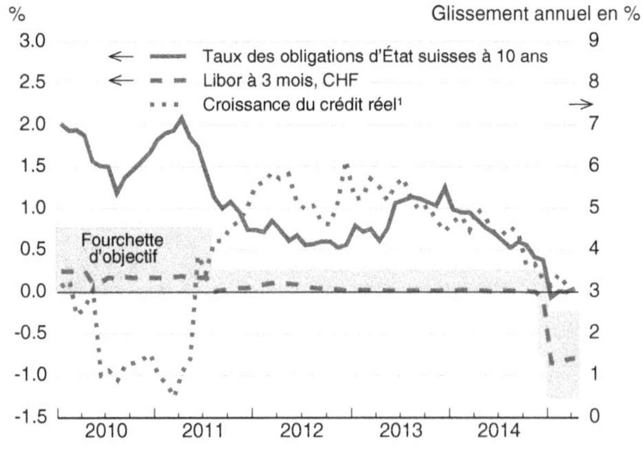

1. Déflaté par l'IPC.

Source : Base de données des Perspectives économiques de l'OCDE, n° 97 ; BNS ; et SECO.

StatLink http://dx.doi.org/10.1787/888933226239

Suisse : **Demande, production et prix**

	2011	2012	2013	2014	2015	2016
	Prix courants milliards de CHF	Pourcentages de variation, en volume (prix de 2010)				
PIB aux prix du marché	618.3	1.1	1.9	2.0	0.8	1.7
Consommation privée	333.4	2.8	2.2	1.0	1.6	1.5
Consommation publique	66.4	2.9	1.4	1.1	2.5	2.2
Formation brute de capital fixe	144.6	2.4	1.7	1.5	0.9	0.9
Demande intérieure finale	544.4	2.7	2.0	1.1	1.5	1.4
Variation des stocks[1]	21.5	-3.4	-2.4	0.5	-2.6	0.0
Demande intérieure totale	565.9	-1.2	-0.7	1.8	-1.4	1.5
Exportations de biens et services	406.7	0.8	15.3	-7.1	1.9	2.0
Importations de biens et services	354.3	-2.8	13.5	-9.4	-1.2	1.8
Exportations nettes[1]	52.4	2.1	2.6	0.5	1.9	0.4
Pour mémoire						
Déflateur du PIB	_	-0.1	-0.2	0.0	-0.6	0.4
Indice des prix à la consommation	_	-0.7	-0.2	0.0	-0.8	-0.1
Déflateur de la consommation privée	_	-0.9	-0.4	-0.1	-0.7	0.2
Taux de chômage	_	4.1	4.3	4.4	4.5	4.6
Solde des administrations publiques[2]	_	0.3	0.1	0.2	0.2	0.3
Dette brute des administrations publiques[2]	_	45.8	45.6	45.3	45.1	44.7
Balance des opérations courantes[2]	_	9.9	10.7	7.0	10.1	10.5

Note : Conformément aux définitions ESA 2010 des comptes nationaux.

1. Contributions aux variations du PIB en volume, montant effectif pour la première colonne.
2. En pourcentage du PIB, valeur du marché.

Source : Base de données des Perspectives économiques de l'OCDE, n° 97.

StatLink http://dx.doi.org/10.1787/888933227245

ensuivie, d'environ 15 %, a mis fin à l'élan économique insufflé par les échanges. Les exportations comme les importations ont nettement reculé au début de 2015, et le PIB s'est contracté de 0.2 % au cours du premier trimestre. La confiance dans l'économie ayant également été ébranlée, il est probable que la consommation des ménages restera modeste jusqu'à la fin de l'année. Les ventes au détail ont chuté au début de cette année, et la croissance totale des prêts bancaires intérieurs est à son plus bas niveau depuis trois ans. L'appréciation du taux de change et la baisse des cours mondiaux du pétrole sont à l'origine d'un retour à la déflation, et les prix à la consommation se sont repliés en glissement annuel au premier trimestre de 2015.

Tandis que la politique monétaire demeurera accommodante, la politique structurelle pourrait contribuer à amortir le choc

L'appréciation du franc suisse sera préjudiciable aux exportations, d'autant qu'un grand nombre d'entreprises présentes sur les marchés des biens exportables se contentaient déjà de marges étroites. Une nouvelle contraction des bénéfices va vraisemblablement amener les entreprises à reporter leurs investissements et à réduire l'emploi. Les entreprises pourraient aussi suspendre leurs investissements en attendant de connaître les détails de la mise en œuvre des contingents d'immigration en 2017. Le pays ayant décidé d'abandonner progressivement l'exploitation de ses centrales nucléaires, l'investissement public dans des centrales au gaz et dans les énergies renouvelables pourrait s'intensifier car il faudra accroître les capacités non nucléaires, mais cette évolution ne sera peut-être pas significative pendant la période considérée.

Pour compenser les effets de l'envolée du franc suisse, la politique monétaire demeurera très accommodante, et on peut penser que les taux directeurs resteront négatifs dans un avenir prévisible. Malgré la faiblesse sans précédent des taux hypothécaires, le recours à plusieurs instruments macroprudentiels ces dernières années a favorisé une accalmie sur le marché du logement, et la croissance des prêts hypothécaires a ralenti. La politique budgétaire, qui devrait rester neutre dans l'ensemble, offre une marge d'assouplissement non négligeable si nécessaire. Les politiques structurelles peuvent également amortir le choc des taux de change. L'intensification de la concurrence et l'amélioration de l'efficacité dans le secteur de la santé pourraient libérer les dépenses de consommation destinées à d'autres postes. L'application d'une tarification spéciale en période de pointe dans les transports autoroutiers et ferroviaires pourrait contribuer à réduire la congestion et à relancer la croissance de la productivité. Un financement accru en faveur des structures de garde d'enfants lèverait les obstacles à l'activité des femmes. L'augmentation des dépenses en faveur des enfants issus de l'immigration ouvrirait la voie à une société inclusive, à la réduction des inégalités, et à des gains de productivité sur le long terme.

La croissance devrait repartir

La croissance devrait chuter franchement en 2015, avant de rebondir à 1.7 % en 2016 lorsque la conjonction de dynamiques intérieures et extérieures positives compensera les répercussions de l'appréciation du taux de change. La hausse des salaires réels, la baisse des prix du pétrole et le niveau très bas des taux d'intérêt soutiendront la consommation. L'accélération de la croissance en Europe, en particulier en Allemagne, premier partenaire commercial de la Suisse, devrait aider le secteur exportateur à absorber la hausse du taux de change.

Les évolutions concernant la zone euro ou les tensions géopolitiques pourraient une fois encore jouer sur les taux de change (à la hausse ou à la baisse) et modifier sensiblement les perspectives. La Suisse est également très tributaire de l'évolution de ses partenaires commerciaux européens. Les taux d'intérêt étant résolument installés en territoire négatif, la bonne tenue de l'investissement résidentiel pourrait relancer la croissance, mais pourrait également constituer une menace pour l'économie si une bulle venait à se former.

TURQUIE

La croissance a fléchi en 2015 après une brève embellie à la fin de 2014. Les incertitudes concernant les élections législatives à venir et les tensions géopolitiques régionales actuelles freinent l'investissement et la consommation. La croissance du PIB devrait repartir progressivement à la hausse en 2015 et 2016 une fois que l'attentisme de la part des entreprises et des ménages se sera dissipé, mais devrait demeurer inférieure à son niveau potentiel.

Au vu de l'ampleur des besoins de financement extérieur et de la volatilité des flux de capitaux, l'inflation – qui reste largement supérieure à l'objectif – devra être réduite. Un nouveau rééquilibrage de la demande intérieure au profit de la demande extérieure, en libérant le potentiel de productivité du secteur des entreprises et en permettant des gains de compétitivité durables, est d'une importance primordiale. Des réformes essentielles des marchés de produits et du marché du travail stimuleraient la croissance.

L'investissement privé a culminé en 2011, après une reprise rapide à l'issue de la crise mondiale, mais reste atone depuis lors. À l'inverse, l'investissement public, principalement dans les infrastructures, a continué de progresser jusqu'à la fin de 2013 et a permis de soutenir pendant un temps une activité économique fluctuante. Les incertitudes liées au taux de change, à l'endettement des entreprises et aux risques de change associés, et aux tensions géopolitiques régionales, sont autant de facteurs qui influeront sur le rythme de redressement de l'investissement.

L'économie a marqué le pas

L'activité économique a marqué le pas au début de 2015, après une brève embellie à la fin de 2014. Les incertitudes concernant les élections législatives de juin, les tensions géopolitiques régionales actuelles et la forte volatilité du taux de change sapent la confiance et la demande sur le marché intérieur. La faiblesse de la reprise dans l'Union

Turquie

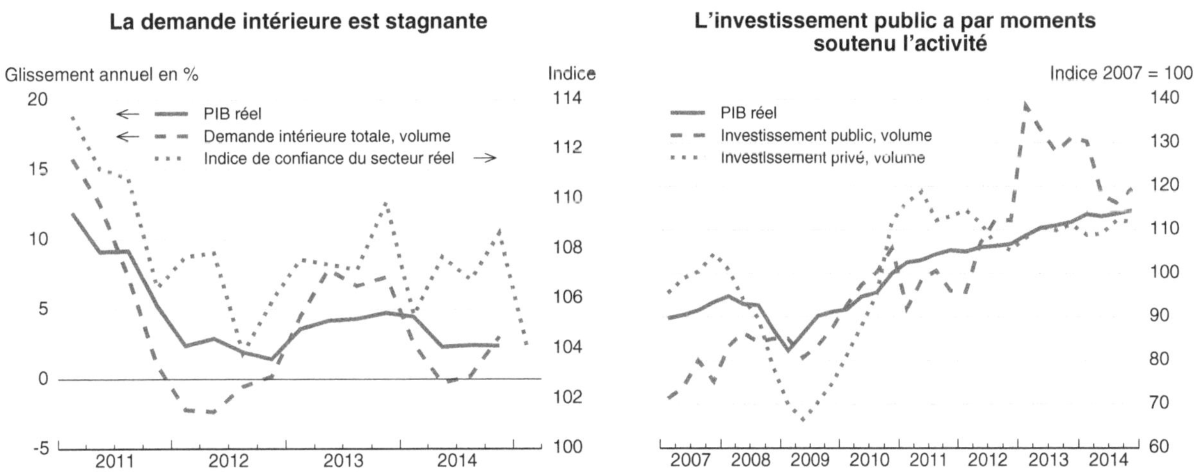

Source : Base de données des Perspectives économiques de l'OCDE, n° 97 ; Banque centrale de la République de Turquie ; Institut statistique turc ; et calculs de l'OCDE.

StatLink http://dx.doi.org/10.1787/888933226248

Turquie : **Demande, production et prix**

	2011	2012	2013	2014	2015	2016
	Prix courants milliards de TRY	Pourcentages de variation, en volume (prix de 1998)				
PIB aux prix du marché	1 297.7	2.1	4.2	2.9	3.1	3.9
Consommation privée	923.8	-0.5	5.1	1.3	3.0	3.6
Consommation publique	180.7	6.1	6.5	4.6	2.7	4.2
Formation brute de capital fixe	283.2	-2.7	4.4	-1.3	2.6	5.4
Demande intérieure finale	1 387.7	0.0	5.2	1.3	2.9	4.0
Variation des stocks[1]	22.5	-1.4	1.4	0.0	0.6	0.0
Demande intérieure totale	1 410.2	-1.3	6.5	1.3	3.6	4.0
Exportations de biens et services	311.1	16.3	-0.2	6.8	2.6	5.6
Importations de biens et services	423.7	-0.4	9.0	-0.2	4.9	5.6
Exportations nettes[1]	- 112.5	4.0	-2.9	1.8	-0.8	-0.2
Pour mémoire						
Déflateur du PIB	_	6.9	6.2	8.5	7.0	6.4
Indice des prix à la consommation	_	8.9	7.5	8.9	7.5	6.7
Déflateur de la consommation privée	_	8.1	6.2	7.0	7.5	6.5
Taux de chômage	_	8.4	9.0	10.0	10.3	10.1
Balance des opérations courantes[2]	_	-6.1	-7.9	-5.8	-5.2	-4.9

1. Contributions aux variations du PIB en volume, montant effectif pour la première colonne.
2. En pourcentage du PIB.
Source : Base de données des Perspectives économiques de l'OCDE, n° 97.

StatLink http://dx.doi.org/10.1787/888933227252

européenne – premier marché extérieur de la Turquie – et les crises géopolitiques sur les grands marchés que sont l'Iraq et la Russie ont pénalisé les exportations. L'inflation est restée bien supérieure à l'objectif de 5 % et le taux de change effectif réel s'est nettement apprécié tout au long de 2014, avant une forte correction début 2015. Les exportateurs continuent de se diversifier en se tournant vers les marchés à plus forte croissance, mais leurs performances globales se sont affaiblies début 2015, avec les conséquences négatives que cela implique pour l'investissement. L'investissement public dans les infrastructures qui avait constitué un soutien, s'est contracté dans les premiers mois de 2014. Les projets bénéficiant d'un soutien public en dehors du strict cadre de l'administration publique, notamment ceux financés par des partenariats public-privé, restent difficiles à suivre.

En dépit de la diminution du déficit de la balance courante, la dette extérieure venant à échéance en 2015, qui s'établit à quelque 20 % du PIB, entraîne d'énormes besoins de financement extérieur. Jusqu'à présent les entrées de capitaux ont permis de refinancer la dette extérieure et de couvrir le déficit courant, mais cette forte dépendance à l'égard des financements extérieurs constitue un facteur de grande vulnérabilité.

Les conditions intérieures et internationales sont favorables, mais la confiance est fragile

La baisse importante des cours du pétrole a réduit le déficit courant, fait baisser l'inflation et soutenu l'activité. La faiblesse des taux d'intérêt réels, la reprise dans l'Union européenne et la suspension des sanctions à l'encontre de l'Iran complètent ce tableau favorable. En dépit d'importantes créations d'emplois, le chômage a franchi la barre des

10 % en raison du ralentissement de l'activité. Cela étant, l'ampleur des créations d'emplois, en particulier dans les régions moins avancées et en faveur de la main-d'œuvre peu qualifiée, a permis une croissance plus inclusive ces dernières années. À cet égard, la récente décision d'accorder de nouvelles exonérations de cotisations sociales et des subventions salariales en faveur de l'emploi des jeunes à compter d'avril 2015 pourrait donner un coup de pouce aux embauches visant cette catégorie d'actifs.

La confiance des entreprises et des ménages demeure très faible par rapport au passé. Les réformes structurelles des marchés formels de produits et du travail, très rigides, ont marqué le pas. D'importantes questions de gouvernance, dans le contexte des élections à venir et des controverses sur le cadre institutionnel des orientations économiques et monétaires, pourraient renforcer l'attentisme des entreprises et des ménages. La plus forte volatilité du taux de change s'accompagne d'une fragilisation de la confiance non seulement des entreprises ayant contracté des emprunts en devises, mais aussi des ménages ayant souscrit des prêts libellés en monnaie nationale. Néanmoins, les défaillances en matière de remboursement de prêts sont restées jusqu'à présent limitées. Point d'ancrage de la crédibilité de la politique macroéconomique de la Turquie, le déficit budgétaire et la dette sont maintenus à un niveau peu élevé et il n'est fait état d'aucune mesure de relance budgétaire dans les projets officiels. De même, l'orientation de la politique monétaire est relativement restrictive afin de permettre une désinflation et le relâchement des pressions sur la monnaie.

Une remontée progressive de la croissance est prévue

La croissance du PIB devrait rester en deçà de son niveau potentiel, malgré une accélération à un peu plus de 3 % en 2015 et à près de 4 % en 2016, lorsque l'attentisme des entreprises et des ménages se sera dissipé. La croissance pourrait être plus rapide si les réformes structurelles définies dans le Plan de développement national pour 2014-18 étaient mises en œuvre rapidement et efficacement. En effet, des réformes essentielles concernant les marchés de produits et du travail auraient une incidence positive forte sur la confiance, l'investissement et la croissance. Les risques à la baisse par rapport aux prévisions tiennent aux incertitudes post-électorales et à la situation géopolitique régionale, notamment en Iraq et en Syrie. Toute dégradation de la confiance à l'intérieur du pays et à l'international pourrait raviver les tensions financières et freiner l'investissement et la croissance.

ZONE EURO

La croissance économique se raffermira progressivement pour atteindre 2 ¼ pour cent d'ici la fin de 2016, favorisée par la baisse des cours du pétrole, la dépréciation de l'euro, l'amélioration des conditions financières, la marge de relance supplémentaire qu'offre une politique monétaire plus expansionniste et une pause dans l'ajustement budgétaire. Toutefois, le chômage ne reculera que progressivement pour s'établir à 10 ¼ pour cent à la fin de 2016. L'inflation devrait atteindre 1 ½ pour cent environ, avec la dissipation des effets de la baisse des cours de l'énergie et l'intensification de la politique d'assouplissement monétaire. Les risques s'équilibrent globalement autour des prévisions, même si de nouveaux désordres financiers pourraient faire courir d'importants risques exceptionnels.

La politique budgétaire prendra une orientation globalement neutre, ce qui convient à court terme étant donné que la reprise demeure fragile et incertaine. Il reste néanmoins que des plans d'assainissement crédibles à moyen terme sont nécessaires car la dette publique demeure bien trop lourde dans de nombreux pays. L'orientation très accommodante de la politique monétaire devrait être maintenue comme prévu étant donné que l'inflation demeure très en deçà de 2 % et que la croissance est faible. Les pays vulnérables ont nettement progressé dans leurs réformes structurelles depuis le déclenchement de la crise. Pour autant, d'autres réformes sont nécessaires, notamment l'achèvement du marché unique, pour relever durablement l'activité économique et pour parvenir à une croissance plus inclusive.

La relance de l'investissement privé et public est primordiale pour porter l'économie sur une plus haute trajectoire de croissance. Le Plan d'investissement pour l'Europe devrait être utile en la matière. Il conviendrait de sélectionner des projets à rendement social élevé, qui ne seraient pas réalisés sans garanties d'État, pour susciter de nouveaux investissements. Le renforcement des infrastructures transfrontalières de transport d'électricité, de gaz et ferroviaires en fournissent un exemple essentiel. Enfin, de nouvelles réformes structurelles favorisant l'initiative économique et la pleine intégration des marchés de capitaux financiers européens concourraient à libérer l'investissement privé.

Zone euro

Le rythme de la consolidation budgétaire va ralentir
Variations du solde primaire sous-jacent

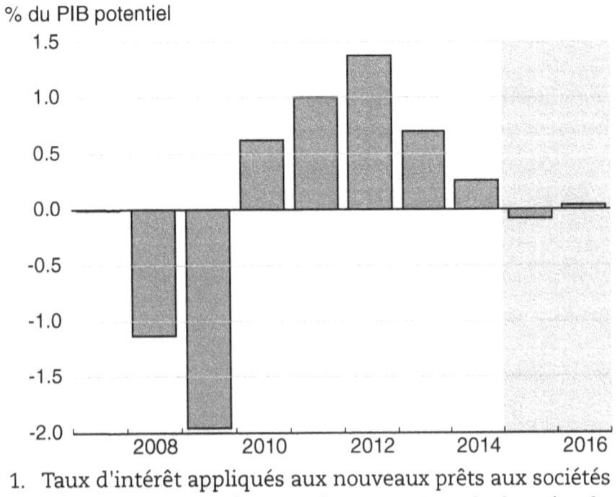

Les taux d'intérêt sont en baisse
Pour les prêts aux entreprises[1]

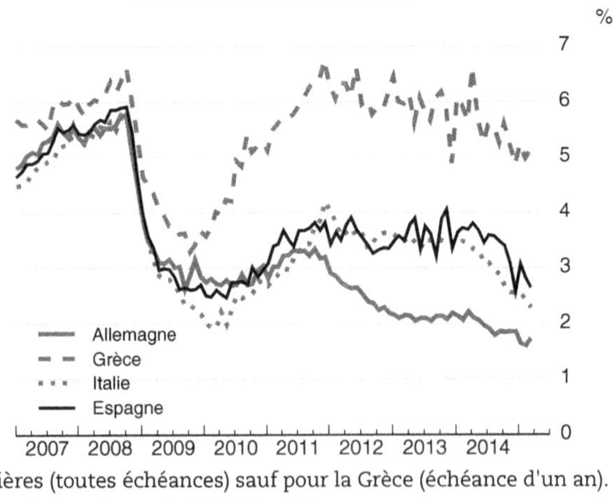

1. Taux d'intérêt appliqués aux nouveaux prêts aux sociétés non financières (toutes échéances) sauf pour la Grèce (échéance d'un an).

Source : Banque centrale européenne ; et Base de données des Perspectives économiques de l'OCDE, n° 97.

StatLink http://dx.doi.org/10.1787/888933225886

Zone euro : **Emploi, revenu et inflation**

Pourcentages de variation

	2012	2013	2014	2015	2016
Emploi	-0.6	-0.6	0.6	0.9	1.1
Taux de chômage[1]	11.3	11.9	11.5	11.1	10.5
Rémunération par salarié[2]	1.1	1.4	1.4	1.5	2.0
Productivité du travail	-0.4	0.3	0.3	0.6	1.0
Coûts unitaires de main-d'œuvre	1.3	1.0	1.2	0.8	0.5
Revenu disponible des ménages	-0.3	0.9	1.8	2.0	2.6
Déflateur du PIB	1.2	1.3	0.9	1.1	1.1
Indice des prix à la consommation harmonisé	2.5	1.3	0.4	0.0	1.3
IPCH sous-jacent[3]	1.5	1.1	0.8	0.8	1.3
Déflateur de la consommation privée	1.9	1.1	0.5	0.2	1.1

Note : L'agrégat correspondant à la zone euro couvre les pays de la zone euro membres de l'OCDE.
1. En pourcentage de la population active.
2. Pour l'ensemble de l'économie.
3. Indice des prix à la consommation harmonisé, hors énergie, alimentation, alcool et tabac.
Source : Base de données des Perspectives économiques de l'OCDE, n° 97.

StatLink http://dx.doi.org/10.1787/888933226953

Une reprise modérée s'est installée

Une reprise économique modérée s'est poursuivie au premier semestre de 2015, à la faveur d'un raffermissement de la demande intérieure et extérieure. L'investissement des entreprises demeure pourtant atone. Après avoir traversé une importante récession, certains pays vulnérables affichent désormais des taux de croissance trimestriels supérieurs à la moyenne de la zone. Partant de haut, le chômage décroît lentement mais demeure, de loin, supérieur aux niveaux d'avant la crise. L'Allemagne reste l'exception la plus importante. Dans de nombreux pays, le taux de chômage des jeunes est égal au moins

Zone euro

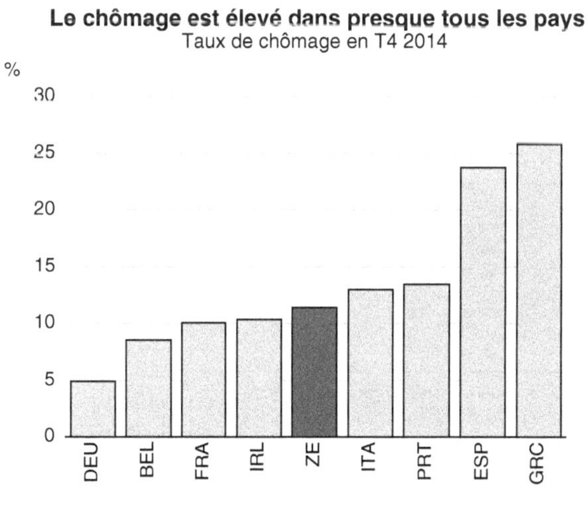

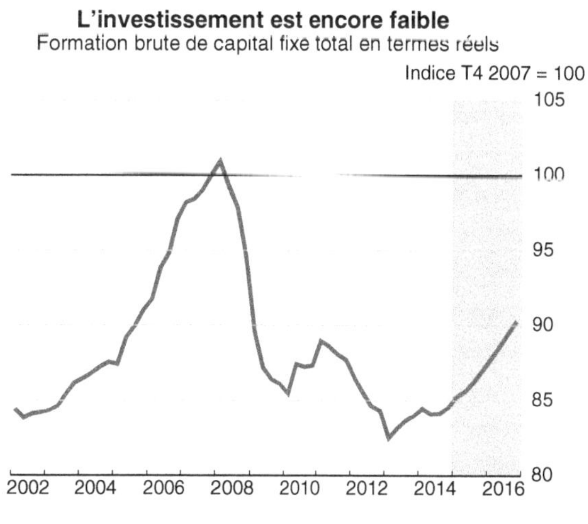

Source : Base de données des Perspectives économiques de l'OCDE, n° 97.

StatLink http://dx.doi.org/10.1787/888933225896

Zone euro : **Indicateurs financiers**

	2012	2013	2014	2015	2016
Taux d'épargne nette des ménages[1]	6.3	6.8	7.1	7.0	7.0
Solde financier des administrations publiques[2]	-3.6	-2.9	-2.4	-2.1	-1.4
Dette brute des administrations publiques[2]	103.9	104.9	111.5	110.9	109.5
Dette brute des administrations publiques, définition Maastricht[2]	91.4	93.5	94.6	94.1	92.7
Balance des opérations courantes[2]	2.2	2.8	3.4	3.9	4.1
Taux d'intérêt à court terme[3]	0.6	0.2	0.2	0.0	0.0
Taux d'intérêt à long terme[4]	3.7	2.9	2.0	1.0	1.0

Note : L'agrégat correspondant à la zone euro couvre les pays de la zone euro membres de l'OCDE.
1. En pourcentage du revenu disponible.
2. En pourcentage du PIB, valeur au marché.
3. Taux interbancaire à 3 mois.
4. Obligations d'État à 10 ans.

Source : Base de données des Perspectives économiques de l'OCDE, n° 97.

StatLink http://dx.doi.org/10.1787/888933226965

au double du taux de chômage moyen. L'important volant de ressources encore inutilisées dans l'économie et le repli antérieur des cours du pétrole et des prix alimentaires ont maintenu l'inflation à un niveau très bas.

Une politique monétaire fortement expansionniste doit aller de pair avec de nouvelles réformes structurelles

Une confiance en demi-teinte, signe des incertitudes entourant la vigueur sous-jacente de l'économie de la zone euro et les perspectives de l'économie mondiale, pèse encore sur l'activité économique et plus particulièrement, sur l'investissement des

Zone euro : **Demande et production**

	2013	2014	2015	2016	Quatrième trimestre 2014	Quatrième trimestre 2015	Quatrième trimestre 2016
	Prix courants milliards d' €	Pourcentages de variation, en volume (prix de 2011)					
PIB aux prix du marché	9 853.3	0.9	1.4	2.1	0.8	1.8	2.2
Consommation privée	5 521.3	1.0	1.8	1.8	1.5	1.8	1.8
Consommation publique	2 079.1	0.6	0.7	0.4	0.8	0.5	0.6
Formation brute de capital fixe	1 927.8	1.2	2.0	3.5	0.6	2.9	3.8
Demande intérieure finale	9 528.2	0.9	1.6	1.8	1.1	1.7	2.0
Variation des stocks[1]	- 10.3	-0.1	-0.1	0.0			
Demande intérieure totale	9 517.9	0.9	1.5	1.8	0.9	1.8	2.0
Exportations nettes[1]	335.3	0.0	0.0	0.3			

Note : L'agrégat correspondant à la zone euro couvre les pays de la zone euro membres de l'OCDE. Des prévisions trimestrielles détaillées sont disponibles dans l'annexe statistique pour les sept pays principaux, la zone euro et l'ensemble de l'OCDE.
1. Contributions aux variations du PIB en volume, montant effectif pour la première colonne.

Source : Base de données des Perspectives économiques de l'OCDE, n° 97.

StatLink http://dx.doi.org/10.1787/888933226974

Zone euro : **Indicateurs extérieurs**

	2012	2013	2014	2015	2016
			Milliards de $		
Balance commerciale	334.2	445.3	497.9	504	552
Solde des invisibles	- 60.2	- 83.5	- 52.9	- 53	- 63
Balance des opérations courantes	274.0	361.8	445.0	451	489

Note : L'agrégat correspondant à la zone euro couvre les pays de la zone euro membres de l'OCDE.
Source : Base de données des Perspectives économiques de l'OCDE, n° 97.

StatLink http://dx.doi.org/10.1787/888933226982

entreprises. De même, un haut niveau d'endettement privé et le chômage freinent la demande des ménages. Toutefois, l'importante baisse des prix du pétrole et la forte dépréciation de l'euro stimulent la croissance. À lui seul, l'effet des cours du pétrole pourrait apporter environ 0.2 point de PIB de plus cette année et l'année prochaine.

Qui plus est, un certain nombre de fondamentaux s'améliorent. Le rééquilibrage interne de la zone euro se poursuit grâce aux efforts d'assainissement budgétaire, à l'ajustement des coûts unitaires de main-d'œuvre et à de meilleurs résultats à l'exportation des pays vulnérables. Ces derniers affichent tous désormais un excédent de leur balance courante, même s'il faudra plusieurs années de solides excédents courants pour réduire l'importance de leur dette extérieure.

Ces dernières années, les réformes structurelles menées dans les pays vulnérables ont été importantes. Toutefois, il y a encore amplement matière à des réformes de promotion de la concurrence pour aider à la reconquête de gains de compétitivité et au redéploiement des ressources, et rehausser ainsi le potentiel économique et rendre la croissance plus inclusive. Les pays du cœur de la zone euro peuvent contribuer à renforcer l'activité économique en réduisant les obstacles à l'entrée dans leurs secteurs des services. De nombreux obstacles de taille subsistent en effet dans la zone euro, qui entravent des domaines essentiels comme l'initiative économique, la mobilité de la main-d'œuvre et l'efficience énergétique. L'achèvement d'un vrai marché unique pourrait concourir notablement à dynamiser la croissance à moyen terme.

Les conditions financières se sont améliorées. Le crédit au secteur privé reprend peu à peu des couleurs, les banques ayant commencé à assouplir leurs conditions applicables aux prêts aux entreprises et aux prêts hors logement aux ménages privés. Les banques sont également mieux capitalisées, mais les prêts improductifs sont encore d'un volume important dans de nombreux pays. L'évaluation complète que la Banque centrale européenne (BCE) a réalisée sur le bilan des banques en 2014 devrait également contribuer à améliorer encore les conditions de prêt car certaines incertitudes ont pu ainsi être levées.

La BCE s'est engagée dans un vaste programme de rachat d'actifs illimité dans le temps pour remonter l'inflation vers sa cible. Cette mesure a fait baisser les taux d'intérêt et déclenché une dépréciation importante de l'euro, les deux phénomènes étant censés améliorer la croissance dans la zone euro. Une telle politique monétaire expansionniste n'est toutefois pas sans risques pour la stabilité financière, et des mesures macroprudentielles seront importantes pour aider à les maîtriser.

La politique budgétaire devrait rester globalement neutre cette année et l'année prochaine, ce qui convient à court terme étant donné que la reprise demeure fragile et que des gains appréciables ont d'ores et déjà été engrangés ces dernières années en matière d'assainissement budgétaire. Toutefois, il faudra que les situations budgétaires restent solides pour abaisser le niveau des dettes publiques en pourcentage du PIB, et l'exercice sera d'autant plus difficile s'il n'est pas remédié aux tensions que fait peser le vieillissement démographique sur les dépenses. Des cadres budgétaires pluriannuels crédibles et détaillés seront nécessaires au niveau national à cet effet. Il conviendrait en outre de renforcer la crédibilité du cadre de gouvernance budgétaire de l'UE et de simplifier les règles budgétaires.

La croissance se raffermira progressivement

La croissance du PIB devrait se raffermir progressivement et s'établir à 2 ¼ pour cent en 2016. Le chômage ne reculera que progressivement pour s'établir à 10 ¼ pour cent à la fin de 2016 et l'inflation devrait augmenter pour atteindre 1 ½ pour cent environ.

Les risques sont largement symétriques autour du scénario le plus probable représenté par ces prévisions. La croissance sera fonction de l'évolution du taux de change de l'euro et des prix mondiaux de l'énergie, qui pourraient s'avérer inférieurs ou supérieurs aux estimations. L'efficacité du programme d'assouplissement quantitatif de la BCE, et les risques lui étant inhérents, sont incertains. Des avancées plus rapides des réformes structurelles, ou un effet accélérateur plus fort de l'investissement, permettraient un dépassement de la croissance par rapport aux prévisions. Une intensification des risques géopolitiques ou des avancées insuffisantes des réformes structurelles pourraient saper la confiance et affaiblir l'investissement et l'activité dans son ensemble. Les incertitudes concernant la Grèce constituent un ensemble de risques à part.

Perspectives économiques de l'OCDE, Volume 2015 Issue 1

Chapitre 3

STIMULER L'INVESTISSEMENT POUR UNE CROISSANCE PLUS FORTE ET DURABLE

Résumé

- Dans l'OCDE, l'investissement réel total, et en particulier l'investissement en logements, s'est affaissé au point culminant de la crise et peine à se redresser. Sa faiblesse freine les gains de productivité et, si elle persiste, ancrera le taux de croissance dans un équilibre bas et pèsera sur les perspectives d'emploi à court et à plus long terme.
- Il convient de replacer l'évolution récente dans le contexte d'importants changements structurels :
  - Dans les économies avancées, une fraction de l'investissement productif a peut-être été délocalisée dans d'autres pays. Mais il reste à établir si les dépenses réalisées à l'étranger remplacent ou complètent les dépenses intérieures.
  - La structure des économies avancées se modifie au détriment des secteurs industriels à forte intensité d'investissements et au bénéfice des services, moins intenses en capital.
  - Cette tendance s'accompagne d'une montée des investissements dans les TIC, des investissements incorporels et basés sur la connaissance, dont la dépréciation est plus rapide. C'est l'effet du progrès technologique et de l'évolution de la spécialisation mondiale de la production.
- La médiocrité de la demande globale, tant intérieure qu'extérieure, par le biais du mécanisme de l'accélérateur, est le facteur principal du manque de dynamisme de l'investissement non résidentiel depuis le début de la crise. Par conséquent, une demande mondiale plus équilibrée pourrait tirer l'investissement jusqu'à un point d'équilibre plus élevé, en particulier si cette évolution est appuyée par une atténuation des incertitudes et des réformes des marchés.
- Contre toute attente, la baisse des taux d'intérêt réels ajustés de l'impôt et le niveau élevé des prix sur les marchés des actions (à la faveur d'une politique monétaire accommodante) ont eu des incidences relativement limitées sur l'investissement réel, notamment dans les pays où un assainissement inabouti du bilan des banques a pesé sur l'offre de crédit.
- L'incertitude décourage l'investissement. Si selon certaines évaluations, les incertitudes entourant la conjoncture économique s'atténuent depuis trois ans, des incertitudes à caractère plus durable persistent, notamment quant à la manière dont les incidences du vieillissement démographique et du changement climatique seront gérées.
- Les récentes réformes de la réglementation des marchés de produits dans certains pays et l'amélioration générale des bilans des entreprises devraient être bénéfiques aux perspectives d'investissement, bien qu'il reste encore à faire.
- Un certain nombre de pays ont réduit les investissements publics et destinés aux infrastructures pour atteindre leurs objectifs d'assainissement budgétaire. Une reprise des investissements publics, en veillant bien à réduire les divergences d'obstacles réglementaires dans les industries de réseau, aurait des effets positifs sur la quantité et la qualité des investissements en infrastructures, de manière à soutenir aussi bien l'offre que la demande.

- L'augmentation des dépenses en capital, qui s'impose pour placer les économies sur une trajectoire de croissance plus forte, nécessite des mesures décisives. Une politique macroéconomique visant à remédier à l'insuffisance de la demande et une atténuation des incertitudes entourant l'action publique doivent s'accompagner de réformes structurelles permettant d'accélérer la croissance à plus long terme. L'action publique permettant de transformer l'investissement en une croissance effective et durable est celle qui attachera une attention particulière aux travailleurs à faible revenu et qui saura prémunir l'éducation des conséquences du creusement des inégalités, jugulant ainsi un risque susceptible de saper la croissance potentielle sur le long terme.

Introduction

Ces dernières années, l'atonie de l'investissement dans les économies développées est allée de pair avec la fragilité de la reprise et a réduit la croissance de la production potentielle. Pour éviter cet équilibre de bas niveau et orienter les économies vers une trajectoire de croissance plus soutenue, il faudra augmenter les dépenses d'investissement. Ce document examine les causes potentielles de la faiblesse actuelle de l'investissement, dans le contexte de tendances séculaires, comme le déplacement des investissements vers les économies de marché émergentes, l'importance grandissante de l'investissement incorporel et la diminution de la part des secteurs qui exigent de gros investissements dans l'économie. Les déterminants de l'investissement des entreprises sont ensuite étudiés, tels que la faiblesse de la demande globale, le coût du capital, l'incertitude économique et politique et les contraintes liées à la réglementation, ainsi que les moteurs de l'investissement public et d'infrastructure. La dernière partie décrit les conséquences de cette analyse en termes d'action publique pour amener la croissance et l'investissement à des points d'équilibre élevés, tout en offrant des emplois de meilleure qualité et à une diffusion accrue de l'innovation – en d'autres termes, pour permettre une hausse du PIB potentiel.

L'évolution de l'investissement en capital fixe

L'investissement réel total dans l'ensemble des pays de l'OCDE a chuté brutalement au plus fort de la crise et a simplement renoué avec le niveau antérieur à la crise en 2014 (graphique 3.1).

Graphique 3.1. **Évolution de l'investissement mondial**

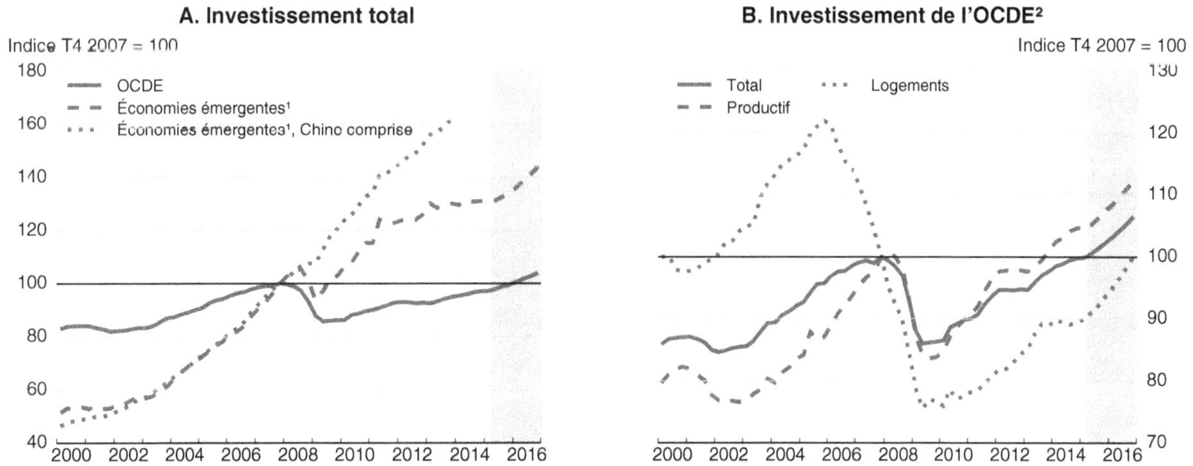

1. Englobe l'Afrique du Sud, le Brésil, la Fédération de Russie, l'Inde, l'Indonésie, le Mexique et la Turquie.
2. Ne couvre que 17 pays de l'OCDE pour lesquels sont disponibles des statistiques distinguant l'investissement en logements de l'investissement productif.

Source : Base de données des Perspectives économiques de l'OCDE, n° 97 ; et Base de données sur les principaux agrégats des comptes nationaux des Nations Unies.

StatLink http://dx.doi.org/10.1787/888933226294

Le recul de l'investissement en logements a été nettement plus prononcé que celui de l'investissement productif, malgré de fortes disparités entre les pays. S'agissant des pays développés, la compression de l'investissement a été particulièrement spectaculaire dans la zone euro (graphique 3.2). En revanche, les grandes économies de marché émergentes, hormis la Chine, ont connu en 2009 un épisode de baisse de l'investissement beaucoup moins marqué et plus bref. Néanmoins, la croissance de l'investissement dans ces pays s'est essoufflée ces quatre dernières années, avec, là encore, des différences notables entre les économies. Si l'on considère l'ensemble des grands pays émergents, l'investissement a connu une progression continue et rapide ces dix dernières années, notamment grâce à la vigueur de l'investissement en Chine, en Inde et en Indonésie. En conséquence, les niveaux d'investissement rapportés aux PIB ont augmenté dans de nombreux pays émergents, contrairement à la tendance observée dans nombre d'économies avancées, en particulier dans la zone euro. Au cours des années à venir, la croissance de l'investissement brut

Graphique 3.2. **Investissement brut réel**

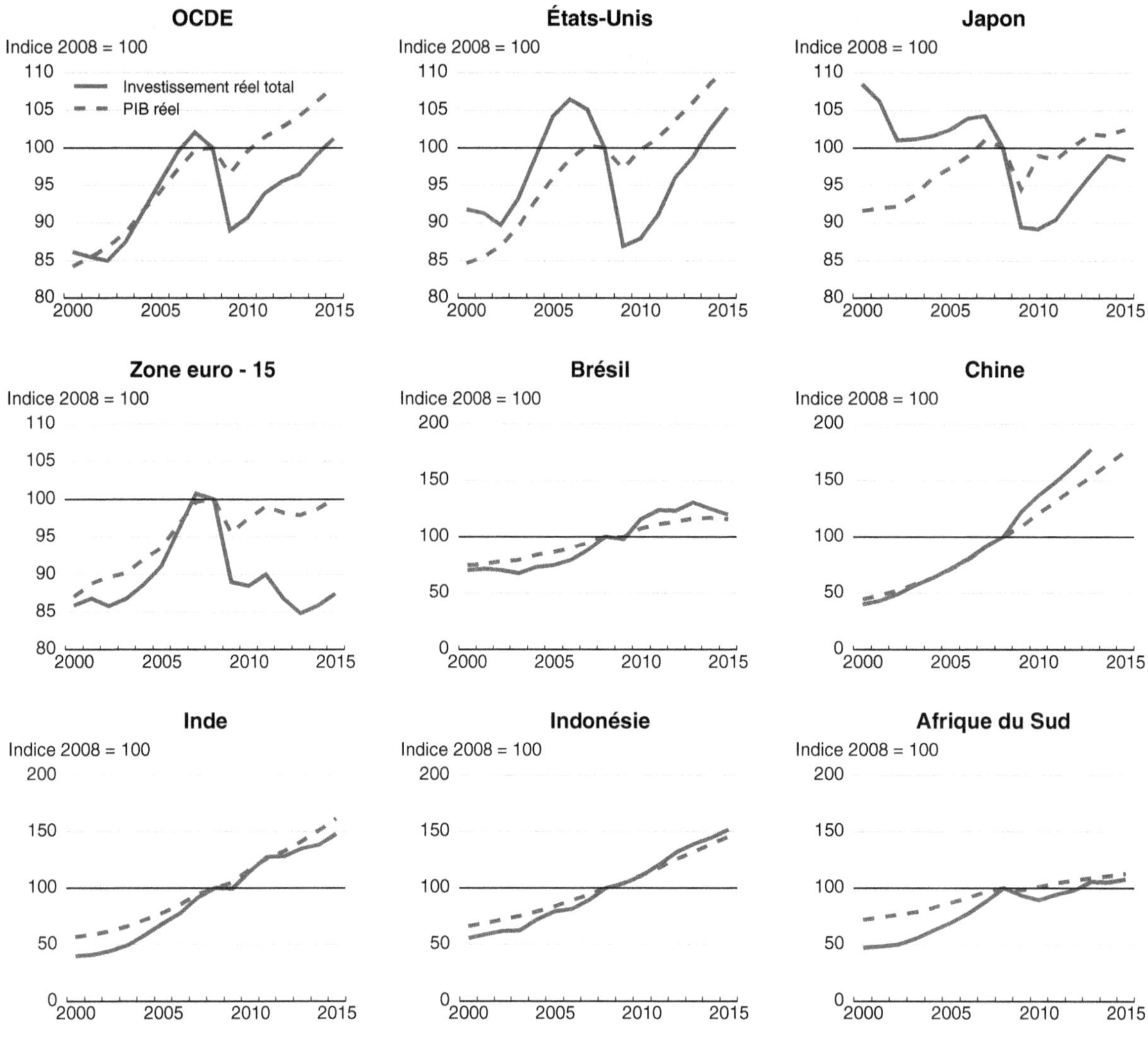

Source : Base de données des Perspectives économiques de l'OCDE, n° 97 ; et Base de données sur les principaux agrégats des comptes nationaux des Nations Unies.

StatLink http://dx.doi.org/10.1787/888933226305

Graphique 3.3. **L'investissement net et la croissance du stock de capital ont été faibles après la crise**

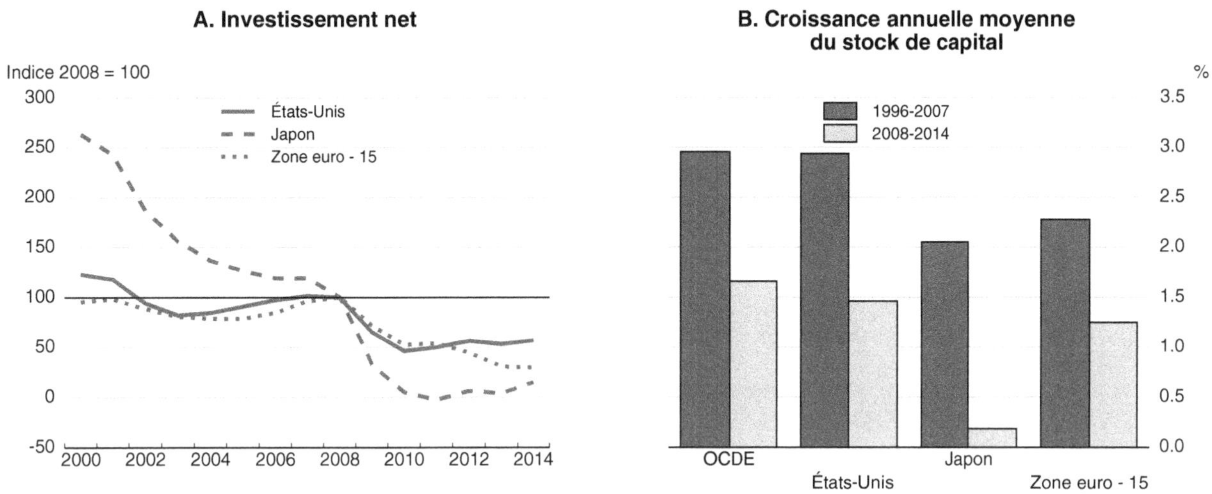

Source : Base de données des Perspectives économiques de l'OCDE, n° 97 ; et calculs de l'OCDE.

StatLink http://dx.doi.org/10.1787/888933226315

devrait être plus rapide que celle du PIB, conduisant à une hausse du coefficient de capital dans ces économies, ce qui est approprié pour certains pays, mais pas pour tous à l'étape actuelle de leur développement.

Comme les taux de dépréciation moyens ont augmenté au fil du temps, en raison de la part croissante, dans le patrimoine total, d'équipements relevant des technologies de l'information et des communications (TIC) et d'actifs incorporels qui perdent rapidement de la valeur, l'investissement brut devrait être supérieur aux données historiques de référence pour éviter une chute de l'investissement net et du stock de capital. Des estimations de l'investissement net réel, productif et public confondus, fondées sur de nouvelles estimations par l'OCDE du stock de capital productif réel, semblent indiquer qu'il est nettement plus faible qu'avant la crise (graphique 3.3). Dans l'ensemble, le stock de capital productif net s'est accru à un rythme beaucoup plus lent qu'avant la crise et n'a pas suivi le rythme de l'augmentation modeste de la production au moment de la reprise aux États-Unis, au Japon et dans la zone euro. Il s'agit d'un facteur important à l'origine de la faiblesse de la croissance de la production potentielle après la crise (encadré 1.3 du chapitre 1).

L'évolution de la répartition mondiale de l'investissement

La part de l'investissement mondial localisée dans les économies de marché émergentes a augmenté sensiblement ces dix dernières années (graphique 3.4). Cela s'explique par plusieurs facteurs, dont la croissance plutôt soutenue dans ces pays, leur trajectoire de développement tirée par l'investissement et l'évolution de la spécialisation internationale de la production. La progression de la part correspondant à la Chine est particulièrement spectaculaire. Toutes catégories d'investissements et d'investisseurs confondus, la Chine représente actuellement 16.5 % environ de la production mondiale (en PPA) mais plus de 30 % des dépenses d'investissement mondiales, sachant que la Chine consacre environ un sixième de ses investissements au logement. Dans le même temps, la

Graphique 3.4. **L'investissement mondial en capital fixe s'est déplacé vers les économies émergentes**

En pourcentage de l'investissement brut mondial en capital fixe

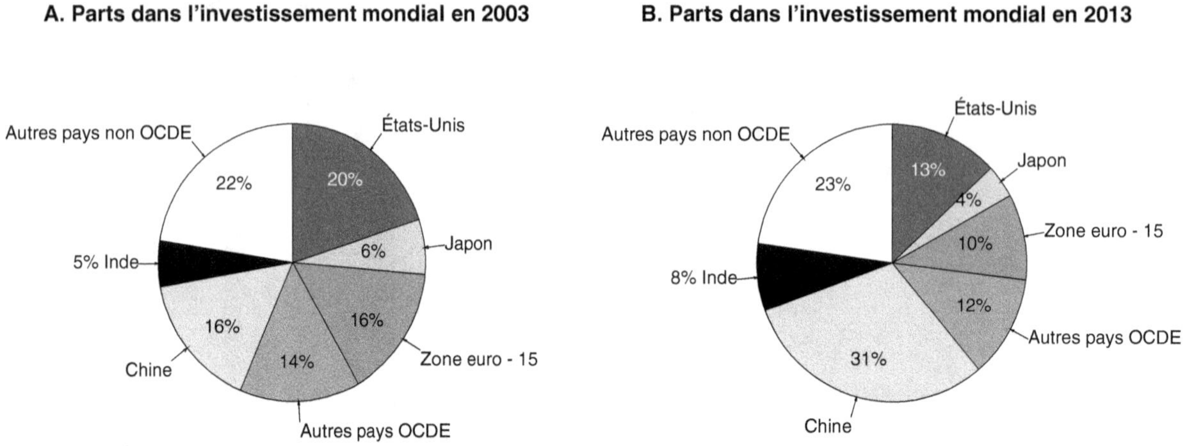

Note : Calculs sur la base des PPA.
Source : Banque mondiale ; et calculs de l'OCDE.

StatLink http://dx.doi.org/10.1787/888933226325

Chine est devenue la première destination pour les flux d'investissements directs étrangers (IDE) internationaux (cf. ci-dessous).

L'analyse des mouvements transfrontaliers d'investissements peut s'appuyer sur différents indicateurs et outils d'évaluation. Les plus fréquemment utilisés sont les flux et stocks d'IDE, qui existent pour toutes les économies et sur une base bilatérale. Ces données mesurent les flux financiers transfrontaliers correspondant à des liens de propriété et de contrôle. Si elles reflètent essentiellement des opérations de fusion et acquisition, ces données tiennent aussi compte des investissements réels en capital fixe réalisés par des entreprises multinationales (EMN).[1] Des informations complémentaires sont fournies par les IDE de création (une sous-catégorie des IDE totaux) et, pour les pays qui disposent de ces données, des informations directes sur les investissements en capital fixe par les EMN. Des changements dans la localisation géographique des liens de propriété et de contrôle pourraient avoir des conséquences sur le niveau d'investissement dans les économies avancées, notamment en accentuant le degré de dépendance des décisions d'investissement dans un pays à l'égard non seulement de la situation de son économie mais aussi de la demande mondiale et des coûts relatifs de l'investissement dans d'autres économies (Young, 1999 ; Belderbos *et al.*, 2012). Parallèlement, cela pourrait accroître les taux globaux de rendement des investissements par les multinationales dans les économies développées.

1. Précisément, les flux d'IDE dans la balance des paiements correspondent à la somme des flux de participation du pays d'origine vers l'étranger, y compris les fusions acquisitions et les investissements de création, des flux de crédit interentreprises des sociétés-mères vers les filiales, des bénéfices non distribués réinvestis dans ces filiales, et des augmentations de capital de filiales existantes et les investissements liés aux opérations de restructuration financière (notamment de remboursement de dettes ou de réduction des pertes ; pour plus de précisions, voir OCDE, 2008). Compte tenu de ces méthodes de mesure de l'investissement extérieur, les flux d'IDE constituent un meilleur indicateur du financement des activités à l'étranger via le recours aux marchés financiers intérieurs que les dépenses d'investissement réelles des filiales étrangères.

La répartition mondiale des flux d'IDE entrants (englobant les fusions-acquisitions et les investissements de création) a évolué au fil du temps, les économies de l'OCDE ayant reçu moins de la moitié des flux totaux en 2011-13, contre environ quatre cinquièmes des flux totaux durant la deuxième moitié des années 90 (graphique 3.5). Depuis la crise, cette réduction de la part a été particulièrement prononcée dans la zone euro. Dans le même temps, la part des flux entrants en Chine et dans plusieurs économies de marché émergentes a augmenté sensiblement. Cela s'explique en grande partie par les écarts de croissance positifs des économies de marché émergentes, par les écarts de coûts et par la réduction des différences de réglementation par rapport aux pays développés (Arbatli, 2011).

- Dans leur majorité, les projets d'IDE de création se situent aussi en dehors des pays de l'OCDE mais la répartition a été plutôt stable dans le temps (graphique 3.6). La Chine reste une destination importante mais ne reçoit qu'environ 10 % des projets d'IDE entièrement nouveaux. Dans les économies de l'OCDE, la part des nouveaux projets localisés aux États-Unis (et aussi au Royaume-Uni) a augmenté depuis la crise, alors que celle des projets de création dans les pays de la zone euro a encore diminué, ce qui peut s'expliquer par les différences de rythme de la reprise entre ces pays.
- La Chine est également devenue une source importante de flux sortants d'IDE. Selon des données de la CNUCED, si la Chine représentait moins de 1 % des flux sortants internationaux d'IDE durant la majeure partie des deux dernières décennies, sa part a augmenté rapidement depuis 2008, jusqu'à dépasser 7 % des flux sortants d'IDE dans le monde. Toutefois, la Chine détient moins de 1 % du stock d'IDE de la plupart des pays de l'OCDE (cette part est légèrement supérieure en Australie, au Canada, en Corée, en Norvège et en Suède, mais sans jamais dépasser 3 %).
- Les données macroéconomiques sur les investissements des EMN se limitent pour l'essentiel aux investissements corporels fixes des entreprises sous contrôle étranger dans les pays d'accueil. Les informations sur les investissements à l'étranger par les

Graphique 3.5. **Les flux d'IDE s'orientent de plus en plus vers des économies non membres de l'OCDE**

Parts des entrées d'IDE mondiales

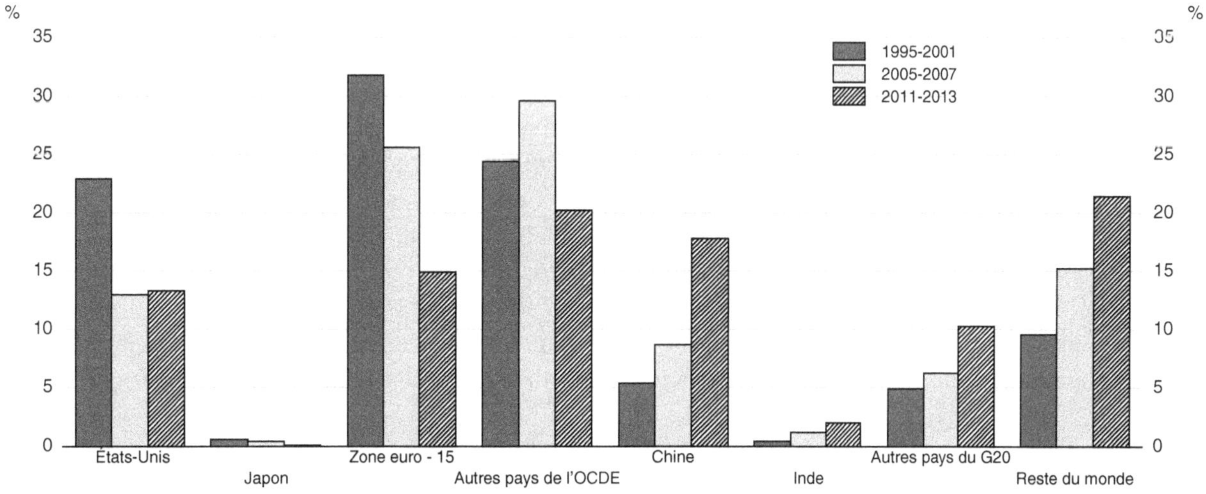

Source : Bases de données sur les IDE de l'OCDE ; et calculs de l'OCDE.

StatLink http://dx.doi.org/10.1787/888933226339

Graphique 3.6. **Évolution de la localisation des projets d'IDE entièrement nouveaux**

Parts des IDE de création mondiaux

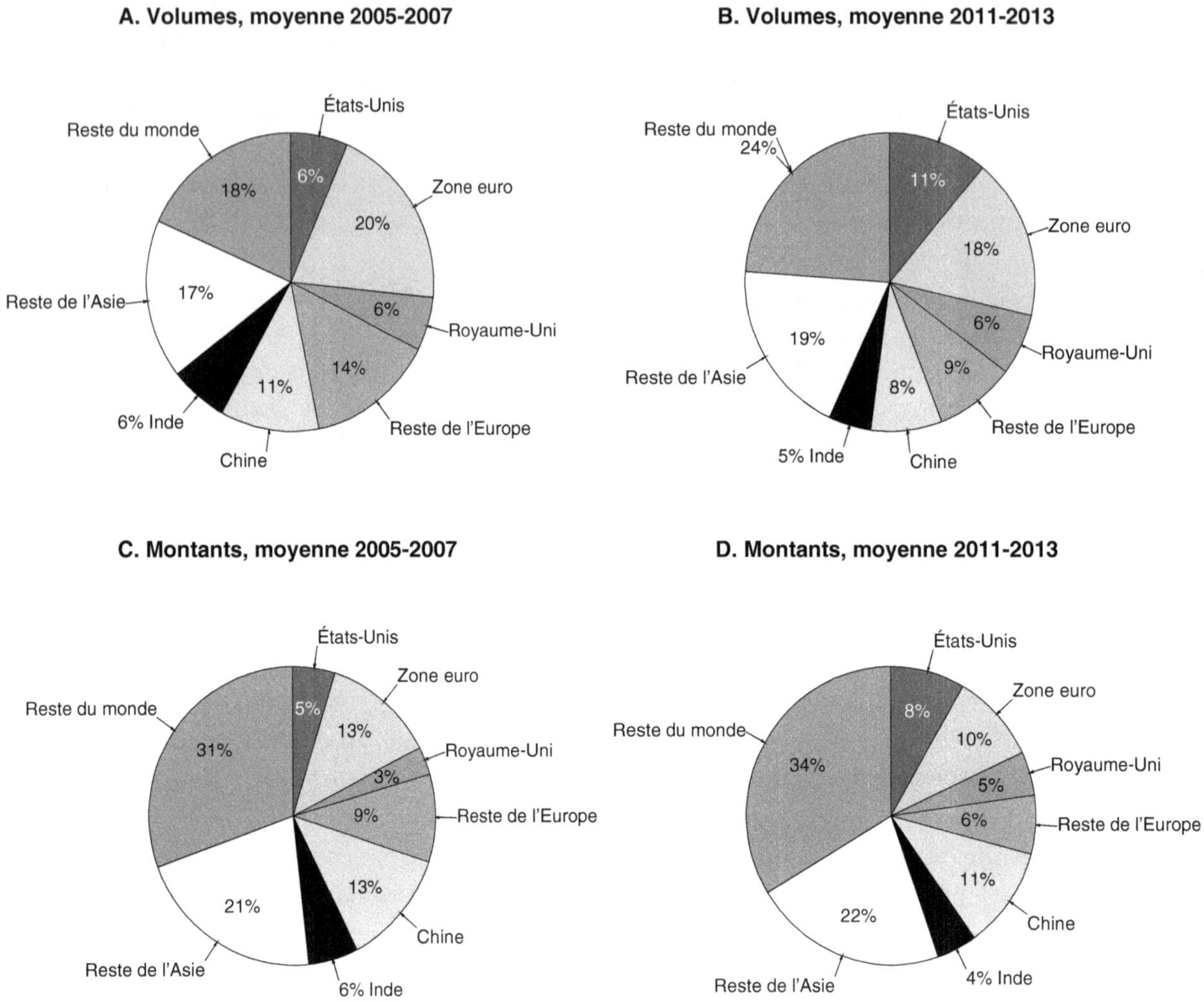

Source : CNUCED ; et calculs de l'OCDE.

StatLink http://dx.doi.org/10.1787/888933226345

filiales de sociétés nationales sont nettement moins nombreuses (encadré 3.1). Dans la majorité des économies de l'OCDE pour lesquelles des données sont disponibles, les investissements en actifs corporels par les entreprises sous contrôle étranger représentent à peu près entre 1 et 2.5 % du PIB national, même si, dans quelques économies ouvertes de plus petite taille en Europe, cette proportion est comprise entre 4 % et 6 % du PIB (graphique 3.7).[2] Le Japon se distingue car les investissements réalisés par les entreprises sous contrôle étranger y sont relativement faibles. Il semble peu probable que les décisions d'investissement des entreprises sous contrôle étranger

2. En 2012, la part des investissements corporels des entreprises sous contrôle étranger dans le total des investissements matériels intérieurs variait considérablement suivant les pays : environ 4-6 % en France et en Italie, 9-10 % aux États-Unis et en Allemagne, près de 20 % au Royaume-Uni, 30-35 % en Hongrie et en République slovaque, et plus de 50 % en Irlande.

Graphique 3.7. **Investissements matériels intérieurs des entreprises sous contrôle étranger**

En pourcentage du PIB

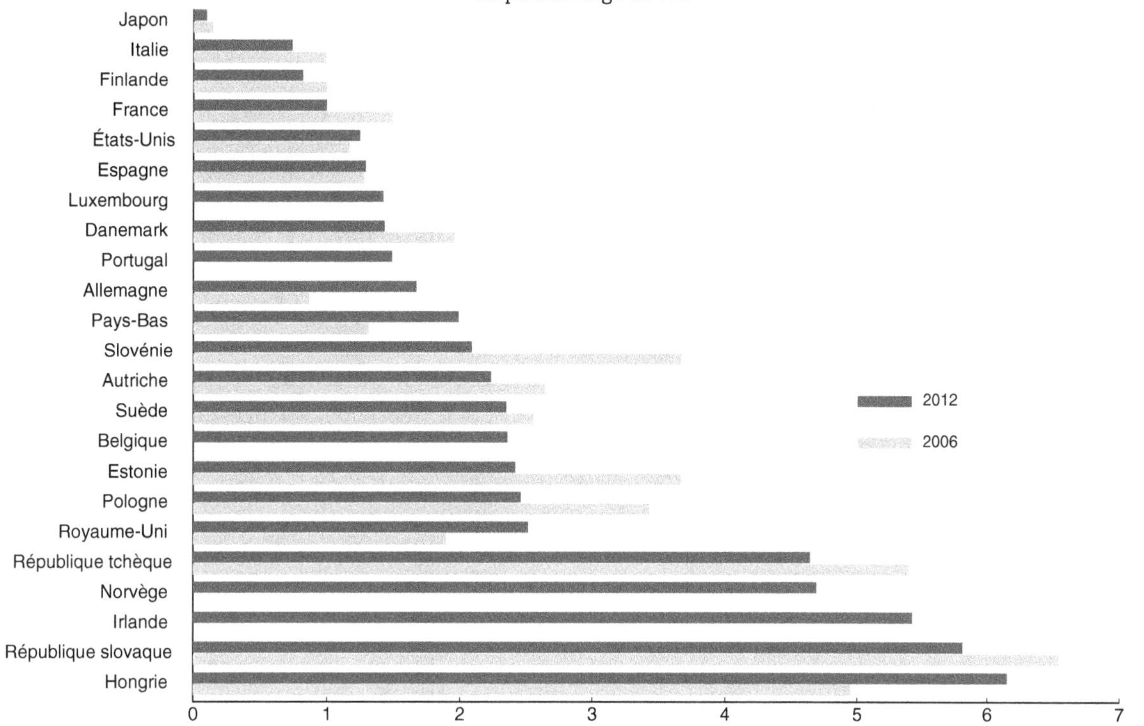

Note : Les données se rapportent à 2007 pour l'Autriche, les Pays-Bas et la Pologne et à 2011 pour le Japon.

Source : Base de données sur l'activité des entreprises multinationales (AEMN) de l'OCDE ; Bureau of Economic Analysis ; Eurostat ; et calculs de l'OCDE.

StatLink http://dx.doi.org/10.1787/888933226357

Encadré 3.1. **Investissements des filiales étrangères des sociétés nationales**

Les informations concernant les investissements des filiales étrangères des sociétés nationales sont limitées, les données portant essentiellement sur les investissements sortants réalisés par les sociétés nationales en lien avec la production et l'emploi. Des séries de données relativement riches existent toutefois pour les États-Unis et le Japon (cf. le graphique de l'encadré).[1]

- Aux États-Unis, l'intensité de l'investissement (mesurée par rapport à la valeur ajoutée) des sociétés-mères américaines et de leurs filiales étrangères à participation majoritaire a diminué dans le temps, pour s'établir à respectivement 18 % et 15.5 % de la valeur ajoutée environ en 2012. La part des investissements de groupe totaux en actifs physiques réalisés par les filiales étrangères à participation majoritaire a très légèrement augmenté dans le temps, notamment dans le secteur non industriel. Les investissements des filiales étrangères à participation majoritaire ont aussi progressé par rapport à l'investissement productif total aux États-Unis (matériel plus incorporel). En 2012, les investissements de ces dernières représentaient un peu plus de 11 % de l'investissement productif intérieur total aux États-Unis, contre 8.25 % en moyenne sur la période 2001-07. Cet état de fait peut s'expliquer par une tendance croissante à localiser les nouveaux investissements en dehors des États-Unis mais aussi simplement témoigner d'un accroissement des ressources financières pour de nombreuses entreprises multinationales.
- L'Europe demeure la principale destination pour les investissements dans des filiales étrangères à participation majoritaire depuis les États-Unis. Cependant, la part des investissements réalisés sur ce continent a reculé sensiblement dans le temps, alors que celle des investissements en Asie et en Amérique latine s'est accrue. Bien qu'elle ait augmenté rapidement durant les années qui ont précédé la crise financière mondiale, la part des économies de marché émergentes non membres de l'OCDE dans les dépenses d'investissement totales des filiales étrangères à participation majoritaire des États-Unis

Encadré 3.1. **Investissements des filiales étrangères des sociétés nationales** *(suite)*

n'a que très légèrement progressé entre 2007 et 2012 (dernière année pour laquelle des données sont disponibles) pour s'établir à un peu plus d'un tiers. Cela correspondait à environ 0.5 % du PIB des États-Unis, soit 0.2 point de pourcentage de plus qu'en 2004.

- Au Japon, les investissements matériels des filiales industrielles étrangères des sociétés japonaises ont augmenté en pourcentage de l'investissement productif intérieur total (phénomène appelé « perte de substance », ou *hollowing out*), en particulier depuis la crise financière mondiale. Les investissements sont de plus en plus localisés en Asie (principale destination), au détriment de l'Europe et de l'Amérique du Nord. Au total, mesuré par rapport au PIB du Japon, l'investissement des filiales étrangères dans les économies de marché émergentes a progressé de 0.2 point de pourcentage entre 2007 et 2013, pour atteindre 0.5 % du PIB.

Investissements des filiales étrangères des sociétés américaines et japonaises

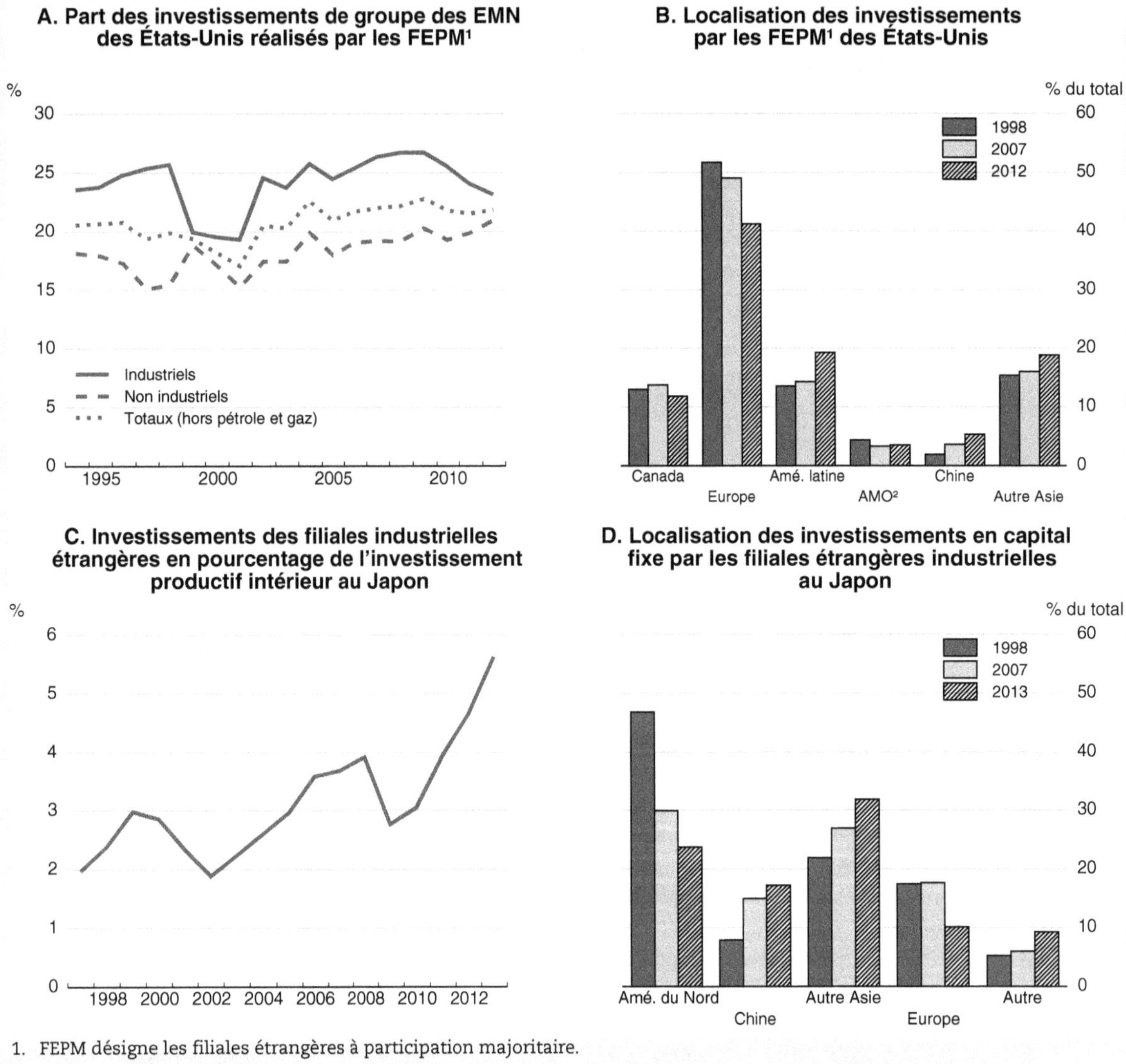

1. FEPM désigne les filiales étrangères à participation majoritaire.
2. Afrique et Moyen-Orient.

Source : Base de données des Perspectives économiques de l'OCDE, n° 97 ; offices statistiques nationaux ; et calculs de l'OCDE.

StatLink http://dx.doi.org/10.1787/888933226560

1. En Europe, des estimations existent pour l'investissement intérieur par les filiales étrangères d'autres pays mais peu pour les investissements réalisés par les filiales à l'étranger.

puissent justifier l'atonie de l'investissement dans l'ensemble des économies de l'OCDE depuis la crise, puisque leurs investissements ont progressé dans environ la moitié des pays étudiés (en pourcentage du PIB), notamment dans l'ensemble des économies de la zone euro qui disposent de données à la fois pour 2006 et 2012.

La mobilité internationale du capital fixe élargit l'éventail des facteurs qui influent sur les investissements fixes dans chaque lieu. Les IDE sortants ou les investissements en capital fixe par les filiales étrangères des sociétés nationales pourraient avoir des répercussions sur le volume total de l'investissement fixe dans le pays d'origine. A priori, il n'y a pas d'effet théorique évident, les liens dépendant d'un vaste ensemble de facteurs parmi lesquels les motivations pour investir à l'étranger, l'impact de l'investissement à l'étranger sur la taille du marché étranger et l'existence d'éventuelles contraintes financières pour les entreprises. Les études empiriques disponibles à ce sujet ne permettent pas de déterminer si les flux d'IDE se substituent à l'investissement intérieur ou le complètent (Globerman, 2012).

- Les EMN horizontales sont des entreprises à établissements multiples qui produisent des biens et services connexes dans le pays d'origine et les pays d'accueil. Elles réalisent ainsi des économies sur les coûts d'exportation. Des entreprises de ce type ont plus de chances de voir le jour lorsque les pays d'accueil sont de taille comparable (pour éviter les inconvénients d'installations onéreuses sur de petits marchés), ont des dotations en facteurs de production similaires et qu'il y a des coûts d'entrée sur le marché via le commerce international. Ces investissements sont plus susceptibles de se substituer directement à l'activité sur le plan intérieur en cas d'exportations antérieures. Les conclusions des études internationales globales, qui s'appuient sur les liens entre épargne et investissement, et recèlent en général des éléments attestant d'une substitution, les IDE sortants ayant tendance à réduire l'investissement intérieur dans une proportion de un pour un (Feldstein, 1995 ; Desai *et al.*, 2005), pourraient refléter l'importance de l'investissement émanant des EMN horizontales[3, 4]. Des données à l'échelle des entreprises qui attestent d'une substitution, notamment pour les investissements dans des économies à moindres coûts, ont été observées au Japon (Belderbos *et al.*, 2013) et pour les sociétés américaines qui ont procédé à des licenciements en raison de la délocalisation de la production à l'étranger (Monarch *et al.*, 2014).[5]
- Les EMN verticales fragmentent le processus de production en étapes et tâches réparties entre différents pays au sein de chaînes de valeur mondiales, la localisation des étapes dépendant des coûts relatifs et d'autres facteurs comme la fiscalité et les

3. Même si les investissements sortants se substituent aux investissements intérieurs, les niveaux d'investissement plutôt modestes des filiales étrangères des sociétés américaines et japonaises dans les économies de marché émergentes par rapport à l'investissement intérieur dans le pays d'origine ou au PIB (encadré 3.1) pourraient laisser penser qu'ils n'ont qu'un impact légèrement négatif sur l'investissement intérieur. Cette redistribution des investissements aura tout de même des effets positifs sur les pays source comme sur les pays cible, à savoir un accroissement des bénéfices pour les entreprises des pays source, qui pourrait se répercuter sur l'investissement des entreprises, et une hausse des investissements entrants avec des transferts de technologies dans les économies de marché émergentes de destination.
4. Considérées pays par pays, les données sont contrastées. En effet, il est apparu que les IDE sortants présentaient une corrélation positive à long terme avec l'investissement intérieur aux États-Unis et en Italie, mais négative en Allemagne (Herzer et Schrooten, 2008 ; Herzer, 2008). La corrélation peut aussi différer suivant les secteurs (Braunerhjelm *et al.*, 2005).
5. L'échantillon en question englobe uniquement les sociétés qui procèdent à des licenciements soit via des investissements intra-entreprise à l'étranger soit en recourant aux services de tiers.

réglementations. Ces investissements ont un impact ambigu sur l'investissement intérieur. Cet impact pourrait être négatif si les entreprises délocalisent les activités qui sont exercées à l'intérieur du pays. En revanche, une fois que le processus de production a été segmenté, les activités menées à l'étranger et dans le pays sont susceptibles de se compléter, en produisant des intrants intermédiaires et en permettant une meilleure exploitation des actifs intellectuels que possèdent les entreprises multinationales. Des éléments attestant une telle complémentarité ont été observés aux États-Unis, et pour certains auteurs (Desai *et al.*, 2009) une hausse de 10 % de l'investissement étranger s'accompagne d'un surcroît d'investissement intérieur de 2.6 %.

Hormis l'impact potentiel de la délocalisation, les dépenses d'investissement dans les économies développées, particulièrement dans le secteur des industries lourdes, ont peut-être été freinées indirectement par l'évolution de la situation dans les économies de marché émergentes. L'accroissement des capacités dans ces dernières a créé un excédent dans certains secteurs à l'échelle mondiale, ce qui s'est traduit par des baisses des prix dans ces secteurs, une érosion des bénéfices et de la rentabilité des investissements supplémentaires (OCDE, 2015c, 2015d). Le développement excessif des capacités dans certaines économies de marché émergentes est peut-être la conséquence d'interventions des pouvoirs publics, par exemple sous la forme d'un octroi de crédits administrés ou d'incitations destinées aux dirigeants des entreprises publiques, qui ont favorisé l'accroissement des capacités comme un objectif en soi. Les faibles taux de rendement des capitaux propres des sociétés cotées dans les économies de marché émergentes, par rapport au coût d'investissement et aux taux de rendement des homologues dans les pays développés, pourraient être révélateurs de ce surinvestissement (Blundell-Wignall et Roulet, 2015 ; OCDE, 2015d).

Une transition au profit de services qui nécessitent des investissements moins lourds

La transition vers une intensité de l'investissement moindre dans les pays développés pourrait s'expliquer en partie par une modification de la composition sectorielle de l'économie. Les secteurs qui exigent de moins gros investissements ont un poids plus important en pourcentage de la valeur ajoutée brute au détriment des secteurs qui nécessitent des investissements plus lourds. D'une manière générale, cela se traduit par une diminution de la part du secteur industriel, qui correspond à la somme du secteur manufacturier, des industries extractives et des services d'utilité publique, et par une augmentation de celle du secteur des services (graphique 3.8). Dans les pays décrits au graphique 3.6, l'intensité de l'investissement du secteur des services, qui est égale à la part de l'investissement dans la valeur ajoutée brute, était inférieure dans des proportions pouvant aller jusqu'à 11 points de pourcentage à celle du secteur industriel en 2013. Toutefois, si la modification de la composition sectorielle a réduit l'intensité de l'investissement dans l'ensemble des économies étudiées, une comparaison entre les intensités réelles en 2013 et les intensités estimées sur la base d'une composition sectorielle inchangée par rapport à 1997 montre que les effets ont été modérés mais représentent tout de même environ 0.5 point de pourcentage dans le cas de l'Italie et de la France.[6]

6. La comparaison des parts en termes nominaux peut être compliquée par le recul plus rapide des prix relatifs des actifs liés aux TIC, bien qu'il soit difficile d'évaluer l'importance de cet effet au vu du manque d'informations relatives à l'utilisation des investissements en TIC par les différents secteurs dans le temps.

Graphique 3.8. **La modification de la composition sectorielle a influé sur l'intensité de l'investissement**

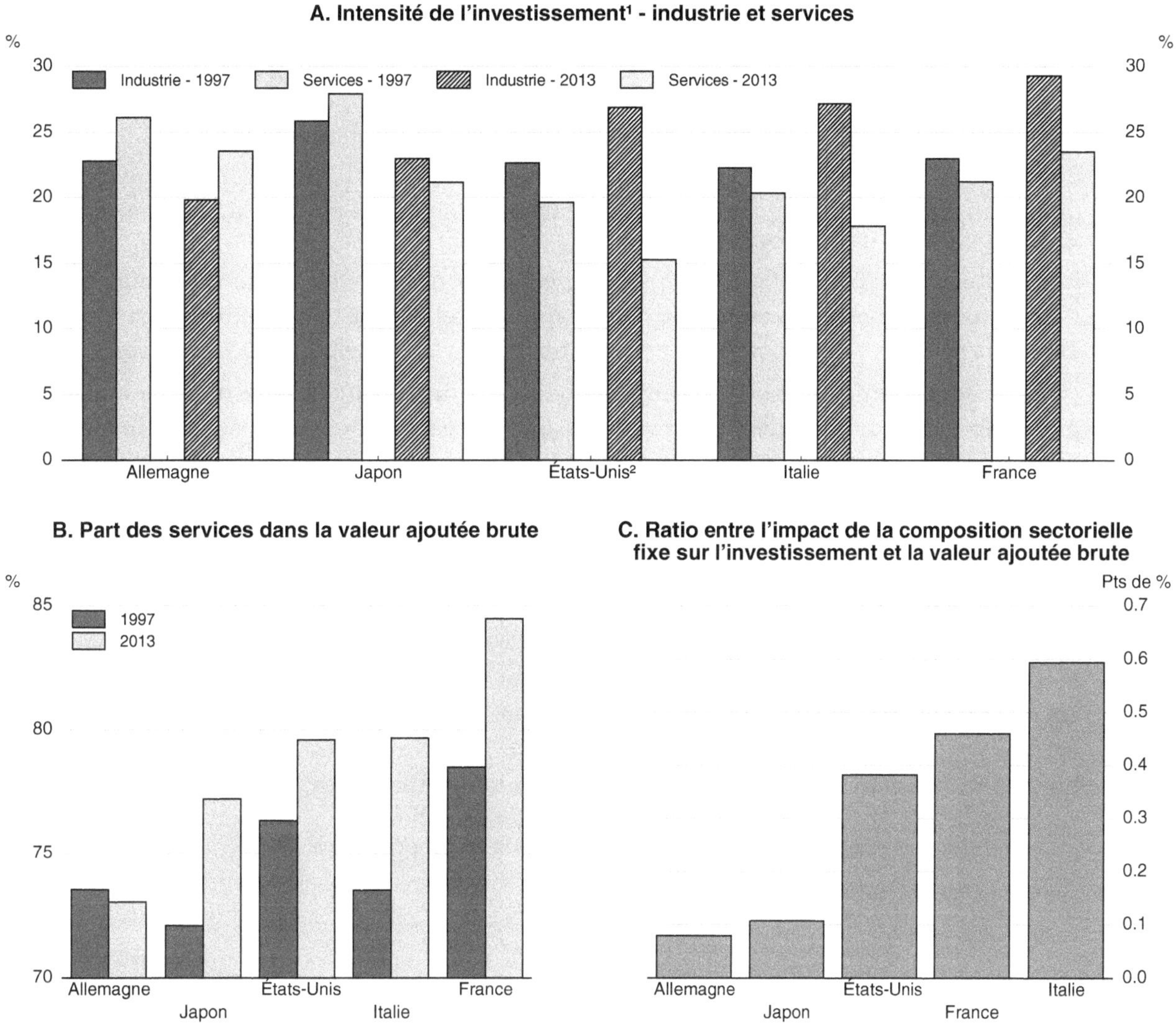

1. L'intensité de l'investissement est égale au ratio entre l'investissement nominal et la valeur ajoutée brute nominale.
2. Les données concernant les États-Unis se fondent uniquement sur le secteur privé.

Source : Bureau of Economic Analysis ; Commission européenne ; Cabinet Office du Japon ; et calculs de l'OCDE.

StatLink http://dx.doi.org/10.1787/888933226362

La transition vers le capital intellectuel

L'investissement dans les pays de l'OCDE s'est peu à peu détourné des secteurs traditionnels de l'investissement physique au profit d'investissements dans les TIC et des actifs incorporels et intellectuels. Ce basculement témoigne de plusieurs tendances à l'œuvre, dont le progrès technologique, l'essor de l'économie numérique, le passage de l'industrie aux services et l'évolution de la spécialisation internationale de la production, comme indiqué précédemment. Il est donc d'autant plus important de comprendre les principaux facteurs à l'origine du faible niveau actuel de l'investissement puisque, outre leur impact direct sur la demande, les investissements en actifs immatériels intellectuels sont au cœur de la production de nouvelles idées et technologies et de la diffusion réussie de celles qui existent déjà (OCDE, 2015a).

Les nouveaux systèmes de comptabilité nationale (SCN 2008 et SEC 2010)[7] rattachent de nombreux investissements incorporels, comme la R-D, les logiciels, les œuvres récréatives, littéraires et artistiques originales ou la prospection minière, à la catégorie des investissements en capital fixe, ce qui s'est traduit par une augmentation de la part de l'investissement dans le PIB. Les actifs incorporels mesurés ainsi qu'un plus large éventail d'activités s'apparentant à des investissements que les entreprises utilisent pour créer de la valeur sont qualifiés de capital intellectuel. Les composantes du capital intellectuel qui ne sont pas enregistrées dans la comptabilité nationale englobent l'investissement dans le design, les nouveaux produits financiers, la publicité, les études de marché, la formation et le capital organisationnel. Sur la base des estimations de l'investissement total en actifs intellectuels en 2010 (Corrado *et al.*, 2012), l'investissement immatériel dans les comptes nationaux représente désormais 56 % du capital intellectuel en moyenne dans les différents pays, les valeurs étant comprises entre 34 % au Luxembourg et 80 % en Grèce.

L'intégration des investissements immatériels dans les comptes nationaux a profondément modifié les niveaux d'investissement enregistrés dans certaines économies. La part des actifs incorporels dans l'investissement total varie considérablement suivant les pays de l'OCDE mais représente plus d'un cinquième de l'investissement total dans plusieurs d'entre eux, dont l'Irlande, la Suède, le Danemark, les États-Unis, la Suisse et la France (graphique 3.9).

L'investissement immatériel a joué un rôle dans la solidité globale de l'investissement depuis le début de la crise. Le ratio entre l'investissement incorporel, tel que mesuré dans le nouveau système de comptabilité nationale, et l'investissement non résidentiel a augmenté tout au long de la crise dans la plupart des pays, ce qui signifie que la faiblesse

Graphique 3.9. **Les actifs incorporels représentent une part importante de l'investissement dans la plupart des pays de l'OCDE**

En pourcentage de l'investissement non résidentiel nominal

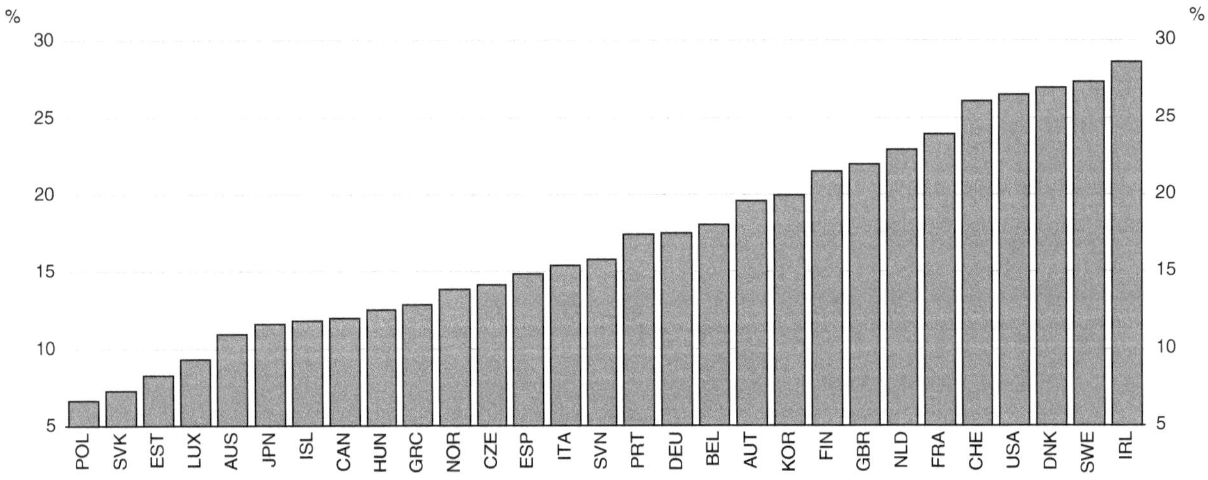

Note : Dernières données annuelles disponibles.

Source : Base de données des Perspectives économiques de l'OCDE, n° 97 ; offices statistiques nationaux ; et calculs de l'OCDE.

StatLink http://dx.doi.org/10.1787/888933226376

7. Quelques pays, dont le Japon, n'ont pas adopté le nouveau système de comptabilité nationale.

Graphique 3.10. **L'investissement immatériel est resté solide tout au long de la crise**

En pourcentage de l'investissement non résidentiel nominal, variation entre 2007 et 2011

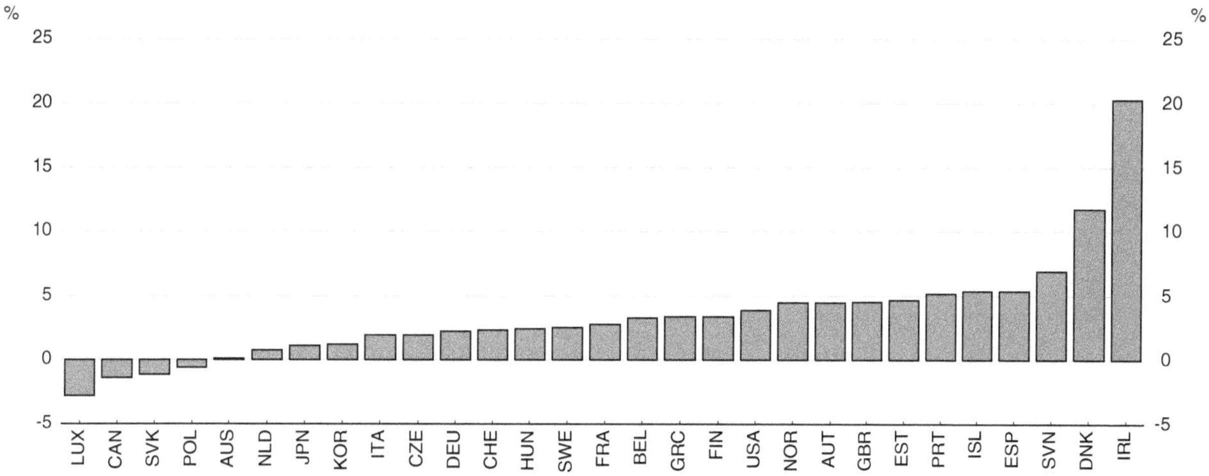

Source : Base de données des Perspectives économiques de l'OCDE, n° 97 ; offices statistiques nationaux ; et calculs de l'OCDE.

StatLink http://dx.doi.org/10.1787/888933226386

globale de l'investissement total est en général imputable à l'atonie des investissements physiques comme les structures et les biens d'équipement professionnel (graphique 3.10).[8]

La relative solidité de l'investissement immatériel pourrait laisser penser que ce dernier est moins sensible aux fluctuations de la conjoncture que l'investissement physique ou qu'il a davantage bénéficié des interventions des pouvoirs publics à un stade précoce de la crise. Elle peut aussi s'expliquer par la transition à plus long terme vers une augmentation de la part des actifs incorporels dans de nombreux biens et services. À terme, actifs incorporels et actifs physiques seront vraisemblablement très complémentaires. Par exemple, des investissements en R-D fructueux pourraient déboucher sur des investissements matériels décalés dans le temps et les logiciels d'entreprise viennent compléter les investissements en biens d'équipement liés aux TIC. À un niveau désagrégé, il existe une grande complémentarité entre différents types d'investissement. Ainsi, l'investissement en capital organisationnel (qui ne figure pas dans les comptes nationaux) et l'investissement dans les TIC sont fortement complémentaires (Andrews et Criscuolo, 2013).

La contribution de différents secteurs au faible dynamisme de l'investissement dans les pays développés

L'investissement brut nominal exprimé en pourcentage du PIB nominal représente la part de la valeur de la production qui est affectée à des dépenses en capital. Les mesures en volume, déjà évoquées, mesurent la part des ressources réelles d'une économie qui sont allouées. Du fait de l'évolution dans le temps des prix relatifs des différentes catégories d'investissement (par exemple, une baisse des prix pour le capital d'équipements en TIC et une hausse des prix pour d'autres composantes du capital), les mesures globales du niveau d'investissement en volume ne peuvent être désagrégées aux fins d'une comparaison

8. Lorsqu'elles existent, les données concernant les biens incorporels qui ne sont pas enregistrés dans les comptes nationaux remontent seulement à 2010. Pour bon nombre des pays, le ratio entre ces investissements immatériels et le PIB en 2010 était plus élevé qu'avant la crise.

sectorielle[9]. En revanche, la part de l'investissement nominal peut être désagrégée par secteur, ce qui permet de quantifier la contribution de certains secteurs à l'insuffisance actuelle de l'investissement par rapport aux niveaux moyens d'avant la crise.

La part nominale de l'investissement brut dans le PIB a diminué par rapport à sa moyenne historique d'avant-crise dans la plupart des pays de l'OCDE. En 2014, les dépenses d'investissement en capital dans la zone de l'OCDE étaient encore inférieures d'environ 2 % du PIB à la moyenne à long terme d'avant-crise (tableau 3.1). Les différents secteurs de l'économie ont contribué de manière inégale au déficit global de l'investissement brut en 2014 par rapport à sa moyenne historique à long terme dans la zone de l'OCDE (tableau 3.1) :

- Les dépenses d'investissement résidentiel des ménages (ci-après : investissement en logements) par rapport au PIB représentent la part la plus importante du déficit global malgré leur faible part dans l'investissement total.
- L'investissement public en pourcentage du PIB, qui a progressé durant les premières phases du ralentissement de l'activité parallèlement à la mise en œuvre de la relance budgétaire puis a reculé sous l'effet de l'assainissement des finances publiques, a contribué à hauteur de seulement un peu plus d'un dixième au déficit global en 2014.
- Après une reprise progressive consécutive à un net recul au début de la crise, l'investissement productif, principale composante de l'investissement total, a été à l'origine d'un peu moins d'un tiers du déficit global en 2014.
- Comme évoqué plus haut, la baisse de l'investissement productif et public s'est concentrée sur l'investissement physique. En effet, l'investissement immatériel par rapport au PIB est à présent inférieur à sa moyenne d'avant-crise dans seulement six des 29 pays de l'OCDE pour lesquels des données sont disponibles. Le déficit dans chacun d'eux était limité (0.6 % du PIB ou moins).

Le déficit d'investissement brut dans toute la zone de l'OCDE par rapport à sa moyenne historique à plus long terme et la contribution relative des différents secteurs cachent des différences notables entre les principales économies de l'OCDE (graphiques 3.11 et 3.A1 ; CPB, 2015). Aux États-Unis et au Japon, l'insuffisance

Tableau 3.1. **Les niveaux d'investissement brut restent faibles dans la zone OCDE**

	2014	Moyenne pré-crise (1996-2007)	Différence
Total	20.3	22.4	-2.1
Entreprises	12.8	13.4	-0.6
Immobilier	4.2	5.3	-1.2
Secteur public	3.4	3.7	-0.3

Note : Chiffres agrégés sur la base des pondérations utilisées pour les PPA. Comprend uniquement les pays pour lesquels on dispose de données au niveau des composantes.
Source : Base de données des Perspectives économiques de l'OCDE, n° 97.

StatLink http://dx.doi.org/10.1787/888933227344

9. Les mesures des volumes chaînés de chacune des composantes ne s'additionnent pas et les variations des parts des diverses composantes dans l'investissement total ou le PIB peuvent induire fortement en erreur lorsque les prix relatifs évoluent (Whelan, 2000).

Graphique 3.11. **La composition du déficit d'investissement brut varie suivant les pays**

En pourcentage du PIB, niveau de 2014 moins la moyenne de la période 1996-2007

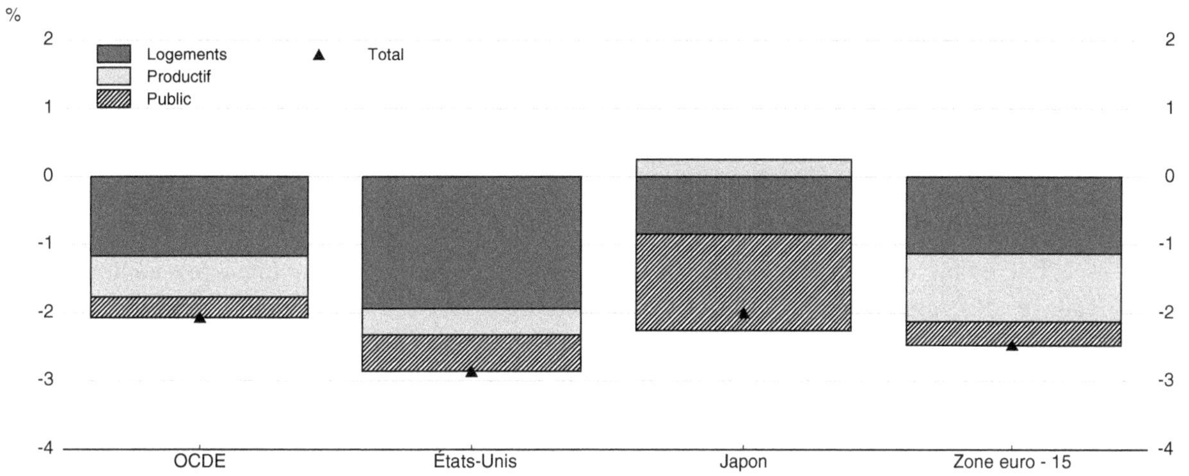

Source : Base de données des Perspectives économiques de l'OCDE, n° 97 ; Commission européenne ; et calculs de l'OCDE.

StatLink http://dx.doi.org/10.1787/888933226396

d'investissement totale par rapport à la période d'avant-crise est plus élevée que la moyenne de l'OCDE, ce qui s'explique par la faiblesse de l'investissement en logements dans les premiers et par celle de l'investissement public dans le deuxième. Pour la zone euro, le déficit d'investissement global est légèrement inférieur à la moyenne de l'OCDE. D'autres économies se sont écartées de manière plus extrême de la moyenne :

- Un déficit d'investissement total négatif par rapport aux moyennes historiques de 7 % du PIB ou plus s'observe dans quelques pays qui ont été particulièrement malmenés durant la crise. Dans certains d'entre eux (Grèce, Irlande et Espagne), l'insuffisance globale était pour l'essentiel imputable à l'investissement en logements, la contribution de l'investissement productif et public étant seulement marginale, voire nulle. Dans d'autres (dont l'Islande et la République slovaque), l'atonie de l'investissement productif était le principal facteur en cause.
- Quelques pays, dont plusieurs exportateurs de produits de base comme l'Australie, le Canada et la Norvège, enregistraient des ratios d'investissement brut plus élevés en 2014 qu'en moyenne avant la crise. Dans ces pays, les différentes composantes de l'investissement affichaient des résultats généralement positifs ou inchangés. Plus surprenant, l'investissement brut nominal a dépassé les moyennes historiques en France et en Belgique, malgré l'atonie sous-jacente de la demande intérieure dans ces économies et la faiblesse de l'investissement en 2014.

Le recul de l'investissement dans certains secteurs par rapport aux normes historiques d'avant-crise ne signifie pas qu'un retour à de telles normes d'investissement soit nécessaire à l'avenir. En effet, des circonstances particulières avaient peut-être dopé les niveaux d'investissement avant la crise. Cela vaut notamment pour le secteur du logement, où la facilité d'accès au crédit hypothécaire à des taux d'intérêt bas a gonflé la construction de logements bien au-delà des niveaux viables dans plusieurs pays. Cela a ouvert la voie à un effondrement du secteur du logement par la suite, qui a eu de graves conséquences sur le reste de l'économie, en particulier sur l'emploi en raison de la forte densité de main-d'œuvre dans l'immobilier résidentiel. À l'avenir, en l'absence d'une telle bulle immobilière et compte tenu d'un ralentissement de la croissance démographique, voire d'une diminution de la population, dans de nombreux pays de l'OCDE, l'investissement en logements devrait être nettement moindre qu'avant 2008. Les importants effets négatifs du vieillissement démographique sur l'investissement en logements dans les pays de l'OCDE a été établi empiriquement (*Lindh* et Malmberg, 2008).[10] Un niveau plus faible d'investissement dans l'immobilier résidentiel peut avoir des retombées négatives sur la consommation de biens d'équipement et sur l'emploi. L'investissement en logements a été examiné en détail dans une étude antérieure de l'OCDE (Andrews *et al.*, 2011).

Concernant les investissements productif et public, le maintien à un faible niveau des dépenses de capital pèsera à la fois sur la demande actuelle et future et sur la croissance potentielle, limitant les perspectives d'emploi, entamant la consommation et réduisant la capacité des économies à répondre aux besoins de leurs citoyens, à promouvoir la diffusion de l'innovation et à honorer les engagements budgétaires. La suite de ce chapitre met l'accent sur les facteurs explicatifs des investissements productif et public sur les actions nécessaires pour augmenter ces dépenses.

Une vision plus nuancée des dépenses de capital est obtenue grâce aux données sur l'investissement brut mondial (exprimé par rapport aux ventes mondiales et non par rapport à la valeur ajoutée) des sociétés cotées (et donc de taille relativement grande) des pays de l'OCDE. Pour cette catégorie de grandes entreprises, les dépenses d'investissement mondiales par rapport aux ventes nettes mondiales étaient en réalité plus élevées en 2013 que la moyenne sur la période 2002-07 dans la zone de l'OCDE (graphique 3.12 ; le

Graphique 3.12. **Écarts par rapport à la moyenne des dépenses d'investissement mondiales des sociétés cotées des pays de l'OCDE**

Dépenses d'investissement brutes nominales, en pourcentage des ventes nettes mondiales, niveau de 2013 moins la moyenne de la période 2002-07

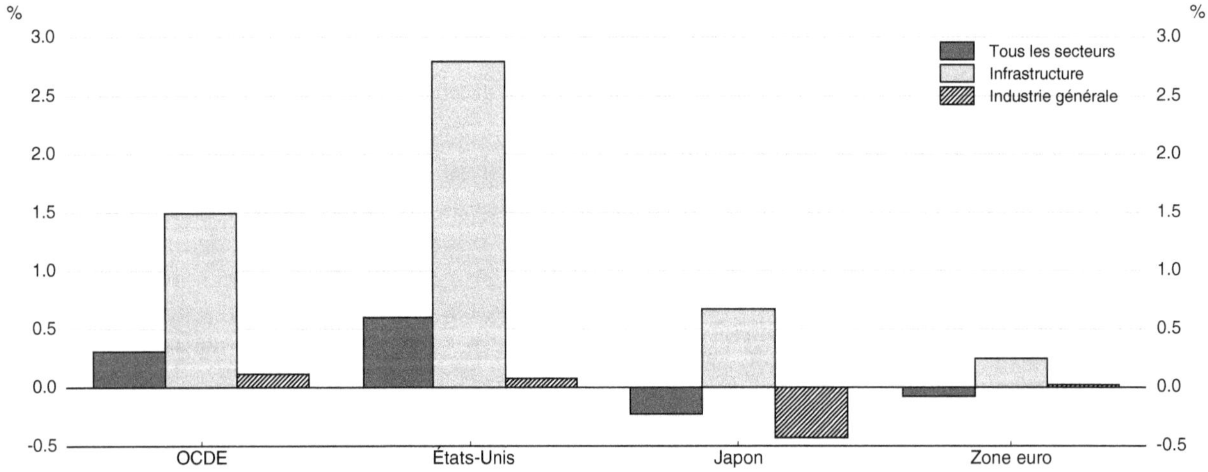

Source : Datastream ; et Blundell-Wignall et Roulet (2015).

StatLink http://dx.doi.org/10.1787/888933226403

10. La baisse de l'investissement en logements découlant d'un recul de la demande sous l'effet du vieillissement démographique peut être pour partie atténuée par des travaux d'aménagement des logements, visant à répondre aux besoins des personnes âgées, et par des investissements de rénovation.

tableau 3.A1 fait apparaître les chiffres pour la plupart des pays de l'OCDE ; OCDE, 2015d). Plusieurs explications peuvent être avancées pour expliquer cette différence vis-à-vis des données issues de la comptabilité nationale (présentées plus haut). Il est possible que l'insuffisance de l'investissement dans les pays de l'OCDE soit en grande partie le fait d'entreprises de moindre taille, susceptibles d'avoir été plus affectées par la crise. Dans les faits, les taux d'investissement (correspondant au rapport entre les investissements et le stock de capital) sont plus élevés parmi les petites entreprises que parmi les grandes, du moins aux États-Unis (Gala et Julio, 2012). Selon une autre hypothèse, la différence entre les données collectées à l'échelle des entreprises et celles issues des comptes nationaux pourrait révéler un niveau d'investissement insuffisant de la part des sociétés cotées dans les économies de l'OCDE, compensé par un investissement plus important dans les économies non membres de l'OCDE. Cette hypothèse est étayée en particulier par l'évaluation des taux de rendement sur les fonds propres présentée ci-dessous.

Investissements d'infrastructure

Les investissements consacrés aux infrastructures méritent une attention particulière, un sous-investissement dans ce secteur pouvant induire des coûts potentiellement élevés pour les sociétés. Les infrastructures, qui désignaient traditionnellement les transports, les services collectifs et les télécommunications, englobent de plus aujourd'hui, en principe, les infrastructures intellectuelles et numériques, en particulier les réseaux à haut débit.[11] Dans l'ensemble, les niveaux récents d'investissement en infrastructures classiques ne sont pas particulièrement bas par rapport aux dépenses d'investissement relevées avant la crise (graphique 3.13) et, d'après des estimations, l'investissement d'infrastructure global émanant des entreprises cotées ayant leur siège dans la zone de l'OCDE dépasserait les niveaux antérieurs à la crise (graphique 3.12). Toutefois, les dépenses d'infrastructure passées dans de nombreux pays de l'OCDE, dont les États-Unis, n'ont pas suffi à compenser la dépréciation du capital, si bien qu'un retard d'investissements de renouvellement et d'entretien s'est accumulé (Dobbs *et al.*, 2013 ; American Society of Civil Engineers, 2013).

Des dépenses d'investissement supplémentaires s'avèrent aussi nécessaires pour atteindre les objectifs des pouvoirs publics à long terme comme ceux qui sont liés au changement climatique et à la qualité environnementale. Bien que les futurs besoins d'investissement soient difficiles à évaluer (car ils dépendent de la manière dont la demande évoluerait en réponse à des prix tenant compte des externalités), ces enjeux sont notamment susceptibles d'être présents dans les secteurs de l'énergie, de l'eau et des transports.

- Dans le secteur de l'énergie, l'AIE estime que, pour entretenir les infrastructures existantes et renouveler les installations et structures qui deviendront obsolètes dans les pays de l'OCDE, les dépenses d'investissement annuelles moyennes au cours des prochaines décennies devront être supérieures de 1 % du PIB aux dépenses annuelles moyennes sur la période 2000-13 (AIE, 2014).[12] L'amélioration de l'efficacité énergétique nécessitera de nouvelles dépenses équivalentes à 1.3 % du PIB par an et un surcroît

11. La notion d'infrastructures numériques a été élargie au cours des dernières années, une importance accrue étant accordée à l'accès au spectre des fréquences et aux adresses IP. Voir les différents indicateurs relatifs aux infrastructures numériques présentés dans OCDE, 2014b.
12. Il convient de noter qu'en 2013, le niveau d'investissement était nettement supérieur à la moyenne de la période 2000-13 et proche du futur niveau requis pour l'investissement d'entretien et de renouvellement.

Graphique 3.13. **L'investissement d'infrastructures a été faible dans l'ensemble des pays de l'OCDE**

Investissements d'infrastructure, en termes nominaux, en pourcentage du PIB

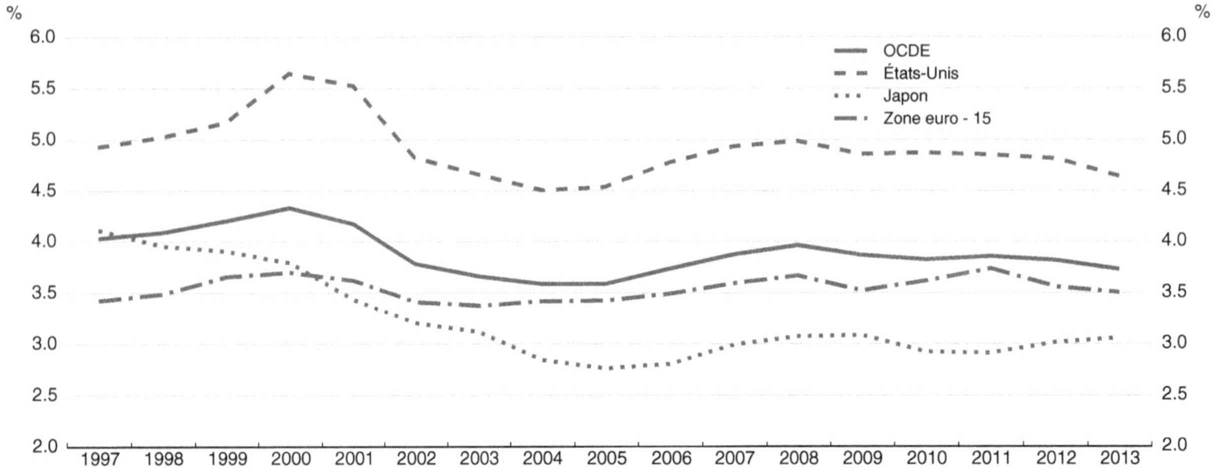

Note : L'investissement d'infrastructures inclut l'investissement public et privé dans les services collectifs, les transports et les communications.

Source : Base de données des Perspectives économiques de l'OCDE, n° 97 ; offices statistiques nationaux ; et calculs de l'OCDE.

StatLink http://dx.doi.org/10.1787/888933226413

d'investissement à hauteur de 0.6 % du PIB pourrait se révéler indispensable pour limiter la hausse des températures mondiales à 2 °C. En outre, des investissements ciblés dans les technologies de stockage de l'énergie et de gestion des réseaux pourraient se révéler nécessaires pour permettre une plus large diffusion des sources d'énergie renouvelables conforme aux objectifs prédéfinis par les responsables publics (Johnstone and Hascic, 2012).

- Dans le secteur de l'eau, afin d'entretenir les infrastructures actuelles et de répondre aux besoins liés aux facteurs socioéconomiques et environnementaux, comme les attentes plus grandes en matière de qualité de l'eau, l'augmentation du coût de la lutte contre la pollution et les perturbations des ressources du fait de la variabilité accrue du climat, on estime que l'investissement annuel moyen dans les pays de l'OCDE devra progresser pour atteindre environ 1.3 % du PIB entre 2015 et 2025 (Ashley et Cashman, 2006).[13]
- Dans le secteur des transports, selon des estimations, il faudra maintenir un investissement annuel moyen dans les infrastructures de transport stratégiques d'environ 1.4 % du PIB entre 2015 et 2030 (OCDE, 2012).[14] De plus, selon les estimations de l'OCDE, l'efficacité sociale du transport routier, qui tient compte des temps de trajet, des accidents et des émissions de GES, est faible dans un certain nombre de pays (Braconier *et al.*, 2013).

Les besoins en investissement d'infrastructure sont susceptibles d'augmenter dans les économies de marché émergentes, malgré les niveaux d'investissement élevés dans certaines des plus grandes d'entre elles. Comme ces pays continuent à s'urbaniser et à s'industrialiser selon un rythme inédit, les réseaux d'infrastructure existants sont soumis à des tensions énormes et doivent donc de toute urgence être développés et modernisés, même si, comme dans les pays de l'OCDE, les besoins d'investissement dépendront de la

13. À titre de comparaison, l'investissement en infrastructures de distribution d'eau aux États-Unis avoisinait 0.2 % du PIB durant la période 2000-2013.
14. Les infrastructures de transport stratégiques englobent les aéroports, les ports, la construction de nouveaux axes ferroviaires et le transport et la distribution de pétrole et de gaz.

mesure dans laquelle les prix prendront en compte les externalités négatives[15]. À titre d'exemple, dans l'ensemble du secteur de l'énergie, l'investissement annuel moyen dans les pays non membres de l'OCDE devrait progresser de plus de 60 % sur la période 2014-35 par rapport à l'investissement annuel moyen entre 2000 et 2013, afin de répondre à la demande croissante d'énergie primaire (AIE, 2014).

L'investissement consacré aux infrastructures de transport jouera un rôle déterminant à l'avenir. Selon les Perspectives des transports 2015 du Forum international des transports (OCDE/FIT, 2015), la croissance des transports de personnes par route et par rail dans le monde sera comprise entre 120 % à 230 %, tandis que celle du fret routier et ferroviaire en volume se situera entre 230 % et 420 %. Les économies émergentes seront à l'origine de l'essentiel de ces augmentations, puisque 90 % des populations urbaines vivront dans les pays émergents d'ici à 2050, et que la Chine et l'Inde représenteront plus de 50 % des transports de surface mondiaux à cette date, contre 35 % aujourd'hui.

Les facteurs influant sur l'investissement productif

Cette partie examine les déterminants potentiels de la formation de capital fixe des entreprises, principale composante de l'investissement total, et évalue dans quelle mesure ils contribuent à freiner la croissance de l'investissement depuis le début de la crise. Elle s'intéresse d'abord à la croissance de la production et au coût d'usage du capital, deux des principaux déterminants de l'investissement dans de nombreux modèles empiriques (encadré 3.2 ; annexe 3.1), puis analyse les facteurs liés aux bilans des sociétés, à l'incertitude et aux réglementations.

Encadré 3.2. **Les déterminants de l'investissement productif dans les pays avancés de l'OCDE**

Cet encadré est une synthèse des estimations de l'OCDE concernant les déterminants du stock de capital productif et son évolution (voir tableau ci-après). L'étude empirique s'inspire du modèle néoclassique de l'investissement. Elle s'appuie sur un modèle à correction d'erreur en deux étapes à partir d'un échantillon de 15 économies développées de l'OCDE (voir annexe 3.1 pour plus de précisions).

La réglementation anticoncurrentielle entrave l'accumulation de capital à long terme

Sur le long terme, le stock de capital productif (*i.e.* le stock de capital hors logement) devrait être corrélé au niveau de la production réelle, au coût d'usage du capital et à la réglementation des marchés de produits. Les résultats des estimations indiquent que l'élasticité du stock de capital à la production est proche de 1, ce qui implique un ratio capital/production stable à long terme. Il s'avère que le coût du capital n'affecte pas sensiblement le stock de capital, ce qui confirme les conclusions antérieures (Sharpe et Suarez, 2014). Seul le taux d'intérêt nominal présente le signe négatif attendu, à la différence du taux d'intérêt réel et des prix relatifs de l'investissement, qui sont inclus dans le coût d'usage du capital (encadré 3.4). L'élasticité par rapport à la réglementation des marchés de produits, dont rend compte l'indicateur de réglementation dans les secteurs de l'énergie, des transports et des communications de l'OCDE, est fortement négative et augmente dans le temps. Cela signifie qu'une réglementation des marchés de produits plus restrictive va de pair avec moins de stock de capital.

15. Dans la plupart des pays, les prix des combustibles fossiles sur le marché intérieur sont considérablement faussés par d'importantes subventions publiques. Selon des estimations récentes du FMI, une suppression des subventions énergétiques en place permettrait de réduire de plus de 20 % les émissions actuelles de dioxyde de carbone et d'accroître les recettes publiques de plus de 3.6 % du PIB mondial (Coady *et al.*, 2015).

Encadré 3.2. **Les déterminants de l'investissement productif dans les pays avancés de l'OCDE** *(suite)*

La croissance de la demande extérieure renforce les effets d'accélération

Les estimations de la dynamique à court terme du modèle à correction d'erreur intégrant un effet d'accélération confirment l'importance de la croissance de la production intérieure pour la variation du stock de capital (investissement productif net, hors logement, par rapport au stock de capital retardé). Elles font également apparaître que la croissance de la demande extérieure présente une corrélation positive avec l'évolution du stock de capital au-delà de l'impact direct des exportations nettes.

Un regain d'incertitude et les contraintes financières ralentissent l'accumulation de capital

D'autres déterminants à court terme donnent à penser qu'un plus haut niveau d'incertitude sur la politique économique d'un pays donné, une incertitude plus grande à l'échelle mondiale et une plus forte volatilité de l'inflation vont de pair avec une variation moindre du stock de capital. Les contraintes financières qui se multiplient présentent une corrélation négative avec l'investissement pour un sous-ensemble de pays européens.

Déterminants à long et court terme du stock de capital productif

RELATION À LONG TERME
variable dépendante = log stock de capital

	1985 2013	1993 2013
log production réelle	1.23 **	1.05 **
log taux intérêt long terme	-0.08 **	-0.02
log indicateur ETCR	-0.06 **	-0.09 **
Nombre d'observations	1674	1239
Nombre de pays	15	15

DYNAMIQUE À COURT TERME
variable dépendante = d(log stock de capital)

	1985 2013	1993 2013	1985 2013	1985 2013	1985 2013
d(log product. réelle) (-1 à -3)	0.467	0.309	0.249	0.462	0.264
d(log product. extérieure) (-1)	0.353 **	0.339 **	0.243 **	0.302 **	0.221 **
ipc_volatilité(-1)	-0.0004	-0.0004 *			
ipc_volatilité(-1)^2	-8.E-06	*			
log incertitude politique éco (-1)			-0.0020 **		
d(log incertitude globale) (-1)				-0.0018 **	
contraintes financières (-1)					-0.0003 **
Nombre d'observations	1634	1243	1230	1644	805
Nombre de pays	15	15	15	15	8

Note : * et ** indiquent un résultat statistiquement significatif à respectivement 10 % et 5 %, sur la base d'écart-types robustes. La relation à long terme inclut des effets fixes par pays et par année, alors que la dynamique à court terme inclut des effets fixes par pays. Le modèle complet de la dynamique à court terme incluant le terme de correction d'erreur et la variable dépendante retardée est décrit à l'Annexe 3.1. Les estimations de coefficients pour la dynamique à court terme sont normalisées par la variable dépendante retardée. d(log production réelle) (-1 à -3) additionne les effets de d(log production réelle)(-1), d(log production réelle)(-2) et d(log production réelle)(-3).

Sources : Calculs de l'OCDE.

StatLink http://dx.doi.org/10.1787/888933227372

Le rôle de la demande globale

Après la crise, le rythme modéré de la reprise dans les économies avancées de l'OCDE a été l'un des facteurs ayant maintenu la progression de l'investissement sous contrôle. Les études empiriques concluent, en général, que le rythme de croissance de la production est déterminant pour expliquer les fluctuations à court terme de l'investissement (Chirinko, 1993). Une nouvelle analyse empirique de l'OCDE, à partir d'un modèle mettant en relation l'investissement et le PIB, confirme que l'évolution de la production explique en grande partie les variations de l'investissement productif (graphique 3.14 ; encadré 3.2 ;

annexe 3.1)[16]. Bien que les résultats diffèrent quelque peu selon les économies examinées, le modèle retrace bien le recul de l'investissement au plus fort de la crise et sa dynamique de redressement dans la période plus récente. Il reste donc que le principal facteur de son atonie depuis la crise est bien la persistance d'un manque de vigueur de la production intérieure et mondiale. En effet, de nombreuses économies se retrouvent prises dans un modèle d'équilibre bas de croissance et d'investissement, avec un chômage persistant, des salaires qui stagnent et une consommation chancelante. Or, le modèle et l'analyse empirique sont également compatibles avec un niveau d'équilibre plus haut, en vertu duquel des investissements plus solides sont générateurs de plus d'emplois, de meilleures rémunérations et d'une consommation plus solide, ce qui justifie ensuite un investissement plus dynamique. Toute la difficulté est de savoir comment passer d'un point d'équilibre bas à un point haut.

Une croissance de la demande en demi-teinte et son corollaire, un investissement faible du fait du mécanisme d'accélération, est en partie due à une croissance molle de la consommation privée. Un certain nombre de facteurs expliquent cette faiblesse de la consommation.

- À court terme, le bilan des ménages demeure alourdi par la dette dans certains pays (annexe 1.1). Même si les ménages gagnent en pouvoir d'achat grâce à la baisse des prix pétroliers ou à des ajustements sur le taux de change, ils exploitent ces avantages pour se désendetter. Quoique nécessaire pour la stabilité financière des ménages, ce comportement peut collectivement conduire à une faiblesse de la consommation au niveau macroéconomique.
- Une consommation à croissance lente peut être également imputable à la nature des emplois après la crise et à la dynamique salariale. Voulant réagir rapidement à la crise, les entreprises dans certains pays s'en sont remises davantage au travail temporaire ou à d'autres formes de contrats atypiques, n'offrant guère de progression professionnelle ni de possibilités de formation. Simultanément, la gravité et la durée de la crise ont conduit à une modération exceptionnelle des salaires, tant en valeur nominale que réelle, faisant baisser le salaire réel de bon nombre de salariés (OCDE, 2013 ; OCDE, 2014c). Si cette modération a favorisé la compétitivité de l'économie, une question particulièrement sensible dans certaines économies européennes, son ampleur a probablement freiné la hausse de la consommation (et donc, l'investissement), tout en alimentant les inégalités.

La faiblesse du marché du travail et les inégalités de revenus, qui se répercutent sur l'investissement aujourd'hui et sur la croissance potentielle de demain, ont des conséquences à long terme. Il semble que les inégalités de revenu croissantes d'aujourd'hui freinent les investissements dans l'éducation, un facteur essentiel pour la croissance de la production (OCDE, 2015h).

16. Les estimations nationales sont basées sur l'équation (1) présentée à l'annexe 3.1, dans laquelle le niveau d'investissement s'explique par les variations actuelles et retardées du PIB réel, ainsi que par l'investissement de remplacement. On effectue une sélection automatique d'un modèle autorisant jusqu'à 16 retards. Pour le Japon, la sélection donne une longueur de retard de zéro. Les résultats indiqués au graphique 3.14 découlent donc d'un modèle comprenant 8 retards de variation de production pour ce pays.

Graphique 3.14. **Un modèle simple d'accélérateur de l'investissement productif**

Indice T4 2007 = 100

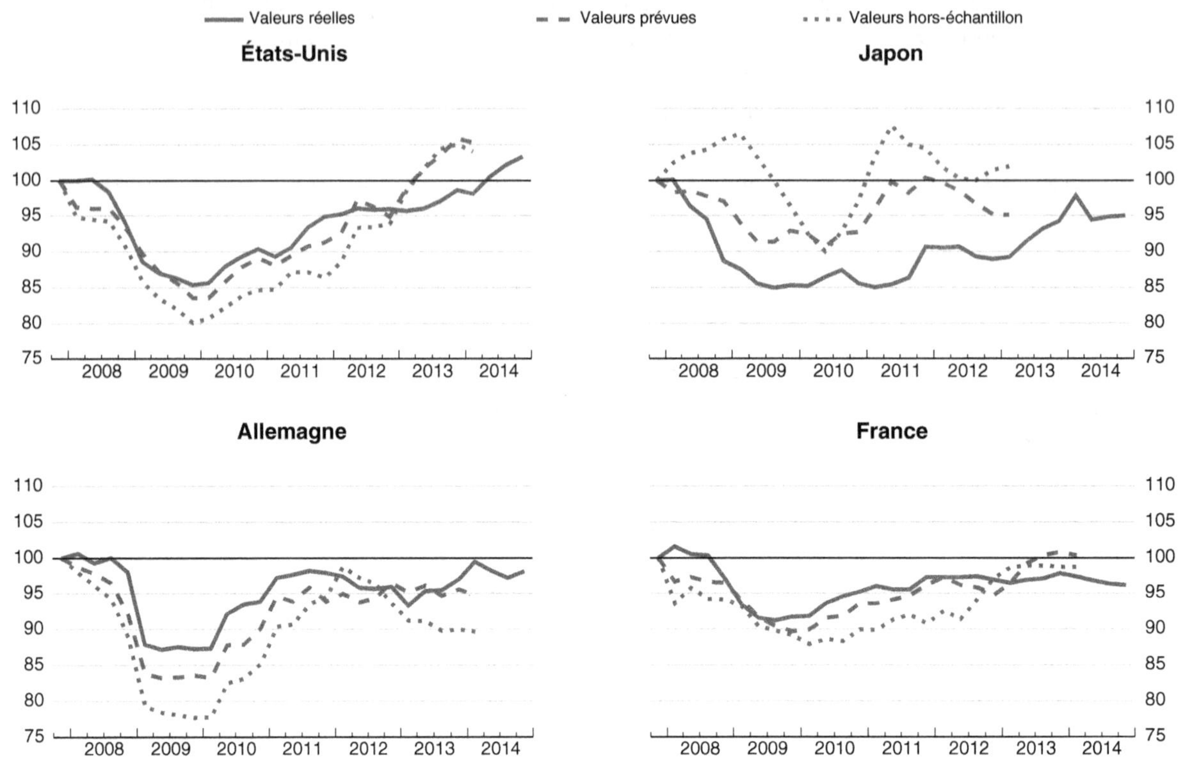

Note : Le graphique décrit la prévision hors échantillon et un ajustement dans l'échantillon de l'investissement estimé respectivement jusqu'au 4e trimestre de 2007 et 1er trimestre de 2014, en se basant sur l'équation (1) de l'annexe 3.1. On se sert des séries de PIB réel pour calculer la prévision et ajuster le modèle pour la période d'échantillonnage 2008-14.

Source : Base de données des Perspectives économiques de l'OCDE, n° 97 ; et calculs de l'OCDE.

StatLink http://dx.doi.org/10.1787/888933226427

Un niveau d'investissement sensiblement supérieur est nécessaire dans la plupart des pays afin d'augmenter la croissance potentielle à moyen terme, ce qui procure la faculté d'améliorer les niveaux de vie, de renforcer la diffusion des innovations et de rembourser des dettes. On peut se faire une idée de la différence entre le niveau actuel de l'investissement et les références à plus long terme au moyen d'estimations calibrées du ratio investissement/production à l'état stationnaire, fondées sur des projections à long terme de l'OCDE qui retiennent implicitement un retour aux taux de croissance potentielle antérieurs à la crise dans l'ensemble de l'OCDE ainsi qu'aux États-Unis et dans la zone euro (Lewis et al., 2014).[17] Les estimations actualisées, qui intègrent au stock de capital les investissements incorporels et les investissements fixes hors construction de logements, laissent penser que l'investissement dans les économies de l'OCDE est actuellement inférieur à leur référence à l'état stationnaire. L'écart moyen pour les pays de l'OCDE étant de 2.5 points, ces déficits étant, selon les estimations, plus importants dans un tiers d'entre eux (graphique 3.15). L'écart serait encore plus marqué avec des valeurs plus

17. Le niveau du ratio investissement/production (potentielle) à l'état stationnaire est donné par: $i^* = \frac{k^*(g+\delta)}{(1+g)}$, où k^* est le ratio capital/production à l'état stationnaire, δ le taux d'amortissement et g le taux de la croissance potentielle endogène en situation de plein emploi qui dépend de l'utilisation de la main-d'œuvre, de l'intensité du capital physique et humain ainsi de la productivité plurifactorielle.

Graphique 3.15. **Dans la plupart des pays de l'OCDE, les ratios d'investissement sont inférieurs aux estimations de référence à l'état stationnaire**

Investissement non résidentiel en pourcentage du PIB potentiel

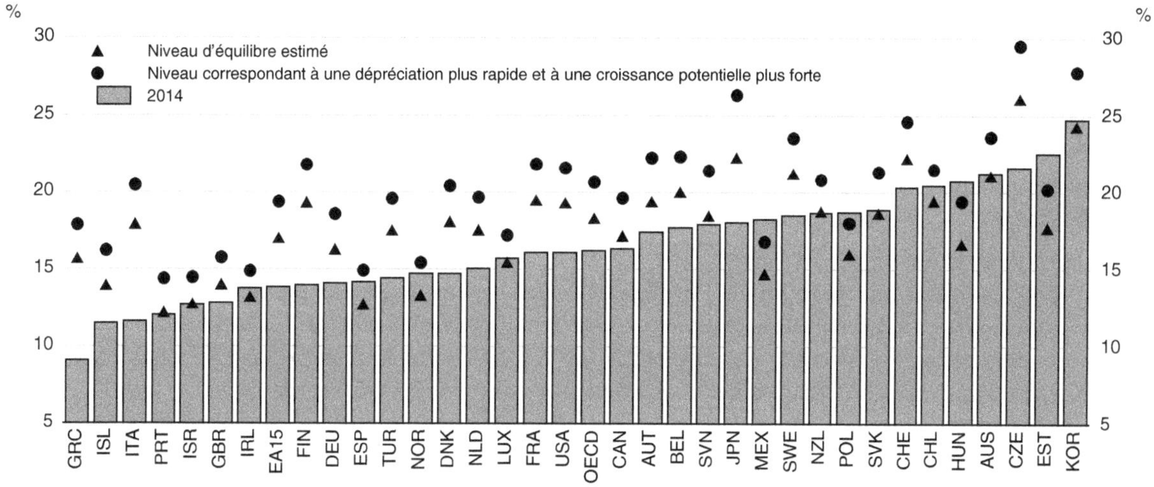

Note : Les pays sont classés en fonction de leur taux d'investissement en 2014.

Source : Base de données des Perspectives économiques de l'OCDE, n° 97 ; Lewis et al. (2014) ; et calculs de l'OCDE.

StatLink http://dx.doi.org/10.1787/888933226433

élevées du taux d'amortissement ou si des réformes structurelles accéléraient sensiblement la croissance tendancielle de la production. Si la croissance tendancielle et le taux d'amortissement étaient supérieurs de 0.5 point, le ratio de référence investissement-production, et donc le déficit d'investissement actuel, seraient supérieurs de 2.4 points supplémentaires dans l'OCDE, portant le déficit total à près de 5 points.

Pour nombre de grandes entreprises, la demande mondiale ou régionale détermine peut-être autant les décisions d'investissement que la demande intérieure (encadré 3.2). Il pourrait aussi y avoir un canal de la confiance des entreprises, le marasme des marchés étrangers sapant la confiance davantage que ne le justifierait la faiblesse des exportations. Enfin, un environnement international peu porteur est susceptible de réduire les bénéfices des filiales étrangères des sociétés d'un pays et donc de limiter les fonds générés en interne qui permettent de financer l'expansion du capital sur le territoire national.

De nouvelles données tirées d'études empiriques et d'enquêtes montrent aussi que la demande mondiale contribue grandement, comme la demande intérieure, à la baisse du niveau de l'investissement. Il ressort des travaux de recherche mentionnés à l'encadré 3.2 et à l'annexe 3.1 qu'une accélération de la croissance à l'étranger augmente à court terme l'investissement davantage que ce que représente déjà l'incidence d'une progression supérieure des exportations sur la croissance de la production intérieure.

En outre, les répondants à l'enquête BIAC 2015 citent plus souvent l'insuffisance de la demande mondiale que celle de la demande intérieure comme frein « très important » à l'investissement dans leur pays (encadré 3.3).

Le coût du capital pour les utilisateurs

Le coût du capital pour les utilisateurs et ses composantes (encadré 3.4 et graphique 3.16), qui ont théoriquement une importante incidence à long terme sur les dépenses d'investissement des entreprises, sont actuellement peu susceptibles de freiner

Encadré 3.3. **Enquête 2015 du BIAC sur le climat des affaires**

L'enquête sur le climat des affaires effectuée fin mars et début avril 2015 par le Conseil consultatif économique et industriel (BIAC) auprès de l'OCDE constitue l'une des sources d'information sur les facteurs qui limitent actuellement l'investissement productif. Cette enquête posait un certain nombre de questions concernant l'investissement, les répondants devant par exemple citer les principaux freins actuels à l'investissement sur une liste de six possibilités: la demande nationale et internationale, l'insuffisance de financement, des réglementations restrictives ou complexes, les impôts et autres coûts, les incertitudes à propos des politiques publiques et de la réglementation. Les répondants pouvaient choisir entre les trois qualificatifs « Très important », « Important » ou « Moins important. Les autres questions portaient sur le climat général des affaires et les perspectives d'emploi.

Les réponses à cette enquête diffèrent de celles données à une enquête habituelle auprès des entreprises car ce sont des associations professionnelles nationales qui ont répondu, ce qui a permis d'obtenir une synthèse de la situation de leurs pays respectifs. Au total, 27 associations professionnelles nationales, appartenant à des pays de l'OCDE ou des pays non membres, ont adressé des réponses.

On indique ci-dessous le pourcentage de réponses reçues pour chaque frein possible à l'investissement.

Enquête du BIAC sur le climat des affaires: contraintes sur les dépenses d'investissement

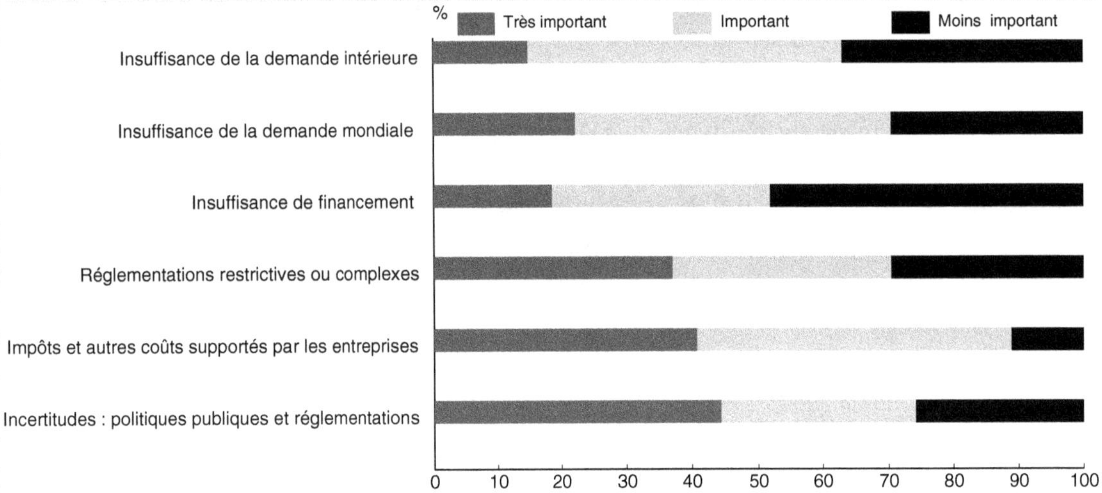

Note : Pourcentage de répondants à la question « Quels sont les principaux facteurs susceptibles de freiner actuellement l'investissement dans votre pays, à supposer qu'il y en ait? ».
Source : Enquête 2015 du BIAC sur le climat des affaires, disponible sur www.biac.org.

StatLink http://dx.doi.org/10.1787/888933226573

Globalement, les répondants citent comme principaux freins à l'investissement l'incertitude à l'égard des politiques publiques et de la réglementation ainsi que la fiscalité et d'autres charges, suivis de près par les réglementations restrictives et complexes. Une moindre proportion cite l'insuffisance de financement et celle de la demande mondiale ou intérieure, mais ces facteurs sont jugés « importants » ou « très importants » par plus de la moitié d'entre eux.

la progression de l'investissement, en tout cas dans les grandes entreprises. Au demeurant, seule une poignée des pays interrogés dans le cadre de l'enquête du BIAC (encadré 3.3) considère l'insuffisance de financement comme un obstacle majeur à l'investissement

Graphique 3.16. **Le coût du capital pour les utilisateurs a diminué progressivement**

Moyenne pondérée des pays du G7

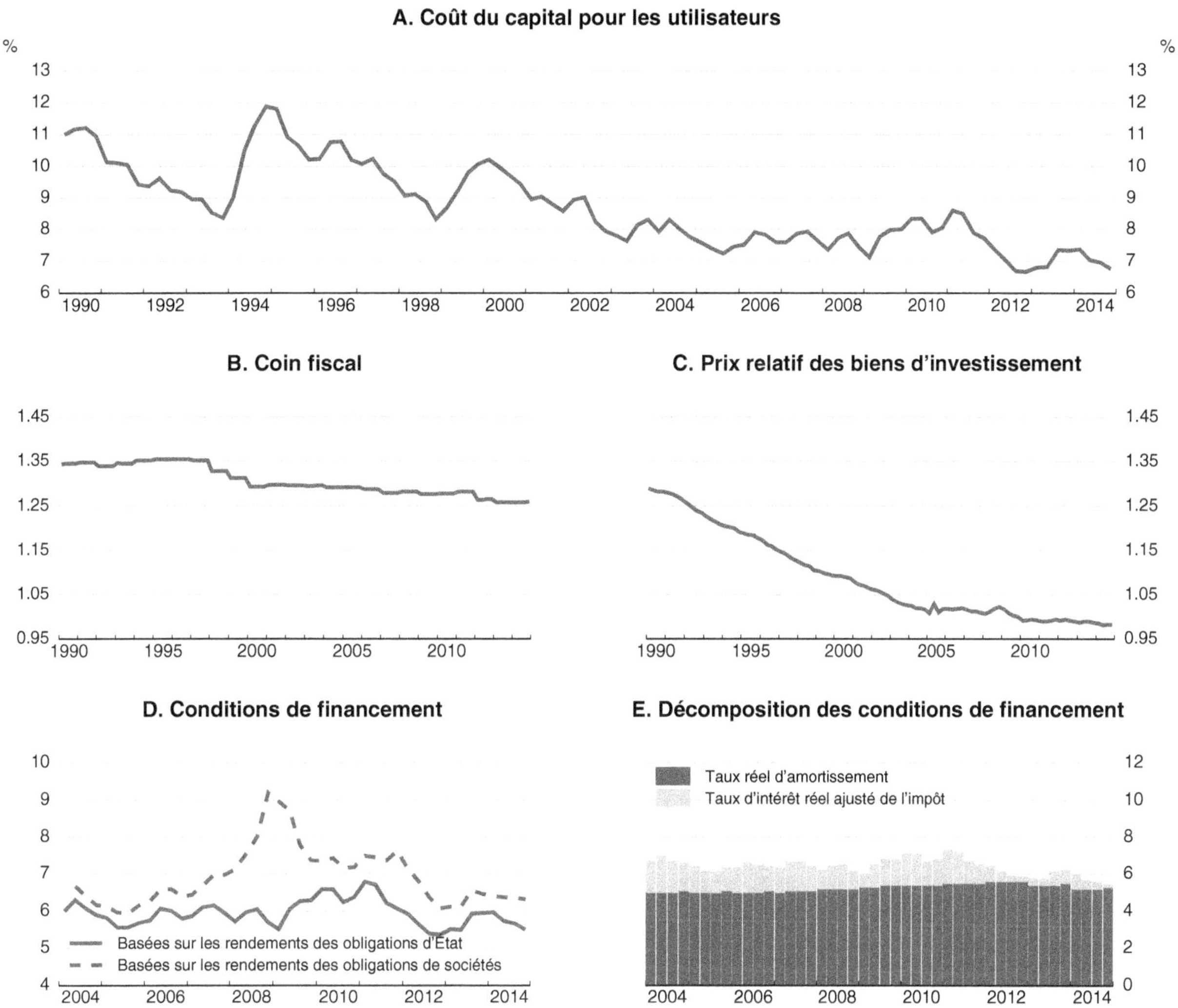

Note : Les conditions de financement, qui englobent la déductibilité fiscale des charges d'intérêts des emprunts, sont ajustées en fonction de l'inflation.

Source : Base de données des Perspectives économiques de l'OCDE, n° 97 ; Datastream ; Oxford University Centre for Business Taxation ; et calculs de l'OCDE.

StatLink http://dx.doi.org/10.1787/888933226447

Les coûts de financement sont tombés récemment à des niveaux exceptionnellement bas. Tant les sociétés ayant une bonne notation financière que les plus mal notées peuvent emprunter aujourd'hui à des taux proches des rendements minimes des obligations d'État, tandis que le coût des fonds propres est faible en raison de la vigueur récente des marchés d'actions internationaux. Cette situation découle, au moins en partie, du caractère particulièrement accommodant des politiques monétaires, illustré notamment par des taux d'intérêt directeurs quasi-nuls, les indications données sur les orientations à venir (*forward guidance*) et par l'assouplissement quantitatif. Les très faibles taux d'intérêt ont également dopé le prix des actions, le q de Tobin – représenté par le ratio de la valorisation boursière des entreprises rapportée à leur actif net – atteignant des niveaux très élevés aux

Encadré 3.4. **Le coût du capital pour les utilisateurs**

Il peut être calculé en appliquant une formule d'Hall-Jorgenson sur le prix de location pour connaître le coût d'une unité de services de capital. Comme on le voit au graphique 3.16, on peut construire une mesure représentative du coût réel d'usage du capital avec la formule suivante:

$$UCC = \frac{P^K}{P^Y}(\theta(1-\tau)i + (1-\theta)i - \pi + \delta)\left(\frac{1}{1-EMTR}\right),$$

où P^K/P^Y est le prix relatif de l'investissement productif rapporté au PIB ; est la proportion de l'endettement dans le passif des entreprises (en prenant la moyenne 1999-2013) ; est le taux officiel de l'impôt sur les bénéfices des sociétés ; *i* est le taux des obligations d'État à long terme (sans tenir compte des différences entre les taux d'emprunt des sociétés et de l'État) ; est la variation du déflateur du PIB ; est le taux réel d'amortissement du stock de capital des entreprises et du secteur public ; *EMTR* est le taux d'imposition marginal effectif tiré de la base de données fiscales de l'Oxford University Centre for Business Taxation (CBT) qui tient compte de la déductibilité des dépenses d'amortissement, mais pas des crédits d'impôt au titre de l'investissement. On prend le taux officiel d'imposition des sociétés, conjugué à ces données, pour rétropoler le coin fiscal dans les pays où la couverture de la base de données CBT n'est pas complète pendant la période de l'échantillon analysée.

La formule ci-dessus peut être décomposée en trois parties: le prix relatif des biens d'investissement, les conditions de financement et le coin fiscal. Les conditions de financement sont ensuite elles-mêmes décomposées en deux éléments : le taux d'intérêt réel ajusté de la fiscalité et le taux réel d'amortissement. Comme le montre le graphique 3.16 pour les pays du G7, la composante la plus cyclique est le taux d'intérêt réel ajusté de l'impôt, qui est tombé à près de zéro pendant l'année écoulée. Les autres composantes sont caractérisées par des tendances séculaires :

- La diminution à long terme du prix relatif des biens d'investissement, largement imputable à des améliorations qualitatives liées aux TIC, ralentit nettement depuis 2005 environ.
- L'augmentation graduelle des taux d'amortissement, évoquée antérieurement, a concouru à la hausse du coût du capital. Actuellement les taux d'amortissement moyens, qui sont de l'ordre de 4,5 %, représentent de loin la principale composante du coût réel du capital dans la plupart des pays.
- Le coin fiscal sur les entreprises a progressivement diminué du fait des mesures prises par les gouvernements pour alléger la fiscalité des sociétés.

États-Unis.[18] Toutefois, la mise en œuvre durable de ces politiques monétaires très expansionnistes n'est pas parvenue à relancer notablement les dépenses d'investissement. La montée des taux d'amortissement a empêché une réduction supplémentaire des coûts de financement.

Pour les petites entreprises et les autres emprunteurs traditionnellement dépendants du crédit bancaire, le coût d'usage du capital est probablement supérieur à ce qui apparaît, peut-être dans une large mesure, en raison du freinage de l'offre de crédit lié aux difficultés du système bancaire. Ce « canal du crédit » a sans doute joué un rôle particulièrement important lorsque la crise financière battait son plein ainsi qu'au début de la reprise et on présume qu'il continue à restreindre l'investissement dans plusieurs économies, en particulier au sein de la zone euro (BCE, 2013 ; FMI, 2015 ; encadré 3.2 ; annexe 3.1). Ainsi, dans les économies européennes et au Canada, l'écart entre les taux d'intérêt moyens sur les crédits bancaires et les rendements des obligations d'État a augmenté par rapport à la

18. La q de Tobin est désormais supérieur à 1.1, ce qui correspond à son niveau le plus élevé depuis 1945, exception faite de la période de l'essor de l'internet, où il avait atteint 1.6. Cela étant, comme on le voit dans l'annexe 3.1, cet indicateur ne permet pas d'expliquer le niveau de l'investissement global.

Graphique 3.17. **Les taux des crédits bancaires ont diminué, mais les écarts ont augmenté**

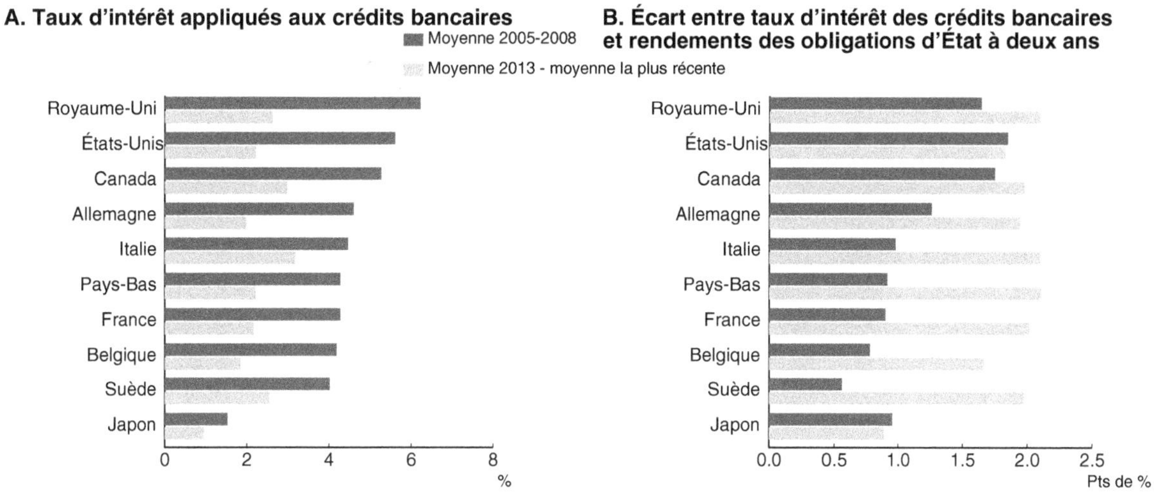

Note : Moyenne pondérée pour toutes les échéances. Les échéances moyennes peuvent différer selon les pays. Les données sont les taux d'intérêt (à toutes échéances) sur les crédits aux sociétés non financières aux États-Unis, les taux des nouveaux crédits aux sociétés non financières et les moyennes des pays membres dans la zone euro, les taux des nouveaux crédits aux sociétés non financières et aux ménages au Japon, les taux des nouveaux crédits aux sociétés non financières au Royaume-Uni, les taux des nouveaux crédits aux sociétés financières de grande qualité au Canada, les taux des nouveaux crédits aux sociétés non financières en Suède.

Source : Banque d'Angleterre ; Banque du Japon ; Datastream ; Banque centrale européenne ; Riksbank ; Réserve fédérale des États-Unis et calculs de l'OCDE.

StatLink http://dx.doi.org/10.1787/888933226456

période précédant immédiatement la crise (graphique 3.17).[19] L'assouplissement en cours des normes d'octroi du crédit bancaire ne compense pas encore le net resserrement opéré immédiatement après la crise, surtout dans la zone euro (graphique 3.18). Un certain nombre d'enquêtes auprès des entreprises laissent penser que les contraintes exercées par

Graphique 3.18. **Les normes d'octroi de crédits avaient été sensiblement durcies en 2008-09**

Pourcentage net des banques ayant durci leurs normes

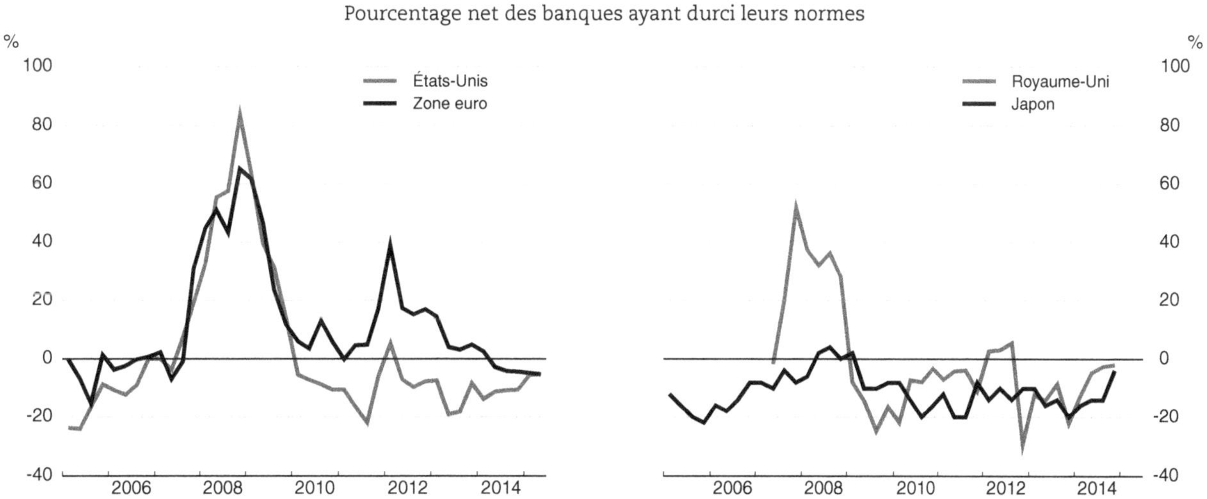

Note : Les chiffres positifs indiquent une moindre disponibilité du crédit et les chiffres négatifs indiquent un assouplissement. Aux États-Unis, la question de l'enquête porte sur les crédits bancaires aux grandes et moyennes entreprises, dans la zone euro sur les crédits bancaires aux grandes entreprises, au Royaume-Uni sur les crédits bancaires à l'ensemble du secteur des entreprises et au Japon sur les crédits bancaires aux grandes entreprises.

Source : Banque d'Angleterre ; Banque du Japon ; Banque centrale européenne et Réserve fédérale des États-Unis.

StatLink http://dx.doi.org/10.1787/888933226464

19. C'est une représentation imparfaite du coût marginal de l'obtention de nouveaux fonds.

l'existence de conditions financières défavorables pendant la crise ont disparu dans la plupart des économies, mais pas dans la zone euro (graphique 3.19).

L'investissement aurait dû être stimulé par la réduction des taux de l'impôt sur les sociétés, si l'on en croit les données économétriques (OCDE, 2010). En effet, plus de la moitié des pays de l'OCDE ont réduit les taux officiels d'imposition des bénéfices des sociétés depuis 2007. Toutefois, l'impact de ces mesures sur les investissements des sociétés multinationales, qui transfèrent les bénéfices à des fins fiscales (OCDE, 2015d), peut avoir été réduit. Ces entreprises ayant déjà transféré leurs revenus imposables vers des pays à faible fiscalité, leurs taux moyens effectifs et leurs taux moyens marginaux étaient déjà inférieurs à ce qu'impliquerait la fiscalité interne. Par conséquent, la modification de celle-ci a eu peu d'effet sur leurs taux effectifs d'imposition. À ce propos, une récente étude de l'OCDE conclut que les dépenses d'investissement de ces sociétés réagissent sensiblement moins aux changements de la fiscalité interne que celles des sociétés ayant des possibilités limitées de transfert international des bénéfices (Johannson et al., 2015). En outre, depuis le début de la crise, certains pays ont institué des crédits d'impôt temporaires ou relevé les abattements au titre des investissements pendant une durée limitée. Cette évolution a sans doute eu une influence marginalement

Graphique 3.19. **Des facteurs financiers ont freiné l'investissement dans la période récente**

Normalisation de 1996 à 2007; en écarts-types

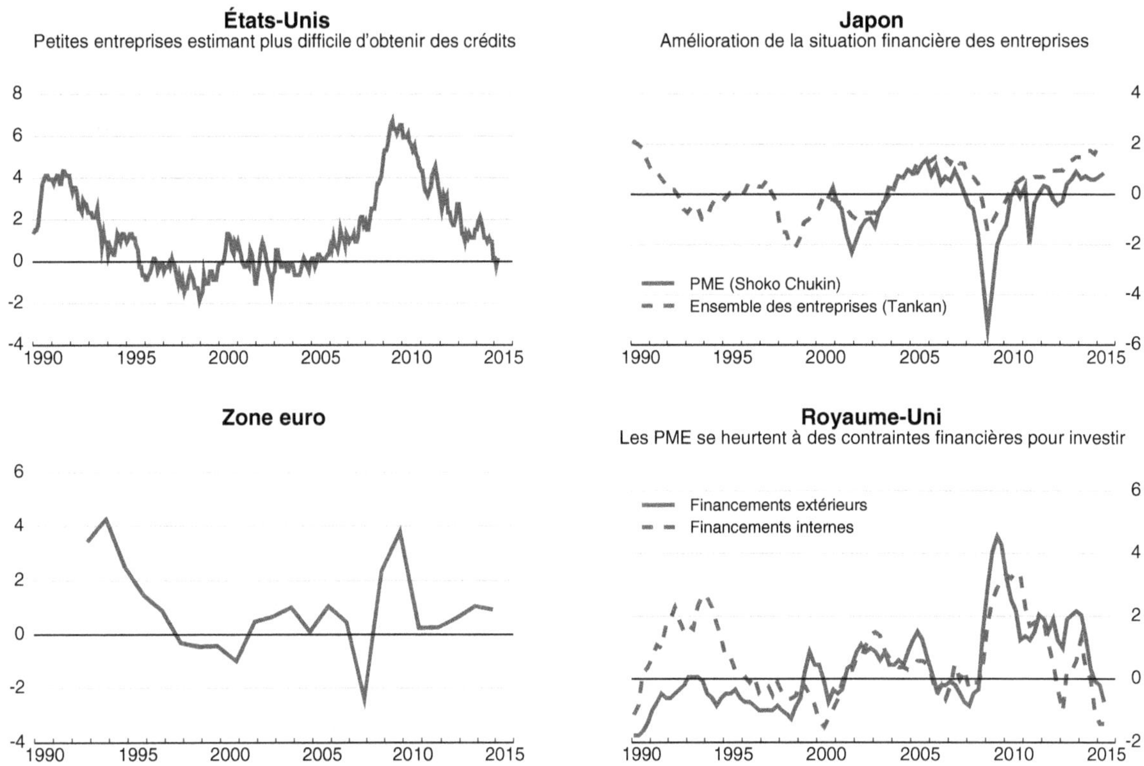

Note : Les données des États-Unis sont tirées de l'enquête NFIB et lissées par mise en moyenne mobile sur trois mois. Les données du Royaume-Uni émanent de l'enquête CBI et sont lissées par mise en moyenne mobile sur quatre trimestres. Les données de la zone euro portent sur les entreprises manufacturières.

Source : Datastream ; Commission européenne ; et calculs de l'OCDE.

StatLink http://dx.doi.org/10.1787/888933226472

positive sur l'investissement, notamment par la mise au point de programmes d'investissements permettant de bénéficier de ces allègements fiscaux provisoires.

Tel qu'il est généralement mesuré, le prix relatif de l'investissement est à peu près constant depuis la période immédiatement antérieure au déclenchement de la crise financière de 2007, et n'a donc pas contribué à la baisse du coût d'usage du capital. Cela étant, sa stabilité récente peut être due en partie à des améliorations de la qualité qui ne sont pas encore suffisamment incorporées dans les prix ressortant de l'IPP.[20] Des nouveaux travaux sont nécessaires pour évaluer jusqu'à quel point cette mesure erronée peut avoir une incidence sur le prix relatif et les dépenses d'investissement.

Bilans et rentabilité des entreprises

Alors que la composition des bilans des sociétés non financières au début de la crise a pesé sur les dépenses d'investissement, elle ne devrait pas les freiner sensiblement à l'heure actuelle. Sous réserve de différences marquées dans un certain nombre d'économies de l'OCDE et au sein la zone euro, deux éléments importants se détachent (tableau 3.2) :

- En 2008, lorsque la crise s'est déclenchée, l'endettement était élevé (par rapport aux fonds propres), en partie à cause de l'effondrement des marchés d'actions et de la propension des entreprises à emprunter. Cette situation a concouru au fléchissement brutal du volume des investissements au plus fort de la crise (Davis, 2010; Lewis et al., 2014). Toutefois, l'endettement des entreprises non financières a ensuite très fortement diminué dans certains pays, mais pas tous. Aux États-Unis, au Japon et dans la zone euro considérée dans son ensemble, il se situe désormais au niveau des normes d'avant la crise ou en-deçà. C'est pourquoi cette source de tension sur les bilans est peu susceptible de freiner sensiblement l'investissement dans ces économies, sauf si les entreprises ont pour objectif de réduire encore plus leur endettement. En Italie et en Australie, en revanche, ainsi que dans une moindre mesure en France, au Portugal et au Royaume-Uni, l'endettement reste bien supérieur aux niveaux atteints au début de la crise, d'où la possibilité qu'il limite les nouveaux investissements.
- La liquidité ne semble pas peser sur les dépenses des entreprises. Dans la plupart des grandes économies de l'OCDE, la part des actifs financiers détenus par les entreprises non financières sous forme de monnaie et de dépôts dépasse, après la crise, les normes de longue période. Du fait de cette abondance de liquidités, les grandes sociétés n'ont sans doute actuellement qu'un besoin limité de financement externe pour réaliser de nouveaux projets d'investissement. Au regard du niveau actuel de liquidité des entreprises, une grande partie de leurs dépenses, notamment celles consacrées aux fusions-acquisitions, à l'investissement fixe et à la distribution de dividendes, pourrait augmenter sensiblement au fur et à mesure que les incertitudes vont s'atténuer et la demande privée se renforcer. Si, par exemple, la proportion des actifs financiers sous forme d'encaisses monétaires et de dépôts revenait du niveau de 2014 au niveau moyen de 1999 à 2007, leur contraction équivaudrait à 15 % du montant des investissements

20. En effet, de nouveaux travaux menés par Byrne et al., (2015) montrent qu'il existe de fortes disparités entre les prix IPP publiés pour les microprocesseurs par rapport aux prix estimés à l'aide d'une méthode hédoniste qui tient compte des améliorations de la qualité en fonction du régime des prix du marché en vigueur pour les semi-conducteurs. Selon ces travaux, de 2008 à 2013, ces prix ont baissé de 43 % par an en moyenne contre une baisse moyenne de 8% selon les chiffres ressortant de l'IPP.

Tableau 3.2. **Les bilans des sociétés non financières ont sensiblement évolué depuis le début de la crise**

	Ratio dettes/fonds propres			Part du numéraire et des dépôts dans l'actif total (%)			Part des titres de créance dans la dette (%)		
	Moyenne 99T1-07T4	2008T4	2014T3	Moyenne 99T1-07T4	2008T4	2014T3	Moyenne 99T1-07T4	2008T4	2014T3
États-Unis	0.62	0.87	0.58	8.88	7.81	9.21	24.25	20.80	25.84
Zone euro	1.09	1.30	0.94	10.15	11.77	11.80	5.31	4.87	8.57
Japon	1.65	2.04	1.14	23.10	24.52	24.15	12.03	10.52	9.60
Allemagne	1.29	1.57	1.12	10.24	11.76	10.91	3.80	5.05	5.29
France	0.67	0.90	0.70	4.36	6.20	7.47	12.85	9.89	16.70
Royaume-Uni	0.86	1.30	0.89	22.20	21.58	31.01	16.21	13.00	17.27
Italie	0.80	0.88	1.20	21.12	24.72	17.73	4.24	4.42	8.40
Canada	0.87	1.09	0.90	15.20	20.69	20.82	24.00	18.20	21.90
Australie	0.57	0.91	0.71	35.40	41.75	44.19	28.80	22.48	22.25
Belgique	0.94	0.95	0.75	9.71	8.08	9.49	2.91	2.75	6.08
Grèce	0.94	2.65	1.47	63.72	57.84	57.31	7.28	16.78	1.23
Irlande	1.19	1.75	1.00	20.14	19.12	8.25	2.98	1.51	2.86
Corée	3.41	2.75	1.37	3.41	2.75	1.37	3.41	2.75	1.37
Norvège	1.22	1.25	0.94	10.91	10.97	10.10	8.99	6.77	11.46
Portugal	1.48	1.76	1.51	12.92	10.70	10.21	6.34	8.86	10.57
Espagne	1.01	1.41	0.87	9.93	11.15	11.19	1.44	0.66	1.71
Suède	0.79	1.01	0.57	6.13	7.41	5.90	7.11	7.41	10.19

Note: Les principales différences avec le tableau 2 de Lewis et al. (2014) tiennent aux changements à la classification des sociétés non financières dans le nouveau système de comptabilité nationale.

1. Ratio moyen pour la période allant du deuxième trimestre 2001 au quatrième trimestre 2007 pour le Japon et l'Irlande.
2. Les données les plus récentes datent du deuxième trimestre 2014.

Source : OCDE, base de données des comptes financiers, SCN 2008 ; Eurostat, SEC 2010 ; OCDE, comptes financiers, SCN 1993 ; et calculs de l'OCDE.

StatLink http://dx.doi.org/10.1787/888933227355

réalisés en 2014 par les entreprises au Japon, à 7 % en Allemagne et à 3 % aux États-Unis. Toutefois, dans la mesure où l'accumulation d'avoirs liquides répond à des motifs de précaution découlant de l'incertitude persistante à propos de la demande et des conditions de financement externes (Bates et al., 2009 ; Sanchez et Yurdagul, 2013), les conséquences de l'amélioration de la liquidité sur l'investissement et sur d'autres formes de dépenses des entreprises pourraient ne se manifester qu'au bout d'un certain temps.

Dans certaines économies, la part des titres de dette au sein de l'endettement total s'élève depuis le début de la crise financière. Cette évolution est particulièrement marquée en France, en Italie, en Norvège, au Royaume-Uni et aux États-Unis. En revanche, elle est peu sensible au Japon et en Allemagne, où le crédit bancaire occupe traditionnellement une grande place dans les financements extérieurs. Dans un contexte de bas taux d'intérêt à long terme, d'affaiblissement des systèmes bancaires et de goût du risque croissant des investisseurs, l'émission d'obligations a permis aux sociétés de tous les principaux pays de se procurer des fonds à un coût relativement modéré (graphique 3.20 ; OCDE, 2015d). Cela devrait favoriser les dépenses des entreprises, dont éventuellement les investissements.[21]

21. La source de financement influe aussi sur la nature de l'investissement: un investissement risqué dans l'innovation est en général davantage financé par fonds propres que par endettement (Andrews et Criscuolo, 2013).

Graphique 3.20. **L'émission brute d'obligations des sociétés non financières s'est redressée**

Moyenne mobile sur quatre trimestres, en pourcentage du PIB

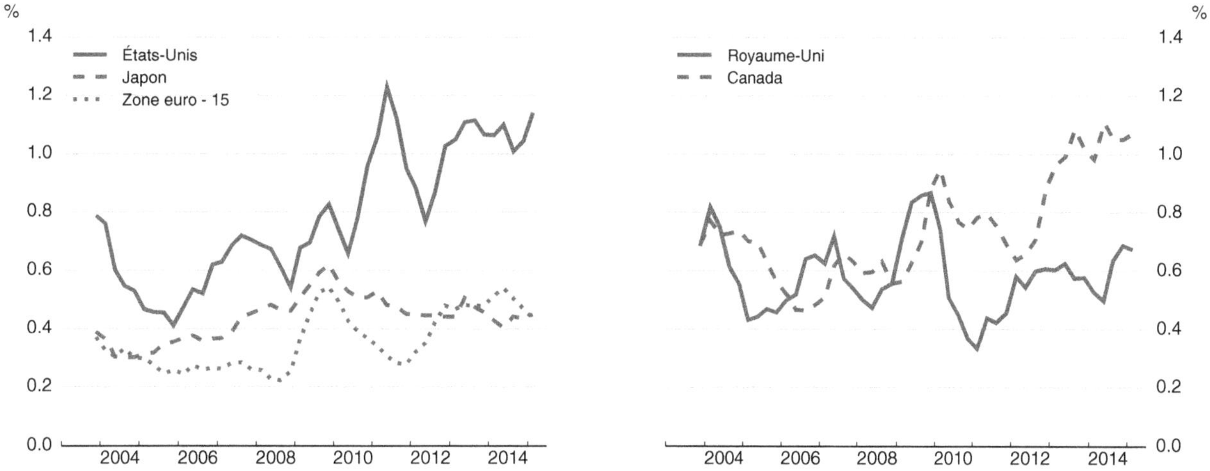

Note : Émission brute d'obligations par des sociétés non financières privées, en monnaie nationale et en devises. Ce chiffre comprend les obligations privées proposées au public au Japon, les titres à long terme autres que les actions en valeur nominale dans la zone euro et les nouvelles émissions d'obligations des sociétés non financières aux États-Unis.

Source : Base de données des Perspectives économiques de l'OCDE, n° 97 ; Banque d'Angleterre ; Banque centrale européenne, Association japonaise des courtiers en titres (JSDA) ; Réserve fédérale des États-Unis ; et calculs de l'OCDE.

StatLink http://dx.doi.org/10.1787/888933226486

Toutefois, le faible coût de l'endettement relativement à celui des fonds propres a incité les entreprises à emprunter pour restituer des fonds aux actionnaires au moyen de rachats d'actions et de versements de dividendes (Blundell-Wignall et Roulet, 2015; OCDE, 2015d). En 2014, par exemple, les sociétés américaines composant l'indice S&P 500 ont effectué des rachats d'actions pour un montant de 565 milliards USD, soit à peu près les trois quarts de leurs dépenses d'investissement (FactSet, 2015).

Dans de nombreux pays, les bilans bancaires se sont considérablement détériorés avec l'éclatement de la crise financière, entraînant des pertes importantes qui ont mis en péril la solvabilité des systèmes bancaires. Des interventions des pouvoirs publics ont empêché un effondrement financier, mais les banques ont été fragilisées par la crise, ce qui a diminué leur propension à accorder des prêts. Ce phénomène s'est particulièrement vérifié dans les pays vulnérables de la zone euro, dans lesquels les banques ont, dans un premier temps, eu du mal à se financer elles-mêmes à un coût raisonnable. De plus, dans ces pays, le processus de recapitalisation des établissements bancaires a été lent au départ et les banques continuent à être grevées d'un volume important de prêts non productifs (annexe 1.1). Cela étant, selon l'enquête menée par la BCE sur la distribution du crédit bancaire, ces dernières années, les coûts de financement et les contraintes liées aux bilans ont eu de moins en moins d'importance du point de vue de la limitation de l'offre de crédit dans la zone euro dans son ensemble (BCE, 2015).

Aux États-Unis, les dépenses d'investissement des entreprises ne devraient plus être freinées par une rentabilité insuffisante alors que, dans un certain nombre d'autres économies, une meilleure rentabilité conditionne peut-être encore une hausse des investissements. Les possibilités d'autofinancement, résultant des bénéfices et de l'état de la trésorerie, peuvent être un facteur important de l'investissement (Bond et al., 2003). Une diminution des fonds générés en interne est susceptible d'augmenter le besoin de

Graphique 3.21. **La hausse des bénéfices réels des entreprises a été forte aux États-Unis mais moindre**

Variations annuelles en pourcentage

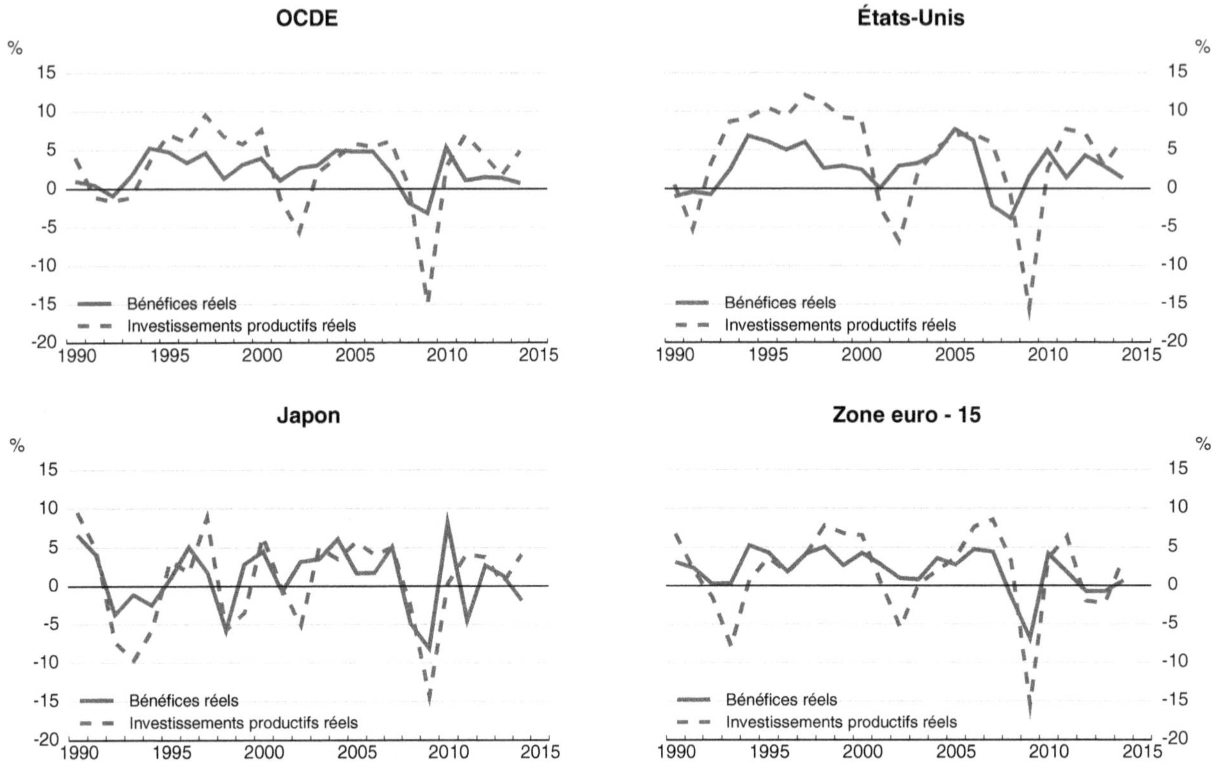

Note : Les bénéfices réels correspondent à l'excédent brut d'exploitation, déduction faite des revenus des professions indépendantes, déflaté par le déflateur du PIB. Les pays dans lesquels il y a moins de 19 ans de données sur les bénéfices sont exclus de l'agrégat de l'OCDE ; il y a des ruptures de séries avant 1996 concernant les années pour lesquelles on a intégré des pays supplémentaires.

Source : Base de données des Perspectives économiques de l'OCDE, n° 97 ; Base de données de l'OCDE sur les comptes nationaux ; et calculs de l'OCDE.

StatLink http://dx.doi.org/10.1787/888933226498

financement externe, mais aussi d'influer sur la capacité d'une entreprise à emprunter et sur le coût du crédit. Selon les données disponibles, les bénéfices réels des entreprises (financières et non financières) ont globalement progressé de 1 % en moyenne pendant ces quatre dernières années, par rapport à une moyenne annuelle de quelque 3 % sur quatre décennies (graphique 3.21). Toutefois, il y a de très grandes différences entre les pays: si la hausse des bénéfices reste comparativement forte aux États-Unis, leur montant en termes réels évolue très peu dans la zone euro et au Japon. Grâce au redressement de la rentabilité, le taux de rendement des fonds propres (c'est-à-dire le bénéfice net en pourcentage du capital-actions) des sociétés cotées a retrouvé ou dépasse le niveau antérieur à la crise aux États-Unis, mais il lui reste inférieur dans la zone euro, au Japon et plus encore dans les économies de marché émergentes (Blundell-Wignall et Roulet, 2015; OCDE, 2015d).

Incertitudes

Une explication possible de la faiblesse des dépenses d'investissement est que l'incertitude ressentie à l'égard des perspectives d'activité et de l'évolution des politiques économiques se serait beaucoup accentuée. Dans une période de grande incertitude, différer les décisions programmées sur lesquelles il est difficile de revenir, comme un investissement fixe, peut être une solution judicieuse (Bernanke, 1983; Dixit et Pindyck, 1994) à condition que le même investissement puisse être effectué dans le futur. Ainsi, un surcroît d'incertitude pénalise l'investissement, ce qui est confirmé par des études empiriques (voir encadré 3.2 et ci-dessous), notamment par la pratique observée depuis la crise récente et en particulier s'agissant des investissements dans les infrastructures (Ferrara et Guérin, 2015). Cette évolution est en outre reflétée par le fait que la majeure partie des répondants à l'enquête BIAC (encadré 3.3) considère l'incertitude économique et réglementaire comme un frein très important aux dépenses d'investissement.

On ne sait pas vraiment comment mesurer l'incertitude économique (Davis, 2010), les études empiriques recourant à divers indicateurs.

- Les mesures financières de l'incertitude ont évolué de façon divergente ces dernières années après une montée en flèche au plus fort de la crise. La volatilité des marchés d'actions est l'une de celles couramment employées.[22] Elle a très fortement augmenté à la suite de la faillite de la banque Lehman Brothers, en 2008, puis lors de l'intensification de la crise de la zone euro, en 2010, et de nouveau à la mi-2011 (graphique 3.22). On estime que ce regain d'incertitude a réduit l'investissement depuis le début de la crise aux États-Unis, dans la zone euro et au Japon (Davis, 2010 ; OCDE, 2011a). Au cours des deux dernières années, toutefois, la volatilité des marchés d'actions a été proche de ses moyennes historiques et son niveau récent ne devrait pas être très préjudiciable à l'investissement.
- Les mesures de l'incertitude à propos des politiques économiques ont diminué mais demeurent supérieures aux niveaux d'avant la crise. L'indice d'incertitude sur les politiques économiques (IIPE) se réfère à des informations relatives à diverses incertitudes, à l'économie et à l'action publique, à quoi s'ajoute la dispersion des prévisions d'inflation et de déficit budgétaires (Baker et al., 2013).[23] La branche relativement nouvelle des études économiques qui utilise cet indice ou des variables en rapport a mis en lumière les liens possibles entre incertitude, progression des investissements (Commission européenne, 2013, 2014 ; FMI, 2015 ; encadré 3.2 ; annexe 3.1) et croissance du PIB (Haddow et al., 2013). L'indice IIPE signale un degré élevé d'incertitude de 2007 à 2011, avec une envolée au début de la crise financière et une nouvelle progression au deuxième semestre de 2011 coïncidant avec l'aggravation de la crise dans la zone euro (graphique 3.23). À ce titre, les mesures de l'incertitude à propos des politiques économiques ont donc donné des indications analogues à celles découlant de la volatilité des marchés boursiers. Toutefois, les différentes mesures de l'incertitude ont divergé dernièrement. La volatilité des marchés d'actions est revenue aux niveaux antérieurs à la crise, alors que si les indices de l'incertitude à propos des

22. Les données empiriques laissent généralement penser qu'une plus grande volatilité des marchés d'actions – en particulier les pics de volatilité – a pour effet de retarder les décisions d'investissement (Bloom et al., 2007; Bloom, 2009).
23. Les mesures de l'incertitude à propos des politiques économiques sont souvent révisées. À partir d'avril 2014, au sein de l'IIPE, les indices des pays européens et du Canada ont été modifiés pour n'être plus basés que sur des informations. En revanche, la mesure de l'incertitude aux États-Unis reste basée sur la conjonction de données tirées d'informations, sur la dispersion des prévisions de variables essentielles et sur un indice concernant l'expiration de dispositions du code des impôts. On emploie ici l'indice intégral d'incertitude pour les États-Unis, mais il faut savoir que la nouvelle mesure fondée sur des informations s'est avérée plus volatile et est restée plus élevée que la mesure globale relative à la politique économique.

Graphique 3.22. **La volatilité implicite des cours des actions s'est modérée**

Moyennes mensuelles

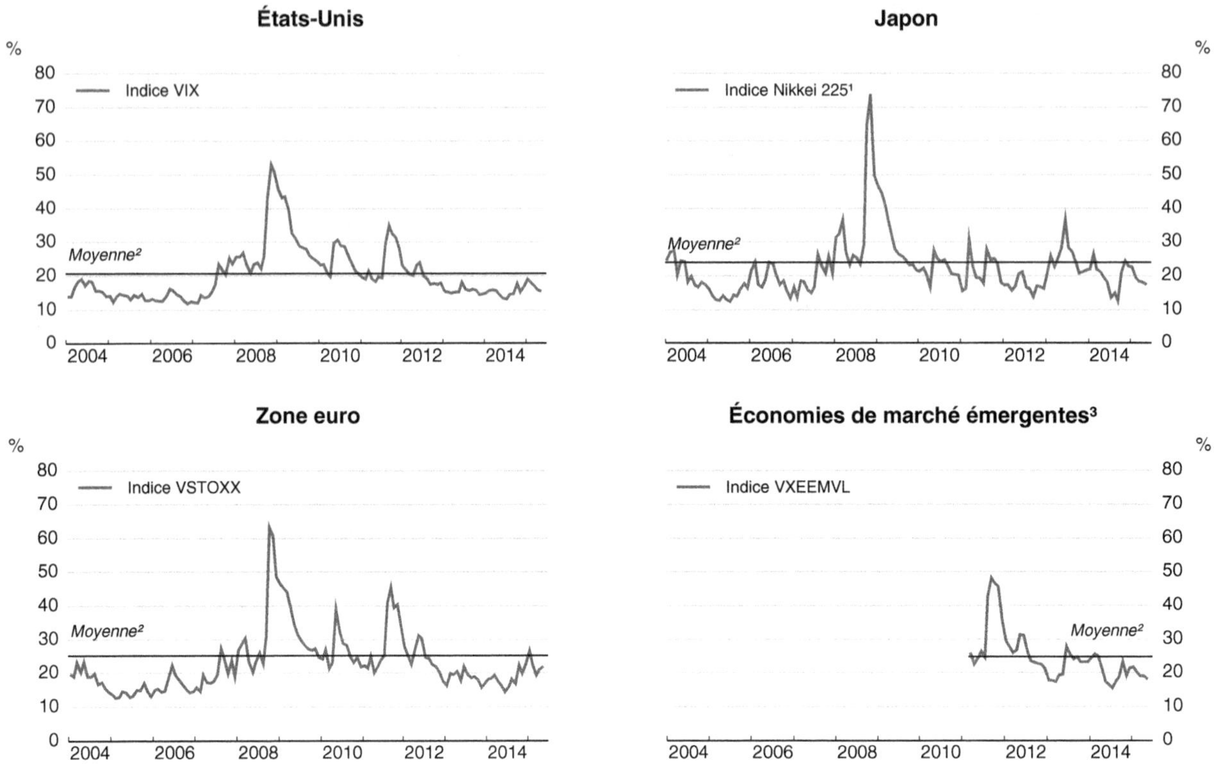

Note : la volatilité implicite peut être interprétée comme l'anticipation du risque par les marchés (volatilité future) ; elle est calculée à partir des prix des options d'achat dans la monnaie.

1. AMEX avant juillet 2007.
2. Volatilité implicite moyenne pour la période janvier 1999-mai 2015 pour tous les pays sauf pour les économies de marché émergentes dont la moyenne se réfère à la période mars 2011-mai 2015.
3. Indicateur de CBOE de volatilité ETF sur les options pour les pays émergents.

Source : Datastream.

StatLink http://dx.doi.org/10.1787/888933226509

politiques économiques ont fléchi, ils sont néanmoins restés supérieurs aux niveaux atteints pendant la période précédant la crise, sauf aux États-Unis.

- Des données tirées d'enquêtes incitent à penser qu'aux États-Unis l'incertitude en matière réglementaire et fiscale continue à peser sur l'activité des entreprises. L'incertitude mesurée par l'IIPE a sans doute été liée à l'expiration de dispositions fiscales et à la perspective de nouveaux impôts. La composante « expiration d'éléments du code des impôts » de l'indice américain a augmenté rapidement en 2009, 2010 et 2012, atteignant des niveaux sans précédent avant le « précipice budgétaire » imminent de la fin de 2012 (graphique 3.24). Par la suite, le succès des négociations sur le budget fédéral et sur le plafond de la dette a mis fin à une source importante d'incertitude. Au début des années 2014 et 2015, toutefois la composante précitée est remontée parallèlement à l'expiration de nombreuses dispositions fiscales temporaires, ce qui a peut-être eu un effet négatif sur l'investissement productif. Aux États-Unis, les petites entreprises continuent à citer l'incertitude vis-à-vis de la réglementation comme principal frein à l'activité. La médiocrité des ventes, la fiscalité et la réglementation sont

Graphique 3.23. **Les mesures de l'incertitude sur la politique économique diminuent mais restent élevées**

Moyenne mobile sur 3 mois de données non CVS, normalisées de 1997 à 2007, en écarts-types

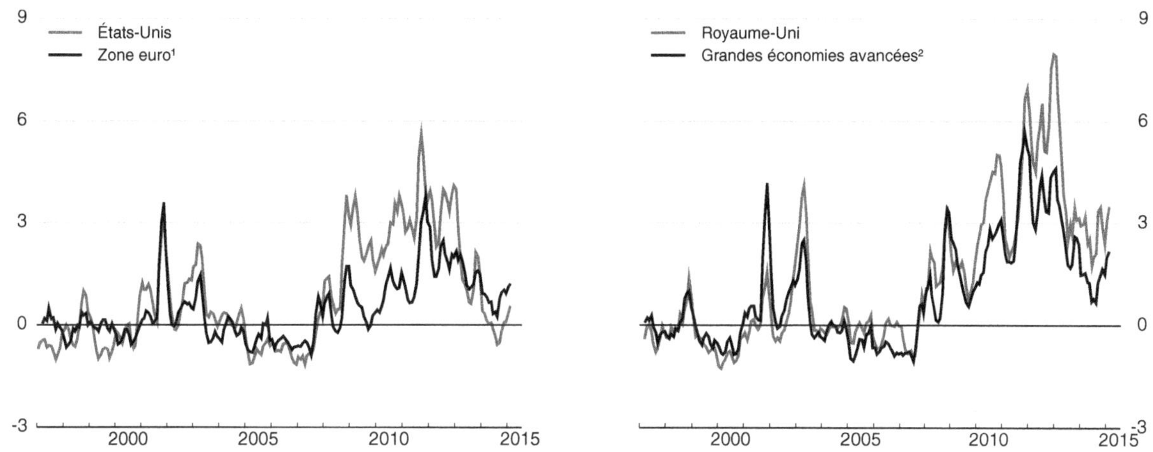

1. Moyenne pondérée de l'indice des trois plus grandes économies de la zone euro.
2. À l'exclusion du Japon ; première composante principale calculée à partir des indices de l'incertitude sur la politique économique au Canada, en France, en Allemagne, en Italie, au Royaume-Uni et aux États-Unis.

Source : Scott Baker, Nicolas Bloom et Stephen J. Davis disponible sur www.PolicyUncertainty.com ; et calculs de l'OCDE.

StatLink http://dx.doi.org/10.1787/888933226515

actuellement considérées comme les problèmes principaux auxquels sont confrontées les petites entreprises (graphique 3.24).

- Les inquiétudes à propos des perspectives de croissance et de la vulnérabilité financière des économies de marché émergentes constituent une autre source éventuelle d'incertitude et si elles s'avèrent fondées, portent atteinte à la composante de la

Graphique 3.24. **Les problèmes réglementaires et fiscaux semblent avoir accentué l'incertitude aux États-Unis**

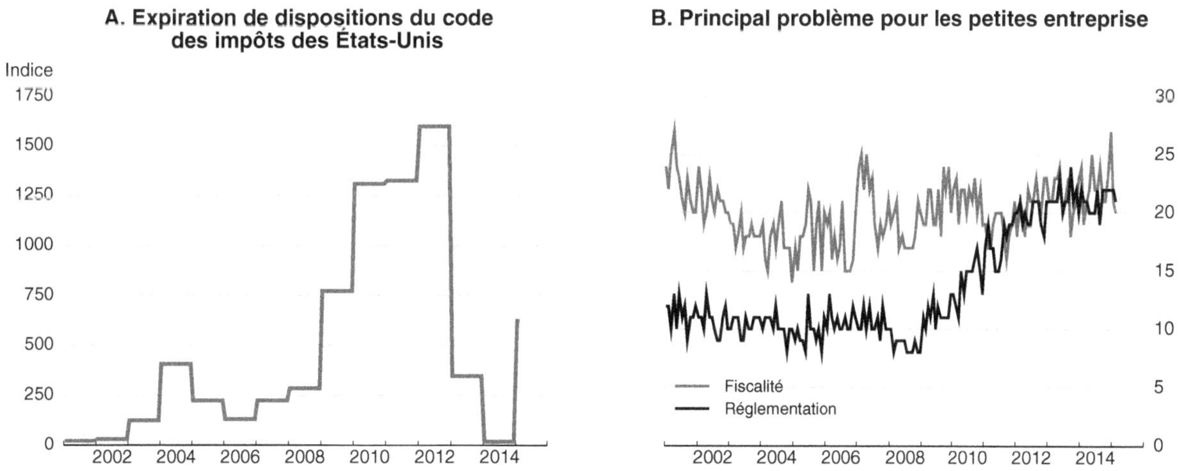

Note : Les réponses des petites entreprises représentent un pourcentage des réponses totales à l'enquête NFIB. L'expiration d'éléments du code des impôts est la somme pondérée du montant total actualisé en dollars des dispositions du code fédéral des impôts devant expirer au cours des 10 années à venir.

Source : Datastream ; Scott Baker, Nicolas Bloom et Stephen J. Davis disponible sur www.PolicyUncertainty.com.

StatLink http://dx.doi.org/10.1787/888933226527

croissance mondiale qui est importante pour les décisions d'investissement. Les indices d'incertitude sur la politique économique de la Chine et de l'Inde signalent une aggravation dans la période récente, en particulier de la mi-2011 à la mi-2013 et depuis la mi-2014. De même, les mesures de la volatilité des marchés d'actions de ces économies incitent à croire que l'incertitude a été forte en 2011, mais est maintenant plus proche de son niveau normal en dépit de quelques brèves poussées.

- Les incertitudes s'accroissent également en cas de retard pris lors de la conclusion d'accords commerciaux multilatéraux et peuvent avoir reporté des décisions d'investissement dans les pays concernés.

Tableau 3.3. **Changements dans les dépenses publiques liées au vieillissement dans certains pays de l'OCDE**

Changements 2015-30, en points de pourcentage du PIB

	Soins de santé[1]	Soins de longue durée[1]	Retraite	Total
Australie	1.2	0.2	0.7	2.1
Autriche	1.3	0.2	2.3	3.9
Belgique	1.1	0.3	3.6	5.0
Canada	1.4	0.2	1.2	2.9
Chili	1.4	0.5	-0.7	1.2
République tchèque	1.1	0.2	0.3	1.7
Danemark	1.3	0.2	0.3	1.8
Estonie	0.9	0.2	0.4	1.5
Finlande	1.2	0.2	2.8	4.2
France	1.2	0.2	0.5	1.9
Allemagne	1.3	0.3	1.5	3.1
Grèce	1.2	0.3	0.0	1.5
Hongrie	0.9	0.3	-0.8	0.4
Irlande	1.2	0.1	0.7	2.0
Islande	1.2	0.2	1.1	2.5
Israël	1.3	0.3	0.5	2.1
Italie	1.3	0.3	-0.4	1.2
Japon	1.4	0.3	..	1.7
Corée	1.7	0.4	1.4	3.5
Luxembourg	1.4	0.3	4.1	5.8
Mexique	1.3	0.4	0.4	2.1
Pays-Bas	1.4	0.3	2.3	4.0
Norvège	1.3	0.2	2.0	3.5
Nouvelle-Zélande	1.1	0.1	1.9	3.1
Pologne	1.1	0.2	0.2	1.6
Portugal	1.3	0.2	-0.1	1.4
République slovaque	1.2	0.3	1.4	2.9
Slovénie	1.3	0.3	1.5	3.1
Espagne	1.3	0.4	0.2	1.8
Suède	1.0	0.1	0.4	1.6
Suisse	1.3	0.2	1.5	3.0
Turquie	1.2	0.3	1.5	3.0
Royaume-Uni	1.1	0.2	0.3	1.6
États-Unis	1.2	0.1	0.1	1.5
OCDE (moyenne non pondérée)	**1.2**	**0.3**	**1.0**	**2.5**

Note : Si prévisions non disponibles pour la période 2015-30, une interpolation linéaire est appliquée.

1. Basé sur le scenario "Maitrise des coûts", (Oliveira Martins et de la Maisonneuve, 2013).

Source : Commission européenne (2012), OECD Pensions at a Glance (2011), Merola et Sutherland (2012), Banque d'Israël.

StatLink http://dx.doi.org/10.1787/888933227364

Il est possible qu'aucun des indices mentionnés ci-dessus n'appréhende bien certaines incertitudes à long terme susceptibles de peser sur les dépenses consacrées aux projets à long terme. Il s'agit surtout de doutes à propos de la façon dont seront résolus les défis fondamentaux auxquels les sociétés sont confrontées :

- Le vieillissement de la population met déjà sous pression les dépenses publiques de nombreux pays. La charge budgétaire totale ex ante résultant de la hausse des dépenses consacrées aux pensions de retraite, à la santé et à la dépendance pourrait représenter en moyenne 2.5 % du PIB (tableau 3.3) et être nettement supérieure dans certains pays. En l'absence de décisions sur les modalités de traitement de ces tensions futures, le risque que les entreprises et les investisseurs doivent payer davantage d'impôts pour financer les dépenses liées au vieillissement réduit peut-être les dépenses d'investissement actuelles. Ces préoccupations sont probablement aggravées par le montant relativement élevé de la dette publique et par le rendement minime des actifs sûrs, lequel défavorise les systèmes de retraite à prestations définies gérés par les entreprises.
- L'objectif de l'action publique face au changement climatique, qui consiste à limiter à 2° C l'augmentation de la température à l'échelle mondiale, exigera des changements significatifs en matière de fiscalité et de réglementation aux niveaux national et international. L'incertitude sur la manière dont la communauté internationale répondra à ce défi peut principalement peser sur les dépenses d'investissement privé des secteurs de l'énergie et des transports, mais elle risque d'avoir des effets plus étendus. Une résolution rapide et claire de ce problème pourrait stimuler les dépenses d'investissement, les entreprises réagissant aux possibilités qui s'offriront à la suite des mesures prises pour limiter le changement climatique.

Réglementation et concurrence

L'assouplissement de la réglementation des marchés de produits depuis le début de la crise, en particulier dans les pays vulnérables de la zone euro, devrait améliorer les perspectives de développement des investissements (graphique 3.25). Cela serait conforme aux études empiriques de l'OCDE qui concluent que les réglementations anticoncurrentielles en ce domaine, notamment les obstacles à l'entrée sur le marché ainsi qu'aux échanges et à la concurrence, présentent une corrélation négative avec les investissements et l'accumulation de capital (Alesina et al., 2005; Nicoletti et Scarpetta, 2005).[24] Les résultats de l'enquête et les données empiriques mentionnées ici indiquent aussi à quel degré la réglementation gêne l'investissement productif :

- L'analyse empirique exposée à l'encadré 3.2 et à l'annexe 3.1 montre que la réglementation des marchés de produits – mesurée par l'indicateur OCDE de la réglementation dans les secteurs de l'énergie, des transports et des communications (RETC) – diminue le stock de capital à long terme et les niveaux d'investissement à court terme.
- Au vu des enquêtes, les entreprises estiment que la réglementation entrave les dépenses d'investissement. Ainsi, les répondants à l'enquête BIAC sur le climat des affaires déclarent qu'une réglementation restrictive ou complexe exerce dans leur pays une

24. En théorie, l'incidence sur l'investissement d'une concurrence accrue sur les marchés de produits est incertaine. Elle peut soit inciter davantage les entreprises à effectuer de nouveaux investissements pour garder leur avance sur les concurrents, soit, en entamant la rentabilité des entreprises en place, réduire leur capacité à financer aisément de nouveaux investissements.

Graphique 3.25. **La réglementation des marchés de produits a été assouplie dans certains pays, mais pas dans tous**

Échelle de l'indice allant de 0 (réglementation la moins restrictive) à 6 (réglementation la plus restrictive)

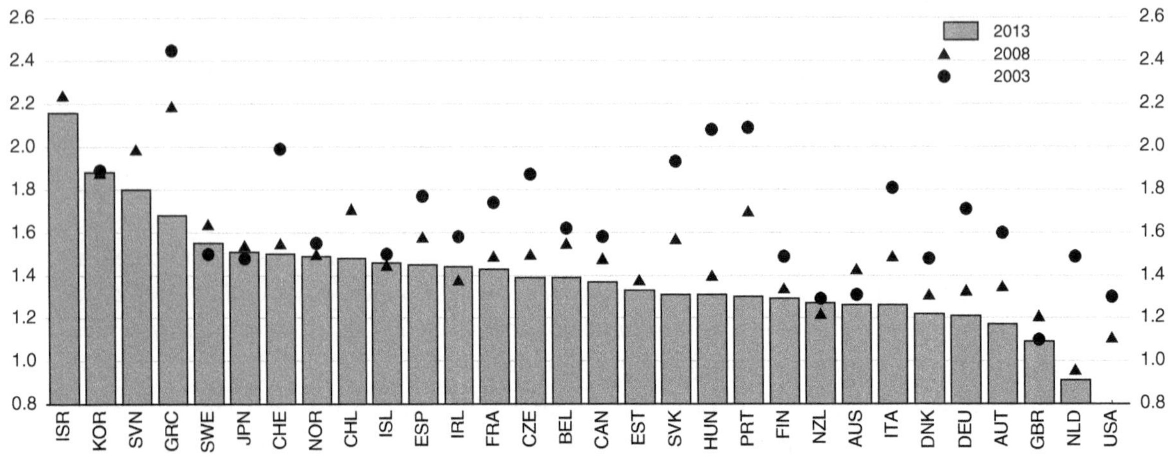

Note : Le chiffre de 2013 n'est pas disponible pour les États-Unis.

Source : Base de données de l'OCDE sur la réglementation des marchés de produits.

StatLink http://dx.doi.org/10.1787/888933226530

contrainte « très importante » sur l'investissement, allant au-delà de l'insuffisance de la demande interne ou mondiale (encadré 3.3).

- Avec les progrès des technologies numériques et les possibilités qu'elles donnent de faciliter les transactions, les réglementations qui favorisent le lancement de plateformes numériques et d'autres opérations informatisées détermineront sans doute davantage les investissements à l'avenir.

Les règles propres à l'IDE influent directement sur la capacité d'un pays à attirer des investissements en capital fixe internationalement mobiles. L'indicateur OCDE du caractère restrictif de la réglementation de l'IDE permet de mesurer les restrictions qu'imposent explicitement à l'IDE les réglementations nationales. Il retient quatre grandes catégories de facteurs : les restrictions concernant le contrôle du capital, les obligations d'examen et d'approbation, les restrictions portant sur le personnel étranger essentiel et d'autres restrictions opérationnelles (comme les limites à l'acquisition de terrains ou au rapatriement de bénéfices et de capital). Les restrictions sur les entrées d'investissements directs ont été progressivement assouplies, tant dans les pays de l'OCDE que dans les BRIICS, mais, dans le deuxième groupe, elles restent tout de même beaucoup plus strictes en moyenne.[25]

Un assouplissement des restrictions aux entrées d'IDE pourrait avoir un effet nettement positif sur leur niveau, surtout en Europe (Nicoletti et al., 2003). De nouvelles estimations de l'OCDE montrent aussi les avantages éventuels d'une harmonisation réglementaire plus poussée en Europe: une réduction d'un cinquième des différences réglementaires entre deux pays augmenterait les entrées d'IDE de quelque 15 % (encadré 3.5). Les règles environnementales peuvent aussi influer sur la localisation des

25. Un tout petit nombre de pays de l'OCDE, comprenant la Nouvelle-Zélande, le Mexique, le Canada, la Corée et l'Islande, appliquait encore en 2014 des restrictions comparativement fortes sur l'IDE au regard de l'indicateur OCDE du caractère restrictif de la réglementation en ce domaine.

Encadré 3.5. **L'effet sur les flux d'IDE de l'hétérogénéité de la réglementation des marchés de produits**

Des travaux préliminaires de l'OCDE (Fournier, 2015b ; annexe 3.3) examinent l'effet des politiques publiques sur les encours bilatéraux d'IDE à l'aide d'un modèle de gravité (tableau ci-dessous). À l'instar de Santos Silva et Tenreyro (2006), on emploie un estimateur de pseudo-maximum de vraisemblance de Poisson. Pour vérifier la robustesse des résultats, un estimateur linéaire est utilisé dans certaines régressions dans lesquelles la variable dépendante est le logarithme de l'encours d'IDE.

L'une des constatations essentielles est que l'hétérogénéité des réglementations des marchés de produits (RMP) a une incidence négative significative sur l'IDE. Pour une paire de pays, l'hétérogénéité désigne la part des paramètres réglementaires qui diffèrent selon l'indicateur de RMP de l'OCDE utilisé au niveau de chaque question (Fournier, 2015a ; annexe 3.3). Cette méthode fait apparaître qu'une vaste série de réformes qui réduirait d'un cinquième la divergence règlementaire entre les pays entraînerait une hausse de l'IDE d'environ 15 %.

Les autres conclusions sont notamment les suivantes :

- En ce qui concerne les domaines spécifiques de l'action publique en la matière, les divergences portant sur l'exonération des mesures antitrust, les obstacles à la prestation de services, celles applicables aux industries de réseau et les réglementations imposées d'autorité ont toutes des effets négatifs notables sur l'IDE.
- Les restrictions à l'IDE, mesurées par un indice spécifique, ont également une incidence manifestement négative.
- La complexité des procédures réglementaires gêne l'IDE. Si les pays dans lesquels elle est la plus grande décidaient de se situer dans la moyenne de la moitié des pays où les règles applicables à l'IDE sont les moins complexes, l'IDE pourrait progresser de quelque 15 %.
- Certains éléments montrent que l'appartenance au marché unique de l'UE peut avoir un effet positif sur l'IDE, qui s'ajoute à celui déjà pris en compte par les indicateurs relatif à la réglementation. En revanche, l'appartenance à l'ALENA a des conséquences négatives, qui résultent peut-être d'un effet de substitution en faveur des échanges (voir Fournier et al., 2015, pour obtenir des éléments attestant de l'important impact positif de l'ALENA sur les échanges).

Déterminants des IDE

Méthode d'estimation	Poisson			Linéaire		
RMP^h_{ijt}	**-1.67*****	**-1.54****	**-0.71**	**-2.83*****	**-2.95*****	**-2.55*****
Même système juridique$_{ij}$	0.46***	0.45***	0.43***	0.61***	0.61***	0.63***
Restrictions aux IDE$_{it}$	-0.25*		-0.37**	-0.056		-0.14
Complexité des Procédures réglementaires$_{it}$	-0.15***	-0.16***	-0.17***	0.021	0.0100	-0.0092
Espace Economique Européen$_{it}$	-0.13	-0.21	-0.53*	0.92***	0.66**	0.84***
Espace Economique Européen$_{jt}$	-0.036	-0.056	-0.54	-0.039	0.13	-0.051
Espace Economique Européen$_{ijt}$	0.32	0.33	0.54**	0.12	0.11	0.13
ALENA$_{ij}$	-1.22***	-1.20***	-0.85***	-0.99	-1.02	-1.25*
N	2,017	2,017	1,951	2,017	2,017	1,951
R^2	0.893	0.889	0.913	0.817	0.818	0.819
Effets fixes pays et années	OUI	OUI	OUI	OUI	OUI	OUI
Contrôles pour le niveau du RMP dans sept sous domaines	NON	OUI	NON	NON	OUI	NON
Contrôles pour les différences de taille et de facteurs de production	NON	NON	OUI	NON	NON	OUI

Note: Les astérisques (*, **, ***) correspondent aux seuils de significativité (10%, 5%, 1%) des coefficients. i désigne le pays d'entrée et j le pays de sortie. RMP^h_{ijt} = Hétérogénéité de la réglementation des marchés de produits, ALENA$_{ij}$ = Accord de libre-échange nord-américain, Restrictions aux IDE$_{it}$ = Sous-composante de l'indicateur RMP construite à partir de l'indicateur OCDE de restrictions aux IDE. Poisson = Poisson pseudo-maximum likelihood. Les déterminants usuels de modèles de gravité et divers autres déterminants sont ajoutés en sus des variables montrées dans cette table (Annexe 3.3).

Source: Calculs de l'OCDE.

StatLink http://dx.doi.org/10.1787/888933227382

investissements internationalement mobiles, en particulier ceux effectués sur des sites encore inexploités (Bialek et Weichenreider, 2015 ; encadré 3.1).

Facteurs influant sur l'investissement public et l'investissement en infrastructures

L'investissement public porte sur les infrastructures publiques et sociales, les équipements destinés à la défense et la propriété intellectuelle. Outre l'effet direct de sa hausse sur la demande, il peut agir sur la production potentielle à long terme par diverses voies:

- Des études empiriques font état de conséquences positives notables des infrastructures publiques sur la productivité (Fernald, 1999) et sur la croissance économique (Bom et Ligthart, 2014). Toutefois, elles peuvent ne pas être linéaires, en raison par exemple d'effets de seuil dans les externalités de réseau (Fernald, 1999; Sutherland et al., 2009). Selon les estimations, les dépenses publiques d'éducatin et de santé ont également un impact positif important sur la production potentielle à long terme (Barbiero et Cournède, 2013).
- La recherche fondamentale financée sur fonds publics a permis la mise au point de nombreuses technologies importantes (Singer, 2014). Il y a aussi des preuves de retombées positives sur les activités innovantes du secteur privé (Azoulay et al., 2015) et les progrès de la productivité totale des facteurs (Guellec et van Pottelsberghe de la Potterie, 2004). Enfin, il ressort également de travaux effectués par l'OCDE que le fait d'affecter des dépenses publiques élevées à la recherche fondamentale améliore la capacité d'absorption et l'aptitude à tirer parti des innovations qui apparaissent à la frontière mondiale (OCDE, 2015a).

Effets de l'assainissement budgétaire

Le recours à des coupes dans les investissements publics en vue de réduire les déficits budgétaires a un coût pour la stabilisation de la demande; plusieurs études laissent penser que le multiplicateur des dépenses d'investissement des administrations est supérieur à 1 et plus élevé que celui d'autres instruments budgétaires. Ainsi, Auerbach et Gorodnichenko (2012), en utilisant des données des États-Unis, aboutissent à un multiplicateur des dépenses publiques de 1 en général, mais de 2.1 pour les investissements des administrations publiques. Des éléments recueillis auprès de diverses économies donnent également à penser que les multiplicateurs des dépenses d'investissement des administrations sont généralement plus élevés que ceux de la consommation publique et sont supérieurs à 1 dans certains cas (Ilzetzki et al., 2011). C'est pourquoi, la réduction de l'investissement public compte parmi les moyens d'assainissement budgétaire les moins souhaitables (Cournède et al., 2013). C'est sans doute particulièrement le cas si les dépenses d'investissement publiques sont réduites dans des domaines stratégiques ayant des effets de réseau significatifs ou dans ceux où le taux de rendement social est élevé, une telle mesure provoquerait un blocage des investissements dans les activités connexes.

Pourtant, après la crise, de nombreux gouvernements ont diminué les investissements fixes des administrations pour respecter leurs objectifs d'assainissement budgétaire. Dans l'ensemble de l'OCDE, le recul de ces investissements a représenté en moyenne 0,6 % du PIB de 2010 à 2013, soit à peu près un quart de l'effort d'assainissement des comptes publics. La baisse a été plus marquée dans certains pays: elle a dépassé 2,5 % du PIB en Grèce, en Espagne ainsi qu'en Irlande et représenté à peu près 40 % du redressement opéré en Espagne. Le lien est évident entre les mesures de rigueur budgétaire prises pendant cette période et la contraction de l'investissement fixe du secteur public: en moyenne, un assainissement d'un point de PIB a été de pair avec une baisse de l'investissement public à hauteur de 0,3 % du PIB (graphique 3.26). De ce fait, ces efforts d'assainissement, au lieu de permettre d'atteindre l'objectif de réduction des ratios de la dette publique brute au PIB ne font généralement que les amplifier, éloignant encore plus l'économie de la possibilité de parvenir à une viabilité à moyen terme.

Il y a aussi un lien entre les mesures d'assainissement budgétaire appliquées après la crise et les déficits d'investissements en infrastructures pendant la même période (graphique 3.27).[26] Ces déficits sont mesurés par la part de l'investissement en infrastructures dans le PIB depuis 2007 relativement à sa moyenne de long terme avant la crise. Alors que la corrélation négative est moindre qu'avec les investissements fixes des administrations (corrélation mentionnée auparavant), quelques pays qui ont mené à bien à un assainissement budgétaire assez poussé ont aussi, depuis la crise, un déficit d'investissement en infrastructures relativement important (Grèce, Islande, République slovaque, République tchèque et Slovénie).

Graphique 3.26. **La baisse de l'investissement public a été la plus marquée dans les pays où l'assainissement budgétaire a été le plus poussé**

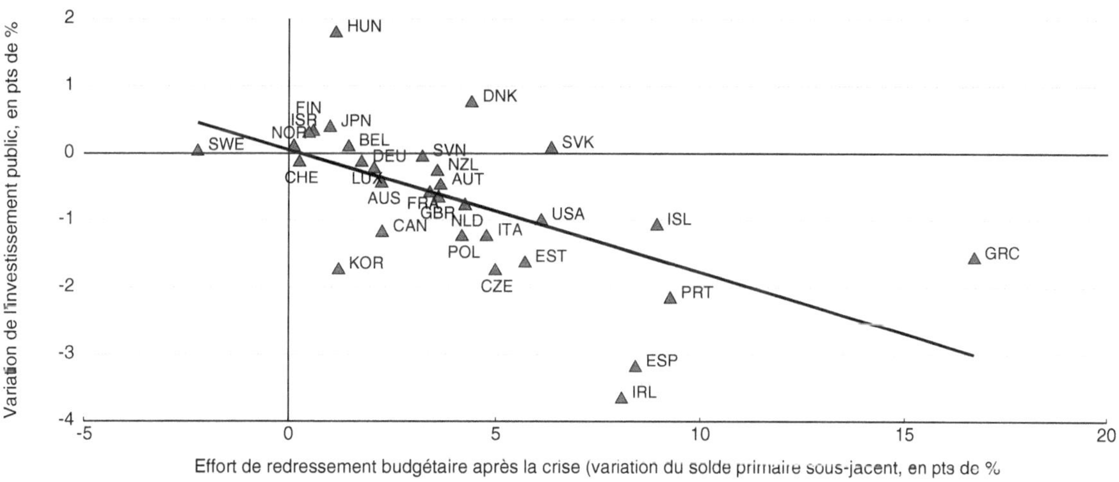

Note : Le solde primaire sous-jacent et l'investissement public sont exprimés en pourcentage du PIB potentiel. L'assainissement est représenté par l'évolution du solde primaire sous-jacent depuis le début des mesures de redressement budgétaire prises à la suite de la crise (2009/10 pour la plupart des pays) et jusqu'en 2013. La Grèce ne figure pas dans le graphique.

Source : Base de données des Perspectives économiques de l'OCDE, n° 97 ; et calculs de l'OCDE.

StatLink http://dx.doi.org/10.1787/888933226547

26. L'investissement en infrastructures comprend des dépenses du secteur privé, effectuées par exemple dans le cadre de partenariats public-privé (PPP). En outre, il arrive que certaines dépenses des administrations destinées à des infrastructures – comme celles qui transitent par les fonds structurels de l'UE – ne figurent pas dans les comptes nationaux en tant que dépenses d'investissement mais en tant que transferts de capitaux. Si les fonds sont finalement transférés à des acteurs privés et dépensés par eux, il est possible qu'ils soient comptabilisés dans les investissements privés.

Graphique 3.27. **Un assainissement budgétaire poussé s'accompagne d'un plus grand déficit d'investissement brut en infrastructures**

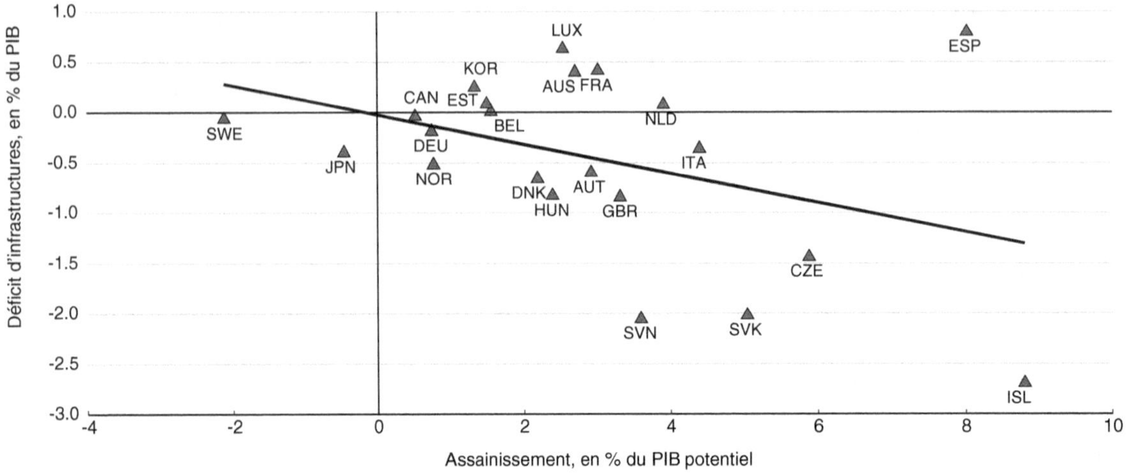

Note : La Grèce ne figure pas dans la corrélation. Le déficit d'infrastructures est la différence entre la moyenne observée après 2009 et la moyenne 1997-2007.
Source : Base de données des Perspectives économiques de l'OCDE, n° 97 ; offices statistiques nationaux ; et calculs de l'OCDE.

StatLink http://dx.doi.org/10.1787/888933226551

Politiques réglementaires et investissements en infrastructures

Les projets d'infrastructures entraînent souvent des coûts fixes élevés, les décisions d'investissement sont irréversibles et leur mise à disposition reflète en général une forme de défaillance du marché (externalités ou monopoles naturels par exemple) à laquelle il faut remédier par une intervention de l'État. La création et l'utilisation des infrastructures sont donc sensibles à la réglementation, notamment celle qui porte sur la structure souhaitée du marché, le régime d'accès et la tarification, mais aussi sur la prise en charge des risques. Des estimations de l'OCDE laissent penser qu'une réduction des obstacles à l'entrée dans les industries de réseau peut encourager une hausse des investissements en infrastructures (Sutherland et al., 2009).

Les indicateurs de l'OCDE sur la réglementation des secteurs de l'énergie, des transports et des communications (RETC), qui couvrent sept industries de réseau (télécommunications, électricité, gaz, poste, réseau ferré, transport aérien de passagers et fret routier) montrent une réduction des barrières réglementaires dans presque tous les pays de l'OCDE de 2008 à 2013. Toutefois, un examen par secteur fait apparaître une grande dispersion entre les pays, ce qui pourrait gêner l'efficience et l'investissement, en particulier dans les infrastructures de réseaux transfrontières. Une amélioration des infrastructures de commerce et de transport pourrait aussi avoir une incidence significative sur le niveau des échanges internationaux de nombreux pays, dont la Turquie (Ojala et Çelebi, 2015). De nouvelles données de l'OCDE au niveau des entreprises révèlent l'effet préjudiciable sur les dépenses d'investissement des entreprises qui exercent dans les secteurs d'infrastructures de la réglementation des marchés de produits (dont la RETC) et des restrictions à l'IDE (annexe 3.2).

Les défaillances du marché donnent à penser que l'intervention des pouvoirs publics est nécessaire pour limiter les émissions de gaz à effet de serre. À cette fin, plusieurs gouvernements ont encouragé l'investissement dans les énergies propres, notamment l'éolien et le photovoltaïque, au moyen de subventions directes et de tarifs préférentiels garantis pour ces sources d'énergie. Cette politique a réussi à faire sensiblement augmenter la production d'énergie éolienne et photovoltaïque ainsi qu'à réaliser des gains d'efficience dans les énergies propres. Les échanges et les investissements internationaux ont joué un rôle important dans cette évolution. Toutefois, on s'inquiète que les interventions de l'État puissent parfois freiner les échanges et l'IDE dans le domaine de la production d'énergie. À ce propos, des études récentes de l'OCDE montrent qu'imposer des obligations de contenu local pour l'octroi de subventions ou de tarifs préférentiels a pour effet de réduire la production d'énergie photovoltaïque (encadré 3.6).

L'importance de l'analyse coûts-bénéfices

Pour assurer que l'investissement public apporte des gains à long terme, il est indispensable de sélectionner les projets sur la base d'une analyse coûts-bénéfices rigoureuse.

- De nombreux pays recourent déjà à l'analyse coûts-bénéfices pour repérer les meilleurs projets. Le plan d'investissement pour l'Europe, également appelé « plan Juncker », comporte un volet essentiel prévoyant l'évaluation et la communication d'informations sur les projets d'investissement à long terme proposés, tant à l'intention des gouvernants qu'à celle des éventuels investisseurs privés (encadré 3.7).
- Les gouvernants se heurtent notamment à la difficulté de sélectionner des projets dans les circonstances actuelles, alors que les coûts d'investissement sont anormalement bas, ce qui peut conduire à surestimer la viabilité de certains projets.
- Étant donné la nature des projets d'infrastructures, leurs avantages peuvent être sous-estimés si l'on ne procède pas à une évaluation exacte de l'impact des externalités sur d'autres domaines économiques intégrés dans l'analyse (Sutherland et al., 2009).
- Les effets du changement climatique et les incertitudes relatives aux mesures prises par les pouvoirs publics dans le monde entier pour les contrer compliquent encore l'analyse coûts-bénéfices par les gouvernants qui doivent tenir compte des externalités et des coûts à long terme qui ne sont pas connus.

Conséquences pour l'action publique

Un accroissement de l'investissement est nécessaire pour placer les économies sur une trajectoire de croissance visant un point d'équilibre plus élevé. Une politique macroéconomique mise en œuvre avec efficacité, qui stimule la demande globale jouera un rôle important pour revitaliser l'investissement mondial. Celle-ci devra s'accompagner de réformes structurelles qui améliorent les perspectives de croissance à long terme et qui confortent la confiance et augmentent la richesse et la demande globale à court terme. Les orientations appropriées des politiques de gestion de la demande et des mesures structurelles sont examinées aux chapitres 1 et 2. Ayant été établi que les investissements nationaux répondent à la fois à la demande intérieure et internationale, il convient de favoriser une coordination internationale efficace des politiques de gestion de la demande. Une action commune produit plus d'effets que des mesures disparates, appliquées isolément par chaque pays. De même, des politiques structurelles cohérentes qui éliminent ou à réduisent les protections aux frontières sont sans doute particulièrement efficaces pour créer des opportunités d'investissement rentables. Il convient également de tenir compte des synergies potentiellement importantes entre les différents types

Encadré 3.6. **Surmonter les obstacles à l'investissement international dans les énergies propres**[1]

Depuis une dizaine d'années, les gouvernements accordent aux énergies propres une aide substantielle qui a bénéficié aux investissements tant nationaux qu'internationaux. Elle s'élevait à 121 milliards USD en 2013 (AIE, 2014b). Au moins 138 pays appliquaient en 2014 des mesures de soutien à cette forme d'énergie (REN21, 2014). Les dispositifs d'incitation ont contribué à une augmentation générale des investissements dans les énergies propres, bien qu'ils coexistent avec des désincitations, comme les subventions aux énergies fossiles ainsi que la rigidité des marchés et de la réglementation, qui favorisent les énergies fossiles déjà en place dans le secteur de l'électricité. En outre, les énergies solaire (photovoltaïque) et éolienne sont devenues de plus en plus concurrentielles grâce à la baisse des prix d'intrants, grandement facilitée par les échanges et les investissements internationaux. La chaîne logistique et la spécialisation des fonctions dans le secteur photovoltaïque sont présentées au graphique ci-dessous.

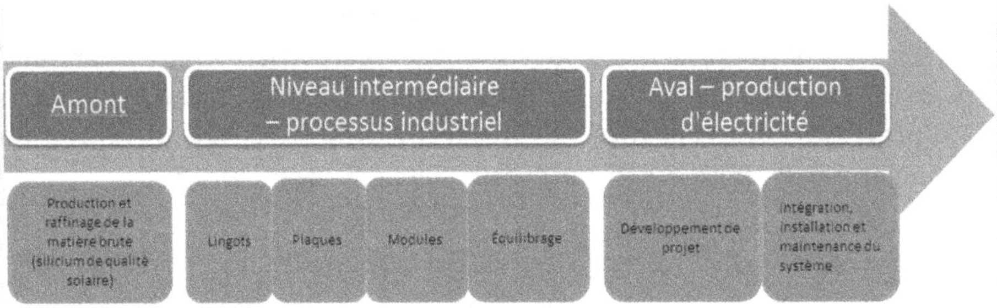

Les nouveaux investissements dans les énergies propres ont sextuplé de 2004 à 2011, pour atteindre 279 milliards USD en 2011, avant de diminuer en 2012-13. La plus grande part de ces nouveaux flux a été destinée aux énergies solaire et éolienne, avec des montants respectifs de 114 et de 80 milliards USD en 2013.

Depuis la crise financière de 2008, toutefois, le fait que le secteur des énergies propres soit perçu comme un levier possible de la croissance et de l'emploi a conduit plusieurs pays de l'OCDE et certaines économies de marché émergentes (EME) à concevoir des politiques industrielles vertes visant à protéger les producteurs nationaux, notamment en imposant des obligations de contenu local (OCL). Il s'agit habituellement de demander aux entreprises opérant dans ce domaine de trouver sur place une proportion spécifique des emplois, des composants et des coûts pour avoir le droit de recevoir une aide publique ou de participer aux appels d'offres. Un rapport à paraître de l'OCDE – intitulé « Surmonter les obstacles à l'investissement international dans les énergies propres » – montre que les obligations de ce type ont été conçues ou appliquées par au moins 21 pays, dont 16 pays de l'OCDE et EME, en général depuis 2009[2]. Ce rapport évalue aussi les effets des OCL sur les chaînes logistiques des énergies solaire (photovoltaïque) et éolienne (voir tableau ci-après).

S'agissant des chaînes logistiques internationales, il ressort de nouvelles données empiriques que les OCL ont freiné les flux d'investissements internationaux dans le secteur des énergies solaire et éolienne. C'est peut-être parce que ces mesures augmentent le coût des intrants intermédiaires ou en diminuent la qualité, d'où une moindre compétitivité des activités dans les segments de la chaîne logistique situés en aval, qui créent plus de valeur (voir graphique ci-dessous). L'effet préjudiciable estimé des OCL est légèrement supérieur quand on tient compte à la fois des investissements nationaux et internationaux. Cela montre qu'elles ne favorisent pas les flux d'investissement internes.

Encadré 3.6. **Surmonter les obstacles à l'investissement international dans les énergies propres**[1] *(suite)*

En outre, selon les résultats d'une nouvelle enquête auprès des investisseurs lancée en 2014 par l'OCDE – intitulée « Égaliser les conditions de concurrence des investissements internationaux dans les énergies propres »[3] – les OCL constituent le principal obstacle officiel aux yeux des investisseurs internationaux dans les énergies solaire et éolienne. On constate sans surprise qu'une majorité de ceux qui exercent des activités en aval dans ces secteurs considèrent les OCL comme un obstacle (voir tableau ci-dessous). De façon plus inattendue, une majorité des investisseurs se livrant à des activités en amont ou au niveau intermédiaire partage cette opinion. Ce résultat laisse penser que les OCL peuvent constituer une gêne pour l'investissement international dans l'ensemble de la chaîne logistique.

Les dirigeants pourraient donc souhaiter réexaminer si des mesures discriminatoires en faveur des industriels nationaux peuvent améliorer ou non la création d'emplois et de valeur dans le secteur des énergies propres.

Résumé des obligations de contenu local (OCL) applicables aux secteurs des énergies éolienne et solaire dans les pays de l'OCDE et les économies émergentes

Pays	Portée	Nature de la mesure et secteur(s) d'application[1]	Année d'application
Brésil	Nationale	Accès au financement pour l'énergie éolienne	2009 (en cours)
	Nationale	Accès au financement pour l'énergie solaire	À venir - 2017
Canada	Infranationale	Ontario: éligibilité aux tarifs de rachat pour les énergies solaire et éolienne	2009-2014
	Infranationale	Québec: éligibilité aux appels d'offres pour l'énergie éolienne	2003
Chine	Nationale	Éligibilité aux appels d'offres pour l'énergie éolienne	2003 (cessation en 2009)
	Nationale	Accès au financement pour l'énergie éolienne	2008 (cessation en 2011)
France	Nationale	Éligibilité au tarif de rachat pour l'énergie solaire	2013 (abrogation en 2014)
Grèce	Nationale	Éligibilité au tarif de rachat pour l'énergie solaire	2012 (en cours)
Inde	Nationale	Éligibilité aux appels d'offres et au tarif de rachat pour l'énergie solaire	2010-22 (en cours)
Indonésie	Nationale	Éligibilité au tarif de rachat pour l'énergie solaire	2013 (en cours)
Italie	Nationale	Éligibilité au tarif de rachat pour l'énergie solaire	2012-13 (le tarif de rachat a expiré en juillet 2013)
Russie	Nationale	Éligibilité au tarif de rachat pour les énergies solaire et éolienne	2013 (en cours)
Afrique du sud	Nationale	Éligibilité aux appels d'offres et aux tarifs de rachat pour les énergies éolienne et solaire	2012 (en cours)
Espagne	Infranationale	Galice, Navarre, Castille et Léon ainsi que Valence: éligibilité aux appels d'offres et au tarif de rachat pour l'énergie éolienne	1999 en Navarre; 2004 en Galice; cessation en 2012-13 par le biais de changements rétroactifs.
Turquie	Nationale	Éligibilité aux tarifs de rachat pour les énergies solaire et éolienne	2010 (en cours)
États-Unis	Infranationale	Éligibilité aux tarifs de rachat pour les énergies solaire et éolienne, au tarif de rachat par l'État ou au prix de revente de l'électricité en Californie, en Ohio, dans l'État de Washington et dans le New Jersey; éligibilité à un allégement fiscal dans le Massachusetts	2012 en Californie et au Massachusetts (en cours); 2007 en Ohio (seulement pour la procédure de proposition de 2007); 2006 dans l'État de Washington (cessation en 2011); en cours dans le New Jersey

1. Tarif préférentiel de rachat.

Source: OCDE (2015e), Surmonter les obstacles à l'investissement international dans les énergies propres, Éditions OCDE, Paris, à paraître; actualisé en septembre 2014.

1. En référence à OCDE (2015e).
2. Situation en septembre 2014.
3. L'enquête a été effectuée d'avril à juin 2014 au moyen d'un questionnaire en ligne adressé à des industriels internationaux, à des concepteurs de projets et à des financiers, tous de premier plan, opérant dans les secteurs de l'énergie solaire et éolienne. Les résultats sont tirés d'un échantillon de 62 répondants travaillant pour 59 sociétés présentes dans tous les segments situés en amont, au niveau intermédiaire et en aval des chaînes logistiques des énergie solaire et éolienne.

Encadré 3.6. **Surmonter les obstacles à l'investissement international dans les énergies propres**[1] *(suite)*

Pourcentage d'investisseurs internationaux présents dans différents segments des chaînes logistiques des énergies solaire et éolienne considérant les OCL comme un obstacle

Énergie photovoltaïque		Énergie éolienne	
Amont ou intermédiaire	Aval	Amont ou intermédiaire	Aval
75%	73%	70%	72%

Note: chiffre ressortant d'un échantillon de 42 investisseurs internationaux ayant répondu. Les résultats intègrent les réponses de 8 investisseurs internationaux qui opèrent dans l'ensemble des segments (amont, intermédiaire et aval).
Source: Enquête de l'OCDE 2014 auprès d'investisseurs, dans OCDE (2015e).

Plus de la moitié de la création de valeur a lieu en aval de la production de modules

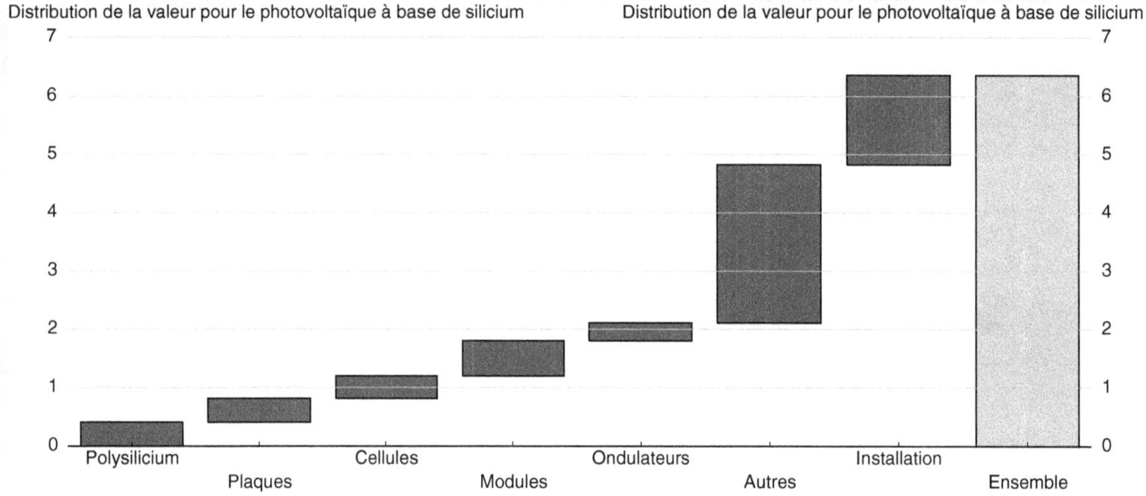

Source : Natural Resources Defence Council (NRDC) (2012), Laying the Foundation for a Bright Future : Assessing Progress Under Phase 1 of India's National Solar Mission, rapport d'étape, avril 2012 ; citant GTM Research, 2011 ; Association européenne de l'industrie photovoltaïque (EPIA) et Greenpeace, 2006, 2011 ; Rutovitz et Atherton, 2009 ; The Solar Foundation, 2011 ; le graphique ci-dessus est tiré d'une analyse de la chaîne logistique non subventionnée du marché du photovoltaïque à base de silicium aux États-Unis. La distribution de la valeur est à peu près similaire pour les technologies « couches minces ».

StatLink http://dx.doi.org/10.1787/888933226585

d'investissement qui peuvent avoir des effets rétroactifs favorables. La consolidation de la base et des infrastructures scientifiques dans un pays peut ainsi aider à conforter la croissance potentielle et à attirer les capitaux des investisseurs internationaux (Barrell et Pain, 1999). Ces investissements peuvent à leur tour stimuler l'investissement intérieur, à la fois directement et indirectement, par effet d'entraînement.

Politiques de gestion de la demande globale

La politique monétaire dans les grandes zones de l'OCDE produit d'ores et déjà des effets stimulants extraordinairement forts et cette politique devrait continuer de s'assouplir avec les rachats d'actifs opérés au Japon et dans la zone euro en 2015 et 2016. La réduction des coûts de financement qui en découle, en particulier pour les grandes entreprises, devrait, en principe, être propice aux dépenses d'investissement. Or, un

Encadré 3.7. **Le plan Juncker – Le plan d'investissement pour l'Europe**

Le plan d'investissement pour l'Europe, adopté par la Commission européenne présidée par M. Jean-Claude Juncker, est un ensemble de mesures destinées à libérer l'investissement public et privé dans l'économie de l'Union européenne (UE) de 2015 à 2017. Cet encadré présente ce plan et ses effets éventuels sur l'investissement.

Un plan à trois volets

- *Financer l'investissement grâce à un nouveau Fonds européen pour les investissements stratégiques (EFSI).* Le fonds devrait être mis en place par la Commission et la Banque européenne d'investissement (BEI) d'ici septembre 2015. Son capital sera constitué d'une contribution de 5 milliards EUR de la BEI et d'une garantie de 16 milliards EUR, financée par le budget de l'UE. La moitié de cette garantie de 16 milliards EUR sera versée de manière retardée sur 2016-2020, en réaffectant des crédits budgétaires existants. L'EFSI sera également ouvert à d'autres contributeurs. Les contributions des États membres de l'UE au capital de l'EFSI bénéficieront d'un traitement favorable au regard des règles budgétaires européennes (voir plus bas). L'enveloppe globale de 21 milliards EUR du fonds sera mobilisée pour lever environ trois fois plus de ressources grâce à l'émission d'emprunts obligataires, et les ressources ainsi levées seront utilisées « en couverture des premières pertes » pour attirer d'autres investisseurs privés ou publics et financer des projets d'environ quatre fois la capacité de prise de risques initiale. Chaque euro du capital de l'EFSI devrait ainsi générer quelque 15 EUR d'investissements dans l'économie réelle, le volume d'investissement total étant estimé à 315 milliards EUR (soit 2.2 % du PIB de l'UE en 2014).
- Procurer une réserve de projets à l'échelle de l'UE et assistance technique :
  - Une réserve de projets sera constituée pour fournir des informations immédiatement accessibles et régulièrement mises à jour sur les projets viables. Un groupe de travail spécial Commission/BEI a identifié quelque 2 000 projets potentiels, représentant un volume d'investissement de 1 300 milliards EUR, parmi lesquels certains, d'une valeur totale de 500 milliards EUR, pourraient être menés à bien de 2015 à 2017. Les secteurs essentiels devant bénéficier d'un financement sont : la connaissance, l'innovation et l'économie numérique ; l'union de l'énergie ; les transports ; les infrastructures ;les équipements collectifs ; les ressources naturelles et l'environnement. Un quart des fonds environ sont consacrés aux PME et aux entreprises de taille intermédiaire. Les principaux critères de sélection des projets sont les suivants : la valeur ajoutée de l'intervention de l'UE (même s'il ne s'agit pas de projets transnationaux) ; la viabilité économique qui suppose que la priorité soit donnée à des projets d'un haut niveau de rentabilité socioéconomique ; le stade de préparation des projets, qui doivent être prêts pour un lancement dans les trois prochaines années.
  - Une plateforme européenne de conseil en investissement, assurant une assistance technique auprès des promoteurs de projets, des investisseurs et des autorités publiques de gestion, sera mise en place. L'utilisation d'instruments financiers innovants tels que des prêts, des instruments de fonds propres et des garanties, par opposition aux aides non remboursables classiques, sera encouragée, ou encore des instruments de titrisation de qualité, notamment dans le cadre des Fonds européens structurels et d'investissement (fonds ESI).
- *Création d'un cadre propice à l'investissement par la suppression des obstacles réglementaires et financiers.* La Commission s'est engagée en faveur d'un cadre propice à l'environnement qui assure une meilleure prévisibilité réglementaire, lève les obstacles à l'investissement en Europe et renforce encore le marché intérieur. Les principales questions à aborder sont celles-ci : création d'une union des marchés des capitaux (UMC) pour réduire la fragmentation des marchés financiers de l'UE et compléter le financement bancaire encore prédominant, réduire les coûts de financement et faciliter l'accès des PME et entreprises de taille intermédiaire au financement ; instaurer/achever l'Union européenne de l'énergie et le marché unique numérique et poursuivre l'intégration des réseaux de télécommunications et de transport. Une unification encore plus poussée et la levée de certains obstacles sur d'autres marchés de services et de produits sont des mesures également importantes.

Encadré 3.7. **Le plan Juncker – Le plan d'investissement pour l'Europe** *(suite)*

L'impact sur l'investissement

Le plan vise en priorité les infrastructures, les industries de réseau et l'innovation, qui présentent de fortes externalités positives et peuvent donc générer de l'investissement privé. L'EFSI sera géré de manière autonome et la sélection des projets reposera sur des critères prédéfinis sans être faussée par des considérations régionales, nationales ou sectorielles, ce qui devrait contribuer à une forte rentabilité socioéconomique. Cette indépendance, alliée à l'application des règles sur les aides d'État, devrait également empêcher toute éviction de l'investissement privé en garantissant que seuls les projets risqués, qui ne pourraient pas être menés à bien autrement, bénéficieront d'un financement. Il reste toutefois à voir si ces projets seront capables de générer un taux de rentabilité financière suffisant pour attirer assez de sources de cofinancement privées si la valeur ajoutée pour la collectivité est l'un des principaux critères de sélection car elle va généralement de pair avec une rentabilité financière plus faible et/ou avec des rendements générés sur des périodes bien plus longues.

Le plan pourrait également servir de catalyseur à l'investissement privé soutenu par les pouvoirs publics par un assouplissement ciblé de certaines contraintes budgétaires. Les contributions respectives des États membres de l'UE au capital de l'EFSI bénéficieront d'un traitement favorable au regard des critères d'application du Pacte de stabilité et de croissance. Elles n'auront pas d'impact sur leurs positions structurelles puisqu'elles constitueront de fait des mesures ponctuelles. Lorsqu'il sera procédé à l'évaluation des dérives par rapport aux objectifs de dette et de déficit, les contributions à l'EFSI seront assimilées à un facteur d'atténuation (de la même manière que les contributions au Mécanisme européen de stabilité) si le dépassement par rapport aux objectifs peut être jugé mineur et temporaire. Pour l'heure toutefois, aucun pays n'a manifesté d'intérêt pour une contribution directe au capital de l'EFSI. À ce jour, cinq pays se sont engagés à participer au capital du fonds en passant par leur banque nationale de développement économique *via* le cofinancement de plates-formes ou de projets qui bénéficieront d'un financement de l'EFSI, l'Allemagne, la France et l'Italie contribuant à hauteur de 8 milliards EUR chacune, l'Espagne à hauteur de 1.5 milliard EUR et le Luxembourg à hauteur de 80 millions EUR).[1] Ces banques nationales de développement économique sont généralement classées en dehors du secteur public, de sorte que leurs opérations n'ont pas d'incidences sur les finances publiques. Toutefois, si une contribution au cofinancement d'un projet est effectuée directement par un État membre, le traitement favorable au titre du Pacte de stabilité et de croissance ne sera possible que si le pays est admissible à l'application de la « clause d'investissement ».[2]

1. Ces contributions représentent respectivement 0.4 %, 0.3 %, 0.5 %, 0.15 % et 0.2% environ du PIB nominal de chaque pays pour 2014. Le pourcentage annuel effectif par rapport au PIB sera inférieur, en fonction des modalités de répartition du versement des contributions dans le temps.
2. Cette clause est applicable lorsque la croissance du PIB du pays est négative ou que l'écart de production négatif est supérieur à 1.5 % du PIB, que le déficit global ne donne pas lieu à un dépassement de la valeur de référence de 3 % du PIB, moyennant la préservation d'une marge de sécurité par rapport à cette valeur de référence, et que l'investissement public total ne peut pas diminuer (c'est-à-dire que les dépenses cofinancées dans le cadre de l'EFSI ne se substituent pas à des investissements financés au niveau national).

assouplissement monétaire allant au-delà de ce qui est prévu actuellement doit être évalué à l'aune de ses effets indirects négatifs sur la stabilité financière future et l'éventualité qu'il puisse être à l'origine de projets d'investissement peu rentables. Une surveillance macroprudentielle et une analyse coûts-bénéfices correctes soutiendraient la politique monétaire. De plus, des mesures sont nécessaires pour améliorer la transmission de la politique monétaire, notamment dans la zone euro, de façon à ce que les entreprises, en particulier les PME, puissent profiter d'un crédit facile. Il faudra à cette fin prendre des mesures pour renforcer la solidité financière des banques, y compris des dispositions visant à améliorer la qualité et le volume de leurs fonds propres.

Il est possible de recourir à des mesures budgétaires favorisant la croissance et à une orientation de la politique budgétaire propice à l'équité.

- Un redéploiement budgétairement neutre des dépenses publiques en faveur de l'investissement aurait pour effet de dynamiser la demande étant donné que les coefficients multiplicateurs d'investissement sont généralement plus élevés que ceux des autres postes de dépenses (Ilzetzki *et al.*, 2011 ; Auerbach et Gorodnichenko, 2012). Ainsi, compte tenu des multiplicateurs différentiels examinés plus haut, un redéploiement des dépenses dans les catégories à faible multiplicateur, à hauteur de 1 % du PIB, en faveur de l'investissement pourrait générer jusqu'à un 1 % de PIB supplémentaire.
- De bonnes raisons existent pour accroître les dépenses d'investissement publiques, même si elles gonflent la dette publique. L'opinion est que les infrastructures sont déficientes et la plupart des États peuvent emprunter à des taux très faibles et sur de longues durées. L'investissement public aura pour effet de consolider la demande à court terme, mais l'ampleur de ces effets à court terme et des effets bénéfiques à long terme dépendra du type et de la qualité des dépenses publiques. Un investissement public, particulièrement efficace et bénéfique, peut inclure :
  - *des investissements publics qui préparent le terrain pour les investissements privés*. Des investissements porteurs de synergies auront des taux de rentabilité sociale supérieurs aux investissements privés. Ces investissements peuvent être, par exemple, des dépenses publiques de R-D supplémentaires dans la recherche fondamentale, qui peuvent susciter ultérieurement des investissements dans la R-D appliquée et *in fine*, de nouveaux investissements dans des actifs corporels ou des dépenses d'infrastructures à l'appui de l'investissement privé pour exploiter le potentiel du site. Il peut également s'agir d'investir dans l'infrastructure de la connaissance, notamment dans les réseaux haut débit, avec des effets potentiellement bénéfiques pour la productivité.
  - *des investissements publics qui ont des répercussions indirectes favorables dans d'autres domaines de l'action publique, notamment le changement climatique et l'environnement*. Outre les dépenses de R-D fondamentale dans des technologies visant à réduire les gaz à effet de serre, un investissement public de ce type peut aider à ce qu'une absence de réseau (de bornes de rechargement pour véhicules électriques, par exemple, ou de points de collecte pour un déchet particulier) ne bloque pas des projets d'investissements privés dans le secteur concerné. D'autres solutions consistent pour les pouvoirs publics à subventionner l'investissement ou imposer une réglementation. Le rapport coût-efficacité de ces interventions sera sans doute d'autant plus important que les coûts de contrôle sont élevés ou que les pollueurs sont très éparpillés.
  - *des partenariats public-privé (PPP) qui ont un effet de levier sur l'investissement public et améliorent l'efficience*. S'il est probablement possible d'élaborer des mécanismes de PPP qui permettent une meilleure efficience de l'investissement et de l'exploitation à un coût et des risques acceptables pour les budgets publics ultérieurs, il y a lieu d'éviter les PPP motivés essentiellement par des considérations comptables (Araújo et Sutherland, 2010). Il conviendra d'examiner attentivement la manière dont le risque est évalué et réparti convenablement entre les partenaires publics et privés. En Europe, où l'investissement reste en demi-teinte dans un certain nombre de pays, la mise en œuvre du plan Juncker, avec ses PPP et son objectif de fournir un cadre réglementaire

propice à l'investissement, constitue un pas dans le bon sens (encadré 3.7).

Des mécanismes budgétaires indirects offrent également la possibilité de stimuler l'investissement privé, en instaurant, par exemple des crédits d'impôt temporaires ou des modalités d'amortissement accéléré des investissements à des fins fiscales. De nombreux pays y ont eu recours depuis le début de la crise (voir plus haut). À titre d'exemples, on citera la passation intégrale en charges de l'investissement productif aux États-Unis en 2010 et un abattement temporaire de l'impôt sur les sociétés au Japon en 2014, puis au Royaume-Uni et en France en 2015. Des allégements fiscaux temporaires, comme l'accélération des dotations aux amortissements, peuvent en principe être très efficaces puisqu'ils permettent d'anticiper certaines dépenses d'investissement (House et Shapiro, 2008 ; Eichfelder et Schneider, 2014), mais peuvent aussi entraîner des effets d'aubaine. La question de l'efficacité de ces mesures en période d'atonie de l'investissement sous-jacent reste posée, même si elles peuvent jouer un rôle particulièrement efficace pour alléger les contraintes financières pesant sur les PME.

Dissiper les incertitudes

Les autorités ont une responsabilité particulière, celle de dissiper les incertitudes entourant leur action dont il est avéré qu'elles pèsent sur les décisions d'investissement productif et des investisseurs. L'action doit être menée sur plusieurs fronts dans le pays :

- Sur le front budgétaire, certains pays doivent s'attacher particulièrement à inscrire dans la loi des stratégies crédibles permettant de gérer des situations budgétaires qui ne sont pas soutenables (et dans certains cas, presque impossibles à atteindre) compte tenu des taux de croissance actuels. Cela suppose d'être attentif à la fois aux dépenses et aux recettes budgétaires, d'annoncer une trajectoire et des approches crédibles tenant compte de la croissance et des conséquences des politiques structurelles sur l'inclusion ainsi que sur la croissance.
  - En raison des dérives passées par rapport à certaines trajectoires budgétaires annoncées, la récompense tirée d'une trajectoire crédible par certains pays de la zone euro sera moindre que celle obtenue sur le marché par des pays ayant de meilleurs antécédents. De nouvelles inquiétudes sont susceptibles de découler des mesures prises pour s'attaquer aux conséquences politiques de cette différenciation.
  - Au Japon, la viabilité des finances publiques doit être assurée pour atténuer une source importante d'incertitudes. À cet égard, un plan d'assainissement crédible, ainsi qu'une accélération de la croissance de la production par le biais de réformes structurelles audacieuses, y compris celles figurant dans la stratégie du Japon pour la croissance, sont indispensables.
  - Les incertitudes entourant le mode de financement des coûts budgétaires du vieillissement et du surcroît de dépenses de santé y afférent pourraient être dissipées grâce à des réformes en amont, qui fixeraient par la loi l'évolution future des droits à prestations et de l'accès aux services, de la fiscalité et des cotisations.
  - Dans certains pays, il faut veiller à ce que la politique de la corde raide ne génère pas d'incertitudes. Les tensions répétées qu'ont fait peser le relèvement du plafond d'endettement et d'autres jalons budgétaires aux États-Unis ont entamé la confiance, cependant que des règles budgétaires complexes et l'attribution ad hoc de dérogations dans la zone euro ont réduit la crédibilité des cadres budgétaires.

- Sur le front monétaire, plus de visibilité sur la stratégie ultérieure de normalisation des pouvoirs publics permettrait de dissiper les incertitudes. La Réserve fédérale des États-Unis, qui s'apprête à lancer bientôt sa politique de normalisation, a publié des orientations générales sur la manière dont elle entend relever ses taux d'intérêt et ajuster la taille de son bilan. D'autres instances monétaires devront faire de même, mais pourront bénéficier de l'expérience de la normalisation aux États-Unis.

De plus, des mesures sur le front international sont également indispensables :

- La conclusion rapide d'un accord multilatéral sur les modalités et le lieu d'imposition des bénéfices des sociétés multinationales permettrait de lever une source potentielle d'incertitudes pour ces entités.
- La communauté internationale a également besoin de mener à bien la réforme réglementaire du secteur financier. En particulier, plus de clarté s'impose sur la question de la résolution des défaillances des établissements financiers transfrontaliers et une réglementation des prêts à long terme contribuerait à dissiper certains doutes qui peuvent peser sur les décisions de prêt et d'investissement des banques.
- La conclusion rapide d'accords commerciaux internationaux, en particulier le Partenariat transpacifique et le Partenariat transatlantique de commerce et d'investissement, pourrait atténuer l'incertitude réglementaire dans les pays concernés.
- La communauté internationale doit encore décider de sa stratégie pour limiter le changement climatique et les décisions prises à terme détermineront si d'importants projets d'investissement sont ou non commercialement viables. Les atermoiements chroniques en la matière compromettront l'objectif ultime et feront hésiter les investisseurs, inquiets d'engager des fonds à long terme dans des investissements très concentrés là où les choix du passé risquent fort d'influer sur le futur.

Des politiques structurelles visant à favoriser l'investissement à long terme dans le capital et le travail

Politiques financières

Il faut instituer un cadre approprié pour faire en sorte que les établissements financiers apportent les financements qui conviennent à de solides projets d'investissement à long terme. En principe, ces établissements sont fortement incités à financer des projets à plus long terme, avec des taux de rentabilité et une répartition des risques clairement définis.

- Depuis la crise, les réformes financières mondiales adoptées sous l'égide du G20 et les réformes nationales ont eu pour but de développer la capacité d'adaptation du système financier aux chocs et d'éviter que ne se reproduisent les excès observés. Ce faisant, il en coûte plus cher désormais aux investisseurs institutionnels d'apporter des financements à long terme à des investissements dans les infrastructures et d'autres projets de longue durée, compte tenu de ce que les organismes de retraite et les compagnies d'assurance sont tenues de détenir plus de fonds propres en garantie de ces actifs non liquides. Il est important de s'assurer que ces évolutions ne découragent pas les investisseurs institutionnels de fournir des fonds à long terme (OCDE, 2014a).
- Plus globalement, ainsi qu'il est souligné dans les rapports de l'OCDE au G20, il faut améliorer les conditions-cadres pour encourager les investisseurs institutionnels à fournir des ressources à long terme. Dans le secteur de l'énergie, où le prix des externalités pour la collectivité est mal calculé et où les risques politiques et les risques

associés aux projets peuvent être importants, cette amélioration pourrait consister, par exemple, à réduire les risques afférents aux obligations vertes (obligations qui sont émises spécialement pour financer l'investissement dans l'atténuation du changement climatique) par des rehaussements de crédit qui classeraient ces titres dans la catégorie « valeur d'investissement » et en feraient donc des supports adaptés aux investisseurs institutionnels. Une évaluation complète des mesures nécessaires pour favoriser la participation des investisseurs institutionnels au financement de l'investissement à long terme est donnée par l'OCDE (2014a ; 2015d).

Cadres réglementaires des marchés privés intérieurs et internationaux de produits et d'infrastructures

L'assouplissement des conditions d'entrée et des contrôles opérationnels sur les marchés où la concurrence est possible et l'instauration d'un régime efficace de réglementation de l'offre d'infrastructures seraient propices à l'investissement à long terme.

- L'assouplissement des restrictions et des contraintes sur les marchés de produits est un domaine important où les pouvoirs publics peuvent stimuler l'investissement. La réduction des obstacles à l'entrée et l'allégement des obligations réglementaires auront pour effet d'abaisser les coûts pour les entreprises d'un ajustement de leur stock de capital existant (Alesina *et al.*, 2005). Il n'y a plus d'avancées sur ce terrain dans l'OCDE. Comme indiqué plus haut, des indicateurs actualisés de la réglementation des marchés de produits donnent à penser que seules de modestes réformes ont été entreprises pour limiter les réglementations restrictives ces cinq dernières années (Koske et al., 2015). Il importe de s'attaquer à cette question non seulement pour les résultats en termes d'investissements, mais aussi pour la croissance en général.
- Les pouvoirs publics jouent également un grand rôle dans l'amélioration de l'environnement réglementaire et des modalités de financement pour assurer une offre adéquate d'infrastructures. La planification à long terme est particulièrement importante pour les investissements dans les infrastructures, un secteur où les délais de construction et la durée de vie opérationnelle des actifs sont relativement longs et où l'investissement privé peut être nécessaire pour combler, grâce à des partenariats public-privé, les déficits de financement (voir plus haut). À cet égard, il serait possible de contribuer à rentabiliser les infrastructures et localiser les points où les insuffisances sont notoires un recours plus fréquent en tirant un meilleur parti du versement de redevances d'utilisation (de Mello et Sutherland, 2014). Une plus large diffusion des informations sur les performances financières à long terme des investissements antérieurs dans les infrastructures et sur leurs risques serait utile aux investisseurs institutionnels susceptibles d'investir dans les infrastructures.
- La planification des pouvoirs publics et un cadre réglementaire clair sont particulièrement importants dans les économies de marché émergentes, où le sentiment d'un plus haut niveau d'instabilité et d'incertitude peut dissuader les investisseurs privés d'apporter des financements éminemment utiles. Afin de dissiper certaines incertitudes, ces économies doivent veiller à ce que les mécanismes de règlement des différends, les mesures de renégociation des contrats et les politiques d'acquisitions foncières qui s'imposent soient mis en place en vue de possibles projets d'infrastructures (OCDE, 2015f). La réforme des pratiques managériales et de l'efficience des grandes entreprises publiques, qui coordonnent et réalisent de nombreux

investissements dans les infrastructures dans certaines économies émergentes, serait également un atout pour leur permettre d'accéder aux financements des investisseurs internationaux.

- Aucun obstacle ne doit entraver les flux d'investissement direct étranger (IDE) car un régime d'IDE ouvert est garant d'une répartition optimale de l'investissement mondial. Les dépenses d'investissement peuvent augmenter dans le pays d'origine comme dans celui de destination lorsqu'il s'agit d'IDE vertical, aboutissant à de la constitution de chaînes de valeur mondiales. Il reste que selon l'indice de restrictivité de la réglementation de l'IDE, plusieurs économies membres et non membres de l'OCDE imposent ouvertement des obstacles aux entrées d'IDE, ainsi qu'en témoigne la liste des réserves formulées par les pays adhérents au titre du Code de la libération des mouvements de capitaux de l'OCDE. De nouvelles initiatives pour assouplir ou lever ces obstacles déclarés auraient pour effet de stimuler l'investissement. Des instruments mieux ciblés devraient être utilisés partout où ces restrictions n'ont pas pour finalité de maintenir les capitaux étrangers en dehors du territoire

Lever les obstacles aux investissements dans les actifs incorporels et dans le capital intellectuel

L'investissement dans les actifs incorporels et autres formes de capital intellectuel bénéficie de politiques publiques qui permettent de créer un environnement propice à l'introduction et la diffusion d'idées et de technologies situées à la frontière de productivité. Bon nombre des priorités d'action définies dans la Stratégie pour l'innovation de l'OCDE 2015 (OCDE, 2015g) pourraient aider à stimuler l'investissement dans le capital intellectuel et plus généralement, les dépenses d'investissement. Outre les mesures mentionnées plus haut pour mettre en place des marchés de produits, et de capitaux parfaitement opérationnels, des mesures plus spécifiques pour favoriser l'investissement dans le capital intellectuel devraient être mises en œuvre (Andrews et Criscuolo, 2013).

- Les incitations fiscales à la R-D devraient être remboursables, comporter des dispositions de report ou prévoir des exonérations de retenue à la source sur les salaires des personnels de R-D, de façon à éviter de trop favoriser les entreprises déjà bien implantées aux dépens des plus jeunes.
- Les systèmes d'enregistrement des droits de propriété intellectuelle (DPI) devraient être mis à jour de façon à être davantage en phase avec l'évolution rapide de l'innovation aujourd'hui. Si des droits de brevet bien définis peuvent inciter les entreprises à l'innovation, en particulier dans les secteurs de la chimie et de la pharmacie, le coût croissant des procédures de litige érode l'efficacité du système des brevets dans son action de promotion de l'innovation dans le secteur des logiciels. Plus généralement, les régimes de DPI doivent être assortis de politiques en faveur de la concurrence pour garantir une efficacité maximum.
- La libre circulation des données devrait être favorisée pour faciliter les transactions et la gestion informatisées et l'accumulation de capital intellectuel privé qui en découle. En particulier, les réglementations qui entravent le développement des plateformes numériques devraient être adaptées, tout en veillant au respect des normes de qualité, de sécurité et du travail.
- Les réglementations sur la faillite qui ne pénalisent pas trop lourdement les défaillances d'entreprises vont généralement de pair avec une diffusion technologique plus rapide,

d'arrivées plus nombreuses d'entreprises nouvelles sur le marché (qui sont une source majeure de création de technologies nouvelles) et une plus grande efficience allocative pour soutenir l'expansion des entreprises innovantes.

Veiller à la disponibilité du capital humain pour les investissements et la croissance à long terme.

De récents travaux de l'OCDE donnent à penser que le creusement des inégalités déjà fortes dans de nombreux pays de l'OCDE peut non seulement avoir des conséquences sociales préjudiciables mais aussi entraver la croissance économique à long terme, en grande partie en portant atteinte à l'investissement en faveur du capital humain des 40 % d'individus les plus défavorisés (OCDE, 2015h). Promouvoir les opportunités pour cette catégorie de la population peut contribuer à sortir l'économie et la société du piège d'un équilibre de faible croissance à moyen et long termes. Une meilleure adaptabilité de marché du travail à court terme peut contribuer à soutenir l'investissement dans le capital humain à plus long terme. Les mesures visant à augmenter les revenus des travailleurs situés au bas de l'échelle des salaires varient d'un pays à l'autre en fonction de la situation actuelle et des politiques en vigueur, mais pourraient inclure des évolutions portant sur le salaire minimum légal, sur les compléments de revenu d'activité et sur les dispositions fiscales en faveur des ménages à faible revenu. (OCDE, 2015i).

Bibliographie

AIE (2014a), *World Energy Investment Outlook – Special Report*, AIE, Paris, *www.iea.org/publications/freepublications/publication/WEIO2014.pdf*

AIE (2014b), *World Energy Outlook 2014*, Éditions OCDE/AIE, Paris.

Alesina, A., S. Ardagna, G. Nicoletti, et F. Schiantarelli (2005), « Regulation and Investment », *Journal of the European Economic Association*, vol. 3, pp. 1-35.

American Society of Civil Engineers (2013), « 2013 Report Card for America's Infrastructure », *www.infrastructurereportcard.org/wp-content/uploads/2013ReportCardforAmericasInfrastructure.pdf.*

Anderson, J. E. et E van Wincoop (2003), « Gravity with Gravitas: A Solution to the Border Puzzle », *American Economic Review*, vol. 93, n° 1, pp. 170-192.

Andrews, D., A. Caldera Sánchez et Å. Johansson (2011), « Housing Markets and Structural Policies in OECD Countries », *Documents de travail du Département des affaires économiques de l'OCDE*, n° 836, Éditions OCDE, Paris.

Andrews, D. et C. Criscuolo (2013), « Knowledge Based Capital, Innovation and Resource Allocation », *Documents de travail du Département des affaires économiques de l'OCDE*, n° 1046, Éditions OCDE, Paris.

Araújo, S. et D. Sutherland (2010), « Public-Private Partnerships and Investment in Infrastructure », *Documents de travail du Département des affaires économiques de l'OCDE*, n° 803, Éditions OCDE, Paris.

Arbatli, E. (2011), « Economic Policies and FDI Inflows to Emerging Market Economies », *Documents de travail du FMI*, n° WP/11/192.

Ashley, R. et A. Cashman (2006), « Incidences du changement sur la demande à long terme d'infrastructures dans le secteur de l'eau », in *Les infrastructures à l'horizon 2030 : Télécommunications, transports terrestres, eau et électricité*, Éditions OCDE, Paris.

Auerbach, A.J. et Y. Gorodnichenko (2012), « Fiscal Multipliers in Recession and Expansion », in A. Alesina et F. Giavazzi (dir. pub.), « Fiscal Policy after the Financial Crisis », University of Chicago Press.

Azouley, P., J. Graff Zevin, D. Li et B. Sampat (2015), « Public R&D and Private Sector Patenting : Evidence from NIH Funding Rules », *NBER Working Papers*, n° 20889.

Baker, S., N. Bloom et S. Davis (2013), « Measuring Economic Policy Uncertainty », *Chicago Booth Research Papers*, n° 13-02.

Barbiero, O. et B. Cournède (2013), « New Econometric Estimates of Long-Term Growth Effects of Different Areas of Public Spending », *Documents de travail du Département des affaires économiques de l'OCDE*, n° 1100, Éditions OCDE, Paris.

Barrell, R. et N. Pain (1999), « Domestic Institutions, Agglomerations and Foreign Direct Investment in Europe », *European Economic Review*, vol. 43.

Bates, T.W., K.M. Kahle, et R.M. Stulz (2009), « Why Do U.S. Firms Hold so Much More Cash than They Used To? », *Journal of Finance*, vol. 64.

BCE (2013), « The Perceived External Financing Gap Indicator for Small and Medium-sized Enterprises in the Euro Area », encadré 2, *Bulletin mensuel de la BCE*, août, pp. 19-24.

BCE (2015), *The Euro Area Bank Lending Survey. First quarter of 2015*, avril 2015.

Belderbos, R., K. Fukao, K. Ito et W. Letterie (2013), « Global Fixed Capital Investment by Multinational Firms », *Economica*, vol. 80.

Bernanke, B. (1983), « Irreversibility, Uncertainty and Cyclical Investment », *Quarterly Journal of Economics*, vol. 98.

Bialek, S. et A. Weichenrieder (2015), « Do Stringent Environmental Policies Deter FDI? M&A versus Greenfield », *CESIFO Working Papers*, n° 5262.

Bloom, N. (2009), « The Impact of Uncertainty Shocks », *Econometrica*, vol. 77.

Bloom, N., S. Bond et J. van Reenen (2007), « Uncertainty and Investment Dynamics », *Review of Economic Studies*, vol. 74, n° 3, pp. 391-415.

Blundell-Wignall, A. et C. Roulet (2015), « Infrastructure versus other investments in the global economy and stagnation hypotheses: What do company data tell us? », *OECD Journal: Financial Market Trends*, vol. 2014, n° 2, pp. 7-45.

Bom, P. et J. Ligthart (2014), « What Have We Learned from Three Decades of Research on the Productivity of Public Capital », *Journal of Economic Surveys*, vol. 28.

Bond. S., J.A. Elston, J. Mairesse et B. Mulkay (2003), « Financial Factors and Investment in Belgium, France, Germany and the United Kingdom: A Comparison Using Company Panel Data », *Review of Economics and Statistics*, vol. 85.

Braconier, H., M. Pisu et D. Bloch (2013), « The Performance of Road Transport Infrastructure and its Links to Policies », *Documents de travail du Département des affaires économiques de l'OCDE*, n° 1016, Éditions OCDE, Paris.

Braunerhjelm, P., L. Oxelheim et P. Thulin (2005), « The Relationship between Domestic and Outward Foreign Direct Investment: The Role of Industry-Specific Factors », *International Business Review*, vol. 14.

Byrne, D., D. Oliner et D. Sichel (2015), « How Fast are Semiconductor Prices Falling? », *NBER Working Papers*, n° 21074.

Chirinko, R. (1993), « Business Fixed Investment Spending: Modelling Strategies, Empirical Results, and Policy Implications », *Journal of Economic Literature*, vol. 31(4), pp. 1875-1911.

Coady, D., I. Parry, L. Sears et B. Shang (2015), « How Large are Global Energy Subsidies », *Documents de travail du FMI*, n° 15/105, Washington.

Coiteux, M., P. Rizzetto, L. Suchanek et J. Voll (2014), « Why Do Canadian Firms Invest and Operate Abroad? Implications for Canadian Exports », *Document d'analyse de la Banque du Canada*, n° 2014-7.

Commission européenne (2012), « The 2012 Ageing Report: Economic and budgetary projections for the 27 EU Member States (2010-60) », *European Economy*, 2012, n° 2.

Commission européenne (2013), « Box 1.2: The Impact of Uncertainty on Productive Investment », *Quarterly report on the euro area*, n° 12/2.

Commission européenne (2014), « Box 1.1: The Economic Effects of Policy Uncertainty », *European Economic Forecast – Winter 2014*.

Corrado, C., J. Haskel, C. Jona-Lasinio et M. Iommi (2012), « Intangible Capital and Growth in Advanced Economies: Measurement Methods and Comparative Results », INTAN-Invest, *document non publié*.

Cournède, B., A. Goujard, A. Pina et A. de Serres (2013), « Choosing Fiscal Consolidation Instruments Compatible with Growth and Equity », *Documents d'orientation du Département des affaires économiques de l'OCDE*, n° 7, Éditions OCDE, Paris.

CPB (2015), « Investment in the OECD: Pre- and Post-crisis Developments », *CPB Communication*, 19 mai, CPB Netherlands Bureau for Economic Policy Analysis.

Davis, E. P. (2010), « Asset Prices and Real Economic Activity », *Documents de travail du Département des affaires économiques de l'OCDE*, n° 764, Éditions OCDE, Paris.

de Mello, L. et D. Sutherland (2014), « Financing Infrastructure », *International Centre for Public Policy Working Papers*, n° 14-09.

Desai, M., C. Foley et J. Hines (2005), « Foreign Direct Investment and the Domestic Capital stock », *American Economic Review*, vol. 95.

Desai, M., C. F. Foley et J. R. Hines (2009), « Domestic Effects of the Foreign Activities of U.S. Multinationals », *American Economic Journal: Economic Policy*, vol. 1.

Dixit, A. et R.S. Pindyck (1994), *Investment Under Uncertainty*, Princeton University Press.

Dobbs et al., (2013), *Infrastructure productivity: How to save $1 trillion a year*, McKinsey Global Institute.

Eichfelder, S. et K. Schneider (2014), « Tax Incentives and Business Investment: Evidence from German Bonus Depreciation », *CESIFO Working Papers*, n° 4805.

FactSet (2015), *FactSet Buyback Quarterly*, 16 mars 2015.

Feldstein, M. (1995), « The Effects of Outbound Foreign Direct Investment on the Domestic Capital Stock » in Feldstein, M., J. Hines et R.G. Hubbard (dir. pub.), *The Effects of Taxation on Multinational Corporations*, University of Chicago Press.

Fernald, J. G. (1999), « Roads to Prosperity? Assessing the Link between Public Capital and Productivity », *American Economic Review*, vol. 89.

Ferrara, L. et P. Guérin (2015), « What Are The Macroeconomic Effects of High-Frequency Uncertainty Shocks? », *EconomiX Working Papers*, n° 2015-12.

FMI (2015), « Private Investment: What's the Holdup? », in *World Economic Outlook*, chapitre 4, avril 2015, Fonds monétaire international, pp. 111-143.

Fournier, J. (2015a), « The Heterogeneity of Product Market Regulations », *Documents de travail du Département des affaires économiques de l'OCDE*, n° 1182, Éditions OCDE, Paris.

Fournier, J. (2015b), « The negative effect of regulatory divergence on foreign direct investment », *Documents de travail du Département des affaires économiques de l'OCDE*, à paraître.

Fournier, J. et al. (2015), « Implicit Regulatory Barriers in the EU Single Market: New Empirical Evidence from Gravity Models », *Documents de travail du Département des affaires économiques de l'OCDE*, n° 1181, Éditions OCDE, Paris.

Gala, V.D. et B. Julio (2012), « Convergence in Corporate Investment », London Business School, *document non publié*.

Globerman, S. (2012), *Canadian Outward FDI and Its Implications for the Canadian Economy*, rapport pour le Conference Board pour le Canada, mai 2012.

Guellec, D. et B. van Pottelsberghe de la Potterie (2004), « From R&D to Productivity Growth: Do the Institutional Settings and the Source of Funds of R&D Matter? » *Oxford Bulletin of Economics and Statistics*, vol. 66.

Haddow, A., C. Hare, J. Hooley et T. Shakir (2013), « Macroeconomic Uncertainty: What Is It, How Can We Measure It and Why Does It Matter? », *Bank of England Quarterly Bulletin*, T2 2013.

Head, K. et J. Ries, (2008), « FDI as an Outcome of the Market for Corporate Control: Theory and Evidence », *Journal of International Economics*, vol. 74, n° 1, pp. 2-20.

Herzer, D. (2008), « The Causal Relationship between Domestic and Outward Investment: Evidence for Italy », *Applied Financial Economics Letters*, vol. 4.

Herzer, D. et M. Schrooten (2008), « Outward FDI and Domestic Investment in Two Industrialised Countries », *Economics Letters*, vol. 99.

House, C. et M. Shapiro (2008), « Temporary Investment Tax Incentives: Theory With Evidence », *American Economic Review*, vol. 98.

Ilzetzki, E., E. G. Mendoza et C. A. Végh (2011), « How Big (Small?) Are Fiscal Multipliers? » *Documents de travail du FMI*, n° 11/52, Washington.

Johannson et al. (2015), « Economic Implications of Multinational Tax Planning », *Documents de travail du Département des affaires économiques de l'OCDE*, à paraître.

Johnstone, N. et I. Hascic (2012), « Renforcer la pénétration des énergies renouvelables intermittentes : l'innovation en matière de stockage de l'énergie et de gestion du réseau », in *Politique énergétique et climatique : Infléchir la trajectoire technologique*, Éditions OCDE, Paris.

Koske, I., et al. (2015), « The 2013 update of the OECD's database on product market regulation: Policy insights for OECD and non-OECD countries », *Documents de travail du Département des affaires économiques de l'OCDE*, n° 1200, Éditions OCDE, Paris.

Lewis, C. et al. (2014), « Investment Gaps after the Crisis », *Documents de travail du Département des affaires économiques de l'OCDE*, n° 1168, Éditions OCDE, Paris.

Lindh, T. et B. Malmberg (2008), « Demography and Housing Demand – What Can We Learn from Residential Construction Data? », *Journal of Population Economics*, vol. 21(3), juillet, pp. 521-539.

Merola, R. et D. Sutherland (2012), « Fiscal Consolidation: Part 3. Long-Run Projections and Fiscal Gap Calculations », *Documents de travail du Département des affaires économiques de l'OCDE*, n° 934, Éditions OCDE, Paris.

Monarch, R., J. Park et J. Sivadasan (2014), « Gains From Offshoring? Evidence from US Microdata », *Federal Reserve International Finance Discussion Papers*, n° 1124.

Nicoletti, G., S. Golub, D. Hajkova, D. Mirza et K-Y. Yoo (2003), « L'influence des politiques sur les échanges et l'investissement direct étranger », *Revue économique de l'OCDE*, n° 36, Éditions OCDE, Paris.

Nicoletti, G. et S. Scarpetta (2005), « Regulation and Economic Performance: Product Market Reforms and Productivity in the OECD », *Documents de travail du Département des affaires économiques de l'OCDE*, n° 460, Éditions OCDE, Paris.

OCDE (2007), Développement futur de l'infrastructure de l'eau et des services connexes : évolutions et enjeux, in *Les infrastructures à l'horizon 2030 – vol. 2*, Éditions OCDE, Paris.

OCDE (2008), *Définition de référence de l'OCDE des investissements directs internationaux 2008 : Quatrième édition*, Éditions OCDE, Paris.

OCDE (2010), « Tax Policy Reform and Economic Growth », *Études de politique fiscale de l'OCDE*, Éditions OCDE, Paris.

OCDE (2011a), « Perception des risques, incertitude et confiance », encadré 1.1 in *Perspectives économiques de l'OCDE*, vol. 2011, n° 2, novembre 2011, Éditions OCDE, Paris.

OCDE (2011b), *Panorama des pensions*, Éditions OCDE, Paris.

OCDE (2012), *Strategic Transport Infrastructure Needs to 2030*, Éditions OCDE, Paris.

OCDE (2013), *Perspectives de l'emploi de l'OCDE 2013*, Éditions OCDE, Paris.

OCDE (2014a), *Private Financing and Government Support to Promote Long-Term Investment in Infrastructure*, OCDE, Paris.

OCDE (2014b), *Measuring the Digital Economy: A New Perspective*, Éditions OCDE, Paris.

OCDE (2014c), *Perspectives de l'emploi de l'OCDE 2014*, Éditions OCDE, Paris.

OCDE (2015a), « The Future of Productivity », *Documents de travail du Département des affaires économiques de l'OCDE*, à paraître.

OCDE (2015b), *Mapping Channels to Mobilise Institutional Investment in Sustainable Energy*, Éditions OCDE, Paris.

OCDE (2015c), « Excess Capacity in the Global Steel Industry and the Implications of New Investment Projects », *OECD Science, Technology and Industry Policy Papers*, n° 18, Éditions OCDE, Paris.

OCDE (2015d), *OECD Business and Finance Outlook*, Éditions OCDE, Paris (à paraître).

OCDE (2015e), *Overcoming Barriers to International Investment in Clean Energy*, Éditions OCDE, Paris (à paraître).

OCDE (2015f), « Fostering Investment in Infrastructure: Lessons Learned from OECD Investment Policy Reviews », Éditions OCDE, Paris, *www.oecd.org/daf/inv/investment-policy/Fostering-Investment-in-Infrastructure.pdf*

OCDE (2015g), *Innovation Strategy*, Éditions OCDE, Paris.

OCDE (2015h), *In It Together: Why Less Inequality Benefits All*, Éditions OCDE, Paris.

OCDE (2015i), *OECD Employment Outlook 2015*, Éditions OCDE, Paris (à paraître).

OCDE/ITF (2015), *ITF Transport Outlook 2015*, Éditions OCDE/Forum International des Transports, Paris.

Ojala, L. et D. Çelebi (2015), « The World Bank's Logistics Performance Index (LPI) and Drivers of Logistics Performance », document préparé pour la Table ronde du Forum international des transports sur les stratégies de développement logistique et leurs indicateurs de résultats (9-10 mars 2015, Queretaro, Mexique).

Oliveira Martins, J. et C. de la Maisonneuve (2014), « The Future of Health and Long-Term Care Spending », *Revue économique de l'OCDE*, Éditions OCDE, Paris.

REN21 (2014), *Renewables 2014: Global Status Report*, Renewable Energy Policy Network for the 21st Century.

Sánchez, J.M. et E. Yurdagul (2013), « Why are Corporations Holding So Much Cash? », *The Regional Economist*, janvier, Federal Reserve Bank of St. Louis.

Santos Silva, J.M.C., et S. Tenreyro (2006), « The Log of Gravity », *The review of Economics and Statistics*, vol. 88, n° 4, pp. 641–658.

Singer, P. (2014), « Federally Supported Innovation: 22 Examples of Major Technology Advances that Stemmed from Federal Research Support », The Information Technology and Innovation Foundation, février.

Sutherland, D., S. Araújo, B. Égert et T. Kozluk (2009), « Infrastructure Investment: Links to Growth and the Role of Public Policies », *Documents de travail du Département des affaires économiques de l'OCDE*, n° 686, Éditions OCDE, Paris.

Whelan, K. (2000), « A Guide to the Use of Chain Aggregated NIPA Data », *Board of Governors of the Federal Reserve, Finance and Economics Discussion Series, FEDS 2000-35*, Washington D.C.

Young, G. (1999), « The Influence of Foreign Factor Prices and International Taxation on Fixed Investment in the UK », *Oxford Economic Papers*, vol. 51.

Graphique 3.A1. **La composition du déficit d'investissement varie suivant les pays**

En pourcentage du PIB, niveau de 2014 moins la moyenne de la période 1996-2007

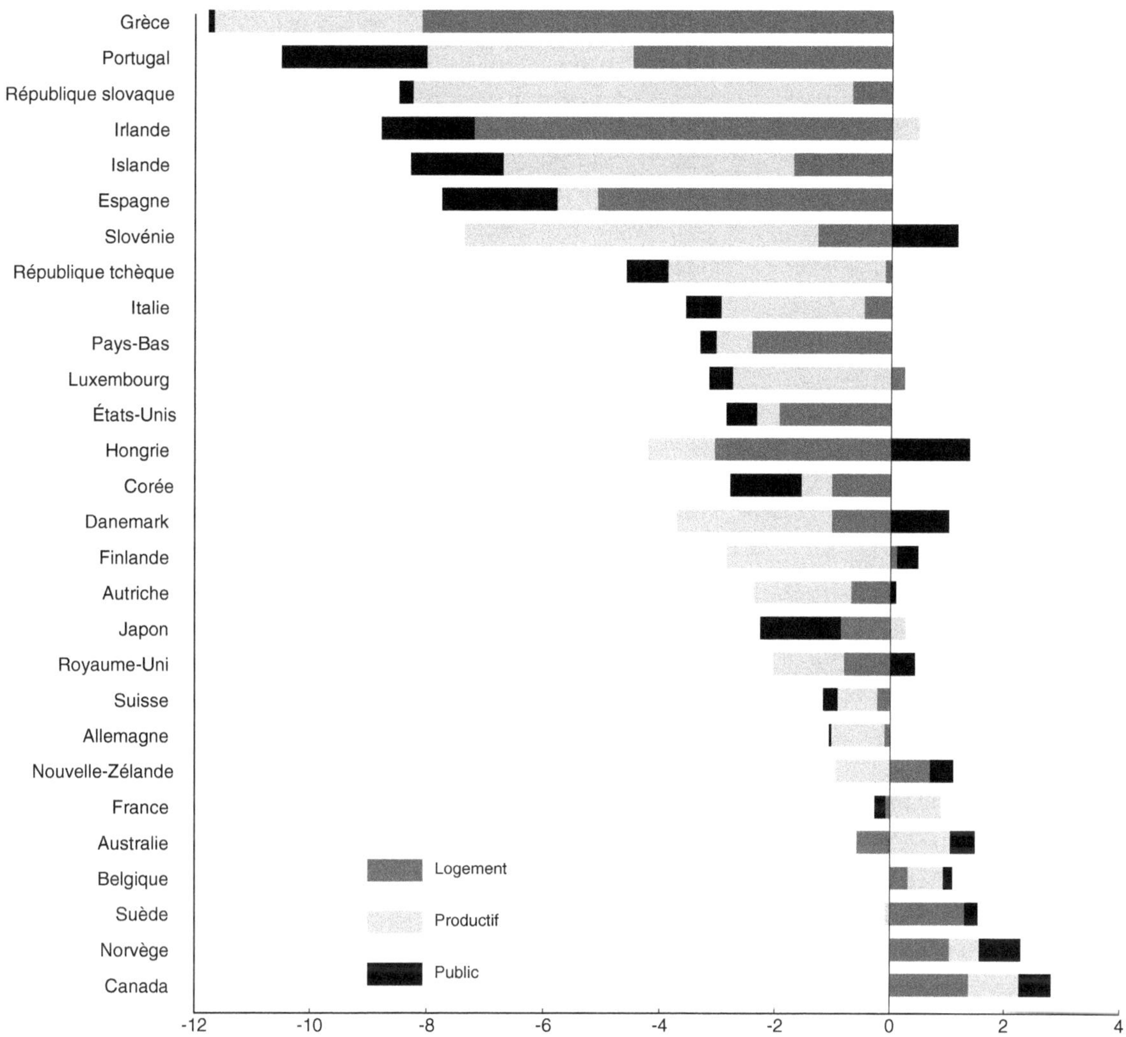

Note : Quand on ne disposait pas encore de données sur l'investissement public ou sur l'investissement en logements pour 2014, on a utilisé les projections des Perspectives économiques de l'OCDE n° 97 (pays concernés : Corée, Hongrie, Irlande, Luxembourg, Pologne, Suisse). Quand aucune donnée sur l'investissement productif n'existe pour un pays, on a calculé cet investissement par différence.

Source : Base de données des Perspectives économiques de l'OCDE, n° 97 ; Commission européenne ; et calculs de l'OCDE.

StatLink *http://dx.doi.org/10.1787/888933226593*

Tableau 3.A1. **Déficit de dépenses d'équipement des sociétés cotées dans les pays de l'OCDE**

En pourcentage du chiffre d'affaires global, 2013 moins moyenne de 2002-2007

	Tous secteurs			Infrastructures			Industrie		
	Moyenne	Dernier	Écart	Moyenne	Dernier	Écart	Moyenne	Dernier	Écart
	2002-07	2013		2002-07	2013		2002-07	2013	
Australie	10.20	10.45	0.24	14.78	14.00	-0.79	9.43	9.82	0.40
Autriche	10.18	9.00	-1.18	-	-	-	10.18	9.00	-1.18
Belgique	7.73	5.86	-1.87	16.03	10.26	-5.77	6.51	5.27	-1.24
Canada	11.75	14.61	2.85	25.69	27.29	1.60	8.74	11.51	2.77
Chili	10.59	9.81	-0.78	13.32	12.59	-0.72	9.87	9.42	-0.45
République tchèque	8.80	9.32	0.51	-	-	-	8.80	9.32	0.51
Danemark	10.62	7.67	-2.95	13.85	8.98	-4.86	5.43	5.51	0.08
Finlande	4.82	4.31	-0.51	-	-	-	4.82	4.31	-0.51
France	6.70	7.14	0.44	9.05	10.63	1.59	6.28	6.69	0.41
Allemagne	5.33	5.17	-0.17	7.87	6.98	-0.88	5.03	4.99	-0.05
Grèce	9.59	6.66	-2.93	12.56	7.56	-5.00	8.14	5.89	-2.25
Irlande	4.51	2.77	-1.74	-	-	-	4.51	2.77	-1.74
Israël	10.37	6.34	-4.03	6.99	4.03	-2.96	11.94	7.10	-4.84
Italie	8.82	7.85	-0.97	12.58	11.41	-1.17	7.86	7.24	-0.62
Japon	5.64	5.41	-0.23	8.69	9.36	0.67	5.25	4.82	-0.43
Corée	7.79	5.72	-2.08	6.41	5.85	-0.57	8.04	5.70	-2.34
Luxembourg	5.48	5.96	0.48	-	-	-	5.48	5.96	0.48
Mexique	10.62	10.09	-0.52	12.91	7.84	-5.06	9.94	10.34	0.40
Pays-Bas	4.51	7.55	3.04	8.64	9.94	1.31	4.18	7.48	3.30
Nouvelle-Zélande	7.66	8.57	0.91	15.28	21.18	5.89	5.38	5.27	-0.11
Norvège	10.79	12.00	1.21	21.94	16.78	-5.16	9.05	11.20	2.15
Pologne	9.85	7.78	-2.07	9.90	6.31	-3.60	9.45	9.33	-0.12
Portugal	10.40	7.34	-3.07	19.65	12.47	-7.18	8.42	6.84	-1.58
Slovénie	8.40	4.40	-4.01	-	-	-	8.40	4.40	-4.01
Espagne	11.29	7.63	-3.66	12.99	15.71	2.72	10.85	5.15	-5.70
Suède	5.41	5.13	-0.28	9.75	17.06	7.31	5.08	4.42	-0.66
Suisse	4.82	5.59	0.77	6.86	8.51	1.65	4.67	5.31	0.64
Turquie	5.68	7.23	1.55	4.48	8.69	4.21	6.04	6.81	0.77
Royaume-Uni	7.27	8.05	0.78	14.15	17.25	3.10	6.35	6.75	0.40
États-Unis	6.37	6.97	0.60	12.63	15.43	2.80	5.38	5.46	0.08
Zone euro	6.63	6.56	-0.08	10.24	10.48	0.25	6.10	6.12	0.02
OCDE	6.64	6.95	0.31	11.89	13.38	1.50	5.84	5.95	0.11
Brésil	8.10	14.93	6.83	13.16	18.30	5.15	7.17	14.37	7.21
Chine	14.18	8.55	-5.64	28.85	20.15	-8.70	12.41	7.60	-4.81
Inde	10.49	10.31	-0.17	10.64	9.84	-0.80	10.40	10.70	0.30
Indonésie	11.48	10.73	-0.75	37.36	26.58	-10.78	5.46	7.98	2.51
Fédération de Russie	13.96	16.76	2.80	24.63	15.54	-9.09	13.39	16.88	3.49
Afrique du Sud	9.11	8.82	-0.29	16.89	10.28	-6.61	8.53	8.74	0.21
Total BRIICS	12.82	11.51	-1.31	19.14	15.67	-3.47	11.87	10.97	-0.90

Source : Bloomberg; Blundell-Wignall et Roulet(2015).

StatLink http://dx.doi.org/10.1787/888933227394

ANNEXE 3.1

Les déterminants de l'investissement productif dans les pays avancés de L'OCDE

La présente annexe synthétise et prolonge de précédents travaux empiriques réalisés sur les déterminants des variations du stock de capital des entreprises.

Modéliser l'investissement

Pour modéliser l'investissement, on a coutume d'appliquer la méthode simple du modèle d'accélération, qui suppose que l'investissement (brut) (I_t) se compose de l'investissement net et de l'investissement de renouvellement. L'investissement de renouvellement à la période *t* est égal à l'amortissement du stock de capital à *t*-1 (δK_{t-1}, où δ est le taux d'amortissement). L'investissement net est supposé égal à la variation du stock de capital souhaité. Ce stock de capital souhaité (K^*) est lui-même considéré comme une fonction linéaire de la production (Y). Autrement dit, on peut exprimer l'investissement réel comme une fonction de la croissance du PIB réel actuel et passé et de la valeur retardée du stock de capital[27] :

$$I_t = \sum_{i=0}^{n} \beta_i \Delta Y_{t-i} + \delta K_{t-1} \quad (1)$$

À l'évidence, l'investissement peut dépendre d'autres facteurs, en plus de la croissance de la production et du stock de capital retardé. Selon le modèle néoclassique, le stock de capital souhaité croît non seulement positivement avec la production, mais aussi négativement avec le coût d'usage du capital (UCC) (encadré 3.4 ; Chirinko, 1993 ; Oliner et al., 1995) :

$$I_t = \sum_{i=0}^{n} \beta_i \Delta (Y_{t-i}\, UCC_{t-i}^{-\sigma}) + \delta K_{t-1} \quad (2)$$

où σ est une élasticité constante de substitution entre le capital et le travail dans la fonction de production (Chirinko, 1993). Tevlin et Whelan (2003) avancent que le stock de capital est une variable non stationnaire et proposent une variante rendue stationnaire de l'équation (2) exprimée à l'aide de taux de croissance :

$$I_t = \sum_{i=0}^{n} \beta_i \Delta (Y_{t-i}\, UCC_{t-i}^{-\sigma}) + \delta K_{t-1} \quad (3)$$

En théorie, il existe une relation à long terme qui associe le stock de capital souhaité au niveau de production et au coût d'usage du capital :

$$K^* = \alpha Y \cdot UCC^{-\sigma} \quad (4)$$

27. L'équation (1) est généralement estimée à prix intérieurs constants (Oliner et al., 1995 ; Lee et Rabanal, 2010 ; Barkbu et al., 2015 ; FMI, 2015).

Après linéarisation logarithmique et représentation du terme d'erreur, on obtient l'équation[28] :

$$\Delta k_t = \gamma k_{t-1} + \beta y_{t-1} + \delta ucc_{t-1} + \theta \Delta y_t + \pi \Delta ucc_t \qquad (5)$$

Nouvelles preuves empiriques des déterminants des variations du stock de capital des entreprises dans les pays avancés de l'OCDE

La modélisation des variations du stock de capital des entreprises (investissement)[29] que l'on présente dans cette annexe s'appuie sur l'équation (5), modifiée à deux niveaux :

- Premièrement, le degré de rigueur de la réglementation des marchés de produits, représenté par l'indicateur de la réglementation dans les secteurs de l'énergie, des transports et des communications (ETCR) de l'OCDE, est introduit dans la relation à long terme. En effet, on peut s'attendre à ce qu'une réglementation plus stricte entraîne une baisse des investissements et du stock de capital à long terme.
- Deuxièmement, la dynamique à court terme est renforcée par des variables, souvent utilisées dans les modèles empiriques de l'investissement, qui ne présentent pas de tendance à long terme. Ces variables sont soit négativement liées à l'investissement (autrement dit, aux variations du stock de capital) – c'est le cas de l'incertitude en matière de politique économique dans un pays donné et à l'échelle mondiale, de la volatilité des marchés boursiers et de l'inflation et des contraintes financières – soit positivement liées à l'investissement – c'est le cas des excédents de rendement de fonds propres. On teste également l'hypothèse selon laquelle des variations de la demande extérieure (production mondiale moins production d'un pays en particulier) ont une influence sur le stock de capital au-delà de l'impact des exportations nettes.

L'équation que l'on peut tester prend la forme suivante :

$$\Delta k_t = c + \gamma k_{t-1} + \sum_{i=1}^{n} \beta_i \, x_{i,t-1} + \mu \Delta k_{t-1} + \sum_{i=1}^{n} \delta_i \, \Delta x_{i,t} + \sum_{j=1}^{m} \theta_j \, z_{j,t} + \varepsilon_t \qquad (6)$$

où $\gamma k_{t-1} + \sum_{i=1}^{n} \beta_i \, x_{i,t-1}$ exprime la relation à long terme incluant les n variables de contrôle à long terme, $\sum_{i=1}^{n} \delta_i \, \Delta x_{i,t}$ est la somme des termes dynamiques des variables à long terme (production, UCC et ETCR) et $\sum_{j=1}^{m} \theta_j \, z_{j,t}$ est l'ensemble supplémentaire de m variables de contrôle entrant dans la dynamique à court terme.

On estime l'équation (6) pour un panel de 15 pays de l'OCDE entre le quatrième trimestre de 1985 (1985Q4) et le quatrième trimestre de 2013 (2013Q4) avec une fréquence

28. Il existe d'autres modèles comme le modèle du Q de Tobin et les équations d'Euler. Le ratio Q de Tobin associe l'investissement au rapport entre la valeur de marché des actifs des entreprises et le coût de leur remplacement. La difficulté tient au fait qu'au niveau macroéconomique, ce ratio Q est construit avec des données au niveau de l'entreprise relatives aux entreprises cotées. De plus, ces données peuvent ne pas être représentatives dans le cas des pays où les financements sont principalement d'origine bancaire. Les équations d'Euler sont fondées sur un problème d'optimisation dynamique d'une entreprise représentative souhaitant maximiser sa valeur présente et décrivent l'investissement sous une forme linéaire et quadratique passée. Ces modèles n'ont pas bien réussi à expliquer l'investissement agrégé (Oliner et al., 1995 ; Philippon, 2009). De récents travaux empiriques du FMI (Lee et Rabanal, 2010 ; Barkbu et al., 2015) reposent toutefois sur le modèle du ratio Q.
29. L'investissement productif (stock de capital des entreprises) est défini comme l'investissement total (le stock de capital total) hors logement.

trimestrielle[30]. L'estimation se fait en deux étapes[31]. À la première étape, on estime la relation à long terme qui associe le stock de capital, la production réelle, le coût d'usage du capital et le degré de réglementation des marchés de produits à l'aide de la méthode des moindres carrés ordinaires dynamiques (MCOD)[32]. Cette méthode permet de traiter l'endogénéité et la corrélation sérielle dans les résidus. À la deuxième étape, on estime un modèle à correction d'erreur avec la déviation retardée de la relation à long terme estimée à la première étape, les variables à long terme en différences premières[33] et les variables représentant l'incertitude et la volatilité, les contraintes liées au crédit et les rendements de fonds propres. Une procédure de sélection d'un retard endogène fixe trois retards pour la croissance de la production nationale réelle.

Des tests de racine unitaire et de cointégration en panel ont permis de tester le rang d'intégration des variables et d'observer si elles sont liées par un vecteur de cointégration. Les tests de racine unitaire (Im et al., 2003) indiquent que les déterminants possibles ont une racine unitaire en niveau mais sont stationnaires en différences premières. Le stock de capital lui-même semble afficher une tendance stochastique même si des tests incluant une constante indiquent qu'il pourrait même s'agir d'un processus I(2) (stationnaire uniquement en différences secondes)[34]. Compte tenu de la nature non stationnaire des données, il est nécessaire de vérifier si les cinq séries examinées sont liées par un vecteur de cointégration. Des variantes du test de cointégration de Pedroni (sauf le panel v-statistic) rejettent l'hypothèse nulle correspondant à l'absence de cointégration (Pedroni, 1999). Cela confirme qu'une relation de niveau entre le stock de capital et ses déterminants n'est pas illégitime (tableau 3.A1.1).

La réglementation anticoncurrentielle entrave l'accumulation de capital à long terme

La relation à long terme estimée indique que l'élasticité par rapport à la production est proche de 1, ce qui implique un ratio capital/production stable à long terme (tableau 3.A1.2). Les élasticités par rapport aux taux d'intérêt nominaux à long terme et à la réglementation des marchés de produits sont négatives. Les prix relatifs de l'investissement et les taux d'intérêt réels à long terme ont tendance à présenter le signe

30. Quinze pays de l'OCDE sont inclus : Allemagne, Australie, Belgique, Canada, Corée, Danemark, États-Unis, Finlande, France, Japon, Nouvelle-Zélande, Pays-Bas, Royaume-Uni, Suède, Suisse.
31. L'approche en deux étapes procure plus de flexibilité qu'un modèle à correction d'erreur à une seule équation. Premièrement, elle permet de tenir compte des effets fixes par pays et par année dans la relation à long terme et de n'inclure que les effets fixes par pays dans la dynamique à court terme. Avec la méthode à une équation, on doit utiliser les mêmes effets fixes, soit par pays, soit par pays et par année, dans les deux relations à court terme et à long terme. Par exemple, si la mesure de l'incertitude globale, qui rend compte de tendances communes, entre dans la dynamique à court terme, les effets fixes par année ne peuvent pas être utilisés, ce qui signifie que les effets fixes par année ne seraient pas non plus inclus dans la relation à long terme.
32. Le stock de capital pris en compte ici est le stock de capital total hors logement. Le coût d'usage du capital se décompose en taux nominal à long terme et prix relatifs de l'investissement (déflateur de l'investissement des entreprises par rapport à déflateur du PIB). La composante fiscale n'est pas considérée ici car les données nécessaires sont indisponibles. Pour convertir l'indicateur ETCR annuel en série trimestrielle, on affecte à chaque trimestre d'une année l'observation annuelle effectuée pour cette année.
33. Il s'avère qu'elles ne sont pas statistiquement significatives.
34. Si l'on utilise la croissance de la production à l'équilibre et le taux d'amortissement du stock de capital, le ratio investissement brut / stock de capital devrait être constant. De ce fait, le stock de capital pourrait être remplacé par l'investissement brut. Pourtant, ce cas de figure n'est pas applicable en pratique à notre échantillon : le ratio investissement brut / stock de capital a une racine unitaire (tableau 3.A1.1).

Tableau 3.A1.1. **Déterminants à long terme du stock de capital : tests de racine unitaire et de cointégration en panel**

OCDE, 1985-2013, données trimestrielles

TESTS DE RACINE UNITAIRE EN PANEL — **Test de Im, Pesaran et Shin**

hypothèse nulle : racine unitaire (racines unitaires hétérogènes)

valeur p

	niveau		différences premières		différences secondes	
	c	c+t	c	c+t	c	c+t
log(stock capital)	0.076	0.889	0.807	0.003	0.000	0.000
log(production réelle)	0.161	0.993	0.000	0.000	0.000	0.000
log(taux intérêt long terme)	0.997	0.000	0.000	0.000	0.000	0.000
log(prix relatifs investissement)	0.592	0.684	0.000	0.000	0.000	0.000
log(etcr)	0.999	0.785	0.000	0.000	0.000	0.000
investissement productif réel / stock capital	0.248	0.129	0.000	0.000	0.000	0.000

TETS DE COINTÉGRATION EN PANEL — **Test de cointégration de Pedroni**

log(stock capital), log (production réelle), log (taux intérêt long terme), log (etcr)

hypothèse nulle : pas de cointégration

valeur p

	sans tendance déterministe	avec tendance déterministe
Panel v-Statistic	0.0319	0.000
Panel rho-Statistic	0.9675	0.974
Panel PP-Statistic	0.9563	0.988
Panel ADF-Statistic	0.9597	0.985
Group rho-Statistic	0.9985	0.997
Group PP-Statistic	0.9919	0.996
Group ADF-Statistic	0.9837	0.993

Note : c = constante incluse dans le test de racine unitaire en panel, c+t = constante et tendance incluses dans le test de racine unitaire en panel.

Sources : Calculs de l'OCDE.

StatLink http://dx.doi.org/10.1787/888933227406

positif : ils ne sont donc pas inclus dans la relation à long terme[35], un résultat en accord avec de précédents résultats empiriques (Sharpe et Suarez, 2014) qui peut s'expliquer par les élasticités par rapport au taux d'intérêt réel très différentes des composantes du stock de capital. Des estimations sur fenêtres glissantes indiquent que l'élasticité par rapport au taux d'intérêt diminue et que l'élasticité négative par rapport à l'indicateur ETCR augmente dans le temps.

La croissance de la demande extérieure renforce les effets d'accélération

La deuxième étape de l'estimation, qui s'intéresse à la dynamique à court terme, fait apparaître que la croissance de la demande extérieure est, hormis les effets de la production intérieure, positivement corrélée à la variation du stock de capital des

35. Ces résultats ne sont pas fournis ici. Il serait intéressant, dans le cadre de futurs travaux, d'effectuer une distinction entre le capital des entreprises publiques et celui des entreprises privées, puis, dans un second temps, d'étudier les différents types de capital des entreprises privées.

Tableau 3.A1.2. **Déterminants à long terme du stock de capital : estimations des coefficients**

OCDE, 1985-2013, données trimestrielles

RELATION À LONG TERME (estimations MCOD)

variable dépendante = log stock de capital

	TOTAL	SOUS-PÉRIODES				
	1985/2013	**1986/2006**	**1987/2007**	**1989/2009**	**1991/2011**	**1993/2013**
c	**-5.58 ****	-4.36 **	-3.94 **	-1.76	-0.05	-0.49
log(production réelle)	**1.23 ****	1.19 **	1.18 **	1.10 **	1.04 **	1.05 **
log(taux intérêt long terme)	**-0.08 ****	-0.12 **	-0.13 **	-0.14 **	-0.09 **	-0.02
log(indicateur ECTR)	**-0.06 ****	0.01	-0.02	-0.05 **	-0.07 **	-0.09 **
Nombre d'observations	**1674**	1260	1260	1260	1260	1239
Nombre de pays	15	15	15	15	15	15

Note : * et ** indiquent un résultat statistiquement significatif à respectivement 10 % et 5 %, sur la base d'écarts-types robustes. Les estimations incluent des effets fixes par pays et par date.

Sources : Calculs de l'OCDE.

StatLink http://dx.doi.org/10.1787/888933227411

entreprises (investissement net par rapport au stock de capital retardé) au-delà de l'impact direct des exportations nettes.[36]

Incertitudes et contraintes financières

D'autres déterminants à court terme dans le modèle à correction d'erreur donnent à penser qu'un plus haut niveau d'incertitude sur la politique économique d'un pays donné, un plus haut niveau d'incertitude à l'échelle mondiale et une plus forte volatilité de l'inflation vont de pair avec une baisse de l'investissement[37]. Les contraintes financières en augmentation, qui mesurent la part des entreprises ayant de la peine à accéder à des financements externes selon des enquêtes de la CE, présentent une corrélation négative avec l'investissement pour un sous-ensemble de pays européens (tableau 3.A1.3). Au contraire, la volatilité des marchés boursiers montre peu de corrélation avec la variation du stock de capital. Les excédents de rendement de fonds propres et les rendements des valeurs boursières présentent le signe positif attendu.

36. La croissance de la production réelle contemporaine n'est pas utilisée pour éviter un biais de simultanéité. Néanmoins, il pourrait y avoir biais de variable omise. En effet, l'ajout de la croissance de la production réelle contemporaine réduit l'estimation du coefficient de la croissance de la production extérieure et rend souvent les estimations de coefficient statistiquement non significatives (non abordé ici).
37. Les séries relatives aux incertitudes en matière de politique économique dans un pays donné ou à l'échelle mondiale sont obtenues à partir de *http://www.policyuncertainty.com/research.html*. Comme les indicateurs de l'incertitude dans un pays donné ne sont disponibles que pour un nombre limité de pays, on a procédé aux approximations suivantes : la série relative à l'Allemagne est utilisée pour le Danemark, la Finlande, les Pays-Bas, la Suède et la Suisse ; la série relative à la France est utilisée pour la Belgique ; la série relative au Canada est utilisée pour l'Australie et la Nouvelle-Zélande ; enfin, la série relative au Japon est utilisée pour la Corée.

Tableau 3.A1.3. **Déterminants à court terme du stock de capital : estimations des coefficients**

OCDE, 1985-2013, données trimestrielles

DYNAMIQUE À COURT TERME	variable dépendante = d(log stock de capital)											
	1985 2013	1987 2007	1993 2013	1985 2013	1987 2007	1993 2013	1985 2013	1987 2007	1993 2013	1985 2013	1987 2007	1993 2013
estimations de coefficient telles que fournies par le modèle à correction d'erreur												
c	-4.3E-05	1.2E-04	-1.2E-05	5.5E-04 **	1.0E-03 **	5.4E-04 **	4.2E-06	1.6E-04 *	3.7E-05	2.0E-04 **	5.6E-04 **	2.5E-04 **
terme de correction d'erreur	-0.001 **	-0.002 **	-0.001 **	-0.002 **	-0.003 **	-0.002 **	-0.001 **	-0.002 **	-0.001 **	-0.001 *	-0.001	-0.001 *
d(log stock capital)(-1)	0.960 **	0.947 **	0.950 **	0.950 **	0.934 **	0.947 **	0.958 **	0.944 **	0.950 **	0.919 **	0.875 **	0.902 **
d(log production réelle) (-1)	0.004	0.003	0.004	0.003	0.002	0.006 *	0.004	0.004	0.005 *	0.002	0.000	0.000
d(log production réelle) (-2)	0.009 **	0.011 **	0.007 **	0.006 **	0.008 **	0.004 *	0.010 **	0.011 **	0.008 **	0.012 **	0.015 **	0.012 **
d(log production réelle) (-3)	0.006 **	0.007 **	0.004 *	0.004 *	0.004	0.003	0.006 **	0.007 **	0.004 *	0.008 **	0.011 **	0.007 **
d(log production extérieure) (-1)	0.014 **	0.006	0.017 **	0.012 **	0.000	0.013 **	0.013 **	0.006	0.015 **	0.018 **	0.010 *	0.021 **
cpi_volatilité(-1)	-1.6E-05	-1.4E-05	-2.0E-05 *									
cpi_volatilité(-1)^2	-3.0E-07	-2.0E-07	-3.0E-07 *									
log incertitude politique éco (-1)				-1.02E-04 **	-0.0002 **	-1E-04 **						
d(log incertitude globale) (-1)							-7.47E-05 **	-4E-05	-8E-05 **			
contraintes financières (-1)										-2.19E-05 **	-4E-05 **	-2E-05 **
estimations de coefficient ajustées par la variable dépendante retardée : coeff(aj)=coeff(non aj)/(1-coeff(dépendante retardée))												
c	-4.E-05	1.2E-04	-1.2E-05	6.E-04	1.0E-03	5.4E-04	4.E-06	1.6E-04	3.7E-05	2.E-04	5.6E-04	2.5E-04
terme de correction d'erreur	-0.033	-0.033	-0.024	-0.042	-0.044	-0.030	-0.032	-0.032	-0.023	-0.011	-0.007	-0.010
d(log stock capital)(-1)	0.960	0.947	0.950	0.950	0.934	0.947	0.958	0.944	0.950	0.919	0.875	0.902
d(log production réelle) (-1 à -3)	0.467	0.404	0.309	0.249	0.217	0.253	0.462	0.397	0.333	0.264	0.216	0.191
d(log production extérieure) (-1)	0.353	0.112	0.339	0.243	-0.001	0.244	0.302	0.106	0.299	0.221	0.084	0.213
cpi_volatilité(-1)	-4.E-04	-2.6E-04	-4.0E-04									
cpi_volatilité(-1)^2	-8.E-06	-3.8E-06	-6.0E-06									
log incertitude politique éco (-1)				-0.002	-0.002	-0.002						
d(log incertitude globale) (-1)							-0.002	-0.001	-0.002			
contraintes financières (-1)										-0.00027	-0.0003	-0.0002
Nombre d'observations	1634	1253	1243	1230	890	1099	1644	1260	1252	805	609	660
Nombre de pays	15	15	15	15	15	15	15	15	15	8	8	8

Note : * et ** indiquent un résultat statistiquement significatif à respectivement 10 % et 5 %, sur la base d'erreurs-types robustes. Les estimations incluent des effets fixes par pays. Deux groupes d'estimations de coefficient sont présentés. Le groupe supérieur indique la valeur et la signification statistique des estimations de coefficient telles que fournies par le modèle à correction d'erreur. Le groupe inférieur indique les estimations de coefficient ajustées par la variable dépendante retardée : coeff(aj)=coeff(non aj)/(1-coeff(dépendante retardée)). Le coefficient donné pour la croissance de la production réelle est la somme des coefficients de d(log production réelle)(-1), d(log production réelle)(-2) et d(log production réelle)(-3), ajustée par la variable dépendante retardée. Les significations statistiques applicables au groupe inférieur ne sont pas indiquées car elles sont les mêmes que pour le groupe supérieur.

Sources : Calculs de l'OCDE.

StatLink http://dx.doi.org/10.1787/888933227425

Bibliographie

Barkbu, B., S. P. Berkmen, P. Lukyantsau, S. Saksonovs et H. Schoelermann (2015), « Investment in the euro area: why has it been weak? », *IMF Working Papers*, n° WP/815/832.

Chirinko, R. (1993), « Business fixed investment spending: modelling strategies, empirical results, and policy implications », *Journal of Economic Literature*, Vol. 31(4), pp. 1875-1911.

Im, K. S., M. H. Pesaran et Y. Shin (2003), « Testing for Unit Roots in Heterogeneous Panels », *Journal of Econometrics*, Vol. (115), pp. 53-74.

Lee, J. et P. Rabanal (2010), « Forecasting U.S. investment », *IMF Working Papers*, n° WP/10/246.

Oliner, S., G. Rudebusch et D. Sichel (1995), « New and old models of business investment: a comparison of forecasting performance », *Journal of Money, Credit and Banking*, Vol. 27(3), pp. 806-826.

Pedroni, P. (1999), « Critical Values for Cointegration Tests in Heterogeneous Panels with Multiple Regressors », *Oxford Bulletin of Economics and Statistics*, Vol. 61, pp. 653–670.

Philippon, T. (2009), « The bond market's Q », *The Quarterly Journal of Economics*, Vol. 124(3), pp. 1011-1056.

Sharpe, S. A. et G. A. Suarez (2014), « The sensitivity of investment to interest rates: Evidence from a survey of CFOs », *Federal Reserve Board, Finance and Economics Discussion Series*, n° 2014-02.

Tevlin, S. et K. Whelan (2003), « Explaining the investment boom in the 1990s », *Journal of Money, Credit and Banking*, Vol. 35(1), pp. 1-22.

ANNEXE 3.2

Application des indicateurs structurels de l'OCDE aux données relatives à l'investissement des entreprises

L'OCDE a mené à bien un vaste projet de collecte de données sur les dépenses en capital des entreprises, incluant toutes les données financières associées, notamment le rendement des fonds propres et le coût des capitaux propres, pour 10 000 entreprises cotées dans 75 pays entre 2002 et 2013. Les données ont été ventilées entre les entreprises d'infrastructure (selon le classement des secteurs MSCI) et les autres secteurs industriels généraux, puis agrégées sur une base nationale (encadré A2.1). Il s'agit des plus grandes entreprises au monde qui sont, pour la plupart, des entreprises multinationales. Dans le secteur industriel général, ces entreprises sont présentes dans de nombreux pays, ce qui dilue l'effet des politiques structurelles dans un pays donné. De fait, ces entreprises peuvent déplacer des segments de leurs activités commerciales d'un pays à l'autre, en quête de la rentabilité la plus forte. Cette tendance est moins vraie pour le secteur des infrastructures, où une entreprise cotée dans un pays donné conserve généralement la majorité de ses activités dans ce pays. Pour ces entreprises, les politiques structurelles du pays d'origine auront une conséquence plus directe sur l'investissement.

Blundell-Wignall et Roulet (2015) ont élaboré un modèle de dépenses en capital des entreprises d'infrastructure afin d'expliquer l'investissement. Ce modèle postule que les dépenses en capital augmentent proportionnellement aux ventes (mécanisme de type accélérateur), mais sont détournées de cette trajectoire par les variations de plusieurs variables explicatives : le rendement des fonds propres ; le coût des capitaux propres ; le coût de la dette représenté par le taux des obligations notées AAA dans le pays ; une variable indicatrice du statut fiscal du pays en tant que zone où l'investissement est exonéré d'impôt (TAX) ; le taux de l'impôt sur le bénéfice des sociétés ; une variable des bénéfices escomptés représentée par le rapport entre la capitalisation boursière et le PIB (MCAP) ; et une mesure de l'ouverture du système bancaire représentée par une variable basée sur la persistance d'écarts par rapport à la parité des taux d'intérêt après couverture. Ce modèle de base a ensuite été appliqué à un certain nombre d'indicateurs structurels de l'OCDE afin de déterminer s'ils ont une incidence sur les dépenses de capital. Six indicateurs structurels ont été testés, aboutissant aux résultats suivants[38] :

- *Le taux marginal d'imposition effectif sur le capital (TMIE).* Le coefficient estimé pour cette variable a un signe incorrect. Toutefois, cet indicateur est fortement corrélé au taux de

38. On observe une interaction entre la variable indicatrice de la zone franche et certains autres indicateurs. La variable TAX est la plus élevée sur les marchés émergents, notamment dans les pays d'Asie du Sud et de la région Asie de l'Est/Pacifique, Europe de l'Est et MENA. On peut s'attendre à ce que certains des indices de restrictivité soient corrélés avec une variable associée à un classement des pays émergents.

Encadré A2.1. **Test du modèle de régression**

Les régressions sont appliquées à un groupe représentatif de 50 pays pour les années 2002 à 2013. Les données individuelles concernant les principales variables en millions USD sont agrégées par pays pour quelque 1 328 entreprises non financières présentes dans le secteur des infrastructures. Le modèle postule que les dépenses en capital augmentent proportionnellement aux ventes (la variable dépendante correspond aux dépenses mondiales en capital en pourcentage des ventes mondiales), mais seront détournées de cette trajectoire par les variations des variables explicatives.

Déterminants des dépenses d'équipement globales des entreprises dans le secteur des infrastructures

	[1]	[2]	[3]	[4]	[5]	[6]	[7]	[8]
ROE	0.09 *** (3.71)	0.06 *** (3.20)	0.07 *** (3.81)	0.08 *** (4.16)	0.07 *** (3.78)	0.07 *** (3.54)	0.07 *** (3.91)	0.08 *** (4.28)
COE	0.04 (1.57)	0.02 (0.62)	0.004 (0.12)	0.03 (0.77)	0.003 (0.00)	-0.002 (-0.05)	0.005 (0.12)	0.03 (0.93)
COD	-0.17 ** (-2.15)	-0.25 *** (-3.00)	-0.26 *** (-3.12)	-0.26 *** (-3.12)	-0.28 *** (-3.17)	-0.26 *** (-3.09)	-0.26 *** (-3.10)	-0.27 *** (-3.32)
MCAP	0.01 *** (3.84)	0.03 *** (7.47)	0.03 *** (5.74)	0.03 *** (7.23)	0.03 *** (7.43)	0.03 *** (7.86)	0.03 *** (8.02)	0.03 *** (7.87)
VCIP	-0.04 *** (-4.93)	-0.03 *** (-3.18)	-0.03 *** (-2.88)	-0.05 *** (-4.85)	-0.04 *** (-3.99)	-0.03 *** (-3.06)	-0.03 *** (-2.97)	-0.06 *** (-6.27)
CITR	-0.12 *** (-2.88)	-0.65 *** (-8.97)	-0.17 *** (-3.68)	-0.13 *** (-2.99)	-0.10 *** (-2.49)	-0.13 *** (-2.91)	-0.16 *** (-3.72)	-0.07 * (-1.70)
TAX	0.04 *** (3.15)	0.09 *** (2.36)	0.10 *** (3.08)	0.17 *** (6.52)	0.23 *** (4.39)	0.15 *** (3.88)	0.05 (1.48)	0.30 *** (5.60)
EMTR	-	0.55 *** (9.77)	-	-	-	-	-	-
EPL	-	-	0.002 (0.45)	-	-	-	-	-
ETCR	-	-	-	-0.82 * (-1.81)	-	-	-	-0.34 (-0.57)
FDI	-	-	-	-	-0.23 *** (-5.56)	-	-	-0.28 *** (-4.78)
PMR	-	-	-	-	-	-0.01 ** (-2.10)	-	-0.004 (0.68)
RCP	-	-	-	-	-	-	-0.0005 *** (-4.88)	-0.0001 (-0.38)
C	0.12 *** (6.22)	0.11 *** (5.29)	0.11 *** (3.55)	0.09 *** (3.87)	0.05 ** (2.29)	0.10 *** (4.55)	0.16 *** (8.55)	0.03 (0.77)
R^2	0.67	0.69	0.69	0.69	0.69	0.69	0.69	0.69
F-Stat	103.21	91.30	89.26	87.54	90.69	89.43	89.47	66.71
Prob(F)	0.00	0.00	0.00	0.00	0.00	0.00	0.00	0.00
Durbin-Watson stat	1.34	1.14	1.12	1.13	1.14	1.12	1.13	1.15
Total Obs.	462	373	373	367	373	373	373	367

Note : ROE : return on equity (rendement des fonds propres) ; COE : cost of equity (coût des fonds propres : rendement plus taux de croissance tendancielle des bénéfices) ; COD : cost of debt (coût de l'endettement : rendement des obligations d'entreprise notées AAA par pays moins rendement des emprunts d'Etat à un an) ; MCAP (capitalisation boursière rapportée au PIB en tant que variable des bénéfices attendus sur des marchés haussiers) ; CITR (taux d'imposition des bénéfices bruts des sociétés du pays hôte) ; TAX (pourcentage des pays de la région offrant des exonérations fiscales) ; EMTR (taux d'imposition effectif marginal du capital du pays hôte) ; EPL (indicateur de la législation sur la protection de l'emploi de l'OCDE) ; ETCR (indicateur de la réglementation dans les secteurs de l'énergie, des transports et des communications) ; FDI (indice de restrictivité de la réglementation de l'IDE) ; PMR (indicateur de la réglementation des marchés de produits) ; et RCP (rang du pays selon sa position sur l'échelle de l'indice de perception de la corruption).

Source : Bloomberg, base de données sur la RMP, Oxford University Centre for Business Taxation, Transparency International et calculs de l'OCDE.

StatLink http://dx.doi.org/10.1787/888933227434

l'impôt sur les sociétés (corrélation de 0.7), qui dans le modèle de base a le signe négatif correct, mais dont la valeur baisse avec le taux effectif. L'option préférée consiste à prendre en compte ce dernier indicateur.

- *L'indicateur sur la législation de protection de l'emploi (LPE) dans l'OCDE*. L'indicateur LPE est gradué de 0 (législation la moins restrictive) à 6 (législation la plus restrictive). Le coefficient LPE n'est pas significatif.
- *L'indicateur sur la réglementation des secteurs de l'énergie, des transports et des communications dans l'OCDE (ETCR)*. L'ETCR est gradué de 0 (réglementation la moins restrictive) à 6 (réglementation la plus restrictive). L'ETCR a le signe négatif correct et diffère sensiblement de zéro au niveau de confiance de 10 %.
- *L'indice de restrictivité de l'investissement direct étranger (IDE)*. L'IDE est gradué de 0 (ouvert) à 1 (fermé). Le coefficient IDE a le signe négatif correct et est fortement corroboré par les données au niveau de confiance de 1 %.
- *L'indicateur de réglementation des marchés de produits de l'OCDE (RMP)*. L'indicateur RMP est gradué de 0 (le moins restrictif) à 6 (le plus restrictif). Ce coefficient RMP a le signe négatif correct et est significatif au niveau de confiance de 5 %.
- *Le rang du pays au score de perception de la corruption (RCP)*. Le coefficient RCP a le signe correct (négatif) et est significatif au niveau de confiance de 1 %.

Lorsqu'on inclut toutes les variables ayant le signe correct, c'est la variable IDE qui domine et qui reste significative au niveau de 1 %. Ces résultats donnent à penser que les variables LPE, ETCR, IDE, RMP et RCP méritent qu'on analyse plus avant leurs effets sur l'investissement.

Bibliographie

Blundell-Wignall, A. et C. Roulet (2015), « Infrastructure versus other investments in the global economy and stagnation hypotheses: What do company data tell us? », *OECD Journal: Financial Market Trends*, vol. 2014/2.

ANNEXE 3.3

Est-ce que l'hétérogénéité des réglementations du marché du produit affecte l'investissement direct étranger?

Cette annexe donne un aperçu de la méthodologie et des données utilisées pour l'estimation des effets des politiques économiques et d'autres facteurs sur les stocks d'investissements directs étrangers (IDE). Elle présente aussi des résultats empiriques.

Modélisation des stocks d'investissements directs étrangers

Un modèle de gravité est utilisé pour estimer l'effet des politiques publiques sur les stocks d'IDE bilatéraux. Cette approche empirique est couramment utilisée dans la littérature sur le commerce international, sur les fondements théoriques d'Anderson et Van Wincoop (2003). Head et Ries (2008) fournissent une base théorique pour les modèles de gravité des investissements transfrontaliers dans laquelle les stocks d'IDE entrants sont déterminés par les caractéristiques des pays et un vecteur de variables spécifiques aux paires de pays reflétant les coûts de surveillance.

Suivant Santos Silva et Tenreyro (2006), un estimateur du pseudo-maximum de vraisemblance de la loi de Poisson est utilisé en raison d'un certain nombre d'avantages par rapport à l'estimation linéaire d'une équation de gravité. Santos Silva et Tenreyro (2006) montrent que l'estimation linéaire de l'équation de gravité log-linéarisée repose sur une hypothèse spécifique sur la distribution des résidus qui ne tient pas nécessairement en pratique. En particulier, les estimations peuvent être biaisées en présence d'hétéroscédasticité. En outre, le modèle de Poisson permet de prendre en compte les cas où la variable dépendante est égale à zéro. La spécification de l'équation de gravité est la suivante:

$$FDI_{ijt} = \exp(\beta_1 ln(Y_{it}) + \beta_2 ln(Y_{jt}) + \sum_k \beta_{3,k} d_{ij}^k + \beta_4 \ln(R_{it}) + \beta_5 \ln(R_{jt}) + \sum_k \beta_{6,k} X_{it}^k + \sum_k \beta_{7,k} X_{jt}^k + \beta_8 FTA_{ijt} + \beta_9 FTA_{it} + \beta_{10} FTA_{jt} + \beta_{11} EA_{ijt} + \gamma PMR_{ijt}^h + u_i + v_j + \alpha_t) + \varepsilon_{ijt}$$

FDI_{ijt} représente la position de l'IDE entrant dans le pays i depuis le pays j à l'année t, Y_{it} représente le PIB, d_{ij}^k fait référence à un ensemble de quatre variables couramment incluses dans les modèles de gravité: la distance géographique, la contiguïté, l'existence d'une langue commune et une variable binaire égale à un si le pays d'accueil et le pays investisseur partagent le même système juridique. E_{it} est l'éloignement, défini comme la moyenne pondérée par le PIB de la distance entre un pays et ses partenaires et X_{it}^k est un ensemble variables spécifiques à chaque pays. FTA_{it}, FTA_{jt} et FTA_{ijt} sont des variables binaires pour identifier si les pays sont dans des zones de libre-échange ou si les paires de pays sont dans la même zone de libre-échange, et EA_{ijt} est une variable binaire qui prend la valeur un si la paire de pays est dans la zone euro. PMR_{ijt}^{h} désigne l'hétérogénéité bilatérale de l'indicateur de Réglementation des Marchés de Produits (RMP). u_i, v_j et α_t désignent les effets fixes du pays d'accueil, du pays investisseur et de l'année respectivement. ε_{ijt} désigne un résidu de moyenne nulle.

Pour vérifier que les résultats ne dépendent pas du type d'estimateur, un estimateur linéaire dans lequel la variable dépendante est le logarithme de l'IDE est utilisé. Dans des régressions alternatives, la différence des facteurs de production, la différence de capital humain et la similitude des tailles sont ajoutées comme variables de contrôle car ces variables peuvent aussi être des déterminants de l'IDE (Markussen et al., 1996 et Markussen, 1997). Pour vérifier qu'il n'y a pas de biais en raison de l'omission des particularités de chaque pays qui peuvent varier au cours du temps, un test de robustesse est réalisé avec des effets fixes pour les pays hôte (u_{it}) et investisseur (v_{jt}) variant dans le temps. De tels effets fixes variant dans le temps captent l'effet de la rigueur de la réglementation, de tout type de paramètres de politique spécifique à un pays qui peut changer au fil du temps (par exemple la fiscalité) et de l'évolution macroéconomique de chaque pays (par exemple les changements de taux de change).

$$FDI_{ijt} = \exp(\sum_k \beta_{3,k} d_{ij}^k + \beta_8 FTA_{ijt} + \beta_{11} EA_{ijt} + \gamma PMR_{ijt}^h + u_{it} + v_{jt}) + \varepsilon_{ijt}$$

Mesure de l'hétérogénéité de la réglementation des marchés de produits et les stocks d'IDE

L'hétérogénéité bilatérale de la réglementation est mesurée comme la proportion des paramètres réglementaires qui diffèrent entre les deux pays, faisant usage de l'indicateur RMP de l'OCDE, comme dans Fournier (2015b). Cet indicateur est un indicateur pour l'ensemble de l'économie mesuré tous les cinq ans entre 1998 et 2013, qui couvre un large éventail de secteurs de biens et de services (Koske et al., 2015). La méthode est similaire à celle utilisée par Kox et al. (2004). Pour chaque question considérée dans le questionnaire, une paire de pays se voit assigner la valeur 1 si la réponse est différente et 0 sinon. Les données sont agrégées en utilisant les mêmes poids que dans l'indicateur global RMP. Pour un pays donné, son hétérogénéité à l'égard de chacun des autres pays de l'OCDE peut être calculée, et une moyenne de chacune de ces mesures bilatérales montre combien un pays diffère des autres pays de l'OCDE. La mesure en résultant pour l'ensemble de l'économie est une borne inférieure de l'hétérogénéité des réglementations car même lorsque la réponse est identique, la réglementation peut différer pour certains aspects qui ne sont pas pris en compte dans ce questionnaire (par exemple une conception différente dans la mise en œuvre de la même réglementation).

Dans les estimations suivantes, les stocks d'IDE entrants en valeur (en dollars US) déclarés dans les bases de données d'IDE de l'OCDE sont utilisés. L'IDE est la catégorie d'investissement international qui reflète l'objectif d'une entité d'obtenir un intérêt durable dans une entreprise résident dans un autre pays. La détention directe ou indirecte de 10% ou plus des droits de vote est considéré comme une preuve de l'existence d'un tel intérêt durable: de petites participations qui ne sont généralement pas associées à une influence notable ne sont pas incluses. Ces positions d'IDE peuvent être le résultat d'investissements en installations nouvelles ou de fusions et acquisitions. Le stock d'IDE est net: il est mesuré comme la part de capital à la valeur de marché, les réserves et la dette dues aux investisseurs directs moins la dette due aux filiales. Les données bilatérales d'IDE incluent un peu plus de 10% des stocks nuls qui sont conservés dans l'échantillon. Dans les estimations log-linéaires, le logarithme de l'IDE est remplacé par zéro dans ces cas.

De nouvelles preuves empiriques sur les déterminants des investissements directs étrangers

L'effet de l'hétérogénéité de la réglementation des marchés de produits sur les IDE est clairement négatif car la divergence dans la réglementation des marchés de produits (RMP) génère des coûts qui affectent les décisions des entreprises d'investir à l'étranger (tableau 3.A3.1). L'introduction d'un large ensemble de réformes qui permettrait de réduire la divergence des réglementations entre les pays d'un cinquième augmenterait le stock d'investissement direct étranger (IDE) d'environ 15%. En termes de domaines d'action spécifiques, les divergences portant sur l'exonération des mesures antitrust, les obstacles à la prestation de services, les barrières des secteurs de réseaux et les réglementations imposées d'autorité ont toutes des effets négatifs importants sur l'IDE (Fournier, 2015a). L'effet négatif de l'hétérogénéité globale est robuste quand on contrôle pour la rigueur de la réglementation des marchés de produits (tableau 3.A3.1, colonnes 2 et 5), pour les indicateurs de dissemblance qui ne relèvent pas de politique économique (tableau 3.A3.1, colonnes 3 et 6) et lorsque l'on utilise un estimateur linéaire, plutôt que l'estimateur de Poisson (tableau 3.A3.1, colonnes 4 à 6). En outre, les régressions alternatives avec des effets fixes pays variant dans le temps (tableau 3.A3.2) montrent que cet effet est robuste pour le contrôle pour tout type de changements spécifiques aux pays. Des tests de robustesse supplémentaires de Fournier (2015a) montrent que l'effet négatif de l'hétérogénéité des réglementations sur les stocks d'IDE est aussi robuste si l'on exclut les pays avec les flux d'IDE les plus élevés par rapport au PIB, ou lorsque l'on utilise un indicateur d'hétérogénéité construit avec la base *Doing Business* de la Banque mondiale de mesure de la règlementation des affaires.

Ces estimations mettent aussi en lumière l'effet d'autres éléments de politique économique:

- En particulier, la rigueur de la réglementation sur le marché du produit elle-même compte dans des domaines spécifiques, en plus de l'effet de l'hétérogénéité des réglementations: l'estimation avec le modèle de Poisson montre un effet négatif de la complexité des procédures réglementaires sur les IDE.
- Comme attendu, les restrictions à l'IDE telles que mesurées par l'indice des restrictions sur les IDE de l'OCDE (Kalinova et al., 2010) réduisent les IDE.
- Il existe certaines preuves que l'appartenance au marché unique de l'UE peut avoir un effet positif sur l'IDE en sus de l'effet déjà capturé par les indicateurs de réglementation. Cet effet du marché unique est présent non seulement pour les IDE internes au marché unique, mais aussi pour les IDE d'autres pays de l'OCDE vers les pays du marché unique. En revanche, il y a un effet négatif pour la zone de l'ALENA, ce qui pourrait refléter un effet de substitution en faveur du commerce (voir Fournier et al., 2015, pour des preuves de l'effet positif important de la zone ALENA sur le commerce).
- Les estimations montrent un effet positif des barrières commerciales, ce qui suggère que l'IDE peut être utilisé pour contourner de telles barrières.

Tableau 3.A3.1. **Déterminants de l'IDE: résultats de référence**

Méthode d'estimation	Poisson			Linéaire		
$\ln(Y_{it})$	1.22***	1.37***	0.55*	0.93***	1.30***	0.92***
	(0.30)	(0.32)	(0.32)	(0.34)	(0.38)	(0.35)
$\ln(Y_{jt})$	1.45***	1.15***	0.82***	1.20***	1.08***	1.07***
	(0.31)	(0.36)	(0.25)	(0.30)	(0.37)	(0.30)
$\ln(dist_{ij})$	-0.64***	-0.64***	-0.58***	-1.16***	-1.16***	-1.18***
	(0.11)	(0.11)	(0.096)	(0.11)	(0.11)	(0.11)
$Cont_{ij}$	0.15	0.15	0.20	-0.17	-0.17	-0.18
	(0.16)	(0.16)	(0.13)	(0.23)	(0.23)	(0.23)
Même système juridique$_{ij}$	0.46***	0.45***	0.43***	0.61***	0.61***	0.63***
	(0.097)	(0.098)	(0.088)	(0.12)	(0.12)	(0.12)
Langue officielle commune$_{ij}$	0.096	0.11	0.17	0.55***	0.55***	0.65***
	(0.15)	(0.15)	(0.13)	(0.21)	(0.21)	(0.22)
RMP^{h}_{ijt}	-1.67***	-1.54**	-0.71	-2.83***	-2.95***	-2.55***
	(0.60)	(0.72)	(0.55)	(0.82)	(0.85)	(0.83)
Espace Economique Européen$_{it}$	-0.13	-0.21	-0.53*	0.92***	0.66**	0.84***
	(0.22)	(0.23)	(0.27)	(0.30)	(0.30)	(0.30)
Espace Economique Européen$_{jt}$	-0.036	-0.056	-0.54	-0.039	0.13	-0.051
	(0.49)	(0.57)	(0.47)	(0.38)	(0.37)	(0.39)
Espace Economique Européen$_{ijt}$	0.32	0.33	0.54**	0.12	0.11	0.13
	(0.27)	(0.26)	(0.26)	(0.20)	(0.20)	(0.20)
Zone Euro$_{ijt}$	0.18	0.17	0.18	0.23	0.19	0.28*
	(0.15)	(0.15)	(0.12)	(0.17)	(0.17)	(0.17)
$ALENA_{ij}$	-1.22***	-1.20***	-0.85***	-0.99	-1.02	-1.25*
	(0.29)	(0.29)	(0.27)	(0.65)	(0.65)	(0.65)
ln(Taux de change nominal$_{it}$)	-0.62	-0.73*	-0.032	-0.94**	-0.99**	-0.65
	(0.39)	(0.41)	(0.41)	(0.47)	(0.47)	(0.51)
ln(Taux de change nominal$_{jt}$)	-0.89**	-0.43	-0.32	0.16	0.31	0.15
	(0.44)	(0.47)	(0.47)	(0.34)	(0.38)	(0.35)
Législation de Protection de l'Emploi$_{it}$	-0.18	-0.26	-0.062	-0.11	-0.31	-0.13
	(0.18)	(0.20)	(0.17)	(0.19)	(0.20)	(0.19)
Législation de Protection de l'Emploi$_{jt}$	-0.52*	-0.35	-0.43*	-0.17	0.036	-0.12
	(0.28)	(0.27)	(0.26)	(0.24)	(0.25)	(0.25)
Droits de douane$_{it}$	-0.045		-0.016	0.41***		0.37***
	(0.13)		(0.11)	(0.14)		(0.14)
Droits de douanes$_{jt}$	0.24**		0.31**	-0.14		-0.15
	(0.12)		(0.13)	(0.15)		(0.15)
Complexité des Procédures réglementaires$_{it}$	-0.15***	-0.16***	-0.17***	0.021	0.0100	-0.0092
	(0.051)	(0.047)	(0.046)	(0.071)	(0.070)	(0.070)
Restrictions aux IDE$_{it}$	-0.25*		-0.37**	-0.056		-0.14
	(0.14)		(0.19)	(0.13)		(0.14)
Constante	-14.5	-10.2	11.5	-19.6	-24.2	-15.1
	(9.65)	(11.3)	(8.30)	(14.5)	(16.1)	(15.0)
N	2,017	2,017	1,951	2,017	2,017	1,951
R^2	0.893	0.889	0.913	0.817	0.818	0.819
Contrôles pour l'éloignement	OUI	OUI	OUI	OUI	OUI	OUI
Effets fixes pays et années	OUI	OUI	OUI	OUI	OUI	OUI
Contrôles pour le niveau du RMP dans sept sous domaines	NON	OUI	NON	NON	OUI	NON
Contrôles pour les différences de taille et de facteurs de production	NON	NON	OUI	NON	NON	OUI

Note: Les astérisques (*, **, ***) correspondent aux seuils de significativité (10%, 5%, 1%) des coefficients. i désigne le pays d'entrée et j le pays de sortie. Les écarts-types ajustés pour les groupes de paires de pays sont entre parenthèses. $Dist_{ij}$ = distance géographique, $Cont_{ij}$ = variable binaire de contiguïté, RMP^{h}_{ijt} = Hétérogénéité de la réglementation des marchés de produits, $ALENA_{ij}$ = Accord de libre-échange nord-américain, Taux de change nominal$_{it}$ = Taux de change nominal en dollar, Droits de douane$_{it}$ = Indicateur RMP des droits de douane. Poisson = Poisson pseudo-maximum likelihood.

Source: Calculs de l'OCDE.

StatLink http://dx.doi.org/10.1787/888933227444

Tableau 3.A3.2. **Déterminants des IDE: contrôles de robustesse avec des effets fixes variant dans le temps**

Méthode d'estimation	Poisson			Linéaire		
$\ln(dist_{ij})$	-0.61***	-0.57***	-0.56***	-1.18***	-1.21***	-1.14***
	(0.11)	(0.10)	(0.11)	(0.11)	(0.11)	(0.11)
$Cont_{ij}$	0.16	0.23*	0.17	-0.19	-0.22	-0.19
	(0.16)	(0.13)	(0.16)	(0.23)	(0.24)	(0.24)
Même système juridique$_{ij}$	0.47***	0.40***	0.48***	0.64***	0.65***	0.69***
	(0.098)	(0.085)	(0.098)	(0.12)	(0.12)	(0.12)
Langue officielle commune$_{ij}$	0.065	0.12	0.0076	0.58***	0.70***	0.54**
	(0.14)	(0.13)	(0.15)	(0.22)	(0.22)	(0.21)
RMP^{n}_{ijt}	-1.81***	-1.29**	-2.34***	-2.31***	-1.87**	-2.08**
	(0.69)	(0.59)	(0.77)	(0.78)	(0.80)	(0.81)
Espace Economique Européen$_{ijt}$	0.43*	0.52**	0.40	0.047	0.047	-0.086
	(0.25)	(0.25)	(0.26)	(0.20)	(0.20)	(0.20)
Zone Euro$_{ijt}$	0.16	0.14	0.13	0.25	0.31	0.28
	(0.17)	(0.13)	(0.17)	(0.20)	(0.20)	(0.21)
$ALENA_{ij}$	-1.08***	-0.88***	-1.20***	-1.00	-1.28**	-0.67
	(0.30)	(0.26)	(0.32)	(0.64)	(0.65)	(0.67)
Différence de capital humain$_{ijt}$		0.52			0.37	
		(0.39)			(0.49)	
Différence de Facteurs de production$_{ijt}$		-0.90***			0.16	
		(0.15)			(0.11)	
Similitude de taille$_{ijt}$		0.44***			0.35***	
		(0.051)			(0.066)	
Constante	13.3***	14.1***	13.1***	13.4***	21.2***	9.88***
	(1.45)	(1.24)	(1.42)	(1.40)	(1.91)	(1.34)
N	2,243	2,175	1,742	2,247	2,179	1,746
R^2	0.932	0.950	0.925	0.840	0.842	0.842
Fin de l'échantillon	2013	2013	2008	2013	2013	2008
Effets fixes pays variant dans le temps	YES	YES	YES	YES	YES	YES

Note: Les astérisques (*, **, ***) correspondent aux seuils de significativité (10%, 5%, 1%) des coefficients. i désigne le pays d'entrée et j le pays de sortie. Les écarts-types ajustés pour les groupes de paires de pays sont entre parenthèses. $Dist_{ij}$ = distance géographique, $Cont_{ij}$ = variable binaire de contiguïté, RMP^{h}_{ijt} = Hétérogénéité de la réglementation des marchés de produits, $ALENA_{ij}$ = Accord de libre-échange nord-américain, Différence de capital humain$_{ijt}$ = valeur absolue de la différence des logarithmes du nombre moyen d'années d'étude, Différence de facteurs de production$_{ijt}$ = valeur absolue de la différence des PIB par tête, qui reflète le stock de capital par travailleur, Simitude de taille$_{ijt}$ = variable qui reflète la similitude des tailles des PIB. Poisson = Poisson pseudo-maximum likelihood.

Source: Calculs de l'OCDE.

StatLink http://dx.doi.org/10.1787/888933227453

- Enfin, la législation sur la protection de l'emploi (LPE) peut dissuader l'investissement transfrontalier en ralentissant les restructurations associées à des fusions et acquisitions. Plus de preuves sur l'effet de la LPE sur les stocks d'IDE sont fournis par des estimations sur une période plus longue dans Fournier (2015a).

Bibliographie

Anderson, J. E. et Van Wincoop (2003), « Gravity with Gravitas: A Solution to the Border Puzzle », *American Economic Review*, Vol. 93, pp. 170-192.

Fournier, J.-M. (2015a), « The Negative Effect of Regulatory Divergence on Foreign Direct Investment », *Document de travail du Département des affaires économiques de l'OCDE*, à paraître, Éditions OCDE.

Fournier, J.-M. (2015b), « The Heterogeneity of Product Market Regulations », *Document de travail du Département des affaires économiques de l'OCDE*, No. 1182, Éditions OCDE.

Fournier, J.-M. et al. (2015), « Implicit Regulatory Barriers in the EU Single Market: New Empirical Evidence from Gravity Models », *Document de travail du Département des affaires économiques de l'OCDE*, No. 1181, Éditions OCDE.

Head, K. et J. Ries, (2008), « FDI as an Outcome of the Market for Corporate Control: Theory and Evidence », *Journal of International Economics*, Vol. 74 (1), pp. 2-20.

Kalinova, B., Palerm, A. et S. Thomsen (2010), « OECD's FDI Restrictiveness Index: 2010 Update », *OECD Working Papers on International Investment*, No. 2010/3.

Koske, I. *et al.* (2015), « The 2013 Up-date of the OECD Product Market Regulation Indicators: Policy Insights for OECD and non-OECD Countries », *Document de travail du Département des affaires économiques de l'OCDE*, No. 1200, Éditions OCDE.

Kox, H., A. Lejour et R. Montizaan (2004), « The free movement of services within the EU », *CPB Document* 69.

Markussen (1997), « Trade versus Investment Liberalisation », *NBER Working Papers*, No. 6231.

Markussen, Venables, Eby-Konan et Zhang, K. H. (1996), « A Unified Treatment of Horizontal Direct Investment, Vertical Direct Investment, and the Pattern of Trade in Goods and Services », *NBER Working Paper* No. 5696.

Santos Silva, J.M.C. et S. Tenreyro (2006), « The Log of Gravity », *The Review of Economics and Statistics*, Vol. 88(4), pp. 641-658.

ANNEXE STATISTIQUE

Cette annexe contient des données sur des agrégats économiques clés, met en perspective les évolutions économiques récentes dans la zone de l'OCDE telles qu'elles sont décrites dans le corps de ce rapport. Les chiffres pour 2015 à 2016 sont des estimations et des prévisions de l'OCDE. Les données présentées dans certains tableaux ont été corrigées conformément aux concepts et définitions établis au plan international, afin de faciliter les comparaisons entre pays et d'assurer une cohérence avec les données rétrospectives figurant dans d'autres publications de l'OCDE. Les agrégats régionaux sont fondés sur les poids qui changent chaque année, avec les poids dépendant de l'agrégat considéré. Pour plus de détails voir aussi *Perspectives économiques de l'OCDE :* Sources et méthodes.

Les méthodes de prévision, les définitions statistiques et les sources utilisées par l'OCDE sont décrites de manière détaillée dans *Perspectives économiques de l'OCDE :* Sources et méthodes (*www.oecd.org/fr/eco/sources-et-methodes.htm*).

Des corrigenda relatifs à cette édition et aux précédentes, le cas échéant, peuvent être trouvés sur *www.oecd.org/about/publishing/corrigenda.htm.*

Les données statistiques pour Israël sont fournies par les autorités israéliennes compétentes et sous leur responsabilité. L'utilisation de ces données par l'OCDE est sans préjudice du statut des hauteurs du Golan, de Jérusalem Est et des colonies de peuplement israéliennes en Cisjordanie aux termes du droit international.

NOTE SUR LES PRÉVISIONS TRIMESTRIELLES

Les prévisions trimestrielles de l'OCDE sont des corrigées des variations saisonnières et des jours ouvrés pour un ensemble de variables clés. De ce fait, on pourra observer une légère différence entre les données annuelles non ajustées et les données trimestrielles. Dans certains pays, les prévisions annuelles officielles n'incluent pas de corrections pour les jours ouvrés. Même lorsque les prévisions officielles sont corrigées des jours ouvrés, l'ampleur de la correction peut dans certains cas différer de celle effectuée par l'OCDE.

Informations complémentaires

Poids 2014 utilisés pour agréger les données du PIB réel par région

	Zone euro de l'OCDE[1]	OCDE	Monde		Zone euro de l'OCDE[1]	OCDE	Monde
Australie		2.2	1.0	Slovénie	0.5	0.1	0.1
Autriche	3.0	0.8	0.4	Espagne	12.3	3.2	1.5
Belgique	3.7	1.0	0.5	Suède		0.9	0.4
Canada		3.2	1.5	Suisse		1.0	0.5
Chili		0.8	0.4	Turquie		3.0	1.4
République tchèque		0.6	0.3	Royaume-Uni		5.2	2.4
Danemark		0.5	0.2	Etats-Unis		35.3	16.6
Estonie	0.3	0.1	0.0	Zone euro	100.0	26.1	12.3
Finlande	1.7	0.4	0.2	OCDE		100.0	47.0
France	19.5	5.1	2.4				
Allemagne	28.3	7.4	3.5			**Non-OCDE**	**Monde**
Grèce	2.2	0.6	0.3				
Hongrie		0.5	0.2	Argentine		1.8	0.9
Islande		0.0	0.0	Brésil		5.9	3.2
Irlande	1.8	0.5	0.2	Chine		31.2	16.6
Israël		0.6	0.3	Indonésie		4.8	2.5
Italie	16.7	4.3	2.0	Inde		13.1	6.9
Japon		9.5	4.5	Fédération de Russie		6.5	3.5
Corée		3.5	1.7	Arabie Saoudite		2.9	1.5
Luxembourg	0.4	0.1	0.0	Afrique du Sud		1.3	0.7
Mexique		4.2	2.0	Econonies dynamiques d'Asie		8.7	4.6
Pays-Bas	6.2	1.6	0.8	Autres producteurs de pétrole		11.3	6.0
Nouvelle-Zélande		0.3	0.2	Reste des pays non-OCDE		12.5	6.6
Norvège		0.7	0.3				
Pologne		1.9	0.9	Total non-OCDE		100.0	53.0
Portugal	2.3	0.6	0.3				
République slovaque	1.2	0.3	0.1	Total mondial			100.0

Note : Les poids sont calculés à partir des PIB nominaux en PPA de 2014. Les aggrégats régionaux sont calculés en utilisant des poids mobiles de PIB nominaux en PPA, ainsi, les poids varient d'une année sur l'autre. En outre les poids peuvent être différents selon la composante du PIB puisque les poids sont basés sur la part de chacun des pays dans le total de cette composante.

1. Pays de la zone euro qui sont membres de l'OCDE.

Source : Base de données des Perspectives économiques de l'OCDE, n° 97.

Taux de conversion irrévocable de l'euro

Monnaie nationale par euro

Autriche	13.7603	Italie	1936.27
Belgique	40.3399	Luxembourg	40.3399
Estonie	15.6466	Pays-Bas	2.20371
Finlande	5.94573	Portugal	200.482
France	6.55957	Espagne	166.386
Allemagne	1.95583	République slovaque	30.126
Grèce	340.75	Slovénie	239.64
Irlande	0.78756		

Source : Banque centrale européenne.

Régions du commerce mondial, non-OCDE

Autres pays industrialisés d'Asie :	Les pays dynamiques d'Asie (Hong-Kong, Chine ; Malaisie ; Philippines ; Singapour ; Taipei chinois: Thaïlande et Vietnam) plus l'Indonésie et l'Inde.
Autres producteurs de pétrole :	Azerbaijan, Kazakhstan, Turkménistan, Brunei, Timor-Leste, Bahrein, Iran, Irak, Koweit, Libye, Oman, Qatar, Arabie Saoudite, Émirats arabes unis, Yémen, Équateur, Trinité-et-Tobago, Vénézuela, Algérie, Angola, Tchad, République du Congo, Guinée équatoriale, Gabon, Nigéria, Soudan.

Systèmes de comptabilité nationale, années de référence et dernières mises à jour

L'état actuel de la conversion des comptes nationaux dans les pays de l'OCDE est le suivant :

	Comptes des dépenses	Comptes des ménages	Benchmark / Année de base
Australie	SCN08 (1959t3-2014t4)	SCN08 (1959t3-2014t4)	2011/2012
Autriche	SEC10 (1996t1-2014t4)	SEC10 (1995-2014)	2010
Belgique	SEC10 (1995t1-2014t4)	SEC10 (1995-2013)	2012
Canada	SCN08 (1961t1-2014t4)	SCN08 (1961t1-2014t4)	2007
Chili	SCN93 (1996t1-2015t1)	..	2008
République tchèque	SEC10 (1996t1-2014t4)	SEC10 (1995-2013)	2010
Danemark	SEC10 (1995t1-2014t4)	SEC10 (1995-2014)	2010
Estonie	SEC10 (2000t1-2014t4)	SEC95 (2000-2013)	2010
Finlande	SEC10 (1990t1-2014t4)	SEC10 (1995-2013)	2010
France	SEC10 (1949t1-2015t1)	SEC10 (1978-2013)	2010
Allemagne	SEC10 (1991t1-2015t1)	SEC10 (1991-2014)	2010
Grèce	SEC10 (1995t1-2014t4)	..	2010
Hongrie	SEC10 (1995t1-2014t4)	SEC10 (1999-2013)	2005
Islande	SCN08 (1997t1-2014t4)	..	2005
Irlande	SEC10 (1997t1-2014t4)	SEC95 (1970-2013)	2012
Israël	SCN08 (1995t1-2015t1)	..	2010
Italie	SEC10 (1995t1-2014t4)	SEC10 (1995-2014)	2010
Japon	SCN93 (1994t1-2015t1)	SCN93 (1980-2013)	2005
Corée	SCN08 (1970t1-2015t1)	SCN08 (1975-2014)	2010
Luxembourg	SEC10 (1995t1-2014t3)	SEC95 (2007-2012)	2005
Mexique	SCN08 (1993t1-2014t4)	..	2008
Pays-Bas	SEC10 (1995t1-2015t1)	SEC10 (1995-2014)	2010
Nouvelle-Zélande	SCN93 (1987t4-2014t4)	SCN93 (1986-2013)	2009/2010
Norvège	SCN08 (1978t1-2015t1)	SCN93 (1978-2013)	2012
Pologne	SEC10 (2002t1-2014t4)	SEC95 (1995-2012)	2010
Portugal	SEC10 (1995t1-2014t4)	SEC10 (1999-2014)	2011
République slovaque	SEC10 (1997t1-2014t4)	SEC10 (1995-2013)	2010
Slovénie	SEC10 (1995t1-2014t4)	SEC10 (1995-2014)	2000
Espagne	SEC10 (1995t1-2014t4)	SEC10 (2000-2013)	2010
Suède	SEC10 (1995t1-2014t4)	SEC10 (1993t1-2014t4)	2013
Suisse	SEC10 (1980t1-2014t4)	SEC10 (1995-2012)	2010
Turquie	SCN93 (1998t1-2014t4)	..	1998
Royaume-Uni	SEC10 (1963t1-2015t1)	SEC95 (1987t1-2014t4)	2011
États-Unis	NIPA (SCN08) (1947t1-2015t1)	NIPA (SCN08) (1947t1-2015t1)	2009

Note : SCN : Système de comptabilité nationale. SEC : Système européen des comptes. NIPA : « National Income and Product Accounts ».
Statistitues des finances publitues. Les premières et dernières observations disponibles dans le système de comptabilité actuel des séries historitues de la base de données de ce numéro des Perspectives économitues sont inditués entre parenthèses.

(suite) Systèmes de comptabilité nationale, années de référence et dernières mises à jour

L'état actuel de la conversion des comptes nationaux dans les pays de l'OCDE est le suivant :

Comptes du gouvernement – Financiers	Comptes du gouvernement – Non financiers	Balance des paiements	
SCN08 (1959t3-2014t4)	SCN08 (1959t3-2014t4)	BPM6 (1959t3-2014t4)	Australie
SEC10 (1995-2014)	SEC10 (1995-2014)	BPM5 (1992t1-2014t4)	Autriche
SEC10 (1998-2014)	SEC10 (1995-2014)	BPM6 (2008t1-2014t4)	Belgique
SCN08 (1961t1-2014t4)	SCN08 (1961t1-2014t4)	BPM6 (1981t1-2014t4)	Canada
..	..	BPM5 (2003t1-2014t4)	Chili
SEC10 (1998-2014)	SEC10 (1995-2014)	BPM6 (1993t1-2014t4)	République tchèque
SEC10 (1994-2014)	SEC10 (1995-2014)	BPM6 (1995t1-2014t4)	Danemark
SEC10 (2000-2014)	SEC10 (2000-2014)	BPM6 (1993t1-2014t4)	Estonie
SEC10 (1995-2013)	SEC10 (1975-2014)	BPM6 (2006t1-2014t4)	Finlande
SEC10 (1995-2014)	SEC10 (1978-2014)	BPM6 (2008t1-2014t4)	France
SEC10 (1991-2014)	SEC10 (1991-2014)	BPM6 (1991t1-2015t1)	Allemagne
SEC10 (1995-2014)	SEC10 (1995-2014)	BPM5 (1985t1-2014t4)	Grèce
SEC10 (1995-2014)	SEC10 (1995-2014)	BPM6 (1995t1-2014t4)	Hongrie
SCN08 (2003-2013)	SCN93 (1995-2013)	BPM6 (1995t1-2014t4)	Islande
SEC10 (1990-2014)	SEC10 (1990-2014)	BPM6 (2002t1-2014t4)	Irlande
SCN08 (1995-2014)	SCN08 (1995-2013)	BPM5 (1995t1-2014t4)	Israël
SEC10 (1995-2014)	SEC10 (1995-2014)	BPM6 (1995t1-2014t4)	Italie
SCN93 (1994-2013)	SCN93 (1994-2013)	BPM6 (1994t1-2015t1)	Japon
SCN93 (2002-2012)	SCN08 (1975-2014)	BPM6 (1980t1-2014t4)	Corée
SEC10 (1990-2014)	SEC10 (1995-2014)	BPM6 (2002t1-2014t4)	Luxembourg
..	..	..	Mexique
SEC10 (1995-2014)	SEC10 (1995-2014)	BPM6 (2008t1-2014t4)	Pays-Bas
SCN93 (1960-2013)	SCN93 (1960-2013)	BPM6 (1987t1-2014t4)	Nouvelle-Zélande
SCN08 (1995-2014)	SCN08 (1995-2014)	BPM6 (1981t1-2014t4)	Norvège
SEC10 (1998-2014)	SEC10 (2010-2014)	BPM6 (2004t1-2014t4)	Pologne
SEC10 (1995-2014)	SEC10 (1995-2014)	BPM6 (1996t1-2014t4)	Portugal
SEC10 (1995-2013)	SEC10 (1995-2014)	BPM6 (2009t1-2014t4)	République slovaque
SEC10 (1995-2014)	SEC10 (1995-2014)	BPM6 (1996t1-2014t4)	Slovénie
SEC10 (1995-2014)	SEC10 (1995-2014)	BPM6 (1995t1-2014t4)	Espagne
SEC10 (1997-2014)	SEC10 (1993-2014)	BPM6 (2006t1-2014t4)	Suède
SEC10 (1999-2012)	SEC10 (1995-2014)	BPM6 (2000t1-2014t4)	Suisse
..	..	BPM5 (1984t1-2014t4)	Turquie
SEC95 (1987t1-2014t4)	SEC95 (1987t1-2014t4)	BPM6 (1955t1-2014t4)	Royaume-Uni
NIPA (SCN08) (1952t1-2014t4)	NIPA (SCN08) (1947t1-2015t1)	BPM6 (1960t1-2014t4)	États-Unis

Note : SCN : Système de comptabilité nationale. SEC : Système européen des comptes. NIPA : « National Income and Product Accounts ».
Statistitues des finances publitues. Les premières et dernières observations disponibles dans le système de comptabilité actuel des séries historitues de la base de données de ce numéro des Perspectives économitues sont inditués entre parenthèses.
BPM: Manuel de la balance des paiements et de la position extérieure globale – Cinquième ou sixième édition.

Tableaux annexes

Demande et production

Salaires, coûts, chômage et inflation

L'offre : facteurs clés

Épargne

Soldes budgétaires et endettement des administrations publiques

Taux d'intérêt et taux de change

Commerce extérieur et balance des paiements

Autres données de base

Annexe : Tableau 1. **PIB en volume**

Pourcentages de variation par rapport à l'année précédente

	Moyenne 1990-00	2001	2002	2003	2004	2005	2006	2007	2008	2009	2010	2011	2012	2013	2014	2015	2016	Quatrième trimestre 2014	2015	2016
Australie	3.4	2.6	4.0	3.0	4.0	3.2	2.7	4.5	2.5	1.6	2.3	2.6	3.7	2.0	2.7	2.3	2.9	2.5	2.5	3.1
Autriche	2.6	1.2	1.6	0.7	2.6	2.2	3.6	3.5	1.3	-3.7	1.8	3.2	1.0	0.1	0.4	0.6	1.7	0.0	1.2	1.8
Belgique	2.2	0.9	1.6	0.9	3.4	1.9	2.6	3.0	1.0	-2.6	2.5	1.6	0.1	0.3	1.1	1.3	1.8	1.0	1.6	1.8
Brésil	..	1.3	3.0	1.3	5.6	3.2	4.0	6.0	5.0	-0.2	7.6	3.9	1.8	2.7	0.2	-0.8	1.1	..	..	..
Canada	2.9	1.7	2.8	1.9	3.1	3.2	2.6	2.0	1.2	-2.7	3.4	3.0	1.9	2.0	2.4	1.5	2.3	2.5	1.2	2.4
Chili	6.6	3.3	2.7	3.8	6.9	6.2	5.8	5.2	3.2	-1.0	5.7	5.8	5.5	4.3	1.8	2.9	3.7	1.9	3.3	4.2
Chine	10.4	8.3	9.1	10.0	10.1	11.3	12.7	14.2	9.6	9.2	10.6	9.5	7.7	7.7	7.4	6.8	6.7	..	..	..
Colombie	..	1.7	2.5	3.9	5.3	4.7	6.7	6.9	3.5	1.7	4.0	6.6	4.0	4.9	4.6	3.3	3.7	..	..	..
République tchèque	..	3.0	1.6	3.6	4.8	6.5	7.1	5.5	2.5	-4.7	2.1	2.0	-0.7	-0.7	2.0	3.1	2.5	1.4	3.2	3.0
Danemark	2.7	0.8	0.5	0.4	2.6	2.4	3.8	0.8	-0.7	-5.1	1.6	1.2	-0.7	-0.5	1.1	1.9	2.3	1.6	2.0	2.4
Estonie	..	6.2	6.1	7.5	6.5	9.5	10.4	7.9	-5.3	-14.7	2.5	8.3	4.7	1.6	2.1	2.1	3.3	2.9	1.5	4.2
Finlande	2.3	2.6	1.7	2.0	3.9	2.8	4.1	5.2	0.7	-8.3	3.0	2.6	-1.4	-1.3	-0.1	0.4	1.3	-0.2	1.0	1.3
France	2.1	1.9	1.1	0.8	2.6	1.6	2.6	2.3	0.1	-2.9	1.9	2.1	0.2	0.7	0.2	1.1	1.7	0.0	1.5	1.9
Allemagne	2.0	1.8	0.0	-0.7	0.7	0.9	3.9	3.4	0.8	-5.6	3.9	3.7	0.6	0.2	1.6	1.6	2.3	1.5	1.8	2.5
Grèce	2.5	3.6	3.1	6.5	4.9	1.1	5.7	3.4	-0.4	-4.4	-5.3	-8.9	-6.6	-4.0	0.7	0.1	2.3	1.3	0.4	3.2
Hongrie	..	3.8	4.5	3.8	4.7	4.4	4.0	0.5	0.7	-6.5	0.8	1.8	-1.8	1.7	3.6	3.0	2.2	3.3	2.7	2.0
Islande	2.6	3.8	0.5	2.7	8.2	6.0	4.2	9.7	1.2	-5.1	-3.1	2.4	1.3	3.6	1.9	3.7	2.9	1.9	2.7	2.7
Inde	..	4.0	4.6	7.0	8.1	9.2	9.3	10.0	6.0	5.4	11.1	7.7	5.2	6.4	7.2	6.9	7.6	..	..	..
Indonésie	..	3.6	4.5	4.8	5.0	5.7	5.5	6.3	6.0	4.7	6.4	6.2	6.0	5.6	5.0	4.9	5.5	..	..	..
Irlande	7.2	5.3	5.9	3.0	4.6	5.7	5.5	4.9	-2.7	-6.4	-0.3	2.8	-0.3	0.2	4.8	3.5	3.3	4.1	4.6	2.6
Israël	6.0	0.1	-0.1	1.1	5.0	4.3	5.6	6.1	3.9	1.6	5.7	4.2	3.0	3.4	2.8	3.4	3.5	3.0	3.2	3.4
Italie	1.6	1.6	0.3	0.2	1.4	1.1	2.1	1.4	-1.1	-5.5	1.7	0.7	-2.8	-1.7	-0.4	0.6	1.5	-0.5	1.2	1.7
Japon	1.1	0.4	0.3	1.7	2.4	1.3	1.7	2.2	-1.0	-5.5	4.7	-0.5	1.7	1.6	-0.1	0.7	1.4	-0.8	1.9	1.3
Corée	6.9	4.5	7.4	2.9	4.9	3.9	5.2	5.5	2.8	0.7	6.5	3.7	2.3	2.9	3.3	3.0	3.6	2.7	3.7	3.5
Lettonie	..	7.2	7.2	8.6	8.9	10.2	11.6	9.8	-3.2	-14.2	-2.9	5.0	4.8	4.2	2.4	2.4	3.6	..	..	..
Luxembourg	5.0	2.0	3.3	1.2	4.9	4.1	4.9	6.4	0.5	-5.4	5.1	2.6	-0.1	2.0	3.0	2.7	2.9	4.3	2.0	3.2
Mexique	3.3	-0.3	0.1	1.4	4.0	3.3	5.0	3.1	1.2	-4.5	5.1	4.0	3.8	1.7	2.1	2.9	3.5	2.6	3.2	3.4
Pays-Bas	3.2	1.7	0.0	0.3	1.6	2.4	3.9	4.2	2.0	-3.3	1.0	1.7	-1.6	-0.7	0.9	2.0	2.2	1.4	1.8	2.3
Nouvelle-Zélande	3.0	2.2	5.2	4.6	4.4	2.8	2.4	3.7	-0.8	0.5	2.0	1.4	2.9	2.5	3.1	3.4	3.0	3.7	3.1	3.0
Norvège	3.7	2.1	1.4	0.9	4.0	2.6	2.4	2.9	0.4	-1.6	0.6	1.0	2.7	0.7	2.2	1.2	1.5	3.0	0.3	2.4
Pologne	..	1.3	1.4	3.6	5.1	3.5	6.2	7.2	3.9	2.6	3.7	4.8	1.8	1.7	3.4	3.5	3.7	3.5	3.6	3.8
Portugal	2.9	1.9	0.8	-0.9	1.8	0.8	1.6	2.5	0.2	-3.0	1.9	-1.8	-4.0	-1.6	0.9	1.6	1.8	0.7	1.6	1.8
Fédération de Russie	..	5.1	4.7	7.3	7.2	6.4	8.2	8.5	5.2	-7.8	4.5	4.3	3.4	1.3	0.6	-3.1	0.8	..	..	..
République slovaque	..	3.3	4.7	5.4	5.2	6.5	8.3	10.7	5.4	-5.3	4.8	2.7	1.6	1.4	2.4	3.0	3.4	2.6	3.1	3.5
Slovénie	1.8	2.9	3.8	2.8	4.4	4.0	5.7	6.9	3.3	-7.8	1.2	0.6	-2.6	-1.0	2.6	2.1	1.9	2.2	1.9	2.5
Afrique du Sud	..	2.7	3.7	2.9	4.6	5.3	5.6	5.4	3.2	-1.5	3.0	3.2	2.2	2.2	1.5	1.9	2.2	..	..	..
Espagne	2.8	4.0	2.9	3.2	3.2	3.7	4.2	3.8	1.1	-3.6	0.0	-0.6	-2.1	-1.2	1.4	2.9	2.8	2.0	3.1	2.8
Suède	2.1	1.7	2.1	2.5	3.8	2.8	4.9	3.5	-0.7	-5.1	5.7	2.7	0.0	1.3	2.3	2.8	3.0	2.6	2.6	3.1
Suisse	1.2	1.4	0.1	0.0	2.8	3.0	4.0	4.1	2.3	-2.1	3.0	1.8	1.1	1.9	2.0	0.8	1.7	2.0	0.2	2.3
Turquie	3.7	-5.7	6.2	5.3	9.4	8.4	6.9	4.7	0.7	-4.8	9.2	8.8	2.1	4.2	2.9	3.1	3.9	..	..	..
Royaume-Uni	2.4	2.7	2.5	4.3	2.5	2.8	3.0	2.6	-0.3	-4.3	1.9	1.6	0.7	1.7	2.8	2.4	2.3	3.0	2.4	2.1
États-Unis	3.4	1.0	1.8	2.8	3.8	3.3	2.7	1.8	-0.3	-2.8	2.5	1.6	2.3	2.2	2.4	2.0	2.8	2.4	1.7	2.8
Zone euro	2.2	2.1	0.9	0.6	2.0	1.7	3.3	3.0	0.4	-4.5	2.0	1.7	-0.8	-0.3	0.9	1.4	2.1	0.8	1.8	2.2
Total OCDE	2.8	1.3	1.7	2.1	3.2	2.8	3.2	2.7	0.3	-3.4	3.0	1.9	1.3	1.4	1.8	1.9	2.5	1.8	2.1	2.6

Note : La mise en place des systèmes de comptes nationaux a progressé à un rythme inégal selon les pays membres de l'OCDE, et ce pour les variables et la période couverte. En conséquence, plusieurs séries nationales contiennent des ruptures. Voir le tableau «Systèmes de comptabilité nationale, années de référence et dernières mises à jour» au début de l'annexe statistique.

Source : Base de données des Perspectives économiques de l'OCDE, n° 97.

StatLink http://dx.doi.org/10.1787/888933227465

Annexe : Tableau 2. **PIB nominal**

Pourcentages de variation par rapport à l'année précédente

	Moyenne 1990-00	2001	2002	2003	2004	2005	2006	2007	2008	2009	2010	2011	2012	2013	2014	2015	2016	Quatrième trimestre 2014	2015	2016
Australie	5.2	6.3	7.2	6.2	7.7	7.9	7.9	9.1	9.1	1.7	8.0	7.1	3.3	3.3	3.1	1.9	4.9	1.6	3.0	5.4
Autriche	4.5	3.1	2.8	2.0	4.4	4.9	5.5	5.9	3.2	-1.9	2.7	5.0	2.8	1.6	2.0	1.7	3.2	1.7	2.2	3.5
Belgique	4.2	3.0	3.5	2.8	5.7	4.3	5.2	5.4	2.9	-1.5	4.6	3.9	2.2	1.8	1.7	1.9	3.1	1.4	2.3	3.4
Brésil	..	9.5	13.3	15.3	13.9	10.9	11.0	12.8	14.3	7.1	16.8	12.6	7.7	9.4	7.1	6.2	7.1	..	..	..
Canada	4.7	3.3	4.1	5.3	6.5	6.5	5.4	5.3	5.1	-4.8	6.1	6.5	3.5	3.4	4.3	1.2	4.1	3.8	1.6	4.6
Chili	14.9	7.6	6.7	8.9	15.0	13.8	19.1	10.3	3.8	2.8	15.1	9.3	6.4	6.2	7.4	8.0	7.1	7.8	7.3	8.1
Chine	..	10.5	9.7	12.9	17.7	15.7	17.1	23.1	18.2	9.1	18.3	18.4	10.3	10.1	8.2	6.7	7.6	..	..	..
Colombie	..	8.3	8.6	11.0	13.0	10.5	12.9	12.3	11.4	5.1	8.0	13.8	7.2	6.9	6.5	6.0	7.0	..	..	..
République tchèque	..	8.0	4.3	4.7	9.0	6.6	7.8	9.2	4.6	-2.2	0.7	1.7	0.7	0.9	4.4	4.3	4.1	3.3	4.5	4.7
Danemark	4.5	3.4	2.8	1.9	4.8	5.4	6.1	3.4	3.4	-4.6	4.9	1.9	1.8	1.1	1.7	3.2	3.6	2.8	3.0	4.1
Estonie	..	12.8	11.4	12.1	11.6	16.0	20.1	20.1	1.7	-14.4	4.0	11.5	7.5	6.2	4.2	3.2	5.3	4.5	2.6	6.5
Finlande	4.1	6.0	2.7	2.2	4.6	3.7	5.0	8.1	3.8	-6.5	3.4	5.2	1.5	1.1	1.0	0.9	1.9	0.7	1.1	2.2
France	3.4	4.0	3.2	2.7	4.3	3.6	4.8	4.9	2.5	-2.8	3.0	3.1	1.4	1.5	0.7	2.1	2.5	0.9	2.4	2.8
Allemagne	3.8	3.1	1.4	0.5	1.8	1.5	4.2	5.1	1.6	-3.9	4.7	4.8	2.1	2.3	3.3	3.4	3.8	3.0	3.8	4.0
Grèce	12.0	7.1	6.7	10.0	8.2	3.1	9.3	6.9	3.9	-1.8	-4.5	-8.3	-6.6	-6.2	-1.9	-1.0	2.2	-0.7	0.7	3.0
Hongrie	..	15.7	13.3	9.3	9.5	6.8	8.2	5.9	5.4	-2.6	2.9	4.1	1.8	4.9	6.7	4.7	5.1	6.6	5.0	5.1
Islande	6.3	12.8	6.1	3.2	11.0	9.7	13.4	14.5	12.7	2.4	2.2	5.1	4.5	5.7	6.0	9.8	6.3	9.2	6.1	5.5
Inde	..	7.6	7.9	11.0	13.9	14.0	15.8	16.4	15.7	10.0	21.7	17.2	13.2	13.6	11.7	11.6	13.2	..	..	..
Indonésie	..	18.5	10.7	10.5	14.0	20.8	20.4	18.3	25.3	11.0	14.2	14.1	10.0	10.6	10.7	10.4	10.3	..	..	..
Irlande	11.0	12.5	11.5	7.2	7.4	8.8	8.7	7.0	-5.0	-10.0	-1.9	3.7	1.0	1.2	6.1	5.8	5.2	7.2	5.5	5.0
Israël	16.4	1.7	4.2	0.6	5.1	5.5	7.0	7.0	5.8	5.8	7.3	6.2	7.3	5.8	3.8	6.4	4.6	4.9	5.2	4.8
Italie	5.5	4.6	3.6	3.4	4.0	3.0	4.0	3.8	1.4	-3.7	2.0	2.2	-1.5	-0.4	0.5	1.1	2.4	0.1	1.7	2.9
Japon	1.3	-0.8	-1.3	-0.1	1.0	0.0	0.6	1.2	-2.3	-6.0	2.4	-2.3	0.8	1.0	1.6	3.0	2.5	1.5	3.7	2.8
Corée	12.4	8.3	10.7	6.4	8.0	5.0	5.0	8.0	5.9	4.3	9.9	5.3	3.4	3.8	3.9	4.1	4.6	3.4	5.3	4.5
Lettonie	..	9.6	12.7	14.0	16.3	22.5	25.5	32.0	8.3	-22.6	-3.8	11.7	8.6	5.3	3.6	3.5	6.1	..	..	..
Luxembourg	7.7	1.5	5.5	4.1	6.9	8.0	11.9	8.0	4.4	-3.9	9.1	7.8	3.3	3.4	4.6	4.5	4.3	6.3	2.9	5.0
Mexique	21.5	4.8	5.8	7.5	12.9	8.6	11.6	8.2	7.5	-1.3	9.8	9.5	7.4	3.2	5.8	6.1	6.5	6.2	6.4	6.6
Pays-Bas	5.7	6.2	3.7	2.5	2.7	4.0	6.1	6.1	4.4	-2.8	2.2	1.9	-0.4	0.4	1.9	2.3	3.6	2.5	2.7	3.7
Nouvelle-Zélande	4.4	6.7	5.9	6.1	7.9	5.3	4.8	8.1	2.9	1.3	5.0	4.3	2.5	5.4	5.6	2.6	4.6	1.9	3.8	4.6
Norvège	7.2	3.8	-0.3	3.8	10.0	11.6	11.4	6.1	10.9	-6.7	6.6	7.8	6.2	3.5	2.6	0.7	4.1	0.9	1.9	4.4
Pologne	..	5.0	3.6	4.4	9.6	6.2	8.2	11.4	7.6	6.6	5.5	8.1	4.0	2.9	3.8	3.6	5.1	2.7	4.8	5.3
Portugal	8.7	5.7	5.0	2.5	4.3	4.1	4.8	5.5	1.9	-1.9	2.6	-2.1	-4.4	0.6	2.2	2.1	2.1	1.1	2.3	2.3
Fédération de Russie	..	22.4	21.1	22.3	28.9	26.9	24.6	23.5	24.2	-6.0	19.3	20.9	11.1	6.5	7.9	7.4	7.9	..	..	..
République slovaque	..	8.6	8.9	11.1	11.3	9.2	11.4	11.9	8.4	-6.4	5.3	4.4	2.9	2.0	2.2	3.2	4.7	2.6	3.7	5.1
Slovénie	36.3	11.9	11.7	8.7	7.8	5.6	8.0	11.4	8.0	-4.7	0.1	1.8	-2.3	0.4	3.0	3.0	1.4	1.7	3.3	1.6
Afrique du Sud	36.3	10.5	16.4	8.9	11.4	11.0	12.2	14.7	12.3	5.9	9.6	10.1	7.9	8.3	7.4	7.1	7.9	..	..	..
Espagne	7.0	8.2	7.1	7.2	7.2	8.0	8.3	7.2	3.3	-3.3	0.2	-0.5	-1.9	-0.6	0.9	4.1	3.6	1.4	4.9	3.3
Suède	4.5	4.2	3.7	4.3	4.4	3.6	6.8	6.5	2.6	-2.8	6.8	3.9	1.0	2.4	3.6	4.3	4.7	3.8	4.1	4.9
Suisse	2.5	2.5	-0.2	1.0	3.2	3.7	6.0	6.5	4.2	-1.7	3.3	2.0	1.0	1.7	2.0	0.2	2.1	2.0	-0.2	2.8
Turquie	77.8	44.1	45.9	29.8	22.9	16.1	16.9	11.2	12.7	0.2	15.4	18.1	9.2	10.6	11.6	10.4	10.6	..	..	..
Royaume-Uni	5.2	3.8	5.2	6.6	5.4	5.7	5.8	5.5	2.5	-2.4	5.1	3.8	2.3	3.5	4.6	2.8	3.5	4.4	2.6	3.6
États-Unis	5.6	3.3	3.3	4.9	6.6	6.7	5.8	4.5	1.7	-2.0	3.8	3.7	4.2	3.7	3.9	3.1	4.6	3.7	3.1	4.7
Zone euro	..	4.6	3.4	2.9	4.0	3.6	5.3	5.4	2.3	-3.5	2.7	2.7	0.4	1.0	1.7	2.6	3.2	1.7	3.0	3.4
Total OCDE	7.4	4.5	4.2	4.5	5.9	5.3	5.8	5.2	2.6	-2.4	4.4	3.8	2.8	2.8	3.4	3.3	4.2	3.2	3.6	4.4

Note : La mise en place des systèmes de comptes nationaux a progressé à un rythme inégal selon les pays membres de l'OCDE, et ce pour les variables et la période couverte. En conséquence, plusieurs séries nationales contiennent des ruptures. Voir le tableau «Systèmes de comptabilité nationale, années de référence et dernières mises à jour» au début de l'annexe statistique.

Source : Base de données des Perspectives économiques de l'OCDE, n° 97.

StatLink http://dx.doi.org/10.1787/888933227478

Annexe : Tableau 3. **Consommation privée en volume**

Pourcentages de variation par rapport à l'année précédente

	Moyenne 1990-00	2001	2002	2003	2004	2005	2006	2007	2008	2009	2010	2011	2012	2013	2014	2015	2016	Quatrième trimestre 2014	2015	2016
Australie	3.4	3.1	4.2	3.9	5.7	3.2	3.8	5.6	1.9	0.8	3.3	3.1	2.5	1.7	2.5	2.7	3.0	2.8	2.6	3.1
Autriche	2.1	1.3	0.7	1.7	2.1	2.5	2.2	1.0	0.6	0.8	1.3	1.0	0.6	-0.2	0.2	0.8	1.8	0.1	1.3	1.6
Belgique	1.7	1.2	0.4	0.6	1.5	1.3	1.5	1.8	1.8	0.2	2.8	0.6	0.8	0.3	0.9	1.5	1.3	1.8	1.3	1.4
Brésil	..	0.6	1.2	-0.7	3.9	4.3	5.4	6.3	6.4	4.2	6.4	4.8	3.9	2.9	0.9	0.6	1.2	..	..	..
Canada	2.6	2.4	3.7	3.0	3.0	3.6	4.1	4.3	2.9	0.4	3.4	2.3	1.9	2.5	2.7	2.1	2.3	2.6	2.1	2.2
Chili	..	2.7	2.8	4.5	8.4	8.5	7.8	7.6	5.2	-0.8	10.8	8.9	6.1	5.9	2.2	2.2	3.3	1.1	2.4	3.8
Colombie	..	1.5	2.0	2.9	3.9	4.1	6.4	7.2	3.5	0.6	5.0	6.0	4.4	3.8	4.3	3.6	3.2	..	..	..
République tchèque	..	2.8	2.9	4.8	3.4	3.3	3.9	4.1	2.8	-0.6	0.9	0.2	-1.7	0.4	1.7	2.7	2.4	2.0	2.3	2.5
Danemark	2.0	0.2	1.4	1.3	4.6	3.7	2.9	1.8	0.5	-3.4	0.8	0.2	0.4	0.0	0.5	1.9	2.2	2.0	1.6	2.5
Estonie	..	6.5	9.5	9.1	7.7	9.3	12.7	9.0	-4.9	-15.3	-1.6	2.5	5.1	3.8	4.6	4.3	4.3	5.8	3.7	4.4
Finlande	1.4	2.9	2.6	4.2	3.6	3.2	4.1	3.5	2.1	-2.7	3.1	2.9	0.3	-0.6	-0.2	0.6	1.2	-0.4	1.2	1.2
France	1.9	2.5	2.0	1.5	1.9	2.5	2.4	2.4	0.4	0.3	1.8	0.4	-0.2	0.5	0.7	1.6	1.7	0.6	1.7	2.1
Allemagne	2.0	1.7	-0.8	0.1	0.5	0.5	1.6	0.0	0.4	0.2	0.5	2.3	0.6	0.9	1.2	2.3	2.0	2.2	2.2	1.9
Grèce	2.6	4.2	4.9	3.9	4.3	4.6	2.9	3.4	2.7	-0.7	-6.9	-10.7	-7.9	-2.2	1.4	0.9	1.1	..	..	..
Hongrie	..	4.5	8.1	8.3	1.9	2.8	1.5	1.1	-1.1	-6.7	-2.8	0.8	-1.9	-0.1	1.6	2.4	2.0	1.7	2.6	1.8
Islande	3.4	-3.0	-0.8	6.7	7.4	10.7	2.5	7.0	-6.9	-9.9	-0.2	2.6	2.0	0.5	3.7	3.9	2.8	4.7	3.3	2.6
Inde	..	6.0	3.3	5.4	5.2	7.8	8.6	9.0	8.1	7.0	8.2	9.6	6.4	5.7	6.0	6.6	6.9	..	..	..
Indonésie	..	3.5	3.8	3.9	5.0	4.0	3.2	5.0	5.3	4.7	4.1	5.1	5.5	5.4	5.3	4.9	5.4	..	..	..
Irlande	5.8	4.5	3.5	2.7	3.7	7.1	6.6	6.6	-0.2	-5.9	0.4	-1.1	-1.4	-0.4	1.2	2.4	2.2	2.1	2.0	2.4
Israël	..	3.9	1.8	0.3	5.1	3.4	5.1	7.6	1.4	2.1	4.7	2.9	3.0	3.5	4.0	5.2	3.7	5.2	4.2	3.6
Italie	1.7	0.7	0.0	0.8	1.0	1.3	1.4	1.2	-1.1	-1.5	1.2	0.0	-4.0	-2.8	0.3	0.4	1.1	0.5	0.6	1.2
Japon	1.3	1.6	1.2	0.5	1.2	1.5	1.1	0.9	-0.9	-0.7	2.8	0.3	2.3	2.1	-1.3	0.3	2.0	-2.4	1.9	2.0
Corée	6.1	5.7	8.9	-0.5	0.3	4.4	4.6	5.1	1.4	0.2	4.4	2.9	1.9	1.9	1.8	2.3	2.8	1.4	2.6	2.8
Lettonie	..	4.9	6.7	7.5	10.2	10.8	20.2	10.9	-8.0	-16.2	3.1	2.9	3.0	6.2	2.3	2.8	3.6	..	..	..
Luxembourg	3.4	2.7	4.4	1.1	0.3	3.3	3.8	2.6	0.0	0.8	2.0	1.2	1.9	1.5	2.7	2.0	2.8	2.6	2.0	3.0
Mexique	3.2	2.3	1.4	1.1	5.3	4.7	5.5	3.0	1.7	-6.3	5.7	4.8	4.7	2.5	2.0	2.7	3.1	2.7	3.0	3.1
Pays-Bas	3.3	2.1	1.1	-0.1	0.2	0.8	-0.6	2.1	1.0	-1.8	-0.1	0.2	-1.5	-1.5	0.1	1.5	1.6	0.8	1.4	1.6
Nouvelle-Zélande	2.7	2.1	4.2	6.3	6.1	4.9	2.6	3.6	0.4	-0.7	3.0	2.1	2.8	2.9	3.2	3.7	2.8	3.7	3.3	2.6
Norvège	3.4	2.1	3.1	3.2	5.4	4.4	5.0	5.3	1.7	0.0	3.8	2.3	3.5	2.1	2.0	1.8	1.9	2.5	1.4	2.6
Pologne	..	2.3	3.3	1.6	4.2	2.4	4.7	6.4	6.1	3.4	2.7	2.9	0.9	1.0	3.0	3.5	3.6	3.4	3.5	3.6
Portugal	3.2	0.9	1.3	-0.3	2.6	1.6	1.5	2.5	1.4	-2.3	2.4	-3.6	-5.5	-1.5	2.1	1.8	1.5	1.9	1.7	1.3
Fédération de Russie	..	9.3	8.3	7.4	11.9	11.7	12.0	14.2	10.4	-5.1	5.5	6.7	7.7	4.9	1.2	-4.7	0.2	..	..	..
République slovaque	..	5.0	6.1	2.9	5.0	5.8	5.9	7.5	6.0	-0.5	0.1	-0.7	-0.4	-0.7	2.2	2.6	2.6	2.6	2.8	2.5
Slovénie	2.7	2.4	2.5	3.4	3.0	2.2	1.2	6.4	2.4	0.9	1.0	-0.1	-3.0	-3.9	0.3	0.4	1.3	-0.8	1.4	1.5
Afrique du Sud	3.4	3.5	3.2	2.8	6.2	6.1	8.3	5.7	1.0	-1.8	4.5	4.9	3.4	2.9	1.4	1.7	2.1	..	..	..
Espagne	2.5	3.7	3.0	2.4	4.0	4.0	3.8	3.3	-0.7	-3.6	0.3	-2.0	-2.9	-2.3	2.4	3.8	2.6	3.3	3.5	2.3
Suède	1.6	0.8	2.6	2.4	2.6	2.8	2.8	3.9	0.2	0.4	3.8	1.9	0.9	2.0	2.4	2.5	2.7	2.5	2.5	2.7
Suisse	1.3	2.1	0.3	0.4	1.8	1.5	1.5	2.3	1.5	1.3	1.6	0.8	2.8	2.2	1.0	1.6	1.5	1.0	1.4	1.8
Turquie	3.7	-6.6	4.7	10.2	11.0	7.9	4.6	5.5	-0.3	-2.3	6.7	7.7	-0.5	5.1	1.3	3.0	3.6	..	..	..
Royaume-Uni	3.2	3.8	4.0	3.9	3.6	3.0	2.1	2.6	-0.5	-3.1	0.4	0.1	1.1	1.7	2.5	2.5	2.3	3.0	2.3	2.1
États-Unis	3.7	2.6	2.6	3.1	3.8	3.5	3.0	2.2	-0.3	-1.6	1.9	2.3	1.8	2.4	2.5	3.0	3.0	2.9	2.9	2.8
Zone euro	2.1	2.0	0.9	1.0	1.6	1.9	2.1	1.7	0.2	-0.9	0.8	0.2	-1.3	-0.6	1.0	1.8	1.8	1.5	1.8	1.8
Total OCDE	2.9	2.2	2.3	2.3	3.1	3.1	2.8	2.5	0.2	-1.4	2.1	1.7	1.1	1.6	1.7	2.4	2.6	1.9	2.4	2.5

Note : La mise en place des systèmes de comptes nationaux a progressé à un rythme inégal selon les pays membres de l'OCDE, et ce pour les variables et la période couverte. En conséquence, plusieurs séries nationales contiennent des ruptures. Voir le tableau «Systèmes de comptabilité nationale, années de référence et dernières mises à jour» au début de l'annexe statistique.

Source : Base de données des Perspectives économiques de l'OCDE, n° 97.

StatLink http://dx.doi.org/10.1787/888933227482

Annexe : Tableau 4. **Consommation des administrations publiques en volume**

Pourcentages de variation par rapport à l'année précédente

	Moyenne 1990-00	2001	2002	2003	2004	2005	2006	2007	2008	2009	2010	2011	2012	2013	2014	2015	2016	Quatrième trimestre 2014	2015	2016
Australie	2.9	2.3	2.6	3.9	3.8	2.8	3.7	3.1	4.3	1.6	3.4	3.6	2.3	0.8	2.0	1.3	1.6	2.0	0.7	2.0
Autriche	2.5	-0.3	1.3	1.3	1.1	2.3	3.0	1.6	3.7	2.5	0.4	0.3	0.3	0.4	1.0	1.0	-0.6	0.8	0.6	-0.4
Belgique	1.7	1.5	2.6	1.5	1.6	0.7	1.2	1.8	2.9	1.5	1.2	0.8	1.5	1.1	1.0	-0.3	-0.1	1.1	-1.0	0.2
Brésil	..	2.6	3.8	1.6	3.9	2.0	3.6	4.1	2.1	2.9	3.9	2.2	3.2	2.2	1.4	-1.5	-0.5	..	..	..
Canada	0.6	3.3	2.2	2.9	2.0	1.6	3.1	2.8	4.6	3.3	2.7	0.8	1.2	0.4	0.2	0.1	1.0	0.4	0.1	1.3
Chili	..	2.4	2.3	0.8	6.1	5.9	6.4	7.0	0.3	9.2	4.6	2.5	3.5	3.4	4.4	7.0	5.1	5.4	6.6	5.0
Colombie	..	2.2	-0.6	1.8	6.4	5.2	5.5	6.1	3.2	6.0	5.6	3.5	6.4	9.3	6.2	1.9	2.2	..	..	..
République tchèque	..	3.3	8.2	6.0	-1.5	0.6	0.4	0.4	1.1	3.0	0.4	-2.9	-1.0	2.3	2.3	0.9	2.3	4.2	-1.4	1.9
Danemark	2.3	1.9	2.1	0.2	1.5	1.2	2.5	1.2	3.2	3.0	1.3	-1.4	-0.2	-0.5	1.4	0.9	0.6	1.0	1.0	0.4
Estonie	..	3.2	3.1	4.1	3.0	3.0	5.4	6.6	4.5	-3.2	-0.4	1.7	3.3	2.8	2.3	3.2	1.7	5.2	1.6	1.8
Finlande	0.8	2.3	2.4	1.3	1.5	1.9	1.1	1.3	1.6	1.6	-0.1	-0.1	0.5	0.6	0.2	0.5	0.0	0.6	0.0	0.0
France	1.7	1.0	1.8	1.9	2.1	1.3	1.4	1.8	1.1	2.5	1.2	1.1	1.6	1.7	1.5	1.2	0.3	1.6	0.6	0.3
Allemagne	2.3	0.5	1.2	0.5	-0.8	0.5	1.0	1.5	3.4	3.0	1.3	0.7	1.2	0.7	1.2	2.2	1.8	1.7	2.2	1.7
Grèce	1.8	4.0	2.1	5.8	4.1	4.6	5.5	4.8	-2.2	1.8	-4.4	-6.3	-6.7	-5.1	-0.8	-1.7	-0.9	..	..	..
Hongrie	..	3.5	5.4	5.0	2.2	3.1	1.4	-6.6	3.1	1.4	-0.6	0.0	-1.3	3.2	2.4	2.0	0.3	3.3	0.8	0.2
Islande	2.7	4.0	5.5	2.0	2.5	3.5	4.1	4.5	4.7	-1.7	-3.0	1.2	-1.7	0.7	1.8	0.7	1.2	2.1	0.4	1.4
Inde	..	5.5	-2.5	5.3	-1.5	12.0	3.8	5.4	14.3	11.3	7.9	5.8	3.6	8.3	6.9	4.2	9.7	..	..	..
Indonésie	..	7.6	13.0	10.0	4.0	6.6	9.6	3.9	10.4	11.2	4.0	5.5	4.5	6.9	2.0	2.9	3.9	..	..	..
Irlande	4.3	10.5	6.4	3.1	1.8	4.5	5.4	6.7	1.2	-2.6	-4.8	-2.3	-1.3	-0.1	0.3	-0.4	1.3	-2.4	0.0	2.1
Israël	..	3.5	5.0	-3.0	-1.7	1.9	3.5	2.4	2.3	2.9	2.9	2.7	3.6	3.5	4.2	3.1	1.9	5.5	1.5	1.9
Italie	0.3	4.2	1.2	1.3	1.0	0.6	-0.4	0.4	1.0	0.4	0.6	-1.8	-1.2	-0.3	-0.9	-0.5	-0.9	-0.3	-1.6	0.4
Japon	3.1	4.2	2.6	1.9	1.5	0.8	0.0	1.1	-0.1	2.3	1.9	1.2	1.7	1.9	0.3	0.9	0.1	0.6	1.1	-1.2
Corée	4.2	6.2	5.6	3.8	4.5	4.5	7.4	6.1	5.1	5.2	3.8	2.2	3.4	3.3	2.8	3.2	4.0	3.1	3.3	4.0
Lettonie	..	5.5	3.5	4.4	3.6	2.7	6.5	3.3	2.4	-10.7	-8.1	3.1	0.4	2.9	3.4	3.0	2.8	..	..	..
Luxembourg	4.2	6.8	4.5	3.7	3.4	4.0	0.6	1.4	2.4	4.1	3.2	1.3	3.8	5.1	3.2	1.2	2.4	2.4	1.7	2.7
Mexique	1.8	-3.2	-1.0	-0.6	2.5	2.9	3.3	2.4	3.2	2.3	1.6	2.5	3.3	1.6	2.5	-0.3	-0.2	1.8	-0.7	-0.8
Pays-Bas	2.1	3.5	4.8	3.0	0.4	2.0	10.2	3.2	4.1	4.0	1.1	-0.2	-1.5	-0.2	-0.3	0.0	-0.3	-0.4	0.3	-0.1
Nouvelle-Zélande	1.2	4.3	1.7	3.5	5.0	7.1	4.8	4.2	4.5	0.6	0.8	2.5	-0.9	1.9	3.6	1.4	0.3	3.2	0.7	0.1
Norvège	3.2	4.1	2.9	1.3	1.3	1.9	1.9	2.0	2.4	4.1	2.2	1.0	1.6	1.7	2.7	2.4	2.4	2.6	2.4	2.3
Pologne	..	2.6	1.7	3.5	3.8	3.6	5.5	3.0	5.1	3.6	3.3	-2.3	0.2	2.1	2.8	2.9	2.5	3.2	2.6	2.5
Portugal	3.3	3.6	2.6	1.6	2.9	2.7	-0.2	0.6	0.4	2.6	-1.3	-3.8	-3.3	-2.4	-0.3	-0.5	0.2	-1.4	0.1	0.2
Fédération de Russie	..	-0.8	2.6	2.3	2.1	1.4	2.3	2.7	3.4	-0.6	-1.5	1.4	2.6	1.1	-0.1	0.0	0.5	..	..	..
République slovaque	..	5.5	3.5	5.8	-2.8	5.9	8.3	-0.5	5.6	6.9	1.7	-2.1	-2.0	2.4	4.4	3.2	1.8	4.1	2.6	1.5
Slovénie	2.7	2.8	3.2	2.7	2.7	2.7	3.1	1.9	4.9	2.4	0.1	-1.3	-1.5	-1.1	-0.5	-0.3	-0.2	1.1	-1.1	-0.2
Afrique du Sud	..	3.1	4.6	5.7	5.2	5.1	4.9	4.0	5.8	4.6	3.0	1.7	3.4	3.3	1.9	1.5	0.8	..	..	..
Espagne	3.1	3.8	3.9	4.9	6.3	5.6	5.0	6.2	5.9	4.1	1.5	-0.3	-3.7	-2.9	0.1	-0.8	0.0	-0.5	0.1	0.0
Suède	1.0	0.3	2.0	0.9	-0.8	0.2	1.8	0.9	1.2	2.1	1.0	0.9	1.5	0.8	2.0	1.8	1.7	2.5	1.5	1.9
Suisse	1.0	2.3	1.6	2.4	0.8	1.1	0.1	0.1	-1.9	3.5	0.2	2.1	2.9	1.4	1.1	2.5	2.2	1.4	1.7	2.2
Turquie	4.7	-1.1	5.8	-2.6	6.0	2.5	8.4	6.5	1.7	7.8	2.0	4.7	6.1	6.5	4.6	2.7	4.2	..	..	..
Royaume-Uni	1.4	4.0	4.2	4.6	2.8	2.3	2.2	1.2	2.0	1.2	0.0	0.0	2.3	-0.3	1.7	1.3	-0.7	2.1	1.0	-1.5
États-Unis	1.0	3.5	3.9	1.8	1.5	0.8	1.1	1.4	2.5	3.7	0.1	-2.7	-0.6	-1.3	0.4	0.5	0.5	1.1	0.6	0.5
Zone euro	1.8	2.0	2.0	1.8	1.4	1.6	2.2	2.1	2.5	2.4	0.8	-0.2	-0.2	0.2	0.6	0.7	0.4	0.8	0.5	0.6
Total OCDE	1.7	2.9	3.0	2.0	1.8	1.5	2.0	1.9	2.4	3.0	1.0	-0.5	0.5	0.3	1.0	0.9	0.7	1.2	0.9	0.6

Note : La mise en place des systèmes de comptes nationaux a progressé à un rythme inégal selon les pays membres de l'OCDE, et ce pour les variables et la période couverte. En conséquence, plusieurs séries nationales contiennent des ruptures. Voir le tableau «Systèmes de comptabilité nationale, années de référence et dernières mises à jour» au début de l'annexe statistique.

Source : Base de données des Perspectives économiques de l'OCDE, n° 97.

StatLink http://dx.doi.org/10.1787/888933227497

Annexe : Tableau 5. **Formation brute de capital fixe en volume**

Pourcentages de variation par rapport à l'année précédente

	Moyenne 1990-00	2001	2002	2003	2004	2005	2006	2007	2008	2009	2010	2011	2012	2013	2014	2015	2016	Quatrième trimestre 2014	2015	2016
Australie	4.1	-3.3	14.6	8.8	7.2	9.0	4.7	9.2	7.8	-1.4	4.3	7.0	9.0	-2.2	-2.0	-1.3	0.7	-2.7	0.0	1.3
Autriche	2.8	-1.3	-2.9	3.8	0.8	0.2	1.2	4.6	1.3	-7.3	-2.3	6.8	0.6	-1.4	0.4	-1.9	2.5	-2.0	0.8	3.4
Belgique	1.7	1.8	-3.7	0.2	8.3	6.5	3.5	6.3	2.9	-7.3	-0.1	4.1	0.0	-2.1	5.1	1.2	3.1	4.3	2.8	3.2
Brésil	..	1.1	-1.6	-3.8	8.4	2.3	6.0	11.9	12.7	-1.9	18.1	6.7	-0.6	6.0	-4.3	-3.7	0.9	..	..	..
Canada	2.7	4.8	1.0	5.2	8.4	9.2	6.3	3.2	1.6	-11.5	11.5	4.8	4.8	0.4	0.3	-1.5	0.9	1.5	-2.4	1.3
Chili	8.1	3.5	2.2	6.5	11.3	23.5	4.3	10.8	17.9	-12.1	11.6	15.0	11.6	2.1	-6.1	1.2	1.2	1.4	1.4	1.7
Chine	..	..	..	..	..	..	..	..	..	..	..	..	..	..	..	..	..	..	..	..
Colombie	..	9.7	11.1	11.5	11.1	13.2	18.1	14.4	9.9	-1.3	4.9	19.0	4.7	6.0	10.9	3.0	3.6	..	..	..
République tchèque	..	5.5	2.0	1.8	3.5	6.6	6.3	13.5	2.2	-9.8	0.9	1.1	-2.8	-4.4	4.5	4.4	3.7	4.3	5.4	2.4
Danemark	4.2	-0.5	-0.7	0.0	4.2	4.8	15.1	0.7	-3.3	-14.3	-4.0	0.3	0.6	1.0	3.7	3.4	3.2	7.5	1.6	3.6
Estonie	..	12.3	23.9	17.8	5.5	15.3	22.9	10.3	-13.1	-36.7	-2.6	32.7	10.9	2.3	-2.8	-2.7	3.7	-7.8	2.0	4.6
Finlande	0.6	1.8	-3.0	2.8	4.7	3.2	1.3	10.0	0.3	-12.5	1.1	4.1	-2.2	-5.3	-5.1	-0.5	2.9	-5.5	2.9	3.0
France	1.7	2.3	-0.9	1.9	3.1	2.9	4.0	5.5	0.7	-9.0	1.9	2.1	0.3	-0.4	-1.2	-0.6	1.8	-2.1	0.5	2.2
Allemagne	1.9	-2.1	-5.8	-1.4	-1.0	0.5	7.6	4.6	0.6	-9.9	4.6	7.5	0.0	-0.4	3.3	2.5	4.3	0.9	4.4	4.5
Grèce	4.0	1.3	-1.0	15.5	5.4	-12.8	17.0	17.6	-6.5	-13.3	-20.8	-17.0	-28.5	-9.5	3.0	0.6	5.0	..	..	..
Hongrie	..	2.6	7.8	1.2	7.5	3.5	0.8	4.3	1.1	-8.2	-9.5	-2.2	-4.2	5.2	11.7	3.7	1.5	6.3	3.3	0.8
Islande	4.5	-3.1	-12.7	9.7	26.5	31.9	23.3	-11.2	-18.9	-47.7	-8.6	11.6	5.6	-1.0	13.7	13.4	14.5	14.2	15.6	14.0
Inde	..	3.0	8.2	10.7	18.4	16.9	13.9	17.4	9.1	-0.4	15.1	11.5	0.3	5.1	2.6	7.0	7.7	..	..	..
Indonésie	..	6.5	4.7	0.6	14.7	10.9	2.6	9.3	11.9	3.9	6.7	8.9	9.1	5.3	4.1	5.0	6.0	..	..	..
Irlande	7.8	5.3	5.5	5.2	10.6	14.6	3.9	2.4	-9.6	-20.6	-17.9	-3.1	4.3	-1.9	11.7	10.5	9.6	7.5	9.9	9.5
Israël	7.4	-3.1	-5.8	-5.5	1.9	3.5	6.5	10.5	5.5	-3.3	10.3	14.5	3.2	1.1	-2.9	0.7	5.4	-3.7	2.3	5.5
Italie	1.3	2.8	4.2	-0.2	1.7	2.0	3.4	1.3	-3.2	-10.0	-0.6	-1.7	-9.4	-5.8	-3.2	1.6	1.9	-3.0	2.9	2.0
Japon	-0.6	-2.1	-4.9	0.2	0.4	0.8	1.5	0.3	-4.1	-10.6	-0.2	1.4	3.4	3.2	2.6	-0.6	0.1	-1.6	1.0	0.5
Corée	5.4	1.5	6.9	4.8	2.9	2.0	3.6	5.0	-0.9	0.3	5.5	0.8	-0.5	3.3	3.1	4.0	4.4	0.7	7.5	4.5
Lettonie	..	19.9	-3.5	10.4	28.9	20.5	15.1	22.5	-9.2	-33.3	-20.0	24.2	14.5	-5.2	1.3	1.1	4.3	..	..	..
Luxembourg	5.3	8.2	-3.4	2.9	7.8	-3.2	2.0	8.6	10.0	-12.4	-0.3	14.3	2.7	-4.4	5.5	6.8	1.1	18.1	2.4	-0.3
Mexique	5.9	-3.3	0.6	3.0	7.4	5.8	8.7	5.9	5.1	-9.3	1.2	7.8	4.8	-1.5	2.2	4.9	5.1	5.7	4.1	5.4
Pays-Bas	4.3	0.6	-4.3	-2.0	-0.7	3.0	7.2	6.6	4.7	-9.2	-5.7	5.6	-6.0	-3.9	3.5	7.0	4.0	4.5	3.8	4.6
Nouvelle-Zélande	4.0	-0.4	12.0	10.5	13.6	3.8	-1.5	7.7	-3.3	-11.8	0.6	5.7	7.9	8.6	8.6	7.5	6.1	7.5	8.3	4.7
Norvège	3.8	-0.6	-0.4	0.4	10.0	12.0	9.1	11.7	0.9	-6.8	-6.6	7.4	7.6	6.8	0.6	-3.6	0.5	-3.9	-1.1	2.1
Pologne	..	-8.6	-6.9	1.2	6.7	8.7	13.3	19.2	8.3	-1.9	-0.4	9.3	-1.5	0.9	9.5	6.4	6.0	9.4	6.0	6.0
Portugal	5.2	1.0	-3.4	-7.3	0.1	0.1	-0.8	3.1	0.4	-7.6	-0.9	-12.5	-16.6	-6.7	2.5	2.9	3.1	2.4	2.0	3.3
Fédération de Russie	..	10.9	3.1	13.9	12.0	10.2	17.9	21.1	9.7	-14.7	6.4	9.2	7.0	0.6	-2.1	-18.5	5.0	..	..	..
République slovaque	..	12.9	0.0	-3.2	4.7	16.5	9.1	8.9	1.6	-18.7	7.2	12.7	-9.3	-2.7	5.7	4.8	4.0	5.8	2.0	4.3
Slovénie	5.6	2.0	0.5	5.8	5.4	3.5	10.2	12.0	7.0	-22.0	-13.7	-4.6	-8.9	1.9	4.8	2.1	0.0	-0.6	6.3	-1.9
Afrique du Sud	..	2.8	3.5	10.2	12.9	11.0	12.1	13.8	12.8	-6.7	-3.9	5.7	3.6	7.6	-0.4	2.6	4.1	..	..	..
Espagne	3.2	4.9	4.6	7.0	5.1	7.5	7.4	4.4	-3.9	-16.9	-4.9	-6.3	-8.1	-3.8	3.4	5.4	6.3	5.1	5.3	6.9
Suède	0.5	2.7	-2.3	2.8	5.0	5.1	9.6	8.3	0.3	-13.3	5.5	5.8	0.3	-0.3	6.6	5.4	5.2	8.3	4.1	5.3
Suisse	1.1	-2.0	0.2	-1.0	5.1	3.2	4.7	4.9	0.7	-7.5	4.4	4.3	2.4	1.7	1.5	0.9	0.9	1.0	0.5	1.5
Turquie	4.4	-30.0	14.7	14.2	28.4	17.4	13.3	3.1	-6.2	-19.0	30.5	18.0	-2.7	4.4	-1.3	2.6	5.4	..	..	..
Royaume-Uni	0.7	-1.3	2.5	3.1	3.2	1.6	3.3	5.3	-4.7	-14.4	5.9	2.3	0.7	3.4	7.8	4.7	6.2	5.1	6.4	6.2
États-Unis	5.7	-0.5	-1.8	3.9	5.8	5.6	2.2	-1.2	-4.8	-13.1	1.1	3.7	5.3	2.7	3.9	3.0	5.4	4.4	2.5	5.9
Zone euro	2.1	1.1	-1.2	1.2	2.2	2.7	5.6	4.8	-0.8	-11.1	-0.5	1.7	-3.5	-2.3	1.2	2.0	3.5	0.6	2.9	3.8
Total OCDE	3.2	-0.7	-0.6	2.9	4.5	4.5	4.2	2.7	-2.0	-11.0	2.0	3.5	1.6	1.0	2.7	2.3	3.9	2.2	2.8	4.3

Note : La mise en place des systèmes de comptes nationaux a progressé à un rythme inégal selon les pays membres de l'OCDE, et ce pour les variables et la période couverte. En conséquence, plusieurs séries nationales contiennent des ruptures. Voir le tableau «Systèmes de comptabilité nationale, années de référence et dernières mises à jour» au début de l'annexe statistique.

Source : Base de données des Perspectives économiques de l'OCDE, n° 97.

StatLink http://dx.doi.org/10.1787/888933227508

Annexe : Tableau 6. **Formation brute de capital fixe du secteur privé non résidentiel, en volume**

Pourcentages de variation par rapport à l'année précédente

	Moyenne 1990-00	2001	2002	2003	2004	2005	2006	2007	2008	2009	2010	2011	2012	2013	2014	2015	2016	Quatrième trimestre 2014	2015	2016
Australie	3.9	-1.8	13.5	11.9	7.6	12.9	7.9	11.6	7.0	-2.2	0.4	12.5	14.9	-2.9	-5.5	-3.3	-0.6	-5.5	-2.3	0.2
Belgique	2.0	5.1	-4.2	-1.2	10.1	3.3	4.5	6.0	4.8	-8.2	-1.9	5.2	-0.3	-1.2	6.8	1.3	4.2	5.4	4.0	4.3
Brésil	4.4	1.4	-5.3	6.3	9.2	11.3	9.0	2.6	3.9	-20.0	14.0	11.5	7.5	1.4	-0.1	-4.7	3.4	0.3	-4.6	4.9
Chine	4.4	1.1	0.0	-3.6	0.2	1.7	17.7	2.0	2.5	-15.4	-5.4	-5.8	1.3	3.3	1.1	3.6	3.4	5.6	2.0	4.2
République tchèque	0.9	7.5	-4.7	0.3	3.2	3.6	0.3	18.2	5.3	-15.1	-7.1	4.9	-2.3	-8.6	-6.7	-1.6	3.5	-8.0	3.2	4.0
Danemark	2.3	3.5	-2.8	0.9	2.7	2.4	5.3	8.0	3.8	-11.7	3.1	4.8	0.9	-0.3	2.2	0.7	2.7	0.7	1.3	3.2
Estonie	1.9	-1.1	-6.3	-0.7	1.3	3.2	8.2	7.7	1.6	-15.1	5.4	7.5	-1.8	-1.1	4.0	3.4	4.9	2.1	5.5	5.1
Allemagne	6.2	-9.1	-18.4	17.4	31.7	53.4	25.8	-21.8	-21.5	-50.5	-0.2	23.5	8.1	-6.8	15.1	16.4	18.1	19.6	18.2	18.0
Inde	-0.9	-0.4	-5.2	4.9	3.5	5.7	4.0	4.9	-2.6	-14.3	0.3	4.1	3.7	0.4	3.9	0.8	4.0	0.6	3.6	4.0
Indonésie	6.6	-1.1	7.1	2.2	3.2	2.0	6.4	7.6	0.9	-3.7	14.2	3.3	0.2	0.9	4.9	3.6	3.9	6.8	2.5	4.6
Italie	4.9	-1.2	-7.2	-2.6	-1.5	3.0	7.3	9.0	7.1	-10.8	-1.5	12.9	-5.0	-2.4	3.3	5.6	6.0	2.6	3.5	7.0
Japon	6.0	-0.7	-2.6	16.0	14.6	7.5	0.2	11.6	-0.6	-20.2	1.3	13.3	13.5	5.8	8.4	8.8	5.8	4.7	8.6	4.4
Corée	4.2	-3.2	-2.2	-3.4	10.7	16.7	10.9	15.5	2.2	-10.4	-8.9	6.2	9.4	7.1	-0.9	-6.8	-1.0	-5.0	-5.8	2.1
Norvège	2.3	1.2	-6.7	3.2	4.5	5.1	9.5	10.2	3.9	-15.3	3.3	7.1	3.0	-1.6	4.8	3.8	4.7	8.9	1.3	5.1
Pologne	1.6	-2.0	0.3	-3.9	6.1	4.5	6.8	7.2	0.7	-10.6	4.2	5.1	3.2	2.4	2.5	0.7	0.9	1.5	0.4	1.7
Fédération de Russie	3.1	-5.3	-0.4	1.2	-0.4	10.5	-7.0	8.1	3.3	-14.4	3.7	6.0	4.2	5.3	7.5	4.6	6.4	3.7	7.0	6.3
République slovaque	7.6	-2.4	-6.9	1.9	5.2	7.0	7.1	5.9	-0.7	-15.6	2.5	7.7	7.2	3.0	6.3	3.3	5.1	6.2	2.5	5.3

Note : La mise en place des systèmes de comptes nationaux a progressé à un rythme inégal selon les pays membres de l'OCDE, et ce pour les variables et la période couverte. En conséquence, plusieurs séries nationales contiennent des ruptures. Les statistiques de comptabilité nationale ne possèdent pas toujours de décomposition par secteur des dépenses d'investissement et pour plusieurs pays les chiffres sont des estimations de l'OCDE. Voir le tableau «Systèmes de comptabilité nationale, années de référence et dernières mises à jour» au début de l'annexe statistique.

Source : Base de données des Perspectives économiques de l'OCDE, n° 97.

StatLink http://dx.doi.org/10.1787/888933227517

Annexe : Tableau 7. **Formation brute de capital fixe en volume : construction de logements**

Pourcentages de variation par rapport à l'année précédente

	Moyenne 1990-00	2001	2002	2003	2004	2005	2006	2007	2008	2009	2010	2011	2012	2013	2014	2015	2016	Quatrième trimestre 2014	2015	2016
Australie	4.4	-10.7	23.7	5.2	5.7	-1.9	-3.1	2.2	2.4	-4.4	4.9	1.5	-6.2	0.6	7.9	5.5	4.2	8.1	5.7	4.0
Autriche	3.2	-6.9	-4.9	-4.1	0.5	1.4	0.9	2.0	0.2	-1.4	1.0	2.6	-1.3	-0.3	0.6	0.1	1.7	-0.8	1.2	1.8
Belgique	-0.1	-4.0	-5.5	4.7	3.9	15.6	4.8	4.7	-2.2	-9.4	3.3	1.4	-0.5	-3.5	0.7	0.9	1.3	1.0	1.1	1.4
Brésil	-0.3	11.1	14.3	3.5	8.3	5.0	2.4	2.6	-4.0	-6.3	8.0	1.5	5.8	-0.4	2.7	2.7	-1.8	4.8	0.2	-2.5
Chine	4.2	-9.8	2.3	13.5	12.1	16.7	11.4	-5.5	-16.7	-20.4	-8.9	15.8	-8.2	-5.0	6.5	3.1	4.1	1.5	4.7	4.0
République tchèque	0.6	-10.2	-0.5	11.3	11.2	5.0	3.8	-0.3	-10.6	-13.9	24.1	5.3	-3.5	-2.7	-5.5	-0.3	2.9	-4.8	3.0	2.8
Danemark	1.0	0.9	2.9	2.7	4.0	4.3	4.9	2.6	-4.0	-11.9	1.6	1.1	-2.0	-1.3	-5.0	-3.3	0.3	-5.1	-1.6	0.7
Estonie	3.3	-5.6	-6.1	-1.9	-4.2	-4.1	6.8	-1.6	-4.0	-3.2	3.8	10.2	4.2	0.8	3.8	1.4	3.5	0.6	3.6	3.7
Finlande	-0.9	-3.6	2.4	17.8	16.3	-7.3	14.3	14.6	-23.5	-18.9	-26.5	-14.7	-33.3	-27.7	-51.5	-18.3	0.3	..	..	..
Allemagne	-0.7	12.3	12.4	3.7	14.2	11.9	16.5	13.2	-21.9	-55.7	-18.0	5.4	6.9	10.8	14.9	12.5	11.2	5.7	18.5	8.0
Grèce	9.2	5.1	3.7	13.4	10.8	16.8	3.8	-8.0	-16.0	-37.3	-32.9	-18.5	-20.3	5.3	-3.4	6.4	8.7	-5.0	8.2	9.0
Islande	0.4	1.5	3.0	3.9	2.5	6.2	5.2	1.0	-1.9	-9.3	-0.2	-6.5	-7.7	-6.8	-4.1	-0.4	0.1	-2.5	0.0	0.2
Inde	-2.3	-5.0	-3.4	-1.3	1.7	-0.9	0.6	-9.8	-6.6	-16.6	-4.5	5.1	3.2	8.8	-5.1	-2.0	8.3	-15.7	7.8	9.2
Indonésie	-0.4	14.8	14.1	12.0	3.1	2.1	-2.3	-3.5	-9.4	-2.5	-12.0	-8.0	-2.9	23.4	8.9	-1.2	5.7	1.5	6.3	4.8
Italie	2.6	2.6	-5.9	-3.1	4.7	5.9	5.9	5.2	0.5	-14.2	-14.8	-4.4	-8.2	-9.2	5.6	17.2	1.9	16.1	6.0	2.0
Japon	2.7	-11.8	20.8	20.3	3.7	-4.0	-2.1	3.1	-18.1	-14.2	2.1	-1.6	14.8	16.5	16.5	12.9	8.2	16.2	13.4	5.1
Corée	3.6	8.1	-0.7	1.8	16.3	9.7	4.0	2.7	-9.0	-8.1	-1.6	17.0	10.9	6.4	-1.6	-1.3	1.3	-5.3	1.7	1.6
Nouvelle-Zélande	5.0	6.3	5.9	7.2	4.8	6.0	6.0	0.9	-9.7	-20.6	-11.6	-12.8	-9.0	-7.6	-1.8	2.2	2.1	2.1	1.9	2.2
Norvège	-8.1	7.0	10.7	5.1	12.9	10.0	14.4	6.6	-13.3	-18.9	12.7	8.0	-11.7	2.2	20.2	16.4	10.0	20.4	13.7	9.0
Pologne	-1.2	-4.1	-3.7	14.4	7.0	1.1	-1.6	-3.0	-4.2	1.8	3.5	2.2	1.5	-0.3	0.9	1.1	1.5	1.5	1.2	1.6
Fédération de Russie	-1.7	1.5	6.5	3.7	6.6	5.9	3.4	1.9	-24.0	-27.2	13.8	1.5	-3.6	6.0	8.9	5.2	7.5	6.0	7.3	7.5
République slovaque	4.1	0.9	6.1	9.1	10.0	6.6	-7.6	-18.8	-24.0	-21.2	-2.5	0.5	13.5	11.9	1.6	5.5	11.0	2.5	7.0	12.9

Note : La mise en place des systèmes de comptes nationaux a progressé à un rythme inégal selon les pays membres de l'OCDE, et ce pour les variables et la période couverte. En conséquence, plusieurs séries nationales contiennent des ruptures. Voir le tableau «Systèmes de comptabilité nationale, années de référence et dernières mises à jour» au début de l'annexe statistique.

Source : Base de données des Perspectives économiques de l'OCDE, n° 97.

StatLink http://dx.doi.org/10.1787/888933227528

Annexe : Tableau 8. **Demande intérieure totale en volume**

Pourcentages de variation par rapport à l'année précédente

	Moyenne 1990-00	2001	2002	2003	2004	2005	2006	2007	2008	2009	2010	2011	2012	2013	2014	2015	2016	Quatrième trimestre 2014	2015	2016
Australie	3.4	1.4	6.1	5.6	5.9	4.4	3.5	6.8	3.5	-0.3	3.8	4.7	4.1	0.0	1.2	1.4	2.1	1.0	1.8	2.5
Autriche	2.3	0.3	-0.4	2.1	1.9	2.2	2.7	2.6	0.7	-1.5	0.7	2.7	0.4	-1.0	0.2	0.7	1.3	-1.0	1.5	1.5
Belgique	2.0	-0.2	-0.3	0.8	3.4	2.9	2.2	2.9	2.1	-2.7	2.0	2.1	-0.1	-0.9	0.9	1.1	1.4	2.0	0.9	1.6
Brésil	..	0.8	0.6	0.0	5.1	2.7	5.5	7.8	7.4	-0.1	11.1	4.9	1.8	3.5	0.1	-0.7	0.8	..	..	..
Canada	2.3	1.5	3.1	4.1	4.0	5.0	4.2	3.6	2.9	-2.8	5.4	2.4	2.2	1.9	1.4	1.1	1.7	1.4	0.7	1.8
Chili	..	2.9	3.0	4.7	8.2	11.5	8.0	7.4	8.3	-5.6	13.5	9.4	7.5	3.9	-0.5	4.8	3.1	0.1	5.7	3.5
Chine	..	8.9	8.6	10.5	9.5	7.9	9.4	11.5	8.1	16.8	7.4	10.0	8.3	8.3	7.9	7.2	7.0	..	..	..
Colombie	..	2.6	2.9	4.1	5.4	5.8	8.8	8.4	4.9	-0.1	5.8	9.0	4.9	5.2	6.7	3.3	3.1	..	..	..
République tchèque	..	4.0	3.5	3.6	3.3	3.4	5.1	6.5	1.9	-5.4	1.7	0.1	-2.1	-0.8	2.2	3.2	2.1	1.9	3.4	2.4
Danemark	2.6	0.3	1.4	0.2	4.4	3.3	5.4	1.7	-0.3	-6.4	1.1	0.7	-0.3	-0.2	1.7	1.9	1.9	3.3	1.5	2.1
Estonie	..	8.3	12.1	11.1	6.6	7.4	17.4	9.2	-8.9	-20.8	0.8	13.3	5.5	1.2	4.9	2.9	3.6	5.0	2.7	3.9
Finlande	1.2	1.9	1.4	3.3	3.6	4.1	2.4	4.8	1.0	-6.2	3.2	3.9	-1.1	-1.3	-0.8	0.3	1.2	-1.7	1.4	1.3
France	1.8	1.7	1.2	1.4	2.8	2.3	2.6	3.2	0.4	-2.5	2.0	2.0	-0.3	0.8	0.7	1.3	1.3	0.4	1.6	1.7
Allemagne	1.9	0.3	-2.1	0.3	-0.6	0.3	3.0	1.8	0.9	-3.1	2.9	3.1	-0.8	0.8	1.3	2.0	2.5	1.3	2.4	2.4
Grèce	2.8	3.6	3.4	7.8	3.3	0.1	8.4	5.5	-0.4	-6.1	-7.1	-10.8	-9.6	-4.5	0.6	0.0	1.2	..	..	..
Hongrie	..	1.9	6.4	5.7	4.9	1.5	1.7	-1.0	0.2	-9.2	-0.5	-0.2	-3.0	1.2	4.1	2.3	1.5	2.8	3.0	1.2
Islande	3.6	-1.5	-1.9	6.1	9.9	13.9	8.3	1.0	-7.6	-16.7	-2.2	3.4	1.5	0.4	4.7	4.5	4.6	5.5	4.7	4.6
Inde	..	3.3	3.2	8.0	7.6	10.1	9.9	10.1	9.6	4.1	12.1	8.0	6.1	3.0	5.5	6.3	7.3	..	..	..
Indonésie	..	4.3	4.0	4.0	7.0	5.9	5.3	6.4	6.1	3.0	6.5	6.1	7.7	5.0	5.3	4.4	5.5	..	..	..
Irlande	6.1	5.0	5.0	4.1	4.0	9.3	6.5	4.3	-3.7	-9.6	-3.9	-0.5	-0.5	-0.2	3.9	3.4	3.6	7.0	2.1	4.0
Israël	..	2.2	0.2	-1.8	3.1	3.7	4.9	6.3	2.2	0.5	5.7	5.4	3.5	2.8	3.1	3.8	3.6	3.3	3.9	3.6
Italie	1.4	1.5	1.1	0.9	1.1	1.0	2.0	1.2	-1.3	-4.2	1.9	-0.5	-5.7	-2.5	-0.6	0.4	0.9	-1.1	1.0	1.2
Japon	1.0	1.2	-0.5	1.0	1.5	1.0	0.9	1.1	-1.3	-4.0	2.9	0.4	2.6	1.9	-0.1	0.5	1.2	-1.8	2.1	1.0
Corée	5.7	4.3	8.1	1.8	2.0	3.8	5.1	5.0	1.1	-2.7	8.3	3.0	0.7	1.4	3.0	3.5	3.5	1.9	3.7	3.5
Lettonie	..	10.4	6.2	11.4	12.6	9.0	18.2	12.1	-8.4	-22.4	-3.0	10.0	2.3	3.2	2.0	2.9	3.6	..	..	..
Luxembourg	4.1	2.4	-0.2	4.4	2.7	3.6	1.6	5.1	1.7	-5.4	6.2	5.6	0.3	0.6	3.9	3.2	2.3	10.6	2.1	2.1
Mexique	3.7	0.2	1.2	1.3	5.7	4.1	6.5	3.1	3.0	-7.0	4.9	4.7	4.8	1.4	2.4	2.7	3.2	3.2	2.9	3.2
Pays-Bas	3.2	2.4	0.1	0.3	0.3	1.6	3.9	3.5	2.4	-2.5	0.0	0.8	-2.4	-1.9	0.5	1.1	1.6	1.0	0.7	1.8
Nouvelle-Zélande	2.7	1.9	5.8	6.5	7.8	4.8	1.1	5.0	0.6	-4.7	3.8	2.8	3.1	3.9	4.7	4.1	3.1	4.8	4.2	2.7
Norvège	3.5	0.7	2.2	1.5	6.8	5.4	6.2	6.1	1.5	-3.2	3.0	2.7	3.5	3.6	1.9	1.2	1.4	-0.1	1.9	2.2
Pologne	..	-1.3	0.9	2.5	6.2	2.5	7.2	9.5	5.0	-0.3	4.2	3.8	-0.3	0.2	4.6	4.1	3.9	5.1	3.8	3.9
Portugal	3.7	1.6	-0.2	-1.8	3.0	1.3	0.9	2.2	1.1	-3.6	1.9	-5.7	-7.3	-2.5	2.1	1.0	1.5	1.4	1.5	1.4
Fédération de Russie	..	8.8	4.4	8.0	10.2	9.2	11.3	13.8	9.8	-14.1	8.8	9.0	5.5	1.2	-1.0	-8.5	1.1	..	..	..
République slovaque	..	8.1	4.1	0.0	5.8	8.4	6.5	6.6	6.3	-7.0	4.4	1.0	-4.1	-0.1	2.9	3.0	2.8	2.5	2.9	2.7
Slovénie	3.8	1.3	2.8	4.5	4.9	1.9	4.7	9.0	3.1	-9.5	-0.9	-0.8	-5.7	-2.1	0.8	0.8	0.6	-1.6	2.2	0.4
Afrique du Sud	..	2.3	5.1	5.2	7.9	5.7	8.5	5.8	3.6	-1.4	3.7	4.9	3.9	1.4	0.6	1.8	2.2	..	..	..
Espagne	2.8	3.9	3.5	3.9	4.8	5.1	5.1	4.1	-0.4	-6.0	-0.5	-2.7	-4.2	-2.7	2.3	3.1	2.9	2.8	3.2	2.8
Suède	1.1	0.7	1.1	2.3	1.9	2.6	4.4	4.9	-0.1	-4.3	5.7	3.0	-0.2	1.2	3.5	3.0	3.0	3.8	2.6	3.1
Suisse	0.9	2.0	0.2	0.8	-0.1	4.2	2.3	0.5	2.7	2.5	-0.5	4.0	-1.2	-0.7	1.8	-1.4	1.5	-1.2	1.6	1.8
Turquie	4.3	-12.1	9.3	8.7	11.6	9.2	6.9	5.7	-1.0	-6.7	12.1	8.9	-1.3	6.5	1.3	3.6	4.0	..	..	..
Royaume-Uni	2.6	3.4	3.2	4.3	3.1	2.5	2.6	2.8	-1.2	-4.8	2.7	0.4	1.5	1.8	3.4	2.8	2.4	2.4	3.2	2.1
États-Unis	3.8	1.2	2.3	3.1	4.3	3.5	2.6	1.1	-1.3	-3.8	2.9	1.6	2.2	1.9	2.5	2.7	3.1	2.9	2.5	3.1
Zone euro	2.0	1.5	0.4	1.4	1.7	1.9	3.2	2.7	0.3	-3.8	1.4	0.8	-2.3	-0.7	0.9	1.5	1.8	0.9	1.8	2.0
Total OCDE	2.8	1.2	1.9	2.5	3.4	3.0	3.1	2.4	-0.2	-3.9	3.1	1.7	0.8	1.2	1.8	2.2	2.5	1.8	2.3	2.6

Note : La mise en place des systèmes de comptes nationaux a progressé à un rythme inégal selon les pays membres de l'OCDE, et ce pour les variables et la période couverte. En conséquence, plusieurs séries nationales contiennent des ruptures. Voir le tableau «Systèmes de comptabilité nationale, années de référence et dernières mises à jour» au début de l'annexe statistique.

Source : Base de données des Perspectives économiques de l'OCDE, n° 97.

StatLink http://dx.doi.org/10.1787/888933227538

Annexe : Tableau 9. **Contribution de la balance commerciale aux variations du PIB en volume**

Point de pourcentage

	Moyenne 1991-2000	2001	2002	2003	2004	2005	2006	2007	2008	2009	2010	2011	2012	2013	2014	2015	2016	Quatrième trimestre[1] 2014	2015	2016
Australie	-0.3	1.6	-2.2	-2.6	-2.4	-1.3	-1.2	-2.2	-1.6	2.6	-2.1	-2.2	0.1	1.6	1.8	1.2	0.7	2.9	0.7	0.5
Autriche	0.4	0.3	1.7	-1.2	0.6	0.6	1.0	1.1	0.7	-2.2	1.1	0.2	0.4	0.8	-0.2	-0.3	0.5	1.8	0.4	0.3
Belgique	0.3	1.0	1.8	0.1	0.3	-0.8	0.5	0.1	-1.2	-0.3	0.5	-0.5	0.1	1.0	0.2	0.5	0.5	4.6	0.6	0.3
Brésil	0.2	0.5	2.8	1.7	0.9	0.6	-1.4	-1.3	-2.0	-0.2	-2.6	-0.7	0.0	-0.7	0.0	-0.3	0.3	..	..	..
Canada	0.7	0.6	-0.2	-2.2	-0.8	-1.6	-1.4	-1.5	-1.8	-0.5	-2.1	-0.4	-0.4	0.2	1.1	0.4	0.5	-1.1	0.3	0.6
Chili	0.5	0.8	0.0	-0.7	-0.8	-4.1	-1.6	-1.1	-3.9	4.5	-6.7	-3.0	-1.6	0.6	2.5	0.4	0.7	-4.8	0.7	0.8
Chine	0.0	-0.4	0.7	-0.2	0.8	3.6	3.8	3.6	2.3	-5.7	3.6	0.3	0.1	0.0	0.0	0.1	0.1	..	..	..
Estonie	-0.7	-1.0	-0.4	-0.4	-0.4	-1.3	-2.3	-1.7	-1.3	1.3	-1.8	-1.9	-0.7	-0.3	-2.1	-0.2	0.3	..	..	..
République tchèque	-0.9	-1.1	-2.0	0.0	1.4	3.2	2.0	-0.8	0.8	0.5	0.5	1.9	1.3	0.0	-0.1	0.2	0.6	1.6	-0.5	0.5
Danemark	0.1	0.6	-0.8	0.2	-1.5	-0.7	-1.3	-0.9	-0.4	1.2	0.5	0.5	-0.4	-0.3	-0.5	0.1	0.5	-0.1	0.5	0.3
Estonie	-1.1	-4.1	-7.0	-3.3	-0.7	0.7	-8.4	-1.6	5.0	8.1	2.8	0.5	-4.2	-0.7	0.0	-0.3	-0.2	1.3	-0.8	0.8
Finlande	1.6	0.1	0.1	-1.7	0.7	-1.0	1.6	1.0	-0.2	-2.1	0.0	-1.5	-0.2	0.4	0.4	0.2	0.1	-0.2	0.1	0.0
France	0.3	0.2	0.0	-0.5	-0.2	-0.7	0.0	-0.9	-0.3	-0.3	-0.1	0.0	0.5	0.0	-0.5	-0.3	0.3	0.9	0.3	0.2
Allemagne	0.0	1.5	2.1	-1.0	1.3	0.6	1.1	1.6	-0.1	-2.6	1.2	0.7	1.4	-0.5	0.3	-0.3	0.0	-1.1	-0.1	0.3
Grèce	-0.6	0.2	-0.6	-1.9	1.4	0.6	-2.9	-2.3	0.0	2.7	2.4	2.6	3.3	1.4	0.2	-0.5	1.1	..	..	..
Hongrie	0.3	1.8	-2.0	-2.1	-0.3	2.7	2.2	1.5	0.7	2.6	1.3	2.0	1.4	0.4	-0.4	1.0	0.9	5.7	0.8	1.0
Islande	-0.7	6.1	2.3	-3.2	-2.2	-8.6	-5.6	8.5	9.4	13.1	-1.0	-1.1	-0.2	3.7	-3.0	-1.5	-1.4	-1.1	-1.5	-1.8
Inde	-0.5	0.6	1.3	-1.0	0.4	-1.0	-0.7	-0.3	-3.8	1.0	-1.6	-0.7	-1.2	3.2	1.6	0.5	0.2	..	..	..
Indonésie	-0.2	-0.6	0.5	0.8	-1.8	-0.1	0.2	-0.1	-0.1	1.7	0.0	0.2	-1.5	0.6	-0.3	0.5	0.1	..	..	..
Irlande	2.2	2.6	2.8	1.4	0.6	-1.9	-0.7	1.4	1.1	3.3	3.2	5.7	-0.8	0.6	2.2	0.8	1.3	-14.3	3.2	-0.6
Israël	0.8	-2.0	-0.3	3.0	1.9	0.6	0.8	-0.2	1.7	1.1	0.3	-1.2	-0.5	0.6	-0.4	-0.3	0.0	3.8	0.1	0.0
Italie	0.3	0.2	-0.9	-0.7	0.3	0.1	0.1	0.2	0.2	-1.3	-0.2	1.2	2.9	0.8	0.3	0.3	0.7	1.5	0.8	0.3
Japon	0.1	-0.8	0.8	0.7	0.8	0.3	0.8	1.1	0.2	-1.5	1.8	-0.9	-0.9	-0.3	0.0	0.3	0.2	1.1	0.1	0.3
Corée	1.4	0.4	-0.4	1.2	3.0	0.3	0.2	0.5	1.7	3.2	-1.4	0.8	1.5	1.5	0.5	-0.3	0.4	-0.3	0.6	0.2
Lettonie	-0.7	-3.7	0.6	-4.1	-5.3	0.0	-9.1	-5.0	7.1	11.5	0.2	-5.6	2.3	1.0	0.4	-0.5	-0.1	..	..	..
Luxembourg	2.1	0.2	3.6	-1.9	2.9	1.7	3.7	3.0	-0.7	-2.0	0.8	-1.1	-0.3	1.6	1.5	0.7	1.5	-1.6	1.1	2.2
Mexique	-0.8	-0.8	-0.1	-0.6	0.0	-0.9	-0.9	-0.6	-1.4	1.7	-0.2	-0.1	0.4	-0.3	0.2	0.6	0.3	-0.5	0.3	0.2
Pays-Bas	0.3	-0.5	-0.1	0.0	1.3	0.9	0.3	1.0	-0.1	-1.0	1.0	1.0	0.6	1.1	0.4	1.1	0.8	0.1	0.7	0.8
Nouvelle-Zélande	-0.1	0.4	-0.6	-1.8	-3.1	-2.0	1.2	-1.4	-1.3	5.4	-2.0	-1.1	-0.2	-1.5	-1.4	-0.7	-0.1	3.4	-0.4	0.4
Norvège	0.2	1.5	-0.4	-0.4	-2.0	-2.0	-2.8	-2.2	-0.9	1.0	-2.1	-1.4	-0.3	-2.4	0.5	0.3	0.3	9.5	-0.1	0.2
Pologne	-0.8	1.9	0.5	1.0	-1.3	1.0	-1.0	-2.4	-1.2	2.9	-0.5	0.9	2.1	1.4	-1.3	-0.6	-0.1	-1.5	-0.2	0.0
Portugal	-1.2	0.2	0.9	1.0	-1.4	-0.6	0.6	0.1	-1.1	0.9	-0.1	4.3	3.6	0.9	-1.1	0.6	0.3	3.2	0.3	0.4
Fédération de Russie	-0.1	-0.3	0.0	0.0	-0.3	-0.3	-0.7	-0.6	-0.7	1.3	-1.1	-0.5	-0.4	0.5	0.3	0.5	0.5	..	..	..
République slovaque	0.3	-5.0	0.3	5.4	-0.9	-2.1	1.5	3.8	-0.5	2.2	0.4	1.7	5.8	1.4	-0.2	0.2	0.7	0.1	0.7	1.0
Slovénie	-2.1	1.6	1.1	-1.7	-0.5	2.1	1.0	-2.0	0.2	1.9	2.1	1.4	2.9	1.0	1.9	1.9	1.4	5.8	1.1	2.6
Slovénie	0.2	0.6	-1.1	-2.2	-2.6	-0.1	-2.4	-0.2	-0.3	-0.2	-0.6	-1.6	-1.7	0.7	0.9	0.1	0.0	..	..	..
Espagne	0.0	-0.1	-0.7	-0.8	-1.7	-1.6	-1.2	-0.6	1.6	2.8	0.5	2.1	2.2	1.4	-0.8	-0.1	0.1	0.7	0.1	0.1
Suède	1.0	1.0	1.0	0.4	2.1	0.4	0.8	-0.9	-0.6	-1.1	0.3	-0.1	0.3	0.2	-1.0	-0.1	0.1	0.3	0.1	0.1
Suisse	0.4	-0.5	0.0	-0.7	3.0	-0.8	1.9	3.7	-0.1	-4.3	3.3	-1.8	2.1	2.6	0.5	1.9	0.4	11.6	0.4	0.8
Turquie	-0.3	6.5	-3.0	-3.8	-2.4	-1.3	-0.3	-1.3	1.7	2.8	-4.3	-1.2	4.0	-2.9	1.8	-0.8	-0.2	..	..	..
Royaume-Uni	-0.3	-0.8	-0.8	-0.1	-0.7	0.3	0.4	-0.3	0.9	0.7	-0.8	1.3	-0.8	0.0	-0.5	-0.4	-0.1	3.2	-0.1	-0.1
États-Unis	-0.5	-0.2	-0.6	-0.4	-0.6	-0.3	-0.1	0.6	1.1	1.3	-0.4	0.0	0.0	0.2	-0.2	-0.8	-0.4	-1.0	-0.5	-0.4
Zone euro	0.2	0.6	0.6	-0.7	0.4	-0.1	0.2	0.3	0.1	-0.7	0.6	0.9	1.4	0.4	0.0	0.0	0.3	0.1	0.3	0.3
Total OCDE	-0.1	0.1	-0.2	-0.4	-0.1	-0.2	0.0	0.2	0.4	0.5	-0.2	0.2	0.5	0.2	0.0	-0.2	0.0	-0.3	0.0	0.0

Note : La mise en place des systèmes de comptes nationaux a progressé à un rythme inégal selon les pays membres de l'OCDE, et ce pour les variables et la période couverte. En conséquence, plusieurs séries nationales contiennent des ruptures. Voir le tableau «Systèmes de comptabilité nationale, années de référence et dernières mises à jour» au début de l'annexe statistique.

1. Contributions en pourcentage de variation par rapport à la période précédente, taux annuels désaisonnalisés.

Source : Base de données des Perspectives économiques de l'OCDE, n° 97.

StatLink http://dx.doi.org/10.1787/888933227540

Annexe : Tableau 10. **Écarts de production**

Différences entre le PIB effectif et le PIB potentiel, en pourcentage du PIB potentiel

	1997	1998	1999	2000	2001	2002	2003	2004	2005	2006	2007	2008	2009	2010	2011	2012	2013	2014	2015	2016
Australie	-1.2	0.1	0.4	0.3	0.1	0.9	0.7	1.4	1.4	0.7	1.8	1.0	-0.2	-0.9	-1.1	-0.4	-1.1	-1.0	-1.3	-1.0
Autriche	-0.7	0.5	1.6	2.9	1.7	1.1	-0.3	0.3	0.4	2.1	3.8	3.3	-2.0	-1.5	0.3	0.2	-0.8	-1.5	-2.2	-1.9
Belgique	-0.4	-0.8	0.5	1.6	0.1	-0.4	-1.3	0.3	0.4	1.3	2.8	2.2	-1.6	-0.2	0.4	-0.5	-1.1	-1.2	-1.1	-0.7
Canada	-1.4	-0.7	0.8	2.5	1.0	0.9	0.1	0.7	1.4	1.6	1.4	0.5	-3.7	-2.1	-1.1	-1.2	-1.1	-0.5	-0.8	-0.3
Chili	3.5	1.8	-3.1	-2.1	-2.5	-3.6	-3.7	-1.0	0.8	2.0	2.8	1.4	-3.8	-2.3	-0.8	0.3	0.5	-1.4	-2.0	-2.0
République tchèque	1.8	-1.4	-2.8	-1.2	-1.4	-3.4	-3.4	-2.3	0.3	3.8	6.2	6.1	-0.7	0.1	0.8	-1.1	-3.0	-2.6	-1.6	-1.7
Danemark	1.2	1.1	1.9	3.6	2.5	1.2	0.1	1.4	2.7	5.2	4.7	2.9	-3.0	-1.9	-1.1	-2.1	-3.1	-2.5	-1.3	0.1
Estonie	..	..	..	..	-2.2	-2.1	-0.9	0.1	4.7	10.9	15.2	5.7	-11.1	-9.5	-3.6	-1.4	-2.2	-2.5	-2.9	-2.4
Finlande	-1.8	-0.2	0.4	2.0	0.9	-0.6	-1.5	-0.2	0.1	2.1	5.7	5.1	-3.9	-1.1	1.2	-0.5	-2.2	-2.8	-3.2	-3.0
France	-1.6	-0.3	0.7	2.3	1.9	1.0	0.1	1.0	1.1	2.2	3.0	1.7	-2.2	-1.3	-0.2	-1.0	-1.3	-2.3	-2.5	-2.3
Allemagne	-0.6	-0.5	-0.3	1.2	1.4	0.2	-1.4	-1.6	-1.7	0.8	2.7	1.9	-4.8	-2.2	0.0	-0.6	-1.4	-0.9	-0.4	0.8
Grèce	-1.1	-0.4	-1.2	-1.0	-1.2	-1.6	1.4	3.5	2.6	7.0	9.6	8.7	4.6	0.5	-6.8	-11.3	-13.9	-12.6	-12.7	-11.5
Hongrie	-1.6	-1.4	-2.2	-2.0	-1.7	-0.5	0.2	2.0	4.0	6.0	4.8	4.4	-2.6	-2.2	-0.8	-3.2	-2.6	-0.5	0.7	0.9
Islande	-2.0	0.7	1.1	2.1	2.2	-0.5	-0.9	3.5	5.1	4.2	9.4	6.9	-0.8	-5.3	-4.3	-4.3	-2.2	-1.9	-0.2	0.4
Irlande	2.5	4.0	7.2	9.8	8.6	8.7	6.4	5.9	6.9	8.1	9.1	2.7	-5.8	-7.2	-5.4	-6.3	-6.8	-3.6	-1.9	-0.7
Israël	0.9	0.2	-0.6	4.0	0.4	-2.9	-5.4	-3.8	-3.0	-1.2	1.1	1.5	-0.2	1.7	1.8	0.8	0.4	-0.2	0.0	0.3
Italie	0.2	0.3	0.4	2.9	3.1	1.9	0.9	1.2	1.4	2.6	3.3	1.8	-3.9	-2.4	-1.7	-4.4	-5.8	-6.1	-5.6	-4.5
Japon	1.1	-2.2	-3.4	-2.2	-2.7	-3.1	-2.1	-0.4	0.3	1.4	2.9	1.2	-4.8	-0.7	-1.6	-0.3	0.8	0.1	0.3	1.1
Luxembourg	-3.4	-1.6	1.8	5.5	2.8	1.8	-0.9	0.2	0.9	2.7	6.4	4.0	-3.9	-1.1	-0.9	-3.5	-3.9	-3.4	-3.3	-3.2
Mexique	1.6	2.7	2.0	3.7	0.4	-1.9	-2.8	-1.1	-0.3	2.2	3.0	1.7	-4.8	-2.0	-0.4	0.7	-0.2	-0.8	-0.8	-0.4
Pays-Bas	-0.4	0.7	1.8	3.2	2.2	-0.1	-1.7	-1.9	-1.1	1.1	3.7	4.3	-0.2	0.0	1.0	-1.3	-2.7	-2.7	-1.8	-1.0
Nouvelle-Zélande	0.8	-1.7	-0.6	-0.1	-1.4	0.4	1.6	2.6	2.2	1.7	2.8	-0.4	-1.5	-1.2	-1.8	-1.1	-0.9	-0.5	0.1	0.2
Norvège	1.6	2.0	1.0	1.0	-0.2	-1.7	-3.6	-1.8	-0.2	1.6	4.2	2.9	-1.3	-1.7	-1.8	-0.1	-0.1	-0.2	-1.1	-1.2
Pologne	0.7	0.2	0.0	-0.3	-3.3	-5.5	-5.3	-3.7	-3.9	-1.8	1.0	0.7	-0.5	-0.2	1.3	0.0	-1.1	-0.7	-0.3	0.1
Portugal	1.4	2.8	3.5	4.3	3.6	2.2	-0.4	0.1	-0.3	0.4	2.1	1.5	-1.9	-0.2	-2.1	-5.8	-7.1	-6.3	-5.0	-3.7
République slovaque	2.5	0.5	-4.7	-7.8	-8.8	-8.5	-7.2	-6.0	-3.5	0.6	7.1	8.7	-0.2	1.5	1.1	-0.1	-1.1	-1.6	-1.5	-1.0
Slovénie	..	..	..	-0.7	-1.4	-1.1	-1.7	-0.7	0.2	2.8	6.9	7.7	-2.1	-1.5	-1.1	-4.0	-5.2	-3.7	-2.9	-2.6
Espagne	-1.2	-0.4	0.4	2.1	2.6	2.0	1.8	1.7	2.3	3.6	4.7	3.6	-1.4	-2.3	-3.5	-5.9	-7.3	-6.4	-4.1	-2.0
Suède	-2.9	-1.8	-0.7	1.0	-0.3	-0.9	-1.0	0.4	0.8	3.4	4.7	1.9	-4.7	-0.8	0.0	-1.7	-2.3	-2.1	-1.6	-1.0
Suisse	-1.5	-0.2	-0.3	1.7	1.2	-0.5	-2.2	-1.4	-0.5	1.2	3.0	3.0	-1.1	-0.1	-0.2	-0.9	-0.9	-1.0	-2.2	-2.6
Turquie	3.5	2.7	-3.9	-1.0	-9.3	-6.1	-3.7	1.6	5.5	7.5	7.2	3.1	-5.7	-1.4	2.2	-0.5	-1.0	-2.4	-3.5	-3.7
Royaume-Uni	-0.7	-0.2	-0.2	0.4	0.0	-0.4	1.1	1.1	1.7	2.8	3.5	1.7	-3.5	-2.4	-1.7	-2.2	-1.8	-0.8	-0.5	-0.5
États-Unis	-0.1	1.1	2.5	3.4	1.3	0.4	0.7	2.1	3.0	3.2	2.7	0.1	-4.5	-3.8	-3.9	-3.4	-3.0	-2.5	-2.4	-1.6
Zone euro	-0.7	-0.1	0.5	2.1	2.0	1.0	-0.1	0.2	0.4	2.2	3.6	2.6	-2.9	-1.7	-0.9	-2.3	-3.3	-3.2	-2.7	-1.7
Total OCDE	0.0	0.0	0.5	1.8	0.5	-0.2	-0.3	0.8	1.5	2.5	3.1	1.4	-3.6	-2.2	-1.8	-2.1	-2.2	-2.0	-1.9	-1.2

Note : Le potentiel de croissance suit la méthodologie décrite dans Johansson et al. (2013), «Long-term growth scenarios», *Document de travail du Département des affaires économiques de l'OCDE*, n° 1000.

1. Norvège continentale.

Source : Base de données des Perspectives économiques de l'OCDE, n° 97.

StatLink http://dx.doi.org/10.1787/888933227550

Annexe : Tableau 11. Rémunération par employé pour l'ensemble de l'économie

Pourcentages de variation par rapport à l'année précédente

	Moyenne 1987-1997	1998	1999	2000	2001	2002	2003	2004	2005	2006	2007	2008	2009	2010	2011	2012	2013	2014	2015	2016
Australie	4.7	2.9	3.4	3.5	4.7	3.7	3.5	5.2	3.6	4.5	6.3	4.0	1.0	5.3	5.7	3.2	0.9	2.0	1.6	2.5
Autriche	3.8	2.7	2.0	2.4	1.5	2.1	1.7	2.1	2.1	3.1	3.0	3.3	1.6	1.1	2.0	2.7	2.1	1.8	0.9	1.1
Belgique	4.2	1.4	3.5	2.2	3.5	3.9	2.0	1.8	1.9	3.7	3.5	3.6	1.2	1.3	3.1	3.3	2.5	1.0	0.5	1.0
Brésil	3.6	2.9	2.3	5.2	1.9	1.6	2.4	4.1	4.7	4.8	3.4	3.1	1.8	1.4	3.5	3.2	2.3	2.7	2.7	2.9
Chili	..	8.5	6.2	7.5	8.4	7.8	7.7	7.9	3.9	5.9	6.2	4.1	-0.6	3.3	2.8	1.4	-0.6	3.0	2.5	3.9
Chine	3.7	4.0	4.1	3.2	4.1	3.8	3.6	3.2	3.4	3.6	3.8	3.9	2.8	3.2	1.4	1.6	1.3	1.8	1.9	2.1
République tchèque	4.9	4.7	3.4	3.9	3.6	1.7	2.2	3.6	3.5	3.4	3.3	4.3	2.0	2.2	3.6	2.8	2.0	1.4	1.3	1.0
Danemark	2.9	1.6	1.8	2.5	2.8	3.5	2.9	3.4	3.0	3.2	2.5	2.6	1.6	2.8	2.3	2.2	1.6	1.4	1.6	2.1
Estonie	3.8	0.9	1.1	1.4	1.9	1.3	1.5	0.2	0.2	1.0	0.9	2.1	0.2	2.6	2.9	2.5	1.9	2.5	3.2	3.3
Finlande	14.4	6.4	7.7	4.4	5.8	10.9	6.6	3.7	4.1	2.7	4.7	3.3	3.2	-2.6	-2.3	-2.0	-7.1	-1.6	-1.8	-0.7
France	..	14.5	6.5	15.0	15.2	13.6	9.9	10.3	7.1	5.6	6.2	7.4	-1.4	0.7	3.4	1.8	1.5	3.2	3.4	3.9
Allemagne	8.5	11.5	7.9	9.0	7.4	8.8	2.1	10.2	8.9	12.6	7.2	5.1	-3.6	5.5	7.9	6.2	3.4	2.6	7.5	5.8
Grèce	4.9	4.3	5.0	7.7	7.9	5.4	6.4	5.2	5.5	4.3	5.9	5.3	-1.0	-3.8	1.2	0.8	2.0	3.8	3.2	3.5
Hongrie	..	6.6	6.2	6.1	2.5	0.6	-2.0	0.3	1.9	5.6	2.5	2.9	-0.8	3.8	4.3	2.4	2.2	1.3	1.7	2.4
Islande	6.2	-1.3	2.1	2.5	2.9	2.4	3.0	3.2	2.8	2.3	2.1	2.9	0.5	2.3	1.1	-1.1	0.6	0.8	0.7	1.0
Inde	2.1	-0.9	-1.5	-0.2	-0.9	-2.1	-2.0	-1.4	-0.1	-0.9	-1.3	0.3	-3.8	-0.1	0.4	0.4	-0.1	0.8	1.5	2.8
Indonésie	12.8	3.7	3.3	3.9	7.2	6.3	7.2	4.8	5.8	3.7	4.6	3.9	2.2	3.8	3.7	3.2	2.2	2.3	1.4	2.5
Irlande	4.4	0.9	3.9	4.8	3.3	4.2	1.1	4.0	3.5	4.2	4.9	2.3	1.4	2.0	2.1	1.5	3.6	2.4	1.8	2.1
Israël	..	20.7	20.5	15.9	10.8	5.5	6.7	4.4	5.9	4.6	5.8	5.4	2.8	-1.9	5.8	3.0	3.5	3.2	2.6	2.7
Italie	2.2	3.7	3.8	5.5	3.1	4.1	3.2	3.1	1.1	1.6	3.2	3.8	2.4	0.4	1.8	2.4	2.1	1.5	0.4	2.5
Corée	4.2	7.0	5.5	4.9	5.7	4.3	4.1	4.3	4.6	5.5	6.3	6.2	3.4	3.1	4.7	4.6	4.4	3.4	2.9	2.7
Lettonie	..	14.0	13.7	10.8	10.3	2.4	1.5	1.2	2.2	2.5	4.9	8.6	3.4	5.3	5.5	3.7	2.5	-0.2	3.4	4.5
Luxembourg	10.8	5.8	5.2	6.0	4.3	3.1	3.3	2.4	4.4	1.7	3.7	2.8	2.5	2.4	-2.5	-3.0	3.7	-1.9	0.0	0.7
Mexique	..	9.9	6.6	13.2	5.6	8.9	7.8	8.1	9.1	7.9	8.7	6.6	2.6	5.5	2.0	2.6	2.6	3.4	2.3	3.5
Slovénie	..	8.6	8.2	10.5	11.6	8.2	7.9	7.6	6.2	5.4	6.1	7.0	2.3	3.6	1.7	-1.2	1.8	-0.2	0.1	0.9
Nouvelle-Zélande	6.7	1.8	2.0	2.8	3.8	3.5	2.8	2.3	2.9	3.3	4.6	6.7	4.5	0.2	0.8	-1.3	0.8	-0.3	-0.1	0.6
Norvège	6.5	-1.7	3.9	6.8	4.2	3.2	3.7	4.3	3.1	3.1	5.3	3.7	2.7	2.2	3.2	3.0	1.7	2.3	2.6	2.7
Pologne	3.8	0.0	1.5	2.4	3.8	1.4	0.0	0.1	2.5	1.8	3.1	1.5	1.1	0.6	1.1	0.9	1.3	0.8	0.3	1.3
Fédération de Russie	5.9	6.9	4.9	5.7	5.6	2.8	4.9	4.5	3.7	5.8	5.4	1.0	1.9	3.4	1.0	2.0	1.9	1.7	2.7	3.3
République slovaque	3.7	4.9	4.1	6.4	3.3	2.7	3.9	4.8	3.4	4.0	4.2	2.8	0.8	2.9	2.6	2.4	1.1	2.2	2.5	3.0
Zone euro	4.9	1.7	2.3	2.9	3.0	3.0	2.7	2.3	2.3	2.5	2.7	3.4	1.5	1.9	1.8	1.1	1.4	1.4	1.5	2.0
Total OCDE	5.5	4.8	4.5	5.3	3.9	2.7	3.2	3.2	3.1	3.1	3.4	3.1	0.8	1.9	2.6	1.9	1.4	1.8	2.1	2.7

Source : Base de données des Perspectives économiques de l'OCDE, n° 97.

StatLink http://dx.doi.org/10.1787/888933227567

Annexe : Tableau 12. **Productivité du travail pour l'ensemble de l'économie**

Pourcentages de variation par rapport à l'année précédente

	Moyenne 1987-1997	1998	1999	2000	2001	2002	2003	2004	2005	2006	2007	2008	2009	2010	2011	2012	2013	2014	2015	2016
Australie	1.5	3.3	2.2	0.7	1.3	2.0	0.7	2.2	-0.1	0.2	1.4	-0.3	0.9	0.3	0.9	2.5	1.1	1.8	0.8	1.4
Autriche	2.2	2.5	2.0	2.7	0.5	1.7	0.1	2.0	1.0	1.8	1.7	-0.6	-3.2	0.8	1.5	-0.2	-0.6	-0.5	0.2	0.8
Belgique	1.9	0.3	2.3	1.5	-0.5	1.8	1.0	2.4	0.5	1.5	1.3	-0.8	-2.4	1.8	0.2	-0.2	0.6	0.7	0.6	0.8
Canada	1.1	1.6	2.4	2.6	0.5	0.5	-0.5	1.4	1.9	0.9	-0.3	-0.2	-1.1	1.9	1.4	0.6	0.6	1.8	0.6	1.2
Chili	4.7	2.0	0.8	3.4	2.1	0.8	-0.1	4.1	2.3	4.1	2.4	0.3	-0.4	-2.0	0.6	3.5	2.1	0.3	2.2	2.8
République tchèque	..	1.5	3.5	5.5	3.3	0.9	4.4	5.0	4.5	5.6	3.4	0.4	-2.9	3.2	2.3	-1.1	-1.1	1.6	2.0	1.9
Danemark	2.0	0.8	2.2	3.0	-0.1	0.4	1.3	3.2	1.0	1.6	-1.4	-1.8	-2.2	4.0	1.2	-0.4	-0.5	0.4	0.8	0.9
Estonie	..	8.9	4.3	11.6	5.5	6.2	5.2	6.8	7.1	5.3	7.7	-5.1	-5.1	7.8	1.6	2.9	0.4	1.3	1.5	3.2
Finlande	3.1	3.5	1.9	3.4	1.1	0.6	1.9	3.3	1.2	2.2	3.0	-1.5	-6.0	3.7	1.3	-2.3	0.2	0.2	0.3	1.1
France	1.7	1.8	0.9	1.5	0.5	0.7	0.8	2.5	0.9	1.5	0.9	-0.4	-1.8	1.8	1.3	-0.1	0.7	-0.1	0.9	1.1
Allemagne	2.0	0.5	0.2	0.9	2.1	0.5	0.4	0.4	0.9	3.1	1.6	-0.5	-5.7	3.6	2.3	-0.5	-0.4	0.8	0.9	1.6
Grèce	1.7	-0.2	3.0	3.9	3.2	0.7	5.1	2.4	0.2	3.9	2.0	-1.7	-3.8	-2.7	-2.1	1.3	-0.2	0.0	-1.2	-0.5
Hongrie	..	2.6	0.4	3.2	4.0	4.6	3.7	5.7	4.7	3.6	0.4	2.8	-4.1	1.1	1.7	-1.9	0.7	0.4	0.5	1.3
Islande	1.3	2.2	0.5	2.7	2.0	1.9	2.6	8.7	2.6	-0.8	5.0	0.2	1.1	-2.7	2.4	0.3	0.1	0.3	-0.4	1.5
Irlande	3.9	0.0	3.5	4.8	2.1	4.2	1.1	1.2	0.7	0.8	0.5	-2.0	1.6	3.9	4.7	0.3	-2.1	3.0	1.9	1.7
Israël	..	0.6	0.2	5.3	-1.4	-0.6	0.2	2.8	0.6	2.3	1.8	0.3	-0.5	2.6	1.2	-1.0	0.7	0.1	1.3	1.1
Italie	1.8	0.5	0.4	1.9	-0.3	-1.4	-1.2	0.8	0.6	0.1	0.1	-1.3	-3.9	2.3	0.4	-2.5	0.1	-0.4	0.1	0.5
Japon	1.9	-1.4	0.6	2.5	0.9	1.6	1.9	2.2	0.9	1.2	1.6	-0.8	-4.1	5.0	-0.3	2.1	0.9	-0.7	0.5	1.3
Corée	5.6	0.6	9.4	4.5	2.5	4.6	3.1	2.8	2.6	3.8	4.2	2.2	1.0	5.1	1.9	0.5	1.3	1.1	1.2	2.1
Luxembourg	2.0	1.9	3.3	2.7	-3.5	0.4	-0.6	2.5	1.3	1.0	1.9	-4.1	-6.3	3.3	-0.3	-2.5	0.0	0.7	0.5	0.6
Mexique	..	2.0	1.5	2.7	-0.6	-2.1	0.6	0.5	2.6	1.5	1.4	-1.1	-3.4	-2.8	3.4	-0.7	1.1	2.4	2.2	2.5
Pays-Bas	1.1	1.8	1.6	2.6	-0.2	-0.7	0.9	2.8	1.7	1.7	1.2	0.4	-2.5	1.7	0.9	-1.2	0.6	1.2	1.0	1.0
Nouvelle-Zélande	2.1	-1.8	1.3	4.2	-0.4	2.1	1.8	1.1	-1.4	0.1	2.6	-3.2	1.6	0.7	-0.1	3.1	-0.3	-0.3	0.6	1.5
Norvège	2.8	0.0	1.1	2.6	1.7	1.0	2.1	3.3	1.3	-1.0	-1.1	-2.8	-1.2	1.1	-0.5	0.7	-0.5	1.1	0.9	1.0
Pologne	..	3.7	8.7	6.2	3.6	4.6	4.8	3.9	1.3	2.9	2.7	0.1	2.3	3.2	4.2	1.6	1.8	1.7	2.2	2.9
Portugal	2.1	1.9	2.3	1.6	0.2	0.4	0.0	2.5	1.2	1.2	2.5	-0.2	-0.3	3.4	0.1	0.1	1.3	-0.5	1.0	1.1
République slovaque	..	4.5	2.4	3.2	2.7	4.6	4.3	5.5	4.8	6.1	8.4	2.2	-3.4	6.4	0.9	1.6	2.2	1.0	1.9	2.3
Slovénie	..	3.4	3.7	2.6	2.4	2.3	3.1	4.0	4.5	4.0	3.5	0.7	-6.1	3.5	2.3	-1.8	0.5	2.0	1.5	1.4
Espagne	1.3	-0.1	-0.1	0.3	0.6	0.3	-0.1	-0.6	-0.5	0.0	0.5	0.9	2.9	1.8	2.0	1.7	1.4	0.1	0.1	0.0
Suède	2.3	2.4	2.1	2.4	-0.4	2.0	3.1	4.6	2.5	3.2	1.2	-1.6	-2.8	4.7	0.6	-0.7	0.3	0.8	1.8	1.6
Suisse	0.7	1.6	0.9	2.9	-0.2	-0.6	0.4	2.6	2.3	1.9	1.5	-0.1	-2.6	2.4	-0.6	-0.4	0.6	0.3	-0.6	0.5
Turquie	2.3	0.4	-4.5	9.0	-5.7	6.5	6.1	7.3	6.1	5.1	3.2	-1.1	-5.1	3.0	2.5	-1.0	1.3	-2.1	0.5	1.7
Royaume-Uni	1.7	2.5	1.7	2.6	1.8	1.6	3.3	1.3	1.7	2.0	1.7	-1.2	-2.8	1.7	1.1	-0.4	0.5	0.5	0.7	1.2
États-Unis	1.3	2.1	2.6	2.4	1.1	3.0	2.8	2.7	1.7	0.9	0.9	0.4	1.5	3.2	0.6	0.7	0.8	0.5	0.0	1.7
Zone euro	1.8	1.0	0.8	1.6	0.9	0.3	0.4	1.3	0.8	1.7	1.2	-0.4	-2.7	2.4	1.4	-0.4	0.3	0.3	0.6	1.0
Total OCDE	1.9	1.3	1.9	2.7	0.8	1.7	1.9	2.3	1.7	1.7	1.4	-0.2	-1.4	2.5	1.2	0.3	0.7	0.5	0.7	1.5

Note : La productivité du travail est mesurée comme étant le PIB divisé par le nombre de personnes ayant un emploi.

Source : Base de données des Perspectives économiques de l'OCDE, n° 97.

StatLink http://dx.doi.org/10.1787/888933227577

Annexe : Tableau 13. **Taux de chômage : définitions courantes**

	2014 Chômage (milliers)	2001	2002	2003	2004	2005	2006	2007	2008	2009	2010	2011	2012	2013	2014	2015	2016	Quatrième trimestre 2014	2015	2016
Australie	747	6.7	6.4	5.9	5.4	5.0	4.8	4.4	4.2	5.6	5.2	5.1	5.2	5.7	6.1	6.0	5.8	6.2	6.0	5.7
Autriche	247	3.6	4.0	4.3	5.5	5.7	5.3	4.9	4.2	5.4	4.9	4.6	4.9	5.4	5.7	5.8	5.7	5.7	5.9	5.5
Belgique	430	6.7	7.6	8.2	8.3	8.4	8.2	7.5	7.1	7.9	8.2	7.2	7.7	8.4	8.5	8.5	8.1	8.6	8.4	8.0
Canada	1 322	7.2	7.7	7.6	7.2	6.8	6.3	6.0	6.1	8.3	8.0	7.5	7.3	7.1	6.9	6.7	6.5	6.7	6.7	6.5
Chili	534	9.9	9.8	9.5	10.0	9.2	7.8	7.1	7.8	9.7	8.1	7.2	6.4	6.0	6.3	6.2	6.3	6.4	6.3	6.3
République tchèque	323	8.2	7.3	7.8	8.3	7.9	7.1	5.3	4.4	6.7	7.3	6.7	7.0	6.9	6.1	5.7	5.5	5.8	5.7	5.4
Danemark	190	4.5	4.6	5.4	5.5	4.8	3.9	3.8	3.5	6.0	7.5	7.6	7.5	7.0	6.5	6.2	6.2	6.3	6.4	6.2
Estonie	49	13.0	11.1	10.5	10.1	8.0	5.9	4.6	5.6	13.5	16.6	12.3	10.0	8.6	7.3	6.5	6.1	6.6	6.3	5.9
Finlande	233	9.1	9.1	9.0	8.8	8.4	7.7	6.8	6.4	8.3	8.4	7.8	7.7	8.2	8.7	8.8	8.7	9.1	8.7	8.8
France	2 813	7.4	7.5	8.1	8.5	8.5	8.5	7.7	7.1	8.8	8.9	8.8	9.4	9.9	9.8	10.1	10.0	10.0	10.1	10.0
Allemagne	2 094	7.8	8.6	9.7	10.3	11.0	10.0	8.6	7.4	7.7	7.0	5.9	5.4	5.2	5.0	4.7	4.5	4.9	4.6	4.4
Grèce	1 274	10.8	10.4	9.8	10.6	10.0	9.0	8.4	7.8	9.6	12.7	17.9	24.4	27.5	26.5	25.7	24.7	..	..	..
Hongrie	343	5.7	5.8	5.9	6.1	7.2	7.5	7.4	7.8	10.0	11.2	11.0	11.0	10.2	7.7	6.9	6.2	7.4	6.6	5.9
Islande	9	2.2	3.2	3.3	3.1	2.6	2.9	2.3	3.0	7.2	7.6	7.1	6.0	5.4	4.9	3.9	4.1	4.8	3.9	4.1
Irlande	243	3.9	4.4	4.7	4.5	4.3	4.4	4.7	6.4	12.0	13.8	14.6	14.7	13.1	11.3	9.9	9.2	10.4	9.7	8.9
Israël	225	11.6	12.8	13.3	12.9	11.3	10.5	9.1	7.7	9.5	8.3	7.1	6.8	6.3	6.0	5.5	5.4	5.7	5.5	5.4
Italie	3 237	9.0	8.5	8.4	8.0	7.7	6.8	6.1	6.7	7.8	8.4	8.4	10.6	12.2	12.7	12.7	12.1	13.0	12.4	11.9
Japon	2 363	5.0	5.4	5.3	4.7	4.4	4.1	3.8	4.0	5.0	5.0	4.6	4.3	4.0	3.6	3.5	3.3	3.5	3.5	3.3
Corée	936	4.0	3.3	3.6	3.7	3.7	3.5	3.2	3.2	3.7	3.7	3.4	3.2	3.1	3.5	3.6	3.5	3.5	3.6	3.4
Luxembourg	18	2.2	2.5	3.3	3.7	4.1	4.2	4.2	4.2	5.5	5.8	5.7	6.1	6.9	7.1	7.1	7.0	7.1	7.1	7.0
Mexique[1]	2 509	2.5	2.9	3.0	3.7	3.5	3.5	3.6	3.9	5.4	5.3	5.2	4.9	4.9	4.8	4.7	4.6	4.4	4.6	4.5
Pays-Bas	660	3.0	3.6	4.8	5.7	5.9	5.0	4.2	3.7	4.4	5.0	5.0	5.8	7.3	7.4	6.9	6.5	7.2	6.7	6.3
Nouvelle-Zélande	141	5.5	5.3	4.8	4.0	3.8	3.8	3.7	4.1	6.1	6.6	6.5	6.9	6.2	5.8	5.6	5.3	5.8	5.5	5.1
Norvège	95	3.5	3.8	4.0	4.2	4.4	3.4	2.5	2.6	3.1	3.5	3.2	3.1	3.4	3.5	4.1	4.2	3.6	4.2	4.1
Pologne	1 567	18.3	20.0	19.7	19.0	17.8	13.9	9.6	7.1	8.2	9.6	9.6	10.1	10.3	9.0	7.8	7.4	8.3	7.7	7.2
Portugal	727	4.0	5.0	6.3	6.6	7.6	7.6	8.0	7.6	9.5	10.8	12.6	15.5	16.2	13.9	13.2	12.6	13.5	13.0	12.3
République slovaque	359	19.3	18.7	17.6	18.2	16.2	13.3	11.1	9.5	12.0	14.4	13.6	14.0	14.2	13.2	12.4	11.6	12.6	12.3	11.0
Slovénie	98	6.2	6.3	6.7	6.3	6.5	5.9	4.8	4.4	5.9	7.2	8.2	8.8	10.1	9.7	9.4	9.1	9.6	9.1	8.9
Espagne	5 610	10.5	11.5	11.5	11.0	9.1	8.5	8.2	11.3	17.9	19.9	21.4	24.8	26.1	24.4	22.3	20.3	23.7	21.5	19.7
Suède	411	5.8	6.0	6.6	7.4	7.7	7.1	6.1	6.2	8.3	8.6	7.8	8.0	8.0	7.9	7.7	7.6	7.8	7.7	7.5
Suisse	215	1.6	2.4	3.7	4.3	4.3	3.9	3.6	3.3	4.3	4.5	4.0	4.1	4.3	4.4	4.5	4.6	4.2	4.7	4.5
Turquie	2 863	7.8	9.8	9.9	9.7	9.5	9.0	9.2	10.0	13.0	11.1	9.1	8.4	9.0	10.0	10.3	10.1	..	..	..
Royaume-Uni	2 027	5.1	5.2	5.0	4.8	4.8	5.4	5.3	5.7	7.6	7.9	8.1	8.0	7.6	6.2	5.4	5.1	5.7	5.2	5.0
États-Unis	9 596	4.8	5.8	6.0	5.5	5.1	4.6	4.6	5.8	9.3	9.6	8.9	8.1	7.4	6.2	5.5	5.2	5.7	5.4	5.1
Zone euro	18 094	8.0	8.4	8.9	9.1	9.0	8.3	7.5	7.5	9.5	10.0	10.1	11.3	11.9	11.5	11.1	10.5	11.4	10.8	10.3
Total OCDE	44 509	6.2	6.8	6.9	6.8	6.6	6.0	5.6	5.9	8.1	8.3	7.9	7.9	7.9	7.3	6.9	6.6	7.1	6.8	6.5

Note : Les données sur le marché du travail sont sujettes à des différences de définitions entre pays et comportent de nombreuses ruptures, ces dernières étant en général relativement mineures.

1. Données établies sur la base de l'enquête nationale sur l'emploi.

Source : Base de données des Perspectives économiques de l'OCDE, n° 97.

StatLink http://dx.doi.org/10.1787/888933227583

Annexe : Tableau 14. **Taux de chômage harmonisés**

En pourcentage de la population active civile

	1996	1997	1998	1999	2000	2001	2002	2003	2004	2005	2006	2007	2008	2009	2010	2011	2012	2013	2014
Australie	8.5	8.4	7.7	6.9	6.3	6.7	6.4	5.9	5.4	5.0	4.8	4.4	4.2	5.6	5.2	5.1	5.2	5.7	6.1
Autriche	4.7	4.7	4.7	4.2	3.9	4.0	4.4	4.8	5.5	5.6	5.3	4.9	4.1	5.3	4.8	4.6	4.9	5.4	5.6
Belgique	9.5	9.2	9.3	8.5	6.9	6.6	7.5	8.2	8.4	8.4	8.3	7.5	7.0	7.9	8.3	7.2	7.6	8.5	8.5
Canada	9.6	9.1	8.3	7.6	6.8	7.2	7.7	7.6	7.2	6.8	6.3	6.1	6.1	8.4	8.1	7.5	7.3	7.1	6.9
Chili	6.3	6.1	6.4	10.1	9.7	9.9	9.8	9.5	10.0	9.2	7.8	7.1	7.8	9.7	8.2	7.1	6.4	5.9	6.4
République tchèque	3.9	4.8	6.5	8.7	8.8	8.1	7.3	7.8	8.3	7.9	7.1	5.3	4.4	6.7	7.3	6.7	7.0	7.0	6.1
Danemark	6.3	5.2	4.9	5.2	4.3	4.5	4.6	5.4	5.5	4.8	3.9	3.8	3.5	6.0	7.5	7.6	7.5	7.0	6.5
Estonie	..	9.6	9.2	11.4	14.5	13.0	11.3	10.4	10.1	8.0	5.9	4.6	5.5	13.6	16.7	12.4	10.0	8.6	7.4
Finlande	14.6	12.6	11.4	10.2	9.8	9.1	9.1	9.0	8.8	8.4	7.7	6.9	6.4	8.2	8.4	7.8	7.7	8.2	8.7
France	12.4	12.3	12.1	11.3	9.6	8.7	8.6	8.5	8.9	8.9	8.9	8.0	7.5	9.1	9.3	9.2	9.8	10.3	10.3
Allemagne	8.9	9.7	9.5	8.6	8.0	7.9	8.7	9.8	10.5	11.3	10.3	8.5	7.4	7.6	7.0	5.8	5.4	5.2	5.0
Grèce	..	..	..	12.0	11.2	10.7	10.3	9.7	10.6	10.0	9.0	8.4	7.8	9.6	12.8	17.9	24.5	27.5	26.6
Hongrie	9.9	9.1	8.7	6.9	6.3	5.6	5.6	5.7	6.1	7.2	7.5	7.4	7.8	10.0	11.2	11.1	11.0	10.1	7.7
Islande	..	..	..	..	..	..	..	3.4	3.1	2.6	2.9	2.3	3.0	7.2	7.6	7.1	6.0	5.4	5.0
Irlande	11.7	9.9	7.6	5.6	4.2	3.9	4.5	4.6	4.5	4.4	4.5	4.7	6.4	12.0	13.9	14.7	14.7	13.1	11.3
Israël	6.7	7.7	8.5	8.9	8.8	9.3	10.3	10.7	10.4	9.0	8.4	7.3	6.1	7.5	6.6	5.6	6.9	6.2	5.9
Italie	11.2	11.2	11.3	10.9	10.1	9.0	8.5	8.4	8.0	7.7	6.8	6.1	6.7	7.8	8.4	8.4	10.6	12.1	12.7
Japon	3.4	3.4	4.1	4.7	4.7	5.0	5.4	5.3	4.7	4.4	4.1	3.8	4.0	5.1	5.1	4.6	4.4	4.0	3.6
Corée	2.1	2.6	7.0	6.6	4.4	4.0	3.3	3.6	3.7	3.7	3.5	3.3	3.2	3.7	3.7	3.4	3.2	3.1	3.5
Luxembourg	2.9	2.7	2.7	2.4	2.2	1.9	2.6	3.8	5.0	4.7	4.6	4.2	4.9	5.1	4.6	4.8	5.1	5.9	5.9
Mexique	5.5	3.7	3.2	2.5	2.5	2.8	3.0	3.4	3.9	3.6	3.6	3.7	4.0	5.5	5.4	5.2	5.0	4.9	4.8
Pays-Bas	7.7	6.5	5.1	4.2	3.7	3.1	3.7	4.8	5.7	5.9	5.0	4.2	3.7	4.4	5.0	5.0	5.8	7.2	7.4
Nouvelle-Zélande	6.3	6.8	7.7	7.0	6.2	5.5	5.3	4.8	4.0	3.8	3.9	3.7	4.2	6.1	6.6	6.5	6.9	6.2	5.8
Norvège	4.8	3.9	3.1	3.0	3.2	3.4	3.7	4.2	4.3	4.5	3.4	2.5	2.6	3.2	3.6	3.3	3.2	3.5	3.5
Pologne	..	10.9	10.2	13.4	16.1	18.3	20.0	19.8	19.1	17.9	14.0	9.6	7.0	8.1	9.7	9.7	10.1	10.3	9.0
Portugal	7.2	6.7	6.1	5.6	5.1	5.1	6.1	7.4	7.8	8.8	8.9	9.1	8.8	10.7	12.0	12.9	15.8	16.5	14.1
République slovaque	..	..	12.7	16.5	18.9	19.5	18.8	17.7	18.4	16.4	13.5	11.2	9.6	12.1	14.5	13.7	14.0	14.2	13.2
Slovénie	6.9	6.9	7.4	7.4	6.7	6.2	6.3	6.7	6.3	6.5	6.0	4.9	4.4	5.9	7.3	8.2	8.9	10.1	9.7
Espagne	19.9	18.4	16.4	13.6	11.9	10.6	11.4	11.5	11.0	9.2	8.5	8.2	11.3	17.9	19.9	21.4	24.8	26.1	24.5
Suède	9.6	9.9	8.2	6.7	5.6	5.8	6.0	6.6	7.4	7.6	7.0	6.1	6.2	8.3	8.6	7.8	8.0	8.0	7.9
Suisse	..	..	..	..	..	..	..	..	..	..	..	..	..	..	4.5	4.0	4.2	4.4	4.5
Turquie	..	..	..	..	..	..	..	..	..	9.2	8.8	8.8	9.7	12.6	10.7	8.8	8.2	8.7	10.0
Royaume-Uni	7.9	6.8	6.1	5.9	5.4	5.0	5.1	5.0	4.7	4.8	5.4	5.3	5.6	7.6	7.8	8.1	7.9	7.6	6.2
États-Unis	5.4	5.0	4.5	4.2	4.0	4.7	5.8	6.0	5.5	5.1	4.6	4.6	5.8	9.3	9.6	9.0	8.1	7.4	6.2
Zone euro	10.8	10.8	10.6	9.8	8.9	8.3	8.6	9.1	9.3	9.1	8.4	7.5	7.6	9.6	10.2	10.2	11.4	12.0	11.6
Total OCDE	7.2	6.9	6.8	6.6	6.1	6.3	6.9	7.0	6.9	6.6	6.1	5.6	6.0	8.1	8.3	7.9	7.9	7.9	7.4

Note : Dans la mesure du possible, les données ont été ajustées pour en assurer la comparabilité dans le temps et pour être conformes aux directives du Bureau international du travail.
Les données annuelles sont calculées en faisant la moyenne des estimations mensuelles (à la fois pour les chômeurs et pour la population active). Voir les notes techniques dans OECD.stat (*http://stats.oecd.org/index.aspx*).

Source : OCDE, Principaux indicateurs économiques.

StatLink http://dx.doi.org/10.1787/888933227594

Annexe : Tableau 15. **Population active, emploi et chômage**

Millions

	2001	2002	2003	2004	2005	2006	2007	2008	2009	2010	2011	2012	2013	2014	2015	2016
Population active																
Sept principaux pays	346.4	348.0	350.3	351.8	355.1	358.6	361.6	363.8	363.8	363.7	364.1	366.5	368.1	369.6	372.4	374.3
Total des petits pays	198.3	201.6	203.3	207.4	210.5	213.7	216.9	220.4	223.3	226.3	229.4	232.7	235.0	238.0	240.5	242.8
Zone euro	143.4	144.8	146.2	147.5	149.4	151.1	152.6	154.1	154.5	154.6	155.1	156.3	156.5	156.7	157.4	158.1
Total OCDE	544.7	549.5	553.6	559.2	565.5	572.3	578.5	584.1	587.1	590.0	593.4	599.3	603.1	607.6	612.9	617.1
Emploi																
Sept principaux pays	326.3	325.8	327.2	329.6	333.3	338.1	342.1	342.6	334.7	334.2	336.4	339.7	342.1	346.1	350.2	353.0
Total des petits pays	184.5	186.6	187.9	191.4	195.1	199.7	203.9	206.8	204.8	206.9	210.0	212.1	213.5	217.0	220.2	223.3
Zone euro	131.9	132.7	133.2	134.0	136.0	138.5	141.3	142.6	139.9	139.2	139.6	138.7	137.9	138.6	139.9	141.5
Total OCDE	510.8	512.4	515.1	521.0	528.4	537.7	546.0	549.4	539.5	541.1	546.4	551.8	555.6	563.1	570.4	576.3
Chômage																
Sept principaux pays	20.1	22.2	23.1	22.2	21.8	20.6	19.5	21.1	29.0	29.5	27.7	26.9	26.0	23.5	22.1	21.3
Total des petits pays	13.8	14.9	15.4	15.9	15.4	14.0	12.9	13.6	18.5	19.4	19.4	20.6	21.5	21.1	20.3	19.6
Zone euro	11.5	12.1	13.0	13.4	13.4	12.5	11.4	11.6	14.6	15.4	15.6	17.6	18.7	18.1	17.4	16.6
Total OCDE	33.9	37.1	38.5	38.2	37.1	34.6	32.4	34.7	47.6	48.9	47.1	47.5	47.5	44.5	42.5	40.8

Source : Base de données des Perspectives économiques de l'OCDE, n° 97.

StatLink http://dx.doi.org/10.1787/888933227609

Annexe : Tableau 16. **Indices implicites de prix du PIB**

Pourcentages de variation par rapport à l'année précédente

	Moyenne 1990-00	2001	2002	2003	2004	2005	2006	2007	2008	2009	2010	2011	2012	2013	2014	2015	2016	Quatrième trimestre 2014	2015	2016
Australie	1.7	3.6	3.1	3.1	3.6	4.5	5.1	4.3	6.4	0.1	5.6	4.4	-0.4	1.2	0.4	-0.4	1.9	-0.8	0.4	2.3
Autriche	1.8	1.8	1.2	1.3	1.7	2.7	1.8	2.3	1.9	1.9	0.9	1.8	1.8	1.5	1.7	1.1	1.5	1.7	1.0	1.7
Belgique	1.9	2.0	1.9	1.9	2.2	2.3	2.5	2.3	1.9	1.1	2.0	2.2	2.1	1.5	0.6	0.6	1.3	0.4	0.7	1.5
Brésil	..	8.1	9.9	13.9	7.8	7.5	6.7	6.4	8.9	7.4	8.5	8.3	5.9	6.5	6.9	7.1	5.9	..	..	..
Canada	1.8	1.6	1.2	3.3	3.3	3.2	2.7	3.2	3.9	-2.1	2.6	3.4	1.5	1.4	1.8	-0.4	1.9	1.3	0.4	2.1
Chili	7.8	4.2	3.9	5.0	7.6	7.1	12.6	4.8	0.5	3.8	8.8	3.4	0.8	1.8	5.5	4.9	3.3	5.8	3.9	3.7
Chine	..	2.0	0.6	2.6	6.9	3.9	3.9	7.8	7.8	-0.1	7.0	8.1	2.4	2.2	0.8	-0.1	0.8	..	..	..
Colombie	..	6.5	6.0	6.8	7.3	5.6	5.8	5.0	7.6	3.4	3.9	6.7	3.0	1.9	1.8	2.6	3.2	..	..	..
République tchèque	..	4.8	2.7	1.1	4.0	0.1	0.7	3.5	2.0	2.6	-1.4	-0.2	1.4	1.7	2.4	1.2	1.6	1.8	1.3	1.7
Danemark	1.8	2.5	2.3	1.5	2.1	2.9	2.2	2.5	4.1	0.5	3.2	0.8	2.5	1.5	0.6	1.3	1.3	1.3	1.0	1.7
Estonie	..	6.3	5.0	4.3	4.8	6.0	8.7	11.3	7.4	0.4	1.5	3.0	2.7	4.5	2.1	1.1	2.0	1.5	1.1	2.2
Finlande	1.8	3.3	1.0	0.2	0.6	0.9	0.9	2.8	3.1	1.9	0.4	2.6	3.0	2.5	1.1	0.5	0.6	0.9	0.1	0.9
France	1.3	2.0	2.1	1.9	1.6	1.9	2.2	2.6	2.4	0.1	1.1	0.9	1.2	0.8	0.6	1.0	0.8	0.9	0.9	0.9
Allemagne	1.8	1.3	1.3	1.2	1.1	0.6	0.3	1.7	0.8	1.8	0.7	1.1	1.5	2.1	1.7	1.8	1.5	1.6	1.9	1.5
Grèce	9.3	3.4	3.5	3.2	3.2	2.0	3.4	3.4	4.3	2.6	0.9	0.6	0.0	-2.3	-2.6	-1.1	-0.2	..	..	..
Hongrie	..	11.5	8.4	5.3	4.6	2.3	4.0	5.4	4.6	4.1	2.1	2.2	3.6	3.2	3.0	1.7	2.8	3.1	2.2	3.0
Islande	3.6	8.7	5.6	0.5	2.6	3.5	8.8	4.3	11.4	8.0	5.5	2.6	3.2	2.0	4.0	5.9	3.3	7.2	3.4	2.7
Inde	..	3.4	3.2	3.7	5.3	4.3	5.9	5.8	9.1	4.4	9.6	8.8	7.6	6.8	4.2	4.4	5.2	..	..	..
Indonésie	..	14.3	5.9	5.5	8.6	14.3	14.1	11.3	18.1	6.0	7.3	7.5	3.8	4.7	5.4	5.2	4.5	..	..	..
Irlande	3.6	6.8	5.4	4.0	2.6	2.9	3.0	2.0	-2.4	-3.9	-1.6	0.9	1.3	1.0	1.2	2.2	1.8	3.1	0.8	2.3
Israël	9.8	1.6	4.3	-0.4	0.1	1.1	1.3	0.8	1.7	4.2	1.4	1.9	4.2	2.3	1.0	2.9	1.1	1.9	1.9	1.3
Italie	3.8	3.0	3.4	3.2	2.5	1.9	1.9	2.4	2.5	2.0	0.3	1.5	1.4	1.4	0.8	0.5	0.9	0.6	0.4	1.2
Japon	0.1	-1.2	-1.6	-1.7	-1.4	-1.3	-1.1	-0.9	-1.3	-0.5	-2.2	-1.9	-0.9	-0.6	1.7	2.2	1.1	2.4	1.8	1.4
Corée	5.1	3.7	3.1	3.4	3.0	1.0	-0.1	2.4	3.0	3.5	3.2	1.6	1.0	0.9	0.6	1.1	1.0	0.7	1.6	0.9
Lettonie	..	2.3	5.2	4.9	6.8	11.2	12.5	20.2	11.8	-9.8	-1.0	6.4	3.6	1.1	1.2	1.1	2.4	..	..	..
Luxembourg	2.5	-0.5	2.1	2.9	1.9	3.8	6.7	1.4	3.9	1.6	3.7	5.0	3.4	1.4	1.6	1.7	1.4	1.9	0.8	1.8
Mexique	17.6	5.1	5.6	6.0	8.6	5.1	6.3	4.9	6.3	3.3	4.5	5.3	3.6	1.5	3.6	3.1	3.0	3.5	3.1	3.1
Pays-Bas	2.4	4.4	3.7	2.2	1.1	1.6	2.1	1.9	2.3	0.5	1.2	0.1	1.3	1.1	1.1	0.3	1.4	1.1	0.8	1.3
Nouvelle-Zélande	1.4	4.4	0.7	1.4	3.4	2.4	2.4	4.3	3.8	0.8	3.0	2.9	-0.4	2.8	2.5	-0.8	1.5	-1.7	0.7	1.6
Norvège	3.4	1.6	-1.7	2.9	5.8	8.8	8.8	3.1	10.4	-5.2	6.0	6.8	3.4	2.7	0.4	-0.5	2.5	-2.1	1.6	2.0
Pologne	..	3.7	2.2	0.8	4.3	2.6	1.8	3.9	3.6	3.9	1.8	3.2	2.2	1.1	0.3	0.1	1.4	-0.7	1.1	1.5
Portugal	5.6	3.7	4.2	3.4	2.4	3.3	3.2	3.0	1.7	1.1	0.6	-0.3	-0.4	2.2	1.2	0.5	0.4	0.5	0.7	0.6
Fédération de Russie	..	16.5	15.6	14.0	20.3	19.3	15.2	13.8	18.0	2.0	14.2	15.9	7.4	5.0	7.2	10.8	7.1	..	..	..
République slovaque	..	5.1	4.0	5.4	5.8	2.5	2.9	1.1	2.8	-1.2	0.5	1.6	1.3	0.5	-0.2	0.2	1.3	0.0	0.6	1.5
Slovénie	33.8	8.7	7.6	5.7	3.3	1.6	2.2	4.2	4.5	3.4	-1.1	1.2	0.3	1.4	0.4	0.8	-0.5	-0.5	1.3	-0.8
Afrique du Sud	36.3	7.6	12.2	5.8	6.5	5.4	6.3	8.8	8.8	7.5	6.4	6.7	5.5	6.0	5.8	5.1	5.6	..	..	..
Espagne	4.1	4.1	4.1	3.9	3.9	4.1	4.0	3.3	2.1	0.3	0.2	0.1	0.2	0.7	-0.5	1.1	0.8	-0.6	1.7	0.5
Suède	2.3	2.4	1.6	1.7	0.6	0.8	1.8	2.8	3.4	2.4	1.1	1.2	1.0	1.2	1.3	1.5	1.6	1.2	1.5	1.8
Suisse	1.3	1.0	-0.3	0.9	0.4	0.6	2.0	2.3	1.9	0.4	0.3	0.2	-0.1	-0.2	0.0	-0.6	0.4	0.0	-0.5	0.4
Turquie	71.5	52.9	37.4	23.3	12.4	7.1	9.3	6.2	12.0	5.3	5.7	8.6	6.9	6.2	8.5	7.0	6.4	..	..	..
Royaume-Uni	2.8	1.1	2.7	2.2	2.9	2.8	2.7	2.9	2.9	2.0	3.2	2.1	1.7	1.8	1.7	0.4	1.2	1.4	0.2	1.5
États-Unis	2.1	2.3	1.5	2.0	2.7	3.2	3.1	2.7	2.0	0.8	1.2	2.1	1.8	1.5	1.5	1.1	1.8	1.3	1.4	1.8
Zone euro	2.6	2.5	2.5	2.2	1.9	1.9	1.9	2.4	1.9	1.1	0.7	1.0	1.2	1.3	0.9	1.1	1.1	0.9	1.2	1.2
Total OCDE	4.5	3.2	2.5	2.3	2.6	2.4	2.5	2.5	2.4	1.1	1.4	1.8	1.5	1.4	1.6	1.3	1.7	1.5	1.5	1.8

Note : La mise en place des systèmes de comptes nationaux a progressé à un rythme inégal selon les pays membres de l'OCDE, et ce pour les variables et la période couverte. En conséquence, plusieurs séries nationales contiennent des ruptures. Voir le tableau «Systèmes de comptabilité nationale, années de référence et dernières mises à jour» au début de l'annexe statistique.

Source : Base de données des Perspectives économiques de l'OCDE, n° 97.

StatLink http://dx.doi.org/10.1787/888933227611

Annexe : Tableau 17. **Indices implicites de prix de la consommation privée**

Pourcentages de variation par rapport à l'année précédente

	Moyenne 1990-00	2001	2002	2003	2004	2005	2006	2007	2008	2009	2010	2011	2012	2013	2014	2015	2016	Quatrième trimestre 2014	2015	2016
Australie	2.1	3.4	2.8	2.3	1.5	2.2	3.6	3.2	3.2	2.6	2.2	2.6	2.5	2.6	2.3	1.5	2.3	1.6	1.9	2.4
Autriche	2.0	2.4	1.0	1.5	1.8	2.5	2.1	2.5	2.1	0.5	1.7	3.3	2.4	2.2	1.7	0.9	1.6	1.4	1.0	1.6
Belgique	2.1	2.0	1.2	1.5	2.2	2.7	3.1	3.0	3.2	-0.5	1.7	3.1	2.2	1.2	0.7	0.2	1.3	0.2	0.7	1.4
Brésil	..	8.1	8.2	15.9	6.8	6.7	5.3	5.2	7.1	6.7	6.6	7.5	6.1	7.0	6.8	8.1	6.3	..	..	..
Canada	1.9	2.0	1.9	1.7	1.6	1.7	1.3	1.6	1.6	0.2	1.3	2.1	1.3	1.3	1.9	1.1	1.8	1.8	1.3	1.9
Chili	..	4.5	2.9	2.7	0.7	4.1	3.2	3.9	7.5	1.3	3.1	3.8	2.7	2.5	5.6	4.7	3.5	6.4	3.8	3.4
Colombie	..	8.3	5.8	6.3	5.8	4.4	4.6	4.3	5.8	3.9	2.4	4.7	2.7	2.1	2.9	4.0	3.4	..	..	..
République tchèque	..	3.5	1.4	0.1	3.1	1.1	1.8	3.0	4.7	0.9	0.5	1.6	2.5	1.0	-0.3	-0.1	1.2	-0.3	0.1	1.5
Danemark	1.9	2.3	1.9	1.2	1.2	1.7	2.2	1.7	2.9	1.3	2.5	2.4	2.6	1.0	0.7	1.0	1.3	0.7	1.1	1.4
Estonie	..	6.3	3.7	2.1	4.1	4.4	6.1	7.7	8.3	-0.2	3.5	5.2	3.4	3.1	0.7	-0.1	1.6	0.0	0.4	1.8
Finlande	2.2	2.6	1.6	1.0	0.3	1.0	1.3	1.9	3.4	1.8	1.4	3.2	2.8	2.5	1.5	0.6	0.9	1.3	0.4	1.2
France	1.3	2.0	0.9	1.7	2.1	1.8	2.2	2.1	2.8	-1.4	1.1	1.8	1.4	0.8	0.0	0.0	0.8	-0.1	0.3	1.0
Allemagne	1.8	1.7	1.3	1.8	1.0	1.6	1.1	1.6	1.7	-0.4	2.0	1.9	1.5	1.2	0.9	0.4	1.5	0.7	0.8	1.7
Grèce	9.2	2.9	2.3	3.0	2.9	2.8	3.3	3.5	4.2	1.0	3.6	2.5	0.8	-1.6	-2.2	-0.6	0.1	..	..	..
Hongrie	..	9.5	5.8	4.2	5.5	3.6	3.5	6.6	5.5	4.0	3.7	3.7	6.3	2.6	0.8	0.1	2.8	-0.4	1.7	2.9
Islande	3.0	8.1	4.9	1.0	3.2	2.8	8.0	4.6	13.4	10.6	2.1	3.6	5.6	3.4	2.7	1.4	2.8	2.2	1.6	2.8
Inde	..	3.0	3.1	3.3	3.0	3.1	5.5	5.3	6.2	5.9	8.3	7.8	9.2	8.7	6.3	4.7	4.4	..	..	..
Indonésie	..	17.2	14.1	7.2	6.4	12.1	13.6	14.2	13.4	6.0	7.9	7.1	6.1	6.5	5.1	3.8	4.4	..	..	..
Irlande	2.6	4.6	5.3	4.0	1.7	1.6	2.5	3.0	1.7	-6.5	-2.1	2.3	1.2	1.4	1.6	0.7	1.7	1.1	1.0	1.8
Israël	..	0.8	4.3	0.3	0.4	1.6	2.7	1.0	5.7	1.6	3.3	3.2	2.1	2.1	0.4	-0.3	1.0	-0.6	0.1	1.1
Italie	4.2	2.6	2.9	2.9	2.4	2.1	2.6	2.3	3.1	-0.4	1.4	2.9	2.7	1.1	0.2	0.0	0.9	0.1	0.3	1.1
Japon	0.5	-1.0	-1.4	-1.0	-0.8	-0.6	-0.3	-0.7	0.2	-2.5	-1.7	-0.8	-0.9	-0.3	2.0	0.2	1.1	2.0	-0.1	1.4
Corée	6.3	4.4	3.1	3.3	3.2	2.2	1.5	2.0	4.5	2.6	2.5	3.7	2.2	1.0	1.1	0.8	1.9	0.8	1.5	1.9
Lettonie	..	2.3	5.6	5.1	7.0	9.7	10.1	11.8	13.2	-4.1	-2.7	6.0	3.4	0.4	0.6	0.5	2.4	..	..	..
Luxembourg	2.7	1.9	1.2	1.8	2.1	3.0	2.6	2.2	2.2	0.6	1.0	2.5	1.9	0.3	0.0	0.5	1.4	0.2	0.8	1.5
Mexique	18.9	5.3	4.1	-0.6	6.0	4.8	3.5	5.0	6.3	5.5	4.4	3.5	3.9	2.7	3.6	3.1	2.9	3.8	3.0	3.0
Pays-Bas	2.4	3.2	3.3	1.9	1.8	1.3	2.5	2.2	2.2	-1.1	1.0	2.1	1.4	1.9	1.3	0.2	1.4	0.7	1.0	1.2
Nouvelle-Zélande	1.5	2.2	2.0	0.5	1.3	1.9	3.0	1.5	3.5	2.5	1.3	2.9	0.7	0.5	0.8	0.2	1.3	0.7	0.4	1.4
Norvège	2.3	2.2	1.4	2.8	1.2	1.1	1.8	1.3	3.5	2.5	2.1	1.1	1.1	2.8	2.3	2.3	2.3	2.1	2.3	2.4
Pologne	..	3.8	3.3	0.5	3.4	2.3	1.5	2.4	3.8	2.7	2.6	4.8	3.2	0.8	-0.3	-1.1	1.1	-1.5	0.0	1.3
Portugal	5.2	3.8	3.5	3.6	2.3	3.8	3.5	3.4	2.8	-1.9	1.8	1.7	1.8	1.0	0.7	0.1	0.7	0.4	0.1	1.1
Fédération de Russie	..	19.7	15.6	12.6	14.7	12.5	8.6	8.2	12.7	10.7	6.6	7.8	5.8	6.4	8.3	16.3	7.0	..	..	..
République slovaque	..	5.6	2.9	6.6	7.2	2.7	4.9	2.6	4.5	0.1	1.0	3.9	3.4	1.3	-0.1	0.1	1.4	0.5	0.1	1.7
Slovénie	33.8	7.5	7.5	5.2	3.0	2.2	2.4	4.1	5.6	0.9	1.4	1.7	1.4	0.6	0.3	-0.9	-0.1	0.0	-0.9	0.1
Afrique du Sud	36.3	6.4	9.0	5.5	7.1	4.8	3.3	6.8	8.9	7.0	4.6	5.6	6.3	5.5	5.8	4.6	5.7	..	..	..
Espagne	4.1	3.5	2.8	3.2	3.6	3.4	3.6	3.3	3.6	-0.9	2.0	2.7	2.4	0.9	-0.1	0.5	0.7	-0.3	0.6	0.8
Suède	2.9	2.1	1.5	1.6	0.8	1.1	1.2	1.4	3.1	2.2	1.5	1.7	0.5	0.7	0.8	0.7	1.4	0.8	0.8	1.7
Suisse	1.7	0.6	-0.3	0.8	0.7	1.1	1.3	1.3	1.9	-0.5	0.5	0.0	-0.9	-0.4	-0.1	-0.7	0.2	-0.1	-0.7	0.3
Turquie	72.7	49.7	38.5	23.4	10.8	8.3	9.8	6.6	10.8	4.9	8.5	8.9	8.1	6.2	7.0	7.5	6.5	..	..	..
Royaume-Uni	3.0	0.5	0.9	1.4	2.2	2.4	2.6	2.8	3.9	1.6	4.4	3.4	2.1	1.9	1.6	0.3	1.3	1.3	0.0	1.6
États-Unis	2.1	1.9	1.3	2.0	2.4	2.9	2.7	2.5	3.1	-0.1	1.7	2.5	1.8	1.2	1.3	0.3	1.6	1.1	0.6	1.7
Zone euro	2.7	2.4	1.9	2.2	2.0	2.1	2.2	2.3	2.7	-0.7	1.6	2.3	1.9	1.1	0.5	0.2	1.1	0.3	0.5	1.2
Total OCDE	4.9	3.1	2.2	2.0	2.3	2.4	2.4	2.3	3.2	0.3	1.9	2.5	1.9	1.3	1.5	0.7	1.7	1.3	0.9	1.8

Note : La mise en place des systèmes de comptes nationaux a progressé à un rythme inégal selon les pays membres de l'OCDE, et ce pour les variables et la période couverte. En conséquence, plusieurs séries nationales contiennent des ruptures. Voir le tableau «Systèmes de comptabilité nationale, années de référence et dernières mises à jour» au début de l'annexe statistique.

Source : Base de données des Perspectives économiques de l'OCDE, n° 97.

StatLink http://dx.doi.org/10.1787/888933227621

Annexe : Tableau 18. **Prix à la consommation**

Pourcentages de variation par rapport à l'année précédente

	Moyenne 1990-00	2001	2002	2003	2004	2005	2006	2007	2008	2009	2010	2011	2012	2013	2014	2015	2016	Quatrième trimestre 2014	2015	2016
Australie	2.2	4.4	3.0	2.7	2.3	2.6	3.6	2.3	4.4	1.7	2.9	3.3	1.7	2.4	2.5	1.6	2.4	1.6	2.0	2.5
Autriche	2.0	2.3	1.7	1.3	2.0	2.1	1.7	2.2	3.2	0.4	1.7	3.6	2.6	2.1	1.5	0.6	1.6	1.2	0.7	1.6
Belgique	..	2.4	1.6	1.5	1.9	2.5	2.3	1.8	4.5	0.0	2.3	3.4	2.6	1.2	0.5	0.0	1.3	0.0	0.6	1.4
Brésil	..	6.8	8.5	14.7	6.6	6.9	4.2	3.6	5.7	4.9	5.0	6.6	5.4	6.2	6.3	8.3	5.2	..	..	..
Canada	2.0	2.5	2.3	2.7	1.8	2.2	2.0	2.1	2.4	0.3	1.8	2.9	1.5	1.0	1.9	1.0	2.0	1.9	1.4	2.0
Chili	9.4	3.6	2.5	2.8	1.1	3.1	3.4	4.4	8.7	0.4	1.4	3.3	3.0	1.8	4.7	3.3	2.6	5.5	2.4	2.5
Chine	..	0.3	-0.7	1.1	3.8	1.8	1.6	4.8	5.9	-0.7	3.2	5.5	2.6	2.6	2.1	1.6	2.0	..	..	..
Colombie	..	8.0	6.4	7.1	5.9	5.1	4.3	5.5	7.0	4.2	2.3	3.4	3.2	2.0	2.9	4.2	3.2	..	..	..
République tchèque	..	4.7	1.8	0.1	2.8	1.9	2.6	3.0	6.3	1.0	1.5	1.9	3.3	1.4	0.4	0.2	1.6	0.4	0.3	1.9
Danemark	2.1	2.4	2.4	2.1	1.2	1.8	1.9	1.7	3.4	1.3	2.3	2.8	2.4	0.8	0.6	0.5	1.2	0.4	0.7	1.3
Estonie	..	5.6	3.6	1.4	3.0	4.1	4.4	6.7	10.6	0.2	2.7	5.1	4.2	3.2	0.5	0.1	1.8	0.2	0.6	2.0
Finlande	2.1	2.7	2.0	1.3	0.1	0.8	1.3	1.6	3.9	1.6	1.7	3.3	3.2	2.2	1.2	0.2	0.7	0.9	0.3	0.4
France	1.8	1.8	1.9	2.2	2.3	1.9	1.9	1.6	3.2	0.1	1.7	2.3	2.2	1.0	0.6	0.1	1.1	0.3	0.5	1.1
Islande[1]	..	1.9	1.4	1.0	1.8	1.9	1.8	2.3	2.8	0.2	1.2	2.5	2.1	1.6	0.8	0.2	1.8	0.4	0.7	2.0
Grèce	..	3.7	3.9	3.4	3.0	3.5	3.3	3.0	4.2	1.3	4.7	3.1	1.0	-0.9	-1.4	-1.4	0.3	..	..	..
Hongrie	..	9.1	5.3	4.7	6.7	3.6	3.9	8.0	6.0	4.2	4.9	3.9	5.7	1.7	-0.2	-0.2	2.7	-0.7	1.0	2.9
Islande	3.2	6.4	5.2	2.1	3.2	4.0	6.7	5.1	12.7	12.0	5.4	4.0	5.2	3.9	2.0	1.6	3.8	1.3	2.5	3.7
Inde	..	3.8	5.2	4.3	3.8	3.7	6.1	6.0	8.6	9.7	10.3	9.6	9.7	10.1	7.2	5.6	5.4	..	..	..
Indonésie	..	11.5	11.9	6.8	6.1	10.5	13.1	6.4	10.2	4.4	5.1	5.4	4.3	6.4	6.4	6.2	5.0	..	..	..
Irlande	..	4.0	4.7	4.0	2.3	2.2	2.7	2.9	3.1	-1.7	-1.6	1.2	1.9	0.5	0.3	0.1	1.7	0.1	0.8	1.8
Israël	9.5	1.1	5.7	0.7	-0.4	1.3	2.1	0.5	4.6	3.3	2.7	3.5	1.7	1.6	0.5	-0.3	1.0	-0.2	0.0	1.1
Italie	3.7	2.3	2.6	2.8	2.3	2.2	2.2	2.0	3.5	0.8	1.6	2.9	3.3	1.3	0.2	0.2	1.3	0.1	0.5	1.5
Japon	0.8	-0.8	-0.9	-0.3	0.0	-0.6	0.2	0.1	1.4	-1.4	-0.7	-0.3	0.0	0.4	2.7	0.7	1.1	2.5	0.3	1.4
Corée	5.1	4.1	2.8	3.5	3.6	2.8	2.2	2.5	4.7	2.8	2.9	4.0	2.2	1.3	1.3	0.8	1.8	1.0	1.3	1.8
Lettonie	..	2.5	2.0	2.9	6.2	6.9	6.6	10.1	15.3	3.3	-1.2	4.2	2.3	0.0	0.7	0.5	2.4	..	..	..
Luxembourg	..	2.4	2.1	2.5	3.2	3.8	3.0	2.7	4.1	0.0	2.8	3.7	2.9	1.7	0.7	0.1	1.5	-0.1	1.0	1.5
Mexique	18.3	6.4	5.0	4.5	4.7	4.0	3.6	4.0	5.1	5.3	4.2	3.4	4.1	3.8	4.0	3.5	3.1	4.2	3.1	3.2
Pays-Bas	2.1	5.1	3.9	2.2	1.4	1.5	1.7	1.6	2.2	1.0	0.9	2.5	2.8	2.6	0.3	0.1	1.4	0.2	0.8	1.2
Nouvelle-Zélande	1.8	2.6	2.7	1.8	2.3	3.0	3.4	2.4	4.0	2.1	2.3	4.0	1.1	1.1	1.2	0.4	1.7	0.8	0.8	1.8
Norvège	2.3	3.0	1.3	2.5	0.5	1.5	2.3	0.7	3.8	2.2	2.4	1.3	0.7	2.1	2.0	2.1	2.2	2.0	2.2	2.0
Pologne	..	5.4	1.9	0.7	3.4	2.2	1.3	2.4	4.2	3.8	2.6	4.2	3.6	1.0	0.1	-0.5	1.3	-0.6	0.2	1.5
Portugal	4.7	4.4	3.7	3.3	2.5	2.1	3.0	2.4	2.7	-0.9	1.4	3.6	2.8	0.4	-0.2	0.1	0.7	0.0	0.1	0.9
Fédération de Russie	..	21.5	15.8	13.7	10.9	12.7	9.7	9.0	14.1	11.7	6.9	8.4	5.1	6.8	7.8	16.3	7.0	..	..	..
République slovaque	..	7.2	3.5	8.4	7.5	2.8	4.3	1.9	3.9	0.9	0.7	4.1	3.7	1.5	-0.1	-0.2	1.4	-0.1	0.2	1.7
Slovénie	..	8.6	7.5	5.7	3.7	2.5	2.5	3.8	5.5	0.9	2.1	2.1	2.8	1.9	0.4	-0.4	0.7	0.0	-0.2	0.8
Afrique du Sud	2.1	5.7	9.2	5.9	1.4	3.4	4.6	7.1	11.0	7.1	4.3	5.0	5.7	5.8	6.1	4.8	5.7	..	..	..
Espagne	..	2.8	3.6	3.1	3.1	3.4	3.6	2.8	4.1	-0.2	2.0	3.1	2.4	1.5	-0.2	-0.6	0.7	-0.6	0.0	0.8
Suède[2]	2.3	2.4	2.2	1.9	0.4	0.5	1.4	2.2	3.4	-0.5	1.2	3.0	0.9	0.0	-0.2	0.2	1.4	-0.2	0.7	1.7
Suisse	1.9	1.0	0.6	0.6	0.8	1.2	1.1	0.7	2.4	-0.5	0.7	0.2	-0.7	-0.2	0.0	-0.8	-0.1	-0.2	-0.8	0.0
Turquie	76.1	54.4	45.0	21.6	8.6	8.2	9.6	8.8	10.4	6.3	8.6	6.5	8.9	7.5	8.9	7.5	6.7	..	..	..
Royaume-Uni	2.7	1.2	1.3	1.4	1.3	2.0	2.3	2.3	3.6	2.2	3.3	4.5	2.8	2.6	1.5	0.0	1.7	0.9	0.3	2.0
États-Unis	2.8	2.8	1.6	2.3	2.7	3.4	3.2	2.9	3.8	-0.3	1.6	3.1	2.1	1.5	1.6	0.0	1.8	1.2	0.5	1.9
Zone euro	..	2.4	2.3	2.1	2.2	2.2	2.2	2.1	3.3	0.3	1.6	2.7	2.5	1.3	0.4	0.0	1.3	0.1	0.5	1.4

Note : Indice des prix à la consommation. Pour les pays de la zone euro, pour le total de cette zone ainsi que pour le Royaume-Uni, l'indice des prix à la consommation harmonisé a été utilisé (IPCH).

1. Loyers exclus, à l'exception des loyers implicites.
2. L'indice des prix à la consommation tient compte des charges au titre des intérêts hypothécaires.

Source : Base de données des Perspectives économiques de l'OCDE, n° 97.

StatLink http://dx.doi.org/10.1787/888933227631

Annexe : Tableau 19. **Marché du pétrole et autres matières premières**

	1999	2000	2001	2002	2003	2004	2005	2006	2007	2008	2009	2010	2011	2012	2013	2014	Estimations et hypothèses 2015	2016
Situation du marché du pétrole[1]	Millions de barils par jour																	
Demande																		
OCDE	48.5	48.6	48.6	48.6	49.4	50.2	50.5	50.2	50.1	48.4	46.4	47.0	46.5	46.0	46.1	45.6	45.7	..
dont: Canada et États-Unis	24.1	24.3	24.3	24.4	24.9	25.7	25.9	25.7	25.8	24.5	23.7	24.1	24.0	23.6	24.1	24.0	24.2	..
Europe	15.4	15.3	15.5	15.4	15.5	15.6	15.7	15.7	15.6	15.5	14.7	14.7	14.3	13.8	13.7	13.5	13.5	..
Pacifique	9.0	8.9	8.8	8.8	9.0	8.9	8.9	8.8	8.7	8.4	8.0	8.2	8.2	8.6	8.3	8.1	8.0	..
Non-OCDE	27.9	28.6	29.3	30.0	30.9	33.1	34.1	35.4	36.9	37.9	39.1	41.3	42.4	44.2	45.8	46.9	47.9	..
Total	76.5	77.2	77.9	78.7	80.2	83.3	84.7	85.6	87.0	86.3	85.5	88.3	88.9	90.2	91.9	92.5	93.6	..
Offre																		
OCDE	21.5	21.9	21.7	21.8	21.5	21.1	20.2	19.8	19.5	18.8	18.8	18.9	19.0	19.9	20.9	22.6	23.3	..
Total OPEP	29.2	30.8	30.3	28.8	30.8	33.3	34.8	35.1	35.0	36.2	34.2	34.7	35.8	37.5	36.7	36.7	..	..
Ex-URSS	7.5	8.0	8.6	9.5	10.5	11.4	11.8	12.3	12.8	12.8	13.3	13.5	13.6	13.7	13.9	13.9	13.8	..
Autres non-OCDE	16.6	16.7	16.9	17.3	17.5	17.7	18.0	18.3	18.5	19.0	19.4	20.2	20.3	19.9	19.9	20.2	..	..
Total	74.8	77.3	77.5	77.4	80.3	83.5	84.8	85.5	85.7	86.8	85.7	87.4	88.6	90.9	91.4	93.5	..	..
Commerce																		
Importations nettes de l'OCDE	26.3	26.8	27.2	26.6	28.2	29.3	30.6	30.7	30.4	29.9	27.6	28.2	27.2	26.3	25.0	23.4	22.4	..
Exportations nettes de l'ex-URSS	3.8	4.2	4.9	5.8	6.6	7.6	8.0	8.3	8.7	8.6	9.2	9.4	9.2	9.2	9.1	9.0	9.1	..
Exportations nettes des autres non-OCDE	22.6	22.6	22.3	20.8	21.5	21.7	22.6	22.4	21.7	21.3	18.4	18.8	18.1	17.1	15.9	14.3	13.3	..
Prix[2]	fab, $ par baril																	
Prix du pétrole brut Brent[3]	17.9	28.4	24.5	25.0	28.8	38.3	54.4	65.2	72.5	97.0	61.5	79.5	111.2	111.6	108.7	101.4	85.0	85.0
Prix des autres matières premières[2]	Indices de prix en $, 2010 = 100																	
Produits alimentaires et boissons tropicales	48	45	42	47	51	57	56	62	78	105	90	100	129	123	109	106	98	98
Matières premières agricoles	59	62	54	52	63	70	71	79	94	90	74	100	111	92	94	94	90	90
Minéraux, minerais et métaux	36	41	37	36	40	54	63	92	102	102	71	100	116	98	94	88	85	85
Total[4]	44	47	42	42	48	58	63	81	94	100	77	100	118	103	98	94	89	89

1. Données fondées sur les publications de l'Agence internationale de l'énergie, *Oil Market Report*.
2. Les indices jusqu'à 2014 sont fondés sur les données établies par l'Agence internationale de l'énergie pour le pétrole et par l'Institut pour la recherche économique de Hambourg (HWWI) pour les prix des autres matières premières ; estimations et hypothèses de l'OCDE pour 2015 et 2016.
3. North Sea Dated, Londres fermeture, point milieu.
4. Calculs de l'OCDE. L'indice total des prix des matières premières hors energie est une moyenne pondérée des indices individuels HWWI des matières premières hors energie, dont les poids reflètent les parts des différentes matières premières dans le commerce mondial de matières premières hors energie.

Source : Base de données des Perspectives économiques de l'OCDE, n° 97.

StatLink http://dx.doi.org/10.1787/888933227641

Annexe : Tableau 20. **Emploi et population active**

Pourcentages de variation par rapport à l'année précédente

	Emploi									Population active								
	Moyenne 1990-99	Moyenne 2000-09	2010	2011	2012	2013	2014	2015	2016	Moyenne 1990-99	Moyenne 2000-09	2010	2011	2012	2013	2014	2015	2016
Australie	1.1	2.1	2.0	1.7	1.2	1.0	0.9	1.5	1.5	1.1	2.1	1.6	1.6	1.3	1.4	1.3	1.4	1.3
Autriche	0.9	0.5	0.9	0.9	0.8	0.5	0.2	0.4	1.0	0.9	1.0	0.3	0.6	1.1	1.0	0.5	0.6	0.8
Belgique	0.4	1.0	0.7	1.4	0.3	-0.3	0.4	0.6	1.0	0.7	1.0	1.1	0.2	0.8	0.5	0.5	0.6	0.6
Canada	1.1	1.9	1.4	1.5	1.3	1.4	0.6	0.9	1.1	1.0	1.6	1.1	0.9	1.1	1.1	0.4	0.7	0.9
Chili	2.0	1.9	7.9	5.1	1.9	2.1	1.5	0.8	0.9	2.3	2.2	6.0	4.0	1.2	1.6	1.9	0.7	1.0
République tchèque	..	0.0	-1.0	-0.2	0.3	1.0	0.7	1.1	0.5	..	0.3	-0.4	-0.8	0.6	0.9	-0.2	0.7	0.4
Danemark	0.1	0.5	-2.3	-0.1	-0.5	0.0	1.0	1.4	1.4	-0.1	0.4	-0.8	0.0	-0.6	-0.6	0.5	1.1	1.4
Estonie	..	0.1	-4.4	6.3	1.9	1.0	0.6	0.5	0.1	..	0.0	-0.9	1.2	-0.6	-0.6	-0.8	-0.5	-0.3
Finlande	-0.7	1.4	-0.4	1.1	0.4	-1.0	-0.4	0.1	0.2	0.0	0.4	-0.3	0.4	0.3	-0.5	0.1	0.3	0.1
France	0.2	0.9	0.2	0.2	0.0	0.0	0.1	0.2	0.6	0.5	0.8	0.4	0.1	0.7	0.5	0.1	0.5	0.5
Allemagne	0.0	0.2	0.8	2.5	1.0	0.9	0.9	0.9	0.7	0.3	0.4	0.0	1.3	0.5	0.8	0.6	0.5	0.4
Grèce	0.9	1.5	-3.6	-7.6	-8.9	-4.9	0.7	1.2	2.8	1.5	1.0	-0.2	-1.8	-0.9	-1.0	-0.7	0.2	1.3
Hongrie	..	0.5	-0.4	0.7	1.8	1.7	5.4	2.3	0.9	..	0.2	0.8	0.5	1.8	0.8	2.6	1.4	0.2
Islande	1.3	1.5	-0.3	0.0	1.0	3.4	1.6	4.1	1.3	1.2	1.4	0.0	-0.5	-0.1	2.8	1.1	2.9	1.5
Irlande	3.7	3.9	-4.1	-1.8	-0.6	2.3	1.8	1.6	1.6	2.8	2.6	-2.0	-0.9	-0.6	0.4	-0.2	0.1	0.8
Israël	..	2.6	3.5	3.0	3.2	2.7	3.0	2.1	2.4	..	2.5	2.2	1.7	2.9	2.1	2.7	1.6	2.3
Italie	-0.4	0.7	-0.7	0.2	-0.1	-1.5	0.3	0.5	1.0	-0.1	0.3	-0.1	0.3	2.4	0.2	0.9	0.5	0.3
Japon	0.4	-0.2	-0.3	-0.1	-0.3	0.7	0.6	0.3	0.1	0.7	-0.2	-0.3	-0.6	-0.6	0.3	0.2	0.1	0.0
Corée	1.3	1.3	1.4	1.7	1.8	1.6	2.1	1.8	1.5	1.8	1.1	1.4	1.4	1.6	1.5	2.6	1.9	1.4
Luxembourg	1.1	1.8	1.6	2.7	2.4	1.9	2.1	2.2	2.4	1.3	2.0	2.0	2.5	2.9	2.7	2.4	2.2	2.2
Mexique	..	2.0	1.1	2.2	3.3	1.1	0.4	0.8	1.0	..	1.8	1.1	2.1	3.0	1.1	0.3	0.7	0.8
Pays-Bas	1.9	1.4	-1.0	0.0	0.6	-0.8	-0.6	1.2	1.1	1.6	1.1	-0.3	0.0	1.5	0.8	-0.4	0.6	0.7
Nouvelle-Zélande	1.6	2.2	0.4	1.4	0.3	1.5	3.5	2.9	1.5	1.5	2.0	0.9	1.4	0.7	0.8	3.0	2.7	1.1
Norvège	1.2	1.1	0.1	1.4	2.0	0.6	1.0	0.5	0.5	1.0	1.1	0.5	1.1	1.9	0.9	1.0	1.1	0.7
Pologne	..	-0.2	0.6	0.6	0.2	-0.1	1.9	1.4	0.8	..	0.0	2.2	0.6	0.7	0.1	0.4	0.1	0.4
Portugal	0.8	0.7	-1.4	-3.2	-4.1	-2.6	1.6	0.5	0.7	0.8	0.5	0.1	-1.2	-0.8	-1.8	-1.1	-0.2	-0.1
République slovaque	..	0.6	-2.1	0.0	0.5	0.0	1.4	1.2	1.1	..	0.4	0.6	-1.0	0.9	0.3	0.2	0.4	0.1
Slovénie	..	1.1	-1.5	-3.1	-1.3	-1.9	1.2	0.5	0.4	..	0.8	0.0	-2.1	-0.6	-0.6	0.7	0.2	0.1
Espagne	1.4	3.7	-2.0	-1.6	-4.3	-2.8	1.2	2.9	2.8	1.4	3.1	0.4	0.3	0.0	-1.1	-1.0	0.1	0.3
Suède	-1.1	0.8	0.5	2.3	0.6	1.1	1.4	1.0	1.4	-0.4	0.8	0.8	1.4	0.8	1.1	1.3	0.7	1.3
Suisse	0.3	0.7	0.4	2.2	1.2	1.1	1.5	1.4	1.2	0.6	1.3	0.6	1.7	1.3	1.3	1.7	1.5	1.3
Turquie	1.9	0.8	6.0	6.1	3.1	2.9	5.1	2.6	2.2	1.9	1.8	3.7	3.8	2.3	3.6	6.1	2.9	2.1
Royaume-Uni	0.1	1.0	0.2	0.5	1.1	1.2	2.3	1.7	1.1	0.0	0.9	0.5	0.8	0.9	0.8	0.7	0.8	0.8
États-Unis	1.3	1.1	-0.6	0.6	1.8	1.0	1.6	1.9	1.0	1.1	0.9	-0.2	-0.2	0.9	0.3	0.3	1.2	0.7
Zone euro	0.4	1.1	-0.5	0.2	-0.6	-0.6	0.6	0.9	1.1	0.6	0.9	0.1	0.3	0.7	0.2	0.1	0.4	0.4
Total OCDE	0.1	1.0	0.3	1.0	1.0	0.7	1.3	1.3	1.0	0.1	0.9	0.5	0.6	1.0	0.6	0.7	0.9	0.7

Source : Base de données des Perspectives économiques de l'OCDE, n° 97.

StatLink http://dx.doi.org/10.1787/888933227652

Annexe : Tableau 21. **Croissance du PIB potentiel et du stock de capital productif**

Pourcentages de variation par rapport à l'année précédente

	Croissance du PIB potentiel									Stock de capital productif[1]								
	Moyenne 1990-99	Moyenne 2000-09	2010	2011	2012	2013	2014	2015	2016	Moyenne 1990-99	Moyenne 2000-09	2010	2011	2012	2013	2014	2015	2016
Australie	3.3	3.2	3.0	2.9	2.9	2.7	2.6	2.6	2.6	2.5	4.0	4.6	5.5	5.2	4.7	3.9	3.4	3.1
Autriche	2.4	2.1	1.3	1.3	1.2	1.1	1.2	1.2	1.4	2.8	2.3	1.2	1.5	1.5	1.2	1.2	0.9	1.0
Belgique	2.3	1.9	1.0	1.0	1.0	0.9	1.1	1.2	1.4	2.9	2.3	1.5	1.6	1.4	1.1	1.4	1.4	1.5
Brésil	2.8	3.2	3.9	3.6	2.9	2.1	1.6	1.3	1.5	2.8	2.7	4.9	5.1	4.6	4.7	3.9	3.4	3.2
Canada	2.7	2.6	1.7	1.9	2.0	1.9	1.8	1.8	1.8	2.4	2.8	2.5	2.7	2.8	2.6	2.3	1.9	1.9
Chine	10.5	10.2	9.9	9.4	8.6	8.1	7.5	7.2	7.0	10.2	10.6	11.7	10.9	10.3	10.6	10.7	10.6	10.3
Estonie	..	5.0	3.9	4.5	4.7	4.6	4.4	4.4	4.4	..	4.7	6.0	7.4	7.1	6.8	7.4	7.0	6.7
République tchèque	2.8	3.3	1.4	1.3	1.1	1.2	1.6	2.0	2.5	2.3	3.1	2.5	2.5	2.1	1.7	1.9	2.1	2.2
Danemark	2.1	1.5	0.4	0.4	0.4	0.5	0.6	0.7	0.9	2.8	2.1	0.7	0.3	0.4	0.4	0.5	0.6	0.7
Estonie	..	4.5	0.6	1.6	2.3	2.4	2.4	2.5	2.8	6.7	8.4	2.7	4.8	5.3	4.9	4.2	3.7	3.7
Finlande	2.4	2.6	0.1	0.2	0.3	0.4	0.5	0.8	1.1	1.4	2.0	1.0	1.1	0.9	0.4	0.1	0.1	0.2
France	2.1	1.8	0.9	1.0	1.0	1.1	1.2	1.3	1.5	2.2	2.1	1.4	1.4	1.3	1.2	1.1	1.0	1.0
Allemagne	2.0	1.4	1.2	1.3	1.2	1.1	1.1	1.1	1.1	2.0	0.9	0.4	0.6	0.4	0.2	0.3	0.4	0.6
Grèce	2.6	2.4	-1.4	-1.8	-1.8	-1.2	-0.7	0.2	0.9	1.4	2.9	1.4	0.3	-0.8	-0.9	-0.3	-0.1	0.1
Hongrie	4.0	2.6	0.3	0.4	0.6	1.0	1.5	1.7	2.0	3.6	3.8	2.3	2.3	1.9	2.3	3.0	3.0	2.9
Islande	2.4	3.8	1.5	1.3	1.4	1.4	1.6	1.9	2.2	2.8	4.8	-0.1	0.4	0.7	0.5	1.1	1.7	2.4
Inde	6.3	7.1	7.7	7.8	7.4	7.1	7.0	7.0	7.1	6.5	8.3	10.4	10.6	9.2	8.7	8.0	7.9	7.8
Indonésie	4.5	4.1	5.5	5.7	5.9	5.9	5.8	5.8	5.8	4.9	3.8	5.6	5.9	6.2	6.1	5.9	5.8	5.8
Irlande	6.1	5.0	1.3	0.8	0.7	0.8	1.2	1.8	2.1	3.8	6.1	2.6	2.3	2.6	2.0	3.1	3.7	4.2
Israël	4.8	3.6	3.7	4.1	4.0	3.7	3.4	3.2	3.1	7.0	3.8	3.9	4.8	4.4	4.2	3.6	3.3	3.5
Italie	1.5	1.0	0.0	0.1	-0.1	-0.2	-0.1	0.1	0.3	2.0	1.9	0.6	0.5	0.0	-0.3	-0.5	-0.4	-0.2
Japon	1.9	0.7	0.4	0.4	0.5	0.5	0.6	0.6	0.6	3.9	1.1	0.0	0.0	0.0	0.0	0.2	0.1	0.0
Lettonie	6.1	5.5	0.0	0.6	1.9	2.3	2.4	2.7	3.0	5.5	9.8	2.9	4.4	5.2	4.2	4.0	3.8	3.8
Luxembourg	4.5	3.7	2.1	2.4	2.6	2.4	2.4	2.6	2.8	4.3	3.5	1.3	2.7	2.7	1.7	1.9	2.4	2.3
Mexique	3.5	2.5	2.1	2.4	2.6	2.6	2.7	2.9	3.1	4.3	4.6	3.8	4.2	4.3	3.8	3.7	3.8	3.9
Slovénie	3.0	2.0	0.8	0.8	0.7	0.7	0.9	1.1	1.4	3.6	2.5	1.6	1.9	1.4	1.1	1.1	1.3	1.5
Nouvelle-Zélande	2.9	3.1	1.7	2.0	2.2	2.3	2.6	2.8	2.9	2.1	3.6	2.4	2.7	2.7	2.8	3.1	3.3	3.4
Norvège	2.8	3.1	2.2	2.0	2.1	2.2	2.3	2.3	2.3	2.4	3.5	2.8	2.7	3.0	2.9	2.9	2.8	2.9
Pologne	5.0	4.0	3.4	3.2	3.1	2.8	3.0	3.1	3.2	5.6	4.1	3.3	3.9	3.3	3.1	3.7	3.9	4.1
Portugal	3.0	1.6	0.2	0.0	-0.3	-0.2	0.1	0.2	0.4	5.3	4.4	2.9	1.8	0.7	0.4	0.5	0.6	0.8
Fédération de Russie	..	5.2	2.9	2.7	2.6	2.4	2.3	1.9	1.8	2.2	5.6	6.2	6.5	6.6	5.9	5.2	3.2	3.3
République slovaque	5.3	4.1	3.0	3.2	2.8	2.4	2.9	2.8	2.9	5.4	3.7	2.9	3.7	2.6	2.2	2.5	2.7	2.8
Slovénie	..	3.0	0.6	0.2	0.2	0.3	1.0	1.3	1.6	4.0	4.5	1.9	1.6	1.0	1.1	1.3	1.4	1.3
Slovénie	..	3.0	3.0	2.8	2.6	2.5	2.5	2.7	2.9	..	2.3	2.5	2.6	2.7	3.0	2.7	2.6	2.7
Espagne	2.8	3.1	0.9	0.6	0.4	0.3	0.4	0.5	0.6	4.4	4.6	2.8	2.3	1.6	1.3	1.5	1.7	2.1
Suède	2.2	2.5	1.5	1.8	1.8	1.9	2.0	2.2	2.4	2.0	2.2	1.6	1.8	1.7	1.5	1.6	1.7	1.8
Suisse	1.4	2.0	1.8	1.9	1.9	1.9	2.0	2.0	2.1	2.9	2.2	1.6	1.6	1.6	1.5	1.5	1.4	1.3
Royaume-Uni	2.5	2.4	0.8	0.9	1.1	1.3	1.8	2.1	2.4	3.3	3.4	2.3	2.3	2.3	2.3	2.6	2.7	2.9
États-Unis	3.1	2.6	1.7	1.7	1.8	1.8	1.8	1.9	2.0	2.9	2.4	1.1	1.2	1.3	1.2	1.3	1.4	1.5
Zone euro	2.1	1.8	0.8	0.8	0.7	0.7	0.8	0.9	1.1	..	..	..	..	..	..	..	..	..
Total OCDE	2.7	2.3	1.5	1.6	1.6	1.6	1.7	1.8	1.9	..	..	..	..	..	..	..	..	..

Note : Pour les détails méthodologiques, voir Sources & Méthodes des *Perspectives économiques de l'OCDE (http://www.oecd.org/fr/eco/sources-et-methodes.htm).*

1. Pour l'ensemble de l'économie à l'exclusion du logement.

Source : Base de données des Perspectives économiques de l'OCDE, n° 97.

StatLink http://dx.doi.org/10.1787/888933227667

Annexe : Tableau 22. **Taux de chômage structurel et coûts unitaires de main-d'œuvre**

	Taux de chômage structurel[1]									Coûts unitaires de main-d'œuvre[2]								
	Moyenne 1990-99	Moyenne 2000-09	2010	2011	2012	2013	2014	2015	2016	Moyenne 1990-99	Moyenne 2000-09	2010	2011	2012	2013	2014	2015	2016
	Pourcentages									*Pourcentages de variation*								
Australie	7.7	5.6	5.3	5.2	5.3	5.5	5.7	5.8	5.9	1.3	3.3	5.0	5.3	1.5	0.2	0.2	1.0	1.3
Autriche	3.9	4.3	4.4	4.4	4.4	4.5	4.5	4.5	4.5	1.6	1.7	0.2	0.7	3.2	2.8	2.2	0.7	0.0
Belgique	8.2	8.0	8.0	7.9	7.9	8.0	8.0	8.0	8.1	2.0	2.4	-0.5	2.9	3.4	1.7	0.2	-0.1	0.2
Canada	9.1	7.0	6.7	6.6	6.5	6.5	6.5	6.5	6.5	0.9	2.7	-0.1	2.4	2.7	1.6	1.1	1.9	1.7
République tchèque	6.0	7.3	6.6	6.5	6.4	6.4	6.3	6.3	6.3	7.2	2.8	-0.8	0.3	2.7	0.7	1.2	0.1	2.0
Danemark	6.4	5.5	6.0	6.1	6.2	6.2	6.3	6.3	6.3	1.4	3.4	-0.8	0.2	1.9	1.8	1.5	0.5	0.3
Estonie	..	10.1	9.5	9.1	8.7	8.3	8.3	8.3	8.3	4.9	7.3	-5.1	-1.0	3.1	6.5	6.5	4.3	2.5
Finlande	10.7	8.6	8.0	7.9	7.8	7.6	7.5	7.4	7.4	0.3	2.5	-1.3	2.2	5.1	2.0	0.6	0.6	0.3
France	9.1	8.4	8.7	8.9	9.1	9.2	9.3	9.2	9.1	1.3	2.2	0.8	0.7	2.0	0.6	1.5	0.7	1.0
Allemagne	7.3	8.1	6.7	6.2	5.9	5.7	5.6	5.5	5.4	1.8	0.6	-1.0	0.6	3.2	2.6	2.1	2.4	1.4
Grèce	9.7	11.2	14.1	15.2	16.1	16.4	16.9	17.3	17.5	9.9	4.8	1.4	-0.5	-3.3	-6.9	0.3	1.0	0.0
Hongrie	8.1	7.4	10.2	10.4	10.4	10.1	9.8	9.7	9.6	12.2	5.9	0.0	1.8	3.7	1.8	3.0	2.8	2.6
Islande	3.3	3.8	4.2	4.2	4.2	4.2	4.2	4.2	4.2	5.0	4.5	7.5	5.5	6.0	3.5	3.4	4.5	3.7
Irlande	11.7	8.2	10.0	10.5	10.7	10.8	10.8	10.9	10.9	2.0	3.9	-6.7	-2.7	0.4	3.1	0.7	1.6	2.1
Israël	9.4	10.5	8.4	7.5	6.8	6.4	6.2	6.0	5.9	6.9	0.9	1.1	3.1	2.6	1.6	1.3	0.4	1.4
Italie	9.3	8.4	8.0	8.1	8.4	8.8	9.0	9.1	9.2	2.6	3.5	-0.5	0.8	1.6	0.6	1.3	0.6	-0.1
Japon	2.9	4.1	4.1	4.1	4.1	4.2	4.1	4.1	4.1	0.9	-1.4	-4.4	1.0	-1.4	-0.8	1.6	1.2	1.6
Corée	3.2	3.6	3.5	3.4	3.3	3.3	3.4	3.5	3.5	4.9	3.2	0.5	2.6	2.7	2.1	2.0	0.9	0.7
Luxembourg	..	..	..	..	..	..	..	..	..	2.3	4.2	-1.2	2.4	4.1	3.5	1.7	0.8	1.3
Mexique	3.4	3.7	4.7	4.8	4.8	4.8	4.8	4.7	4.7	19.5	5.9	0.3	3.1	3.9	2.7	2.0	1.3	0.9
Pays-Bas	6.6	4.9	5.2	5.4	5.6	5.8	6.0	6.0	6.1	1.9	2.2	-1.4	0.7	3.3	1.0	0.1	-1.3	0.7
Nouvelle-Zélande	7.6	5.1	6.0	6.1	6.2	6.1	6.0	5.7	5.4	0.8	3.8	1.5	2.4	1.2	1.7	2.4	1.7	1.5
Norvège	4.3	3.4	3.3	3.2	3.3	3.3	3.3	3.3	3.3	2.2	4.7	2.2	5.4	4.0	5.0	2.4	2.2	2.0
Pologne	12.2	12.3	9.2	8.9	8.7	8.6	8.5	8.4	8.3	16.3	1.9	1.9	1.3	2.8	1.2	-1.4	1.1	1.7
Portugal	6.0	7.8	10.4	11.1	11.6	11.9	12.0	12.0	12.0	6.1	2.8	-0.4	-2.0	-3.9	2.6	-0.5	-0.7	-0.2
République slovaque	12.1	12.4	13.2	13.1	13.1	13.2	12.5	12.0	11.5	6.1	2.4	-1.0	1.8	1.5	0.6	3.2	1.0	0.8
Slovénie	6.7	6.1	6.1	6.7	7.2	7.8	7.8	7.8	7.8	4.8	4.9	-0.4	-1.0	0.3	-0.3	-2.4	-1.0	-0.5
Espagne	15.0	13.9	16.8	17.5	18.0	18.3	18.5	18.6	18.7	4.4	3.9	-1.4	-1.2	-3.6	-1.1	0.0	-0.8	-1.2
Suède	7.0	6.9	7.5	7.4	7.4	7.4	7.5	7.5	7.5	1.0	2.5	-2.4	3.0	4.0	1.5	1.6	1.2	1.0
Suisse	2.7	3.6	3.9	3.9	4.0	4.0	4.0	4.0	4.0	1.4	1.5	-1.7	1.8	1.5	0.7	-0.1	0.4	0.4
Royaume-Uni	8.0	5.8	6.4	6.5	6.5	6.6	6.3	6.0	5.6	2.9	2.7	1.2	-0.3	1.9	1.4	0.4	2.3	2.0
États-Unis	5.7	5.7	5.6	5.6	5.5	5.5	5.4	5.4	5.4	2.1	1.6	-0.3	2.2	1.7	0.5	1.8	2.6	1.3
Zone euro	8.9	8.9	9.2	9.3	9.5	9.6	9.6	9.6	9.6	2.6	2.4	-0.6	0.4	1.3	1.0	1.2	0.8	0.5
Total OCDE	6.4	6.5	6.6	6.6	6.6	6.7	6.6	6.6	6.6	4.1	2.1	-0.5	1.6	1.7	1.0	1.5	1.6	1.2

Note : Pour plus de détails sur les sources et définitions, voir Sources & Méthodes des *Perspectives économiques de l'OCDE (http://www.oecd.org/fr/eco/sources-et-methodes.htm).*

1. Le taux de chômage structurel est le «NAIRU».
2. Pour l'ensemble de l'économie.

Source : Base de données des Perspectives économiques de l'OCDE, n° 97.

StatLink http://dx.doi.org/10.1787/888933227677

Annexe : Tableau 23. **Taux d'épargne des ménages**

En pourcentage du revenu disponible des ménages

	1997	1998	1999	2000	2001	2002	2003	2004	2005	2006	2007	2008	2009	2010	2011	2012	2013	2014	2015	2016
Épargne nette																				
Australie	4.7	1.7	1.4	1.2	3.7	0.7	0.3	1.2	2.1	1.2	3.4	6.7	10.0	9.7	11.0	10.4	10.4	9.4	8.8	8.1
Autriche	10.4	10.4	11.7	10.5	8.8	8.9	9.2	9.2	10.7	11.3	12.1	11.9	11.3	9.4	7.8	9.0	7.3	7.5	7.7	8.7
Belgique	13.1	12.6	12.5	11.7	13.0	12.2	11.7	10.3	9.9	10.6	10.8	11.2	12.8	10.1	8.5	7.5	6.9	6.2	5.6	5.1
Canada	3.3	3.5	3.3	3.4	3.5	2.4	1.8	2.3	1.6	3.5	3.0	4.0	5.3	4.3	4.4	5.2	5.2	4.0	4.4	4.3
République tchèque	6.9	5.4	4.9	6.0	6.2	6.3	5.7	4.9	6.1	7.8	7.0	6.3	8.5	7.6	6.0	6.2	4.3	4.5	4.8	4.9
Danemark	-4.9	-3.4	-7.2	-6.0	0.0	1.2	1.8	-2.2	-4.6	-1.7	-3.1	-4.2	0.8	2.1	0.9	0.0	-0.4	-6.3	-0.9	0.7
Estonie	-4.9	-6.8	-7.6	-4.1	-5.8	-10.8	-10.7	-11.5	-11.1	-11.4	-6.7	1.6	7.1	3.3	5.2	3.0	3.8	7.2	8.9	8.0
Finlande	3.5	2.0	4.6	2.5	1.8	1.9	2.6	3.5	2.0	0.1	-0.1	0.2	4.4	3.6	1.9	1.2	2.7	1.8	1.9	1.7
Allemagne	10.1	9.9	9.4	8.9	9.6	9.6	10.3	10.0	10.0	10.0	10.2	10.5	10.0	9.9	9.6	9.4	9.1	9.4	9.3	9.0
Hongrie	12.8	12.0	8.1	6.1	6.7	5.3	3.0	6.2	7.2	7.9	4.2	3.5	5.5	6.1	6.8	4.8	5.4	7.2	8.7	7.8
Irlande	..	..	..	..	..	0.8	1.2	1.9	2.6	0.1	-0.1	6.9	12.3	9.6	7.6	7.8	7.7	7.7	8.2	9.0
Italie	13.6	9.9	8.7	7.3	8.8	9.5	9.0	9.5	8.9	8.3	7.9	7.6	6.8	4.0	3.5	2.0	3.8	3.4	3.4	3.0
Japon	8.0	9.4	8.1	6.8	3.7	3.1	2.5	2.1	1.4	1.1	0.9	0.4	2.4	2.0	2.7	1.2	-0.2	0.3	1.6	1.3
Corée	15.6	22.9	15.8	9.2	5.5	1.1	4.8	8.2	6.7	5.5	3.5	3.8	4.8	4.7	3.9	3.9	5.6	7.0	7.0	6.9
Luxembourg	..	..	..	..	..	..	..	..	..	..	..	9.5	12.1	13.0	13.6	13.7	17.0	18.3	19.7	19.8
Pays-Bas	12.7	10.6	8.6	6.9	9.2	9.0	8.3	7.7	6.7	5.0	5.2	5.4	8.7	5.1	6.0	6.5	7.8	8.3	8.5	8.0
Nouvelle-Zélande	0.1	-1.7	3.0	-2.5	-1.4	-7.0	-4.6	-4.0	-6.4	-3.8	-1.5	-1.3	0.9	2.7	1.5	2.3	2.2	3.0	3.0	3.0
Norvège	3.0	5.7	4.7	4.3	3.1	8.2	8.8	6.9	9.6	-0.5	0.9	3.8	7.1	5.9	8.0	8.4	8.5	9.3	9.2	9.2
Pologne	11.7	12.1	10.5	10.0	11.9	8.3	7.7	5.5	5.9	6.5	4.6	-0.3	6.9	6.1	-0.2	2.6	1.9	0.4	1.0	1.0
République slovaque	9.1	7.5	6.0	5.8	3.7	3.2	0.9	0.2	1.0	0.0	1.8	1.0	2.3	4.6	3.3	1.9	3.1	5.6	5.6	5.5
Espagne	8.6	7.4	5.9	6.4	6.2	6.0	7.4	5.8	4.1	2.3	0.0	2.6	9.5	4.6	6.0	3.5	4.9	4.7	3.3	4.7
Suède	2.2	1.7	1.9	4.0	8.0	7.8	6.6	5.8	5.4	6.9	9.4	12.7	12.2	10.9	12.6	15.2	15.6	16.0	16.3	16.6
Suisse	13.8	13.9	14.6	15.3	15.5	15.3	14.8	13.7	14.0	15.8	17.4	16.7	17.1	17.0	17.8	17.5	18.1	17.8	16.9	16.6
États-Unis	5.7	6.2	4.4	4.2	4.3	5.0	4.8	4.6	2.5	3.3	3.0	4.9	6.1	5.6	6.0	7.2	4.9	4.8	5.1	4.5
Épargne brute																				
France	15.6	15.1	14.7	14.5	15.0	16.0	15.3	15.5	14.2	14.3	14.8	14.7	15.9	15.5	15.3	14.9	14.7	15.6	15.5	15.1
Portugal	10.0	10.4	11.4	10.5	11.0	10.9	10.0	10.0	9.2	8.0	7.0	6.8	10.4	9.2	7.5	8.3	9.2	7.4	7.6	8.6
Royaume-Uni	12.6	11.0	8.4	9.8	10.7	9.9	9.2	7.7	7.0	6.5	7.1	5.6	9.3	11.0	8.6	8.0	6.4	6.0	7.5	7.5

Note : La mise en place des systèmes de comptes nationaux a progressé à un rythme inégal selon les pays membres de l'OCDE, et ce pour les variables et la période couverte. En conséquence, plusieurs séries nationales contiennent des ruptures. Voir le tableau «Systèmes de comptabilité nationale, années de référence et dernières mises à jour» au début de l'annexe statistique. La majorité des pays calculent une épargne des ménages nette (épargne brute moins la consommation de capital fixe par les ménages et les entreprises constituées en société). Dans la plupart des pays, l'épargne des ménages inclut l'épargne des institutions à but non lucratif (parfois appelée épargne personnelle).

Source : Base de données des Perspectives économiques de l'OCDE, n° 97.

StatLink http://dx.doi.org/10.1787/888933227687

Annexe : Tableau 24. **Épargne nationale brute**

En pourcentage du PIB nominal

	1994	1995	1996	1997	1998	1999	2000	2001	2002	2003	2004	2005	2006	2007	2008	2009	2010	2011	2012	2013
Australie	20.7	21.0	21.9	21.7	20.8	21.5	20.9	21.9	21.1	21.6	21.0	21.9	21.8	22.5	24.6	22.7	24.2	25.3	24.5	..
Autriche	23.9	24.0	23.8	24.1	24.4	24.5	24.8	24.4	26.1	25.6	26.0	25.4	26.7	28.1	28.6	24.7	25.5	26.2	26.6	25.0
Belgique	26.4	26.3	25.4	26.8	26.8	27.5	27.8	26.6	26.6	26.5	27.1	26.9	27.5	28.6	26.9	22.4	25.5	24.5	24.1	21.2
Canada	17.1	19.0	19.5	20.2	19.7	21.1	23.9	22.7	21.8	22.0	23.8	24.6	24.7	24.4	24.2	18.4	19.4	21.0	21.1	21.3
Chili	..	..	23.6	23.1	21.9	21.1	20.9	21.1	21.3	20.8	22.9	23.6	25.3	24.8	22.4	22.3	24.0	22.5	21.9	20.6
République tchèque	29.4	30.5	29.8	27.0	28.7	27.1	27.8	27.6	25.5	24.7	25.4	26.5	26.3	27.4	26.2	22.6	22.0	22.4	24.1	22.8
Danemark	21.0	22.4	22.5	23.6	23.0	23.8	24.6	25.6	25.0	25.0	25.4	26.4	27.6	26.8	26.8	22.2	24.1	25.2	24.6	26.0
Estonie	..	..	..	..	..	..	24.1	23.8	22.7	22.7	22.5	24.6	24.2	23.9	22.3	23.1	23.3	26.2	26.9	27.2
Finlande	19.7	23.5	22.9	26.0	27.2	28.7	30.7	31.3	30.2	27.3	28.8	28.0	28.4	29.6	27.8	23.2	23.1	22.0	20.6	19.1
France	20.8	21.1	20.8	22.1	23.2	24.0	23.8	23.6	22.4	21.9	22.3	22.0	22.6	23.0	22.7	19.7	20.2	21.0	20.2	20.0
Allemagne	22.5	22.6	22.0	22.2	22.5	22.0	22.1	21.9	21.8	21.2	23.6	23.5	25.6	27.7	26.7	24.2	25.4	26.8	26.4	25.9
Grèce	12.2	12.6	12.7	12.5	12.6	12.6	12.5	12.8	12.0	13.6	13.4	12.4	12.6	10.7	8.2	5.0	5.5	5.4	9.6	9.5
Hongrie	..	20.2	21.8	22.6	22.5	19.7	20.4	20.7	18.9	16.4	17.6	16.9	18.3	17.0	17.8	19.5	20.9	21.2	20.9	24.0
Irlande	18.9	21.4	21.9	23.9	25.3	24.3	24.5	23.2	22.3	24.5	25.4	25.8	26.5	23.4	18.4	14.8	17.1	16.8	18.3	21.0
Israël	20.6	20.1	20.2	21.2	21.6	21.4	20.6	20.2	18.9	19.2	20.7	23.1	24.1	23.6	20.9	21.3	21.2	21.9	21.6	21.9
Italie	20.0	21.7	21.9	21.9	21.1	20.8	20.4	20.8	20.9	20.2	20.6	20.2	20.3	20.8	18.9	17.5	17.1	17.4	17.4	18.2
Japon	29.9	29.1	29.1	29.3	28.6	27.3	27.4	25.6	24.7	24.9	25.6	25.8	26.4	27.5	25.9	22.2	23.3	22.4	22.0	21.8
Corée	38.3	38.7	37.8	38.0	40.9	38.6	36.9	35.1	34.2	35.4	37.2	35.4	34.4	34.2	34.0	33.5	34.8	34.7	34.4	..
Mexique	16.2	21.1	24.7	26.5	22.5	22.7	22.7	19.7	20.4	21.1	23.1	22.3	23.8	23.5	22.8	22.0	22.2	22.5	20.9	..
Pays-Bas	27.4	28.5	28.2	29.2	27.0	28.7	29.4	26.9	26.0	26.9	28.3	27.1	29.2	29.4	26.8	26.3	27.9	27.6	28.2	26.8
Nouvelle-Zélande	19.2	19.5	18.1	18.9	17.8	18.1	19.7	21.7	20.8	21.3	20.1	17.6	17.0	18.1	15.6	18.5	17.5	17.5	17.7	20.0
Portugal	18.7	20.9	19.8	20.2	20.6	20.2	17.8	17.9	17.2	16.2	15.4	13.4	12.5	13.0	11.0	10.7	10.7	13.0	13.7	15.4
République slovaque	..	28.8	26.6	27.0	25.8	25.3	25.0	24.3	23.3	19.5	20.8	21.3	20.8	23.1	22.2	17.9	19.4	21.3	21.3	21.5
Slovénie	..	23.4	23.6	24.8	25.1	24.4	24.6	25.3	25.5	25.1	25.7	26.4	28.5	28.9	27.4	23.0	22.3	22.6	22.0	24.3
Espagne	19.5	21.6	21.4	22.2	22.3	22.5	22.5	22.4	23.1	23.9	23.1	22.5	22.3	21.7	20.4	20.3	19.7	18.7	19.8	20.4
Suède	21.6	24.8	24.3	24.7	25.6	26.2	27.4	27.8	27.1	28.2	28.3	29.1	31.4	33.6	33.1	27.6	29.4	29.7	28.9	29.0
Suisse	31.4	31.9	31.3	33.2	34.0	34.6	36.7	34.0	31.4	35.5	35.3	38.4	39.4	34.7	28.0	34.4	39.2	35.1	34.9	..
Royaume-Uni	17.2	17.4	17.2	17.9	18.5	16.8	17.5	17.2	17.0	17.0	16.5	17.0	16.3	16.4	14.3	12.2	13.7	14.7	12.8	12.5
États-Unis	17.8	18.7	19.5	20.7	21.3	20.7	20.6	19.5	18.1	17.3	17.5	17.8	19.1	17.3	15.4	14.4	15.1	15.7	17.5	18.1

Note : Basé sur les systèmes de comptes nationaux SCN93, SCN08, SEC95 ou SEC10.

Source : Base de données des comptes nationaux des pays de l'OCDE.

StatLink http://dx.doi.org/10.1787/888933227699

Annexe : Tableau 25. **Dépenses totales des administrations publiques**

En pourcentage du PIB nominal

	1997	1998	1999	2000	2001	2002	2003	2004	2005	2006	2007	2008	2009	2010	2011	2012	2013	2014	2015	2016
Australie	34.2	33.9	34.3	34.6	34.9	34.2	33.4	34.0	33.8	33.6	33.7	34.4	37.2	36.7	35.6	36.1	35.6	36.0	36.1	35.7
Autriche	51.9	51.9	51.8	50.3	51.0	50.7	51.0	53.5	51.0	50.1	49.1	49.8	54.1	52.9	50.8	50.9	50.9	52.2	52.2	51.2
Belgique	51.1	50.3	49.7	48.7	48.8	49.0	50.2	48.4	50.9	47.7	47.6	49.4	53.2	52.3	53.4	54.8	54.5	54.4	53.4	52.1
Canada	43.5	43.5	41.8	40.5	41.2	40.4	40.2	39.0	38.4	38.6	38.6	39.2	43.7	43.3	41.7	41.1	40.7	39.4	39.5	39.1
République tchèque	41.5	41.8	41.1	40.3	42.5	44.3	48.5	42.2	41.9	40.8	39.9	40.2	43.6	43.0	42.5	43.8	41.9	42.0	42.0	41.4
Danemark	55.9	55.4	54.5	52.7	52.8	53.2	53.6	53.0	51.2	49.8	49.6	50.5	56.8	57.1	56.8	58.8	57.1	57.2	57.5	56.9
Estonie	37.7	39.7	40.5	36.4	35.1	36.1	35.2	34.3	34.0	33.6	34.3	39.7	46.0	40.5	38.0	39.8	38.8	38.8	39.2	38.3
Finlande	56.1	52.4	51.0	48.0	47.3	48.5	49.4	49.3	49.3	48.3	46.8	48.3	54.8	54.8	54.4	56.1	57.8	58.7	59.3	59.1
France	53.9	52.3	52.1	51.1	51.2	52.3	52.8	52.6	52.9	52.5	52.2	53.0	56.8	56.5	56.0	56.8	57.0	57.5	56.9	56.0
Allemagne	47.9	47.7	47.7	44.7	46.8	47.2	47.7	46.4	46.2	44.6	42.7	43.5	47.5	47.3	44.6	44.2	44.3	43.8	43.7	43.2
Grèce	43.3	42.4	42.4	45.6	44.3	44.3	44.1	44.6	43.9	44.9	46.9	50.6	54.0	52.0	54.0	54.3	60.1	49.5	49.4	49.0
Hongrie	49.4	50.6	48.6	47.1	47.0	50.7	49.0	48.8	49.8	51.5	49.9	48.8	50.6	49.5	49.7	48.5	49.4	49.8	49.4	48.3
Islande	39.6	40.3	41.1	40.7	41.4	42.9	44.2	42.4	41.0	40.5	40.3	55.2	48.1	48.8	45.3	45.3	43.9	43.5	41.8	41.3
Irlande	36.6	34.7	34.0	31.1	32.7	33.2	33.2	33.3	33.5	34.1	35.9	42.0	47.6	66.2	46.3	42.3	40.7	39.0	36.9	35.9
Israël	..	51.8	50.4	48.0	50.0	51.3	50.2	46.9	45.9	44.7	42.7	42.2	42.1	41.3	41.0	41.4	41.3	41.2	40.3	39.8
Italie	49.6	48.3	47.4	45.4	47.5	46.8	47.2	46.9	47.1	47.6	46.8	47.8	51.2	49.9	49.1	50.8	51.0	51.1	50.6	49.6
Japon	35.3	41.4	38.2	38.7	38.0	38.2	37.8	36.6	36.4	36.0	35.8	36.9	41.9	40.7	41.8	41.8	42.3	42.3	41.6	40.7
Corée	23.6	26.7	25.3	24.7	26.4	26.1	32.6	29.6	29.5	30.1	29.7	32.0	34.9	31.0	32.3	32.7	31.8	31.5	32.1	32.1
Luxembourg	39.2	39.6	37.7	36.4	37.2	40.6	42.3	42.8	42.5	39.6	38.2	39.4	45.1	44.0	42.3	43.5	43.6	43.8	44.1	43.8
Pays-Bas	45.6	44.2	43.7	41.7	43.2	44.0	44.8	44.0	42.7	43.5	42.8	43.8	48.2	48.3	47.0	47.5	46.8	46.6	45.7	44.3
Nouvelle-Zélande	40.9	39.8	39.4	37.5	37.2	36.4	37.0	36.6	37.6	39.0	38.8	41.1	42.2	47.8	44.7	43.5	42.4	39.4	39.4	39.0
Norvège	46.3	48.5	47.1	42.0	43.8	46.7	47.9	45.0	42.1	40.8	41.4	40.2	46.1	45.0	43.8	42.9	44.0	45.7	47.6	48.0
Pologne	..	..	..	..	..	..	..	..	..	..	..	..	..	45.9	43.9	42.9	42.2	41.9	41.7	41.1
Portugal	42.4	42.7	42.6	42.6	44.1	43.7	45.3	46.1	46.7	45.2	44.5	45.3	50.2	51.8	50.0	48.5	50.1	49.0	47.8	47.7
République slovaque	48.2	45.4	47.7	51.8	44.3	44.8	39.6	37.5	39.3	38.5	36.1	36.7	43.8	42.0	40.6	40.2	41.0	41.8	41.5	41.0
Slovénie	44.2	45.0	45.8	46.1	47.0	45.8	45.8	45.3	44.9	44.2	42.2	44.0	48.5	49.3	50.0	48.6	59.9	49.8	47.6	46.9
Espagne	41.6	41.0	39.9	39.1	38.5	38.6	38.3	38.7	38.3	38.3	38.9	41.1	45.8	45.6	45.4	47.3	44.3	43.6	41.9	40.6
Suède	59.2	57.2	56.6	53.6	53.0	54.2	54.3	52.9	52.8	51.4	49.6	50.4	53.1	52.1	51.5	52.5	53.2	52.9	52.2	51.8
Suisse	34.5	34.5	33.8	34.2	33.8	36.3	35.7	34.9	34.0	32.2	31.0	31.2	33.1	32.9	32.9	33.2	33.5	33.4	33.7	33.5
Royaume-Uni	38.3	38.2	38.1	33.6	39.4	40.3	41.1	41.8	42.5	42.7	42.6	46.2	49.4	48.3	46.5	46.7	45.1	44.0	43.1	41.8
États-Unis[1]	35.5	34.6	34.2	33.9	35.1	36.2	36.8	36.5	36.5	36.4	37.1	39.2	43.1	42.8	41.7	40.2	38.9	38.3	37.7	37.2
Zone euro	48.3	47.9	47.5	45.6	46.7	46.9	47.3	46.8	46.7	46.0	45.3	46.6	50.7	50.5	49.1	49.6	49.5	49.2	48.5	47.7
Total OCDE	40.1	40.4	39.5	38.5	39.7	40.3	40.0	39.3	39.3	39.0	39.0	40.8	44.4	43.9	42.9	42.6	41.9	41.4	40.9	40.2

Note : Ces données concernent le secteur des administrations publiques qui est la consolidation des comptes du gouvernement central, des collectivités territoriales et de la sécurité sociale.

1. Ces chiffres incluent les dépenses des entreprises publiques nettes des excédents d'exploitation.

Source : Base de données des Perspectives économiques de l'OCDE, n° 97.

StatLink http://dx.doi.org/10.1787/888933227703

Annexe : Tableau 26. **Recettes totales des administrations publiques d'origine fiscale et non fiscale**

En pourcentage du PIB nominal

	1997	1998	1999	2000	2001	2002	2003	2004	2005	2006	2007	2008	2009	2010	2011	2012	2013	2014	2015	2016
Australie	35.1	36.4	36.9	36.1	34.9	35.8	36.1	35.7	35.9	36.1	35.5	33.9	33.1	32.0	32.1	33.4	34.2	33.8	34.2	34.2
Autriche	49.6	49.2	49.2	48.2	50.4	49.3	49.3	48.8	48.5	47.6	47.8	48.4	48.8	48.4	48.2	48.7	49.6	49.8	50.0	49.1
Belgique	48.8	49.3	49.1	48.6	48.9	49.1	48.4	48.2	48.3	47.9	47.6	48.4	47.7	48.4	49.3	50.7	51.5	51.1	50.9	50.5
Canada	43.8	43.7	43.6	43.4	41.9	40.4	40.3	40.0	40.1	40.4	40.1	38.9	39.1	38.3	38.0	38.0	38.0	37.7	37.9	38.0
République tchèque	38.0	37.1	37.7	36.8	37.1	38.0	42.1	39.5	38.7	38.5	39.2	38.1	38.1	38.6	39.8	39.9	40.8	40.1	40.1	40.1
Danemark	54.7	55.0	55.4	54.6	54.0	53.2	53.5	55.1	56.2	54.8	54.6	53.7	54.0	54.3	54.8	55.1	56.0	58.5	55.8	54.3
Estonie	40.2	39.0	37.2	36.3	35.3	36.6	37.0	36.7	35.1	36.5	36.8	37.1	43.8	40.7	39.2	39.6	38.6	39.4	39.6	38.8
Finlande	54.9	54.0	52.6	54.9	52.3	52.6	51.8	51.5	51.9	52.3	51.9	52.4	52.2	52.1	53.3	54.0	55.2	55.5	56.1	56.1
France	50.3	49.9	50.5	49.8	49.7	49.2	48.9	49.1	49.8	50.1	49.7	49.8	49.6	49.7	50.9	52.0	52.9	53.5	53.1	52.8
Allemagne	45.1	45.3	46.2	45.7	43.8	43.3	43.6	42.8	42.9	43.0	43.0	43.5	44.4	43.2	43.8	44.3	44.4	44.5	44.2	44.3
Grèce	37.4	38.6	39.3	41.8	39.8	39.4	38.3	37.2	38.4	38.7	40.2	40.7	38.7	41.0	43.8	45.7	47.8	45.9	46.0	46.2
Hongrie	43.8	43.1	43.5	44.1	43.0	41.9	41.9	42.4	41.9	42.2	44.9	45.2	46.0	45.0	44.2	46.2	47.0	47.3	47.1	46.0
Islande	39.6	39.9	42.2	42.3	40.8	40.4	41.4	42.5	45.7	46.7	45.4	42.2	38.7	39.3	40.0	41.6	42.0	43.3	42.0	41.8
Irlande	37.9	36.7	36.5	36.0	33.7	32.9	33.9	34.7	34.8	36.9	36.2	35.0	33.6	33.6	33.5	34.2	34.9	34.9	34.4	34.0
Israël	..	44.9	44.8	44.7	44.5	44.4	43.0	41.9	41.8	42.9	42.1	39.5	36.5	37.3	37.7	36.4	37.2	37.4	37.1	37.3
Italie	46.6	45.3	45.6	44.1	44.1	43.7	43.8	43.3	42.9	44.0	45.2	45.1	45.9	45.6	45.6	47.8	48.0	48.1	48.1	47.6
Japon	31.5	31.1	31.0	31.2	32.0	30.5	30.1	30.6	31.6	34.7	33.7	35.1	33.1	32.4	33.0	33.1	33.9	34.6	34.7	34.9
Corée	26.3	27.3	27.5	29.1	29.4	29.6	30.6	29.9	31.0	32.4	33.9	34.3	33.6	32.0	33.3	33.7	33.1	33.2	33.1	33.1
Luxembourg	42.7	43.0	41.1	42.1	43.1	42.9	42.9	41.7	42.7	41.0	42.4	42.7	44.6	43.5	42.7	43.7	44.4	44.4	44.2	44.2
Pays-Bas	44.3	43.3	44.0	43.6	42.8	41.9	41.7	42.2	42.4	43.6	42.9	44.0	42.7	43.2	42.7	43.5	44.5	44.3	43.9	43.1
Nouvelle-Zélande	41.8	39.7	39.2	39.2	38.6	39.8	40.5	40.5	42.2	44.2	43.2	41.5	39.3	41.1	41.2	41.9	42.7	40.8	41.3	41.3
Norvège	53.8	51.7	53.0	57.1	57.0	55.8	55.1	55.9	56.9	58.8	58.6	58.9	56.4	56.0	57.3	56.8	55.4	54.8	54.0	54.3
Pologne	..	..	..	..	..	..	..	..	..	..	..	..	..	38.2	39.0	39.2	38.2	38.7	39.0	38.8
Portugal	38.7	38.3	39.5	39.4	39.3	40.4	40.9	39.9	40.5	40.9	41.5	41.6	40.4	40.6	42.6	42.9	45.2	44.5	44.9	45.0
République slovaque	42.1	40.1	40.4	39.7	37.9	36.7	36.9	35.2	36.4	34.9	34.1	34.3	35.9	34.5	36.4	36.0	38.4	38.9	38.8	38.7
Slovénie	41.9	42.7	42.8	42.5	43.1	43.4	43.2	43.1	43.4	42.9	42.1	42.1	42.3	43.7	43.3	44.6	45.0	45.0	44.7	44.4
Espagne	37.7	38.1	38.6	38.1	37.9	38.2	37.9	38.6	39.5	40.5	40.9	36.7	34.8	36.2	36.0	37.0	37.5	37.8	37.5	37.6
Suède	57.6	58.1	57.4	56.8	54.4	52.7	53.0	53.2	54.6	53.5	53.0	52.3	52.4	52.1	51.4	51.6	51.9	51.0	51.0	51.3
Suisse	31.7	32.6	32.9	33.7	33.0	33.6	33.2	32.7	32.8	32.5	31.9	33.2	33.9	33.3	33.7	33.5	33.6	33.6	33.9	33.7
Royaume-Uni	36.7	38.0	38.9	39.1	39.7	38.0	37.5	38.3	39.0	39.8	39.6	41.2	38.5	38.6	38.9	38.4	39.6	38.6	39.1	39.3
États-Unis[1]	33.9	34.2	34.2	34.6	33.7	31.4	30.8	31.0	32.3	33.3	33.4	32.0	30.3	30.7	30.9	31.2	33.2	33.3	33.7	33.7
Zone euro	45.9	45.5	46.1	45.4	44.7	44.2	44.2	43.9	44.1	44.6	44.7	44.5	44.5	44.4	44.9	46.0	46.6	46.7	46.5	46.2
Total OCDE	38.0	38.1	38.3	38.4	37.9	36.6	35.7	35.7	36.5	37.4	37.5	37.2	36.1	36.0	36.4	36.8	37.7	37.8	37.9	37.8

Note : Ces données concernent le secteur des administrations publiques qui est la consolidation des comptes du gouvernement central, des collectivités territoriales et de la sécurité sociale.

1. Non-compris les excédents nets d'exploitation des entreprises publiques.

Source : Base de données des Perspectives économiques de l'OCDE, n° 97.

StatLink http://dx.doi.org/10.1787/888933227719

Annexe : Tableau 27. **Solde financier des administrations publiques**

Excédent (+) ou déficit (-) en pourcentage du PIB nominal

	1997	1998	1999	2000	2001	2002	2003	2004	2005	2006	2007	2008	2009	2010	2011	2012	2013	2014	2015	2016
Australie	0.9	2.5	2.6	1.5	0.0	1.6	2.7	1.7	2.2	2.5	1.9	-0.4	-4.1	-4.7	-3.4	-2.6	-1.4	-2.2	-1.9	-1.5
Autriche	-2.4	-2.7	-2.6	-2.0	-0.6	-1.3	-1.8	-4.8	-2.5	-2.5	-1.3	-1.5	-5.3	-4.5	-2.6	-2.2	-1.3	-2.4	-2.3	-2.1
Belgique	-2.3	-1.0	-0.6	-0.1	0.2	0.1	-1.8	-0.2	-2.6	0.2	0.0	-1.1	-5.5	-4.0	-4.1	-4.1	-2.9	-3.2	-2.5	-1.6
Brésil	..	..	-5.2	-3.3	-3.3	-4.4	-5.2	-2.9	-3.5	-3.6	-2.7	-2.0	-3.2	-2.4	-2.5	-2.3	-3.1	-6.2	-4.9	-4.1
Canada	0.2	0.2	1.8	2.9	0.8	0.0	0.1	1.0	1.7	1.8	1.5	-0.3	-4.5	-4.9	-3.7	-3.1	-2.7	-1.6	-1.6	-1.1
Chine	-0.9	-1.5	-2.3	-2.8	-2.4	-2.4	-2.0	-1.0	-0.9	-0.1	1.6	1.0	-0.5	0.1	0.5	0.0	-0.2	-0.3	-1.2	-1.5
République tchèque	-3.5	-4.6	-3.5	-3.5	-5.3	-6.3	-6.4	-2.7	-3.1	-2.3	-0.7	-2.1	-5.5	-4.4	-2.7	-3.9	-1.2	-2.0	-1.9	-1.3
Danemark	-1.2	-0.4	0.9	1.9	1.1	0.0	-0.1	2.1	5.0	5.0	5.0	3.2	-2.8	-2.7	-2.1	-3.7	-1.1	1.2	-1.7	-2.6
Estonie	2.5	-0.7	-3.3	0.0	0.1	0.4	1.8	2.4	1.1	2.9	2.5	-2.7	-2.2	0.2	1.2	-0.2	-0.2	0.6	0.4	0.6
Finlande	-1.2	1.6	1.7	6.9	5.0	4.1	2.4	2.2	2.6	3.9	5.1	4.2	-2.5	-2.6	-1.0	-2.1	-2.5	-3.2	-3.2	-3.0
France	-3.6	-2.4	-1.6	-1.3	-1.4	-3.1	-3.9	-3.5	-3.2	-2.3	-2.5	-3.2	-7.2	-6.8	-5.1	-4.8	-4.1	-4.0	-3.8	-3.2
Allemagne	-2.8	-2.4	-1.5	1.0	-3.1	-3.9	-4.1	-3.7	-3.3	-1.5	0.3	0.0	-3.0	-4.1	-0.9	0.1	0.1	0.6	0.5	1.1
Grèce	-5.9	-3.8	-3.1	-3.8	-4.5	-4.9	-5.8	-7.5	-5.5	-6.1	-6.7	-9.9	-15.3	-11.1	-10.2	-8.7	-12.3	-3.6	-3.4	-2.8
Hongrie	-5.5	-7.4	-5.1	-3.0	-4.0	-8.8	-7.1	-6.4	-7.9	-9.3	-5.0	-3.6	-4.6	-4.5	-5.5	-2.3	-2.4	-2.5	-2.3	-2.2
Islande	0.0	-0.4	1.1	1.6	-0.7	-2.5	-2.7	0.0	4.7	6.2	5.1	-12.9	-9.4	-9.5	-5.3	-3.7	-2.0	-0.2	0.2	0.5
Inde	-6.9	-8.6	-9.7	-8.7	-10.2	-9.2	-9.4	-7.3	-7.1	-5.4	-4.3	-6.9	-10.3	-6.3	-8.4	-7.2	-7.8	-6.2	-5.9	-5.8
Indonésie	0.5	-1.4	-0.2	-1.1	-2.2	-1.2	-1.6	-0.9	-0.5	-0.8	-1.2	-0.1	-1.5	-0.7	-1.1	-1.8	-2.1	-2.2	-2.1	-2.0
Irlande	1.3	2.0	2.4	4.9	1.0	-0.3	0.8	1.4	1.3	2.8	0.3	-7.0	-13.9	-32.6	-12.8	-8.1	-5.8	-4.1	-2.5	-1.9
Israël	..	-6.9	-5.6	-3.3	-5.5	-6.9	-7.1	-5.1	-4.1	-1.7	-0.6	-2.7	-5.6	-4.0	-3.3	-5.0	-4.1	-3.7	-3.2	-2.5
Italie	-3.0	-3.0	-1.8	-1.3	-3.4	-3.1	-3.4	-3.6	-4.2	-3.6	-1.5	-2.7	-5.3	-4.2	-3.5	-3.0	-2.9	-3.0	-2.6	-2.0
Japon	-3.8	-10.3	-7.1	-7.5	-6.0	-7.7	-7.7	-5.9	-4.8	-1.3	-2.1	-1.9	-8.8	-8.3	-8.8	-8.7	-8.5	-7.7	-6.8	-5.8
Corée	2.7	0.6	1.6	4.4	3.0	3.5	-2.0	0.2	1.6	2.3	4.2	2.3	-1.3	1.0	1.0	1.0	1.3	1.6	1.0	1.0
Lettonie	1.4	0.0	-3.8	-2.8	-2.0	-2.2	-1.6	-1.0	-0.4	-0.6	-0.6	-4.0	-9.0	-8.1	-3.3	-0.8	-0.7	-1.4	-1.4	-1.2
Luxembourg	3.3	3.4	3.4	5.7	6.0	2.3	0.5	-1.1	0.2	1.4	4.2	3.3	-0.5	-0.5	0.4	0.1	0.9	0.6	0.1	0.4
Pays-Bas	-1.3	-0.9	0.3	1.9	-0.4	-2.1	-3.1	-1.8	-0.3	0.2	0.2	0.2	-5.5	-5.1	-4.4	-4.0	-2.3	-2.3	-1.8	-1.1
Nouvelle-Zélande	0.9	0.0	-0.2	1.7	1.4	3.4	3.5	3.9	4.6	5.1	4.4	0.4	-2.9	-6.8	-3.5	-1.6	0.3	1.4	1.9	2.3
Norvège	7.5	3.3	5.9	15.1	13.2	9.1	7.2	10.9	14.8	18.0	17.1	18.7	10.3	11.0	13.4	13.8	11.3	9.1	6.4	6.3
Pologne	..	..	..	..	..	..	..	..	..	..	..	..	..	-7.6	-4.9	-3.7	-4.0	-3.2	-2.7	-2.4
Portugal	-3.7	-4.4	-3.0	-3.2	-4.8	-3.3	-4.4	-6.2	-6.2	-4.3	-3.0	-3.8	-9.8	-11.2	-7.4	-5.6	-4.8	-4.5	-2.9	-2.8
Fédération de Russie	..	..	..	..	..	-0.7	1.7	6.0	6.0	8.3	5.6	7.3	-4.0	-1.2	3.8	2.0	0.6	0.4	-3.7	-1.2
République slovaque	-6.2	-5.2	-7.3	-12.1	-6.4	-8.1	-2.7	-2.3	-2.9	-3.6	-1.9	-2.4	-7.9	-7.5	-4.1	-4.2	-2.6	-2.9	-2.7	-2.3
Slovénie	-2.3	-2.3	-3.0	-3.6	-3.9	-2.4	-2.6	-2.2	-1.5	-1.3	-0.1	-1.8	-6.1	-5.6	-6.6	-4.0	-14.9	-4.9	-2.9	-2.5
Afrique du Sud	-7.0	-5.3	-3.7	-4.1	-2.5	-3.3	-4.5	-4.6	-2.4	-1.7	-0.7	-1.7	-3.9	-3.1	-3.0	-3.2	-3.3	-4.1	-4.2	-3.9
Espagne	-3.9	-2.9	-1.3	-1.0	-0.5	-0.4	-0.4	0.0	1.2	2.2	2.0	-4.4	-11.0	-9.4	-9.4	-10.3	-6.8	-5.8	-4.4	-3.0
Suède	-1.6	0.9	0.8	3.2	1.4	-1.5	-1.3	0.3	1.8	2.2	3.3	2.0	-0.7	0.0	-0.1	-0.9	-1.4	-1.9	-1.2	-0.5
Suisse	-2.9	-1.9	-0.9	-0.4	-0.8	-2.7	-2.4	-2.2	-1.2	0.3	0.9	2.0	0.8	0.3	0.8	0.3	0.1	0.2	0.2	0.3
Royaume-Uni	-2.1	-0.2	0.8	5.5	0.3	-2.2	-3.6	-3.5	-3.5	-2.9	-3.0	-5.0	-11.0	-9.6	-7.6	-8.3	-5.5	-5.3	-4.0	-2.5
États-Unis	-1.6	-0.4	0.0	0.8	-1.4	-4.8	-5.9	-5.5	-4.2	-3.1	-3.7	-7.2	-12.8	-12.2	-10.7	-9.0	-5.7	-5.0	-4.0	-3.6
Zone euro	-3.0	-2.4	-1.4	-0.2	-2.0	-2.7	-3.1	-2.9	-2.5	-1.5	-0.6	-2.1	-6.2	-6.1	-4.1	-3.6	-2.9	-2.4	-2.1	-1.4
Total OCDE	-2.2	-2.3	-1.2	-0.1	-1.8	-3.6	-4.3	-3.6	-2.8	-1.6	-1.5	-3.5	-8.4	-7.9	-6.6	-5.8	-4.2	-3.7	-3.1	-2.5
Solde financier des administrations publiques hors sécurité sociale																				
États-Unis	-2.7	-1.6	-1.4	-0.7	-2.9	-6.3	-7.3	-6.7	-5.5	-4.5	-5.0	-8.4	-13.7	-12.6	-11.2	-9.3	-5.9	-5.1	-4.2	-3.8
Japon	-5.5	-11.7	-8.2	-8.1	-6.3	-7.6	-7.8	-6.4	-5.0	-1.3	-2.0	-1.3	-7.7	-7.2	-7.9	-7.9	-7.8	-7.0	-6.2	-5.1

Note : Le solde financier comprend les opérations ponctuelles telles que la vente de licences de téléphonie mobile. Ces chiffres étant sur la base des comptes nationaux, pour certains pays de l'Union européenne, ils peuvent être différents de ceux transmis à la Commission européenne dans le cadre de la Procédure du déficit excessif. Pour plus de détails se reporter aux Sources & Méthodes des *Perspectives économiques de l'OCDE (http://www.oecd.org/fr/eco/sources-et-methodes.htm).*

Source : Base de données des Perspectives économiques de l'OCDE, n° 97.

StatLink http://dx.doi.org/10.1787/888933227721

Annexe : Tableau 28. **Solde financier des administrations publiques corrigé des variations cycliques**

Excédent (+) ou déficit (-) en pourcentage du PIB potentiel

	1997	1998	1999	2000	2001	2002	2003	2004	2005	2006	2007	2008	2009	2010	2011	2012	2013	2014	2015	2016
Australie	1.3	2.7	2.6	1.4	0.0	1.4	2.4	1.3	1.7	2.2	1.3	-0.9	-4.0	-4.5	-3.1	-2.5	-1.1	-1.8	-1.5	-1.2
Autriche	-2.0	-2.7	-3.3	-3.3	-1.7	-2.0	-1.8	-4.6	-2.4	-3.0	-2.6	-3.0	-4.8	-3.6	-2.4	-2.2	-0.9	-1.6	-1.1	-1.0
Belgique	-1.9	-0.4	-0.7	-1.1	-0.2	0.1	-1.1	-0.2	-2.7	-0.3	-1.3	-2.3	-4.7	-3.8	-4.5	-4.0	-2.3	-2.5	-1.8	-1.2
Canada	0.9	0.5	1.5	2.1	0.3	-0.2	0.0	0.8	1.3	1.2	0.9	-0.6	-3.2	-3.9	-3.2	-2.6	-2.3	-1.4	-1.4	-1.0
République tchèque	..	-4.1	-2.4	-3.0	-4.8	-5.0	-5.0	-1.8	-3.2	-3.6	-2.9	-4.3	-5.3	-4.4	-3.0	-3.5	-0.1	-1.1	-1.4	-0.8
Danemark	-1.8	-1.2	-0.1	0.1	-0.4	-1.0	-0.4	1.6	3.8	2.6	2.4	1.0	-2.1	-1.3	-1.1	-2.4	0.5	2.7	-0.8	-2.4
Estonie	..	..	..	..	..	1.1	2.1	2.4	-0.2	0.0	-1.7	-4.6	1.7	3.3	2.3	0.2	0.5	1.4	1.3	1.3
Finlande	-0.3	1.8	1.4	6.1	4.6	4.2	3.0	2.4	2.6	3.2	3.2	2.3	-1.1	-2.1	-1.5	-1.9	-1.5	-1.7	-1.6	-1.4
France	-2.7	-2.0	-1.7	-2.2	-2.5	-3.8	-4.1	-3.8	-3.7	-3.2	-4.0	-4.4	-6.5	-6.0	-4.9	-4.4	-3.3	-2.8	-2.3	-1.8
Allemagne	-2.2	-1.9	-1.3	0.6	-3.7	-4.0	-3.4	-2.8	-2.2	-1.5	-0.5	-0.8	-1.3	-2.9	-0.8	0.2	0.5	0.9	0.5	0.6
Grèce	-5.5	-3.6	-2.6	-3.3	-4.0	-4.2	-6.4	-9.0	-6.6	-9.1	-11.0	-14.2	-17.8	-11.3	-6.8	-2.7	-4.5	2.5	2.7	2.6
Hongrie	-4.8	-6.8	-4.2	-2.1	-3.3	-8.5	-7.2	-7.2	-9.5	-12.0	-7.4	-5.7	-3.9	-3.5	-5.0	-1.1	-1.4	-2.3	-2.6	-2.8
Islande	0.8	-0.4	0.7	1.0	-1.5	-2.5	-2.4	-0.8	3.1	4.5	2.4	-16.5	-9.7	-7.6	-3.4	-1.9	-0.9	0.5	0.4	0.4
Irlande	0.8	0.6	-0.1	1.6	-2.4	-3.6	-1.8	-1.0	-1.4	-0.3	-3.4	-8.8	-11.6	-27.7	-9.9	-5.3	-2.9	-2.4	-1.7	-1.7
Israël	..	-6.9	-5.3	-4.7	-5.8	-5.8	-4.9	-3.5	-2.9	-1.2	-0.9	-3.3	-5.5	-4.5	-4.0	-5.3	-4.3	-3.7	-3.2	-2.6
Italie	-3.0	-3.1	-1.9	-2.4	-4.9	-4.2	-4.0	-4.1	-4.9	-4.9	-3.3	-3.9	-3.8	-2.7	-2.5	-0.8	0.3	0.5	0.8	0.8
Japon	-4.1	-9.6	-6.0	-6.6	-5.1	-6.6	-6.8	-5.7	-4.8	-1.6	-2.9	-2.3	-7.3	-7.8	-8.2	-8.5	-8.7	-7.8	-7.0	-6.3
Corée	2.3	2.1	2.6	4.6	3.2	3.3	-2.0	0.2	1.5	2.1	3.7	1.9	-1.1	0.8	0.7	1.0	1.5	1.9	1.4	1.4
Luxembourg	5.2	4.3	3.1	4.0	4.5	1.3	0.6	-1.0	-0.1	0.5	2.1	1.4	0.5	0.3	0.8	1.4	2.6	2.3	1.8	2.0
Pays-Bas	-0.9	-1.1	-0.4	0.6	-1.9	-2.8	-2.6	-0.9	0.5	0.2	-0.9	-1.7	-6.3	-5.1	-4.7	-3.8	-1.2	-0.9	-0.8	-0.5
Nouvelle-Zélande	0.6	0.7	0.0	1.7	1.7	3.2	3.0	3.1	3.8	4.5	3.3	0.4	-2.3	-6.2	-2.8	-1.1	0.6	1.5	1.9	2.2
Norvège[1]	-0.7	-1.7	-0.4	1.2	0.7	-1.1	-2.3	-0.9	-0.2	1.0	2.3	1.2	-0.6	0.1	0.5	0.4	-0.2	-0.4	-0.9	-1.1
Pologne	..	..	..	..	..	..	..	..	..	..	..	..	..	-7.6	-5.3	-3.7	-3.6	-3.0	-2.6	-2.4
Portugal	-4.2	-5.6	-4.6	-5.2	-6.6	-4.4	-4.4	-6.3	-6.1	-4.5	-3.9	-4.5	-9.0	-11.0	-6.3	-3.0	-1.4	-1.5	-0.6	-1.1
Slovénie	..	..	..	..	-3.3	-2.0	-1.9	-1.9	-1.5	-2.4	-2.7	-5.0	-5.3	-4.9	-6.0	-2.2	-12.0	-3.2	-1.6	-1.4
Espagne	-3.2	-2.6	-1.5	-1.9	-1.8	-1.5	-1.3	-1.0	-0.2	0.2	-0.6	-6.5	-10.6	-8.1	-7.6	-7.3	-3.1	-2.4	-2.1	-1.8
Suède	0.3	2.0	1.2	2.8	1.4	-1.2	-0.9	0.2	1.5	0.7	1.2	1.1	1.5	0.5	-0.1	-0.1	-0.2	-0.9	-0.5	0.0
Suisse	-2.1	-1.7	-1.0	-1.3	-1.7	-2.8	-1.7	-1.6	-0.9	0.1	0.1	1.2	1.0	0.5	0.8	0.5	0.4	0.5	0.9	1.1
Royaume-Uni	-1.9	-0.1	0.8	5.4	0.2	-2.2	-4.0	-4.0	-4.2	-4.0	-4.5	-6.0	-9.6	-8.3	-6.6	-7.2	-4.6	-4.9	-3.8	-2.4
États-Unis	-1.6	-0.8	-0.8	-0.3	-2.0	-4.9	-6.1	-6.1	-5.2	-4.2	-4.7	-7.3	-11.1	-10.4	-9.0	-7.5	-4.5	-4.0	-3.2	-3.0
Zone euro	-2.4	-2.1	-1.5	-1.0	-3.0	-3.3	-3.1	-2.9	-2.7	-2.3	-2.2	-3.5	-5.3	-5.1	-3.6	-2.6	-1.3	-0.8	-0.6	-0.5
Total OCDE	-2.0	-2.2	-1.4	-0.8	-2.3	-3.8	-4.5	-4.1	-3.5	-2.7	-2.9	-4.5	-7.5	-7.1	-6.0	-5.1	-3.4	-3.0	-2.5	-2.2

Note : Pour plus d'informations voir Sources & Méthodes des *Perspectives économiques de l'OCDE (http://www.oecd.org/fr/eco/sources-et-methodes.htm).*

1. En pourcentage du PIB potentiel continental. Ces chiffres ne comprennent pas les recettes nettes de la production pétrolière.

Source : Base de données des Perspectives économiques de l'OCDE, n° 97.

StatLink http://dx.doi.org/10.1787/888933227730

Annexe : Tableau 29. **Solde financier sous-jacent des administrations publiques**

Excédent (+) ou déficit (-) en pourcentage du PIB potentiel

	1997	1998	1999	2000	2001	2002	2003	2004	2005	2006	2007	2008	2009	2010	2011	2012	2013	2014	2015	2016
Australie	1.2	2.5	2.3	1.2	0.0	1.4	2.3	1.4	1.8	2.3	1.6	-0.7	-3.6	-3.9	-3.0	-2.4	-1.4	-2.0	-1.7	-1.4
Autriche	-2.1	-2.4	-3.3	-3.6	-1.3	-2.0	-1.9	-1.0	-2.6	-3.2	-2.8	-3.3	-4.4	-3.6	-2.5	-2.0	-1.3	-0.4	-0.7	-0.9
Belgique	-1.8	-0.3	-0.8	-1.0	-0.3	-0.2	-0.8	-0.7	-0.6	-0.6	-1.2	-2.2	-4.1	-3.6	-3.6	-2.9	-2.1	-2.2	-1.5	-0.9
Canada	0.6	0.3	1.5	2.0	0.1	-0.3	0.0	0.9	1.4	1.3	0.9	-0.6	-3.1	-3.9	-3.0	-2.4	-2.1	-1.3	-1.3	-0.9
République tchèque	..	-3.4	-3.0	-4.7	-4.0	-3.7	-6.9	-2.4	-2.9	-4.1	-3.2	-4.3	-6.0	-4.9	-3.2	-0.1	-0.2	-1.1	-1.2	-0.6
Danemark	-1.9	-1.1	0.0	0.2	-0.8	-1.0	-0.3	1.5	3.7	2.5	2.3	1.4	-2.1	-1.4	-1.1	-1.3	0.1	1.1	-1.3	-2.1
Estonie	..	..	..	..	..	1.1	2.0	2.1	-0.2	-0.6	-1.5	-3.5	-1.1	-0.2	0.1	1.1	0.3	1.9	1.6	1.5
Finlande	-0.4	1.7	1.8	6.1	4.6	4.2	2.9	2.3	2.6	3.1	3.2	2.2	-1.0	-2.0	-1.4	-1.9	-1.6	-1.6	-1.3	-1.2
France	-2.7	-2.0	-1.5	-2.3	-2.5	-3.8	-4.2	-4.0	-3.8	-3.2	-4.0	-4.3	-6.3	-6.0	-4.9	-4.4	-3.3	-2.8	-2.3	-1.8
Allemagne	-2.4	-1.9	-1.3	-1.6	-3.2	-3.5	-3.0	-2.6	-2.1	-1.5	-0.7	-0.7	-1.3	-2.0	-1.0	-0.1	0.2	0.4	0.1	0.1
Grèce	-5.3	-3.6	-1.3	-2.2	-3.0	-3.1	-6.6	-8.8	-7.8	-10.7	-12.2	-14.3	-17.2	-11.7	-7.4	-1.2	3.5	1.3	1.5	1.4
Hongrie	-4.9	-5.3	-4.9	-2.2	-3.1	-7.0	-7.2	-7.7	-9.7	-11.7	-6.6	-5.0	-3.8	-3.6	-3.9	-1.2	-1.6	-2.8	-3.1	-2.8
Islande	0.9	-0.6	0.6	0.9	-1.3	-2.6	-2.4	-0.9	2.9	4.2	1.9	-3.6	-9.6	-4.6	-2.8	-1.7	-1.2	-0.5	-0.2	-0.2
Irlande	0.4	0.2	1.1	1.4	-2.3	-3.9	-2.0	-0.9	-1.4	-0.8	-3.8	-8.3	-8.9	-7.4	-6.3	-5.4	-3.8	-2.9	-2.4	-2.4
Israël	..	-7.2	-5.3	-4.8	-5.8	-5.7	-5.1	-3.4	-2.8	-1.1	-0.8	-3.1	-5.2	-4.5	-4.2	-5.3	-4.3	-3.9	-3.4	-2.8
Italie	-3.5	-3.3	-1.9	-3.6	-4.5	-3.9	-4.9	-4.6	-4.8	-3.8	-3.1	-4.0	-4.2	-3.1	-3.3	-0.8	-0.2	0.4	0.8	0.8
Japon	-4.8	-5.1	-6.3	-6.3	-5.6	-6.6	-6.4	-6.5	-4.7	-3.1	-3.0	-3.2	-7.3	-7.9	-7.8	-8.0	-8.1	-7.2	-6.6	-5.7
Corée	2.7	2.8	3.2	5.1	3.8	4.0	3.5	2.1	3.0	3.5	3.8	1.7	-0.4	0.5	0.7	0.6	0.5	0.5	0.0	-0.1
Luxembourg	5.2	4.1	2.9	3.9	2.9	1.5	0.7	-0.7	0.0	0.9	2.0	1.1	0.6	0.4	0.8	1.5	2.8	2.1	1.8	2.0
Pays-Bas	-0.7	-1.0	-0.5	0.0	-1.4	-2.6	-2.4	-1.0	0.1	-0.3	-1.3	-1.9	-5.8	-4.7	-4.8	-3.8	-1.7	-1.3	-1.2	-1.0
Nouvelle-Zélande	0.7	0.7	0.1	1.8	1.8	3.2	3.0	3.0	3.7	4.5	3.2	0.6	-2.2	-2.1	-1.2	-0.3	1.1	1.5	1.9	2.2
Norvège[1]	-0.9	-1.9	-0.4	1.6	0.7	-1.0	-2.3	-1.0	-0.2	1.0	2.3	1.4	-0.5	0.1	0.5	0.4	-0.2	-0.5	-0.9	-1.1
Pologne	..	..	..	..	..	..	..	..	..	..	..	..	..	-7.9	-6.2	-4.2	-3.8	-3.3	-3.0	-2.7
Portugal	-4.7	-5.0	-4.4	-5.3	-6.6	-5.2	-4.8	-6.0	-6.1	-4.3	-3.8	-4.8	-8.7	-8.6	-6.3	-4.4	-1.9	-0.9	-0.6	-1.1
Slovénie	..	..	..	..	-3.4	-2.1	-1.6	-1.7	-1.5	-2.6	-2.8	-4.4	-5.1	-5.5	-5.4	-2.9	-2.5	-3.6	-2.7	-1.4
Espagne	-3.3	-2.8	-1.8	-1.9	-1.7	-1.4	-1.4	-0.5	0.0	0.4	-0.2	-5.9	-9.9	-7.8	-7.1	-4.2	-3.2	-2.8	-2.7	-2.4
Suède	0.6	1.2	1.4	2.7	1.4	-1.1	-0.8	0.2	1.6	0.7	1.3	1.1	1.6	0.5	0.1	-0.2	-0.4	-0.7	-0.2	0.2
Suisse	-2.7	-2.2	-1.6	-0.1	-1.4	-1.4	-2.0	-1.7	-1.2	-0.4	-0.2	1.2	0.7	0.2	0.5	0.0	0.2	0.5	0.8	1.0
Royaume-Uni[2]	-1.9	-0.2	0.7	0.8	0.2	-2.1	-3.8	-4.1	-3.2	-4.0	-4.6	-5.6	-8.5	-8.2	-6.8	-7.1	-6.2	-5.8	-5.2	-3.6
États-Unis	-1.6	-0.8	-0.8	-0.3	-2.1	-4.9	-6.0	-6.0	-5.0	-4.4	-4.7	-7.0	-10.3	-10.0	-8.8	-7.5	-4.6	-4.2	-3.3	-3.1
Zone euro	-2.6	-2.1	-1.5	-2.0	-2.7	-3.0	-3.2	-2.9	-2.6	-2.2	-2.2	-3.4	-5.1	-4.5	-3.7	-2.3	-1.4	-1.0	-0.9	-0.7
Total OCDE	-2.2	-1.7	-1.4	-1.3	-2.3	-3.7	-4.2	-4.1	-3.3	-2.8	-2.9	-4.4	-7.1	-6.8	-5.9	-5.0	-3.5	-3.1	-2.7	-2.3

Note : Le solde sous-jacent exclut l'impact du cycle et des opérations ponctuelles. Pour plus de détails se reporter aux Sources et méthodes des *Perspectives économiques de l'OCDE* (*http://www.oecd.org/fr/eco/sources-et-methodes.htm*).

1. En pourcentage du PIB potentiel continental. Ces chiffres ne comprennent pas les recettes nettes de la production pétrolière.
2. Les revenus dus aux politiques d'assouplissement quantitatif qui ont été accumulés dans un fonds spécial depuis plusieurs années, et qui vont être transférés au trésor public britannique en versements bien définis durant la période de projection, sont traités comme transferts fiscaux exceptionnels et exclus des indicateurs financiers sous-jacents des administrations publiques.

Source : Base de données des Perspectives économiques de l'OCDE, n° 97.

StatLink http://dx.doi.org/10.1787/888933227748

Annexe : Tableau 30. **Solde financier primaire sous-jacent des administrations publiques**

Excédent (+) ou déficit (-) en pourcentage du PIB potentiel

	1997	1998	1999	2000	2001	2002	2003	2004	2005	2006	2007	2008	2009	2010	2011	2012	2013	2014	2015	2016
Australie	2.6	3.5	3.2	1.9	0.4	1.9	2.6	1.7	2.0	2.4	1.6	-0.9	-3.5	-3.5	-2.5	-2.0	-0.8	-1.3	-0.9	-0.5
Autriche	1.0	0.6	-0.5	-0.8	1.4	0.7	0.5	1.2	-0.3	-0.8	-0.5	-1.0	-2.2	-1.5	-0.3	0.1	0.7	1.5	1.0	0.6
Belgique	5.4	6.6	5.6	5.3	5.6	5.1	4.0	3.8	3.4	3.2	2.4	1.3	-0.8	-0.4	-0.5	0.3	0.7	0.6	1.0	1.4
Canada	5.3	5.1	5.6	5.1	3.0	2.2	1.7	2.4	2.3	2.0	1.5	-0.6	-2.3	-3.2	-2.7	-1.9	-1.8	-1.0	-0.9	-0.5
République tchèque	..	-3.0	-2.5	-4.5	-3.7	-3.4	-6.5	-1.8	-2.2	-3.4	-2.5	-3.6	-5.0	-3.8	-2.1	1.1	0.9	0.0	-0.2	0.3
Danemark	1.4	1.9	2.9	2.8	1.3	1.0	1.4	2.8	4.8	3.3	2.9	1.6	-1.7	-0.8	-0.5	-0.8	0.5	1.5	-1.1	-1.9
Estonie	..	..	..	..	..	1.1	1.7	2.0	-0.4	-0.9	-1.9	-3.9	-1.3	-0.3	-0.1	1.0	0.2	1.8	1.5	1.4
Finlande	1.3	3.2	3.2	7.0	5.2	4.3	2.8	2.3	2.6	2.9	2.9	1.6	-1.3	-1.9	-1.3	-1.7	-1.5	-1.3	-1.1	-1.0
France	0.2	0.9	1.1	0.3	0.2	-1.1	-1.7	-1.4	-1.4	-0.8	-1.5	-1.6	-4.2	-3.7	-2.4	-2.0	-1.2	-0.8	-0.4	-0.1
Allemagne	0.4	1.0	1.3	1.1	-0.6	-1.0	-0.5	-0.2	0.3	0.9	1.7	1.7	1.0	0.0	1.0	1.7	1.7	1.8	1.1	1.0
Grèce	1.9	3.3	4.6	4.0	2.6	1.8	-2.1	-4.2	-3.4	-6.1	-7.4	-9.3	-12.2	-6.1	-1.0	2.7	6.5	4.5	5.0	4.9
Hongrie	2.2	0.8	1.1	2.4	0.7	-3.4	-3.5	-3.6	-5.8	-7.9	-2.6	-1.2	0.1	0.1	-0.2	2.9	2.6	1.1	0.6	0.7
Islande	3.0	1.7	2.7	2.8	0.2	-1.5	-1.0	0.5	4.1	4.7	2.3	-3.6	-6.4	-1.5	0.5	2.1	2.4	3.1	3.3	3.5
Irlande	3.9	3.4	3.4	3.2	-1.1	-2.7	-0.8	0.1	-0.5	0.0	-3.1	-7.6	-7.5	-5.1	-3.8	-2.3	-0.5	0.5	1.0	0.8
Israël	..	0.1	1.4	2.0	0.6	0.4	1.0	2.7	3.3	3.9	3.8	1.0	-1.3	-0.6	-0.4	-1.4	-0.8	-0.8	-0.7	-0.3
Italie	5.2	4.3	4.2	2.4	1.4	1.5	-0.1	-0.1	-0.4	0.6	1.6	0.8	-0.2	0.9	1.1	4.0	4.2	4.6	4.6	4.5
Japon	-3.7	-3.9	-5.1	-5.1	-4.8	-5.9	-5.8	-6.0	-4.7	-3.2	-3.0	-2.9	-6.9	-7.2	-7.0	-7.2	-7.4	-6.2	-5.6	-4.9
Corée	1.7	1.8	2.4	4.1	2.9	3.3	3.4	2.0	2.4	2.7	2.9	1.6	-1.2	-0.1	0.2	0.4	0.1	0.4	-0.1	-0.3
Luxembourg	4.3	3.1	2.1	2.6	1.5	0.3	-0.2	-1.5	-0.8	0.1	0.9	-0.2	0.1	0.2	0.5	1.3	2.6	1.9	1.5	1.7
Pays-Bas	3.0	2.5	2.7	2.6	0.8	-0.6	-0.7	0.7	1.7	1.1	0.1	-0.4	-4.5	-3.5	-3.6	-2.7	-0.6	-0.2	-0.2	-0.2
Nouvelle-Zélande	2.8	2.6	1.6	3.2	3.2	4.3	4.0	3.9	4.4	4.9	3.3	1.0	-1.6	-1.6	-0.5	0.6	1.7	2.0	2.3	2.5
Norvège[1]	-2.3	-3.2	-2.1	-0.2	-1.4	-3.3	-4.4	-3.1	-2.3	-1.3	-0.8	-1.9	-3.1	-2.2	-1.8	-1.7	-2.3	-3.0	-3.6	-3.9
Pologne	..	..	..	..	..	..	..	..	..	..	..	..	..	-5.7	-4.0	-1.9	-1.6	-1.6	-1.5	-1.2
Portugal	-1.3	-2.2	-1.7	-2.7	-4.0	-2.7	-2.5	-3.7	-3.8	-1.8	-1.2	-2.1	-6.1	-5.9	-2.5	-0.4	2.0	3.2	3.4	2.7
Slovénie	..	..	..	..	-1.6	-0.4	-0.2	-0.3	-0.2	-1.4	-1.7	-3.7	-4.2	-4.4	-4.0	-1.6	-0.6	-1.0	0.2	1.3
Espagne	0.7	0.9	1.3	1.0	0.9	1.0	0.7	1.3	1.5	1.7	0.9	-4.8	-8.6	-6.2	-5.2	-1.9	-0.6	-0.1	-0.1	0.4
Suède	3.5	3.7	3.8	4.8	3.1	0.9	0.4	1.1	2.6	1.5	2.0	1.6	1.8	0.7	0.3	-0.2	-0.3	-0.7	-0.2	0.2
Suisse	-1.8	-1.2	-0.5	0.9	-0.5	-0.4	-1.0	-0.7	-0.2	0.4	0.4	1.7	1.2	0.6	0.9	0.4	0.5	0.7	1.0	1.0
Royaume-Uni[2]	1.1	2.7	3.1	3.1	2.2	-0.5	-2.2	-2.5	-1.4	-2.2	-2.7	-3.9	-7.0	-5.7	-4.0	-4.6	-3.7	-3.4	-2.8	-1.2
États-Unis	2.2	2.8	2.4	2.5	0.6	-2.3	-3.3	-3.4	-2.3	-1.7	-2.0	-4.5	-7.6	-7.2	-5.8	-4.5	-2.4	-1.5	-1.1	-1.0
Zone euro	1.7	1.9	2.1	1.5	0.6	0.0	-0.4	-0.1	0.0	0.4	0.4	-0.8	-2.7	-2.1	-1.1	0.3	1.0	1.3	1.2	1.2
Total OCDE	1.2	1.6	1.5	1.4	0.1	-1.4	-2.0	-2.0	-1.3	-0.8	-0.9	-2.5	-5.1	-4.8	-3.7	-2.7	-1.7	-1.1	-0.9	-0.7

Note : Le solde sous-jacent exclut l'impact du cycle et des opérations ponctuelles. Pour plus de détails se reporter aux Sources et méthodes des *Perspectives économiques de l'OCDE* *(http://www.oecd.org/fr/eco/sources-et-methodes.htm).*

1. En pourcentage du PIB potentiel continental. Ces chiffres ne comprennent pas les recettes nettes de la production pétrolière.
2. Les revenus dus aux politiques d'assouplissement quantitatif qui ont été accumulés dans un fonds spécial depuis plusieurs années, et qui vont être transférés au trésor public britannique en versements bien définis durant la période de projection, sont traités comme transferts fiscaux exceptionnels et exclus des indicateurs financiers sous-jacents des administrations publiques.

Source : Base de données des Perspectives économiques de l'OCDE, n° 97.

StatLink http://dx.doi.org/10.1787/888933227754

Annexe : Tableau 31. **Charges d'intérêts nettes des administrations publiques**

En pourcentage du PIB nominal

	1997	1998	1999	2000	2001	2002	2003	2004	2005	2006	2007	2008	2009	2010	2011	2012	2013	2014	2015	2016
Australie	1.4	1.0	0.9	0.7	0.4	0.4	0.3	0.3	0.2	0.0	0.0	-0.2	0.1	0.4	0.5	0.5	0.6	0.8	0.8	0.9
Autriche	3.1	3.0	2.8	2.7	2.7	2.6	2.4	2.3	2.4	2.3	2.2	2.2	2.2	2.2	2.1	2.1	2.0	1.9	1.8	1.6
Belgique	7.2	6.9	6.4	6.2	5.9	5.3	4.9	4.4	4.0	3.7	3.5	3.5	3.4	3.2	3.1	3.2	2.9	2.8	2.6	2.3
Canada	4.7	4.6	4.1	3.0	2.8	2.5	1.8	1.5	1.0	0.6	0.6	0.0	0.9	0.6	0.4	0.5	0.4	0.3	0.4	0.4
République tchèque	0.4	0.5	0.5	0.1	0.3	0.3	0.4	0.6	0.7	0.7	0.7	0.7	1.0	1.1	1.1	1.2	1.1	1.1	1.0	0.9
Danemark	3.2	3.0	2.9	2.5	2.0	2.0	1.6	1.4	1.1	0.8	0.5	0.2	0.4	0.6	0.6	0.5	0.5	0.4	0.3	0.1
Estonie	0.1	0.4	0.1	0.1	0.0	0.0	-0.3	-0.1	-0.2	-0.2	-0.3	-0.4	-0.3	-0.2	-0.2	-0.1	-0.1	-0.1	-0.1	-0.1
Finlande	1.7	1.5	1.4	0.9	0.5	0.0	0.0	0.0	0.0	-0.2	-0.3	-0.5	-0.4	0.1	0.0	0.2	0.1	0.2	0.3	0.2
France	3.0	2.9	2.6	2.6	2.6	2.6	2.5	2.5	2.4	2.4	2.5	2.6	2.2	2.3	2.5	2.4	2.2	2.1	2.0	1.7
Allemagne	2.9	2.9	2.7	2.7	2.6	2.5	2.6	2.5	2.4	2.4	2.4	2.3	2.3	2.1	2.0	1.8	1.5	1.3	1.1	0.9
Grèce	7.4	6.8	6.0	6.2	5.6	5.0	4.5	4.4	4.3	4.3	4.3	4.6	4.8	5.5	6.8	4.4	3.6	3.7	4.1	4.0
Hongrie	7.2	6.1	6.1	4.7	4.0	3.6	3.7	4.0	3.8	3.6	3.7	3.6	4.0	3.8	3.7	4.2	4.3	3.9	3.7	3.4
Islande	2.2	2.3	2.1	1.9	1.5	1.1	1.4	1.3	1.2	0.4	0.3	0.0	3.3	3.3	3.5	4.0	3.7	3.7	3.5	3.7
Irlande	3.4	3.1	2.1	1.6	1.1	1.1	1.1	1.0	0.9	0.7	0.6	0.7	1.4	2.5	2.6	3.2	3.6	3.5	3.4	3.2
Israel	..	7.2	6.7	6.6	6.3	6.2	6.4	6.3	6.2	5.0	4.5	4.0	3.9	3.8	3.7	3.9	3.5	3.1	2.7	2.5
Italie	8.7	7.5	6.1	5.9	5.8	5.2	4.8	4.5	4.3	4.2	4.5	4.7	4.2	4.1	4.5	5.0	4.7	4.5	4.0	3.9
Japon	1.1	1.2	1.3	1.2	0.9	0.7	0.6	0.4	0.1	-0.1	0.0	0.3	0.5	0.7	0.8	0.9	0.7	1.0	0.9	0.8
Corée	-0.9	-1.1	-0.8	-1.0	-0.9	-0.7	-0.1	-0.1	-0.6	-0.8	-0.9	-0.1	-0.8	-0.5	-0.5	-0.2	-0.4	-0.1	-0.1	-0.2
Luxembourg	-0.9	-1.0	-0.8	-1.2	-1.3	-1.1	-0.9	-0.8	-0.7	-0.8	-1.1	-1.3	-0.5	-0.3	-0.2	-0.2	-0.2	-0.3	-0.3	-0.3
Pays-Bas	3.7	3.5	3.2	2.5	2.2	2.0	1.8	1.7	1.6	1.4	1.4	1.4	1.2	1.1	1.2	1.1	1.1	1.1	1.0	0.9
Nouvelle-Zélande	2.0	2.0	1.6	1.5	1.5	1.1	1.0	0.8	0.7	0.4	0.1	0.3	0.6	0.5	0.8	0.9	0.6	0.5	0.4	0.3
Norvège	-1.4	-1.3	-1.6	-1.8	-2.0	-2.3	-2.2	-2.2	-2.1	-2.2	-2.9	-3.2	-2.6	-2.3	-2.3	-2.0	-2.1	-2.5	-2.8	-2.9
Pologne	..	..	..	..	..	..	..	..	..	..	..	..	..	2.2	2.2	2.3	2.2	1.7	1.5	1.5
Portugal	3.3	2.7	2.6	2.5	2.5	2.5	2.4	2.3	2.3	2.5	2.6	2.7	2.7	2.7	3.8	4.3	4.2	4.4	4.2	4.0
République slovaque	1.8	2.1	2.9	3.1	3.0	2.9	1.6	1.4	1.1	0.9	0.9	0.9	1.1	1.1	1.3	1.6	1.7	1.7	1.6	1.5
Slovénie	2.0	1.8	1.9	1.8	1.8	1.7	1.4	1.4	1.3	1.2	1.0	0.7	0.9	1.1	1.4	1.4	2.0	2.7	2.9	2.8
Espagne	4.0	3.7	3.1	2.9	2.5	2.3	2.0	1.8	1.5	1.3	1.1	1.0	1.3	1.5	2.0	2.5	2.8	2.9	2.8	2.8
Suède	2.9	2.5	2.4	2.0	1.7	2.0	1.3	0.9	0.9	0.8	0.7	0.5	0.2	0.2	0.2	0.0	0.1	0.0	0.0	0.0
Suisse	0.9	0.9	1.1	1.0	0.9	1.0	1.0	1.0	1.0	0.8	0.6	0.5	0.5	0.5	0.4	0.4	0.3	0.2	0.1	0.0
Royaume-Uni	3.0	2.9	2.4	2.3	1.9	1.7	1.6	1.6	1.8	1.7	1.8	1.7	1.5	2.6	2.9	2.6	2.6	2.5	2.5	2.4
États-Unis	3.9	3.6	3.2	2.8	2.7	2.6	2.7	2.6	2.6	2.6	2.6	2.6	2.8	2.9	3.1	3.1	2.2	2.8	2.2	2.1
Zone euro	4.3	4.0	3.5	3.4	3.2	3.0	2.9	2.7	2.6	2.5	2.5	2.6	2.4	2.4	2.6	2.6	2.4	2.3	2.1	2.0
Total OCDE	3.4	3.2	2.8	2.6	2.4	2.3	2.2	2.0	1.9	1.8	1.8	1.8	2.0	2.1	2.2	2.2	1.8	2.0	1.7	1.6

Source : Base de données des Perspectives économiques de l'OCDE, n° 97.

StatLink http://dx.doi.org/10.1787/888933227766

Annexe : Tableau 32. **Engagements financiers bruts des administrations publiques**

En pourcentage du PIB nominal

	1997	1998	1999	2000	2001	2002	2003	2004	2005	2006	2007	2008	2009	2010	2011	2012	2013	2014	2015	2016
Australie	36.9	33.4	28.4	27.2	26.0	24.5	21.8	22.1	21.8	20.7	20.4	21.2	26.7	30.0	34.1	37.3	38.3	42.5	44.6	46.8
Autriche	65.6	67.3	70.6	70.4	71.6	75.0	73.7	72.9	80.4	77.8	74.6	80.0	85.4	90.8	92.0	96.7	95.1	96.3	97.6	97.8
Belgique[1]	143.7	138.2	126.7	120.6	119.2	118.3	114.7	110.3	107.9	99.6	93.5	100.7	109.0	107.4	110.2	120.3	117.6	129.8	130.4	128.9
Canada	103.1	101.6	92.2	84.2	85.7	84.8	80.3	76.5	75.8	74.9	70.4	74.7	87.4	89.5	93.1	95.9	92.3	94.8	96.0	95.5
République tchèque	..	..	..	..	..	30.2	32.7	32.5	32.2	32.0	30.7	34.6	41.4	46.3	48.6	58.2	57.9	57.1	55.1	55.0
Danemark	75.0	72.6	67.1	60.5	58.3	58.1	56.1	52.4	45.1	40.5	34.6	42.0	49.5	53.8	60.6	60.2	57.3	60.4	55.9	55.0
Estonie	11.3	10.0	10.9	6.8	6.7	7.6	8.4	8.6	8.2	8.0	7.3	8.4	12.7	11.9	9.5	13.2	13.5	14.3	12.9	11.4
Finlande	62.7	59.3	53.0	50.9	48.2	48.0	49.5	49.6	46.4	43.9	40.1	38.8	49.5	55.9	57.1	63.0	65.1	71.4	73.6	76.2
France	75.3	77.0	73.7	72.0	71.1	74.8	78.7	80.4	81.9	77.0	75.8	81.8	93.4	97.1	101.0	111.8	111.4	120.4	121.9	122.8
Allemagne	58.8	60.6	60.0	59.7	58.7	61.1	64.6	67.8	70.3	68.3	64.2	68.2	75.6	84.2	83.6	86.3	81.6	82.3	78.7	74.9
Grèce	95.7	92.7	95.9	111.1	114.1	113.9	108.9	110.5	112.1	119.1	114.4	118.6	135.2	128.7	111.2	166.2	182.0	184.1	187.9	187.6
Hongrie	66.7	64.8	66.8	61.3	59.3	60.0	61.0	64.9	67.8	71.1	71.9	75.8	84.7	86.6	95.5	98.2	96.7	99.8	99.6	98.3
Islande	..	47.2	43.1	40.4	44.8	40.9	39.8	34.7	26.4	32.0	30.0	70.6	85.8	90.8	97.4	95.2	87.7	85.4	81.9	79.0
Irlande	..	61.3	49.9	38.5	35.4	34.3	33.2	31.6	31.5	27.8	27.5	47.7	67.7	83.7	97.8	120.8	128.9	116.5	114.5	111.4
Israël	..	96.4	90.3	80.1	84.4	91.1	93.9	92.2	88.9	81.0	73.9	72.7	75.0	71.1	69.7	68.3	67.6	67.5	65.4	63.7
Italie	128.5	130.7	123.8	118.8	118.1	117.0	114.2	116.2	118.9	116.2	111.7	114.5	127.3	126.0	119.4	138.1	144.8	158.5	159.6	158.4
Japon[2]	101.7	113.8	127.9	136.1	144.4	153.5	158.3	166.3	169.6	166.8	162.4	171.1	188.7	193.2	209.4	215.4	220.3	226.0	229.2	231.7
Corée[3]	..	..	..	..	..	18.1	18.7	22.0	24.0	26.9	26.9	28.3	31.0	31.8	33.3	34.8	34.8	34.5	34.9	35.5
Luxembourg	9.7	10.7	9.5	8.8	7.9	8.2	7.9	8.6	7.8	11.9	15.5	19.3	19.0	26.4	26.0	29.6	29.7	31.3	33.2	34.7
Pays-Bas	78.8	76.3	67.6	60.1	56.2	57.0	58.1	58.5	57.6	51.5	48.5	61.3	63.7	67.7	71.6	77.9	77.0	81.8	81.6	81.2
Nouvelle-Zélande	41.0	40.9	38.3	36.2	34.3	32.4	30.4	27.7	26.5	26.2	25.1	28.4	33.6	37.3	40.8	41.8	40.8	39.2	37.2	34.7
Norvège	29.2	27.6	28.7	32.2	31.3	38.7	48.0	49.9	46.9	57.8	55.6	54.2	48.1	48.4	33.8	34.5	35.0	32.6	34.5	35.4
Pologne	..	..	..	..	..	..	..	..	..	..	..	..	..	61.0	61.6	61.2	62.3	65.8	66.7	66.7
Portugal	66.0	65.3	62.5	62.0	63.5	66.8	70.6	76.7	80.0	79.4	78.1	82.8	96.1	104.1	108.0	137.0	141.8	150.4	148.0	144.5
République slovaque	38.1	40.3	52.6	57.9	56.5	49.2	47.3	44.9	37.9	35.7	34.3	33.3	41.9	46.9	49.5	57.9	60.8	60.0	59.9	59.9
Slovénie	..	..	..	..	33.0	34.0	33.5	34.3	33.4	33.3	28.9	28.4	42.4	46.6	50.2	60.4	79.2	97.6	99.7	101.8
Espagne	73.0	73.5	67.9	65.2	60.6	59.3	54.4	52.5	50.0	45.7	41.7	47.1	61.9	66.7	77.4	91.0	102.0	115.8	117.1	117.2
Suède	77.3	76.6	67.2	56.9	58.3	58.1	57.0	56.5	57.5	50.9	45.8	45.9	47.6	44.4	44.8	44.6	44.8	52.1	52.6	51.2
Suisse	52.6	55.4	52.5	52.7	52.6	60.1	58.5	59.6	57.1	50.7	50.5	48.7	46.5	44.9	45.1	45.8	45.6	45.3	45.1	44.7
Royaume-Uni	54.8	55.6	50.8	49.5	45.4	47.9	47.1	48.5	50.0	49.6	50.1	62.0	75.7	87.3	101.1	105.1	100.8	111.3	113.3	113.1
États-Unis	61.7	57.7	52.3	48.1	50.7	57.4	58.8	66.7	66.8	63.9	64.3	78.1	92.5	101.8	107.7	110.5	109.2	110.1	111.4	111.1
Zone euro	81.4	82.2	78.5	76.3	74.8	76.1	76.9	78.3	79.3	75.8	72.2	77.5	87.9	92.2	93.1	103.9	104.9	111.5	110.9	109.5
Total OCDE	71.6	71.9	69.3	67.3	68.6	72.6	73.4	77.5	78.1	75.3	73.5	82.0	93.6	99.8	104.7	110.3	110.3	113.8	114.6	114.2

Note : Les données concernant les engagements financiers bruts ne sont pas toujours comparables entre pays en raison de définition ou traitement différent des composantes de la dette de chaque pays.

Pour les pays de l'Union européenne, la dette selon la définition de Maastricht est présentée au tableau 61 de l'annexe.

Les engagements financiers sont mesurés à la valeur de marché. Pour plus de détails voir Sources & Méthodes des *Perspectives économiques de l'OCDE (http://www.oecd.org/fr/eco/sources-et-methodes.htm).*

1. Y compris la dette de la Société nationale des chemins de fer belges (SNCB) depuis 2005.
2. Y compris la dette des Chemins de fer et de l'Office national des forêts depuis 1998.
3. Les chiffres sont sur la base non consolidée des comptes nationaux (SNA93).

Source : Base de données des Perspectives économiques de l'OCDE, n° 97.

StatLink http://dx.doi.org/10.1787/888933227772

Annexe : Tableau 33. Engagements financiers nets des administrations publiques

En pourcentage du PIB nominal

	1997	1998	1999	2000	2001	2002	2003	2004	2005	2006	2007	2008	2009	2010	2011	2012	2013	2014	2015	2016
Australie	-8.0	-17.7	-22.0	-21.5	-19.4	-21.2	-24.8	-26.9	-27.7	-30.1	-31.5	-30.6	-28.1	-23.2	-16.6	-14.5	-16.8	-14.8	-12.6	-10.5
Autriche	35.9	36.2	35.7	34.8	33.8	37.5	35.0	36.9	43.4	42.5	39.5	43.9	49.4	50.8	52.2	57.1	57.5	58.7	60.0	60.2
Belgique[1]	124.1	119.7	106.8	101.1	98.6	99.6	96.2	91.0	88.9	80.1	73.9	77.6	82.7	81.4	83.3	92.1	90.5	101.6	102.2	100.7
Canada	72.8	69.9	58.1	49.4	47.8	48.5	43.2	39.0	34.2	29.8	27.0	28.9	34.6	37.4	42.0	43.3	39.7	40.4	41.6	41.1
République tchèque	..	..	..	..	..	-15.1	-7.0	-10.2	-11.5	-11.7	-14.5	-5.8	-1.4	6.4	6.1	13.6	15.2	17.1	18.3	18.9
Danemark	36.4	37.6	30.6	25.5	22.0	21.1	18.4	14.2	9.5	1.1	-4.6	-6.7	-5.9	-3.3	1.1	5.4	2.7	4.0	5.6	8.0
Estonie	-23.5	-40.4	-39.8	-30.2	-29.1	-28.7	-29.5	-31.9	-32.1	-30.8	-28.5	-25.9	-28.8	-35.9	-34.6	-32.7	-32.2	-30.3	-29.8	-28.9
Finlande	-7.3	-14.1	-48.4	-30.1	-30.4	-30.2	-36.8	-44.7	-56.0	-66.5	-69.7	-50.0	-59.6	-61.8	-48.8	-50.2	-53.5	-54.7	-51.0	-47.2
France	37.7	38.9	31.0	32.4	34.6	39.5	41.6	43.1	41.0	35.5	32.2	42.7	50.2	54.6	59.5	68.8	69.9	78.1	79.8	80.7
Allemagne	30.5	35.2	33.8	33.3	35.5	39.7	42.8	46.7	48.9	47.0	41.7	43.5	47.9	48.4	49.4	49.2	45.3	46.2	44.1	41.4
Grèce	70.3	65.9	63.9	82.6	86.9	88.9	82.0	81.6	80.5	87.5	80.3	89.1	99.6	91.1	72.7	101.2	117.5	141.3	146.2	145.9
Hongrie	25.8	32.4	34.2	32.9	32.2	36.3	37.3	41.6	44.6	51.3	52.6	50.8	58.6	60.8	62.4	69.6	70.5	72.5	71.5	70.3
Islande	..	16.6	9.3	8.7	3.5	1.7	3.7	2.1	-9.8	-15.0	-20.4	0.3	13.9	22.1	26.9	28.9	27.4	26.1	23.6	21.7
Irlande	..	41.2	25.7	14.9	11.4	13.1	11.0	7.8	5.6	0.9	-0.6	12.1	24.4	44.0	60.9	78.1	82.7	82.1	80.0	78.0
Italie	101.3	103.6	102.1	96.3	96.9	96.4	93.2	94.4	95.7	92.3	88.8	92.0	102.8	101.3	96.1	112.0	118.2	131.1	132.2	131.1
Japon[2]	34.1	44.7	52.4	58.8	65.5	74.5	77.6	82.4	82.2	81.0	80.5	95.3	106.2	113.1	127.2	129.2	122.9	128.7	131.8	134.4
Corée[3]	..	..	..	..	..	-30.6	-29.4	-29.8	-33.7	-34.6	-37.6	-35.0	-36.0	-35.3	-35.3	-35.9	-36.0	-36.3	-35.8	-35.2
Luxembourg	-39.6	-44.5	-45.5	-48.2	-56.0	-53.8	-56.9	-52.1	-49.4	-49.5	-50.7	-54.1	-58.3	-52.4	-46.1	-48.3	-48.9	-47.4	-45.5	-44.0
Pays-Bas	41.9	40.2	29.8	28.2	27.6	31.2	31.0	32.5	30.2	27.4	23.7	22.8	27.4	32.0	36.7	39.4	40.4	44.2	45.0	44.6
Nouvelle-Zélande	29.3	27.2	25.0	23.0	20.7	17.2	12.8	8.2	3.7	-1.2	-5.4	-4.9	-0.9	1.7	4.5	6.7	6.3	5.1	3.0	0.5
Norvège	-48.7	-52.4	-57.0	-67.2	-84.7	-80.1	-93.5	-101.8	-118.8	-131.9	-137.4	-121.9	-152.3	-161.6	-157.5	-166.8	-204.3	-242.5	-249.8	-256.0
Pologne	..	..	..	..	..	..	..	..	..	..	..	..	..	27.0	31.1	32.3	35.5	38.4	39.8	40.2
Portugal	35.9	37.6	36.2	37.8	40.0	44.4	47.2	53.9	55.9	54.7	55.0	59.6	70.3	71.0	66.2	90.2	98.7	107.7	108.4	108.9
République slovaque	-11.8	-3.9	1.1	13.4	10.9	1.4	1.8	5.1	9.7	14.1	13.1	14.9	22.0	27.5	32.4	30.9	32.3	35.0	36.7	37.3
Slovénie	..	..	..	..	-15.3	-13.9	-9.3	-9.5	-8.4	-9.8	-18.0	-6.4	-1.1	-0.4	2.1	7.9	19.1	28.3	30.4	32.5
Espagne	53.3	52.7	46.7	43.3	40.5	39.1	35.9	33.5	28.5	22.0	17.3	22.1	33.2	38.8	46.8	57.5	68.8	80.7	82.0	82.1
Suède	24.0	22.0	10.4	2.8	-2.0	4.7	0.9	-1.2	-6.2	-16.5	-20.9	-15.3	-22.7	-25.2	-22.6	-26.9	-29.6	-30.5	-28.0	-26.3
Suisse	..	..	10.9	7.3	6.9	12.5	11.9	13.8	12.9	9.6	8.5	11.7	7.5	10.3	9.4	7.0	6.8	6.6	6.3	5.9
Royaume-Uni	33.0	35.0	31.7	28.4	25.5	28.4	27.5	28.8	29.3	29.6	30.1	36.8	46.9	50.0	65.3	67.3	65.6	76.3	78.2	78.1
États-Unis	43.7	39.0	32.7	29.5	31.4	38.4	40.0	48.1	48.3	45.1	44.8	55.8	68.6	76.7	84.8	87.4	85.4	85.8	87.2	86.9
Zone euro	51.1	52.6	47.5	46.7	47.2	49.8	49.9	51.1	50.5	46.6	42.2	47.1	54.3	56.2	57.9	65.3	67.0	73.4	73.6	72.7
Total OCDE	40.4	40.7	36.5	34.9	36.2	40.7	41.2	44.7	43.9	40.7	38.7	46.3	54.9	59.6	65.6	69.4	68.0	71.0	72.1	71.9

Note : La mesure des engagements financiers nets n'est pas toujours comparable entre pays en raison de définition ou traitement différent des composantes de la dette (ou des actifs) de chaque pays.

Les engagements financiers et acquis sont mesurés à la valeur de marché.

Pour plus de détails voir Sources & Méthodes des *Perspectives économiques de l'OCDE (http://www.oecd.org/fr/eco/sources-et-methodes.htm).*

1. Y compris la dette de la Société nationale des chemins de fer belges (SNCB) depuis 2005.
2. Y compris la dette des Chemins de fer et de l'Office national des forêts depuis 1998.
3. Les chiffres sont sur la base non consolidée des comptes nationaux (SNA93).

Source : Base de données des Perspectives économiques de l'OCDE, n° 97.

StatLink http://dx.doi.org/10.1787/888933227786

Annexe : Tableau 34. **Taux d'intérêt à court terme**

Pourcentage annuel

	2000	2001	2002	2003	2004	2005	2006	2007	2008	2009	2010	2011	2012	2013	2014	2015	2016	Quatrième trimestre 2014	2015	2016
Australie	6.2	4.9	4.7	4.9	5.5	5.6	6.0	6.7	7.0	3.4	4.7	4.8	3.7	2.8	2.7	2.3	2.8	2.7	2.2	3.1
Canada	5.7	4.0	2.6	3.0	2.3	2.8	4.2	4.6	3.2	0.5	0.8	1.2	1.2	1.2	1.2	0.9	1.3	1.2	0.9	1.5
Chili	10.8	7.2	3.9	2.8	1.8	3.5	4.8	5.2	7.4	1.7	1.8	4.9	5.0	4.9	3.7	2.5	2.7	3.1	2.5	2.9
Colombie	12.1	12.4	8.9	7.8	7.8	7.0	6.3	8.0	9.7	6.1	3.7	4.2	5.4	4.2	4.1	4.5	4.5	4.3	4.5	4.5
République tchèque	5.4	5.2	3.5	2.3	2.4	2.0	2.3	3.1	4.0	2.2	1.3	1.2	1.0	0.5	0.4	0.3	0.3	0.3	0.3	0.3
Danemark	5.0	4.7	3.5	2.4	2.2	2.2	3.2	4.4	5.3	2.5	1.2	1.4	0.6	0.3	0.3	-0.1	-0.1	0.3	-0.1	-0.1
Estonie	5.7	5.3	3.9	2.9	2.5	2.4	3.2	4.9	6.7	5.9	1.6									
Hongrie	11.0	10.8	8.9	8.2	11.3	7.0	6.9	7.6	8.9	8.5	5.4	6.0	6.9	4.2	2.2	1.6	1.7	1.6	1.5	2.0
Islande	11.2	12.0	9.0	5.3	6.3	9.4	12.4	14.3	15.8	11.3	6.8	4.3	5.5	6.2	6.1	6.1	7.0	5.9	7.0	7.0
Inde	..	8.6	8.0	7.1	6.2	6.1	6.8	7.7	8.0	4.9	5.5	7.6	8.1	7.5	8.0	7.5	7.1	8.0	7.3	7.0
Indonésie	12.5	15.5	15.5	10.6	6.4	8.1	11.4	8.0	8.5	9.3	7.0	6.9	5.9	6.3	8.8	8.9	8.6	9.1	8.9	8.6
Israël	9.0	6.5	7.2	6.6	4.3	3.9	5.5	4.3	3.6	0.6	1.6	2.8	2.3	1.3	0.5	0.2	0.7	0.2	0.4	0.9
Japon	0.3	0.2	0.1	0.1	0.1	0.1	0.3	0.8	0.9	0.5	0.2	0.2	0.2	0.2	0.1	0.1	0.1	0.1	0.1	0.1
Corée	7.1	5.3	4.8	4.3	3.8	3.6	4.5	5.2	5.5	2.6	2.7	3.4	3.3	2.7	2.5	1.9	1.7	2.2	1.7	1.7
Lettonie	5.4	6.9	4.4	3.8	4.2	3.1	4.4	8.7	8.0	13.1	2.0	1.0	0.9	0.4	0.2	0.0	0.0	0.1	0.0	0.0
Mexique	16.2	12.2	7.4	6.5	7.1	9.3	7.3	7.4	7.9	5.5	4.6	4.4	4.4	3.8	3.1	3.2	4.1	2.9	3.5	4.5
Nouvelle-Zélande	6.5	5.7	5.7	5.4	6.1	7.1	7.5	8.3	8.0	3.0	3.0	2.8	2.7	2.7	3.4	3.6	3.6	3.7	3.6	3.6
Norvège	6.7	7.2	6.9	4.1	2.0	2.2	3.1	5.0	6.2	2.5	2.5	2.9	2.2	1.8	1.7	1.2	1.1	1.6	1.1	1.1
Pologne	18.9	15.7	8.8	5.7	6.2	5.2	4.2	4.8	6.3	4.3	3.9	4.6	4.9	3.0	2.5	1.8	1.9	2.0	1.8	2.1
République slovaque	8.6	7.8	7.8	6.2	4.7	2.9	4.3	4.3												
Slovénie	..	..	8.0	6.8	4.7	4.0	3.6													
Suède	4.1	4.1	4.3	3.2	2.3	1.9	2.6	3.9	4.7	0.9	0.9	2.5	2.0	1.2	0.7	-0.1	-0.2	0.3	-0.2	-0.2
Suisse	3.2	2.9	1.1	0.3	0.5	0.8	1.6	2.6	2.5	0.4	0.2	0.1	0.1	0.0	0.0	-0.8	-0.8	0.0	-0.8	-0.7
Turquie	..	..	48.8	39.7	24.1	16.8	17.5	18.6	18.2	10.1	7.6	8.8	8.9	6.9	10.3	10.7	10.2	10.2	11.4	9.6
Royaume-Uni	6.1	5.0	4.0	3.7	4.6	4.7	4.8	6.0	5.5	1.2	0.7	0.9	0.8	0.5	0.5	0.5	1.2	0.5	0.6	1.6
États-Unis	6.5	3.7	1.8	1.2	1.6	3.5	5.2	5.3	3.2	0.9	0.5	0.4	0.4	0.3	0.3	0.5	1.6	0.3	0.7	2.1
Zone euro	4.4	4.3	3.4	2.4	2.1	2.2	3.1	4.3	4.6	1.2	0.8	1.4	0.6	0.2	0.2	0.0	0.0	0.1	0.0	0.0

Note : Taux du marché à 3 mois si disponibles ou instruments financiers similaires. Voir Sources & Méthodes des *Perspectives économiques de l'OCDE (http://www.oecd.org/fr/eco/sources-et-methodes.htm).* Les pays membres de la zone euro ne sont pas montrés (après 2006 pour la Slovénie, 2007 pour la République slovaque et 2010 pour l'Estonie) car leur taux d'intérêt à court terme est le même que celui de la zone euro.

Source : Base de données des Perspectives économiques de l'OCDE, n° 97.

StatLink http://dx.doi.org/10.1787/888933227790

Annexe : Tableau 37. **Taux de change effectifs**

Indices 2010 = 100, moyenne des taux journaliers

	2001	2002	2003	2004	2005	2006	2007	2008	2009	2010	2011	2012	2013	2014	Hypothèses[1] 2015	2016
Australie	69.8	72.7	81.4	87.9	90.0	88.7	94.5	92.6	88.8	100.0	107.2	109.3	104.4	99.5	93.0	93.3
Autriche	93.7	95.1	99.1	100.4	99.5	99.5	100.5	101.5	102.9	100.0	100.0	98.6	100.4	102.0	99.3	99.1
Belgique	89.4	91.8	97.2	99.2	98.5	98.6	100.1	102.3	103.7	100.0	100.6	98.3	100.8	102.5	98.7	98.5
Brésil	78.8	71.9	62.1	62.2	74.3	82.6	88.9	92.8	89.6	100.0	102.3	90.7	83.3	79.9	67.6	66.4
Canada	71.3	70.5	77.5	81.9	87.4	93.0	96.5	95.5	91.7	100.0	101.9	102.5	100.0	94.5	90.3	91.2
Chili	84.0	88.2	83.5	90.8	96.9	101.2	98.4	96.3	93.6	100.0	101.8	104.4	104.7	94.3	95.2	96.0
Chine	98.2	98.5	92.5	88.2	87.6	89.7	90.7	97.1	103.0	100.0	100.0	105.5	111.7	115.2	124.7	124.5
Colombie	92.8	87.8	72.6	76.7	85.0	82.8	90.6	94.0	90.2	100.0	100.2	106.1	103.1	99.6	88.5	89.5
République tchèque	70.1	78.7	79.0	79.7	84.5	88.7	90.9	102.0	98.5	100.0	103.3	99.4	97.8	93.7	91.9	91.8
Danemark	90.5	92.6	97.6	99.3	98.4	98.4	99.8	102.0	104.7	100.0	99.8	97.2	99.3	101.5	98.1	97.8
Estonie	88.1	90.8	96.5	98.2	97.7	97.3	98.5	100.3	104.3	100.0	100.0	97.8	100.1	104.5	105.1	104.0
Finlande	88.0	90.6	96.6	98.7	97.8	97.6	99.3	101.7	105.3	100.0	100.0	97.1	99.7	103.5	101.7	100.9
France	90.1	92.3	97.6	99.3	98.6	98.7	100.2	102.2	103.5	100.0	100.4	98.1	100.4	101.8	97.9	97.8
Allemagne	89.5	91.8	97.8	100.0	98.8	98.9	100.5	102.5	104.4	100.0	100.3	97.8	100.5	102.6	98.4	98.2
Grèce	89.7	92.1	97.1	99.0	98.1	98.1	99.6	101.7	103.6	100.0	100.7	98.3	100.7	103.8	100.7	100.2
Hongrie	99.6	107.3	107.6	109.9	110.5	103.5	109.8	110.9	101.7	100.0	99.2	93.7	93.2	91.5	89.7	89.4
Islande	166.8	172.0	181.2	183.6	203.7	182.4	184.6	134.4	98.2	100.0	100.4	98.2	100.3	107.6	109.0	109.0
Inde	120.9	117.4	113.2	110.6	112.3	107.9	112.3	103.6	96.9	100.0	94.2	84.2	77.7	76.3	79.5	78.6
Indonésie	112.7	123.6	126.1	115.7	105.0	109.8	105.3	96.1	91.8	100.0	98.4	93.4	86.3	77.6	75.2	74.4
Irlande	84.3	86.8	93.9	96.3	95.8	95.9	98.3	102.7	104.6	100.0	100.8	97.1	100.0	101.0	95.0	94.9
Israël	108.2	95.3	91.4	87.8	86.8	86.9	89.7	99.9	95.6	100.0	101.3	97.6	104.7	107.9	108.0	108.5
Italie	89.2	91.9	97.5	99.4	98.5	98.6	100.1	102.0	104.0	100.0	100.5	98.2	100.8	103.1	99.4	99.1
Japon	86.3	83.0	85.4	88.8	86.0	79.8	75.4	84.6	97.0	100.0	105.7	107.2	88.0	83.1	77.8	77.5
Corée	108.6	112.5	112.0	112.1	124.6	133.3	131.8	107.5	93.4	100.0	99.8	99.9	105.3	113.1	116.7	116.5
Lettonie	110.8	110.4	105.8	103.3	97.4	96.9	97.3	98.4	105.7	100.0	100.9	100.1	102.5	109.5	112.5	110.4
Luxembourg	93.1	94.6	98.3	99.5	98.9	99.0	100.0	101.5	102.6	100.0	100.2	98.6	100.0	100.9	97.9	97.8
Mexique	148.3	144.1	125.3	117.4	120.6	119.7	116.9	113.6	94.9	100.0	100.0	95.4	98.9	96.1	87.0	86.3
Pays-Bas	89.9	92.0	97.3	99.1	98.3	98.3	99.8	102.0	103.8	100.0	100.4	98.1	100.5	102.4	98.9	98.7
Nouvelle-Zélande	77.0	83.9	96.2	103.3	108.0	99.5	106.6	100.0	92.5	100.0	103.3	107.5	111.7	116.6	112.9	111.8
Norvège	88.3	97.0	96.1	93.3	97.0	96.5	98.2	99.1	95.8	100.0	102.7	104.0	101.9	96.4	91.3	92.1
Pologne	101.4	98.2	89.4	87.9	98.1	101.0	104.9	114.6	95.2	100.0	97.3	94.0	95.5	98.1	98.4	98.3
Portugal	93.6	95.2	98.6	99.5	98.9	98.9	99.8	101.4	102.3	100.0	100.3	98.9	100.7	101.9	99.0	99.0
Fédération de Russie	138.0	126.1	115.2	114.7	115.4	118.8	117.5	114.7	95.2	100.0	99.2	98.7	95.9	81.8	65.4	69.1
République slovaque	66.6	68.0	72.9	76.4	77.9	80.3	88.8	96.2	103.4	100.0	100.1	99.2	101.0	103.3	101.7	101.3
Slovénie	102.9	100.5	101.1	100.3	99.2	99.2	100.0	101.1	103.3	100.0	100.5	98.9	100.9	103.1	100.6	100.3
Afrique du Sud	108.9	87.8	111.4	122.5	122.9	115.5	103.9	86.1	88.6	100.0	97.1	88.8	76.3	69.2	68.2	67.6
Espagne	90.9	93.3	97.7	99.1	98.4	98.5	99.8	101.7	103.1	100.0	100.5	98.5	100.8	102.6	98.9	98.9
Suède	92.2	95.2	101.7	103.9	101.1	101.5	103.1	101.5	93.5	100.0	106.0	107.4	110.7	107.4	101.6	101.5
Suisse	81.9	86.6	88.5	89.1	88.2	86.9	84.7	89.6	94.9	100.0	113.0	112.2	112.8	116.3	129.1	130.0
Turquie	168.7	126.6	112.9	110.5	116.2	108.2	111.0	106.8	96.6	100.0	86.3	84.4	79.3	70.9	67.7	65.4
Royaume-Uni	124.9	126.9	122.2	128.0	125.9	126.5	128.6	112.5	100.7	100.0	99.3	103.4	101.4	109.1	116.3	117.3
États-Unis	122.1	123.0	115.8	110.5	107.6	105.9	101.1	97.8	103.9	100.0	95.8	98.6	99.8	103.1	113.3	113.2
Zone euro	80.2	84.4	95.0	98.7	97.0	96.9	100.0	104.0	107.9	100.0	100.6	96.3	100.8	104.5	97.7	97.2

Note : Pour plus de détails sur la méthode de calcul, se reporter aux Sources & Méthodes des *Perspectives économiques de l'OCDE (http://www.oecd.org/fr/eco/sources-et-methodes.htm).*

1. Sur la base de l'hypothèse technique que les taux se maintiendront au niveau du 12 mai 2015.

Source : Base de données des Perspectives économiques de l'OCDE, n° 97.

StatLink http://dx.doi.org/10.1787/888933227822

Annexe : Tableau 38. **Volume des exportations de biens et services**

Sur la base des comptes nationaux, pourcentages de variation par rapport à l'année précédente

	1997	1998	1999	2000	2001	2002	2003	2004	2005	2006	2007	2008	2009	2010	2011	2012	2013	2014	2015	2016
Australie	12.2	0.3	4.5	11.3	2.7	0.6	-1.7	3.9	3.0	3.2	3.2	3.5	2.5	5.4	-0.2	6.5	6.2	6.7	5.7	6.2
Autriche	11.1	8.0	6.3	13.4	5.8	4.0	0.4	8.8	6.4	7.6	7.5	2.1	-14.9	12.7	6.6	1.4	1.3	1.8	3.3	5.9
Belgique	9.5	4.1	5.1	12.5	0.3	3.2	1.6	6.4	4.8	5.2	5.6	1.6	-9.5	10.0	6.6	1.9	2.9	3.8	3.4	5.3
Brésil	12.1	4.8	5.6	13.9	8.3	6.6	11.1	13.9	10.8	4.8	5.7	0.1	-8.8	11.6	5.2	0.1	2.2	-1.0	-6.3	5.9
Canada	8.6	9.5	10.8	9.1	-3.0	1.2	-1.7	5.5	2.2	0.9	1.1	-4.5	-13.1	6.9	4.6	2.6	2.0	5.4	3.4	6.9
Chili	11.2	5.3	6.4	5.1	6.9	2.0	6.7	14.0	2.8	5.1	7.2	-0.7	-4.5	2.3	5.5	0.1	3.4	0.7	3.0	6.1
Chine	23.2	6.4	12.8	27.7	5.6	26.1	26.4	24.6	23.4	23.8	19.8	8.5	-10.2	27.6	9.0	5.3	8.6	5.7	6.1	5.5
Colombie	3.2	9.6	5.6	7.8	2.8	-2.4	7.4	9.8	5.7	8.6	6.9	4.5	-2.8	1.3	11.8	6.0	5.3	-1.7	3.6	5.0
République tchèque	7.6	9.7	4.8	15.6	9.4	0.8	8.9	29.2	18.4	14.8	11.0	3.8	-9.5	14.4	9.3	4.3	0.3	8.8	8.0	6.2
Danemark	4.5	4.1	11.3	12.6	3.4	3.6	-0.4	2.6	8.1	9.8	3.6	3.2	-9.5	1.9	7.3	0.1	0.8	2.6	3.0	4.9
Estonie	26.4	13.4	0.4	27.4	6.3	2.8	10.2	17.3	19.9	9.5	12.6	0.9	-20.3	24.0	24.9	6.2	2.4	2.6	1.8	4.5
Finlande	14.0	8.9	11.3	16.1	1.3	3.7	-1.2	8.7	6.9	10.1	9.1	6.6	-20.1	6.2	2.0	1.2	-0.7	-0.4	1.2	3.9
France	12.9	8.6	4.8	13.0	3.0	1.8	-1.0	4.5	3.8	6.0	2.7	0.0	-11.0	8.6	7.1	2.6	1.8	2.4	4.9	5.3
Allemagne	12.4	7.1	5.0	14.5	6.1	4.3	1.8	10.4	7.0	12.8	9.7	1.3	-14.3	14.2	8.2	3.5	1.7	3.7	3.9	5.2
Grèce	21.9	4.2	24.7	23.8	-1.5	-7.4	-0.7	18.0	4.7	5.2	9.7	3.5	-18.1	4.3	1.0	1.0	1.5	8.8	2.3	7.8
Hongrie	22.9	15.6	11.9	25.0	8.8	5.8	6.3	18.0	12.9	19.5	16.1	6.9	-11.4	11.3	6.6	-1.5	5.9	8.7	6.4	5.7
Islande	5.6	1.4	3.1	3.9	6.7	3.4	0.9	8.2	7.1	-4.8	23.8	2.8	8.3	1.5	3.4	3.7	6.9	3.1	3.9	3.2
Inde	-8.0	12.8	17.9	19.3	6.6	17.1	10.1	23.7	27.6	23.1	6.4	17.7	-5.8	14.1	19.4	9.4	4.4	4.1	5.2	7.2
Indonésie	7.8	11.2	-31.8	26.5	0.6	-1.2	5.9	13.5	16.6	9.4	8.5	9.5	-2.0	15.3	14.8	1.6	4.2	1.0	4.6	6.0
Irlande	17.6	23.1	15.5	20.1	9.2	4.9	0.7	7.5	4.6	5.3	8.9	-0.9	-4.0	6.2	5.5	4.7	1.1	12.6	6.5	6.4
Israël	9.3	6.4	14.7	23.5	-11.2	-2.2	8.0	17.4	4.9	5.2	10.5	6.4	-11.3	14.9	6.5	1.0	1.5	1.2	3.7	5.0
Italie	5.2	2.4	-1.3	12.8	2.3	-2.5	-1.5	5.4	4.3	8.5	5.5	-3.3	-17.9	11.3	6.1	2.0	0.7	2.4	3.4	5.1
Japon	11.1	-2.7	1.8	12.6	-7.0	7.9	9.5	14.0	6.2	9.9	8.7	1.4	-24.2	24.8	-0.4	-0.2	1.2	8.4	7.2	5.8
Corée	18.8	14.3	13.1	17.2	-2.3	13.0	13.9	20.6	7.8	12.1	12.7	7.5	-0.3	12.7	15.1	5.1	4.3	2.8	1.7	5.9
Lettonie	12.7	4.7	-6.3	14.4	9.0	5.0	4.0	13.7	23.5	7.5	13.8	2.4	-12.9	13.4	12.0	9.8	1.4	2.2	0.9	4.6
Luxembourg	11.4	11.2	14.3	12.6	5.6	2.3	2.8	10.8	5.5	12.5	7.7	7.4	-12.8	8.2	5.0	3.0	5.6	2.5	3.6	4.0
Mexique	8.5	7.5	6.5	11.0	-3.4	2.0	0.9	9.2	5.6	7.7	3.6	-1.2	-11.9	20.6	8.3	5.9	2.1	7.3	8.5	7.6
Pays-Bas	9.7	6.6	7.2	12.3	1.3	0.5	1.0	7.2	6.1	7.6	7.1	1.3	-8.1	8.7	4.6	3.2	2.2	4.0	3.0	5.2
Nouvelle-Zélande	2.9	2.0	8.3	7.7	3.3	6.9	2.4	5.2	-0.6	1.8	4.9	-1.2	1.9	3.3	2.6	1.7	1.1	2.7	3.0	3.9
Norvège	7.8	0.7	2.8	3.2	4.3	-0.3	-0.1	1.0	0.5	-0.8	1.4	0.1	-4.1	0.7	-0.8	1.4	-3.0	2.7	1.8	2.2
Pologne	12.5	14.3	-2.6	23.9	2.4	4.7	14.1	4.9	9.7	15.6	10.2	7.0	-6.3	12.9	7.9	4.3	5.0	5.6	6.0	7.7
Portugal	7.4	8.0	3.6	8.4	2.3	3.1	3.3	4.5	0.5	12.4	7.3	-0.3	-10.2	9.5	7.0	3.4	6.4	3.4	6.2	5.4
Fédération de Russie	-0.5	1.9	11.2	9.5	4.2	10.3	12.6	11.8	6.5	7.3	6.3	0.6	-4.7	7.0	0.3	1.1	4.6	-0.1	0.6	2.1
République slovaque	10.0	-2.6	10.1	7.5	10.6	7.0	18.4	20.9	12.9	22.9	14.6	3.0	-17.0	15.7	12.0	9.3	5.2	4.6	2.8	6.1
Slovénie	11.6	7.8	2.0	12.6	7.2	7.8	3.2	13.0	11.4	14.1	13.6	4.2	-16.6	10.1	7.0	0.3	2.6	6.3	5.2	5.5
Afrique du Sud	5.3	3.2	1.3	8.3	2.4	1.0	0.1	2.8	8.6	7.5	7.8	1.5	-17.0	7.7	4.3	0.1	4.6	2.6	4.8	5.2
Espagne	14.6	8.0	8.0	10.5	3.7	1.4	3.4	4.3	1.8	4.9	8.3	-0.8	-11.0	9.4	7.4	1.2	4.3	4.2	5.4	6.1
Suède	14.2	8.8	6.8	11.9	0.9	1.3	4.4	9.9	6.6	9.1	4.7	1.6	-14.3	11.4	6.2	1.5	-0.1	3.5	4.6	4.7
Suisse	14.8	2.6	3.3	12.2	0.0	-2.0	-1.0	9.5	6.5	6.3	11.4	3.9	-10.0	12.8	4.9	0.8	15.3	-7.1	1.9	2.0
Turquie	19.1	12.0	-10.7	16.0	3.9	6.9	6.9	11.2	7.9	6.6	7.3	2.7	-5.0	3.4	7.9	16.3	-0.2	6.8	2.6	5.6
Royaume-Uni	7.8	2.9	2.9	9.4	2.0	2.7	2.8	4.8	8.4	12.4	-2.1	1.6	-8.2	6.2	5.6	0.7	1.5	0.6	3.8	3.0
États-Unis	11.9	2.3	2.6	8.6	-5.8	-1.7	1.8	9.8	6.2	9.0	9.3	5.7	-8.8	11.9	6.9	3.3	3.0	3.2	1.7	4.9
Total OCDE	11.0	5.2	4.8	11.9	0.4	2.0	2.3	8.6	5.8	8.6	6.9	2.0	-11.2	11.3	6.2	2.8	2.7	3.7	3.8	5.3

Note : Les agrégats régionaux sont calculés à l'inclusion du commerce intra-régional comme la somme des volumes exprimés en dollars constants de 2010.
Source : Base de données des Perspectives économiques de l'OCDE, n° 97.

StatLink http://dx.doi.org/10.1787/888933227831

Annexe : Tableau 39. **Volume des importations de biens et services**

Sur la base des comptes nationaux, pourcentages de variation par rapport à l'année précédente

	1997	1998	1999	2000	2001	2002	2003	2004	2005	2006	2007	2008	2009	2010	2011	2012	2013	2014	2015	2016
Australie	10.5	6.8	8.4	7.6	-4.6	11.1	10.9	15.4	8.8	8.5	13.1	10.5	-8.8	15.3	10.7	6.3	-1.9	-1.8	-0.3	2.7
Autriche	7.3	5.7	4.2	10.2	5.2	0.3	3.3	8.0	5.6	5.9	5.6	0.8	-11.7	10.9	6.5	0.8	-0.2	2.5	4.2	5.4
Belgique	8.3	5.0	3.3	13.7	-1.1	0.8	1.6	6.5	6.4	4.6	5.7	3.4	-9.1	9.6	7.4	1.8	1.7	3.6	2.9	5.0
Brésil	15.9	0.3	-15.2	11.9	2.6	-13.5	-0.7	9.7	8.9	17.7	18.5	16.4	-7.3	33.9	10.5	0.2	7.2	-1.0	-3.3	2.4
Canada	14.4	5.3	8.1	8.5	-4.9	1.8	4.2	8.5	7.3	5.3	5.8	0.8	-12.4	13.6	5.7	3.7	1.3	1.7	2.0	4.8
Chili	13.2	6.7	-9.9	9.9	4.5	2.0	9.6	18.3	17.3	11.4	14.3	11.2	-16.2	25.5	16.0	4.8	1.7	-7.0	1.9	4.3
Chine	13.4	-3.1	23.0	22.7	8.3	25.2	30.2	23.4	13.5	15.9	13.7	4.0	4.5	20.6	10.2	6.3	10.7	6.9	7.0	6.2
Colombie	6.6	-3.9	-24.2	6.7	8.7	0.3	8.2	10.3	11.9	20.0	14.0	10.5	-9.1	10.8	21.5	9.1	6.4	9.2	3.4	2.0
République tchèque	5.8	5.5	4.3	15.4	11.2	4.7	8.6	25.6	13.0	11.9	12.8	2.8	-10.7	14.5	6.7	2.6	0.3	9.6	8.5	6.0
Danemark	9.2	7.6	2.6	13.7	2.4	6.4	-1.0	7.1	11.0	14.2	5.7	4.3	-12.4	0.9	7.1	0.9	1.5	3.8	3.1	4.4
Estonie	28.6	12.5	-5.9	27.1	12.4	13.3	14.0	16.1	16.7	20.7	13.0	-6.2	-30.6	21.2	26.5	11.8	3.3	2.7	2.2	4.9
Finlande	11.9	8.5	4.3	14.9	1.4	4.3	4.1	8.1	11.2	6.7	7.4	7.9	-16.9	6.5	6.0	1.6	-1.6	-1.4	0.7	3.7
France	7.9	12.0	6.6	15.9	2.2	2.0	1.0	5.6	6.5	5.9	5.7	1.1	-9.3	8.5	6.5	0.8	1.8	3.9	5.5	4.2
Allemagne	9.2	8.9	8.6	11.3	1.2	-2.5	5.7	7.1	6.0	11.5	6.5	1.8	-9.6	12.6	7.3	0.4	3.2	3.4	5.4	6.0
Grèce	8.5	15.1	16.8	21.3	-1.6	-3.3	5.9	6.5	1.2	13.4	13.7	2.2	-19.2	-5.5	-7.8	-9.4	-2.9	7.4	3.5	4.0
Hongrie	24.1	22.6	13.3	23.1	5.8	8.7	9.5	17.3	7.8	15.5	13.9	6.0	-14.7	10.1	4.5	-3.3	5.9	10.0	5.7	5.2
Islande	8.0	21.9	3.3	7.3	-10.0	-2.8	10.2	13.7	28.8	9.7	-2.3	-20.2	-22.4	4.3	6.9	4.7	0.3	9.9	7.6	6.7
Inde	8.3	30.6	-1.7	13.7	1.6	5.8	16.8	19.3	32.2	24.9	7.1	32.5	-8.2	17.8	18.3	11.7	-6.7	-2.2	3.0	6.0
Indonésie	14.7	-5.3	-40.7	25.9	4.2	-4.2	1.6	26.7	17.8	8.6	9.1	10.0	-9.3	16.6	15.0	8.0	1.9	2.2	2.5	5.9
Irlande	16.5	27.5	12.6	21.3	7.5	2.3	-1.0	8.4	8.5	7.1	8.0	-2.5	-9.1	3.0	-0.6	6.9	0.6	13.2	7.2	6.6
Israël	4.2	2.1	15.5	11.9	-5.5	-1.1	-0.9	11.8	3.4	3.2	10.9	2.3	-13.8	15.2	10.7	2.5	-0.1	2.4	4.7	5.5
Italie	10.2	8.6	4.1	11.2	1.7	0.9	1.3	4.1	3.8	8.2	4.8	-4.0	-12.7	12.1	1.2	-8.3	-2.2	1.6	2.9	3.3
Japon	1.2	-6.7	3.3	10.7	0.9	0.3	3.9	7.9	4.2	4.5	2.3	0.3	-15.7	11.1	5.9	5.3	3.1	7.4	4.9	4.6
Corée	2.5	-24.0	24.9	21.8	-3.6	15.0	10.6	12.3	7.8	12.4	11.6	3.2	-6.8	17.3	14.3	2.4	1.7	2.1	2.6	5.9
Lettonie	4.5	16.8	-5.2	2.7	15.6	2.7	11.9	21.0	16.9	21.4	17.3	-10.7	-31.7	12.4	22.0	5.4	-0.2	1.6	1.7	4.6
Luxembourg	12.6	11.8	14.8	10.6	6.7	-0.1	5.1	10.6	5.3	12.2	7.3	9.4	-14.1	9.6	6.9	3.8	5.8	2.1	4.0	4.0
Mexique	18.2	14.5	14.0	20.6	-0.2	2.4	3.1	8.8	8.4	10.5	5.4	3.7	-16.7	20.2	8.2	4.6	2.9	6.3	6.4	6.8
Pays-Bas	11.5	8.5	9.1	10.7	2.3	0.7	1.2	5.5	5.3	8.2	6.4	1.7	-7.5	8.1	3.7	2.8	1.0	4.0	1.9	5.0
Nouvelle-Zélande	3.1	-0.1	12.4	-0.9	2.3	9.8	8.6	16.8	6.2	-2.4	9.3	3.3	-14.4	10.9	6.9	2.7	6.3	7.9	5.6	4.2
Norvège	12.5	8.8	-1.6	2.0	1.7	1.0	1.2	9.0	7.9	9.1	10.0	3.2	-10.0	8.3	4.0	3.1	4.3	1.9	1.3	1.6
Pologne	22.9	18.7	1.2	13.6	-3.8	2.6	9.6	8.1	6.3	18.1	15.8	9.4	-12.4	14.0	5.5	-0.6	1.8	8.7	7.6	8.3
Portugal	10.4	14.7	9.1	5.5	1.1	-0.2	-0.4	7.6	2.2	7.5	5.4	2.5	-9.9	7.8	-5.8	-6.3	3.9	6.4	4.7	4.8
Fédération de Russie	0.4	-17.4	-17.0	32.4	18.7	14.6	17.3	23.3	16.6	21.3	26.2	14.8	-30.4	25.8	20.3	8.7	3.8	-7.9	-14.1	4.2
République slovaque	10.2	-1.1	-3.6	6.6	18.9	5.8	8.0	21.6	15.3	19.5	9.4	3.6	-19.1	14.7	9.7	2.6	3.8	5.0	2.8	5.6
Slovénie	11.7	10.1	8.4	6.6	3.6	5.6	6.5	14.0	7.3	12.4	16.8	3.8	-18.8	6.6	5.0	-3.9	1.4	4.1	3.1	4.4
Afrique du Sud	5.4	2.0	-8.4	5.3	0.2	5.3	8.1	15.5	10.9	18.3	9.4	2.8	-17.7	10.8	10.5	6.0	1.8	-0.5	4.3	5.2
Espagne	12.9	14.1	13.9	9.5	3.5	3.6	5.9	10.1	7.0	8.2	8.6	-5.6	-18.3	6.9	-0.8	-6.3	-0.5	7.6	6.2	6.5
Suède	12.8	11.1	4.7	12.0	-1.6	-1.3	4.0	5.7	7.0	8.7	7.9	3.4	-13.9	12.3	7.4	1.1	-0.5	6.5	5.2	4.9
Suisse	10.3	4.9	3.4	7.9	1.0	-2.3	0.4	3.9	9.8	3.2	5.8	4.9	-3.8	8.1	9.2	-2.8	13.5	-9.4	-1.2	1.8
Turquie	22.4	2.3	-3.7	21.8	-24.8	20.9	23.5	20.8	12.2	6.9	10.7	-4.1	-14.3	20.7	10.7	-0.4	9.0	-0.2	4.9	5.6
Royaume-Uni	9.3	8.6	7.4	9.6	4.8	5.4	2.9	7.1	6.6	9.9	-0.8	-1.8	-9.8	8.7	1.0	3.1	1.4	2.2	4.8	3.1
États-Unis	13.5	11.7	10.1	13.0	-2.8	3.7	4.5	11.4	6.3	6.3	2.5	-2.6	-13.7	12.7	5.5	2.3	1.1	4.0	6.4	6.7
Total OCDE	10.1	7.1	7.8	12.3	0.0	2.4	4.1	8.8	6.6	8.0	5.5	0.5	-12.0	11.4	5.7	1.3	1.9	3.5	4.6	5.3

Note : Les agrégats régionaux sont calculés à l'inclusion du commerce intra-régional comme la somme des volumes exprimés en dollars constants de 2010.

Source : Base de données des Perspectives économiques de l'OCDE, n° 97.

StatLink http://dx.doi.org/10.1787/888933227841

Annexe : Tableau 40. **Prix des exportations de biens et services**

Sur la base des comptes nationaux, pourcentages de variation par rapport à l'année précédente, exprimés en monnaie nationale

	1997	1998	1999	2000	2001	2002	2003	2004	2005	2006	2007	2008	2009	2010	2011	2012	2013	2014	2015	2016
Australie	-0.6	2.1	-4.7	12.4	5.9	-2.2	-5.4	4.1	11.9	12.6	1.0	22.2	-12.2	8.2	11.2	-9.8	-0.5	-4.0	-1.2	1.5
Autriche	0.7	-0.1	0.1	1.7	0.5	0.1	0.0	1.1	2.0	2.4	1.9	2.4	-2.6	2.9	4.2	1.3	0.0	0.5	1.7	2.0
Belgique	1.1	-1.3	0.0	5.8	1.4	-0.8	-1.3	2.2	3.9	2.7	2.3	3.9	-5.2	4.6	4.1	1.3	-0.4	-1.0	-2.4	1.2
Brésil	3.1	1.1	39.8	3.1	23.0	22.1	10.8	9.0	-7.8	-0.1	-1.0	16.0	-5.8	3.4	14.4	12.2	7.7	3.6	6.2	2.1
Canada	-0.2	-0.6	1.1	6.3	1.3	-1.8	-1.6	2.1	2.8	0.2	0.8	10.6	-9.6	1.5	7.0	-0.4	1.3	3.6	-3.9	0.9
Chili	-1.1	-3.5	7.9	10.9	6.5	5.8	11.0	13.2	12.0	23.5	5.9	-4.1	-3.6	15.2	3.6	-4.2	-3.0	11.2	2.0	2.8
Chine	-2.2	-6.2	-5.6	-0.9	1.4	-3.2	5.0	9.0	1.9	-0.3	0.6	-0.7	-7.8	1.5	5.0	-0.2	-3.2	-0.5	-0.3	1.4
Colombie	13.8	7.0	24.7	23.7	1.8	7.1	15.7	4.1	5.0	8.8	-1.5	14.7	-2.5	6.0	19.7	-1.5	-2.1	-1.4	-1.0	1.7
République tchèque	5.7	4.3	1.0	3.8	0.3	-4.8	0.1	2.7	-2.2	-1.3	0.3	-4.3	0.5	-1.2	0.7	3.3	1.6	4.0	0.6	1.0
France	2.7	-2.1	-0.5	8.2	1.6	-1.2	-1.1	1.9	5.5	3.0	1.4	5.1	-8.6	9.6	1.2	3.6	0.8	-1.9	1.5	0.9
Estonie	13.0	2.9	0.2	8.3	5.8	3.0	0.1	1.9	3.6	5.6	6.2	6.5	-2.2	3.6	4.6	1.8	1.0	-0.2	1.1	1.8
Finlande	-1.0	-1.0	-5.0	3.5	-1.3	-2.5	-1.4	-0.4	1.2	2.3	1.0	-0.2	-5.9	3.8	4.5	1.1	-0.8	-1.7	-0.1	1.2
France	1.2	-1.6	-1.6	2.6	-0.3	-1.5	-1.7	0.5	1.8	2.1	1.9	3.2	-3.8	2.3	2.9	1.4	-0.3	-0.9	0.2	0.9
Allemagne	0.8	-0.7	-0.7	2.7	0.7	-0.6	-1.3	-0.2	1.1	1.1	0.3	1.0	-2.6	2.3	2.8	1.6	-0.2	-0.3	0.6	0.5
Grèce	3.1	5.7	1.6	7.2	2.9	2.1	1.8	1.8	2.5	3.3	2.7	3.8	-1.9	5.9	5.7	2.7	-1.8	-1.6	-2.8	-1.6
Hongrie	15.5	13.1	4.8	10.1	3.0	-4.1	0.1	-1.1	-0.5	6.4	-3.9	0.8	2.9	1.8	3.4	3.2	0.3	0.9	-1.9	1.0
Islande	2.1	5.3	0.4	4.1	21.8	-1.2	-6.4	1.7	-4.3	21.7	-0.7	35.4	14.1	8.5	7.0	1.5	-3.1	-1.2	9.6	3.9
Inde	-23.7	2.5	-0.1	2.3	1.8	0.3	4.2	8.0	1.9	4.2	6.6	13.2	1.1	10.6	9.1	8.2	7.5	3.9	3.5	5.0
Indonésie	17.9	160.4	13.1	9.9	12.1	-6.2	-2.7	6.2	9.6	0.2	3.4	15.8	-5.8	1.9	7.7	1.1	3.5	8.4	1.4	5.6
Irlande	1.2	3.0	2.4	7.0	4.0	-0.1	-5.1	-0.8	1.3	0.9	-0.5	-0.6	1.5	1.6	0.3	4.3	-0.3	0.3	2.3	2.1
Israël	6.4	7.3	9.7	-1.8	0.9	11.9	-1.9	0.9	4.5	1.9	-3.8	-5.9	3.4	-2.4	0.8	8.5	-5.3	-1.0	7.2	1.4
Italie	1.3	1.1	0.4	4.3	2.4	1.4	-0.1	1.1	1.9	2.2	2.4	2.9	-2.0	2.3	4.0	1.9	0.1	-0.3	0.5	1.7
Japon	1.8	1.1	-8.6	-4.1	2.4	-1.4	-3.7	-1.4	2.0	3.3	2.2	-3.9	-11.1	-1.6	-2.2	-2.0	9.5	2.7	1.0	1.3
Corée	6.3	20.6	-19.2	-2.0	3.7	-7.7	-0.9	4.9	-6.4	-5.4	1.1	25.6	-0.4	1.3	3.2	-0.6	-4.8	-5.0	1.0	2.1
Lettonie	0.4	5.2	-0.6	0.5	3.1	3.0	8.0	10.0	10.1	8.3	11.7	8.3	-4.4	5.8	8.8	4.1	1.3	-1.0	0.2	1.2
Luxembourg	1.6	0.6	5.3	9.7	-3.4	-1.4	-0.3	5.6	7.9	8.6	6.0	-0.6	-3.2	8.3	5.2	4.8	2.9	2.5	1.8	1.3
Mexique	9.6	14.3	12.3	8.4	-2.3	2.6	13.2	9.0	4.1	7.5	5.1	9.5	9.5	-0.2	5.8	6.0	-1.8	1.7	0.7	1.6
Pays-Bas	3.2	-1.3	-1.0	5.8	0.9	-2.0	-0.8	0.9	3.0	2.9	1.5	4.4	-6.1	5.7	4.8	2.3	-0.6	-1.7	-3.1	1.0
Nouvelle-Zélande	-1.7	4.2	0.0	13.3	7.3	-6.9	-7.4	0.8	1.1	7.2	1.0	15.3	-8.0	3.0	5.7	-5.3	2.3	2.4	-4.0	1.1
Norvège	2.0	-7.9	10.7	36.7	-2.2	-10.2	2.0	12.9	17.4	15.5	1.5	17.5	-17.0	7.5	12.8	2.9	1.9	-1.3	-4.7	2.3
Pologne	13.4	11.7	7.0	0.6	2.7	4.6	6.2	8.4	-2.4	2.3	2.8	-0.7	11.6	0.7	6.8	4.1	0.3	-0.5	0.3	1.5
Portugal	3.3	1.4	0.4	5.5	0.6	0.1	-1.5	1.7	1.6	4.4	1.9	2.7	-5.0	3.3	5.0	1.7	-0.8	-0.3	-0.7	0.1
Fédération de Russie	11.2	39.1	128.3	41.0	-1.6	4.8	8.4	12.6	21.9	11.2	3.9	28.1	-11.9	16.6	24.8	7.2	-1.4	13.2	7.6	1.9
République slovaque	6.5	-5.0	-1.1	17.3	4.9	1.0	1.5	1.8	1.6	2.1	0.5	1.4	-5.1	3.0	4.0	1.2	-1.9	-3.3	-0.8	0.7
Slovénie	5.2	2.8	2.2	10.5	8.0	4.5	2.8	3.0	2.8	2.7	2.5	1.4	-1.1	2.2	4.1	1.3	-0.3	-0.3	3.2	0.4
Afrique du Sud	4.8	9.4	6.9	15.1	16.8	24.7	-8.0	2.6	6.2	15.6	13.3	26.4	0.0	4.3	12.2	5.2	7.9	5.6	1.2	3.8
Espagne	3.2	0.6	0.1	6.7	1.7	0.4	-0.3	1.8	4.0	4.1	2.4	2.6	-2.7	3.0	4.5	2.1	-0.8	-1.7	1.5	0.7
Suède	-0.2	-1.2	-1.6	2.3	2.6	-1.5	-2.0	-0.3	2.6	3.1	2.0	4.0	1.3	-0.7	-1.0	-1.0	-2.6	1.8	-0.1	1.0
Suisse	0.5	-0.9	0.1	3.4	-0.1	-1.9	0.4	0.7	1.8	4.9	3.9	2.6	-0.4	2.3	-0.5	2.2	-5.1	-2.8	-4.4	-0.1
Turquie	87.0	60.1	52.0	42.0	89.4	25.4	10.7	13.3	-0.2	13.7	2.1	17.5	2.9	1.5	23.8	2.9	8.1	13.0	7.5	2.8
Royaume-Uni	-4.2	-5.0	0.6	1.6	1.1	-1.6	1.8	-0.6	3.1	1.7	-0.6	9.1	3.6	5.1	5.8	-0.4	1.5	-2.2	-1.7	0.5
États-Unis	-1.8	-2.4	1.4	1.8	-0.6	-0.6	2.0	3.5	4.3	3.4	3.2	4.7	-5.5	4.3	6.4	0.9	0.1	0.1	-3.6	0.4
Total OCDE	2.9	2.1	0.6	4.4	2.6	-0.4	0.4	2.2	2.4	3.0	1.8	4.9	-2.9	2.9	4.5	1.2	0.1	0.0	-0.5	1.1

Note : Les agrégats régionaux sont calculés à l'inclusion du commerce intra-régional. Ils sont calculés comme la moyenne géométrique des prix pondérés par les volumes du PIB de l'année 2010 exprimés en dollars.

Source : Base de données des Perspectives économiques de l'OCDE, n° 97.

StatLink http://dx.doi.org/10.1787/888933227850

Annexe : Tableau 41. **Prix des importations de biens et services**

Sur la base des comptes nationaux, pourcentages de variation par rapport à l'année précédente, exprimés en monnaie nationale

	1997	1998	1999	2000	2001	2002	2003	2004	2005	2006	2007	2008	2009	2010	2011	2012	2013	2014	2015	2016
Australie	-1.6	6.4	-4.3	7.6	5.8	-4.1	-8.5	-5.0	0.6	4.2	-4.0	7.4	-2.4	-7.5	-1.3	0.9	3.6	4.0	8.5	2.3
Autriche	1.8	0.3	0.6	2.7	0.3	-0.6	-0.8	1.7	2.8	3.6	2.3	3.8	-4.6	4.7	6.1	1.8	-0.3	-0.5	1.1	1.9
Belgique	1.5	-1.8	0.9	7.6	1.3	-1.8	-1.0	2.9	4.4	3.3	2.0	6.6	-8.3	6.3	5.1	1.5	-0.5	-1.5	-4.2	1.2
Brésil	3.5	2.9	55.3	7.4	25.1	20.3	12.5	5.3	-8.2	-7.1	-2.3	12.6	-5.2	-8.8	5.8	16.9	10.1	7.5	4.5	2.0
Canada	0.7	3.5	-0.3	2.0	2.5	0.5	-6.7	-2.2	-0.7	-0.8	-2.2	6.0	-0.7	-3.3	3.4	0.7	1.3	4.9	2.4	1.1
Chili	-1.0	-0.1	4.2	8.2	9.7	3.9	3.4	-6.1	1.4	-0.5	4.0	15.5	-8.2	-1.9	3.8	0.4	0.0	12.8	2.5	3.0
Chine	-4.8	2.3	-5.5	7.4	-0.1	-3.5	5.2	9.5	2.2	0.5	1.7	4.9	-15.1	12.2	8.7	-2.9	-4.4	-3.2	-3.2	2.4
Colombie	14.4	22.4	23.6	19.6	10.1	6.2	12.7	-1.9	-2.8	2.8	-5.1	3.2	4.2	-5.2	5.1	-1.2	1.4	3.7	5.3	1.5
République tchèque	5.2	-1.1	1.8	7.0	-2.5	-8.1	0.0	1.6	0.0	0.7	-0.8	-3.0	-1.5	0.7	2.3	3.9	0.5	2.4	-0.3	1.1
France	2.6	-1.8	-0.2	7.5	1.7	-2.2	-1.9	1.1	3.6	3.5	1.7	3.4	-8.8	7.0	3.4	3.5	-0.6	-2.3	1.0	0.9
Estonie	8.6	2.2	0.8	5.9	1.3	-0.9	-1.6	1.1	1.7	3.1	4.1	6.3	-2.6	5.6	5.3	2.4	-0.4	-1.5	0.9	1.7
Finlande	0.5	-2.8	-2.0	7.4	-2.9	-2.7	0.0	1.8	4.7	5.6	1.1	1.7	-7.1	6.0	6.1	2.1	-1.3	-1.8	-1.4	1.7
France	1.2	-2.9	-1.9	5.3	-0.5	-3.1	-1.6	1.4	3.2	3.6	0.7	3.8	-6.2	3.7	5.4	1.7	-1.3	-2.4	-2.2	0.8
Allemagne	2.6	-2.6	-1.5	7.3	0.6	-2.6	-2.5	-0.4	3.0	2.8	0.1	2.8	-6.9	4.8	5.3	2.1	-1.7	-1.5	-1.9	0.6
Grèce	2.2	5.0	1.3	8.3	3.2	0.7	-0.1	2.2	3.0	3.5	2.2	5.6	-1.7	5.4	6.0	4.2	-2.7	-2.8	-2.9	-0.6
Hongrie	13.3	12.0	5.4	12.3	2.4	-5.3	0.4	-0.9	1.3	7.8	-4.4	2.0	1.6	1.7	4.9	4.2	-0.5	0.2	-2.9	1.0
Islande	0.0	0.2	1.1	6.9	21.7	-1.7	-2.4	3.2	-5.3	17.8	2.6	45.3	24.3	3.5	10.2	4.7	-1.2	-4.4	2.1	2.7
Inde	-25.8	-9.3	15.3	5.8	3.1	7.1	2.7	13.4	1.8	3.7	5.9	8.3	3.5	8.3	9.3	8.1	11.2	5.2	3.5	6.0
Indonésie	9.3	147.0	23.1	11.4	14.8	-0.8	-4.6	7.2	11.5	-5.1	7.5	28.9	-7.7	3.8	5.6	6.7	7.6	7.0	1.6	6.5
Irlande	0.9	2.5	2.4	7.6	3.4	-1.1	-4.2	-0.2	1.8	1.7	1.2	1.8	0.0	3.0	3.2	3.9	-0.2	0.6	0.8	2.8
Israël	3.0	4.3	7.4	0.8	1.8	12.1	0.5	3.7	6.7	3.1	-1.8	-2.6	-4.1	0.1	4.5	5.0	-7.3	-2.0	0.4	1.5
Italie	1.3	-1.5	0.3	10.8	1.2	-0.3	-1.7	2.0	5.3	5.4	1.3	5.1	-7.8	6.6	6.8	3.5	-1.9	-2.5	-1.0	1.1
Japon	5.5	-3.1	-8.1	0.2	2.3	-0.6	-0.9	3.0	10.1	11.2	6.5	6.2	-21.5	4.5	5.8	-0.5	11.7	3.7	-6.9	1.1
Corée	13.0	29.8	-17.1	6.8	6.4	-9.4	0.7	8.0	-2.9	-1.1	1.2	34.7	-4.1	1.1	8.1	-0.4	-6.8	-5.7	-0.9	3.2
Lettonie	8.7	0.5	-3.9	6.4	1.7	5.7	5.9	7.3	11.1	9.0	6.7	10.2	-4.6	5.7	5.6	7.1	0.7	-0.3	-0.7	1.1
Luxembourg	5.2	1.6	3.0	12.3	-2.1	-1.4	-1.7	6.8	8.5	6.8	7.3	-2.0	-4.6	8.2	4.2	4.5	3.0	2.0	1.8	1.3
Mexique	7.0	13.8	5.1	0.8	-2.5	3.0	10.4	10.3	0.3	3.9	4.5	6.7	12.8	-1.3	5.9	6.9	-3.2	2.6	1.3	1.5
Pays-Bas	1.3	-2.5	-1.0	5.4	-0.4	-2.8	-1.1	1.7	3.0	2.9	1.8	4.6	-6.8	6.4	6.4	2.7	-1.0	-2.3	-3.4	0.8
Nouvelle-Zélande	-1.3	7.1	0.3	15.8	2.2	-5.9	-11.4	-4.4	0.7	9.9	-4.9	12.5	-1.4	-4.1	2.6	-1.0	-4.6	-3.3	0.1	1.2
Norvège	0.3	1.2	-1.1	7.5	-0.1	-5.0	1.4	4.7	1.5	3.2	3.9	4.2	-0.3	0.8	3.3	0.1	2.5	4.2	2.4	2.5
Pologne	14.4	10.8	6.9	9.3	0.2	5.5	6.7	4.6	-3.6	2.4	1.1	0.9	8.0	2.1	8.8	5.5	-1.3	-2.5	-2.0	1.2
Portugal	2.6	-1.5	-0.7	8.4	0.3	-1.6	-1.5	2.1	2.9	3.8	1.4	5.1	-9.3	4.7	7.1	1.1	-1.9	-2.2	-1.5	1.0
Fédération de Russie	19.8	48.1	135.6	5.1	3.9	6.6	1.6	-2.9	5.6	0.3	0.4	10.8	25.5	-2.2	3.3	4.8	4.4	18.0	19.9	-0.5
République slovaque	3.4	-1.9	0.6	13.4	6.1	1.0	1.9	2.1	1.7	3.6	1.6	3.0	-4.1	3.6	5.3	2.5	-1.4	-3.4	-0.8	0.7
Slovénie	4.8	1.8	1.9	14.0	6.2	2.5	2.1	4.2	5.0	3.3	1.5	2.7	-4.4	6.5	5.6	2.3	-1.2	-1.0	2.6	1.2
Afrique du Sud	6.4	11.0	11.0	17.9	15.5	21.6	-11.7	0.7	4.4	10.2	10.0	25.1	-5.1	-1.6	7.6	6.6	14.1	7.6	-0.1	3.7
Espagne	3.5	-2.1	0.0	10.8	-0.1	-2.4	-1.7	2.2	3.1	3.9	1.7	5.1	-7.4	5.5	8.5	3.7	-2.2	-1.3	-1.3	0.4
Suède	0.4	-1.0	1.1	4.1	4.0	0.1	-2.1	0.9	4.6	3.4	0.5	4.4	0.4	-0.1	-0.2	-1.1	-3.1	2.0	-1.1	1.0
Suisse	2.5	-1.9	-0.4	5.4	-0.2	-4.6	-1.1	1.9	3.5	6.2	4.9	3.5	-2.7	2.5	0.0	2.8	-5.1	-2.7	-5.7	-0.4
Turquie	74.1	62.5	47.9	56.7	93.4	22.1	7.1	10.8	0.2	19.0	0.1	21.3	0.8	4.7	30.2	5.6	3.8	11.7	3.8	1.9
Royaume-Uni	-6.4	-5.5	-0.5	2.6	-0.2	-2.6	0.4	-0.8	3.5	2.4	0.1	12.9	2.0	3.9	7.0	-0.8	1.2	-3.6	-2.2	0.3
États-Unis	-3.5	-5.4	1.6	4.4	-2.5	-1.2	3.4	4.7	6.0	4.1	3.4	10.5	-10.4	5.8	7.7	0.5	-0.9	-0.2	-6.7	-0.1
Total OCDE	2.7	1.4	0.5	6.4	2.2	-1.2	0.2	2.6	3.4	4.0	1.8	8.0	-5.6	3.6	6.7	1.8	-0.5	-0.2	-2.4	0.9

Note : Les agrégats régionaux sont calculés à l'inclusion du commerce intra-régional. Ils sont calculés comme la moyenne géométrique des prix pondérés par les volumes du PIB de l'année 2010 exprimés en dollars.

Source : Base de données des Perspectives économiques de l'OCDE, n° 97.

StatLink http://dx.doi.org/10.1787/888933227864

Annexe : Tableau 42. **Positions concurrentielles : prix relatifs à la consommation**

Indices, 2010 = 100

	1998	1999	2000	2001	2002	2003	2004	2005	2006	2007	2008	2009	2010	2011	2012	2013	2014	2015	2016
Australie	71.6	71.6	68.2	65.8	69.6	78.7	85.1	87.6	87.4	92.9	91.0	88.2	100.0	106.9	108.3	103.7	99.0	92.3	92.9
Autriche	102.0	101.2	98.1	98.3	99.0	102.3	103.4	102.5	101.7	102.1	102.3	103.1	100.0	100.4	98.9	100.8	102.6	99.9	99.7
Belgique	96.8	95.8	91.7	92.5	94.1	99.0	100.9	100.7	100.2	100.9	103.5	103.6	100.0	100.8	98.8	100.2	100.5	95.7	95.0
Brésil	95.4	63.9	69.4	58.8	55.8	53.7	55.9	69.2	77.5	83.6	87.9	87.9	100.0	104.8	94.8	89.9	88.7	79.2	80.0
Canada	76.1	75.3	76.1	74.5	73.9	81.7	85.8	90.9	95.9	98.8	96.0	92.1	100.0	101.4	101.1	97.6	92.1	88.2	89.0
Chili	102.6	96.5	95.5	86.7	89.1	83.1	88.7	94.3	98.7	97.1	98.5	94.9	100.0	101.1	103.7	103.1	94.4	96.4	97.7
Chine	97.2	92.3	92.8	97.8	95.8	89.4	86.7	85.7	87.1	90.1	97.9	102.0	100.0	102.3	108.0	114.7	117.6	126.7	125.5
Colombie	91.9	83.2	76.1	75.2	73.7	63.4	69.1	78.0	77.0	86.2	91.6	90.4	100.0	99.9	106.0	102.4	99.0	90.0	91.6
République tchèque	66.5	66.6	67.2	71.5	79.6	78.1	78.9	83.3	87.5	89.9	102.9	99.1	100.0	102.0	98.7	96.6	91.5	88.7	88.0
Danemark	95.0	95.5	91.5	92.7	94.9	100.1	101.0	99.7	99.3	99.9	101.5	104.5	100.0	99.4	96.8	97.7	98.9	95.1	94.3
Estonie	79.1	85.6	82.3	83.9	86.1	89.3	90.8	91.0	91.9	95.6	101.7	103.7	100.0	101.1	100.0	102.8	104.8	102.2	100.4
Finlande	105.1	106.0	100.8	101.6	103.0	107.8	107.6	104.2	102.6	103.6	105.1	106.7	100.0	99.6	96.9	98.6	101.3	96.7	94.6
France	103.2	101.3	96.0	95.8	97.6	103.0	104.8	103.4	102.7	103.1	103.8	104.1	100.0	99.2	96.3	97.4	97.8	93.1	92.2
Allemagne	107.7	105.8	99.1	99.1	100.3	105.3	106.7	104.5	103.5	104.8	104.9	105.7	100.0	98.9	95.8	97.8	99.0	94.0	93.4
Grèce	89.8	90.8	84.7	85.3	88.0	93.6	95.8	95.9	96.6	98.0	99.8	101.4	100.0	100.6	96.8	95.8	95.3	88.8	86.8
Hongrie	69.8	73.0	73.3	79.1	87.3	89.5	95.3	96.9	92.1	102.5	105.2	99.2	100.0	99.7	96.9	95.9	92.4	89.4	89.9
Islande	125.4	128.9	133.1	117.3	125.0	131.8	135.3	153.0	142.8	148.4	116.4	95.0	100.0	101.1	101.5	105.4	113.3	114.5	115.2
Inde	86.4	86.1	88.0	88.8	88.5	87.0	86.0	88.1	87.2	93.5	88.9	90.2	100.0	99.2	94.7	93.9	96.6	103.4	104.2
Indonésie	48.8	71.8	69.8	66.8	81.1	87.0	83.0	81.7	94.8	94.3	90.4	89.5	100.0	99.8	96.0	91.9	85.7	86.5	87.1
Irlande	86.3	84.6	81.9	84.8	89.6	98.3	100.9	100.5	102.1	107.2	112.1	107.9	100.0	100.1	95.7	97.3	96.9	90.1	90.0
Israël	111.2	107.5	114.6	113.7	102.9	96.8	90.3	87.7	87.2	87.7	97.7	95.5	100.0	101.0	96.1	102.2	103.4	100.8	100.1
Italie	97.7	97.4	93.0	94.0	96.5	102.5	104.3	102.8	102.3	102.8	103.6	104.9	100.0	99.9	97.9	99.5	100.1	94.8	93.4
Japon	106.0	118.5	125.4	112.5	105.1	105.7	107.0	100.6	90.8	83.2	89.8	100.5	100.0	101.2	99.8	80.2	75.9	70.0	68.9
Corée	86.9	99.9	108.4	102.0	107.0	108.2	109.8	122.7	131.1	129.1	105.0	93.1	100.0	100.0	99.7	103.8	109.9	111.9	111.2
Lettonie	79.0	93.2	98.0	94.3	91.3	87.0	87.5	85.1	87.4	93.2	102.9	110.5	100.0	100.5	98.6	97.7	101.6	99.9	97.2
Luxembourg	95.0	94.3	92.1	92.9	94.3	98.0	99.4	99.1	99.7	100.6	101.6	102.3	100.0	100.5	99.0	100.5	100.8	97.4	97.2
Mexique	96.6	105.8	115.2	123.2	123.5	109.8	105.1	108.9	108.9	107.6	105.5	92.8	100.0	100.1	97.2	102.7	101.9	94.6	94.8
Pays-Bas	97.6	97.5	92.9	95.5	98.6	104.1	105.0	103.5	102.1	102.5	103.0	104.8	100.0	99.4	96.9	99.8	101.0	96.7	95.8
Nouvelle-Zélande	88.1	84.0	76.0	75.0	82.3	94.2	101.2	106.7	99.0	106.0	98.9	92.6	100.0	103.8	106.6	109.4	113.0	107.7	105.8
Norvège	89.3	90.0	88.4	91.1	98.8	98.2	94.0	97.3	96.8	96.8	97.5	95.5	100.0	100.7	100.3	98.6	93.9	90.0	91.3
Pologne	85.7	85.0	92.9	103.9	99.5	88.8	88.0	97.7	99.3	102.5	111.7	94.9	100.0	98.2	95.7	96.0	97.1	94.6	93.6
Portugal	95.0	95.3	92.9	95.3	97.9	102.1	103.2	102.3	102.8	103.5	103.6	102.9	100.0	100.8	99.5	99.6	99.3	96.1	95.5
Fédération de Russie	74.6	48.4	54.3	64.5	66.2	67.2	72.4	80.3	88.6	92.9	99.3	91.1	100.0	104.1	105.8	107.6	97.1	90.0	99.7
République slovaque	54.1	54.7	59.6	60.0	61.2	69.4	76.1	77.7	81.6	90.0	97.5	104.7	100.0	100.8	100.5	101.8	102.7	99.4	98.6
Slovénie	95.8	96.6	94.0	93.8	95.8	99.3	99.5	98.4	98.4	99.9	102.2	103.7	100.0	99.0	97.1	98.8	99.4	94.5	92.4
Afrique du Sud	106.3	100.0	97.1	85.5	74.1	97.1	103.8	104.0	98.5	91.6	80.0	87.3	100.0	98.2	92.3	81.8	77.0	77.7	79.7
Espagne	88.7	88.8	86.5	88.3	91.0	95.9	98.0	98.5	99.8	101.3	103.4	103.4	100.0	100.5	98.2	99.9	99.8	93.8	92.7
Suède	114.7	112.9	110.4	101.1	104.1	110.8	111.3	106.4	105.7	106.9	104.5	94.5	100.0	105.7	105.3	106.3	101.2	94.3	93.8
Suisse	96.3	95.7	92.7	94.8	98.5	99.0	98.1	95.9	93.1	88.9	92.4	96.3	100.0	109.7	105.4	103.7	105.1	113.7	112.5
Turquie	70.2	74.7	82.9	67.4	73.7	78.2	80.9	89.6	88.8	96.1	97.0	91.3	100.0	88.4	91.7	90.3	86.1	85.7	86.3
Royaume-Uni	129.4	129.6	130.4	127.0	127.4	121.6	126.3	123.9	124.4	126.0	109.7	99.5	100.0	100.6	105.1	103.7	111.3	116.8	117.2
États-Unis	114.2	113.4	117.5	124.1	124.1	116.7	111.7	109.9	109.1	104.2	100.3	104.8	100.0	95.4	97.6	97.9	100.2	107.9	107.1
Zone euro	100.6	98.4	88.5	89.8	93.6	104.5	107.9	105.0	104.0	105.8	107.8	109.6	100.0	99.1	94.2	97.3	98.8	90.0	88.4

Note : Ces indices représentent la compétitivité pondérée des prix relatifs à la consommation et sont exprimés en terme de dollar. Les poids de la compétitivité prennent en compte, pour 51 pays, la structure de la compétition sur les marchés d'exportation et d'importation de l'industrie. Une croissance de l'indice indique une augmentation réelle effective et, parallèlement, une détérioration de la position concurentielle. Pour plus de détails sur la méthode de calcul, voir Sources & Méthodes des *Perspectives économiques de l'OCDE (http://www.oecd.org/fr/eco/sources-et-methodes.htm).*

Source : Base de données des Perspectives économiques de l'OCDE, n° 97.

StatLink http://dx.doi.org/10.1787/888933227872

Annexe : Tableau 43. **Positions concurrentielles : coûts unitaires relatifs de main-d'œuvre**

Indices, 2010 = 100

	1998	1999	2000	2001	2002	2003	2004	2005	2006	2007	2008	2009	2010	2011	2012	2013	2014	2015	2016
Australie	65.4	66.6	62.8	58.9	61.6	70.4	77.7	81.1	82.3	90.7	89.5	84.5	100.0	110.0	111.3	105.2	98.8	91.4	91.7
Autriche	106.1	105.4	100.0	98.6	97.5	101.2	101.3	100.1	100.3	100.5	100.9	102.6	100.0	99.1	98.0	100.6	102.7	99.0	97.5
Belgique	96.9	96.5	91.1	93.3	95.3	100.1	100.2	99.3	100.0	101.3	103.5	104.4	100.0	101.5	99.9	102.4	102.7	97.1	96.0
Brésil	117.8	71.8	73.8	61.9	58.1	53.9	56.3	70.0	77.0	82.1	88.3	90.4	100.0	108.9	101.2	95.8	95.2	83.5	85.3
Canada	69.8	68.6	69.6	67.7	67.1	74.8	79.7	85.4	92.3	96.1	94.7	91.8	100.0	101.8	102.7	100.7	94.4	89.5	90.5
Chili	86.8	84.5	82.1	74.5	79.3	74.3	78.3	82.3	85.9	85.6	89.5	91.3	100.0	104.2	107.6	110.9	101.6	104.5	106.5
Chine	64.7	67.4	71.1	79.4	82.8	79.4	78.5	78.9	80.9	83.8	92.6	98.6	100.0	102.5	110.2	118.8	123.9	135.7	137.4
Colombie	88.3	80.5	72.7	71.8	71.6	60.7	65.8	74.5	74.3	83.0	87.4	87.6	100.0	99.0	107.7	107.0	106.2	97.2	101.4
République tchèque	66.0	66.8	66.2	70.7	81.7	81.8	84.5	88.7	92.1	94.9	105.7	99.4	100.0	101.6	97.6	94.9	90.3	87.6	87.7
Danemark	89.8	89.9	83.9	86.2	88.8	94.1	94.9	94.8	95.1	98.9	102.1	105.5	100.0	97.8	94.2	96.0	98.0	93.5	92.0
Grèce	70.2	78.8	73.6	73.9	75.4	80.6	82.9	83.5	87.3	96.8	108.2	109.9	100.0	95.5	92.5	97.7	105.9	108.4	107.5
Finlande	103.8	106.7	98.5	99.0	99.7	104.1	104.4	103.2	100.9	98.7	100.7	107.4	100.0	98.7	97.2	99.1	101.0	97.5	95.1
France	98.3	97.4	92.1	92.4	95.0	100.5	101.8	101.2	101.2	101.8	102.1	102.6	100.0	99.2	96.4	97.5	99.0	94.4	94.2
Allemagne	121.2	120.2	111.9	108.4	108.3	113.8	113.9	108.8	103.9	101.6	101.3	105.9	100.0	98.6	96.6	100.0	102.6	99.4	99.2
Grèce	78.4	82.7	75.8	76.5	84.6	88.7	91.2	93.7	92.8	95.3	98.1	102.7	100.0	98.1	89.9	83.7	84.9	81.1	78.9
Hongrie	71.0	72.1	74.7	82.9	94.7	99.7	105.3	107.6	101.7	112.0	112.8	102.0	100.0	98.8	93.8	93.0	92.3	91.2	91.4
Islande	137.9	147.5	153.3	134.9	146.0	155.4	157.5	182.3	180.3	183.1	135.5	91.3	100.0	103.5	104.2	107.8	117.4	123.9	125.4
Inde	131.2	126.9	131.5	125.8	121.2	115.8	111.7	111.7	107.8	109.2	98.2	93.9	100.0	96.8	84.9	76.9	74.0	75.5	73.2
Indonésie	49.8	75.7	75.4	85.3	100.8	105.5	101.1	97.9	112.5	107.3	98.6	92.6	100.0	95.2	88.9	81.4	72.4	69.5	68.1
Irlande	83.5	82.6	78.3	81.6	83.6	94.1	98.9	102.2	104.6	109.1	117.2	112.2	100.0	96.2	90.8	94.9	95.2	89.7	90.3
Israël	120.3	117.5	125.8	128.7	111.5	102.0	94.1	92.0	92.6	93.7	102.5	95.0	100.0	101.7	97.8	104.8	107.6	106.3	106.8
Italie	89.6	89.9	84.2	85.5	89.3	96.5	98.9	99.3	99.9	100.7	102.2	105.1	100.0	99.0	95.5	96.7	98.5	93.9	92.1
Japon	124.8	139.1	144.7	126.4	114.9	111.8	110.0	103.0	92.2	82.6	90.1	102.2	100.0	103.5	100.5	80.6	76.2	71.3	71.0
Corée	92.0	101.8	108.3	100.9	105.8	110.3	112.8	127.5	134.8	132.8	106.2	93.1	100.0	99.2	99.3	105.3	113.4	116.2	114.8
Lettonie	77.8	98.3	98.8	91.1	84.6	82.2	82.6	88.4	98.0	119.5	134.4	118.4	100.0	96.1	93.2	98.2	106.1	107.3	104.4
Luxembourg	83.0	82.1	80.3	84.1	86.7	90.1	91.6	91.8	93.6	95.3	98.8	103.8	100.0	101.0	100.6	103.9	105.1	101.5	101.6
Mexique	80.2	90.3	102.2	113.5	118.0	107.1	102.4	107.4	107.8	106.5	107.0	94.4	100.0	100.5	97.4	102.7	99.9	90.0	88.5
Pays-Bas	96.0	97.3	94.1	95.8	100.5	106.9	107.3	103.5	101.2	101.9	102.9	105.6	100.0	99.0	97.1	98.6	98.8	94.0	92.2
Nouvelle-Zélande	80.6	76.3	68.2	68.4	74.5	86.7	95.1	102.4	96.0	104.7	100.2	91.9	100.0	102.5	105.6	110.4	116.5	113.1	111.9
Norvège	69.8	72.0	70.0	72.3	79.9	79.2	76.8	81.4	84.9	90.9	96.1	93.5	100.0	106.2	108.8	110.0	104.8	100.2	101.8
Pologne	101.1	99.5	102.5	114.7	104.3	90.8	86.0	96.2	98.6	102.9	116.5	93.7	100.0	96.4	92.8	93.3	92.7	92.3	92.3
Portugal	93.3	94.4	93.7	95.2	97.8	102.3	103.0	104.0	102.9	102.4	102.0	102.4	100.0	97.2	90.9	94.0	93.4	89.2	88.2
Fédération de Russie	55.3	27.4	35.5	42.9	47.8	49.2	56.9	63.8	75.7	87.3	97.6	88.5	100.0	112.4	119.0	123.3	111.1	94.8	106.6
République slovaque	72.3	69.8	74.2	71.3	72.2	77.3	79.7	82.8	85.2	91.3	97.0	104.8	100.0	100.1	97.7	98.1	101.7	99.5	98.4
Slovénie	94.3	94.2	91.8	92.6	92.6	95.6	96.8	95.8	95.4	96.2	98.5	104.1	100.0	97.4	93.3	93.1	91.1	86.8	84.9
Afrique du Sud	86.1	82.3	79.8	68.5	58.3	77.7	88.8	91.4	88.9	84.9	74.4	82.1	100.0	100.7	95.2	86.2	81.4	84.0	87.4
Espagne	83.7	84.3	82.0	83.4	86.4	91.8	94.9	96.3	98.7	102.3	105.8	104.8	100.0	97.6	89.7	89.0	89.1	83.9	81.8
Suède	105.2	105.1	106.8	99.8	101.7	107.6	108.0	103.5	101.5	104.1	103.0	96.1	100.0	106.8	109.2	111.8	108.3	101.9	101.4
Suisse	93.2	93.0	89.2	94.1	99.6	100.1	97.3	94.7	91.3	87.6	90.6	96.8	100.0	112.6	110.6	109.9	111.3	121.9	121.5
Turquie	89.2	115.7	124.2	92.3	92.9	86.6	85.7	96.4	90.7	94.1	98.7	91.0	100.0	86.5	90.8	92.6	81.9	76.5	72.5
Zone euro	102.7	102.2	90.4	89.9	94.0	105.8	108.2	104.9	102.4	102.9	105.1	110.0	100.0	97.6	91.6	94.7	97.5	90.0	88.1

Note : Ces indices représentent la compétitivité pondérée des coûts unitaires relatifs de main d'oeuvre pour l'ensemble de l'économie, et sont exprimés en terme de dollar. Les poids de la compétitivité prennent en compte, pour 51 pays, la structure de la compétition sur les marchés d'exportation et d'importation de l'industrie. Une croissance de l'indice indique une augmentation réelle effective et, parallèlement, une détérioration de la position concurentielle. Pour plus de détails sur la méthode de calcul, voir Sources & Méthodes des *Perspectives économiques de l'OCDE (http://www.oecd.org/fr/eco/sources-et-methodes.htm).*

Source : Base de données des Perspectives économiques de l'OCDE, n° 97.

StatLink http://dx.doi.org/10.1787/888933227885

Annexe : Tableau 44. **Résultats à l'exportation de biens et services**

Pourcentages de variation par rapport à l'année précédente

	1999	2000	2001	2002	2003	2004	2005	2006	2007	2008	2009	2010	2011	2012	2013	2014	2015	2016
Australie	-1.4	-2.0	1.9	-5.7	-10.5	-8.7	-5.6	-6.0	-4.4	-1.1	12.0	-8.6	-8.2	1.3	1.8	2.3	0.9	0.7
Autriche	0.5	1.4	3.7	2.6	-4.7	-0.6	-1.1	-2.7	-0.9	-0.8	-3.9	0.7	-0.2	0.6	-1.8	-0.9	-0.6	0.7
Belgique	-1.7	0.2	-1.5	1.5	-2.4	-1.8	-2.2	-3.9	-1.2	-0.8	1.4	-0.6	0.5	0.2	0.6	0.6	-0.8	0.3
Canada	1.6	-3.4	-1.1	-2.5	-6.3	-5.2	-4.3	-5.8	-2.4	-3.4	-0.4	-5.2	-1.2	-0.1	0.2	1.6	-2.3	0.6
Chili	0.9	-7.2	6.2	-1.9	-1.6	1.4	-5.2	-4.5	-1.4	-4.4	4.4	-11.5	-2.7	-3.4	-1.1	-3.1	-1.2	0.7
République tchèque	-0.6	3.6	6.5	-0.5	3.5	18.3	10.0	3.3	2.7	0.9	3.0	2.4	2.3	3.1	-2.3	5.4	3.9	0.7
Danemark	5.4	1.0	2.2	2.0	-4.9	-5.6	0.6	0.2	-3.6	0.8	2.4	-8.4	1.1	-1.8	-1.4	-1.1	-1.0	0.0
Estonie	-1.8	13.5	3.6	-0.2	4.3	6.4	9.1	-1.3	1.6	-3.6	-4.4	11.4	14.3	2.9	1.1	1.4	0.8	-0.1
Finlande	6.7	3.1	-0.2	0.6	-6.8	-1.5	-1.6	-0.6	-0.2	2.8	-7.8	-6.0	-5.8	-1.8	-3.3	-2.7	-1.2	-1.1
France	-1.0	1.3	1.3	-0.4	-5.8	-4.4	-3.6	-3.3	-4.9	-2.5	0.2	-2.1	1.3	1.2	-0.9	-0.6	1.0	0.3
Allemagne	-0.2	1.8	4.1	1.2	-2.8	0.7	-0.9	3.2	1.5	-1.5	-3.3	2.6	1.7	1.8	-1.0	0.9	0.3	0.3
Grèce	20.6	12.0	-3.0	-10.5	-6.3	7.1	-3.0	-4.0	-0.1	-0.8	-7.5	-5.6	-5.6	-1.4	-1.2	6.3	-1.3	2.4
Hongrie	6.5	12.2	5.8	3.7	0.8	7.5	4.8	8.0	6.9	3.7	1.1	-0.3	-0.4	-3.0	3.3	5.7	2.6	0.3
Islande	-3.3	-6.1	4.5	1.5	-2.4	0.3	0.3	-12.8	16.1	1.0	21.2	-7.3	-1.5	1.6	4.5	0.0	0.8	-1.5
Irlande	7.9	7.2	8.8	2.1	-3.1	-1.2	-2.1	-2.4	4.1	-1.3	8.0	-4.3	0.2	3.0	-1.2	9.4	1.9	1.3
Israël	7.2	9.3	-10.3	-6.1	1.6	5.2	-3.0	-3.3	4.0	4.0	-0.1	1.1	-0.6	-2.0	-1.0	-1.5	-0.8	-0.7
Italie	-6.5	0.6	0.6	-4.8	-6.5	-3.9	-3.5	-0.9	-3.1	-6.5	-7.5	0.7	-0.4	0.0	-2.3	-0.3	-0.3	0.1
Japon	-4.8	-2.4	-6.1	0.5	-0.2	-0.5	-2.6	-0.1	-0.1	-2.2	-17.3	7.8	-7.7	-4.1	-3.3	4.9	2.6	0.0
Corée	8.0	2.5	-3.1	6.0	3.2	5.1	-1.8	1.2	2.8	2.6	8.7	-2.4	6.6	0.3	-0.8	-1.2	-2.8	0.3
Luxembourg	7.8	0.1	4.0	1.0	-0.7	3.1	-1.4	3.3	1.1	5.5	-2.6	-2.0	-0.8	2.2	3.0	-0.3	-0.4	-0.8
Mexique	-2.1	-1.3	-1.1	-1.2	-3.7	-2.0	-1.0	0.8	-0.1	0.0	1.4	6.8	2.1	3.3	0.5	3.4	2.6	1.2
Pays-Bas	1.0	0.0	-0.1	-1.0	-3.2	-1.2	-0.9	-1.6	0.0	-0.8	3.4	-2.0	-1.4	2.0	-0.2	0.7	-1.2	0.1
Nouvelle-Zélande	2.9	-4.0	3.7	0.2	-5.7	-7.3	-8.8	-7.1	-4.2	-6.6	12.3	-9.2	-5.2	-3.3	-1.2	0.3	-0.3	-0.8
Norvège	-3.7	-7.7	2.3	-3.0	-3.6	-6.4	-6.2	-9.3	-3.3	-0.9	7.5	-8.6	-5.3	-0.6	-4.7	-0.7	-2.4	-2.3
Pologne	-7.7	10.6	-0.4	2.8	8.6	-4.3	1.9	4.5	1.8	4.4	6.9	1.3	1.0	2.9	2.5	2.4	2.3	2.5
Portugal	-3.9	-2.4	-0.5	0.6	-1.3	-4.1	-6.5	3.3	-0.8	-0.8	2.6	0.5	2.8	3.4	4.4	-0.9	1.5	0.2
République slovaque	4.2	-4.7	7.6	4.9	12.2	9.4	4.9	11.0	5.0	0.1	-5.6	3.5	5.3	8.7	3.0	0.2	-1.7	0.6
Slovénie	-2.2	0.9	4.0	5.7	-1.9	3.4	3.7	3.3	4.0	0.5	-4.8	-1.1	0.0	-0.7	0.4	3.4	1.6	0.2
Espagne	2.4	-1.2	2.1	-0.3	-0.2	-3.7	-4.7	-3.6	0.8	-3.4	-0.5	-0.9	2.1	0.4	1.7	1.1	1.3	1.3
Suède	2.5	0.7	-0.6	-1.6	0.3	0.6	-1.6	-0.8	-2.7	-1.5	-3.2	1.4	0.0	-0.8	-2.5	0.8	1.2	0.1
Suisse	-2.9	-0.2	-1.1	-4.3	-6.0	-0.1	-0.7	-2.9	3.9	1.8	1.1	0.7	-1.2	-1.0	12.5	-10.2	-2.3	-3.0
Turquie	-13.9	4.7	-0.2	3.6	1.3	0.8	-1.2	-3.4	-4.0	-3.0	6.2	-4.8	1.5	12.1	-3.2	3.9	-0.3	0.9
Royaume-Uni	-3.7	-3.4	0.5	0.5	-1.1	-4.1	0.6	3.5	-9.2	-0.4	2.6	-3.4	0.0	-1.8	-1.0	-3.3	-0.6	-2.2
États-Unis	-3.0	-3.5	-5.5	-4.7	-4.0	-0.9	-2.1	-0.1	0.9	1.4	2.0	-2.1	-0.6	-0.7	-0.4	0.1	-1.9	-0.2
Total OCDE	-1.2	-0.6	-0.5	-1.1	-3.2	-1.6	-2.0	-0.7	-0.8	-0.8	-0.5	-0.9	-0.4	0.2	-0.3	0.4	-0.3	0.0
Chine	7.6	12.8	6.3	21.5	19.2	11.3	14.3	13.9	11.5	4.6	2.2	12.6	1.9	1.7	5.9	2.9	2.3	0.0
Autres pays industrialisés d'Asie[1]	0.5	2.9	-2.9	2.8	1.5	2.3	2.5	1.7	-0.5	1.0	0.9	1.7	0.3	-1.1	0.5	-0.5	0.1	1.0
Russie	5.9	-2.1	2.9	6.5	6.3	1.7	-1.4	-2.2	-2.5	-2.9	6.6	-3.6	-6.1	-1.2	1.7	-3.1	-3.2	-3.0
Brésil	3.1	2.8	7.9	6.7	1.6	-0.1	0.7	-5.2	-4.6	-5.2	1.6	-2.4	-3.7	-3.2	-1.7	-2.8	-9.3	0.7
Autres pays producteurs de pétrole	-9.9	-7.4	0.8	-7.5	5.3	-2.6	-1.7	-5.9	-4.3	-1.0	5.0	-8.6	-3.7	0.8	-0.7	-3.2	-2.7	-1.3
Reste du monde	-0.1	-3.0	2.5	-0.1	0.0	-1.1	-3.1	-3.7	-2.7	-1.1	5.0	-4.4	-1.2	-0.9	1.3	-0.2	0.3	0.7

Note : Les agrégats régionaux sont calculés à l'inclusion du commerce intra-régional. Les résultats à l'exportation sont définis comme le rapport entre les exportations totales en volume et les marchés à l'exportation. Pour plus de détails sur la méthode de calcul, voir Sources & Méthodes des *Perspectives économiques de l'OCDE (http://www.oecd.org/fr/eco/sources-et-methodes.htm).*

1. Hong-Kong, Chine ; Malaisie ; Philippines ; Singapour ; Taipei chinois ; Vietnam ; Thaïlande ; Inde et Indonésie.

Source : Base de données des Perspectives économiques de l'OCDE, n° 97.

StatLink http://dx.doi.org/10.1787/888933227896

Annexe : Tableau 45. **Parts dans les exportations et importations mondiales**

Pourcentages, total des biens et services en valeur, comptes nationaux

	2000	2001	2002	2003	2004	2005	2006	2007	2008	2009	2010	2011	2012	2013	2014	2015	2016
A. Exportations																	
Canada	4.2	4.1	3.8	3.6	3.4	3.4	3.2	2.9	2.7	2.5	2.5	2.5	2.5	2.4	2.4	2.3	2.3
France	4.9	5.1	5.1	5.1	4.9	4.5	4.3	4.2	4.1	4.1	3.7	3.6	3.4	3.5	3.5	3.3	3.3
Allemagne	7.7	8.2	8.5	8.9	8.9	8.4	8.4	8.7	8.3	8.2	7.7	7.6	7.3	7.4	7.5	7.1	7.1
Italie	3.7	3.9	3.9	4.0	3.8	3.6	3.5	3.5	3.3	3.1	2.8	2.8	2.6	2.7	2.7	2.5	2.5
Japon	6.5	5.7	5.6	5.5	5.5	5.1	4.8	4.5	4.4	4.1	4.5	4.1	3.9	3.4	3.5	3.6	3.6
Royaume-Uni	5.2	5.3	5.3	5.2	5.0	4.9	4.9	4.4	4.0	4.0	3.7	3.6	3.5	3.5	3.6	3.7	3.6
États-Unis	14.0	13.5	12.6	11.2	10.5	10.2	10.0	9.7	9.4	10.1	9.9	9.5	9.8	9.8	10.0	10.5	10.3
Autres pays de l'OCDE	26.7	27.3	27.6	28.0	28.1	27.5	27.1	27.6	27.6	28.0	26.9	26.8	26.2	26.5	26.6	25.7	25.7
Total OCDE	72.9	73.1	72.4	71.5	70.1	67.6	66.2	65.6	63.8	64.1	61.7	60.4	59.2	59.2	59.8	58.7	58.3
Chine	3.6	3.9	4.6	5.2	5.8	6.5	7.2	7.8	8.1	8.5	9.3	9.4	10.0	10.5	10.9	12.2	12.2
Autres pays industrialisés d'Asie	12.5	11.9	12.0	11.6	11.6	11.7	11.8	11.6	11.4	12.1	13.0	12.9	13.1	13.0	13.1	14.3	14.5
Russie	0.9	0.9	0.9	0.9	1.0	1.1	1.1	1.1	1.2	1.2	1.3	1.4	1.3	1.2	1.2	1.0	1.0
Brésil	1.5	1.5	1.5	1.6	1.8	2.1	2.3	2.3	2.7	2.2	2.4	2.6	2.6	2.6	2.4	2.0	2.1
Autres pays producteurs de pétrole	4.6	4.3	4.3	4.6	5.1	6.3	6.7	6.7	7.7	6.6	6.9	7.8	8.2	7.9	7.3	6.2	6.1
Reste du monde	4.0	4.2	4.1	4.3	4.3	4.4	4.5	4.6	4.9	5.1	5.1	5.2	5.2	5.1	5.0	5.4	5.6
Total pays non membres de l'OCDE	27.1	26.9	27.6	28.5	29.9	32.4	33.8	34.4	36.2	35.9	38.3	39.6	40.8	40.8	40.2	41.3	41.7
B. Importations																	
Canada	3.7	3.5	3.4	3.2	3.0	3.1	3.0	2.8	2.6	2.7	2.7	2.6	2.7	2.6	2.6	2.5	2.4
France	4.7	4.8	4.8	4.9	4.8	4.7	4.5	4.5	4.4	4.5	4.0	4.0	3.8	3.8	3.8	3.5	3.4
Allemagne	7.6	7.8	7.4	7.9	7.7	7.4	7.5	7.5	7.3	7.3	6.9	6.9	6.5	6.6	6.6	6.1	6.1
Italie	3.6	3.7	3.8	3.9	3.8	3.6	3.7	3.7	3.4	3.3	3.1	3.0	2.6	2.5	2.5	2.2	2.2
Japon	5.7	5.4	5.0	4.8	4.7	4.7	4.5	4.2	4.4	4.0	4.2	4.4	4.5	4.2	4.2	3.8	3.8
Royaume-Uni	5.6	5.7	5.9	5.7	5.6	5.4	5.4	5.0	4.5	4.4	4.1	3.9	3.9	3.8	3.9	4.0	3.9
États-Unis	18.8	18.3	18.0	16.8	16.2	16.1	15.6	14.2	13.3	12.9	12.9	12.4	12.6	12.3	12.6	13.3	13.2
Autres pays de l'OCDE	25.8	25.9	26.3	27.0	27.1	26.9	26.8	27.6	27.6	27.0	26.1	26.2	25.3	25.3	25.2	24.0	23.9
Total OCDE	75.6	75.2	74.7	74.2	72.9	71.8	70.9	69.4	67.5	66.0	64.0	63.3	61.8	61.1	61.5	59.4	59.0
Chine	3.2	3.6	4.1	4.9	5.5	5.6	5.9	6.2	6.4	7.2	8.3	8.8	9.2	9.7	9.9	10.8	10.9
Autres pays industrialisés d'Asie	11.7	11.0	11.0	10.7	11.0	11.2	11.2	11.0	11.3	11.6	12.8	12.8	13.2	13.1	12.8	13.7	13.8
Russie	1.0	1.1	0.9	0.8	0.8	0.8	0.9	1.0	1.2	1.2	1.4	1.5	1.5	1.5	1.5	1.2	1.2
Brésil	0.8	1.0	1.1	1.1	1.2	1.3	1.4	1.7	1.9	1.6	1.8	1.9	2.0	2.1	1.9	1.5	1.5
Autres pays producteurs de pétrole	2.8	3.1	3.3	3.3	3.5	3.8	4.1	4.6	5.1	5.8	5.3	5.1	5.5	5.6	5.8	6.4	6.3
Reste du monde	4.5	4.7	4.6	4.7	4.9	5.1	5.3	5.7	6.2	6.2	6.1	6.3	6.4	6.4	6.2	6.6	6.8
Total pays non membres de l'OCDE	24.4	24.8	25.3	25.8	27.1	28.2	29.1	30.6	32.5	34.0	36.0	36.7	38.2	38.9	38.5	40.6	41.0

Note : Les agrégats régionaux sont calculés à l'inclusion du commerce intra-régional.

Source : Base de données des Perspectives économiques de l'OCDE, n° 97.

StatLink http://dx.doi.org/10.1787/888933227908

Annexe : Tableau 46. **Décomposition géographique du commerce mondial**

Moyenne des volumes d'importation et d'exportation

	2000	2001	2002	2003	2004	2005	2006	2007	2008	2009	2010	2011	2012	2013	2014	2015	2016
	pourcentages de variation par rapport à l'année précédente																
A. Croissance du commerce																	
OCDE Amérique[1]	11.0	-3.6	1.5	2.8	9.9	6.1	6.7	4.9	0.5	-12.0	12.8	6.3	3.1	2.0	3.8	4.4	6.1
OCDE Europe	12.4	2.5	1.7	2.5	7.5	6.4	9.0	6.3	1.1	-11.3	9.8	5.6	1.3	2.4	3.2	4.2	4.9
OCDE Asie & Pacifique[2]	12.7	-2.2	6.2	7.3	11.8	5.8	8.1	7.7	3.0	-12.3	15.3	7.0	3.5	2.5	5.1	4.2	5.3
Total de l'OCDE	12.1	0.2	2.2	3.2	8.7	6.2	8.3	6.2	1.2	-11.6	11.4	6.0	2.1	2.3	3.6	4.2	5.3
Chine	25.2	6.9	25.7	28.3	24.0	18.4	20.0	17.0	6.4	-3.7	24.2	9.6	5.8	9.6	6.2	6.5	5.8
Autres pays industrialisés d'Asie	17.9	-3.8	7.7	9.9	17.0	11.4	10.7	7.6	7.1	-9.6	17.4	8.0	4.2	3.5	2.1	4.1	6.3
Russie	12.9	5.6	-2.9	6.1	12.3	10.0	9.7	10.9	7.2	-8.1	22.2	8.0	0.2	4.9	-1.0	-4.7	4.0
Brésil	14.9	8.1	11.6	14.1	15.4	9.9	12.3	13.9	6.6	-16.5	14.2	8.7	4.6	4.2	-3.8	-6.2	3.0
Autres pays producteurs de pétrole	5.5	4.4	0.0	11.6	10.9	10.6	6.8	10.5	8.0	-4.9	2.8	4.0	7.2	3.2	2.3	2.3	3.7
Reste du monde	6.7	4.3	2.1	7.3	11.5	7.4	9.1	11.1	7.2	-10.4	8.6	9.2	3.9	3.6	1.3	3.0	5.8
Total pays non membres de l'OCDE	13.2	1.8	6.9	12.5	15.7	11.6	11.5	11.1	7.1	-8.0	14.7	7.9	4.9	5.0	2.6	3.4	5.5
Monde	12.4	0.6	3.5	5.8	10.8	7.9	9.3	7.8	3.2	-10.3	12.6	6.7	3.1	3.3	3.2	3.9	5.3
B. Contribution à la croissance du commerce mondial	points de pourcentage																
OCDE Amérique[1]	2.2	-0.7	0.3	0.5	1.8	1.1	1.2	0.8	0.1	-2.0	2.1	1.0	0.5	0.3	0.6	0.7	1.0
OCDE Europe	5.4	1.1	0.8	1.1	3.2	2.6	3.6	2.6	0.4	-4.4	3.8	2.1	0.5	0.9	1.2	1.5	1.8
OCDE Asie & Pacifique[2]	1.1	-0.2	0.5	0.6	1.1	0.5	0.7	0.7	0.3	-1.1	1.3	0.6	0.3	0.2	0.4	0.4	0.5
Total de l'OCDE	8.8	0.1	1.6	2.3	6.1	4.3	5.6	4.1	0.8	-7.5	7.2	3.8	1.3	1.4	2.2	2.6	3.2
Chine	0.1	0.1	0.3	0.3	0.3	0.3	0.3	0.3	-0.1	0.3	0.3	0.1	0.2	0.2	0.2	0.1	0.2
Autres pays industrialisés d'Asie	1.8	-0.4	0.8	1.0	1.8	1.3	1.3	0.9	0.8	-1.2	2.2	1.0	0.5	0.5	0.3	0.5	0.8
Russie	0.0	0.0	0.0	0.0	0.0	0.0	0.0	0.0	0.0	0.0	0.1	0.0	0.0	0.0	0.0	0.0	0.0
Brésil	0.0	0.0	0.1	0.1	0.1	0.0	0.1	0.1	0.0	0.0	0.1	0.0	0.0	0.0	0.0	0.0	0.0
Autres pays producteurs de pétrole	0.3	0.2	0.0	0.6	0.6	0.6	0.4	0.6	0.5	-0.3	0.2	0.2	0.4	0.2	0.1	0.1	0.2
Reste du monde	0.4	0.2	0.1	0.4	0.7	0.4	0.5	0.6	0.4	-0.6	0.5	0.5	0.2	0.2	0.1	0.2	0.3
Total pays non membres de l'OCDE	3.6	0.5	1.9	3.5	4.7	3.7	3.7	3.7	2.4	-2.9	5.4	2.9	1.8	1.9	1.0	1.3	2.1
Monde	12.4	0.6	3.5	5.8	10.8	7.9	9.3	7.8	3.2	-10.3	12.6	6.7	3.1	3.3	3.2	3.9	5.3

Note : Les agrégats régionaux sont calculés à l'inclusion du commerce intra-régional comme la somme des volumes exprimés en dollars constants de 2010.

1. Canada, Chili, Mexique et États-Unis.
2. Australie, Japon, Corée et Nouvelle-Zélande.

Source : Base de données des Perspectives économiques de l'OCDE, n° 97.

StatLink http://dx.doi.org/10.1787/888933227917

Annexe : Tableau 47. **Balances commerciales des biens et services**

Milliards de dollars, sur la base des comptes nationaux

	1997	1998	1999	2000	2001	2002	2003	2004	2005	2006	2007	2008	2009	2010	2011	2012	2013	2014	2015	2016
Australie	1.6	-6.5	-10.1	-4.3	2.1	-4.7	-14.3	-19.2	-14.8	-12.3	-22.7	-14.2	-9.9	6.6	13.1	-22.9	-10.1	-8.9	-17.5	-11.0
Autriche	-1.7	-0.2	1.0	2.6	3.4	7.7	7.0	8.8	9.5	11.4	16.2	18.3	11.7	12.6	11.0	10.7	15.1	16.2	13.9	16.4
Belgique	8.9	8.5	10.0	5.8	8.1	14.6	16.9	18.2	14.3	15.2	18.2	3.2	12.4	8.9	2.6	1.9	7.4	10.2	17.5	20.0
Brésil	-23.1	-20.5	-11.1	-14.7	-12.6	2.9	12.5	22.8	30.4	30.0	18.8	-3.7	-7.4	-22.9	-20.2	-32.5	-56.3	-64.5	-54.7	-48.9
Canada	12.5	12.1	24.1	41.6	41.8	32.8	34.1	44.9	45.6	35.2	30.5	28.3	-20.2	-30.6	-21.6	-33.9	-29.3	-16.0	-39.5	-32.2
Chili	-1.7	-2.7	1.7	1.4	1.2	1.6	3.1	9.3	10.5	22.1	22.9	4.6	13.3	14.0	7.9	-0.6	-1.9	3.8	4.3	6.2
Chine	42.7	43.8	30.6	28.9	28.1	37.4	35.8	51.2	124.6	208.9	308.0	348.8	220.1	223.0	181.9	231.8	235.4	284.0	348.2	331.9
Colombie	-7.5	-7.3	-1.5	-0.9	-3.1	-3.3	-3.2	-2.7	-2.8	-4.7	-6.7	-6.0	-5.1	-5.3	-4.1	-6.6	-9.9	-20.4	-21.7	-21.0
République tchèque	-2.7	-0.2	-0.3	-1.1	-0.8	-1.1	-1.2	1.0	3.2	4.3	4.7	5.2	8.2	6.4	8.9	10.3	12.0	14.2	13.6	14.7
Danemark	7.6	5.5	10.7	10.9	11.8	11.7	14.9	13.7	14.8	11.1	9.1	11.6	14.0	19.6	19.0	17.3	19.3	18.0	16.5	18.2
Estonie	-0.4	-0.4	-0.2	-0.2	-0.2	-0.5	-0.8	-0.9	-0.7	-1.7	-2.0	-1.0	1.0	1.2	1.3	0.2	0.4	0.6	0.5	0.5
Finlande	9.3	10.6	12.	11.5	11.9	12.5	11.1	12.2	8.0	9.0	12.4	10.4	5.2	3.2	-2.3	-3.7	-2.3	-1.2	0.5	0.2
France	42.3	39.1	33.3	14.7	18.1	25.4	20.2	12.7	-8.9	-18.9	-34.9	-52.2	-38.0	-49.5	-73.5	-58.2	-52.6	-53.6	-33.4	-25.9
Allemagne	26.3	29.4	14.8	5.9	35.1	92.5	92.8	139.7	143.5	160.0	231.2	224.1	169.2	173.8	178.4	209.0	219.5	249.6	235.1	237.6
Grèce	-10.2	-13.7	-13.8	-14.7	-14.4	-15.8	-21.7	-21.3	-20.7	-29.4	-39.5	-46.1	-34.2	-25.9	-20.2	-11.2	-7.2	-5.4	-5.4	-3.8
Hongrie	0.4	-0.8	-1.3	-1.7	-0.7	-1.4	-3.4	-4.1	-2.6	-1.2	0.9	0.5	5.4	7.0	8.6	8.7	10.1	10.1	10.6	11.8
Islande	0.0	-0.4	-0.4	-0.6	-0.1	0.1	-0.3	-0.7	-2.0	-2.9	-1.9	-0.7	1.1	1.4	1.2	0.9	1.3	1.1	1.4	1.3
Inde	-6.1	-7.5	-6.5	-6.3	-4.6	-2.6	-6.9	-11.1	-20.8	-28.0	-35.4	-70.6	-60.1	-84.1	-102.6	-118.2	-79.2	-52.0	-42.6	-46.4
Indonésie	0.0	10.6	13.5	17.2	12.7	11.5	16.7	10.8	10.3	18.3	15.6	2.5	14.5	14.3	22.3	-3.4	-7.6	-6.7	-2.5	-4.6
Irlande	9.8	9.8	12.8	12.9	16.1	21.3	25.2	27.9	23.9	21.6	24.0	23.9	34.7	38.3	48.3	45.5	48.2	52.8	50.1	52.7
Israël	-5.4	-3.0	-2.8	0.1	-3.0	-3.4	-0.9	0.1	-0.3	0.2	-1.6	-1.4	5.9	4.8	-1.3	0.4	4.0	3.8	9.0	9.1
Italie	46.6	38.5	22.1	9.5	14.4	9.6	7.5	9.8	-1.9	-16.5	-8.5	-18.4	-14.3	-42.5	-35.4	20.6	50.3	67.9	69.4	86.5
Japon	46.3	73.3	70.6	68.6	26.6	53.5	71.7	91.1	64.6	54.7	73.6	8.2	18.8	68.9	-50.8	-114.8	-139.2	-144.3	-47.6	-40.2
Corée	-4.4	39.7	27.7	11.7	8.3	9.0	13.8	29.2	21.9	8.0	12.7	-2.1	41.4	34.7	17.9	34.5	64.9	75.2	80.5	80.2
Lettonie	-0.6	-0.9	-0.7	-0.6	-0.9	-1.0	-1.5	-2.3	-2.5	-4.5	-5.9	-4.6	-0.4	-0.3	-1.4	-1.3	-0.9	-0.9	-0.8	-0.8
Luxembourg	4.3	4.3	5.4	5.7	5.1	6.0	7.2	8.8	9.9	13.3	15.9	18.0	16.4	17.5	19.5	19.0	21.1	23.1	20.2	21.4
Mexique	5.7	-1.2	-1.6	-3.8	-9.0	-10.4	-10.1	-13.3	-12.4	-12.0	-16.5	-24.2	-13.0	-12.5	-14.6	-13.4	-11.6	-12.1	-6.0	-2.5
Pays-Bas	26.2	26.0	21.9	27.0	27.9	31.0	37.2	46.9	54.5	58.8	71.8	77.7	64.1	69.4	76.2	74.9	88.6	94.9	86.9	94.9
Nouvelle-Zélande	0.9	0.7	0.1	1.1	2.2	1.8	1.7	0.6	-1.3	-0.8	-0.2	-1.1	2.8	3.4	3.5	0.8	1.9	2.5	-1.1	-1.4
Norvège	13.0	2.8	11.6	28.7	29.0	25.8	29.1	34.9	49.3	58.5	54.2	80.0	44.1	48.3	64.1	65.9	53.2	43.8	26.9	29.2
Pologne	-5.9	-8.6	-9.8	-10.9	-6.8	-6.8	-5.8	-6.3	-2.9	-6.6	-14.3	-26.2	-3.2	-8.7	-9.4	-1.0	9.9	8.4	9.6	10.1
Portugal	-9.4	-11.4	-13.2	-13.1	-12.4	-11.1	-11.5	-15.7	-18.0	-17.2	-18.4	-25.6	-16.9	-18.0	-10.5	-1.1	2.0	1.2	2.7	2.6
Fédération de Russie	9.0	12.0	33.0	52.0	39.0	37.2	48.9	72.4	104.6	125.9	112.5	155.7	92.5	123.2	162.2	145.7	123.0	133.0	121.2	133.5
République slovaque	-2.1	-2.4	-0.9	-0.5	-1.7	-1.8	-0.6	-1.2	-2.2	-2.2	-0.9	-2.8	-1.2	-1.3	-0.9	3.4	4.4	4.2	3.6	4.3
Slovénie	-0.2	-0.4	-1.0	-0.8	-0.2	0.2	-0.1	-0.5	-0.2	0.0	-0.6	-1.1	0.9	0.7	1.0	2.0	2.9	4.0	4.5	4.9
Afrique du Sud	1.7	1.7	3.5	3.9	4.9	4.4	4.1	-0.4	-0.7	-4.6	-4.0	-4.9	1.3	4.7	3.8	-5.0	-8.3	-6.6	-4.4	-4.6
Espagne	1.3	-3.2	-12.2	-17.9	-14.7	-14.5	-20.3	-41.3	-57.7	-74.9	-88.9	-84.9	-17.6	-18.6	-3.8	21.2	47.5	33.4	37.8	40.1
Suède	18.4	16.3	16.4	15.2	14.9	16.7	21.2	29.0	28.0	31.9	34.1	32.4	24.8	26.8	26.6	26.8	29.3	22.5	20.2	21.2
Suisse	14.6	13.3	13.8	16.6	15.7	20.6	23.7	35.2	29.7	36.6	54.2	59.2	41.8	62.9	58.8	69.3	83.0	84.9	96.7	101.4
Turquie	-1.1	2.8	0.9	-8.0	7.7	3.8	-3.1	-10.4	-16.9	-26.1	-33.8	-33.7	-7.1	-40.9	-67.7	-40.8	-53.9	-35.2	-29.6	-28.8
Royaume-Uni	7.8	-11.2	-24.6	-30.5	-35.9	-45.2	-44.5	-64.8	-63.3	-61.5	-81.4	-83.9	-43.8	-57.3	-38.2	-54.6	-52.9	-55.8	-57.9	-59.4
États-Unis	-102.0	-162.7	-256.6	-375.8	-368.7	-426.5	-503.7	-619.2	-721.2	-771.0	-718.5	-723.1	-395.5	-512.7	-580.0	-568.3	-508.2	-538.2	-561.7	-628.3
Zone euro	151.1	134.4	92.3	48.4	96.3	177.0	170.2	204.2	153.3	128.5	196.0	143.5	193.4	169.9	191.7	334.2	445.3	497.9	504.0	552.3
Total OCDE	157.0	104.3	-37.7	-192.5	-167.2	-145.0	-204.0	-244.7	-416.7	-503.4	-398.1	-537.1	-77.7	-188.1	-362.3	-281.5	-73.0	-24.3	32.5	51.7

Source : Base de données des Perspectives économiques de l'OCDE, n° 97.

StatLink http://dx.doi.org/10.1787/888933227923

Annexe : Tableau 48. **Solde des revenus d'investissement**

Milliards de dollars

	1997	1998	1999	2000	2001	2002	2003	2004	2005	2006	2007	2008	2009	2010	2011	2012	2013	2014	2015	2016
Australie	-13.7	-11.4	-11.9	-11.1	-10.3	-11.6	-15.1	-22.0	-28.0	-32.5	-41.1	-37.8	-38.0	-49.3	-54.6	-41.0	-37.7	-29.6	-20.2	-20.1
Autriche	-0.4	-0.9	-1.7	-1.2	-2.0	-0.2	0.4	0.6	0.2	0.8	-0.4	3.6	-0.2	3.3	1.4	0.5	-2.6	-2.5	-2.2	-2.2
Belgique	5.9	6.5	6.2	5.9	4.0	3.9	5.9	4.9	4.0	3.9	5.9	10.3	-2.5	8.8	5.8	8.8	9.8	14.6	10.8	10.7
Brésil	-14.9	-18.2	-18.8	-17.9	-19.7	-18.2	-18.6	-20.5	-26.0	-27.5	-29.3	-40.6	-33.7	-39.5	-47.3	-35.4	-39.8	-40.3	-17.1	-16.8
Canada	-21.6	-21.4	-23.5	-23.4	-26.5	-20.7	-23.5	-21.1	-22.3	-15.6	-17.3	-24.1	-17.8	-22.8	-23.3	-22.8	-23.5	-21.9	-19.1	-19.0
Chili	-2.7	-2.0	-2.3	-3.0	-2.6	-2.9	-4.5	-7.8	-10.4	-18.4	-18.9	-13.6	-11.4	-14.7	-13.9	-11.2	-10.6	-8.7	-5.9	-6.0
Chine	-11.0	-16.6	-14.5	-14.7	-19.2	-14.9	-10.2	-5.1	-16.1	-5.1	8.0	28.6	-8.5	-25.9	-70.3	-19.9	-78.4	-34.1	-49.5	-49.5
Colombie	-2.2	-1.6	-1.3	-2.2	-2.4	-2.6	-3.2	-4.1	-5.3	-5.7	-7.8	-9.6	-8.4	-11.2	-15.5	-15.0	-14.2	-12.9	-7.7	-7.8
République tchèque	-0.8	-1.1	-1.4	-1.4	-2.2	-3.5	-4.3	-6.1	-5.4	-7.3	-12.6	-8.8	-11.3	-13.1	-12.8	-12.2	-12.7	-12.6	-11.8	-12.7
Danemark	-3.3	-2.7	-2.5	-3.5	-3.5	-2.6	-2.4	-2.0	2.1	3.4	1.6	4.0	3.2	5.3	7.3	7.4	12.0	9.8	8.8	8.9
Estonie	-0.2	-0.1	-0.1	-0.2	-0.3	-0.3	-0.5	-0.6	-0.5	-0.8	-1.5	-1.3	-0.6	-1.0	-1.2	-0.9	-0.7	-0.7	-0.4	-0.4
Finlande	-2.5	-3.2	-2.1	-1.8	-1.1	-0.7	-2.7	0.2	-0.3	0.8	-0.8	-1.9	1.6	1.9	-0.2	-0.4	0.4	-0.7	0.7	0.7
France	13.2	16.0	31.4	24.3	24.9	14.2	23.6	28.4	39.0	48.5	55.0	64.5	61.3	70.8	79.4	51.7	52.1	63.0	51.6	51.7
Allemagne	-5.3	-13.8	-18.9	-13.2	-15.5	-24.4	-22.1	20.0	24.6	50.6	50.5	37.8	77.8	66.3	97.9	86.5	78.7	90.4	92.7	95.8
Grèce	-1.8	-1.7	-0.8	-1.0	-1.9	-2.1	-4.7	-5.7	-7.4	-9.5	-13.3	-16.3	-9.4	-7.7	-9.1	1.0	-0.6	0.2	0.4	0.3
Hongrie	-2.7	-3.0	-2.9	-2.6	-2.8	-3.6	-4.1	-5.0	-5.4	-5.7	-9.0	-9.8	-6.0	-6.1	-6.8	-5.4	-3.9	-3.6	-3.2	-3.4
Islande	-0.2	-0.2	-0.2	-0.3	-0.3	0.0	-0.2	-0.6	-0.7	-1.1	-1.0	-3.6	-2.4	-2.2	-1.9	-1.4	-0.2	-0.3	-0.6	-0.6
Inde	-3.4	-3.6	-3.7	-4.9	-4.1	-3.9	-4.7	-4.0	-6.5	-6.2	-6.6	-5.4	-7.8	-15.5	-16.1	-20.9	-21.7	-25.9	-28.3	-32.7
Indonésie	-6.3	-8.2	-9.0	-8.4	-6.9	-7.0	-6.2	-10.9	-12.9	-13.8	-15.5	-15.2	-15.1	-20.7	-26.5	-26.6	-27.1	-27.8	-27.1	-27.6
Irlande	-9.7	-10.7	-14.0	-13.9	-16.7	-22.7	-25.2	-28.5	-31.5	-30.9	-39.1	-37.8	-39.6	-35.1	-45.0	-39.0	-34.8	-34.7	-34.8	-37.1
Israël	-4.0	-4.0	-5.1	-8.3	-5.5	-4.6	-4.7	-4.1	-1.4	-0.9	-0.2	-4.0	-5.2	-5.2	-3.6	-6.4	-6.3	-4.8	-5.7	-5.8
Italie	-5.0	-5.9	-1.6	-4.3	-3.0	-5.2	-7.4	-3.0	3.2	8.4	1.8	-20.9	-3.3	-6.4	-8.9	-5.3	-4.8	-5.3	-1.6	-1.6
Japon	56.4	50.1	57.1	71.7	67.1	62.3	75.0	96.1	109.1	123.5	139.1	138.9	135.1	156.3	184.9	175.0	175.8	171.5	167.4	174.1
Corée	-3.1	-5.1	-5.4	-4.0	-3.5	-2.2	-2.5	-1.3	-7.3	-4.0	-3.4	-1.2	-2.4	0.5	6.6	12.1	9.1	10.2	10.5	11.1
Lettonie	..	..	..	0.0	0.0	0.0	0.0	-0.3	-0.2	-0.6	-1.2	-0.9	1.6	0.2	0.0	-0.2	-0.1	-0.3	-0.2	-0.2
Luxembourg	0.2	0.0	-0.8	-1.6	-1.9	-3.7	-5.3	-3.7	-4.7	-7.9	-11.1	-13.7	-11.4	-11.5	-12.9	-13.8	-17.2	-19.5	-18.8	-19.6
Mexique	-12.1	-12.8	-12.0	-13.8	-13.0	-12.2	-12.2	-10.0	-16.4	-19.7	-23.1	-20.0	-14.8	-13.0	-20.3	-24.1	-38.9	-34.4	-41.0	-48.8
Pays-Bas	21.1	-0.6	14.1	1.8	6.0	6.4	12.2	37.3	23.7	56.3	22.4	-22.1	-3.6	7.2	17.2	27.6	21.7	11.9	3.4	0.6
Nouvelle-Zélande	-4.8	-2.6	-3.2	-3.2	-2.8	-3.1	-3.9	-5.4	-6.9	-7.5	-9.4	-10.1	-5.7	-6.8	-8.0	-7.3	-7.5	-8.5	-8.4	-9.1
Norvège	-1.7	-1.7	-1.3	-2.3	0.2	0.6	1.4	0.5	3.4	0.4	-1.2	-2.5	2.3	4.6	4.6	4.2	6.9	8.6	8.6	8.6
Pologne	-1.0	-1.0	-0.9	-0.5	-0.4	-0.9	-2.2	-8.1	-5.1	-7.2	-13.2	-10.2	-12.7	-17.4	-18.0	-16.2	-17.6	-16.9	-14.6	-15.0
Portugal	-0.3	-0.5	-0.7	-2.0	-2.7	-1.8	-1.6	-1.9	-2.8	-6.1	-7.3	-8.7	-9.3	-7.6	-6.6	-5.6	-2.4	-3.3	-4.5	-4.5
Fédération de Russie	-8.7	-11.8	-7.7	-6.7	-4.2	-6.6	-13.2	-12.8	-18.5	-28.8	-28.8	-46.5	-39.7	-47.1	-60.4	-67.7	-79.6	-67.2	-55.7	-54.1
République slovaque	-0.1	-0.1	-0.3	-0.3	-0.3	-0.4	-1.8	-2.1	-1.9	-2.3	-3.0	-2.3	-0.8	-2.5	-3.3	-1.6	-1.8	-3.0	-2.2	-2.1
Slovénie	0.1	0.1	0.1	0.0	0.1	-0.1	-0.2	-0.4	-0.3	-0.5	-1.1	-1.6	-0.8	-0.5	-0.4	-0.4	-0.3	-0.8	-0.8	-0.9
Afrique du Sud	-3.2	-3.2	-3.2	-3.2	-3.8	-2.8	-4.6	-4.3	-4.9	-5.2	-9.8	-9.1	-6.7	-8.0	-10.7	-10.8	-9.6	-9.3	-11.2	-11.3
Espagne	-3.3	-4.7	-6.0	-3.9	-8.2	-7.4	-6.9	-9.3	-16.6	-21.4	-36.5	-44.7	-26.7	-20.1	-25.5	-11.6	-10.0	-8.4	-17.9	-19.0
Suède	-5.0	-3.1	-1.9	-1.1	-1.1	-0.8	4.1	0.1	2.9	7.9	14.9	17.5	7.5	9.8	15.4	16.2	18.8	18.9	19.8	19.9
Suisse	14.5	15.9	18.4	19.9	12.6	10.1	25.5	26.9	35.7	33.9	4.6	-34.3	11.3	35.9	9.1	18.6	17.1	-1.9	7.0	7.9
Turquie	-3.0	-3.0	-3.5	-4.0	-5.0	-4.6	-5.6	-5.6	-5.8	-6.7	-7.1	-8.4	-8.3	-7.2	-7.9	-7.2	-9.0	-9.1	-7.6	-8.2
Royaume-Uni	1.5	21.4	-3.1	8.6	13.9	26.1	30.8	39.8	56.0	26.6	28.2	6.3	4.8	26.5	30.1	-8.4	-25.0	-63.9	-53.8	-47.0
États-Unis	12.6	4.3	11.9	19.2	29.7	25.2	42.8	64.1	67.6	43.3	100.6	146.1	123.6	177.7	221.0	203.0	199.7	217.9	219.1	220.0
Zone euro	12.0	-19.6	4.7	-11.3	-18.4	-44.6	-36.3	36.2	28.8	89.8	21.5	-55.1	32.6	65.9	88.5	97.6	87.2	101.2	76.4	72.3
Total OCDE	17.4	-3.0	11.2	25.7	25.7	6.5	57.9	164.6	190.4	202.2	153.0	69.3	184.4	324.8	396.6	370.5	333.8	321.9	325.9	327.2

Source : Base de données des Perspectives économiques de l'OCDE, n° 97.

StatLink http://dx.doi.org/10.1787/888933227932

Annexe : Tableau 49. **Solde des transferts**

Milliards de dollars

	1997	1998	1999	2000	2001	2002	2003	2004	2005	2006	2007	2008	2009	2010	2011	2012	2013	2014	2015	2016
Australie	0.2	0.0	0.2	-0.1	0.3	0.3	0.2	-0.1	-0.4	-0.5	-0.2	-0.4	-0.9	-1.6	-2.2	-2.4	-2.3	-2.0	-1.7	-1.7
Autriche	-4.2	-4.1	-4.4	-3.5	-3.6	-3.2	-3.7	-3.5	-3.7	-3.5	-3.7	-4.5	-3.8	-4.0	-4.2	-4.1	-5.1	-4.7	-3.9	-4.1
Belgique	-10.5	-10.9	-11.2	-9.1	-8.5	-10.5	-13.4	-13.7	-12.3	-12.1	-11.8	-8.2	-7.9	-6.8	-7.9	-8.7	-10.1	-8.4	-8.5	-8.5
Brésil	1.8	1.5	1.7	1.5	1.6	2.4	2.9	3.2	3.6	4.3	4.0	4.2	3.3	2.9	3.0	2.8	3.4	1.9	2.1	2.3
Canada	0.2	0.4	0.2	0.3	0.4	0.3	-0.2	-0.5	-1.5	-1.7	-2.0	-0.6	-2.3	-3.2	-2.9	-3.3	-1.8	-1.3	-0.6	-0.4
Chili	0.5	0.5	0.6	0.6	0.4	0.6	0.6	1.1	1.8	3.4	3.1	2.9	1.6	4.4	2.9	2.1	2.2	1.9	1.6	1.7
Chine	5.1	4.3	4.9	6.3	8.5	13.0	17.4	22.9	23.9	28.1	37.1	43.2	31.7	40.7	24.5	3.4	-8.7	-30.2	-32.2	-32.2
Colombie	0.7	0.8	1.5	1.7	2.4	2.7	3.3	3.7	4.1	4.7	5.2	5.5	4.6	4.4	4.8	4.6	4.6	4.4	4.7	5.1
République tchèque	0.4	0.5	0.6	0.4	0.5	0.9	0.5	0.2	0.5	-0.5	-0.4	-0.7	-1.1	-0.6	-1.0	-1.4	-0.5	-0.4	-0.3	-0.3
Danemark	-2.7	-3.2	-3.7	-3.7	-3.3	-3.3	-4.4	-5.6	-5.5	-5.6	-6.2	-6.1	-6.5	-6.5	-6.6	-6.5	-7.1	-6.7	-4.4	-4.6
Estonie	0.1	0.1	0.1	0.1	0.1	0.1	0.1	0.1	0.0	0.0	0.1	0.1	0.1	0.1	0.2	0.1	0.0	0.0	0.1	0.1
Finlande	-0.7	-1.0	-0.8	-0.6	-0.8	-0.8	-1.2	-1.2	-1.6	-1.8	-2.0	-2.5	-2.4	-2.3	-2.3	-1.8	-3.2	-3.4	-3.4	-2.8
France	-13.0	-12.4	-13.2	-14.0	-14.8	-14.2	-19.2	-21.8	-27.3	-27.5	-32.1	-35.5	-46.3	-42.2	-49.0	-46.5	-51.7	-59.8	-49.5	-51.2
Allemagne	-32.7	-32.6	-28.5	-27.5	-26.0	-26.6	-35.7	-36.1	-37.7	-38.3	-47.1	-53.0	-52.1	-54.4	-50.1	-52.6	-50.1	-43.9	-39.9	-42.2
Grèce	8.3	8.0	6.6	3.4	3.5	3.5	4.3	4.5	3.9	4.3	2.1	4.2	-1.4	-2.4	-2.1	-1.6	2.4	-0.4	-1.9	-1.9
Hongrie	0.2	0.2	0.4	0.4	0.4	0.5	0.7	-0.5	-1.2	-1.2	-1.6	-1.9	-0.4	-0.5	-0.8	-1.0	-0.7	-0.9	-0.9	-1.3
Islande	0.0	0.0	0.0	0.0	0.0	0.0	0.0	0.0	0.0	0.0	0.0	0.0	-0.1	-0.1	-0.1	-0.1	-0.1	-0.1	-0.3	-0.3
Inde	13.9	10.4	12.0	13.5	14.8	16.2	22.1	19.8	23.6	28.6	37.1	48.5	49.1	52.2	60.2	65.2	64.8	65.3	62.9	63.1
Indonésie	1.0	1.5	1.9	1.8	1.5	1.7	1.9	1.1	4.8	4.9	5.1	5.4	4.6	4.6	4.2	4.1	4.2	5.2	6.7	6.7
Irlande	-2.2	-1.6	-1.4	-1.0	-0.3	-0.7	-1.0	-1.2	-1.7	-2.2	-3.0	-3.4	-3.9	-3.3	-3.4	-3.1	-3.3	-3.0	-2.9	-3.0
Israël	6.1	6.1	6.2	6.6	6.7	6.9	6.5	6.2	6.1	7.6	7.3	8.3	7.3	8.2	8.8	8.3	9.1	10.0	10.1	10.4
Italie	-4.3	-7.4	-5.5	-4.4	-5.8	-5.3	-8.0	-10.3	-12.5	-16.6	-19.7	-21.7	-17.0	-21.5	-21.9	-19.7	-19.2	-23.7	-19.1	-19.1
Japon	-8.8	-8.8	-10.8	-9.8	-8.1	-5.6	-7.7	-8.0	-7.3	-10.6	-11.6	-13.1	-12.0	-12.8	-15.2	-14.2	-10.4	-19.0	-12.2	-12.2
Corée	0.3	2.8	0.8	-0.2	-1.3	-2.1	-3.2	-3.0	-3.3	-4.4	-4.4	-1.3	-2.2	-5.3	-4.7	-5.5	-4.2	-5.4	-5.2	-5.8
Lettonie	..	..	..	0.2	0.1	0.3	0.5	0.7	0.5	0.4	0.3	0.5	0.6	0.6	0.5	0.5	0.4	0.2	0.1	0.1
Luxembourg	-0.6	-0.5	-0.7	-0.5	-0.7	-0.4	0.2	-0.1	0.1	0.1	0.3	0.3	-0.8	0.2	0.2	-0.4	0.1	0.1	0.8	0.8
Mexique	5.2	6.0	6.3	7.0	9.3	10.3	15.6	18.8	22.1	25.9	26.4	25.5	21.6	21.5	23.0	22.6	22.1	23.9	23.1	24.4
Pays-Bas	-6.1	-7.1	-6.4	-6.3	-6.8	-6.6	-7.2	-10.4	-12.1	-12.8	-16.3	-17.3	-12.0	-14.4	-16.2	-16.2	-18.6	-16.7	-14.3	-14.3
Nouvelle-Zélande	0.3	0.3	0.2	0.2	0.1	0.1	0.2	0.1	0.2	0.4	0.4	0.7	0.3	0.0	-0.2	-0.4	-0.4	-0.5	-0.3	-0.3
Norvège	-1.4	-1.5	-1.4	-1.3	-1.6	-2.2	-2.9	-2.6	-2.7	-3.0	-3.5	-3.8	-4.8	-5.9	-7.1	-6.7	-7.8	-8.1	-7.0	-7.4
Pologne	2.0	2.9	2.2	1.3	1.5	2.0	2.5	3.7	5.0	6.6	1.1	1.4	-1.4	-0.1	1.1	-0.2	-0.5	-0.6	-0.5	-0.5
Portugal	2.4	2.4	2.5	2.1	2.2	1.4	1.1	1.5	0.7	0.9	1.5	1.5	0.2	0.4	0.8	1.3	1.7	2.1	1.4	1.3
Fédération de Russie	-0.4	-0.3	0.6	0.1	-0.8	-0.8	-0.4	-0.8	-1.6	-2.6	-5.7	-6.8	-5.5	-6.3	-5.7	-6.1	-9.3	-7.9	-5.1	-10.0
République slovaque	0.3	0.5	0.3	0.2	0.3	0.3	0.4	0.3	0.0	-0.1	-0.6	-1.8	-1.4	-0.7	-1.1	-1.3	-1.8	-1.6	-1.3	-1.3
Slovénie	0.2	0.2	0.2	0.1	0.1	0.1	0.0	-0.1	-0.2	-0.3	-0.4	-0.4	-0.5	-0.2	-0.1	-0.3	-0.3	-0.3	-0.3	-0.6
Afrique du Sud	-0.7	-0.7	-0.9	-0.9	-0.7	-0.6	-1.0	-1.7	-2.5	-2.4	-2.3	-2.3	-2.7	-2.3	-2.0	-3.8	-3.2	-3.2	-3.1	-3.1
Espagne	-2.5	-2.6	-2.4	-4.2	-4.7	-4.9	-8.6	-9.6	-12.8	-18.0	-18.3	-22.7	-20.6	-17.7	-19.1	-13.5	-17.4	-16.7	-10.8	-11.8
Suède	-2.3	-2.7	-3.2	-3.1	-3.1	-3.6	-2.0	-4.1	-4.6	-5.2	-5.3	-7.0	-5.6	-6.5	-7.0	-10.2	-9.9	-10.0	-9.6	-9.7
Suisse	-4.0	-4.2	-4.5	-4.4	-5.7	-6.3	-6.2	-7.6	-12.0	-10.4	-10.8	-14.4	-13.9	-14.5	-16.3	-15.2	-19.1	-26.4	-25.4	-25.7
Turquie	4.5	5.5	4.9	4.8	3.0	2.4	1.0	1.1	1.5	1.9	2.2	2.1	2.4	1.5	1.8	1.4	1.2	1.0	0.6	0.5
Royaume-Uni	-9.9	-14.9	-13.0	-15.4	-10.0	-14.2	-17.7	-20.3	-23.5	-23.4	-28.1	-26.4	-24.8	-32.0	-35.2	-35.2	-42.5	-41.8	-42.5	-36.8
États-Unis	-45.1	-53.2	-48.8	-57.4	-63.5	-64.3	-70.2	-88.0	-98.8	-88.3	-113.9	-124.1	-120.6	-126.9	-131.7	-126.1	-123.5	-123.8	-152.2	-168.3
Zone euro	-65.7	-69.1	-64.9	-65.3	-65.7	-67.9	-91.9	-101.7	-117.1	-127.9	-151.0	-164.8	-169.7	-169.1	-176.1	-168.2	-176.6	-180.5	-153.5	-158.8
Total OCDE	-119.9	-132.3	-127.7	-139.3	-139.6	-145.2	-178.7	-210.9	-240.6	-236.9	-298.3	-323.6	-333.2	-349.9	-369.5	-362.3	-372.7	-390.8	-381.3	-397.3

Source : Base de données des Perspectives économiques de l'OCDE, n° 97.

StatLink http://dx.doi.org/10.1787/888933227949

Annexe : Tableau 50. **Balance des opérations courantes**

Milliards de dollars

	1997	1998	1999	2000	2001	2002	2003	2004	2005	2006	2007	2008	2009	2010	2011	2012	2013	2014	2015	2016
Australie	-11.9	-17.8	-21.8	-15.5	-8.0	-16.0	-29.3	-41.3	-43.3	-45.3	-64.0	-52.3	-48.8	-44.3	-43.7	-66.4	-50.0	-40.5	-39.4	-32.8
Autriche	-6.4	-4.3	-4.4	-1.8	-2.0	6.9	5.3	7.8	8.0	11.1	14.8	19.5	10.4	11.2	7.0	6.1	4.0	3.3	3.2	5.6
Belgique	7.5	7.2	7.0	5.1	4.3	6.3	7.0	6.8	5.1	4.5	4.2	-4.7	-5.0	8.2	-5.6	-3.7	-1.0	9.5	12.2	13.0
Brésil	-30.5	-33.4	-25.3	-24.2	-23.2	-7.6	4.2	11.7	14.0	13.6	1.6	-28.2	-24.3	-47.3	-52.5	-54.2	-81.1	-90.9	-69.6	-63.4
Canada	-8.9	-8.9	0.8	18.5	15.8	12.5	10.3	23.2	21.8	17.9	11.2	3.6	-40.3	-56.6	-47.8	-60.0	-54.6	-39.2	-59.2	-51.7
Chili	-3.7	-4.0	0.0	-1.0	-1.2	-0.7	-0.8	2.6	1.9	7.1	7.1	-5.8	3.5	3.8	-3.1	-9.6	-10.0	-2.9	-2.1	-0.1
Chine	36.8	31.5	21.1	20.5	17.4	35.4	43.1	68.9	132.4	231.8	353.2	420.6	243.3	237.8	136.1	215.4	148.2	219.7	266.6	250.1
Colombie	-5.7	-4.8	0.7	0.8	-1.0	-1.3	-0.9	-0.8	-1.9	-2.9	-6.0	-6.5	-4.6	-8.7	-9.7	-11.3	-12.3	-19.8	-20.0	-19.0
République tchèque	-3.6	-1.3	-1.5	-2.7	-3.3	-4.2	-5.7	-5.0	-1.3	-3.3	-8.2	-4.4	-4.5	-7.4	-5.0	-3.2	-1.1	1.2	1.4	1.6
Danemark	0.7	-1.5	3.4	2.5	4.2	5.1	7.5	5.8	11.3	8.9	4.5	9.5	10.7	18.4	19.6	18.1	24.2	21.6	20.8	22.3
Estonie	-0.6	-0.5	-0.2	-0.3	-0.4	-0.8	-1.3	-1.5	-1.2	-2.6	-3.3	-2.1	0.5	0.4	0.3	-0.6	-0.3	0.0	0.2	0.2
Finlande	6.0	6.4	6.6	9.0	9.9	10.9	7.5	11.2	6.2	8.2	9.8	6.4	5.0	3.1	-4.9	-5.0	-4.8	-5.2	-2.1	-1.9
France	41.1	43.0	50.7	16.1	20.9	17.6	16.2	9.2	-0.3	0.7	-8.5	-28.1	-22.3	-22.0	-29.5	-41.5	-40.3	-28.7	-13.2	-6.9
Allemagne	-11.4	-17.1	-32.1	-35.0	-5.9	42.0	35.2	123.1	130.4	171.3	233.8	208.5	195.1	184.7	226.7	243.1	248.1	300.9	287.1	291.2
Grèce	-5.3	-3.8	-5.4	-10.0	-9.6	-9.8	-13.0	-13.6	-18.5	-30.2	-45.4	-51.8	-36.0	-30.0	-28.8	-6.3	1.5	2.2	4.2	5.7
Hongrie	-1.9	-3.5	-3.9	-4.0	-3.1	-4.3	-6.8	-8.8	-7.9	-8.0	-9.9	-11.1	-0.9	0.4	1.0	2.3	5.4	5.7	6.6	7.3
Islande	-0.2	-0.6	-0.6	-0.9	-0.4	0.1	-0.6	-1.4	-2.7	-4.0	-2.9	-4.3	-1.3	-0.9	-0.8	-0.6	0.9	0.6	0.5	0.4
Inde	-2.9	-6.8	-3.1	-4.6	1.6	7.5	9.7	1.1	-10.0	-9.1	-7.8	-31.5	-25.8	-54.4	-63.1	-92.3	-49.3	-27.8	-24.1	-33.9
Indonésie	-4.9	4.1	5.8	8.0	6.9	7.8	8.1	1.6	0.3	10.9	10.5	0.1	10.6	5.1	1.7	-24.4	-29.1	-26.2	-18.9	-21.4
Irlande	1.9	0.7	0.3	-0.3	-0.7	-1.2	-0.4	-1.2	-7.2	-8.2	-14.5	-16.0	-7.2	1.3	1.9	3.5	10.2	15.2	12.5	12.6
Israël	-3.6	-1.2	-1.5	-2.0	-1.9	-1.1	0.8	2.0	4.3	6.1	5.7	2.7	6.9	8.1	3.4	1.5	7.6	9.1	12.7	12.8
Italie	32.4	20.8	10.0	-3.3	1.4	-7.0	-12.7	-9.6	-17.3	-30.0	-31.6	-67.0	-42.1	-73.8	-70.3	-9.0	20.6	38.9	47.6	64.6
Japon	94.8	115.3	115.0	130.5	87.1	108.6	139.2	182.0	170.1	175.9	213.1	142.1	146.1	220.8	127.7	61.9	39.6	22.9	115.7	129.8
Corée	-10.3	40.1	21.6	10.4	2.7	4.7	11.9	29.7	12.7	3.6	11.8	3.2	33.6	28.9	18.7	50.8	81.1	90.3	98.2	97.9
Lettonie	..	..	..	-0.4	-0.6	-0.6	-0.9	-1.8	-2.0	-4.6	-6.4	-4.5	2.1	0.6	-0.8	-0.9	-0.7	-1.0	-0.9	-0.9
Luxembourg	1.7	1.5	1.5	2.5	1.5	2.1	2.0	4.1	4.1	4.2	5.0	4.1	3.7	3.7	3.4	3.2	2.9	3.5	2.3	2.6
Mexique	-7.7	-16.0	-14.0	-18.8	-17.8	-14.8	-8.3	-7.0	-9.0	-7.8	-14.7	-20.1	-8.3	-4.9	-13.3	-15.9	-29.7	-26.5	-23.9	-26.9
Pays-Bas	25.9	13.3	16.3	8.0	10.6	12.1	31.0	47.8	48.3	64.4	53.4	38.6	47.8	63.1	79.0	90.6	93.4	90.1	75.4	80.5
Nouvelle-Zélande	-3.6	-1.5	-2.9	-1.8	-0.4	-1.3	-2.0	-4.7	-8.0	-7.9	-9.1	-10.4	-2.8	-3.3	-4.7	-6.9	-5.9	-6.5	-9.8	-10.8
Norvège	10.0	-0.5	8.9	25.1	27.5	24.1	27.6	32.8	50.1	55.9	49.5	73.4	41.5	46.9	61.7	63.5	52.4	42.7	28.8	30.6
Pologne	-5.9	-7.1	-12.8	-10.6	-6.1	-5.7	-5.6	-13.6	-7.8	-13.7	-27.0	-34.9	-17.3	-26.9	-27.0	-17.6	-6.9	-7.6	-5.5	-5.5
Portugal	-7.2	-9.4	-11.3	-12.8	-12.7	-11.4	-11.9	-15.8	-19.5	-22.2	-23.5	-31.9	-25.5	-24.2	-14.9	-4.5	3.2	1.4	1.3	1.2
Fédération de Russie	-0.1	0.2	24.6	46.8	33.9	29.1	35.4	59.5	84.4	92.3	72.2	103.9	50.4	67.5	97.3	71.3	34.8	59.5	55.2	57.4
République slovaque	-2.5	-2.7	-1.3	-0.9	-2.4	-2.7	-2.7	-4.5	-5.6	-6.0	-5.5	-7.8	-3.0	-4.2	-4.9	0.9	1.5	0.1	0.0	0.8
Slovénie	0.0	-0.2	-0.9	-0.7	0.0	0.2	-0.2	-0.9	-0.6	-0.7	-2.0	-3.0	-0.3	0.0	0.1	1.2	2.7	2.9	3.4	3.4
Afrique du Sud	-2.2	-2.3	-0.7	-0.2	0.3	1.1	-1.5	-6.4	-8.1	-12.1	-16.2	-16.3	-8.1	-5.6	-8.9	-19.6	-21.1	-19.1	-18.7	-19.0
Espagne	-4.3	-10.4	-20.7	-26.2	-27.5	-26.5	-35.3	-59.8	-86.7	-114.0	-143.3	-152.4	-64.0	-56.0	-47.2	-4.0	20.0	10.9	16.4	16.7
Suède	10.3	9.7	10.6	10.2	11.4	11.8	21.9	24.0	25.1	34.8	43.4	44.5	25.3	29.4	38.9	36.1	42.3	35.6	31.8	32.8
Suisse	26.8	27.3	31.6	32.7	22.8	26.2	45.0	57.1	54.7	61.0	47.4	12.3	39.6	81.8	47.0	66.2	73.2	49.1	70.0	75.2
Turquie	-2.6	2.0	-0.9	-9.9	3.8	-0.6	-7.6	-14.2	-21.4	-31.8	-37.8	-40.2	-12.0	-45.3	-75.0	-48.5	-64.7	-46.4	-38.2	-38.6
Royaume-Uni	-0.9	-5.1	-40.7	-37.2	-32.0	-33.2	-31.4	-45.2	-30.6	-58.7	-81.4	-104.5	-63.7	-62.8	-43.2	-98.2	-120.2	-161.5	-143.9	-132.8
États-Unis	-140.7	-215.1	-295.5	-410.8	-395.3	-458.1	-521.3	-633.8	-745.4	-806.7	-718.6	-686.6	-380.8	-443.9	-459.3	-460.8	-400.3	-410.6	-474.8	-556.6
Zone euro	78.8	44.4	15.9	-50.6	-12.6	38.7	26.7	103.1	45.2	50.5	43.3	-87.8	57.1	65.3	112.4	274.0	361.8	445.0	450.5	489.0
Total OCDE	15.8	-45.3	-188.3	-335.7	-306.9	-308.1	-328.5	-312.6	-480.2	-565.7	-536.7	-771.2	-216.5	-192.7	-292.7	-213.2	-54.8	-17.7	40.5	44.3

Note : Les données de balance de paiement présentées ici sont fondées sur les concepts et définitions du Cinquième et Sixième manuel de la balance des paiements du Fonds monétaire international.
Source : Base de données des Perspectives économiques de l'OCDE, n° 97.

StatLink http://dx.doi.org/10.1787/888933227951

Annexe : Tableau 51. **Balance des opérations courantes en pourcentage du PIB**

	1997	1998	1999	2000	2001	2002	2003	2004	2005	2006	2007	2008	2009	2010	2011	2012	2013	2014	2015	2016
Australie	-2.8	-4.7	-5.3	-3.8	-2.1	-3.7	-5.4	-6.3	-5.9	-5.8	-6.7	-4.8	-4.7	-3.6	-2.9	-4.3	-3.3	-2.8	-3.1	-2.5
Autriche	-3.0	-2.0	-2.0	-0.9	-1.0	3.2	2.0	2.6	2.6	3.3	3.8	4.5	2.6	2.9	1.6	1.5	0.9	0.8	0.9	1.4
Belgique	2.9	2.8	2.7	2.1	1.8	2.4	2.2	1.8	1.4	1.0	0.9	-1.0	-1.1	1.8	-1.1	-0.7	-0.2	1.8	2.7	2.7
Brésil	-3.4	-3.9	-4.2	-3.7	-4.1	-1.2	0.7	1.8	1.6	1.2	0.1	-1.6	-1.4	-2.1	-2.0	-2.3	-3.4	-3.9	-3.6	-3.1
Canada	-1.4	-1.4	0.1	2.5	2.1	1.7	1.1	2.3	1.9	1.4	0.8	0.1	-2.9	-3.5	-2.7	-3.3	-3.0	-2.2	-3.7	-3.1
Chili	-4.4	-4.9	0.0	-1.3	-1.6	-1.0	-1.1	2.6	1.5	4.6	4.1	-3.4	2.0	1.7	-1.2	-3.6	-3.6	-1.1	-0.8	0.0
Chine	3.9	3.1	1.9	1.7	1.3	2.4	2.6	3.6	5.8	8.5	10.0	9.2	4.8	3.9	1.8	2.5	1.6	2.1	2.4	2.1
Colombie	-4.7	-4.1	0.7	0.8	-1.1	-1.4	-1.0	-0.7	-1.3	-1.8	-2.9	-2.7	-2.0	-3.0	-2.9	-3.1	-3.2	-5.3	-6.0	-5.3
République tchèque	-5.8	-1.9	-2.3	-4.4	-4.9	-5.1	-5.7	-4.2	-0.9	-2.1	-4.3	-1.9	-2.3	-3.6	-2.1	-1.6	-0.5	0.6	0.8	0.8
Danemark	0.4	-0.8	1.9	1.6	2.5	2.8	3.4	2.3	4.3	3.2	1.4	2.7	3.3	5.7	5.7	5.6	7.2	6.3	7.0	7.2
Estonie	-11.1	-8.6	-4.3	-5.4	-7.1	-11.2	-12.9	-12.0	-8.7	-15.0	-15.0	-8.7	2.6	1.8	1.4	-2.5	-1.1	-0.1	0.8	0.6
Finlande	4.8	4.7	4.9	7.1	7.6	7.8	4.4	5.6	3.0	3.8	3.8	2.2	1.9	1.2	-1.8	-1.9	-1.8	-1.9	-0.9	-0.8
France	2.8	2.8	3.4	1.2	1.5	1.2	0.9	0.4	0.0	0.0	-0.3	-1.0	-0.8	-0.8	-1.0	-1.5	-1.4	-1.0	-0.5	-0.3
Allemagne	-0.5	-0.8	-1.5	-1.8	-0.3	2.0	1.4	4.4	4.6	5.7	6.8	5.5	5.7	5.4	6.1	6.9	6.6	7.8	8.5	8.3
Grèce	-3.7	-2.7	-3.6	-7.6	-7.0	-6.3	-6.4	-5.6	-7.5	-11.0	-14.2	-14.6	-10.9	-9.9	-9.9	-2.5	0.6	0.9	2.1	2.8
Hongrie	-4.0	-7.1	-7.9	-8.5	-5.8	-6.3	-8.0	-8.6	-7.0	-7.0	-7.1	-7.1	-0.8	0.3	0.7	1.8	4.0	4.1	5.4	5.6
Islande	-2.3	-7.2	-7.1	-10.3	-4.3	1.2	-4.9	-9.8	-15.8	-23.2	-13.7	-22.8	-9.9	-6.4	-5.3	-4.4	5.8	3.6	3.1	2.4
Inde	-0.7	-1.6	-0.7	-1.0	0.3	1.5	1.6	0.2	-1.3	-1.0	-0.7	-2.5	-2.1	-3.4	-3.4	-5.1	-2.5	-1.4	-1.1	-1.4
Indonésie	-1.7	3.8	3.4	4.5	3.9	3.7	3.1	0.6	0.1	2.7	2.2	0.0	1.8	0.7	0.2	-2.7	-3.1	-3.0	-2.1	-2.2
Irlande	2.3	0.8	0.2	-0.4	-0.7	-1.0	-0.2	-0.6	-3.4	-3.6	-5.4	-5.7	-3.0	0.6	0.8	1.6	4.4	6.2	5.7	5.4
Israël	-3.2	-1.0	-1.3	-1.5	-1.5	-0.9	0.6	1.5	3.1	4.0	3.2	1.3	3.3	3.5	1.3	0.6	2.6	3.0	4.3	4.1
Italie	2.6	1.7	0.8	-0.3	0.1	-0.5	-0.8	-0.5	-0.9	-1.5	-1.4	-2.8	-1.9	-3.5	-3.1	-0.4	1.0	1.8	2.6	3.4
Japon	2.2	2.9	2.6	2.8	2.1	2.7	3.2	3.9	3.7	4.0	4.9	3.0	2.9	4.0	2.2	1.0	0.8	0.5	2.8	3.0
Corée	-1.7	10.9	4.4	1.9	0.5	0.8	1.7	3.9	1.4	0.3	1.0	0.6	3.8	2.7	1.6	4.1	6.2	6.4	7.0	6.6
Lettonie	..	..	..	-4.8	-7.5	-6.5	-7.8	-12.2	-11.8	-20.9	-20.8	-12.3	8.0	2.3	-2.8	-3.3	-2.3	-3.1	-3.1	-3.0
Luxembourg	8.7	7.4	6.7	11.5	7.1	9.5	6.6	12.0	11.1	10.1	10.1	7.4	7.6	7.0	5.8	5.7	4.9	5.7	4.1	4.4
Mexique	-1.6	-3.2	-2.4	-2.7	-2.5	-2.0	-1.2	-0.9	-1.0	-0.8	-1.4	-1.9	-0.9	-0.5	-1.1	-1.3	-2.4	-2.1	-2.0	-2.1
Pays-Bas	6.3	3.1	3.7	1.9	2.5	2.6	5.4	7.4	7.2	8.9	6.4	4.0	5.5	7.5	8.8	11.0	11.0	10.3	10.0	10.3
Nouvelle-Zélande	-5.2	-2.7	-4.9	-3.2	-0.8	-2.2	-2.4	-4.6	-7.1	-7.1	-6.8	-7.7	-2.3	-2.3	-2.8	-4.0	-3.2	-3.3	-5.4	-5.7
Norvège	6.2	-0.3	5.5	14.7	15.8	12.3	12.1	12.4	16.2	16.1	12.2	15.7	10.6	10.9	12.4	12.4	10.0	8.5	6.9	6.9
Pologne	-3.8	-4.1	-7.7	-6.2	-3.2	-2.9	-2.6	-5.4	-2.5	-4.0	-6.3	-6.5	-3.9	-5.6	-5.1	-3.5	-1.3	-1.4	-1.1	-1.1
Portugal	-6.2	-7.5	-8.9	-10.3	-10.4	-8.5	-7.2	-8.3	-9.9	-10.7	-9.7	-12.1	-10.4	-10.1	-6.0	-2.1	1.4	0.6	0.7	0.6
Fédération de Russie	0.0	2.2	12.8	18.1	11.1	8.5	8.2	10.1	11.0	9.3	5.5	6.2	4.0	4.4	5.1	3.5	1.7	3.3	3.7	3.5
République slovaque	-11.5	-12.0	-6.5	-4.7	-11.2	-10.7	-8.0	-10.5	-11.4	-10.6	-7.1	-8.1	-3.5	-4.7	-5.0	0.9	1.5	0.1	0.0	0.9
Slovénie	0.1	-0.9	-4.0	-3.2	0.0	0.9	-0.8	-2.7	-1.8	-1.8	-4.2	-5.4	-0.6	-0.1	0.2	2.7	5.6	5.9	7.8	7.7
Afrique du Sud	-1.5	-1.7	-0.5	-0.1	0.3	0.9	-0.8	-2.8	-3.1	-4.5	-5.4	-5.5	-2.7	-1.5	-2.2	-5.0	-5.8	-5.4	-5.5	-5.2
Espagne	-0.7	-1.7	-3.3	-4.4	-4.4	-3.7	-3.9	-5.6	-7.5	-9.0	-9.6	-9.3	-4.3	-3.9	-3.2	-0.3	1.4	0.8	1.3	1.3
Suède	3.9	3.6	3.9	4.0	4.7	4.5	6.6	6.3	6.5	8.3	8.9	8.6	5.9	6.0	6.9	6.6	7.3	6.3	6.5	6.3
Suisse	9.3	9.3	10.9	12.0	8.2	8.6	12.7	14.5	13.4	14.2	10.0	2.2	7.1	14.0	6.8	9.9	10.7	7.0	10.1	10.5
Turquie	-1.0	0.9	-0.6	-3.3	2.0	-0.4	-2.5	-3.6	-4.4	-6.0	-5.8	-5.4	-1.9	-6.1	-9.6	-6.1	-7.9	-5.8	-5.2	-4.9
Royaume-Uni	-0.1	-0.3	-2.6	-2.4	-2.1	-2.0	-1.6	-2.0	-1.3	-2.2	-2.7	-3.7	-2.8	-2.6	-1.7	-3.7	-4.5	-5.5	-5.1	-4.4
États-Unis	-1.6	-2.4	-3.1	-4.0	-3.7	-4.2	-4.5	-5.2	-5.7	-5.8	-5.0	-4.7	-2.6	-3.0	-3.0	-2.9	-2.4	-2.4	-2.6	-3.0
Zone euro	1.1	0.6	0.2	-0.8	-0.2	0.5	0.3	1.0	0.4	0.4	0.3	-0.6	0.4	0.5	0.8	2.2	2.8	3.4	3.9	4.1
Total OCDE	0.1	-0.2	-0.7	-1.2	-1.1	-1.1	-1.0	-0.9	-1.3	-1.5	-1.3	-1.7	-0.5	-0.4	-0.6	-0.4	-0.1	0.0	0.1	0.1

Source : Base de données des Perspectives économiques de l'OCDE, n° 97.

StatLink http://dx.doi.org/10.1787/888933227965

Annexe : Tableau 52. **Structure des balances des opérations courantes des principales régions**

Milliards de dollars

	2000	2001	2002	2003	2004	2005	2006	2007	2008	2009	2010	2011	2012	2013	2014	2015	2016
Balance commerciale[1]																	
Pays de l'OCDE	-192	-167	-145	-204	-245	-417	-503	-398	-537	-78	-188	-362	-281	-73	-24	32	52
Chine	29	28	37	36	51	125	209	308	349	220	223	182	232	235	284	348	332
Autres pays industrialisés d'Asie[2]	67	66	83	96	82	87	117	141	57	107	91	84	21	69	132	181	196
Russie	52	39	37	49	72	105	126	113	156	93	123	162	146	123	133	121	133
Brésil	-15	-13	3	13	23	30	30	19	-4	-7	-23	-20	-33	-56	-65	-55	-49
Autres pays producteurs de pétrole	139	85	80	120	187	326	397	370	523	150	329	636	650	574	405	-28	-28
Reste du monde	-51	-48	-38	-44	-65	-87	-116	-177	-255	-156	-169	-212	-258	-272	-272	-261	-280
Total mondial[3]	29	-10	58	65	106	169	260	376	289	329	386	469	477	600	593	338	356
Solde des revenus d'investissement																	
Pays de l'OCDE	26	26	6	58	165	190	202	153	69	184	325	397	370	334	322	326	327
Chine	-15	-19	-15	-10	-5	-16	-5	8	29	-9	-26	-70	-20	-78	-34	-49	-50
Autres pays industrialisés d'Asie[2]	-17	-12	-16	-12	-21	-33	-25	-24	-26	-29	-46	-48	-72	-81	-80	-91	-96
Russie	-7	-4	-7	-13	-13	-19	-29	-29	-46	-40	-47	-60	-68	-80	-67	-56	-54
Brésil	-18	-20	-18	-19	-21	-26	-27	-29	-41	-34	-39	-47	-35	-40	-40	-17	-17
Autres pays producteurs de pétrole	-4	-7	-16	-22	-28	-42	-21	-29	-56	-44	-69	-87	-89	-85	-82	-81	-81
Reste du monde	-34	-34	-33	-42	-50	-55	-60	-75	-83	-75	-102	-124	-126	-126	-127	-123	-123
Total mondial[3]	-68	-70	-99	-60	27	-1	35	-26	-153	-46	-4	-41	-39	-156	-109	-92	-93
Solde des transferts																	
Pays de l'OCDE	-139	-140	-145	-179	-211	-241	-237	-298	-324	-333	-350	-370	-362	-373	-391	-381	-397
Chine	6	8	13	17	23	24	28	37	43	32	41	25	3	-9	-30	-32	-32
Autres pays industrialisés d'Asie[2]	16	17	20	28	25	36	43	55	69	68	71	84	91	92	93	95	95
Russie	0	-1	-1	0	-1	-2	-3	-6	-7	-6	-6	-6	-6	-9	-8	-5	-10
Brésil	2	2	2	3	3	4	4	4	4	3	3	3	3	3	2	2	2
Autres pays producteurs de pétrole	-19	-20	-20	-19	-19	-20	-11	-20	-28	-38	-42	-49	-56	-68	-75	-76	-78
Reste du monde	45	51	58	68	78	89	103	120	138	129	137	149	156	165	169	169	169
Total mondial[3]	-89	-82	-73	-83	-102	-110	-72	-108	-104	-144	-146	-164	-171	-198	-241	-229	-251
Balance des opérations courantes																	
Pays de l'OCDE	-336	-307	-308	-329	-313	-480	-566	-537	-771	-216	-193	-293	-213	-55	-18	40	44
Chine	21	17	35	43	69	132	232	353	421	243	238	136	215	148	220	267	250
Autres pays industrialisés d'Asie[2]	47	60	78	104	77	72	125	159	88	136	103	101	18	65	131	170	190
Russie	47	34	29	35	60	84	92	72	104	50	67	97	71	35	59	55	57
Brésil	-24	-23	-8	4	12	14	14	2	-28	-24	-47	-52	-54	-81	-91	-70	-63
Autres pays producteurs de pétrole	121	60	44	81	144	295	380	340	442	81	230	493	494	405	273	66	96
Reste du monde	-35	-27	-7	-13	-30	-45	-63	-115	-183	-82	-112	-159	-197	-198	-184	-207	-219
Total mondial[3]	-160	-185	-136	-73	19	72	214	273	73	188	287	323	335	319	390	322	354

Note : Pour la zone OCDE, les données historiques sont les agrégats des données de balance des paiements recensées par chaque pays. En raison de divers problèmes statistiques et du fait que de nombreux pays non membres ne communiquent pas leurs chiffres, des divergences peuvent exister entre les balances commerciales et les balances courantes recensées par ces pays et celles qui sont présentées dans ce tableau.

1. Sur la base des comptes nationaux pour les pays de l'OCDE et des balance de paiements pour les régions non-OCDE.
2. Les économies dynamiques d'Asie (Hong-Kong, Chine ; Malaisie ; Philippines ; Singapour ; Taipei chinois; Vietnam et Thaïlande) ainsi que l'Inde et l'Indonésie.
3. Comprend les erreurs statistiques et les asymétries de traitement. Etant donnée l'importance des flux bruts au niveau mondial, des erreurs statistiques et des asymétries de traitement donnent lieu à des soldes mondiaux significativement différents de zéro.

Source : Base de données des Perspectives économiques de l'OCDE, n° 97.

StatLink http://dx.doi.org/10.1787/888933227974

Annexe : Tableau 53. **Croissance des marchés à l'exportation de biens et services**

Pourcentages de variation par rapport à l'année précédente

	1997	1998	1999	2000	2001	2002	2003	2004	2005	2006	2007	2008	2009	2010	2011	2012	2013	2014	2015	2016
Australie	6.1	-3.1	6.0	13.6	0.7	6.7	9.8	13.8	9.2	9.8	8.0	4.7	-8.5	15.3	8.7	5.1	4.3	4.3	4.8	5.5
Autriche	10.1	7.6	5.8	11.9	2.1	1.3	5.4	9.5	7.6	10.6	8.4	3.0	-11.4	11.9	6.8	0.8	3.1	2.8	3.9	5.2
Belgique	10.1	9.0	7.0	12.3	1.8	1.7	4.2	8.4	7.1	9.4	6.9	2.5	-10.8	10.7	6.0	1.7	2.2	3.2	4.2	5.0
Canada	12.4	9.9	9.1	12.8	-1.9	3.8	4.9	11.3	6.8	7.1	3.6	-1.2	-12.7	12.8	5.9	2.7	1.8	3.8	5.8	6.3
Chili	9.2	1.5	5.5	13.3	0.7	4.0	8.5	12.4	8.5	10.1	8.7	3.9	-8.6	15.7	8.5	3.6	4.5	3.9	4.2	5.4
République tchèque	10.1	7.9	5.5	11.6	2.7	1.3	5.2	9.2	7.6	11.1	8.1	2.9	-12.1	11.7	6.8	1.1	2.6	3.2	3.9	5.4
Danemark	10.7	8.4	5.6	11.4	1.1	1.6	4.7	8.8	7.5	9.6	7.5	2.4	-11.6	11.3	6.1	2.0	2.2	3.7	4.1	4.9
Estonie	10.0	7.3	2.3	12.2	2.6	3.0	5.7	10.2	9.9	11.0	10.9	4.7	-16.6	11.3	9.2	3.1	1.3	1.2	1.0	4.6
Finlande	10.3	6.3	4.3	12.7	1.5	3.0	6.0	10.3	8.6	10.7	9.3	3.6	-13.3	13.0	8.3	3.0	2.6	2.4	2.4	5.0
France	10.3	7.1	5.8	11.6	1.6	2.2	5.2	9.4	7.6	9.6	8.1	2.6	-11.1	10.9	5.7	1.4	2.8	3.0	3.8	5.1
Allemagne	10.3	7.2	5.2	12.4	1.9	3.0	4.8	9.6	7.9	9.3	8.1	2.9	-11.3	11.3	6.4	1.7	2.8	2.8	3.6	4.9
Grèce	10.4	7.3	3.4	10.6	1.5	3.5	6.0	10.2	7.9	9.6	9.9	4.4	-11.5	10.5	7.0	2.4	2.8	2.3	3.7	5.2
Hongrie	9.6	7.3	5.1	11.4	2.9	1.9	5.5	9.8	7.7	10.7	8.6	3.1	-12.4	11.6	7.0	1.5	2.4	2.9	3.7	5.4
Islande	10.2	7.8	6.7	10.6	2.1	1.9	3.3	7.8	6.8	9.2	6.7	1.8	-10.7	9.5	5.0	2.0	2.3	3.1	3.2	4.8
Irlande	10.3	8.0	7.1	12.0	0.4	2.8	3.9	8.8	6.8	7.8	4.6	0.4	-11.1	10.9	5.3	1.6	2.4	2.9	4.5	5.1
Israël	11.2	7.2	7.0	13.1	-1.0	4.2	6.4	11.7	8.1	8.8	6.3	2.3	-11.2	13.6	7.2	3.1	2.5	2.7	4.4	5.7
Italie	10.2	7.6	5.6	12.1	1.7	2.5	5.3	9.8	8.0	9.5	8.9	3.5	-11.3	10.6	6.6	2.0	3.2	2.7	3.8	5.0
Japon	9.8	0.2	6.9	15.4	-0.9	7.3	9.7	14.5	9.1	10.1	8.8	3.7	-8.4	15.8	8.0	4.0	4.6	3.4	4.5	5.8
Corée	9.6	1.6	4.7	14.3	0.8	6.7	10.3	14.8	9.7	10.7	9.6	4.8	-8.3	15.4	8.0	4.8	5.1	4.0	4.6	5.6
Luxembourg	9.7	8.3	6.0	12.4	1.5	1.3	3.6	7.5	7.0	8.9	6.5	1.7	-10.4	10.4	5.8	0.8	2.6	2.9	4.1	4.8
Mexique	13.1	10.5	8.8	12.5	-2.3	3.3	4.8	11.4	6.7	6.9	3.7	-1.3	-13.2	12.9	6.1	2.5	1.6	3.7	5.8	6.4
Pays-Bas	9.7	8.0	6.1	12.3	1.4	1.5	4.4	8.4	7.2	9.3	7.0	2.2	-11.1	10.9	6.1	1.2	2.4	3.3	4.2	5.1
Nouvelle-Zélande	8.8	2.0	5.3	12.2	-0.5	6.7	8.6	13.5	9.0	9.5	9.5	5.8	-9.2	13.7	8.2	5.2	2.4	2.4	3.3	4.8
Norvège	10.1	8.2	6.8	11.8	2.0	2.8	3.6	7.9	7.1	9.4	4.9	1.1	-10.8	10.2	4.8	2.1	1.8	3.5	4.3	4.7
Pologne	9.6	7.9	5.5	12.1	2.8	1.9	5.0	9.6	7.7	10.6	8.2	2.6	-12.4	11.4	6.8	1.3	2.4	3.1	3.7	5.1
Portugal	10.9	10.0	7.8	11.1	2.8	2.4	4.7	9.0	7.5	8.8	8.2	0.5	-12.4	9.0	4.1	0.0	1.9	4.3	4.7	5.2
République slovaque	10.3	9.0	5.6	12.8	2.8	2.0	5.5	10.5	7.6	10.7	9.2	2.9	-12.1	11.8	6.4	0.6	2.1	4.4	4.7	5.5
Slovénie	9.8	7.9	4.3	11.5	3.1	2.0	5.1	9.4	7.4	10.5	9.2	3.6	-12.4	11.3	7.0	1.1	2.2	2.8	3.5	5.3
Espagne	10.0	8.9	5.5	11.8	1.6	1.7	3.6	8.2	6.8	8.9	7.4	2.6	-10.6	10.5	5.2	0.8	2.5	3.1	4.0	4.7
Suède	10.6	7.7	4.2	11.2	1.5	3.0	4.0	9.3	8.4	10.0	7.6	3.2	-11.5	9.9	6.2	2.4	2.4	2.7	3.4	4.6
Suisse	9.7	6.7	6.4	12.4	1.1	2.4	5.3	9.6	7.3	9.4	7.2	2.1	-10.9	12.1	6.2	1.8	2.5	3.4	4.4	5.2
Turquie	9.7	6.5	3.7	10.8	4.2	3.2	5.5	10.3	9.2	10.4	11.7	5.9	-10.6	8.7	6.2	3.8	3.1	2.8	3.0	4.6
Royaume-Uni	11.0	9.5	6.8	13.2	1.5	2.2	3.9	9.3	7.8	8.6	7.8	2.0	-10.6	10.0	5.6	2.5	2.5	4.1	4.4	5.3
États-Unis	10.9	3.7	5.8	12.5	-0.4	3.2	6.1	10.8	8.5	9.2	8.3	4.2	-10.6	14.3	7.5	4.0	3.4	3.1	3.6	5.1
Total OCDE	10.4	6.3	6.1	12.6	0.8	3.2	5.6	10.4	7.9	9.3	7.7	2.8	-10.8	12.3	6.7	2.6	3.0	3.3	4.1	5.3
Chine	8.9	2.2	4.8	13.2	-0.7	3.8	6.1	12.0	8.0	8.7	7.5	3.7	-12.1	13.4	7.0	3.5	2.5	2.7	3.7	5.5
Autres pays industrialisés d'Asie[1]	8.7	0.2	4.3	14.1	-0.2	5.8	8.6	13.8	9.0	9.5	8.5	4.4	-9.1	14.6	7.6	4.4	4.1	3.6	4.4	5.6
Russie	10.3	6.0	5.1	11.8	1.3	3.6	6.0	10.0	8.0	9.7	9.0	3.5	-10.6	11.1	6.9	2.3	2.9	3.1	3.9	5.2
Brésil	11.9	4.9	2.5	10.9	0.4	-0.2	9.3	14.0	10.0	10.5	10.8	5.5	-10.2	14.4	9.3	3.4	4.0	1.9	3.3	5.2
Autres pays producteurs de pétrole	8.6	2.5	5.6	13.0	0.3	5.0	7.6	12.2	9.1	9.8	8.1	4.8	-10.1	13.4	8.0	4.2	2.5	3.2	4.3	5.5
Reste du monde	10.3	5.6	3.3	11.9	2.0	3.6	6.6	11.5	9.1	10.5	10.3	5.2	-11.6	12.4	7.9	3.5	3.2	2.1	2.8	5.1

Note : Les agrégats régionaux sont calculés à l'inclusion du commerce intra-régional.

1. Hong-Kong, Chine ; Malaisie ; Philippines ; Singapour ; Taipei chinois ; Vietnam ; Thaïlande ; Inde et Indonésie.

Source : Base de données des Perspectives économiques de l'OCDE, n° 97.

StatLink http://dx.doi.org/10.1787/888933227989

Annexe : Tableau 54. **Taux de pénétration des importations**

Volume des importations de biens et services en pourcentage du volume des dépenses totales finales à prix constants

	1997	1998	1999	2000	2001	2002	2003	2004	2005	2006	2007	2008	2009	2010	2011	2012	2013	2014	2015	2016
Australie	10.5	10.6	11.0	11.4	10.7	11.3	12.0	13.1	13.6	14.3	15.2	16.2	14.7	16.3	17.4	17.7	17.2	16.6	16.2	16.1
Autriche	26.9	27.3	27.4	28.6	29.5	29.3	29.8	30.9	31.5	31.9	32.4	32.2	30.3	32.2	33.0	33.0	33.0	33.5	34.4	35.2
Belgique	37.2	37.8	37.8	40.0	39.5	39.4	39.5	40.2	41.3	41.8	42.4	43.0	41.5	43.2	44.6	45.0	45.4	46.1	46.4	47.2
Brésil	0.1	0.1	0.1	0.1	0.1	0.1	0.1	0.1	0.1	0.1	0.1	0.1	0.1	0.2	0.2	0.2	0.2	0.2	0.2	0.2
Canada	21.4	21.6	22.1	22.6	21.5	21.3	21.7	22.6	23.2	23.7	24.4	24.3	22.5	24.2	24.9	25.2	25.1	24.9	25.0	25.5
Chili	20.7	21.0	19.4	20.1	20.2	20.0	20.8	22.4	24.2	25.2	26.8	28.3	25.1	28.6	30.6	30.5	29.9	27.9	27.2	27.3
Chine	0.1	0.1	0.2	0.2	0.2	0.2	0.2	0.2	0.2	0.2	0.2	0.2	0.2	0.2	0.2	0.2	0.2	0.2	0.2	0.2
Colombie	0.2	0.2	0.1	0.1	0.1	0.1	0.1	0.1	0.2	0.2	0.2	0.2	0.2	0.2	0.2	0.2	0.2	0.2	0.2	0.2
République tchèque	23.9	24.8	25.4	27.1	28.5	29.1	30.0	33.8	35.1	36.1	37.6	37.6	36.1	38.8	39.9	40.7	40.9	42.7	43.9	44.7
Danemark	22.4	23.3	23.2	24.8	25.1	26.2	25.9	26.7	28.3	30.2	31.2	32.2	30.5	30.4	31.6	31.9	32.4	32.9	33.2	33.6
Estonie	29.6	30.4	29.3	32.1	33.5	34.9	35.9	37.9	39.5	41.7	42.7	42.3	37.0	40.7	43.5	45.9	46.6	46.1	46.0	46.4
Finlande	21.6	21.9	21.8	23.3	23.2	23.7	24.2	24.9	26.4	26.9	27.3	28.6	26.7	27.2	27.9	28.5	28.4	28.2	28.3	28.7
France	16.1	17.2	17.6	19.2	19.3	19.4	19.4	19.9	20.6	21.1	21.7	21.9	20.7	21.8	22.5	22.6	22.8	23.4	24.2	24.7
Allemagne	18.4	19.5	20.5	21.7	21.6	21.2	22.2	23.3	24.2	25.5	26.1	26.3	25.5	27.0	27.7	27.7	28.3	28.6	29.4	30.2
Grèce	18.7	20.3	22.3	25.2	24.2	23.0	22.9	23.1	23.2	24.4	26.1	26.6	23.4	23.4	23.7	23.2	23.3	24.4	25.1	25.4
Hongrie	25.9	28.8	30.6	33.9	34.2	35.0	36.2	38.7	39.5	42.0	45.1	46.3	44.0	46.4	47.0	46.5	47.6	49.2	49.9	50.6
Islande	24.1	26.6	26.5	27.1	24.3	23.7	24.9	25.9	29.7	30.9	28.6	24.1	20.8	21.9	22.6	23.1	22.5	23.7	24.4	25.0
Inde	0.1	0.1	0.1	0.1	0.1	0.1	0.1	0.1	0.2	0.2	0.2	0.2	0.2	0.2	0.2	0.2	0.2	0.2	0.2	0.2
Indonésie	0.2	0.2	0.1	0.2	0.2	0.1	0.1	0.2	0.2	0.2	0.2	0.2	0.2	0.2	0.2	0.2	0.2	0.2	0.2	0.2
Irlande	38.8	42.8	43.1	45.5	45.6	44.5	43.0	44.1	44.7	45.2	45.9	45.8	44.7	45.5	44.1	46.0	46.1	47.9	48.8	49.4
Israël	24.7	24.3	26.3	26.8	25.7	25.5	25.2	26.4	26.2	25.8	26.6	26.3	23.3	24.8	26.0	25.9	25.2	25.2	25.4	25.8
Italie	16.5	17.5	17.8	18.8	18.9	19.0	19.1	19.5	20.0	20.9	21.4	21.0	19.7	21.3	21.4	20.4	20.3	20.7	21.0	21.3
Japon	9.8	9.3	9.6	10.4	10.4	10.4	10.6	11.1	11.4	11.7	11.7	11.9	10.8	11.3	12.0	12.3	12.5	13.2	13.7	14.1
Corée	24.9	21.0	23.0	25.0	23.5	24.8	26.2	27.6	28.4	29.8	31.1	31.1	29.6	31.6	33.8	33.8	33.5	33.3	33.2	33.7
Lettonie	0.3	0.3	0.3	0.3	0.3	0.3	0.3	0.3	0.4	0.4	0.4	0.4	0.3	0.4	0.4	0.4	0.4	0.4	0.4	0.4
Luxembourg	51.9	53.1	54.3	54.8	55.9	55.0	55.9	57.3	57.5	59.1	59.3	61.2	59.0	60.0	61.0	61.9	62.8	62.3	62.6	62.8
Mexique	14.8	16.0	17.3	19.5	19.6	19.8	20.2	20.6	21.4	22.2	22.6	23.0	20.9	23.2	23.8	23.6	24.0	24.6	25.1	25.7
Pays-Bas	31.9	32.7	33.6	34.8	35.0	35.1	35.3	36.2	36.9	37.8	38.3	38.3	37.2	38.8	39.3	40.3	40.7	41.4	41.3	42.0
Nouvelle-Zélande	19.0	18.8	19.9	19.2	19.2	19.9	20.5	22.3	22.9	22.0	22.9	23.7	20.9	22.3	23.2	23.2	23.9	24.7	25.1	25.3
Norvège	17.7	18.4	18.0	17.8	17.7	17.6	17.6	18.3	19.0	20.0	21.0	21.5	20.0	21.1	21.6	21.7	22.3	22.2	22.2	22.2
Pologne	21.8	24.0	23.4	24.9	24.0	24.2	25.3	25.8	26.3	28.4	30.0	31.1	27.8	29.7	29.9	29.4	29.4	30.5	31.3	32.2
Portugal	22.9	24.5	25.4	25.7	25.5	25.4	25.5	26.5	26.8	28.0	28.5	29.0	27.5	28.7	27.8	27.3	28.4	29.5	30.2	30.8
Fédération de Russie	0.1	0.1	0.1	0.1	0.1	0.1	0.1	0.1	0.1	0.2	0.2	0.2	0.1	0.2	0.2	0.2	0.2	0.2	0.2	0.2
République slovaque	35.1	34.1	33.4	34.5	37.7	37.9	38.5	41.9	43.9	46.4	46.1	45.5	41.6	43.8	45.4	45.7	46.2	46.8	46.7	47.2
Slovénie	32.3	33.7	34.4	34.9	35.1	35.5	36.3	38.4	39.2	40.8	43.0	43.1	39.9	41.3	42.4	42.0	42.6	42.9	43.0	43.7
Afrique du Sud	0.2	0.2	0.2	0.2	0.2	0.2	0.2	0.2	0.2	0.2	0.2	0.2	0.2	0.2	0.2	0.2	0.2	0.2	0.2	0.2
Espagne	17.3	18.6	19.9	20.5	20.5	20.6	21.0	22.1	22.6	23.3	24.1	22.8	20.1	21.2	21.1	20.4	20.5	21.5	22.0	22.6
Suède	23.2	24.4	24.5	25.7	25.1	24.5	24.7	25.1	25.8	26.5	27.3	28.1	26.2	27.4	28.3	28.5	28.1	28.9	29.4	29.8
Suisse	30.7	31.1	31.5	32.3	32.2	31.7	31.7	32.0	33.4	33.2	33.6	34.1	33.7	34.9	36.5	35.6	38.0	35.1	34.7	34.7
Turquie	16.9	16.8	16.7	18.6	15.4	17.2	19.6	21.2	21.8	21.8	22.8	22.0	20.1	22.0	22.3	21.8	22.6	22.1	22.4	22.6
Royaume-Uni	19.7	20.5	21.2	22.1	22.4	22.9	22.7	23.5	24.2	25.4	24.8	24.5	23.4	24.6	24.4	24.9	24.8	24.7	25.1	25.2
États-Unis	10.2	10.8	11.3	12.1	11.7	11.9	12.1	12.9	13.2	13.6	13.7	13.4	12.1	13.1	13.6	13.6	13.4	13.6	14.1	14.6
Total OCDE	15.9	16.5	17.1	18.2	18.0	18.1	18.4	19.2	19.8	20.6	21.0	21.1	19.6	20.9	21.5	21.5	21.6	21.9	22.4	22.9

Note : L'agrégat total OCDE est calculé à l'inclusion du commerce intra-régional comme la somme des volumes d'importation divisée par la somme des volumes de dépense totale finale exprimés en dollars constants de 2010.

Source : Base de données des Perspectives économiques de l'OCDE, n° 97.

StatLink http://dx.doi.org/10.1787/888933227992

Annexe : Tableau 55. **Prévisions trimestrielles de la demande et de la production**

Pourcentages de variation par rapport à la période précédente, taux annuels désaisonnalisés, volume

	2014	2015	2016	2014 T4	2015 T1	T2	T3	T4	2016 T1	T2	T3	T4	2014 T4 / T4	2015 T4 / T4	2016 T4 / T4
Consommation privée															
Canada	2.7	2.1	2.3	2.1	0.4	3.1	2.4	2.4	2.3	2.2	2.2	2.2	2.6	2.1	2.2
France	0.7	1.6	1.7	0.6	3.2	1.2	1.3	1.4	1.7	2.1	2.2	2.3	0.6	1.7	2.1
Allemagne	1.2	2.3	2.0	2.8	2.4	2.1	2.1	2.0	2.0	1.9	1.8	1.8	2.2	2.2	1.9
Italie	0.3	0.4	1.1	0.3	-0.4	0.6	0.9	1.1	1.2	1.2	1.2	1.2	0.5	0.6	1.2
Japon	-1.3	0.3	2.0	1.5	1.4	2.2	2.1	2.0	2.0	2.0	2.0	2.0	-2.4	1.9	2.0
Royaume-Uni	2.5	2.5	2.3	2.5	1.9	2.5	2.5	2.4	2.2	2.2	2.1	2.0	3.0	2.3	2.1
États-Unis	2.5	3.0	3.0	4.4	1.8	3.0	3.5	3.2	3.1	2.9	2.7	2.6	2.9	2.9	2.8
Zone euro	1.0	1.8	1.8	1.7	2.1	1.7	1.7	1.7	1.8	1.8	1.8	1.8	1.5	1.8	1.8
Total OCDE	1.7	2.4	2.6	3.1	1.9	2.5	2.7	2.6	2.6	2.5	2.5	2.4	1.9	2.4	2.5
Consommation publique															
Canada	0.2	0.1	1.0	1.0	-0.8	0.0	0.5	0.7	1.2	1.2	1.5	1.5	0.4	0.1	1.3
France	1.5	1.2	0.3	1.9	1.7	0.3	0.3	0.3	0.3	0.3	0.3	0.3	1.6	0.6	0.3
Allemagne	1.2	2.2	1.8	1.3	2.7	2.1	2.0	1.8	1.7	1.7	1.7	1.7	1.7	2.2	1.7
Italie	-0.9	-0.5	-0.9	1.7	0.4	-2.4	-2.4	-2.0	-1.2	0.0	0.8	2.0	-0.3	-1.6	0.4
Japon	0.3	0.9	0.1	1.1	0.4	0.6	0.7	2.9	1.0	-1.7	-2.9	-1.1	0.6	1.1	-1.2
Royaume-Uni	1.7	1.3	-0.7	-0.9	2.3	0.5	0.5	0.5	-1.5	-1.5	-1.5	-1.5	2.1	1.0	-1.5
États-Unis	0.4	0.5	0.5	-3.3	0.9	1.4	0.1	0.2	0.5	0.5	0.5	0.6	1.1	0.6	0.5
Zone euro	0.6	0.7	0.4	0.6	1.6	0.1	0.2	0.2	0.3	0.6	0.7	0.9	0.8	0.5	0.6
Total OCDE	1.0	0.9	0.7	-0.3	1.0	0.9	0.6	1.0	0.8	0.5	0.5	0.8	1.2	0.9	0.6
Investissement des entreprises															
Canada	-0.1	-4.7	3.4	0.1	-16.3	-6.0	2.0	3.0	4.5	5.0	5.0	5.0	0.3	-4.6	4.9
France	2.2	0.7	2.7	-0.6	0.4	0.7	1.6	2.4	2.8	3.2	3.4	3.6	0.7	1.3	3.2
Allemagne	4.0	3.4	4.9	1.0	8.5	4.0	4.6	5.0	5.0	5.1	5.1	5.1	2.1	5.5	5.1
Japon	3.9	0.8	4.0	0.0	1.4	5.4	5.4	2.3	4.0	4.4	4.5	3.0	0.6	3.6	4.0
Royaume-Uni	7.5	4.6	6.4	-3.7	7.0	9.0	6.0	6.1	6.2	6.3	6.4	6.4	3.7	7.0	6.3
États-Unis	6.3	3.3	5.1	4.7	-2.8	2.7	5.2	5.3	5.1	5.3	5.5	5.5	6.2	2.5	5.3
Investissement total															
Canada	0.3	-1.5	0.9	1.0	-7.1	-3.8	0.5	1.0	1.3	1.5	1.2	1.3	1.5	-2.4	1.3
France	-1.2	-0.6	1.8	-1.5	-0.8	0.1	1.1	1.6	1.9	2.1	2.3	2.5	-2.1	0.5	2.2
Allemagne	3.3	2.5	4.3	3.4	6.0	3.3	4.1	4.4	4.4	4.5	4.5	4.5	0.9	4.4	4.5
Italie	-3.2	1.6	1.9	0.7	6.1	1.6	1.8	1.9	1.9	1.9	2.0	2.0	-3.0	2.9	2.0
Japon	2.6	-0.6	0.1	-0.2	0.6	3.2	2.1	-1.7	-1.0	-0.4	1.6	1.8	-1.6	1.0	0.5
Royaume-Uni	7.8	4.7	6.2	-2.4	6.1	8.1	5.6	5.8	6.1	6.2	6.3	6.4	5.1	6.4	6.2
États-Unis	3.9	3.0	5.4	4.5	-2.7	2.9	4.9	5.3	5.5	5.7	6.2	6.2	4.4	2.5	5.9
Zone euro	1.2	2.0	3.5	1.8	3.4	1.9	3.0	3.4	3.6	3.8	3.9	4.0	0.6	2.9	3.8
Total OCDE	2.7	2.3	3.9	2.0	1.1	2.7	3.8	3.6	3.9	4.2	4.6	4.7	2.2	2.8	4.3

Note : La mise en place des systèmes de comptes nationaux a progressé à un rythme inégal selon les pays membres de l'OCDE, et ce pour les variables et la période couverte. En conséquence, plusieurs séries nationales contiennent des ruptures. Voir le tableau «Systèmes de comptabilité nationale, années de référence et dernières mises à jour» au début de l'annexe statistique.

Source : Base de données des Perspectives économiques de l'OCDE, n° 97.

StatLink http://dx.doi.org/10.1787/888933228009

Annexe : Tableau 55. **(suite) Prévisions trimestrielles de la demande et de la production**

Pourcentages de variation par rapport à la période précédente, taux annuels désaisonnalisés, volume

	2014	2015	2016	2014 T4	2015 T1	T2	T3	T4	2016 T1	T2	T3	T4	2014 T4 / T4	2015 T4 / T4	2016 T4 / T4
Demande intérieure totale															
Canada	1.4	1.1	1.7	3.5	-0.9	0.4	1.6	1.7	1.9	1.8	1.8	1.8	1.4	0.7	1.8
France	0.7	1.3	1.3	-0.8	4.0	0.1	1.0	1.2	1.4	1.7	1.7	1.8	0.4	1.6	1.7
Allemagne	1.3	2.0	2.5	4.2	2.0	2.4	2.5	2.5	2.5	2.4	2.4	2.4	1.3	2.4	2.4
Italie	-0.6	0.4	0.9	-1.7	2.7	0.2	0.4	0.6	0.9	1.1	1.3	1.5	-1.1	1.0	1.2
Japon	-0.1	0.5	1.2	0.0	3.0	2.1	1.8	1.4	1.1	0.7	0.9	1.3	-1.8	2.1	1.0
Royaume-Uni	3.4	2.8	2.4	-0.5	4.4	3.1	2.6	2.6	2.1	2.2	2.1	2.1	2.4	3.2	2.1
États-Unis	2.5	2.7	3.1	3.2	1.2	2.4	3.3	3.2	3.2	3.1	3.1	3.0	2.9	2.5	3.1
Zone euro	0.9	1.5	1.8	1.3	2.5	1.1	1.6	1.7	1.9	2.0	2.0	2.1	0.9	1.8	2.0
Total OCDE	1.8	2.2	2.5	2.1	2.3	2.0	2.6	2.5	2.6	2.5	2.6	2.6	1.8	2.3	2.6
Exportations de biens et services															
Canada	5.4	3.4	6.9	-1.7	-1.1	4.3	5.4	6.5	7.3	7.5	7.8	7.8	6.4	3.7	7.6
France	2.4	4.9	5.3	10.3	3.5	4.0	4.3	5.1	5.5	5.8	5.9	6.0	4.0	4.2	5.8
Allemagne	3.7	3.9	5.2	4.1	3.3	3.0	4.1	4.8	5.4	5.8	6.1	6.3	3.5	3.8	5.9
Italie	2.4	3.4	5.1	6.4	0.0	4.5	4.5	4.8	5.0	5.5	5.7	5.7	3.8	3.4	5.5
Japon	8.4	7.2	5.8	13.4	9.9	3.5	4.5	5.0	5.6	6.9	7.1	7.0	11.2	5.7	6.7
Royaume-Uni	0.6	3.8	3.0	19.9	-1.2	2.0	2.4	3.1	3.1	3.3	3.4	3.5	5.6	1.6	3.3
États-Unis	3.2	1.7	4.9	4.5	-7.6	4.0	5.0	5.0	5.0	5.0	5.0	5.0	2.4	1.5	5.0
Total OCDE[1]	3.9	3.9	5.4	6.3	1.0	4.0	4.6	5.2	5.6	5.9	6.1	6.2	4.6	3.7	5.9
Importations de biens et services															
Canada	1.7	2.0	4.8	1.6	-1.5	1.1	3.5	5.0	5.2	5.3	5.4	5.4	2.6	2.0	5.3
France	3.9	5.5	4.2	6.3	9.5	0.9	3.2	3.8	4.5	4.8	5.0	5.2	5.0	4.3	4.9
Allemagne	3.4	5.4	6.0	7.6	6.0	4.6	5.4	5.9	6.2	6.4	6.5	6.5	3.6	5.5	6.4
Italie	1.6	2.9	3.3	1.2	5.7	1.0	2.2	2.5	3.0	4.0	5.0	5.5	2.0	2.8	4.4
Japon	7.4	4.9	4.6	5.8	12.0	4.9	5.0	4.0	4.6	4.7	4.9	5.4	3.6	6.4	4.9
Royaume-Uni	2.2	4.8	3.1	6.6	9.5	2.0	2.4	3.2	3.1	3.3	3.4	3.5	3.0	4.2	3.3
États-Unis	4.0	6.4	6.7	10.4	5.6	6.0	8.0	7.0	6.5	6.5	6.5	6.5	5.6	6.6	6.5
Total OCDE[1]	3.8	4.8	5.4	7.4	4.9	3.5	4.8	5.1	5.6	5.9	6.1	6.2	4.6	4.6	5.9
PIB															
Canada	2.4	1.5	2.3	2.2	-0.6	1.4	2.1	2.1	2.4	2.4	2.5	2.5	2.5	1.2	2.4
France	0.2	1.1	1.7	0.1	2.2	1.0	1.2	1.5	1.7	1.9	2.0	2.1	0.0	1.5	1.9
Allemagne	1.6	1.6	2.3	2.8	1.1	1.8	2.1	2.2	2.4	2.4	2.5	2.6	1.5	1.8	2.5
Italie	-0.4	0.6	1.5	-0.1	1.1	1.2	1.2	1.4	1.6	1.7	1.7	1.8	-0.5	1.2	1.7
Japon	-0.1	0.7	1.4	1.1	2.4	1.8	1.7	1.5	1.3	1.1	1.3	1.6	-0.8	1.9	1.3
Royaume-Uni	2.8	2.4	2.3	2.5	1.2	3.1	2.7	2.6	2.1	2.1	2.1	2.1	3.0	2.4	2.1
États-Unis	2.4	2.0	2.8	2.2	-0.7	2.0	2.8	2.8	2.9	2.8	2.8	2.7	2.4	1.7	2.8
Zone euro	0.9	1.4	2.1	1.4	1.6	1.7	1.8	2.0	2.1	2.2	2.2	2.3	0.8	1.8	2.2
Total OCDE	1.8	1.9	2.5	2.0	1.0	2.1	2.5	2.6	2.6	2.5	2.6	2.6	1.8	2.1	2.6

Note . La mise en place des systèmes de comptes nationaux a progressé à un rythme inégal selon les pays membres de l'OCDE, et ce pour les variables et la période couverte. En conséquence, plusieurs séries nationales contiennent des ruptures. Voir le tableau «Systèmes de comptabilité nationale, années de référence et dernières mises à jour» au début de l'annexe statistique.

1. Incluant le commerce intra-zone.

Source : Base de données des Perspectives économiques de l'OCDE, n° 97.

StatLink http://dx.doi.org/10.1787/888933228009

Annexe : Tableau 56. **Prévisions trimestrielles des prix, des coûts et du chômage**

Pourcentages de variation par rapport à la période précédente, taux annuels désaisonnalisés

	2014	2015	2016	2014	2015				2016				2014	2015	2016
				T4	T1	T2	T3	T4	T1	T2	T3	T4		T4 / T4	
Prix à la consommation[1]															
Canada	1.9	1.0	2.0	0.0	-0.1	1.9	1.9	1.9	2.0	2.0	2.1	2.1	1.9	1.4	2.0
France	0.6	0.1	1.1	-0.4	-1.4	1.5	0.9	0.9	1.0	1.1	1.2	1.2	0.3	0.5	1.1
Allemagne	0.8	0.2	1.8	-0.7	-1.7	1.4	1.5	1.8	1.9	1.9	2.0	2.1	0.4	0.7	2.0
Italie	0.2	0.2	1.3	0.6	-0.7	0.6	1.0	1.2	1.4	1.4	1.6	1.6	0.1	0.5	1.5
Japon	2.7	0.7	1.1	-0.6	-0.3	0.2	0.4	0.8	1.1	1.3	1.5	1.7	2.5	0.3	1.4
Royaume-Uni	1.5	0.0	1.7	-0.6	-1.7	0.2	1.1	1.5	1.9	2.1	2.1	2.1	0.9	0.3	2.0
États-Unis	1.6	0.0	1.8	-0.9	-3.1	2.0	1.6	1.7	1.8	1.9	2.0	2.1	1.2	0.5	1.9
Zone euro	0.4	0.0	1.3	-0.6	-1.5	1.2	1.1	1.3	1.3	1.4	1.5	1.5	0.1	0.5	1.4
Déflateur du PIB															
Canada	1.8	-0.4	1.9	-1.6	-2.1	0.2	1.7	1.8	2.0	2.1	2.1	2.1	1.3	0.4	2.1
France	0.6	1.0	0.8	1.5	1.6	0.5	0.6	0.7	0.8	0.9	0.9	1.0	0.9	0.9	0.9
Allemagne	1.7	1.8	1.5	1.7	3.2	1.5	1.5	1.5	1.4	1.4	1.5	1.7	1.6	1.9	1.5
Italie	0.8	0.5	0.9	1.1	0.3	0.3	0.5	0.6	1.1	1.1	1.3	1.3	0.6	0.4	1.2
Japon	1.7	2.2	1.1	1.6	5.1	0.4	0.7	1.0	1.2	1.3	1.5	1.7	2.4	1.8	1.4
Royaume-Uni	1.7	0.4	1.2	1.0	-0.9	0.1	0.7	1.0	1.2	1.4	1.6	1.7	1.4	0.2	1.5
États-Unis	1.5	1.1	1.8	0.2	0.0	2.7	1.5	1.5	1.7	1.8	1.9	2.0	1.3	1.4	1.8
Zone euro	0.9	1.1	1.1	0.7	1.7	0.9	1.0	1.1	1.1	1.1	1.2	1.3	0.9	1.2	1.2
Total OCDE	1.6	1.3	1.7	0.8	1.1	1.8	1.6	1.5	1.6	1.7	1.8	1.9	1.5	1.5	1.8
Coût unitaire de main-d'œuvre															
Canada	1.1	1.9	1.7	-0.1	5.0	1.6	1.7	1.8	1.6	1.7	1.8	1.8	0.8	2.5	1.7
France	1.5	0.7	1.0	1.2	-0.7	1.2	1.3	1.2	1.0	0.9	0.8	0.8	1.6	0.7	0.9
Allemagne	2.1	2.4	1.4	0.7	4.0	2.1	1.5	1.1	1.3	1.5	1.7	1.6	2.2	2.2	1.5
Italie	1.3	0.6	-0.1	0.8	-1.0	-0.6	2.0	2.0	-2.3	-1.7	1.1	1.0	1.7	0.6	-0.5
Japon	1.6	1.2	1.6	-0.5	-1.9	2.3	0.5	1.1	1.8	2.2	1.9	1.5	2.5	0.5	1.8
Royaume-Uni	0.4	2.3	2.0	2.0	3.4	0.8	1.4	1.6	2.1	2.3	2.5	2.6	1.2	1.8	2.4
États-Unis	1.8	2.6	1.3	2.5	6.6	2.4	1.1	1.2	1.2	1.4	1.3	1.5	2.3	2.8	1.4
Zone euro	1.2	0.8	0.5	0.6	0.2	0.5	0.9	0.8	0.2	0.2	0.8	0.8	1.5	0.6	0.5
Total OCDE	1.5	1.6	1.2	1.1	2.5	1.6	1.0	1.1	1.1	1.2	1.4	1.4	1.8	1.5	1.3
				En pourcentage de la population active											
Chômage															
Canada	6.9	6.7	6.5	6.7	6.7	6.8	6.7	6.7	6.6	6.6	6.5	6.5			
France	9.8	10.1	10.0	10.0	10.1	10.2	10.1	10.1	10.1	10.1	10.0	10.0			
Allemagne	5.0	4.7	4.5	4.9	4.7	4.7	4.7	4.6	4.5	4.5	4.4	4.4			
Italie	12.7	12.7	12.1	13.0	12.9	12.8	12.6	12.4	12.3	12.1	12.0	11.9			
Japon	3.6	3.5	3.3	3.5	3.5	3.5	3.5	3.5	3.4	3.3	3.3	3.3			
Royaume-Uni	6.2	5.4	5.1	5.7	5.5	5.4	5.3	5.2	5.2	5.1	5.1	5.0			
États-Unis	6.2	5.5	5.2	5.7	5.6	5.6	5.5	5.4	5.3	5.2	5.1	5.1			
Zone euro	11.5	11.1	10.5	11.4	11.3	11.2	11.0	10.8	10.7	10.6	10.4	10.3			
Total OCDE	7.3	6.9	6.6	7.1	7.0	7.0	6.9	6.8	6.7	6.7	6.6	6.5			

Note : La mise en place des systèmes de comptes nationaux a progressé à un rythme inégal selon les pays membres de l'OCDE, et ce pour les variables et la période couverte. En conséquence, plusieurs séries nationales contiennent des ruptures. Voir le tableau «Systèmes de comptabilité nationale, années de référence et dernières mises à jour» au début de l'annexe statistique.

1. Pour le Royaume-Uni, les pays de la zone euro ainsi que pour le total de cette zone, l'indice des prix à la consommation harmonisé a été utilisé (IPCH).

Source : Base de données des Perspectives économiques de l'OCDE, n° 97.

StatLink http://dx.doi.org/10.1787/888933228011

Annexe : Tableau 57. **Contributions aux variations du PIB en volume dans les pays de l'OCDE**

	2013	2014	2015	2016
Australie				
Demande intérieure finale	0.4	1.2	1.4	2.2
Formation des stocks	-0.4	0.0	0.0	0.0
Exportations nettes	1.6	1.8	1.2	0.7
PIB	2.0	2.7	2.3	2.9
Autriche				
Demande intérieure finale	-0.3	0.4	0.2	1.4
Formation des stocks	-0.7	-0.2	0.5	-0.1
Exportations nettes	0.8	-0.2	-0.3	0.5
PIB	0.1	0.4	0.6	1.7
Belgique				
Demande intérieure finale	0.0	1.9	1.0	1.4
Formation des stocks	-0.8	-1.0	0.1	0.0
Exportations nettes	1.0	0.2	0.5	0.5
PIB	0.3	1.1	1.3	1.8
Canada				
Demande intérieure finale	1.5	1.6	0.9	1.8
Formation des stocks	0.4	-0.2	0.2	0.0
Exportations nettes	0.2	1.1	0.4	0.5
PIB	2.0	2.4	1.5	2.3
Chili				
Demande intérieure finale	4.6	0.5	2.6	3.0
Formation des stocks	-0.9	-1.1	2.0	0.0
Exportations nettes	0.6	2.5	0.4	0.7
PIB	4.3	1.8	2.9	3.7
République tchèque				
Demande intérieure finale	-0.5	2.4	2.6	2.5
Formation des stocks	-0.2	-0.4	0.2	-0.6
Exportations nettes	0.0	-0.1	0.2	0.6
PIB	-0.7	2.0	3.1	2.5
Danemark				
Demande intérieure finale	0.0	1.3	1.8	1.8
Formation des stocks	-0.2	0.3	0.0	0.0
Exportations nettes	-0.3	-0.5	0.1	0.5
PIB	-0.5	1.1	1.9	2.3
Estonie				
Demande intérieure finale	3.1	2.1	2.2	3.6
Formation des stocks	-2.2	2.7	0.7	0.0
Exportations nettes	-0.7	0.0	-0.3	-0.2
PIB	1.6	2.1	2.1	3.3
Finlande				
Demande intérieure finale	-1.3	-1.1	0.3	1.2
Formation des stocks	0.0	0.3	0.0	0.0
Exportations nettes	0.4	0.4	0.2	0.1
PIB	-1.3	-0.1	0.4	1.3

	2013	2014	2015	2016
France				
Demande intérieure finale	0.6	0.5	1.1	1.4
Formation des stocks	0.2	0.2	0.3	0.0
Exportations nettes	0.0	-0.5	-0.3	0.3
PIB	0.7	0.2	1.1	1.7
Allemagne				
Demande intérieure finale	0.6	1.5	2.2	2.3
Formation des stocks	0.1	-0.3	-0.3	0.0
Exportations nettes	-0.5	0.3	-0.3	0.0
PIB	0.2	1.6	1.6	2.3
Grèce				
Demande intérieure finale	-3.7	1.2	0.3	1.2
Formation des stocks	-1.2	-0.6	-0.5	0.0
Exportations nettes	1.4	0.2	-0.5	1.1
PIB	-4.0	0.7	0.1	2.3
Hongrie				
Demande intérieure finale	1.6	3.6	2.4	1.4
Formation des stocks	-0.5	0.4	-0.3	0.0
Exportations nettes	0.4	-0.4	1.0	0.9
PIB	1.7	3.6	3.0	2.2
Islande				
Demande intérieure finale	0.3	4.5	4.4	4.2
Formation des stocks	0.0	0.0	-0.2	0.0
Exportations nettes	3.7	-3.0	-1.5	-1.4
PIB	3.6	1.9	3.7	2.9
Irlande				
Demande intérieure finale	-0.5	2.4	2.8	2.8
Formation des stocks	0.3	0.7	0.0	0.0
Exportations nettes	0.6	2.2	0.8	1.3
PIB	0.2	4.8	3.5	3.3
Israël				
Demande intérieure finale	3.0	2.7	3.8	3.4
Formation des stocks	-0.2	0.4	0.0	0.0
Exportations nettes	0.6	-0.4	-0.3	0.0
PIB	3.4	2.8	3.4	3.5
Italie				
Demande intérieure finale	-2.8	-0.5	0.4	0.8
Formation des stocks	0.3	-0.1	-0.1	0.0
Exportations nettes	0.8	0.3	0.3	0.7
PIB	-1.7	-0.4	0.6	1.5
Japon				
Demande intérieure finale	2.3	-0.1	0.2	1.2
Formation des stocks	-0.4	0.1	0.3	0.0
Exportations nettes	-0.3	0.0	0.3	0.2
PIB	1.6	-0.1	0.7	1.4

Note : La mise en place des systèmes de comptes nationaux a progressé à un rythme inégal selon les pays membres de l'OCDE, et ce pour les variables et la période couverte. En conséquence, plusieurs séries nationales contiennent des ruptures. Voir le tableau «Systèmes de comptabilité nationale, années de référence et dernières mises à jour» au début de l'annexe statistique. Les totaux peuvent ne pas correspondre à la somme des éléments en raison des arrondis et/ou de l'erreur statistique.

Source : Base de données des Perspectives économiques de l'OCDE, n° 97.

StatLink http://dx.doi.org/10.1787/888933228023

Annexe : Tableau 57. **(suite) Contributions aux variations du PIB en volume dans les pays de l'OCDE**

	2013	2014	2015	2016		2013	2014	2015	2016
Corée					**Slovénie**				
Demande intérieure finale	2.4	2.3	2.8	3.3	Demande intérieure finale	-2.0	1.0	0.6	0.6
Formation des stocks	-1.0	0.5	0.5	0.0	Formation des stocks	0.1	-0.2	0.2	-0.1
Exportations nettes	1.5	0.5	-0.3	0.4	Exportations nettes	1.0	1.9	1.9	1.4
PIB	2.9	3.3	3.0	3.6	PIB	-1.0	2.6	2.1	1.9
Luxembourg					**Espagne**				
Demande intérieure finale	0.5	2.3	2.0	1.4	Demande intérieure finale	-2.7	2.1	3.1	2.8
Formation des stocks	-0.1	-0.8	-0.2	0.0	Formation des stocks	0.0	0.2	-0.1	0.0
Exportations nettes	1.6	1.5	0.7	1.5	Exportations nettes	1.4	-0.8	-0.1	0.1
PIB	2.0	3.0	2.7	2.9	PIB	-1.2	1.4	2.9	2.8
Mexique					**Suède**				
Demande intérieure finale	1.5	2.1	2.9	3.2	Demande intérieure finale	1.1	3.1	2.9	2.9
Formation des stocks	-0.1	0.3	-0.1	0.0	Formation des stocks	0.1	0.2	-0.1	0.0
Exportations nettes	-0.3	0.2	0.6	0.3	Exportations nettes	0.2	-1.0	-0.1	0.1
PIB	1.7	2.1	2.9	3.5	PIB	1.3	2.3	2.8	3.0
Pays-Bas					**Suisse**				
Demande intérieure finale	-1.5	0.6	2.0	1.4	Demande intérieure finale	1.7	1.0	1.4	1.3
Formation des stocks	-0.2	-0.1	-1.0	0.0	Formation des stocks	-2.4	0.5	-2.6	0.0
Exportations nettes	1.1	0.4	1.1	0.8	Exportations nettes	2.6	0.5	1.9	0.4
PIB	-0.7	0.9	2.0	2.2	PIB	1.9	2.0	0.8	1.7
Nouvelle-Zélande					**Turquie**				
Demande intérieure finale	3.9	4.4	4.1	3.1	Demande intérieure finale	5.4	1.3	3.0	4.1
Formation des stocks	0.1	0.2	0.0	0.0	Formation des stocks	1.4	0.0	0.6	0.0
Exportations nettes	-1.5	-1.4	-0.7	-0.1	Exportations nettes	-2.9	1.8	-0.8	-0.2
PIB	2.5	3.1	3.4	3.0	PIB	4.2	2.9	3.1	3.9
Norvège					**Royaume-Uni**				
Demande intérieure finale	2.7	1.5	0.4	1.4	Demande intérieure finale	1.6	3.3	2.7	2.4
Formation des stocks	0.5	0.2	0.6	-0.1	Formation des stocks	0.2	0.2	0.1	0.0
Exportations nettes	-2.4	0.5	0.3	0.3	Exportations nettes	0.0	-0.5	-0.4	-0.1
PIB	0.7	2.2	1.2	1.5	PIB	1.7	2.8	2.4	2.3
Pologne					**États-Unis**				
Demande intérieure finale	1.2	4.1	3.9	3.8	Demande intérieure finale	1.9	2.5	2.7	3.2
Formation des stocks	-0.9	0.4	0.1	0.0	Formation des stocks	0.1	0.1	0.1	0.0
Exportations nettes	1.4	-1.3	-0.6	-0.1	Exportations nettes	0.2	-0.2	-0.8	-0.4
PIB	1.7	3.4	3.5	3.7	PIB	2.2	2.4	2.0	2.8
Portugal					**Zone euro**				
Demande intérieure finale	-2.5	1.7	1.5	1.5	Demande intérieure finale	-0.7	0.9	1.6	1.7
Formation des stocks	0.0	0.4	-0.5	0.0	Formation des stocks	0.0	-0.1	-0.1	0.0
Exportations nettes	0.9	-1.1	0.6	0.3	Exportations nettes	0.4	0.0	0.0	0.3
PIB	-1.6	0.9	1.6	1.8	PIB	-0.3	0.9	1.4	2.1
République slovaque					**Total OCDE**				
Demande intérieure finale	-0.6	3.2	3.1	2.7	Demande intérieure finale	1.3	1.8	2.1	2.5
Formation des stocks	0.5	-0.4	-0.2	0.0	Formation des stocks	0.0	0.0	0.1	0.0
Exportations nettes	1.4	-0.2	0.2	0.7	Exportations nettes	0.2	0.0	-0.2	0.0
PIB	1.4	2.4	3.0	3.4	PIB	1.4	1.8	1.9	2.5

Note : La mise en place des systèmes de comptes nationaux a progressé à un rythme inégal selon les pays membres de l'OCDE, et ce pour les variables et la période couverte. En conséquence, plusieurs séries nationales contiennent des ruptures. Voir le tableau «Systèmes de comptabilité nationale, années de référence et dernières mises à jour» au début de l'annexe statistique. Les totaux peuvent ne pas correspondre à la somme des éléments en raison des arrondis et/ou de l'erreur statistique.

Source : Base de données des Perspectives économiques de l'OCDE, n° 97.

StatLink http://dx.doi.org/10.1787/888933228023

Annexe : Tableau 58. **Patrimoine et endettement des ménages**

Pourcentage du revenu nominal disponible

	2003	2004	2005	2006	2007	2008	2009	2010	2011	2012	2013	2014
Canada												
Patrimoine net	591.5	599.3	642.9	668.0	675.5	600.3	636.2	660.2	656.4	678.0	716.3	744.7
Patrimoine financier net	265.8	269.0	297.3	307.0	304.6	236.1	262.2	280.9	271.4	287.0	314.3	332.6
Actifs non financiers	325.7	330.3	345.6	361.0	370.9	364.2	374.0	379.3	385.1	391.0	402.0	412.1
Actifs financiers	384.5	393.6	429.3	441.9	448.0	384.7	419.7	441.3	433.1	450.1	478.0	498.2
dont: Actions	45.7	50.4	64.1	67.0	79.5	59.8	76.0	87.6	78.4	83.1	88.3	89.0
Engagements	118.7	124.6	132.0	134.9	143.4	148.6	157.5	160.4	161.8	163.1	163.7	165.6
dont: Prêts hypothécaires	71.8	75.6	79.7	82.0	88.0	91.5	95.9	99.6	101.8	103.3	104.3	106.0
France												
Patrimoine net	614.2	671.1	743.1	790.4	797.8	724.1	734.2	772.8	779.7	788.3	794.2	..
Patrimoine financier net	198.3	202.7	212.6	228.1	226.0	192.7	208.4	216.7	213.2	232.3	245.4	..
Actifs non financiers	416.0	468.4	530.6	562.3	571.8	531.4	525.8	556.1	566.6	556.0	548.8	..
Actifs financiers	278.4	283.6	299.9	320.6	321.5	290.3	311.5	322.9	318.8	334.5	348.1	..
dont: Actions	80.4	84.5	91.4	105.5	104.2	73.8	81.0	84.1	78.4	91.1	98.8	..
Engagements	80.1	80.9	87.3	92.5	95.6	97.6	103.0	106.2	105.7	102.2	102.8	..
dont: Crédits à long terme	55.2	58.3	63.4	67.7	71.6	74.8	78.7	81.2	83.9	85.3	86.6	..
Allemagne												
Patrimoine net	552.5	564.6	578.9	579.9	606.3	594.2	619.2	622.6	616.6	630.1	644.8	..
Patrimoine financier net	159.8	168.3	181.6	179.9	194.7	180.2	193.7	200.3	195.2	204.9	212.6	..
Actifs non financiers	392.7	396.3	397.3	400.0	411.6	414.0	425.5	422.3	421.4	425.2	432.3	..
Actifs financiers	271.7	278.9	289.8	285.7	297.5	279.9	294.3	298.6	291.0	299.8	306.5	..
dont: Actions	63.8	64.0	71.4	67.6	70.9	50.5	54.0	55.3	49.7	53.1	56.3	..
Engagements	112.0	110.6	108.2	105.8	102.8	99.7	100.6	98.4	95.8	94.9	93.9	..
dont: Prêts hypothécaires	72.8	72.4	71.6	71.5	69.6	67.5	68.4	67.0	65.2	65.1	..	..
Italie												
Patrimoine net	759.4	782.4	817.2	834.4	825.1	830.0	848.2	856.1	826.2	..	..	..
Patrimoine financier net	294.1	302.6	314.0	310.1	283.3	280.2	276.5	276.6	253.1	284.8	292.9	..
Actifs non financiers	465.4	479.8	503.2	524.3	541.8	549.7	571.7	579.5	573.1	..	..	..
Actifs financiers	345.0	357.1	373.3	374.3	351.7	349.8	350.7	354.3	330.7	364.4	371.3	..
dont: Actions	131.5	133.2	141.8	141.7	121.3	111.9	105.2	108.4	89.3	110.0	119.8	..
Engagements	50.9	54.5	59.3	64.2	68.4	69.5	74.2	77.8	77.6	79.6	78.4	..
dont: Crédits à long et moyen terme	36.4	40.6	45.6	50.2	54.2	55.4	59.9	63.2	63.0	64.2	63.1	..
Japon												
Patrimoine net	787.6	780.2	805.8	812.8	808.7	776.8	779.5	772.3	762.9	778.0	808.6	..
Patrimoine financier net	379.1	385.5	417.2	419.2	408.7	381.4	396.4	399.4	398.6	419.0	450.4	..
Actifs non financiers	408.5	394.7	388.5	393.6	400.0	395.4	383.1	372.9	364.3	359.0	358.2	..
Actifs financiers	513.0	519.1	551.4	554.1	538.1	510.3	524.9	526.9	523.0	542.2	574.9	..
dont: Actions	41.9	48.9	77.3	77.0	55.6	34.5	34.9	36.0	33.3	39.8	57.9	..
Engagements	133.9	133.6	134.1	134.9	129.4	128.9	128.5	127.4	124.3	123.2	124.5	..
dont: Prêts hypothécaires[1]	64.1	64.4	64.8	66.0	65.3	65.7	66.2	66.6	67.4	67.7	68.1	..
Royaume-Uni												
Patrimoine net	748.9	790.5	809.3	827.5	838.5	732.2	744.1	761.4	789.3	793.5	799.7	0.0
Patrimoine financier net	324.9	329.0	350.6	339.8	327.9	284.6	300.2	314.8	344.6	348.2	342.1	395.3
Actifs non financiers	424.1	461.5	458.7	487.7	510.6	447.6	443.8	446.6	444.7	445.2	457.6	0.0
Actifs financiers	474.8	492.7	516.7	517.8	510.5	463.4	469.8	475.4	504.9	504.6	496.5	552.3
dont: Actions	69.0	73.1	77.6	79.1	75.6	48.0	64.6	70.6	61.2	54.5	62.4	70.2
Engagements	150.0	163.7	166.0	177.9	182.6	178.8	169.6	160.6	160.4	156.4	154.4	157.0
dont: Prêts hypothécaires	105.2	116.8	119.1	127.9	133.5	132.0	127.3	121.3	120.0	118.0	117.1	117.3
États-Unis												
Patrimoine net	577.8	621.5	657.8	660.9	635.3	514.0	532.3	555.7	539.5	561.3	630.5	638.5
Patrimoine financier net	319.3	343.7	354.3	367.0	367.1	288.5	315.7	347.9	341.4	358.8	409.1	414.6
Actifs non financiers	258.4	277.8	303.5	293.9	268.2	225.5	216.6	207.8	198.1	202.5	221.4	223.9
Actifs financiers	435.2	466.0	483.7	501.2	504.1	418.4	444.3	470.6	456.4	469.0	519.4	523.6
dont: Actions	112.0	118.8	122.8	141.5	138.0	82.0	103.8	118.4	111.1	123.5	156.3	163.0
Engagements	115.9	122.2	129.4	134.1	137.0	129.9	128.5	122.6	115.0	110.2	110.3	109.0
dont: Prêts hypothécaires	83.3	89.1	96.6	100.6	103.0	98.1	97.1	90.1	83.9	78.3	76.8	73.9

Note : Les actifs et les engagements sont les valeurs nominales observées en fin d'année,exprimées en pourcentage du revenu disponible nominal des ménages. Pour une description plus détaillée des variables voir Sources & Méthodes des *Perspectives économiques de l'OCDE (http://www.oecd.org/fr/eco/sources-et-methodes.htm).*

1. Années fiscales.

Source : Canada : Statistics Canada; France : INSEE; Allemagne : Deutsche Bundesbank, Destatis; Italie : Banca d'Italia; Japon : Economic Planning Agency; Royaume-Uni : Office for National Statistics; États-Unis : Federal Reserve.

StatLink http://dx.doi.org/10.1787/888933228036

Annexe : Tableau 59. **Prix du logement**

Pourcentages de variation par rapport à l'année précédente

	1999	2000	2001	2002	2003	2004	2005	2006	2007	2008	2009	2010	2011	2012	2013	2014
Nominal																
Australie	7.3	8.3	11.2	18.7	18.1	6.5	1.5	7.8	11.3	4.4	3.4	12.1	-2.6	-0.7	6.9	9.4
Autriche	..	..	0.8	0.6	0.3	-1.9	5.0	4.1	4.7	1.1	3.9	6.2	4.2	12.4	4.7	3.4
Belgique	7.1	5.4	4.8	6.4	6.9	8.7	12.7	11.8	9.3	4.9	-0.3	5.4	3.1	2.5	1.7	0.6
Canada	2.8	4.3	4.7	8.1	8.3	8.2	8.0	11.7	11.6	5.5	-2.8	8.9	5.0	4.8	2.6	4.9
République tchèque	..	..	..	..	..	..	..	..	..	..	-3.8	-1.8	0.0	-1.4	0.0	2.6
Danemark	6.7	6.5	5.8	3.6	3.2	8.9	17.6	21.6	4.6	-4.5	-12.0	2.8	-2.8	-3.3	2.7	3.4
Estonie	..	..	..	..	..	..	..	49.5	20.8	-9.6	-37.2	5.7	8.5	7.3	10.7	13.7
Finlande	7.1	3.9	-1.4	6.0	6.3	8.2	8.1	6.4	5.5	0.6	-0.3	8.7	2.7	1.6	1.6	-0.6
France	6.9	8.7	7.9	8.6	11.9	15.1	15.4	12.0	6.5	0.9	-7.1	5.1	6.0	-0.5	-2.2	-1.8
Allemagne	0.1	0.5	-0.1	-0.7	-1.4	-1.4	-0.9	0.1	0.9	0.6	0.6	2.8	5.8	6.2	6.2	5.1
Grèce	8.9	10.6	14.4	13.9	5.4	2.3	10.9	13.0	6.2	1.5	-4.3	-4.4	-5.5	-11.8	-10.9	-8.0
Hongrie	..	..	..	..	..	..	..	..	..	2.4	-5.2	-2.4	-3.4	-3.7	-2.6	3.4
Islande	..	..	..	..	..	..	..	16.8	9.4	6.2	-9.7	-3.0	4.6	6.9	5.8	8.4
Irlande	21.5	20.6	12.4	7.0	14.2	11.2	8.1	14.5	8.5	-5.9	-18.3	-13.1	-13.2	-12.8	1.4	12.3
Israël	4.2	-4.8	-3.5	5.3	-5.7	-0.7	0.2	0.5	-1.6	7.6	13.7	17.6	10.5	3.2	9.1	6.4
Italie	5.6	8.3	8.2	9.6	10.3	9.9	7.5	6.4	5.2	1.7	-3.7	-1.0	0.7	-2.8	-5.8	-4.2
Japon	-3.1	-3.8	-4.4	-5.3	-6.2	-6.1	-4.9	-3.0	-1.0	0.7	-5.8	1.4	0.1	-0.9	1.6	1.6
Corée	-1.3	1.8	3.9	16.6	9.0	1.1	0.8	6.2	9.0	4.0	0.2	2.4	5.3	2.9	-0.5	1.5
Luxembourg	..	..	..	..	..	..	..	..	..	3.3	-1.1	5.4	3.7	4.2	5.0	4.5
Pays-Bas	16.4	18.2	11.1	6.4	3.6	4.3	3.9	4.6	4.2	3.0	-3.4	-2.3	-2.4	-6.5	-6.6	0.9
Nouvelle-Zélande	2.2	-0.4	1.8	10.2	19.6	16.9	14.5	10.5	10.9	-4.4	-1.6	1.9	1.2	4.7	9.1	6.5
Norvège	11.2	15.7	7.0	4.9	1.7	10.1	8.2	13.7	12.6	-1.1	1.9	8.3	8.0	6.7	4.1	2.7
Portugal	9.0	7.7	5.4	0.6	1.1	0.6	2.3	2.1	0.5	-6.3	-1.4	0.3	-5.1	-6.1	-3.4	1.2
République slovaque	..	..	..	..	..	..	..	16.8	23.9	22.1	-11.1	-3.9	-3.1	-1.1	-0.9	-0.8
Slovénie	..	..	..	..	..	..	..	..	..	7.0	-9.5	0.1	2.7	-6.9	-5.2	-6.6
Espagne	7.0	7.5	9.5	17.0	20.0	18.3	14.6	10.0	5.5	0.2	-7.6	-3.6	-6.1	-8.9	-6.4	-2.5
Suède	9.4	11.2	7.9	6.3	6.6	9.3	9.0	12.2	10.4	3.3	1.6	7.8	0.7	-1.4	3.1	7.3
Suisse	-0.1	0.9	1.9	4.6	3.0	2.4	1.1	2.5	2.1	2.7	5.0	4.7	4.1	3.7	4.7	1.3
Turquie	..	..	..	..	..	..	..	..	..	..	..	..	10.2	11.7	12.7	14.5
Royaume-Uni	10.9	14.9	8.1	16.2	15.7	11.9	5.5	6.3	10.9	-0.9	-7.8	7.2	-1.0	1.6	3.5	10.0
États-Unis	6.1	6.7	6.9	7.1	7.7	9.5	10.5	6.0	0.1	-7.9	-5.7	-3.0	-4.1	3.2	7.5	5.5
Zone euro	5.5	6.5	5.8	6.6	7.2	7.5	7.4	6.6	4.6	1.1	-3.8	1.1	1.7	-0.6	-1.0	0.3
Total OCDE	4.7	5.5	5.0	6.4	6.4	6.6	6.6	5.6	3.4	-2.0	-4.0	0.9	-0.2	1.8	3.7	4.0

Source : Base de données des prix des logements de l'OCDE.

StatLink http://dx.doi.org/10.1787/888933228047

Annexe : Tableau 59. **(suite) Prix du logement**

Pourcentages de variation par rapport à l'année précédente

	1999	2000	2001	2002	2003	2004	2005	2006	2007	2008	2009	2010	2011	2012	2013	2014
Réels[1]																
Australie	6.2	4.7	7.5	15.5	15.5	5.0	-0.7	4.0	7.9	1.2	0.8	9.7	-5.1	-3.2	4.1	7.0
Autriche	..	..	-1.5	-0.4	-1.2	-3.7	2.4	2.0	2.1	-1.1	3.4	4.4	0.9	9.8	2.4	1.7
Belgique	6.4	2.2	2.8	5.1	5.3	6.3	9.8	8.5	6.1	1.6	0.2	3.6	0.0	0.3	0.5	-0.2
Canada	1.2	2.0	2.7	6.0	6.6	6.5	6.2	10.2	9.8	3.8	-3.0	7.5	2.8	3.4	1.3	3.0
République tchèque	..	..	..	..	..	..	..	..	..	..	-4.7	-2.3	-1.6	-3.9	-1.0	2.8
Danemark	4.8	3.6	3.4	1.7	1.9	7.7	15.6	19.0	2.8	-7.2	-13.1	0.3	-5.0	-5.7	1.6	2.7
Estonie	..	..	..	..	..	..	..	40.9	12.3	-16.6	-37.1	2.1	3.1	3.7	7.3	12.9
Finlande	5.5	0.8	-4.0	4.3	5.3	7.8	7.0	5.0	3.5	-2.7	-2.1	7.1	-0.5	-1.2	-0.9	-2.1
France	7.4	6.3	5.8	7.7	10.0	12.7	13.3	9.7	4.3	-1.8	-5.8	4.0	4.1	-1.9	-3.0	-1.8
Allemagne	-0.3	-0.3	-1.7	-1.9	-3.2	-2.3	-2.5	-1.0	-0.7	-1.0	1.0	0.7	3.8	4.7	4.9	4.1
Grèce	6.2	6.9	11.2	11.3	2.3	-0.6	7.9	9.3	2.7	-2.7	-5.2	-7.7	-7.8	-12.5	-9.5	-6.0
Hongrie	..	..	..	..	..	..	..	..	..	-2.9	-8.9	-5.9	-6.8	-9.5	-5.0	2.6
Islande	..	..	..	..	..	..	..	8.2	4.6	-6.4	-18.2	-5.1	1.0	1.2	2.3	5.6
Irlande	20.7	15.1	7.5	1.6	9.8	9.3	6.4	11.7	5.4	-7.4	-12.7	-11.2	-15.1	-13.8	0.0	10.5
Israël	-1.2	-6.5	-4.2	1.0	-6.0	-1.1	-1.3	-2.2	-2.6	1.7	11.9	13.9	7.1	1.1	6.8	5.9
Italie	3.6	4.7	5.4	6.5	7.2	7.3	5.3	3.7	2.8	-1.4	-3.3	-2.4	-2.1	-5.3	-6.8	-4.3
Japon	-2.4	-3.1	-3.4	-4.0	-5.2	-5.4	-4.3	-2.7	-0.3	0.4	-3.4	3.2	0.9	0.0	1.9	-0.4
Corée	-3.8	-2.5	-0.5	13.1	5.6	-2.0	-1.4	4.5	6.9	-0.5	-2.3	-0.1	1.5	0.6	-1.4	0.4
Luxembourg	..	..	..	..	..	..	..	..	..	1.1	-1.7	4.4	1.1	2.3	4.7	4.7
Pays-Bas	14.5	14.3	7.6	3.0	1.6	2.4	2.5	2.0	2.0	0.8	-2.4	-3.2	-4.4	-7.7	-8.3	-0.4
Nouvelle-Zélande	1.4	-2.4	-0.4	8.0	19.0	15.4	12.4	7.3	9.3	-7.6	-4.1	0.7	-1.7	4.0	8.5	5.6
Norvège	9.0	12.5	4.8	3.5	-1.1	8.8	7.0	11.6	11.2	-4.4	-0.6	6.0	6.8	5.6	1.2	0.4
Portugal	6.3	3.9	1.6	-2.8	-2.4	-1.6	-1.5	-1.4	-2.8	-8.9	0.5	-1.5	-6.7	-7.8	-4.4	0.5
République slovaque	..	..	..	..	..	..	..	11.3	20.7	16.9	-11.2	-4.8	-6.7	-4.4	-2.2	-0.7
Slovénie	..	..	..	..	..	..	..	..	..	1.3	-10.2	-1.3	1.0	-8.2	-5.8	-6.9
Espagne	4.8	3.3	5.8	13.8	16.3	14.2	10.9	6.2	2.1	-3.2	-6.8	-5.5	-8.6	-11.0	-7.3	-2.4
Suède	7.8	10.1	5.6	4.8	4.9	8.5	7.8	10.9	8.8	0.2	-0.7	6.3	-0.9	-1.9	2.4	6.4
Suisse	-0.5	-0.5	1.3	5.0	2.1	1.6	0.0	1.2	0.7	0.7	5.6	4.2	4.1	4.7	5.1	1.4
Turquie	..	..	..	..	..	..	..	..	..	..	..	..	1.2	3.2	6.2	7.0
Royaume-Uni	9.9	14.0	7.6	15.0	14.1	9.5	3.0	3.6	7.9	-4.6	-9.3	2.7	-4.2	-0.4	1.6	8.3
États-Unis	4.6	4.1	4.9	5.7	5.6	6.9	7.4	3.2	-2.3	-10.7	-5.7	-4.6	-6.4	1.4	6.2	4.1
Zone euro	4.5	3.9	3.3	4.5	4.8	5.4	5.2	4.2	2.2	-1.5	-3.1	-0.5	-0.6	-2.4	-2.1	-0.2
Total OCDE	3.6	3.4	3.2	5.0	4.6	4.7	4.5	3.3	1.2	-4.7	-4.1	-0.7	-2.5	0.0	2.3	2.5

1. Déflaté par le déflateur de la consommation privée.

Source : Base de données des prix des logements de l'OCDE.

StatLink http://dx.doi.org/10.1787/888933228047

Annexe : Tableau 60. **Prix du logement : rapport prix**

Moyenne à long terme = 100

	1999	2000	2001	2002	2003	2004	2005	2006	2007	2008	2009	2010	2011	2012	2013	2014
Rapport prix-loyers																
Australie	86.8	91.2	98.4	114.0	132.2	137.4	136.4	142.4	150.3	145.7	141.0	151.6	141.2	134.6	139.2	148.6
Autriche	..	102.5	99.7	98.6	97.1	93.0	94.9	96.5	97.1	95.6	95.2	98.3	99.7	108.7	111.1	112.1
Belgique	91.0	94.5	97.2	100.9	105.5	112.5	124.4	135.1	144.8	148.9	145.4	151.5	154.4	155.9	156.5	154.1
Canada	82.6	85.2	87.8	93.1	99.3	106.4	113.9	126.1	138.5	143.6	137.5	147.9	153.6	158.7	160.2	165.7
Danemark	98.0	101.7	104.8	105.8	106.4	112.7	129.3	154.1	157.9	147.1	125.7	125.6	118.5	111.5	112.0	113.6
Finlande	101.4	99.5	94.6	100.8	107.8	115.5	121.4	123.7	123.1	118.7	122.7	132.6	130.6	130.7	133.5	131.5
France	74.8	81.5	87.6	92.8	101.0	113.1	126.0	136.4	141.0	139.2	126.7	131.0	137.2	134.4	129.4	125.8
Allemagne	89.1	88.5	87.5	85.7	83.6	81.9	80.3	79.5	79.4	78.9	78.5	79.8	83.3	87.5	91.7	95.0
Grèce	85.4	90.9	100.0	108.5	108.7	105.6	112.3	121.6	123.5	120.7	111.4	104.0	97.5	87.8	83.9	83.6
Irlande	135.6	146.4	135.9	148.8	180.4	195.3	194.3	181.5	149.8	125.5	153.9	130.8	99.4	89.2	91.1	103.1
Israël	107.3	104.4	94.8	88.9	90.5	93.8	94.2	92.7	92.6	98.1	95.5	104.3	108.4	106.5	109.2	109.9
Italie	78.1	82.5	87.3	93.5	100.3	107.3	112.9	117.2	120.5	119.7	111.5	108.2	107.3	102.1	94.9	91.3
Japon	102.4	98.4	93.9	88.9	83.5	78.6	74.8	72.6	72.0	72.4	68.3	69.6	69.8	69.4	70.8	71.9
Corée	80.9	82.5	82.6	91.6	96.4	95.3	95.8	100.8	107.7	109.0	107.3	107.9	109.3	107.8	104.0	103.0
Pays-Bas	106.5	122.6	132.7	137.3	138.0	139.6	141.5	144.6	147.7	149.6	141.2	134.9	129.5	118.4	106.6	103.0
Nouvelle-Zélande	80.1	79.6	89.5	96.7	112.2	127.2	142.1	153.6	165.6	153.6	148.9	149.6	148.7	152.2	162.5	169.4
Norvège	92.8	103.3	106.4	107.0	104.6	113.0	119.8	133.2	147.2	141.4	139.2	146.6	154.8	162.1	163.6	163.7
Portugal	107.8	112.1	113.7	109.4	107.0	104.5	103.7	103.0	100.9	92.1	88.4	86.9	81.6	75.2	71.8	69.9
Espagne	87.6	90.7	95.3	106.8	122.9	139.7	153.5	161.9	163.6	157.4	141.1	134.4	124.9	113.2	106.1	104.2
Suède	74.5	82.5	87.5	91.1	94.6	100.3	106.8	118.8	129.1	130.1	128.0	135.8	133.7	128.5	129.6	136.7
Suisse	81.1	80.6	79.9	82.7	85.0	85.9	85.7	86.1	85.9	86.1	88.2	91.3	93.8	96.8	100.8	100.9
Royaume-Uni	79.3	88.2	92.4	104.5	119.1	130.4	132.9	137.0	147.3	141.2	127.8	135.2	130.7	128.5	129.8	139.5
États-Unis	94.5	97.7	100.7	103.9	109.3	116.4	125.4	128.4	124.1	111.4	103.9	101.2	95.7	96.8	101.7	104.4
Zone euro	87.5	91.4	94.6	98.5	103.2	108.2	113.3	117.3	119.0	117.3	111.3	110.8	110.9	108.7	106.5	105.9
Total OCDE	91.4	94.3	96.5	99.9	104.2	108.7	113.5	116.7	117.3	112.2	106.0	106.1	104.2	104.1	106.0	108.0
Rapport prix-revenus																
Australie	91.6	94.2	97.0	112.1	126.4	125.9	121.4	124.6	126.6	124.1	121.9	132.0	121.4	117.4	122.5	131.0
Autriche	..	101.9	101.4	100.6	97.9	92.9	92.1	91.9	92.2	90.9	94.5	99.3	101.6	109.9	115.5	117.3
Belgique	91.4	91.8	92.2	97.8	103.5	110.6	121.0	129.2	135.5	135.9	134.6	141.9	144.1	145.9	148.0	148.3
Canada	89.3	88.2	89.4	93.5	98.1	102.0	106.2	111.3	119.2	120.6	116.3	123.6	125.4	127.6	127.1	130.0
Danemark	103.6	107.3	107.5	106.3	106.2	111.8	126.2	147.2	153.3	144.5	122.9	119.4	112.8	107.3	111.1	115.8
Finlande	96.0	95.7	90.2	91.5	92.9	96.2	101.9	104.8	105.2	100.7	97.9	102.4	101.4	100.9	100.6	98.4
France	78.0	80.7	83.3	87.5	96.3	107.0	121.3	131.1	133.6	131.8	122.7	126.5	132.1	131.3	128.1	124.3
Allemagne	94.4	93.6	89.5	88.7	85.2	82.7	80.4	78.7	78.1	76.8	77.9	77.8	79.3	82.8	86.7	89.1
Grèce	88.0	94.6	101.7	110.2	107.7	104.2	107.5	112.2	108.0	107.8	103.0	106.3	108.7	106.2	95.6	84.8
Irlande	100.1	110.3	109.0	121.7	132.4	139.9	141.2	155.3	159.3	140.5	123.5	112.9	100.3	87.4	88.1	96.5
Italie	81.9	85.3	88.2	93.3	99.6	105.6	111.8	115.4	118.0	119.0	118.7	118.4	117.0	117.5	110.9	106.4
Japon	99.4	97.2	95.7	91.1	86.5	81.1	77.0	74.4	73.5	74.6	71.0	71.9	71.9	71.2	71.9	72.0
Corée	67.2	65.3	64.4	70.5	72.3	68.4	65.8	67.0	70.0	69.2	67.1	65.1	65.3	65.0	61.9	60.8
Pays-Bas	106.0	119.8	121.5	125.8	131.2	135.8	140.2	143.3	142.9	145.0	140.1	140.0	133.2	125.9	116.8	116.2
Nouvelle-Zélande	86.7	88.5	85.0	93.1	103.4	114.9	126.8	131.7	138.7	131.3	124.9	121.9	119.8	120.5	129.4	130.8
Norvège	91.3	99.6	104.9	101.2	96.1	102.0	101.9	122.5	129.4	120.5	116.5	121.6	125.9	130.4	130.0	123.4
Portugal	109.8	112.2	113.0	109.2	108.7	104.3	102.2	101.0	96.9	87.6	86.8	84.7	83.6	81.1	79.6	79.5
Espagne	87.2	86.3	89.3	100.3	114.4	129.8	143.2	151.8	157.2	151.9	136.6	136.3	125.7	118.1	110.2	105.6
Suède	89.1	93.3	92.8	94.6	98.9	106.0	112.2	120.2	124.9	123.5	120.6	127.2	122.0	116.2	117.4	122.7
Suisse	78.4	76.2	75.5	80.1	82.9	83.7	82.8	81.6	79.8	80.5	84.4	87.8	90.9	93.8	96.7	96.1
Royaume-Uni	78.7	84.5	87.4	98.9	110.6	121.1	123.3	127.0	135.2	129.4	115.1	118.0	116.2	114.6	117.4	127.8
États-Unis	93.7	93.9	96.8	100.2	103.8	108.1	115.4	115.7	111.8	99.3	94.8	90.3	83.0	82.3	88.3	90.3
Zone euro	89.7	91.8	92.4	96.1	100.2	104.6	109.7	113.1	114.5	112.9	109.3	110.2	110.1	110.1	108.3	107.1
Total OCDE	91.4	92.2	93.6	97.0	100.3	103.2	106.9	108.5	108.3	102.8	98.4	97.5	94.2	93.6	96.0	97.2

Source : Base de données des prix des logements de l'OCDE.

StatLink http://dx.doi.org/10.1787/888933228052

Annexe : Tableau 61. **Dette brute des administrations publiques suivant la définition de Maastricht**

En pourcentage du PIB nominal

	2001	2002	2003	2004	2005	2006	2007	2008	2009	2010	2011	2012	2013	2014	2015	2016
Autriche	66.5	66.3	65.5	64.9	68.4	67.0	64.8	68.6	79.8	82.5	82.1	81.4	80.9	84.5	85.7	85.9
Belgique	107.8	104.9	101.2	96.6	94.7	90.7	86.9	92.2	99.2	99.5	102.0	103.9	104.4	106.6	107.2	105.7
République tchèque	22.8	25.9	28.1	28.5	28.0	27.9	27.8	28.7	34.0	38.2	39.9	44.6	45.0	42.6	40.6	40.4
Danemark	48.5	49.1	46.2	44.2	37.4	31.5	27.3	33.4	40.4	42.9	46.4	45.6	45.0	45.2	40.7	39.8
Estonie	4.8	5.7	5.6	5.1	4.5	4.4	3.7	4.5	7.0	6.5	6.0	9.7	10.1	10.6	9.2	7.7
Finlande	41.0	40.2	42.8	42.7	40.0	38.2	34.0	32.7	41.7	47.1	48.5	52.9	55.8	59.3	61.6	64.1
France	58.1	60.0	64.2	65.8	67.3	64.4	64.4	68.1	79.0	81.7	85.2	89.6	92.2	95.5	97.0	97.9
Allemagne	57.7	59.3	63.1	65.1	67.2	66.5	63.6	65.2	72.7	80.7	78.0	79.2	77.0	74.6	71.0	67.2
Grèce	99.8	98.1	94.1	94.8	98.1	102.9	102.8	108.8	126.2	145.3	171.2	156.8	175.1	177.4	180.0	178.1
Hongrie	51.5	54.7	57.5	58.7	60.8	64.5	65.4	71.7	77.8	80.6	80.7	78.2	76.8	76.5	76.2	75.0
Irlande	33.4	30.7	30.1	28.3	26.2	23.8	24.0	42.6	62.3	87.5	111.2	121.8	123.2	109.7	107.7	104.6
Italie	104.7	101.9	100.4	100.2	101.9	102.4	99.7	102.4	112.5	115.4	116.4	123.2	128.6	132.0	133.2	132.0
Luxembourg	6.6	6.5	6.4	6.5	6.3	7.0	7.2	14.4	15.5	19.7	18.5	21.4	23.6	25.1	27.0	28.5
Pays-Bas	48.8	48.3	49.4	50.0	49.4	44.9	42.7	54.8	56.5	59.1	61.3	66.5	68.6	68.8	68.6	68.2
Pologne	..	..	..	..	..	..	..	..	..	53.6	54.8	54.4	55.7	50.2	51.2	51.2
Portugal	53.4	56.2	58.7	62.0	67.4	69.2	68.4	71.7	83.6	96.2	111.1	125.8	129.7	130.2	127.7	124.2
République slovaque	48.3	42.8	41.5	40.6	33.8	30.7	29.8	28.2	36.0	40.9	43.4	52.1	54.6	53.6	53.5	53.5
Slovénie	26.1	27.3	26.7	26.8	26.3	26.0	22.7	21.6	34.5	38.2	46.5	53.7	70.3	80.9	83.0	85.1
Espagne	54.2	51.3	47.6	45.3	42.3	38.9	35.5	39.4	52.7	60.1	69.2	84.4	92.1	97.7	98.9	99.1
Suède	51.7	49.8	48.9	47.9	48.3	43.1	38.2	36.8	40.3	36.9	36.2	36.5	38.7	43.8	44.3	43.0
Royaume-Uni	36.2	35.9	37.3	40.2	41.6	42.5	43.6	51.8	65.8	76.4	81.8	85.8	87.3	89.3	91.3	91.1
Zone euro	67.0	66.9	68.1	68.6	69.3	67.6	65.2	69.0	78.7	84.3	86.8	91.4	93.5	94.6	94.1	92.7

Note : Pour la période antérieure à 2014, les chiffres de la dette brute sont fournis par Eurostat, l'Office statistique des Communautés européennes, à moins que des données plus récentes ne soient disponibles. Les chiffres du PIB ont été fournis par les autorités nationales. Ceci explique que ces ratios puissent être différents de ceux publiés par Eurostat. Pour la période de prévisions, les ratios de la dette suivent les prévisions de l'OCDE pour les engagements financiers bruts des administrations publiques et du PIB.

Source : Base de données des Perspectives économiques de l'OCDE, n° 97.

StatLink http://dx.doi.org/10.1787/888933228068

ORGANISATION DE COOPÉRATION ET DE DÉVELOPPEMENT ÉCONOMIQUES

L'OCDE est un forum unique en son genre où les gouvernements oeuvrent ensemble pour relever les défis économiques, sociaux et environnementaux que pose la mondialisation. L'OCDE est aussi à l'avant-garde des efforts entrepris pour comprendre les évolutions du monde actuel et les préoccupations qu'elles font naître. Elle aide les gouvernements à faire face à des situations nouvelles en examinant des thèmes tels que le gouvernement d'entreprise, l'économie de l'information et les défis posés par le vieillissement de la population. L'Organisation offre aux gouvernements un cadre leur permettant de comparer leurs expériences en matière de politiques, de chercher des réponses à des problèmes communs, d'identifier les bonnes pratiques et de travailler à la coordination des politiques nationales et internationales.

Les pays membres de l'OCDE sont : l'Allemagne, l'Australie, l'Autriche, la Belgique, le Canada, le Chili, la Corée, le Danemark, l'Espagne, l'Estonie, les États-Unis, la Finlande, la France, la Grèce, la Hongrie, l'Irlande, l'Islande, Israël, l'Italie, le Japon, le Luxembourg, le Mexique, la Norvège, la Nouvelle-Zélande, les Pays-Bas, la Pologne, le Portugal, la République slovaque, la République tchèque, le Royaume-Uni, la Slovénie, la Suède, la Suisse et la Turquie. La Commission européenne participe aux travaux de l'OCDE.

Les Éditions OCDE assurent une large diffusion aux travaux de l'Organisation. Ces derniers comprennent les résultats de l'activité de collecte de statistiques, les travaux de recherche menés sur des questions économiques, sociales et environnementales, ainsi que les conventions, les principes directeurs et les modèles développés par les pays membres.

ÉDITIONS OCDE, 2, rue André-Pascal, 75775 PARIS CEDEX 16
(12 2015 01 2) ISBN 978-92-64-22032-4 – 2015

www.ingramcontent.com/pod-product-compliance
Lightning Source LLC
LaVergne TN
LVHW082026051026
849532LV00011B/3281
9789264220324